Attentate auf Hitler

Roger Moorhouse

Attentate auf Hitler

Die Attentäter,
die Pläne und
warum sie scheiterten

Weltbild

Die Originalausgabe ist 2006 unter dem Titel
»*Killing Hitler: The Third Reich and the Plots against the Führer*«
bei Jonathan Cape, London erschienen.

Einkaufen im Internet:
www.weltbild.de

Genehmigte Lizenzausgabe für Verlagsgruppe Weltbild GmbH,
Steinerne Furt, 86167 Augsburg
Copyright © 2006 by Roger Moorhouse
Copyright © der deutschsprachigen Ausgabe 2007
by marixverlag GmbH, Wiesbaden
Übersetzung: Dr. Ulrich Bossier, Langenfeld
Lektorat: Peter Weismann, München
Korrekturen: Ulrich Berkmann (Mainz) und Ortrun Cramer (Wiesbaden)
Umschlaggestaltung: Uhlig, Augsburg/www.coverdesign.net
Umschlagmotiv: akg, Berlin
Gesamtherstellung: CPI Moravia Books s.r.o., Pohorelice
Printed in the EU
ISBN 978-3-8289-0910-6

2012 2011 2010 2009
Die letzte Jahreszahl gibt die aktuelle Lizenzausgabe an.

Für Melissa,
ohne die....

DANKSAGUNG

Schreiben ist ein ungemein einsames Geschäft. Dennoch wird jeder wissenschaftliche Autor zugeben, dass er allein auf sich gestellt nichts zuwege brächte. Obwohl die Wörter auf dem Papier unbezweifelbar die seinen sind, steht er fraglos in der Schuld jener, die ihm bei seinen Vorstudien zugearbeitet haben. Sie verdienen ausdrückliche Erwähnung.

Ständige Stütze bei all meinen Recherchen war Kate Gilbert. Neben ihr gab es Helfer mit Spezialaufträgen. Krzysztof Bozejewicz und Andrzej Korofski besorgten und sammelten polnische Dokumente, teils in England, teils in Polen. Die Auswertung der deutschen Archive oblag Angelica von Hase und Peter Steinkamp, die der russischen Dr. Luba Vinogradova. Keiner, der nicht wichtige Belegstücke geliefert hätte. Ebenso verpflichtet bin ich den Historikern Antony Beevor, Professor Michael R. D. Foot, Dr. Ted Harrison, Gitta Sereny und Dr. Jacek Tebinka – allesamt Spezialisten für die Hitlerjahre –, die die Erstfassung meines Buches durchsahen und hier und da vertiefende Erläuterungen einbrachten. Dr. Andreas von Breitenbuch, Dr. Bogdan Chrzanowski, Ewa Huggins, Ute Krebs, David List, Eugenia Maresch, Dr. Iwona Sakowicz, Roy Seaton, Dr. Andrzej Suchcitz, Dr. Hilary Willard und Dr. Wanda Wyporska beantworteten gezielte Anfragen oder leisteten auf sonstige Weise Hilfestellung.

Von den Institutionen, deren Fundus ich dankbar nutzte, seien genannt: British Library Newspaper Archive, London; Imperial War Museum Archive, London; Gedenkstätte Deutscher Widerstand, Berlin; Bundesarchiv, Außenstelle Berlin; Bundesarchiv, Außenstelle Freiburg/Breisgau (Militärarchiv); Deutsches Historisches Institut, London; Studium Polski Podziemnej (Polish Underground Movement Study Trust), London, und die Wiener Library, London.

Zwei Einrichtungen möchte ich lobend herausheben: die British Library und die National Archives, beide London. In meiner langjährigen Tätigkeit als Wissenschaftler durfte ich zahlreiche Archive und Bibliotheken Europas kennen lernen, und wenn ich vergleichen sollte, könnte mein Urteil nur lauten, dass diesen beiden Institutionen die Palme gebührt. Leider hält Großbritannien nicht mehr auf vielen Gebieten Weltniveau; aber die British Library und die National Archives setzen zweifelsfrei Maßstäbe durch ihre Effizienz, durch ihr kompetentes und erfahrenes Personal und durch die ausgezeichneten Arbeitsbedingungen vor Ort.

Bleiben noch drei unerlässliche Danksagungen. Eine geht an Will Sulkin und Jörg Hensgen vom Verlag Jonathan Cape, die, ebenso wie mein Agent Peter Robinson, das Projekt durch ihren unermüdlichen Enthusiasmus beförderten. Die zweite gilt Professor Norman Davies, der mich als Erster zu diesem Unternehmen ermunterte.

Drittens und letztens danke ich meiner Frau Melissa. Seit vielen Jahren ist Adolf Hitler Teil unseres Lebens, belegt als schnurrbärtiges Monster einen Platz in unserem Wohnzimmer und belästigt uns. Um sie für solche Mühsal zu entschädigen, widme ich ihr dieses Buch.

EINLEITUNG

Ich kann aber jederzeit von einem Verbrecher,
von einem Idioten beseitigt werden.

Adolf Hitler[1]

„Attentate", so behauptete der bedeutsame englische Staatsmann Benjamin Disraeli, „haben noch nie den Gang der Weltgeschichte geändert"[2]. Der Satz wird gerne gutgläubig zitiert, besonders in Krisenzeiten; dennoch ist er pures Wunschdenken und
sachlich unhaltbar. Gegenbeispiele gibt es genug, frappante obendrein: die Schüsse auf Erzherzog Franz Ferdinand in Sarajevo lösten den Ersten Weltkrieg aus; die Tötung des Leningrader Parteise-
kretärs Sergej Kirov lieferte den Anlass zu den mörderischen Säuberungen in Stalins Sowjetunion. Nur zwei von vielen Ereignissen,
die belegen, dass Attentate den Lauf der Dinge sehr wohl zu
beeinflussen vermögen.

Der Frage, ob die Attentäter mit ihrem Vorgehen erreichten,
was sie wollten, hat der britische Historiker Miles Hudson
unlängst eine detaillierte Studie gewidmet[3], in der er achtzehn
berühmte Mordanschläge aus verschiedenen Epochen der Menschheitsgeschichte analysiert. Er findet keinen einzigen, der die Verantwortlichen ihren Zielen näher gebracht hätte. In vielen Fällen
bewirkten die Morde sogar das glatte Gegenteil. Die Erschießung
Präsident Lincolns durch einen Sympathisanten der Südstaaten
zum Beispiel erwies sich als katastrophal für die Sache der Konfö-
derierten. Die irischen Nationalisten, die 1882 Lord Cavendish,
den zweithöchsten Beamten der britischen Verwaltung in Irland,
erstachen, warfen damit den Unabhängigkeitskampf ihres Volkes
um eine ganze Generation zurück. Man darf also feststellen: Zweifellos haben Attentate den Gang der Geschichte geändert, niemals
jedoch im Sinne der Attentäter.

Immer wieder reizt Autoren, Historiker wie Belletristen die
Spekulation, ob die Ermordung Hitlers die große Ausnahme von
dieser Regel geworden wäre und welchen Lauf die Welt dann
genommen hätte. Wie viele Menschenleben hätte ein erfolgreiches

Attentat retten können? Wäre mit Hitlers Ermordung der Krieg zu verhindern gewesen? Wie hätte sich Europa und vor allem Deutschland unter diesen Umständen im 20. Jahrhundert entwickelt?

Ich nehme an, dass die meisten meiner Leser aus heutiger Sicht zumindest gefühlsmäßig davon überzeugt sind, dass ein gelungenes Attentat in diesem speziellen Fall erbracht hätte, was die Urheber bezweckten. Zu Hitlers Lebzeiten herrschte in dieser Frage wenig Einmütigkeit bei den Gegnern des Diktators. Es liefen hitzige Debatten über die heiklen moralischen Implikationen: Darf der Mensch ‚Gott spielen'? Würde ein solcher Anschlag nicht einen gefährlichen Präzedenzfall schaffen? Gibt es so etwas wie einen ‚ehrbaren Verrat'? Wäre die Tötung eines Staatsterroristen nicht selber ein staatsterroristischer Akt? Könnte ein so herbeigeführtes Abtreten Hitlers nicht seinerseits Furchtbares bewirken? Auch wenn es manchen überrascht: Seit die Idee aufkam, Hitler gewaltsam zu beseitigen, ist sie heftig umstritten.

All die Bedenken haben Hitlers Attentäter indes nicht abgeschreckt. Wohl auf keinen Staatschef der Welt wurden so viele Mordanschläge verübt: Nicht weniger als 42 Einzelversuche haben Historiker gezählt,[4] und selbst diese Liste kann keine Vollständigkeit beanspruchen. Freilich sind darin einige eher vage Pläne mit berücksichtigt. Hinter immerhin 20 der Vorhaben aber stecken genügend Ernsthaftigkeit und Glaubwürdigkeit, um eine nähere Betrachtung im Rahmen unserer Studie zu rechtfertigen.

Hitler gehört zu den mächtigsten Menschen des 20. Jahrhunderts, vielleicht war er der mächtigste überhaupt. Dies sichert ihm dauerhaft einen hohen Bekanntheitsgrad. Wo immer es Brutalität, Intoleranz und Rassenhass gibt, ist sein Name präsent. Sein Gesicht – auf den ersten Blick zu erkennen und von geradezu ikonischer Einprägsamkeit wie kein zweites in der modernen Welt - wird selbst jenen unvergessen bleiben, die ihr Leben in Frieden zubringen dürfen.

Die Geschichte des politischen Mordes kennt genügend Beispiele für das Phänomen, dass im Bewusstsein der Nachwelt Urheber und Opfer untrennbar miteinander verbunden erscheinen: etwa John F. Kennedy und sein Attentäter Lee Harvey Oswald, Abraham Lincoln und John Wilkes Booth, Franz Ferdinand und Gavrilo Princip. Manchmal werden Attentäter als Helden gefeiert, öfter freilich als Verbrecher geschmäht. Vergessen werden sie selten.

Hitlers Attentäter jedoch sind heute weitgehend unbekannt. Höchstens der Name Claus von Stauffenberg löst bei einem breiteren Publikum eine Erinnerung aus. Auch wenn keiner der Attentäter das hochgesteckte Ziel erreicht hat, die Welt von Adolf Hitler zu befreien, verdienen diese Menschen größere Anerkennung, als sie heute erfahren. Sie verdienen Besseres, als nur in den Fußnoten der Geschichtsbücher zu existieren; Besseres als das anonyme Dunkel, in das sie die Zeitläufe und die Nichteignung ihres Schicksals zum Modethema verbannt haben – jenes Dunkel, das schon ihre nazistischen Henker über sie verhängen wollten.

Unter Hitlers Attentätern waren einfache Handwerker vertreten und hochrangige Militärs, unpolitische Persönlichkeiten ebenso wie ideologisch besessene, feindliche Agenten und engste Verbündete. Unerklärlicherweise sind nur wenige dieser Menschen außerhalb der engen Grenzen akademischer Historik bekannt. Dem Durchschnittsleser dürfte kaum eine ihrer Aktionen geläufig sein. Die Geschichte ihrer Pläne, ihrer Motive und ihres Scheiterns ist auch ein Protokoll über die erstaunliche Zählebigkeit eines Tyrannen.

PROLOG

Nur wenige Gäste dürften den fahlgesichtigen jungen Mann bemerkt haben, der an jenem Abend den Saal des großen Wirtshauses betrat. Persönlichkeiten von Rang und Namen hatten sich dort versammelt, die sich zur gesellschaftlichen und wirtschaftlichen Elite Münchens zählen konnten: Bankiers, führende Geschäftsleute, Zeitungsverleger, Politiker in leitender Funktion. Man war erschienen, um eine Ansprache zum fünften Jahrestag der Novemberrevolution zu hören; halten sollte sie der neu ernannte bayrische Generalstaatskommissar, Ex-Ministerpräsident Gustav von Kahr, der seinerzeit mächtigste Mann im Lande Bayern. Die Teilnehmer der Versammlung glaubten zu wissen, was sie erwartete: eine wuchtige Attacke wider den Marxismus, Informationen über die nächsten Schritte der Regierung und möglicherweise ein engagiertes Plädoyer, in Bayern die Monarchie wieder einzuführen. Sie erlebten stattdessen den Versuch einer Revolution.

Der Ort des Geschehens, der Bürgerbräukeller, war das geräumigste Bierlokal Münchens. Es lag auf dem östlichen, rechten Ufer der mitten durch das Stadtgebiet fließenden Isar. Sein Kernstück bildete ein riesiger, an eine Höhlenhalle gemahnender Saal, der nur mühsam an die Gemütlichkeit erinnerte, die man traditionell mit bayrischen Bierwirtschaften verbindet. Reich verzierte Kronleuchter hingen von der hohen Decke und über eine Wand zog sich eine Galerie. Insgesamt fasste der Bürgerbräukeller, wenn die Gäste beidseitig der langen Biertische Platz nahmen, ohne Schwierigkeit 3.000 Leute und war sehr geeignet für politische Vorträge und Versammlungen, die bevorzugt dort stattfanden. Am Abend des 8. November 1923 war die Halle rappelvoll. Schon um 19.15 Uhr hatte man die Türen wegen Überfüllung geschlossen.

Unzählige, die keinen Einlass fanden, standen enttäuscht draußen im Nieselregen.

Der Fahlgesichtige hielt sich im Hintergrund des Saales. Den meisten Anwesenden war der Mann kein Unbekannter. Sein Gesicht mit den stechend blauen Augen, scharf hervorspringenden Wangenknochen und dem Schuhbürstenschnurrbart hatte man gesehen, zumindest seinen Namen gehört und sein Wirken flüchtig registriert. Adolf Hitler, Mitte 30, führte eine extrem nationalistische Gruppe, hauptsächlich aktiv im Raum München, die sich ‚Nationalsozialistische Deutsche Arbeiterpartei‘, kurz ‚NSDAP‘ nannte. Wer die Nationalsozialisten nicht mochte, benutzte die bald sehr populäre, knappe Bezeichnung ‚Nazis‘. Der bleiche Mann hatte sich längst ein gewisses Renommee erworben als hochtalentierter Redner, dessen leidenschaftliche, von keiner Mäßigung gebremsten Vorträge zur deutschen Politik ihr Publikum packten und begeisterten. Auch im Bürgerbräukeller hatte er schon mehrfach gesprochen. Heute war er jedoch nicht als Redner gekommen, sondern als Revolutionär. Sein Äußeres allerdings passte nicht recht zu dieser Rolle. Der schlecht sitzende Gehrock mit flattrigen Schößen, das dicht an den Schädel geklatschte Haar, das ihm strähnig in die Stirn fiel, entsprachen nicht dem Bild eines Umstürzlers, eher dem eines überarbeiteten Kellners oder Leichenbestatters.

Eine halbe Stunde hielt Generalstaatskommissar von Kahr seine programmatische Rede ungestört, dann wurde er jäh unterbrochen. Die Verschwörer, Hitler an der Spitze, stürmten vorwärts. Ein SA-Trupp postierte ein Maschinengewehr am Halleneingang. Der distinguierte Herr auf dem Podium verstummte; überraschtes Geflüster lief durch den Saal, die biertrinkenden Zuhörer reckten neugierig die Hälse, Frauen fielen in Ohnmacht, Tische stürzten um. In dem allgemeinen Durcheinander kletterte Hitler auf einen Stuhl, schoss mit einer Pistole in die Decke und forderte laut und gebieterisch Ruhe; dann verkündete er: „Die nationale Revolution ist ausgebrochen!"[1]

Nach ein paar Worten zur Situation ließ er seine Leibwache und die SA-Leute an den Ausgängen des Bürgerbräukellers Stellung beziehen. Nun rief er die drei Herren, die seit einem jüngst verhängten Ausnahmezustand praktisch die Macht über Bayern innehatten: Gustav von Kahr, Generalstaatskommissar, Otto von Lossow, Landeskommandant der Reichswehr für Bayern, und Hans von Seißer, den Chef der bayrischen Landespolizei, zu einem separaten Gespräch ins Nebenzimmer. Die gegebene Situation überzeugte die Genannten rasch, der Ladung Folge zu leisten. Kaum war man unter sich, überzog Hitler, vor Erregung bebend, sein dreiköpfiges Zwangspublikum mit einer wild-pathetischen Suada, seine politischen Pläne betreffend. Eine neue Regierung solle Deutschland bekommen, und er, Adolf Hitler, werde sie einsetzen und führen. Falls die Anwesenden bereit seien zu kooperieren, winkten ihnen Ministerposten in seinem Kabinett. Gegen Ende hob Hitler seine Waffe und drohte melodramatisch: „Vier Schuss habe ich in meiner Pistole, drei für meine Mitarbeiter, wenn sie mich verlassen, die letzte Kugel für mich". Er drückte den Lauf an seine Schläfe und erklärte: „Wenn ich nicht morgen Nachmittag Sieger bin, bin ich ein toter Mann"[2].

1923 lagen fünf Jahre Chaos hinter Deutschland. Die verheerende Niederlage im Weltkrieg war längst nicht verkraftet; die harten Friedensbedingungen der Sieger, besonders ihre milliardenhohen Reparationsforderungen, verbitterten viele. Zwar hatte das Reich seit 1919 eine parlamentarische Verfassung, doch im Volk besaß die Demokratie keine feste Basis. Rechte wie Linke feindeten sie an; man machte sie für die vielen Missstände verantwortlich, die die junge Republik plagten und nicht zuletzt für die bedrohlich labilen Wirtschaftsverhältnisse. Namentlich die galoppierende Inflation zerstörte die Lebensgrundlage zahlreicher Menschen und trieb nicht wenige in die politische Radikalisierung. Schon 1920 lag der Preisindex nahezu 15-mal so hoch wie im Vorkriegsjahr 1913; zwei Jahre später erreichte er fast das 350fache. 1923 wurde zum eigentlichen Krisenjahr. Im Westen besetzten die Franzosen wegen ausgebliebener deutscher Reparationszahlungen das Ruhrgebiet; passiver Widerstand, gewalttätige Streiks und Hungerrevolten waren die Folgen. Kaum minder unruhig war es in den östlichen Landesteilen. Im brandenburgischen Küstrin versuchten unzufriedene Reichswehr-Einheiten einen Putsch; in Sachsen und Thüringen hielten sich ein paar Monate prokommunistische Regierungen. Ein Ende der politischen Instabilität war nicht abzusehen, die Wirtschaft erwartete ein Sturz ins Bodenlose. Januar 1923 kletterten die Preise auf das 2.500fache ihres Standes von 1913; im Dezember betrug der Steigerungsfaktor über eine Billion

(1.250.000.000.000).[3] Die Hyperinflation bewirkte den allgemeinen Zusammenbruch der deutschen Währung, deren Kaufkraft gegen null tendierte. Ein schlichtes Brot kostete gelegentlich über 400 Billionen Mark. In vielen Haushalten wurden die Inflationsbanknoten lieber im Ofen verbrannt, als mit ihnen Brennstoff zu erwerben. Die meisten Deutschen standen finanziell vor dem Nichts.

Die Situation in Bayern war nicht erfreulicher. Die Umwälzungen der letzten Jahre hatten bei manchen Bajuwaren separatistische Gelüste erweckt. Die bayrische Landesregierung in München ging selbstbewusst eigene Wege, Mahnungen aus Berlin geflissentlich ignorierend. Was etwa die radikale Rechte betraf, so ließ die Landesregierung sie relativ ungeniert gewähren. Tatsächlich hatte die rechte Opposition gegen Berlin in Bayern zwei starke Machtbasen: die restaurativ-monarchistische 'alte Rechte', vertreten durch das in München diktatorisch herrschende Triumvirat Kahr, Lossow und Seißer, und die revolutionär-völkische 'neue Rechte', vertreten durch Hitler und sein Gefolge. In einer bemerkenswerten Symbiose verachteten beide die Berliner Zentralmacht, behinderten sie in trauter Gemeinsamkeit nach Kräften und konnten es kaum erwarten, endlich zum Aufstand zu blasen. Was die ersehnte Revolution allerdings bewirken sollte – darüber gingen die Visionen weit auseinander. Vereinfacht gesagt: Die 'alte Rechte' wünschte eine unabhängige bayrische Regierung, während die 'neue Rechte' die Zentralregierung zu übernehmen begehrte. Die einen wollten 'los von Berlin', die anderen wollten den 'Marsch auf Berlin'.

An jenem Abend im Bürgerbräukeller konnte Hitler das regierende Triumvirat zumindest fürs Erste von seiner Vision einer nationalen Revolution überzeugen. Etwa eine Stunde konferierten die vier, dann kehrte Hitler zurück in die Halle und stieg, begleitet von seinen drei neuen Verbündeten, aufs Podium. Inzwischen war weitere namhafte Unterstützung eingetroffen: General Ludendorff, einstmals Erster Generalquartiermeister der kaiserlichen Armee und seit kurzem Kombattant Hitlers. Auch er betrat die Tribüne. Immer wieder reichten die fünf einander demonstrativ die Hände, beteuerten ihre ernsthafte Bereitschaft zur Zusammenarbeit und den Willen, eine provisorische nationale Regierung zu bilden. Hatte sich zu Beginn das Auditorium noch skeptisch verhalten, brach es jetzt in hemmungslose Begeisterung aus. Besonders Hitlers Rede elektrisierte die Leute. Spontan erhob sich der Gesang: „Deutschland, Deutschland über alles". Die „Stimmung der Mehrheit hatte völlig umgeschlagen", erinnerte sich später ein Augenzeuge; „Hitler hatte sie mit einigen Sätzen umgedreht, wie man einen Handschuh umdreht. Es hatte fast etwas von einem Hokuspokus, von einer Zauberei"[4]. Anschließend verlas Rudolf Heß, Hitlers persönlicher Sekretär, eine Liste mit den Namen prominenter „Volksfeinde", die zu verhaften und vor Gericht zu stellen seien – ein Omen künftiger Schrecken. Inzwischen trafen aus der Stadt zunehmend Sympathisanten ein. Den ersten Akt des Putsches, so schien es, hatte Hitler erfolgreich überstanden.

Außerhalb der Bierhalle freilich ging die Sache nicht so glatt. Anfangs glückte den Putschisten einiges. Als die SA-Truppen vor der Infanterieschule aufmarschierten, liefen die Kadetten zu ihnen über. Die Räume der führenden Tageszeitung *Münchner Post* waren rasch besetzt, desgleichen das Wehrkreiskommando VII im ehemaligen bayrischen Kriegsministerium – immerhin die Befehlszentrale des bayrischen Teils der Reichswehr. Auch die großen Münchner Bierhallen waren eingenommen, doch je weiter die Nacht vorwärtsschritt, desto spärlicher wurden die Siegesmeldungen. Mehr strategisch wichtige Punkte vermochte man nicht zu erobern, keine Kasernen, keine öffentlichen Gebäude. Dies lag einerseits an der organisatorischen Unfähigkeit der Putschisten, andererseits an der wachsenden Entschlossenheit der Gegenseite.

Diese machte sich inzwischen zum Kampf bereit, und kaum hatten Kahr, Lossow und Seißer ihre Handlungsfreiheit wieder, verurteilten sie den Putsch und setzten sich an die Spitze des Widerstands. Die aus Sicherheitsgründen kurzfristig nach Regensburg verlegte Regierung verbot zuerst das Erscheinen der Morgenblätter; dann orderte sie militärische Verstärkung aus den Provinzen. Bald kontrollierten die Reichswehrtruppen die ganze Stadt; sie waren genau instruiert, wie sie der Rebellion begegnen sollten. Im Bürgerbräukeller richteten sich die Möchtegern-Revolutionäre auf eine lange Nacht ein. Bei reichlich Bier und belegten Brötchen hielt sich für eine Weile noch ihr Optimismus. Tatsächlich aber hatten sie die Initiative verloren und steckten in einem bedrohlichen Patt.

Ein kalter Morgen dämmerte. Die Putschisten mussten einsehen, dass ihr Versuch, die Bastionen der Macht zu stürmen, gescheitert war. Ein Korrespondent der Londoner *Times* ging an eben jenem Morgen zum Bürgerbräukeller, wo er Hitler und Ludendorff in einem kleinen Zimmer des Obergeschosses fand. Hitler, schrieb er, sei „todmüde" gewesen; „dieser kleine Mann im alten Regenmantel mit einem Revolver an der Hüfte, unrasiert und ungekämmt, so heiser, dass er kaum sprechen konnte", habe sichtlich Mühe gehabt, den agilen Revolutionär zu geben. Ludendorff wiederum erschien ihm „nachdenklich und besorgt"[5].

Die Putschisten berieten, was zu tun sei. Einer schlug vor, den bayrischen Kronprinzen um Unterstützung anzugehen. Ein anderer empfahl den taktischen Rückzug nach Rosenheim nahe der österreichischen Grenze. Draußen zerfaserte der Aufstand zusehends; Befehle wurden nur noch schleppend befolgt, und immer mehr Trupps verließen ihre Posten, da sie ihre Sache verloren glaubten. Irgendwann an diesem Vormittag kam im Bierhallenquartier jener Gedanke auf, der vielen als die rettende Idee erschien: ein Demonstrationsmarsch durch die Innenstadt. So könnte man nicht nur die Kameraden befreien, die das Wehrkreiskommando besetzt hatten und dort in der Falle saßen, sondern auch die Münchner Bevölkerung mitreißen und das Patt brechen. Die Armee, kalkulierte man, stelle kein wirkliches Problem dar: Nie würde sie ihre Maschinengewehre gegen Ludendorff richten, den prominentesten General des Weltkriegs. Die Hitzköpfe erwogen sogar, bei hinreichender Mobilisierungskraft den ‚Marsch auf Berlin' zu wagen – nach dem Vorbild Mussolinis, der ein Jahr zuvor mit seinem ‚Marsch auf Rom' die Macht erobert hatte. In dem gegen ihn und seine Kombattanten geführten Prozess sagte Hitler einige Monate später aus, „man habe den Entschluss zum Marsch in die Stadt gefasst, um das Volk für sich zu gewinnen"[6].

Es ging auf Mittag zu, als sich vom Bürgerbräukeller aus ein etwa 2.000 Mann starker Zug Richtung Innenstadt bewegte, alle bewaffnet, alle finster und unbeugsam dreinschauend. Unter Hakenkreuzfahnen und schwarz-weiß-roten Reichskriegsflaggen marschierten in der ersten Reihe: Hitler und Ludendorff an der einen Seite; an der anderen Max von Scheubner-Richter, Hitlers enger Vertrauter und Berater; dazwischen der stiernackige Ulrich Graf, gelernter Metzger, später Amateurringer, jetzt Leibwächter Hitlers, der Nazi-‚Philosoph' Gottfried Feder und der Führer der

Münchner SA-Trupps, Hermann Göring, in einem eleganten knöchellangen Ledermantel, den er offen ließ, so dass der Pour-le-Mérite-Orden am Hals gut sichtbar war (er hatte sich diese höchste deutsche militärische Auszeichnung als Flieger im Weltkrieg erworben). Dahinter marschierten in Viererkolonnen Hitlers Sicherheitskräfte: das Münchner SA-Regiment und der gleichfalls paramilitärisch organisierte ‚Bund Oberland‘. Ein mit Waffen voll beladener Wagen begleitete sie. Die Nachhut bildete ein bunt zusammengewürfelter Haufen aus sympathisierenden Studenten, Geschäftsleuten und Veteranen. Einige waren bereits ‚alte Kämpen‘ der nationalen Sache, andere schlicht zufällige Mitläufer, die die Nervenkitzel versprechenden Ereignisse der vergangenen Nacht zur Teilnahme inspiriert hatten. Manche trugen eine fesche Uniform, manche ihre Ehrenzeichen aus dem Krieg, andere trotteten in ihrem Arbeitszeug daher.

Von den neugierigen Münchnern bald bejubelt, bald verhöhnt, schritten die Putschisten tapfer aus, wobei sie sich durch das Absingen nationalistischer Lieder Mut machten. An der Isar erwartete sie ein Polizeikordon, der die Ludwigsbrücke sperrte. Drohend senkten einige Kämpfer ihre Bajonette; andere traten den Beamten mit dem Mahnruf entgegen, nicht auf Kameraden zu schießen. Da die Angesprochenen zögerten, wurden sie schlicht überrannt. Der Zug passierte ungehindert die Brücke und setzte seinen Weg durchs Isartor ins Herz Münchens fort zum Marienplatz, wo sich eine riesige Menschenmenge versammelt hatte, die schaulustig verfolgte, was sich da entwickelte. Die Marschkolonne wandte sich nun nordwärts Richtung Odeonsplatz; von dort aus wären es nur noch knapp 50 Meter bis zum Ziel gewesen, dem Wehrkreiskommando im alten Kriegsministerium an der Ludwigstraße. Schon schritt man durch die enge Residenzstraße, an deren Ende die Feldherrnhalle liegt, eine 1841-1844 erbaute Ehrenstätte zur Würdigung des bayrischen Militärs mit einer zum Odeonsplatz hin offenen Loggia. Neben diesem Monument hatte eine zweite, größere Polizeikette Posten bezogen und den Weg verstellt. Die Demonstranten hakten sich unter und stürmten los; einige sangen, einige senkten wieder die Bajonette.

Diesmal ließ sich die Staatsmacht nicht überrennen. Als die Ordnungskräfte und die Verschwörer vor der Feldherrnhalle zusammenstießen, knallte ein Schuss. Sofort eröffnete die Polizei das Feuer, das die Gegenseite heftig erwiderte. Ein wildes Gefecht brach los. Schon bei der ersten Salve der Gendarmen sank die vorderste Reihe der Putschisten nieder; die übrigen flohen. Wer nach ein paar Minuten noch dalag, war entweder tot oder schwer verletzt. Göring erhielt eine Kugel in den Oberschenkel. Scheubner-Richter, der sich links bei Hitler eingehakt hatte, wurde tödlich in die Brust getroffen und riss den Putschistenführer mit zu Boden. Graf, der während der Attacke Hitler mit seinem Körper deckte, erlitt zahlreiche gravierende Schusswunden. Achtzehn Menschen kostete der Kampf das Leben: vier auf Seiten der Polizei, vierzehn auf Seiten der Gefolgsleute Hitlers. Karl Laforce, der jüngste der Putschisten, die vor der Feldherrnhalle starben, war gerade erst neunzehn.

Hitler, im Tumult gestürzt, stand eine ganze Weile nicht wieder auf, so dass unter den Seinen schon das verzweifelte Gerücht die Runde machte, er sei tot. Zunächst hatte der Putschistenführer selbst eine schwere Schussverletzung vermutet; tatsächlich rührten seine Schmerzen aber von einer verrenkten Schulter her. Der sterbende Scheubner-Richter hatte im Fallen so heftig an Hitlers linkem Arm gezerrt, dass dieser aus dem Gelenk gesprungen war.[7] Obwohl stark angeschlagen, rappelte sich Hitler schließlich wieder hoch und schleppte sich zu einem nahe gelegenen Platz, wo ein paar seiner Anhänger in einem Auto warteten, die ihn, nicht ohne Schwierigkeiten, aus München herausschafften. Man fuhr südwärts, Richtung Österreich. Die abenteuerliche Flucht endete am Nachmittag im oberbayrischen Uffing; Hitlers wohlhabender Freund und Förderer, der Kunsthändler Ernst ‚Putzi' Hanfstaengl (später Hitlers Pressechef), besaß dort ein Landhaus. Ein herbeigerufener Arzt und Sympathisant Hitlers versorgte notdürftig die Verletzung.

Zwei Tage später, in den frühen Abendstunden des 11. November, hatte die Staatsmacht den Oberputschisten aufgespürt. Augenzeugen berichten, dass Hitler zusammenbrach, als er hörte, die Polizei stehe vor der Tür. Mit dem Ruf: „Nun ist alles verloren!" griff er nach seiner Pistole.[8] Doch statt sich zu erschießen, wie er im Bürgerbräukeller versichert hatte, fügte Hitler sich widerstandslos, als ein Polizeioffizier eintrat und ihn für verhaftet erklärte. Schauplatz der Diensthandlung war ein Schlafzimmer, wo Hitler im Pyjama, schweigend und düster dreinschauend, seine

Festnahme erwartete.[9]

Hitlers ‚nationale Revolution' lag in Scherben. Ihr Führer war dem Tod entronnen, aber gescheitert; seine Partei war verfemt, seine treusten Gefolgsleute waren tot, eingesperrt oder außer Landes geflohen. Knapp ein Vierteljahr nach den Ereignissen stellte man ihn wegen Hochverrats vor Gericht; das Urteil: fünf Jahre Festungshaft, zu verbüßen in Landsberg am Lech. Die meisten zeitgenössischen Beobachter kamen übereinstimmend zu dem Schluss, das Phänomen Adolf Hitler werde wohl eine Fußnote in der deutschen Geschichte bleiben als Schimäre oder einer jener fanatischen Spinner, von denen die Historie viele kennt, die mit radikalem und revolutionärem Gelärme kurz Aufmerksamkeit erregten, aber nichts bewirkten. Die Londoner *Times* erklärte Hitler, den sie verachtungsvoll als „Anstreicher und Demagogen" titulierte, für politisch erledigt.[10] Nicht wenige sprachen von ihm nur noch in der Vergangenheitsform. Nach dem misslungenen Putsch 1923 fiel, so erinnert sich später der Schriftsteller Stefan Zweig, „der Name Adolf Hitler [...] in Vergessenheit zurück"[11].

Hitler selbst schien gegen sämtliche negativen Orakel immun. Wie er während seines Verfahrens gegenüber dem Staatsanwalt provozierend herausstrich, wusste er sich zu Höherem berufen. „Mögen Sie uns tausendmal schuldig sprechen", wetterte er, „die Göttin des ewigen Gerichts der Geschichte wird lächelnd den Antrag des Staatsanwaltes und das Urteil des Gerichtes zerreißen, denn sie spricht uns frei"[12]. Der Kugelhagel der bayrischen Polizei, der seine Truppen in München niedergeworfen hatte, gab ihm erstmals Gelegenheit, die ‚Vorsehung' zu bemühen. Hitler zog aus dem Putschversuch, der blutigen Niederlage und der Haft in Landsberg eigene Schlüsse und den unerschütterlichen Glauben, das Schicksal habe ihn gezielt verschont, um seine ‚historische Bestimmung' zu erfüllen, Deutschland zu retten. Er war nun ein Mann mit einer Mission.

1. KAPITEL

Maurice Bavaud –
Attentäter im Namen Gottes

Da wird sich eines Tages ein ganz harmloser Mann in einer
Dachwohnung irgendwo in der Wilhelmstraße etablieren.
Man wird ihn für einen pensionierten Oberlehrer halten. Ein
biederer Volksgenosse mit einer Hornbrille, schlecht rasiert
und bärtig. Er wird niemanden sein ärmliches Zimmer betreten lassen. Dort wird er sich in aller Ruhe eine Waffe einbau-
en, und er wird mit einer unheimlichen Geduld Stunde für
Stunde und Tag für Tag den Balkon vor der Reichskanzlei
durch sein Zielfernrohr anvisieren. Und dann [...], eines
Tages drückt er ab!

Adolf Hitler[1]

Berlin, 30. Januar 1933. Bittere Winterkälte lag über der Hauptstadt. Gegen Mittag betrat der Vorsitzende der NSDAP, Adolf Hitler, den Dienstsitz des Reichspräsidenten, Generalfeldmarschall
Paul von Hindenburg, der ihn zu sich gebeten hatte. Ein offizieller
Termin; hohe Beamte geleiteten Hitler und die Mitglieder seines
künftigen Kabinetts durch die Räume. Der Reichspräsident empfing die Gruppe frostig. Er war verärgert, dass Hitler ihn eine
geschlagene Stunde hatte warten lassen; auch plagten ihn heftige
Zweifel an dessen Eignung für das Amt, das er ihm bei diesem
Anlass verleihen würde. Hindenburg brummte einen förmlichen
Gruß und gab kurz seiner Befriedigung darüber Ausdruck, dass die
nationale Rechte ihre inneren Differenzen endlich beigelegt habe.
Dann kam er zur Sache. Er musste Hitler als Reichskanzler verei-
digen – auf die republikanische Verfassung.

Korrekt, aber betont schlicht gekleidet – dunkler Anzug, dunkle
Krawatte – trat Hitler vor und schwor feierlich, die Verfassung und
die Gesetze des Reiches zu wahren, die ihm obliegenden Pflichten
gewissenhaft zu erfüllen, seine Geschäfte unparteiisch und gerecht
gegen jedermann zu führen und seine ganze Kraft für das Wohl

des deutschen Volkes einzusetzen. In einer kurzen außerprotokollarischen Rede versprach Hitler, die Rechte des Reichspräsidenten stets zu verteidigen und nach der nächsten Wahl zu den parlamentarischen Regularien zurückzukehren. Hindenburgs Antwort war knapp: „Und nun, meine Herren, vorwärts mit Gott!"[2]

Am Nachmittag posierten der neue Regierungschef und sein Kabinett in der Reichskanzlei für die Pressefotografen. Hitler saß in der Mitte auf einem üppig gepolsterten Stuhl, zu seiner Rechten Hermann Göring als Reichsminister ohne Geschäftsbereich, zu seiner Linken Franz von Papen, der ‚Königsmacher‘ und jetzige Vizekanzler. Hinter dem Trio hatten sich stehend die übrigen postiert, denen man deutlich ansah, dass ihnen nicht unbedingt wohl in ihrer Haut war. Aus ihren Mienen sprach nicht die kameradschaftliche Freude über das gemeinsam Errungene, wie man es hätte erwarten können. Obwohl sie sich gut kannten, blickten die meisten Minister finster nach vorn oder vermieden es zumindest, sich gegenseitig anzusehen. Alle wirkten ernst; nur Hitler gönnte sich ein breites Lächeln.

In seiner ersten Erklärung als Reichskanzler gratulierte er den Seinen zu ihrem „großen politischen Erfolg"[3].

Tatsächlich war Hitlers Weg an die Staatsspitze weder ein glorioses Verdienst eines ‚geborenen Führers‘, wie ihm die spätere Propaganda nachrühmte, noch das Ergebnis einer erfolgreichen nationalen Massenerhebung. Zwar gingen die Nationalsozialisten aus den Wahlen 1932 als stärkste Partei hervor, das allein hätte Hitler aber noch nicht zum Regieren befugt, dafür fehlte ihm die Mehrheit. Nicht ein normaler demokratischer Prozess oder der Wille des Volkes brachten ihn auf den Reichskanzlerstuhl, sondern eine schmierige Hintertreppenintrige der politischen Elite, die sich aus dem Führungspersonal der großen konservativen Parteien, den Deutschnationalen und dem Zentrum, zusammensetzte, schob ihn in das Amt. Der Terminus ‚Machtergreifung‘ geht am wahren Sachverhalt vorbei; Hitler hat die Macht nicht ergriffen – sie wurde ihm dargereicht und ausgehändigt, freilich in der Absicht eines Danaergeschenkes. Hitler an der Regierung, so kalkulierten die Konservativen, würde sich bald blamieren und kompromittieren; binnen kurzem wären er und die nationalsozialistische Bewegung diskreditiert. Sollte er sich aber wider Erwarten bewähren, hätte dies den Vorteil, dass seine Popularität auf das ihn fördernde

Establishment abstrahlen und dessen Image verbessern würde. Die Konservativen gingen davon aus, Hitler wäre klar, dass er ohne ihre Protektion ein Nichts sei, und man ihn schon deshalb kontrollieren und zügeln könne, sollte sein Ehrgeiz über die Stränge schlagen.

Aus diesem Kalkül heraus gesellte man dem neu ernannten Regierungschef ein Kabinett zu, in dem er und seine Gefolgschaft eine kleine Minderheit blieben. Von elf Posten gingen nur drei an die Nationalsozialisten: der des Kanzlers, des Innenministers und eines Ministers ohne Geschäftsbereich. Die restlichen Spitzenämter teilten die Konservativen unter sich auf. Bei einer solchen Überzahl, glaubten sie, sollte es doch gelingen, das Risiko, das der gefährliche Unruhestifter darstellte, zu begrenzen. Trotz all dieser Vorsichtsmaßnahmen erschien einigen Mitwirkenden Hitlers Handlungsspielraum noch nicht eingeschränkt genug; ergo entrang man ihm weitere Zugeständnisse, und Hitler fügte sich; zumindest hatte es den Anschein. So schwor er, das Kabinett nach den Neuwahlen, die er in absehbarer Zeit anberaumen wollte, unverändert zu lassen, einerlei wie diese ausgingen. Ferner versprach er, um der Legitimation der Regierung durch eine möglichst breite parlamentarische Mehrheit willen, mit den Deutschnationalen und der größten Partei der rechten Mitte, dem Zentrum, zu koalieren und inhaltlich entsprechende Konzessionen zu machen – ein leeres Versprechen, wie sich später erwies. Zunächst schien die List der Konservativen Früchte zu tragen und Hitler politisch tatsächlich in einer Zwangsjacke zu stecken, die ihm kaum eigene politische Gestaltungskraft zugestand und die konservativen Strategen hoffen ließ, er würde der Regierung lediglich als populäre Galionsfigur dienen.

Ungeachtet all dieser Einschränkungen hatte Hitler einen substanziellen Sieg errungen. Der ehemalige Gefreite, Bierhallenagitator und selbsternannte ‚Trommler' für die nationale Sache war als Reichskanzler auf dem Gipfel der politischen Macht angekommen. Dies gebührend zu feiern, organisierte Goebbels spontan eine Siegesparade. Rasch sammelten sich die Berliner Einheiten von SA und SS im Tiergarten. Gegen 19.00 Uhr, schon brach die Dämmerung herein, bewegte sich ein Fackelzug Richtung Regierungsviertel. Trommelgedröhn und Marschmusik lieferten eine triumphale Klangkulisse. In Sechzehnerreihen ging es durchs Brandenburger Tor zur Wilhelmstraße, wo vor dem Reichspräsidentenpalais dem greisen Paul von Hindenburg ein kurzer Ehrengruß erwiesen wurde. Das eigentliche Ziel der Kundgebung aber war die Reichskanzlei, Hitlers neue Residenz. „Sieg-Heil"-Sprechchöre erfüllten den Platz. Der Bejubelte trat an ein Fenster des ersten Stocks und winkte den Begeisterten zu. „Hitler ist Reichskanzler!" notierte Goebbels verklärt in sein Tagebuch. „Wie im Märchen!"[4]

Die neue Position an der Spitze des Staates setzte Hitler erhöhten Gefahren aus. Seine Ernennung hatte all jenen einen herben Schock verpasst, die ihn für eine nicht ernst zu nehmende Übergangsfigur gehalten hatten. Jetzt mussten seine Widersacher, die passiven wie die aktiven, ihn wohl oder übel zur Kenntnis nehmen und neu bedenken, was gegen ihn zu unternehmen sei. Möglicherweise war Hitler zu keiner Zeit so verwundbar wie im Augenblick seines Triumphs.

Deutsche Reichskanzler lebten seit jeher gefährlich. Schon der berühmte erste Träger des Titels, Otto von Bismarck, der 1871-1890 amtierte, machte diese Erfahrung: Zwei Anschläge wurden auf ihn verübt, denen er nur knapp entging. Während der wirren Jahre nach dem Ende des Weltkriegs gab es eine regelrechte Welle politischer Morde, die ihren Höhepunkt erreichte, als im Sommer 1922 junge Rechtsradikale den Außenminister Walther Rathenau in Berlin erschossen.

Diese Untat zwang zu Überlegungen, wie der Kanzler und seine Minister besser zu schützen seien. Bisher hatten die zuständigen staatlichen Organe in der Hinsicht keinen großen Aufwand betrieben und geglaubt, der Sicherheit zu genügen, wenn man hochgestellten Politikern einen Fahrer, eine bewaffnete Begleitperson und zu bestimmten Anlässen noch ein paar Polizisten mitgebe. Nach dem Mord an Rathenau sah man ein, dass man die hohen Herren doch erheblich intensiver bewachen lassen musste. Man beriet neue Sicherheitsmaßnahmen, und schon fünf Tage nach dem Attentat auf Rathenau wurden die ersten verfügt. Unter anderem sollte künftig ein zweites Auto den Wagen des Reichskanzlers eskortieren, zudem organisierte man das Bewachungssystem in der Reichskanzlei komplett um und verschärfte die gesetzlichen Bestimmungen. Wer Ministern Droh- oder Schmähbriefe schickte, hatte strafrechtliche Verfolgung zu gewärtigen; jeglicher verbalen

Entgleisung in diesem Zusammenhang unterstellten die Behörden ab sofort blutigen Ernst.[5]

Trotz dieser Maßnahmen wurden weiterhin Anschläge versucht, viele davon aber dank dieser Maßnahmen schon im Vorfeld vereitelt. So fing man Winter 1922 den Dresdner Kaufmann Willi Schulz rechtzeitig ab, der zwei Pistolen bei sich trug, mit denen er, wie er später gestand, Reichskanzler Wirth erschießen wollte. 1931 entdeckten Sicherheitskräfte eine primitive Höllenmaschine in einem Paket, das an Reichskanzler Brüning adressiert war. Obwohl die Schutzvorkehrungen in der Reichskanzlei zunehmend verstärkt worden waren, schaffte es 1932 eine Attentäterin, durch einen Seiteneingang in das Gebäude zu gelangen, wurde aber im zweiten Stock gestellt. Man fand bei ihr einen Dolch mit einer 28 Zentimeter langen Klinge.[6]

Der im Großen und Ganzen funktionierende Sicherheitsapparat sah sich mit Hitlers Machtantritt vor eine neue Herausforderung gestellt. Es erstaunt nicht, dass ein Gewaltmensch wie Hitler ein extrem ausgeprägtes Empfinden für die eigene Verwundbarkeit hatte. Schon zu Beginn seiner politischen Karriere war Hitler bewusst, dass er, wenn er seine Ambitionen konsequent verfolgen wollte, eine Leibwache besonderer Art brauchte. Es mussten Männer sein, deren Loyalität außerhalb jedes Zweifels stand, die im Ernstfall „sogar gegen ihre eigenen Brüder marschieren" würden[7]. Hitler heuerte einen kleinen Trupp rauer Gesellen an, die ihm als Fahrer, Leibwache oder als Faktotum dienten. Aus dieser Gruppe formierte sich 1920 der Saalschutz, der sich stetig vergrößerte und im Jahr darauf die Bezeichnung *SA – Sturmabteilung* – erhielt. Die SA hatte allerdings eine eher kollektive Schutzfunktion; hauptsächlich sollte sie den störungsfreien Verlauf der öffentlichen Parteiauftritte garantieren und die Aktivitäten der politischen Feinde robust behindern. Die etwas anspruchsvollere Aufgabe, die Person des Führers vor Schaden zu bewahren, oblag indes unverändert einem engen Zirkel altvertrauter und erfahrener Kämpfer. Zu ihnen gehörten der ehemalige Ringer Ulrich Graf, Hitlers persönlicher Leibwächter; der gelernte Uhrmacher und Freikorpsveteran Emil Maurice als Hitlers Chauffeur; Christian Weber, ein Pferdehändler und zeitweiser Zuhälter, jetzt Hitlers ‚Sekretär' und seine Adjutanten Julius Schaub und Wilhelm Brückner. Seit den frühen Tagen der Bewegung schützten diese Männer Hitler bei seinen öffentlichen Auftritten und bildeten gleichsam den engsten Kreis um den Führer.

Im Krisenjahr 1923 entschloss man sich, die Maßnahmen für die persönliche Sicherheit Hitlers neu zu organisieren. Aus den Reihen der SA wurde eine Art Elitegarde, genannt Stabswache, rekrutiert und darauf eingeschworen, Hitler vor äußeren Gefahren zu schirmen – ebenso aber vor den inneren, die schon früh aus dem immer wieder auflodernden Streit zwischen den NSDAP-Oberen und der oft ziemlich unbotmäßigen SA erwuchsen. Diesen Querelen fiel bald die frisch gegründete Stabswache zum Opfer. Eine rasch formierte neue Leibwache, der *Stoßtrupp Adolf Hitler*, zählte etwa 100 Mann, aber den harten Kern bildeten einmal mehr Hitlers Leibwächter aus der Anfangszeit, also Leute wie Graf, Maurice, Weber, Brückner und andere. Die Mitglieder des Stoßtrupps erhielten ihre Feuertaufe im November des Jahres beim ‚Marsch auf die Feldherrnhalle‘, der fünf von ihnen das Leben kostete.[8]

Nach Hitlers Entlassung aus der Festungshaft wurde die NSDAP neu gegründet, ebenso die SA und die Leibgarde, die für eine Weile wieder *Stabswache* hieß, bis man sie dann endgültig umbenannte in *Schutzstaffel*, abgekürzt *SS*. Im Gegensatz zu der demonstrativ proletarisch auftretenden SA sollte sich die SS ungeniert als Elite gerieren. Ursprünglich bestand sie nur aus acht Leuten und wuchs nur langsam; zwar musste bald jede Parteizelle zu ihrer Sicherheit eine eigene SS-Einheit aufstellen, deren Stärke auf zehn Mann begrenzt war. In den späten 20er Jahren zählte die SS nur ca. 280 Kämpfer, während die SA gut 60.000 versammelte. Bei der SS herrschte strikte Auslese und straffste Disziplin. Allein „die besten und zuverlässigsten Parteimitglieder"[9] kamen in Frage. Körperlich leistungsfähig und von rascher Auffassungsgabe sollten sie sein, absolut vertrauenswürdig und vor allem dem Führer „blind ergeben"[10]. Sie diskutierten nicht über Politik, sondern lernten in besonderen Schulungen, was sie politisch zu denken hatten. Sie rauchten nicht bei Parteiveranstaltungen und verließen nie den Raum, es sei denn, sie erhielten den ausdrücklichen Befehl dazu. Ihr Wahlspruch lautete: „Meine Ehre heißt Treue".

Trotzdem blieb die SS eine relativ kleine, ja unbedeutende Organisation, bis Heinrich Himmler kam. Seit Januar 1928 koordinierte Himmler die Tagesgeschäfte der SS; ein Jahr später war er ihr Chef, der *Reichsführer SS*. Unter seiner Leitung wurde die SS personell aufgestockt, die Disziplin weiter verschärft und das Bekenntnis unbedingter Loyalität zu Hitler bei jeder Gelegenheit mit pathetischem Gedröhn wiederholt. Himmler wollte der SS das extreme ‚Ethos' einimpfen, dessen er sich selber rühmte: „Wenn Hitler mir befähle, meine eigene Mutter zu erschießen", prahlte er einmal, „würde ich es tun und wäre stolz darauf, dass er mir so vertraut"[11].

Noch waren die meisten Aufgaben, die die SS in den späten Jahren der Weimarer Republik zu verrichten hatte, nicht derart dramatischer Natur. Vorläufig leistete sie schlicht die Routinearbeit einer ‚Parteipolizei', bewachte etwa das *Braune Haus*, das Hauptquartier der NSDAP in München, und die politischen Aktivitäten der Bewegung, die oft ziemlich tumultuös verliefen. Ein SS-Veteran beschreibt später ihren Wirkungsbereich so:

„Die SS [...] war immer noch recht klein. Man hatte aus der SA ein paar besonders taugliche Leute herausgesiebt und sie zu dieser Truppe formiert; sie sollte die Partei schützen, vor allem die Parteiführer, wenn sie sich in der Öffentlichkeit zeigten. [...] Ich habe ein paar der größeren Versammlungen in Hamburg mitgemacht. Wir mussten dann immer das Podium abschirmen, die Redner auf ihrem Weg vom Auto zur Bühne und wieder zurück begleiten, ihr Hotel bewachen und so weiter. [...] Manchmal ging es schon ziemlich lebhaft zu"[12].

Während das Verhältnis zwischen Partei und SS von wachsendem Vertrauen gekennzeichnet war, kam es zwischen Partei und SA schließlich zu einer ernsten Krise. Die 20er Jahre über hatte die SA dafür gestritten und gekämpft, unter dem Einsatz von Gewalt, die NSDAP in Deutschland an die Macht zu bringen. Nun schien das Ziel nahe. Inzwischen aber lag ihrem Führer mehr und mehr daran, das Bild eines respektablen bürgerlichen Politikers zu vermitteln, der auf legalem Weg an die Macht gelangen will, eine plebejische Vorhut störte da eher. Die Avantgarde seiner Revolution sah Hitler zu einem ‚haltlosen Mob' geworden, politisch unzuverlässig und in jeder Hinsicht unberechenbar. Er wusste nur zu genau um die materielle Situation der SA-Leute. Viele Ortsverbände bestanden mehrheitlich aus Arbeitslosen, wo es teilweise selbst für die unverzichtbaren Hakenkreuz-Requisiten an Geld fehlte. Hitler befürchtete, dass sich in der SA die ‚sozialistischen' Elemente des Nationalsozialismus in einer Weise forcieren könnten, die der Gesamtbewegung nicht mehr förderlich waren. Tatsächlich verlautete aus den Reihen der Kämpfer immer häufiger Kritik am Lebensstil der Parteioberen, die, wie es hieß, mit ihren teuren Automobilen und ihren feudalen Wohnungen die proletarische Basis verrieten, der sie ihre Macht verdankten.[13] Zu einem ersten Knall kam es 1931, als Walther Stennes, der stellvertretende SA-Führer, offen und gewaltsam die Absetzung Hitlers zu erzwingen versuchte und weite Teile der SA sich in die Meuterei hineinziehen ließen. Da Hitler längst eine unangreifbare Stellung hatte, waren die Rebellen rasch wieder auf Linie gebracht. Das Scheitern der Stennes-Revolte bedeutete den Anfang vom Ende der alten braunen Kampforganisation. Ihre Konkurrenz, die SS, erkannte die Kräfteverhältnisse besser und stand in allen internen Zwistigkeiten der Bewegung loyal zu Adolf Hitler.

Dass die Parteileitung nach den Querelen der SA mehr und mehr die Funktion als Schutztruppe entzog, kam der SS sehr gelegen. Ihr wurde nun praktisch allein die Verantwortung für Hitlers Sicherheit übertragen und dessen Leibwache aus ihren Reihen erwählt. Zum ersten Kommandanten der neuen Elitegarde bestimmte man SS-Obergruppenführer Sepp Dietrich. Der gutmütig-derbe Bayer, einst Freikorpssoldat und Teilnehmer am Münchner Putsch, sollte später im Zweiten Weltkrieg einer der höchstdekorierten SS-Generäle werden. Dietrich trat der SS 1928 bei und stieg in der Münchner Parteihierarchie rasch auf. Schon nach einem Jahr gehörte er zum engsten Kreis um Hitler und zu seinen Leibwächtern, die freilich noch nicht als solche deklariert waren.

Als die politischen Kämpfe in Deutschland hitziger wurden, und die Gewalttätigkeiten ungeahnte Dimensionen erreichten, wurde es notwendig, den Personenschutz für Hitler straffer zu organisieren und ihm einen offiziell-repräsentativen Rahmen zu geben. Februar 1932 erhielt Dietrich den Auftrag, eine ständige Einheit zum Schutze des Führers zusammenzustellen: das *SS-Begleitkommando Der Führer*. Kurt Lüdecke, ein Kaufmann und Abenteurer, finanzieller Förderer und Weggefährte Hitlers, beschrieb das Erscheinungsbild des Kommandos sehr anschaulich: „prächtige, athletische Burschen, richtig germanisch. Sie hatten Motorradanzüge über ihre schwarzen Uniformen gestreift und trugen eng sitzende Pilotenhelme. Bewaffnet waren sie mit Revolvern und Nilpferdpeitschen. [...] Sie sahen aus wie Marsmenschen"[14]. Der britische Journalist Sefton Delmer, der seit Ende der 20er Jahre persönlichen Kontakt zu vielen NS-Größen pflegte, fand die Wachleute allerdings „auffallend zartgliedrig – fast weibisch", so dass er sich fragte, ob der notorisch homosexuelle SA-Stabschef Ernst Röhm „bei ihrer Auswahl die Hand im Spiel" gehabt habe. Nachdem er sie jedoch einen Abend lang bei ihren Einsätzen beobachtet hatte, konzedierte er: „Sie waren doch recht hart"[15].

Hitlers Wahlkampfreisen standen an mit vielen öffentlichen Auftritten, die erfahrungsgemäß äußerst turbulent verliefen. Erste Gelegenheit für die frisch ernannte Garde, ihre Tauglichkeit zu beweisen. Sefton Delmer begleitete Hitler und konnte den *modus operandi* des SS-Begleitkommandos aus nächster Nähe verfolgen. An einem Frühlingstag des Jahres 1932 kamen Hitler und sein Tross nach Elbing bei Danzig. Plötzlich versperrten kommunistische Gegendemonstranten den Weg und drängten finster entschlossen heran. Der Chauffeur wollte um die Störer herumfahren, aber schon waren „Hitlers mit Lederjacken bekleidete Leibwächter aus ihrem Wagen gesprungen und gingen mit Gummiknüppeln und Schlagringen auf die Arbeiter los. Steine flogen durch die Luft, Pistolenschüsse knallten. Dann saßen Sepp Dietrichs Leute wieder in ihrem Wagen, und die Fahrt ging weiter"[16].

Die Sicherheitsvorkehrungen in München hatten nicht nur einen offiziellen, sondern auch einen repräsentativen Rahmen. Seit 1930 besaß die NSDAP in der Isarmetropole eine respektable Parteizentrale, das so genannte Braune Haus. Das elegante dreistöckige Palais beherbergte einst den italienischen Botschafter am königlich bayrischen Hof; nun residierte dort Adolf Hitler, wenn er nach München kam. Das Wachkommando arbeitete in drei Schichten je siebzehn Mann, alle aus den Reihen der SS. Mindestens zehn Mann waren im Gebäude stationiert, während die anderen das übrige Grundstück und die nähere Umgebung kontrollierten. Wer hineinwollte, brauchte einen speziellen Ausweis.[17]

Es war ein straff organisiertes Wachsystem, aber manches spricht dagegen, dass es im Ernstfall seinen Zweck erfüllt hätte. So durften etwa die Männer des Begleitkommandos im Münchner Hauptquartier keine Waffen tragen (die Erlaubnis erhielten sie erst 1933). Ferner wurden die verfügten Regularien offenbar nicht immer strikt befolgt. Sefton Delmer, der um diese Zeit Hitler im

Braunen Haus besuchte, berichtet zwar, dass ihm der Posten am Eingang, der ihn für einen gewöhnlichen Passanten hielt, schroff auf das Verbot, den Bürgersteig vor dem Palais zu betreten, hingewiesen habe, doch von irgendwelchen Kontrollprozeduren innerhalb des Gebäudes erwähnt Delmer nichts.[18] Man schrieb inzwischen das Jahr 1932, aber die Sicherheitsstrategien entsprachen noch denen von 1923. Die Leibwache, die Hitler um sich geschart hatte, war gewiss höchst engagiert und geradezu fanatisch loyal, doch effektiven Schutz vermochte sie kaum zu bieten.

Freilich hätten auch die zuverlässigsten Sicherheitskonzepte einen wesentlichen Schwachpunkt gehabt – und das war Adolf Hitler selbst. Der Führer zweifelte wiederholt, dass es überhaupt möglich sei, in den harten Kämpfen, die ihm bevorstanden, die eigene Unversehrtheit zu wahren; er schwankte, was diese Frage betraf, zwischen zwei Extremen. Einerseits zeigte er sich bis zur Besessenheit durchdrungen von seiner Sendung und betrachtete sich als ‚Mann des Schicksals', dessen Auftrag es sei, Deutschland aus der Knechtschaft herauszuführen. Andererseits nährte seine labile körperliche Konstitution die Befürchtung in ihm, dass seine Lebenszeit sehr begrenzt sei. Besonders gesund war Hitler tatsächlich nicht. Sogar Syphilis soll er gehabt haben – eine oft geäußerte Behauptung, die sich allerdings nicht beweisen lässt.[19] Bestens belegt sind hingegen für die Jahre bis 1936 andere Beschwerden, die auf eine Überlastung durch das politische Tagesgeschäft hindeuten – ‚Stressphänomene' wie Tinnitus, Migräne, Schlaflosigkeit, Ekzeme, Magenkrämpfe, Blähungen und Zahnfleischbluten.[20] Akute Hypochondrie könnte man hinzusetzen, denn Hitlers Sorge um die eigene Befindlichkeit nahm zeitweise wahnhafte Formen an. Sie erreichten ihren Höhepunkt im Mai 1935, als man Hitler einen Polypen von den Stimmbändern entfernte und er sich einredete, dies sei ein Indiz für Kehlkopfkrebs. Seitdem war er besessen vom Glauben an seinen frühen, zu frühen Tod. Sommer 1936 bekannte er gegenüber seiner Schwester: Der „Alte vom Obersalzberg" werde ich niemals sein. Ich habe nur ganz wenig Zeit"[21].

Diese kurze Spanne, so Hitlers fixe Idee, könnte ein Attentat verkürzen und ihn daran hindern, seine heilbringende Mission zu erfüllen. Immer wieder schärfte er deshalb seiner Leibgarde ein, es sei von allerhöchster Wichtigkeit, dass er zumindest noch eine Weile am Leben bliebe. So kümmerte er sich persönlich um die ihn betreffenden Sicherheitsmaßnahmen und sorgte dafür, dass sie ständig optimiert und intensiviert wurden. In die Öffentlichkeit begab Hitler sich nie ohne Pistole; ebenso trugen seine Leibwachen und Adjutanten stets Waffen bei sich.

Die Besorgnisse erscheinen nachvollziehbar, denn Hitler setzte sich durch seine Art des politischen Kampfes zweifellos beträchtlicher Gefährdung aus. Als Führer der gewalttätigsten und aggressivsten Bewegung provozierte er zwangsläufig Aversionen, die sich zu personalem Hass steigern konnten. Dem auszuweichen war unmöglich zumal in Wahlkampfzeiten, in denen er bei seinen Reden ja auch mit gegnerischem Publikum zu rechnen hatte. Schon bei der Anfahrt konnte es geschehen, dass er von politischen Gegnern attackiert wurde. 1923 etwa feuerten Kommunisten einige Male aus dem Hinterhalt auf sein Auto. Andere rote Aktivisten stoppten im gleichen Jahr bei Leipzig Hitlers Wagen per Straßensperre und bedrohten die Insassen. Dass er heil davonkam, verdankte Hitler allein der Geistesgegenwart des mitreisenden Hanfstaengl, der ihn als seinen ‚Diener' ausgab; die List funktionierte nur, weil Hitler zu der Zeit in jenem Teil Deutschlands – noch – relativ unbekannt war. 1932 beschossen Unbekannte einen Eisenbahnzug, in dem Hitler saß.[22]

Jeder, der öffentlich radikale Ziele verficht, muss eine gewisse ‚Risikobereitschaft' zeigen; Hitler entwickelte jedoch geradezu eine Neigung für prekäre Situationen, die weit über ein normales Maß hinausging, und durch die er bewusst und regelmäßig die Bemühungen seiner Beschützer unterminierte. Seine Verwegenheit war erstaunlich und grenzte an Leichtsinn. Als er beispielsweise im Rahmen seiner Wahlkampagne 1932 nach Freiburg im Breisgau kam und sein Wagen mit Steinen beworfen wurde, sprang Hitler aus dem Auto und schwenkte seine Nilpferdpeitsche, worauf die Angreifer sich zerstreuten.[23] Von einem ähnlichen Ereignis des gleichen Jahres berichtet Albert Speer – zu dem Zeitpunkt noch Leiter einer Berliner Sektion des *Nationalsozialistischen Kraftfahrerkorps (NSKK)* –, der oft den Kordon des Wahlkämpfers Hitler zu begleiten hatte. In Brandenburg musste die Kolonne, so Speer, eine feindselige Menschenmenge passieren: „Als [...] Hitler mit seinem Gefolge eintraf, verwandelte sich die Menge in eine tobende und wütende Masse, die auf die Straße drängte. Im Schritttempo musste das Auto sich durchzwängen; Hitler stand aufrecht neben dem Fahrer. Ich zollte damals seinem Mut allen Respekt und empfinde den heute noch"[24].

Jahre später, in den 40ern, hat Hitler zu dieser ‚heroischen Geste' erklärt: Wenn ein idealistischer Attentäter entschlossen sei, ihn zu erschießen oder in die Luft zu sprengen, spiele es keine Rolle, ob er – Hitler – sitze oder stehe.[25] Später habe er mehr Vorsicht walten lassen, doch „in der Kampfzeit [...] ist es mir nicht darauf angekommen"[26].

Hitler wirkte außerordentlich unberechenbar, aber dahinter stand durchaus Absicht. Selten hielt er Termine ein; Speer nannte ihn „souverän unzuverlässig"[27]. Seinem Tagwerk – falls man von einem solchen sprechen kann – fehlte jede Regelmäßigkeit, außer dass er spät aufstand und bis in die tiefe Nacht ‚arbeitete', d.h. seinen Getreuen stundenlang über Gott und die Welt vorschwadronierte. Systematisches Arbeiten lag ihm nicht; lieber wählte er Beschäftigungen je nach Lust und Laune, wenn er sich nicht gleich dem Nichtstun hingab.[28] Übers Wochenende verschwand er hin und wieder unangekündigt, um seine Freizeit mit ein paar Vertrauten irgendwo in Berlin oder München zu verbringen. Sich von vorausschauender Planung einschränken zu lassen, widerstrebte ihm. So machte er es potenziellen Attentätern schwer, aber ebenso der eigenen Leibwache, in die sein Zutrauen ohnehin begrenzt war. Zwar schenkte er der Arbeit seines Sicherheitsstabs große Aufmerksamkeit, insgeheim aber bezweifelte er stark dessen praktischen Nutzen. Hitler glaubte viel zu sehr an numinose Kräfte wie ‚das Schicksal' und ‚die Vorsehung'. Keinesfalls, betonte er, hätten ihn je irgendwelche Sicherheitskräfte vor dem Tod bewahrt: „Ich verdanke mein Überleben einfach meinem Glück"[29]. Einerseits ließ er nach außen hin den Schutz seiner Person ständig optimieren und kümmerte sich um die kleinsten Details; tief innerlich jedoch nahm er die ganzen Vorkehrungen nicht wirklich ernst; bei einem sorgfältig geplanten Attentat würden sie ihn so wenig schützen wie Papierhelm und Holzschwert einen Knaben, der in eine echte Schlacht gerät. Schirmen, so meinte er, könne ihn nur die höhere Macht der Geschichte, die ihn nicht abberufen werde, bevor er seinen historischen Auftrag erfüllt habe. Dieses Vertrauen verhalf ihm zu einer gewissen Gelassenheit.

Attentatsgerüchte schwirrten genügend herum, aber nichts geschah. Anfang des Jahres 1933 berichteten Informanten und

Spitzel des Systems immer wieder von Leuten, die den neuen Reichskanzler töten und seine Regierung stürzen wollten. Namentlich im Ausland säßen Konspiranten und brüteten über den wildesten und abenteuerlichsten Plänen, so in der Schweiz, in Holland, in Spanien, in der Tschechoslowakei, aber auch in Marokko und den USA.[30] Bald waren es Juden in Basel, bald katalanische Anarchisten in Barcelona, bald Kommunisten im Saarland, die Verdacht erregten. Da die Meldungen nicht selten auf purem Hörensagen beruhten, entpuppten sich viele der vermeintlichen Umtriebe als Windeier. Gelegentlich wurde schon hinter einer schnodderigen Bemerkung wie: ‚Den Hitler müsste mal einer wegbomben‘, eine komplette Verschwörung vermutet. Ein besorgter Bürger aus Augsburg warnte Hitler in einem Brief, ‚subversive Elemente‘ könnten einen Tunnel unter der Reichskanzlei graben und dort Sprengladungen anbringen. Zwar kenne er selbst niemanden, der solches plante, aber der Führer solle, um sein ‚kostbares Leben‘ zu bewahren, äußerste Vorsicht walten lassen und alle Gefahren bedenken.[31] Dank solcher hochmotivierten und phantasiebegabten Informanten wurden der Berliner Polizei fast jede Woche neue Attentatspläne gemeldet. So gut wie alle Hinweise wurden geprüft, aber von hundert erschienen nur zehn ernsthafter Ermittlungen wert, die in fast allen Fällen wenig bis nichts zu Tage förderten.[32]

Eigentlich sollte man meinen, dass besonders die politische Linke Hitler nach dem Leben getrachtet hätte. Die deutschen Sozialisten und Kommunisten wussten nur zu genau, was ihnen unter dem Regime blühen würde, das sich da formierte, und stellten durchaus Gedankenspiele in Richtung eines Präventivstriks an. Aber die deutsche Linke wäre nicht die deutsche Linke gewesen, wenn sie sich aufgerafft hätte, Hitler gewaltsam zu beseitigen. Die Sozialisten in der SPD fühlten sich der demokratischen Legalität verpflichtet und scheuten vor einem derart extremen Vorgehen zurück. Die Kommunisten hatten damit weniger Probleme, erhielten aber aus Moskau die Order, ihre ganze Kampfkraft gegen die SPD zu richten. Beiden Haltungen lag zweifelsfrei eine krasse Fehlbeurteilung der wahren Lage zugrunde. Auf Seiten der radikalen Linken kam noch ein ideologischer Vorbehalt hinzu. In der Sicht vieler Marxisten war der Faschismus der letzte Atemzug der kapitalistischen Bourgeoisie, ein blutiger Prolog vor der finalen historischen Wende zur unvermeidlichen, weil gesetzmäßig eintretenden Verwirklichung der sozialistischen Utopie. Geschichte werde, so die Lehre, von sozialen und ökonomischen Kräften bestimmt, nicht von Individuen. Daher erschien es der Mehrheit der radikalen Linken wenig sinnvoll, Hitler zu beseitigen, statt ihn von der Geschichte erledigen zu lassen.

Immerhin fanden sich ein paar Tapfere, die der Geschichte auf die Sprünge helfen wollten. Einer von ihnen war Beppo Römer, einst Freikorpsführer, dann Kommunist. Ihm gelang es Frühjahr 1933, sich mehrere Tage hintereinander in die Reichskanzlei einzuschleichen; bevor er freilich zur Tat schreiten konnte, enttarnte ihn die SS. Römer saß sechs Jahre im KZ Dachau und arbeitete anschließend weiter gegen das Regime, bis er 1942 hingerichtet wurde. Ebenfalls Frühjahr 1933 plante der Kommunist und Schiffszimmermann Kurt Lutter in Königsberg ein Bombenattentat auf Hitler. Lutter wurde verhaftet und verhört, aber wegen Mangels an Beweisen bald freigelassen; zu einem Verfahren kam es nicht. Zwei Jahre später, 1935, wurde in Wien eine besonders ehrgeizige kommunistische Verschwörergruppe ausgehoben, die neben Hitler auch Göring, Goebbels und den Kriegsminister Blomberg töten wollte. Interessanterweise legte es diese konspirative Gruppe darauf an, den Eindruck zu erwecken, die SA stecke hinter der Sache.[33]

Die von der Linken ausgehende Gefahr erwies sich insgesamt als beherrschbar; eine ernsthaftere Bedrohung bildeten die Enttäuschten auf der Rechten. Für nicht wenige SA-Leute war Hitler ein Verräter an ihren Idealen geworden. An der Basis der Organisation erregte 1933 die neue Machtkonstellation im Reich keineswegs ungeteilte Begeisterung; den offensichtlichen Erfolg ‚ihres‘ Führers betrachteten viele als höchst unvollständigen Sieg der nationalen Revolution. Bald gab es die ersten Alarmzeichen. Noch im gleichen Jahr wurde auf dem Obersalzberg nahe Berchtesgaden ein Unbekannter verhaftet, der sich in SA-Uniform Zugang zu Hitlers dortiger Residenz verschafft hatte – mit eindeutigen Absichten: Man fand bei ihm eine geladene Pistole.[34]

Ihren Höhepunkt und ihr Ende fanden die Spannungen zwischen neuer Staatsführung und SA in der Röhm-Krise im Sommer 1934, als Hitler offen gegen seine einstigen Verbündeten vorging. Die SA sei eine Bedrohung für den ‚inneren Frieden‘ geworden, ließ er überall verbreiten und begab sich, begleitet von seiner SS-Leibstandarte, nach Bad Wiessee (Oberbayern), um seinen alten Kampfgefährten Ernst Röhm, der dort Urlaub machte, höchstpersönlich zu verhaften. Es war der Anfang einer regelrechten Säuberungsaktion. Aber noch gab es Widerstand; gleich zu Beginn schien sich der SA sogar kurzfristig eine Gelegenheit zum vernichtenden Gegenschlag zu bieten. Als Hitler und die Seinen den Kurgasthof, in dem sie Röhm und einige seiner Gefolgsleute festgenommen hatten, verlassen wollten, trafen plötzlich Männer der Stabswache Röhms ein. Sie reagierten auf das Geschehen erst verwirrt, dann zunehmend aggressiv. Schließlich wurde ihnen befohlen, in ihre Münchner Quartiere zurückzukehren. Tatsächlich fuhren sie los, hielten aber nach ein paar Kilometern an, um eine Straßensperre zu errichten, postierten Maschinengewehre beiderseits der Straße und warteten auf Hitler. Dem schwante wohl etwas in dieser Richtung, jedenfalls wählte er für den Rückweg sicherheitshalber eine andere Route.[35]

Eine weitere oppositionelle Gruppe, die sich mit Attentatsplänen trug, war die *Schwarze Front* unter dem ehemaligen Nationalsozialisten Otto Strasser. Strasser vertrat eine seltsam eklektische Ideologie, eine krause Mischung aus extremem Nationalismus, Antikapitalismus, Sozialismus und Anarchismus, weshalb er nicht nur innerhalb der politischen Landschaft Deutschlands, sondern auch innerhalb der NSDAP ein Randphänomen blieb. Bereits im Sommer 1930 wurde er aus der Partei gedrängt. Prompt gründete er die Schwarze Front als Sammelbecken für alle Rechten, die Hitler nicht folgen mochten. Zum Zeitpunkt ihres Verbots Januar 1933 hatte die Bewegung um die 5.000 Mitglieder. Strasser emigrierte, zuerst nach Wien, dann nach Prag. Von beiden Stützpunkten aus führte er heftige Propagandakampagnen gegen den siegreichen Konkurrenten und baute ein illegales Netzwerk in Deutschland auf.

1936 leitete die Schwarze Front ihre waghalsigstes Unternehmung in die Wege: einen Anschlag auf Hitler. Für die Tat bestimmte man einen jungen Juden aus Stuttgart, Helmut Hirsch, der in Prag Architektur studierte. Der hatte Bedenken, beugte sich aber schließlich dem Argument, die deutschen Juden müssten endlich zu militantem Widerstand ermutigt werden, und das gehe am besten durch einen ‚heroischen Akt' aus ihren eigenen Reihen.

Eine Kofferbombe, platziert auf dem Reichsparteitagsgelände in Nürnberg, sollte das tödliche Werk vollführen. Dezember 1936 war es so weit: Hirsch fuhr los, doch schon an der Grenze nahm die Polizei ihn fest. Ein halbes Jahr später wurde er hingerichtet. Es gibt zwei mögliche Erklärungen, warum der Plan scheiterte: Entweder besaß die Gestapo einen Informanten innerhalb der Verschwörung, oder aber – weniger wahrscheinlich – die Schwarze Front selbst hat Hirsch verraten, weil sie sich von einem spektakulären Prozess mehr Publizität bei der breiten Bevölkerung erhoffte.

Es war nicht das erste Mal, dass ein Jude ein Fanal gegen die braunen Peiniger versuchte; und es sollte nicht das letzte Mal sein. Die meisten Juden verharrten angesichts der immer härteren Bedrängnis in einer Art resignativer Schockstarre; der organisierte jüdische Widerstand begann erst 1943 mit der Rebellion im Warschauer Ghetto. Während der 30er Jahre blieben bewaffnete Konterattacken das Werk Einzelner, in denen die Sicherheitskräfte aber bald eine wachsende Gefahr erkannten. Nicht selten gaben bedrückende persönliche Erfahrungen den entscheidenden Anstoß. Bei Helmut Hirsch war es möglicherweise die Verzweiflung, dass seine Familie sich schon seit Jahren vergeblich um die amerikanische Staatsbürgerschaft bemühte, die viele ihrer Mitglieder hätte retten können.

Es ist auch nicht auszuschließen, dass für Helmut Hirsch das Beispiel des jüdischen Studenten, der ein Dreivierteljahr zuvor erfolgreich ein Attentat auf eine Nazi-Größe verübt hatte, Vorbildcharakter hatte. Am 4. Februar 1936 erschoss der aus Kroatien gebürtige David Frankfurter in Davos den Schweizer Landesgruppenleiter der NSDAP, Wilhelm Gustloff.[36] Frankfurter hatte an der Universität Frankfurt/Main ein paar Semester Medizin belegt, musste aber ohne Abschluss emigrieren, als 1933 die Nationalsozialisten die Macht eroberten. Er floh nach Bern. Dort konfrontierte ihn die Lektüre der Tagespresse mit den Schrecken der neuen Diktatur. Besonders empörten den jungen Mann die antisemitischen Hetzkampagnen der Nazi-Blätter und mehr noch die ersten Berichte über die Konzentrationslager. Erschüttert über die allgemeine Passivität angesichts solcher Ungeheuerlichkeiten entschloss er sich zur Tat. Ursprünglich hatte er Hitler selbst zum Ziel, entschied sich dann aber für Gustloff, den Sachwalter Hitlers in der Schweiz.

Frankfurter bereitete sich gründlich vor. Er studierte Gustloffs Arbeitstag und seine Gewohnheiten genau, prägte sich ein, wann er was tat, wann er wohin ging, und trug stets ein Foto von Gustloff bei sich, um ihn im rechten Moment sicher zu erkennen. Er besorgte sich einen Revolver und übte mit ihm auf einem Schießstand in Bern. Am 3. Februar kaufte er eine einfache Fahrkarte nach Davos und mietete sich dort ein Zimmer. Einen Tag später schellte er an Gustloffs Tür und fragte höflich, ob er den Landesgruppenleiter sprechen könne. Man führte den Besucher ins Arbeitszimmer, ließ ihn unter einem Hitlerbild Platz nehmen und bat ihn, einen Augenblick zu warten. Als Gustloff den Raum betrat, schoss Frankfurter ihm fünfmal in Kopf und Brust. Dann floh er, rief aber aus einer Telefonzelle die Polizei an und bekannte sich zur Tat, ging zum nächstgelegenen Wachlokal und stellte sich mit den Worten: „Ich habe geschossen, weil ich Jude bin. Ich bin mir meiner Tat vollkommen bewusst und bereue sie auf keinen Fall"[37].

Wie Hirsch wollte Frankfurter ein Fanal setzen, das seine Leidensgenossen zum offenen Widerstand gegen die Nazis anstacheln sollte; wie Hirsch ist er an diesem hochgesteckten Ziel gescheitert. Trotzdem haben beide zu einer Zeit, in der sich noch kein systematischer jüdischer Widerstand regte, vor Augen geführt, dass es eine Alternative zur bloßen Hinnahme des Unrechts gab. Frankfurters Aktion erforderte keine Widerstandsorganisation; sondern nur einen Einzelnen, der mit einer Waffe entschlossen zuschlug, weil ihm Not und Erniedrigung so unerträglich geworden waren, dass sie alle Bedenken vergessen ließen.

Zwei Jahre später folgte erneut ein junger Jude jenem Beispiel. Diesmal freilich mussten weit mehr Menschen den Anschlag büßen: Das ganze jüdische Volk wurde in Kollektivhaftung genommen. Am 7. November 1938 feuerte der siebzehnjährige Schüler Herschel Grynszpan drei tödliche Schüsse auf den Legationssekretär der deutschen Botschaft in Paris, Ernst vom Rath. Die deutschen Behörden hatten die Familie des polnischen Staatsbürgers Grynszpan, die schon seit über zwanzig Jahren im Reich lebte, nach Polen zurückdeportiert und ihm durch Reiseverbote unmöglich gemacht, Kontakt mit ihr zu halten. Der Attentäter wurde schnell gefasst und später von den Nazis umgebracht.[38] Die Tat lieferte dem Regime den willkommenen Vorwand für die mörderischen Pogrome der ‚Kristallnacht‘.

So richtig der Schluss sein mag, dass Herschel Grynszpan mit seiner Tat den Juden im Reich geschadet hat, ist damit nicht die ganze Wahrheit erfasst. Immerhin hatte seine Tat ein deutliches Zeichen gesetzt, dass man nicht in Lethargie verharren musste, und aller Welt demonstriert, wozu die Gegenseite imstande war.

Trotz der grundlegenden Revision der Schutzmaßnahmen kurz nach dem Machtantritt Januar 1933 hieß es in Hitlers Umgebung, es müsse wesentlich mehr geschehen. Die Forderungen dürften nicht eben selbstlos gewesen sein: Wo mehr Sicherheit benötigt wird, fließen mehr staatliche Mittel, und wer darüber verfügt, kann Einfluss nehmen. So nutzten einige Hitler-Vertraute die Gunst der Stunde und bemühten sich, in die Positionen zu gelangen, auf die nicht nur der Geldsegen niederging, sondern wo sich auch die eigene Macht ausbauen ließ. Hier brachte es Heinrich Himmler zu wahrer Meisterschaft.

Schon im März 1933 richtete Himmler parallel und ergänzend zu den bereits existierenden Gruppen ein neues Sicherheitskorps ein, das *Führerschutzkommando*. Das Anforderungsprofil des Kommandos beschrieb Himmler folgendermaßen: „Die Beamten [...] haben den Schutz des Führers [...] zu übernehmen und für dessen unbedingte Sicherheit Sorge zu tragen“. Hierzu kämen „nur Beamte in Betracht, die einmal bewährte Nationalsozialisten, dann ausgezeichnete Kriminalisten mit unbedingter Zuverlässigkeit, äußerster Pflichterfüllung, guten Umgangsformen und körperlich gewandt sind“[39].

Mit der Gründung einer neuen Sicherheitsformation für den Führer verfolgte Himmler, der bislang noch als bayrischer Polizeichef in München saß, zielstrebig, seinen Einfluss Richtung Berlin auszudehnen und weiter ins Zentrum der Macht vorzurücken. Zunächst stieß Himmlers Versuch auf ernsthafte Hindernisse. Da sich seine Autorität noch nicht auf das Reich erstreckte, durfte das Führerschutzkommando Hitler vorerst nur in Bayern schützen. Zudem bestand das Kommando samt und sonders aus bayrischen Polizeibeamten, unter denen einige Offiziere waren, die zehn Jahre zuvor Hitlers Putsch in München niedergeschlagen hatten. Hitlers anfängliche Bedenken, sich von Himmlers Spezialeinheit bewachen lassen, sind so verständlich wie seine Entscheidung, die vertrauten, loyalen und bewährten Mitglieder der *Leibstandarte Adolf Hitler* vorzuziehen, die Sepp Dietrich kurz nach der Regierungsübernahme aufgebaut hatte.[40]

Ein Jahr zuvor hatte Dietrich bereits eine andere Schutzgarde gegründet, das *SS-Begleitkommando Der Führer*; die Leibstandarte baute er nun parallel zu diesem auf. Sie sollte eine regelrechte SS-Mustertruppe werden. Ursprünglich umfasste sie nur 120 Mann. Die Aufnahmekriterien entsprachen dem nationalsozialistischen Idealbild des Mannes: ‚nordische‘ Erscheinung, kräftiger muskulöser Körperbau, Größe mindestens 1,80 Meter, keinerlei Vorstrafen und der Nachweis arischer Abstammung bis 1750. Angesichts dieses Normenkatalogs fällt einem unwillkürlich der polnische Witz ein, wonach ein guter Deutscher ‚groß wie Hitler, schlank wie Göring, blond wie Himmler und athletisch wie Goebbels‘ ist. Im Laufe des Jahres 1933 wurden die Gardisten der Leibstandarte über die Schutzobjekte verteilt. So bewachte seit April 1933 eine zwölfköpfige Einheit die Berliner Reichskanzlei, eine weitere seit Juli Hitlers Berghof bei Berchtesgaden. Am 9. November des Jahres versammelte sich die komplette Leibstandarte – inzwischen 800 Mann – in München vor dem Ehrenmal für die Gefallenen des Putsches von 1923 und leisteten ihren Treueid auf Hitler. Es handelte sich um einen persönlichen Eid: Er verpflichtete den Gelobenden allein dem Führer – nicht der Verfassung, nicht dem deutschen Volk: „Ich schwöre Dir, Adolf Hitler, als Führer und Kanzler des Deutschen Reiches Treue und Tapferkeit. Ich gelobe Dir und den von Dir bestimmten Vorgesetzten Gehorsam bis in den Tod, so wahr mir Gott helfe". Das Schauspiel berührte auch Menschen, die dem Dritten Reich skeptisch gegenüberstanden, so den Großkaufmann Emil Helfferich, dem die „mitternächtliche Vereidigung vor der Feldherrnhalle" mächtig imponierte: „Prächtige junge Männer, ernst, in tadelloser Haltung und Ausrüstung. Eine Elite. Mir traten die Tränen in die Augen, als die Tausende bei Fackelschein im Chor den Treuschwur sagten. Wie ein Gebet"[41].

Das Aufgabengebiet der Leibstandarte erweiterte sich zusehends. Inzwischen bewachte sie neben der Reichskanzlei und dem Berchtesgadener Berghof die drei Berliner Flughäfen, mehrere Ministerien und Himmlers Wohnsitz.

In erster Linie hatte die Truppe, ihrem Namen entsprechend,

die Funktion einer klassischen Leibwache zu erfüllen. Als solche brillierte sie, und das nicht zuletzt aufgrund ihrer blendenden äußeren Erscheinung: hünenhafte Körpermaße, makellose schwarze Uniformen, weiße Koppel, weiße Handschuhe – ein propagandistisches Schaustück erster Güte. Wo die Leibstandarte sich zeigte, löste sie Furcht, Respekt und Neid aus. Oft genug musste sie Proben ihrer Nervenstärke geben, wenn bei Hitlers Auftritten die hysterische Begeisterung der Massen chaotische Züge annahm. So brachen in Breslau 1938 während eines festlichen Aufmarsches plötzlich ganze Gruppen aus den vorbeidefilierenden Kolonnen aus und rannten, gefolgt von der Menge, dem Führer entgegen. Der Augenzeuge Ulrich Frodien, seinerzeit HJ-Pimpf, berichtet darüber, dass es in dem bedrohlichen Trubel nur eine Gruppe gab, „die von der um sich greifenden Erregung überhaupt nicht erfasst wurde, sondern in stoischer Ruhe auf ihren Plätzen verharrte. Das waren die schwarz uniformierten Riesenkerle unter schwarzen Stahlhelmen, die SS-Leibstandarte Adolf Hitler, seine Leibwache, jeder an die zwei Meter groß, die vor der Führertribüne eine Kette bildeten und jetzt auf Befehl eines Offiziers näher zusammenrückten"[42].

Die Leibstandarte war indes mehr als nur eine Wachtruppe. Die strenge Auslese ihrer Soldaten machte sie zur Elite der Elite, gleichsam zu Hitlers Gardekavallerie. In dieser Eigenschaft gaben sie Würdenträgern, die Deutschland besuchten, das Ehrengeleit. Sie paradierten – stets mit ihrer berühmten Marschkapelle an der Spitze – zu Hitlers Geburtstag und zu anderen Feierdaten des nationalsozialistischen Kalenders. Überall, wo das Reich Eroberungen machte, bereitete sie Hitlers festlichen Einzug vor und sorgte für dessen reibungslosen Ablauf: 1935 an der Saar, 1936 im Rheinland, 1938 in Wien, 1939 in Prag und Warschau. Neben den eher repräsentativen und den der persönlichen Sicherheit Hitlers dienenden Aufgaben übernahm die Leibstandarte allerdings auch das blutige Handwerk. Während Hitlers Rachefeldzug gegen Röhm wurden die meisten Hinrichtungen von der Leibstandarte ausgeführt. Wie es schon der Treueid vermuten ließ, formierte sich die Leibstandarte zu Hitlers Privatarmee.

Eine ganze Weile schien ihr nichts und niemand ihre starke Position streitig machen zu können. Erst 1935 erwuchs ihr eine bedeutsame Konkurrenz. Heinrich Himmler hatte inzwischen seinen Einfluss genügend ausgebaut und sein Drängen, den Sicherheitsapparat in Teilen umzuorganisieren, fand beim ersten Mann des Staates Gehör. Nach vielem Hin und Her erreichte Himmler, dass Hitler ihn zum Chef des neu gegründeten *Reichssicherheitsdienstes (RSD)* ernannte, der das frühere Führerschutzkommando ablöste. So entstand eine weitere Truppe, die den Reichskanzler und die prominentesten Mitglieder seiner Regierung vor Schaden bewahren sollte.

Der RSD, der zunächst nur 45 Beamte umfasste, hatte mehrere Abteilungen, ,Büros' genannt, deren erstes für den Schutz des Führers zuständig war. Man leistete sicherheitspolizeiliche Routinearbeit, überwachte gefährdete Gebäude und solche, von denen wegen ihrer Lage Gefährdungen ausgehen konnten, unternahm Stichprobenkontrollen vor öffentlichen Veranstaltungen, beobachtete verdächtige Personen und ermittelte vorsorglich gegen sie. Besondere Maßnahmen waren zu treffen, wenn der Führer reiste. Wohin sich Hitler auch begab, stets erhielt der RSD für die Dauer des Besuchs die Oberhoheit über alle örtlichen Polizeikräfte. Bei Kriegsausbruch zählte die Einheit bereits gut 200 Mann.

In der Anfangszeit des Dritten Reiches existierten nicht weniger als vier Formationen nebeneinander, die sich um Hitlers Sicherheit bemühten: das *Führerschutzkommando*, die *Leibstandarte*, der *RSD* und das wiedererstandene *SS-Begleitkommando*. Letzteres, 1932 von Sepp Dietrich eingerichtet, war kurzfristig ,eingeschlafen', denn die meisten der ,Alten Kämpfer', die ihm angehört hatten, waren Vertraute Hitlers, die nach der Machtübernahme für ihre Treue hohe Verwaltungsposten, einträgliche Ehrenstellungen und sonstige Pfründe erhalten hatten und nicht mehr zu mobilisieren waren. Das Begleitkommando musste praktisch neu gegründet werden. Man rekrutierte Kandidaten aus verschiedenen SS-Verbänden, die genauestens auf ihre Zuverlässigkeit geprüft wurden. Ursprünglich zählte die Gruppe nur acht Leute, deren Hauptfunktion der Schutz des Führers während seiner Besuche im In- und Ausland war. Stand aktuell kein Eskortendienst an, beschäftigte man sie als Diener, Fahrer oder Schreibkraft.

Bei dem Tauziehen zwischen den vier Elitegarden blieb Himmlers erste Gründung, das Führerschutzkommando, auf der Strecke; es wurde der regulären Polizei eingegliedert und dem Innenministerium unterstellt. Nun mussten die übrig gebliebenen Formationen ihre Ressorts sinnvoll abgrenzen, um Überschneidungen zu vermeiden. Schließlich einigte man sich auf die Lösung, dass die bewegliche Gefahrenabwehr per Eskorte bei Besuchen das SS-Begleitkommando besorgte, sämtliche stationären Schutzaktivitäten – vom normalen Wachdienst bis zur Ehrenwache – der Leibstandarte zufielen und der RSD, getreu seinem Status als Sondereinheit der Polizei, die klassische Arbeit der Ordnungsorgane übernahm: Observation, Ermittlung, Fahndung etc. Zusammen bildeten die drei Formationen eine nicht zu unterschätzende Barriere für jeden, der dem Führer Gewalt antun wollte.

Wie dicht das Abschirmnetz um den Führer mit den Jahren wurde, zeigt ein Blick auf die seit 1938 geltenden Sicherheitsbestimmungen für die Reichskanzlei in Berlin. Jeder Besucher war gezwungen, die beiden SS-Posten vor dem Portal zu passieren, die ihm einen Empfangsbeamten im Gebäude nannten, wo er sich zu melden hatte und einen Hausausweis bekam. Dann geleitete ihn eine Eskorte der SS zur betreffenden Dienststelle. Der Weg führte über einige Gänge schließlich die Treppe hoch, vorbei an den 39 SS-Posten einer ständigen Wache. Im ersten Stock, wo sich Hitlers Räume befanden, erwartete den Besucher eine noch beträchtlichere Zahl Sicherheitsleute und mehrere Personenkontrollen, akribischer und energischer als die bisherigen. Wer hier ohne gültigen Ausweis eintraf, riskierte die sofortige Verhaftung. Beim Verlassen des Gebäudes wurde der Besucher zurück zum Empfangsbereich eskortiert, wo er den Hausausweis abgeben musste; erst dann durfte er gehen.

Zu all diesen Sicherheitsmaßnahmen gab es das Gerücht, sie hätten Hitler nicht genügt, weshalb er sich zeitweise von einem Double habe vertreten lassen. Bis in unsere Tage wird dies kolportiert; stichhaltige Belege für diese Behauptung gibt es jedoch nicht.[43]

Besondere Probleme hatten die Sicherheitstrupps zu bewältigen, wenn Hitler ein individuelles Transportmittel wie das Auto benutzte, was er oft und gerne tat. Er gehörte zu den ersten Auto-Enthusiasten. Bereits 1923 besaß er einen roten Mercedes, den die Münchner Polizei allerdings nach dem gescheiterten Putsch beschlagnahmte.[44] In der Folgezeit legte Hitler sich mal einen Mercedes, mal einen Maybach zu, die er nicht nur privat, sondern auch für seine politischen Auftritte nutzte. Nach der ‚Machtergreifung' stellte er sich einen wahren Fuhrpark aus Mercedes-Limousinen zusammen, von denen ein paar mit den einschlägigen Extras versehen waren: gepanzerte Karosserie, schusssichere Reifen, bis zu 30 Millimeter dickes Scheibenglas – Vorkehrungen, gegen die angeblich weder Sprengkörper noch Handfeuerwaffen eine Chance hatten. Trotz der zweifelsfrei höheren Gefährdung ließ Hitler sich aber am liebsten im offenen Tourenwagen chauffieren. Gesehen zu werden schien ihm wichtiger, als unbedingt sicher zu sein.

Hatte Hitler einen öffentlichen Auftritt, bewegte man sich in einem Konvoi, der mindestens aus vier Autos bestand: ein Pilotwagen vorweg, dann die Führerkarosse, schließlich als Nachhut mindestens zwei Fahrzeuge – eines für die Leute des SS-Begleitkommandos, eines für die RSD-Beamten. Der Schutz im Konvoi wurde ständig erweitert und verfeinert; bald schirmten, wenn Hitler eine Stadt besuchte, nicht mehr einzelne Autos seinen Wagen ab, sondern Sicherheitskordons in voller Straßenbreite, die jedes Fahrzeug, das sich von vorn oder von hinten näherte, wegdrängten und notfalls dabei rammten. Manchmal geschah es, dass sogar harmlose Fußgänger überfahren wurden, die im Rausch ihrer Begeisterung auf die Straße gestürmt waren.

In solch exzessive Verzückung zu geraten, war der britische Militärattaché Sir Noel Mason-Macfarlane gefeit, als er 1938 nahe Linz zu einer Tankstelle abbog und hörte, dass in Kürze der Führer mit seinem Gefolge passiere auf dem Weg nach Wien.

„Ich entschloss mich zu warten", erinnerte sich Sir Noel, „denn ich wollte mir den Erzschurken und seinen Konvoi nicht entgehen lassen. Schon ein paar Minuten später kamen sie angerollt: erst eine Reihe Mercedes-Wagen, darin SS bis an die Zähne bewaffnet mit MPs und anderem todbringenden Gerät. Dicht dahinter ein halbes Dutzend Riesenkarossen, in denen Hitler, seine engsten Vertrauten und seine Leibwächter saßen. [...] Es lag etwas schauderhaft Bedrohliches in diesem Zug aus schwarz glänzenden Mercedes-Limousinen, der da unerbittlich auf Wien zurollte"[45].

Neben seinem Mercedes-Fuhrpark unterhielt der ‚Erzschurke' eine kleine private Flugzeugflotte. Schon in den frühen 30er Jahren hatte er während seiner Wahlkampagnen oft den Luftweg genommen – damals noch eine Novität. Bald nach der ‚Machtergreifung' beauftragte er seinen persönlichen Piloten Hans Baur mit dem Aufbau einer ‚Regierungsstaffel'. Meist benutzte Hitler eine Junkers 52, eine damals wegen ihrer Solidität und ihres Komforts sehr geschätzte Maschine; daneben verfügte er über eine speziell umgebaute Focke-Wulf Condor mit der Bezeichnung D-2600. Für die Flüge galten besonders scharfe Sicherheitsmaßnahmen. Nur Baur durfte die ‚Führermaschine' steuern, und von ihm erfuhr grundsätzlich niemand, wohin der Flug ging – auch nicht das betroffene Flughafenpersonal. Zwischen den Einsätzen stand die D-2600 in einem geheimen Hangar in Berlin-Tempelhof, den ein gemeinsames Korps aus Angehörigen der Leibstandarte und des RSD bewachte. Um die technische Wartung kümmerte sich ein ‚handverlesenes' Ingenieurteam. Bevor er mit Hitler an Bord startete, machte Baur einen fünfzehnminütigen Testflug; Postsendungen, Pakete und ungeprüftes Gepäck durften – wie eine Bestimmung ausdrücklich verfügte – nicht an Bord gebracht werden.

Ab 1937 konnte Hitler auch auf Schienen exklusiv und wohlbewehrt reisen: im Führersonderzug, einer der Sicherheit wegen fast vollständig aus geschweißtem Stahl gebauten Garnitur. Die Lokomotive zog nicht weniger als fünfzehn Wagen, darunter Salon-, Speise-, Schlaf-, Gepäck- und Konferenzwagen. Der feste Begleitstab, über sechzig Mann, umfasste Adjutanten, Wachen, Diener und technisches Personal. Wann der Führer fuhr, unterlag striktester Geheimhaltung. Oft wurde dem Originalzug eine Attrappe vorausgeschickt, die potenzielle Übeltäter täuschen sollte. Das rollende Führerdomizil hatte auf den Strecken stets Priorität. Regelfahrzeuge durften es nicht überholen, folgende Lokomotiven hatten einen Abstand von mindestens fünf Minuten zu wahren.

Trotz dieser Maßnahmen war es für den RSD extrem schwierig, die Bewegungen des Führersonderzugs vor der Öffentlichkeit zu verbergen. Die Fahrpläne konnten nicht komplett ignoriert werden, wenn man kein Chaos riskieren wollte. Jeder beabsichtigte Einsatz des Sonderzugs, auch der kurzfristig terminierte, bedurfte einer Vorwarnzeit von mindestens zwei Stunden. Die entsprechenden Befehle mussten sämtlichen Zuständigen möglichst rasch und klar – das heißt unkodiert – übermittelt werden, was eine Menge ‚Mitwisser' schuf: Fahrpersonal, Rangiermeister, Stationsvorsteher, Schrankenwärter, Gleisarbeiter und andere.

Für die Unversehrtheit des Führers, so möchte man meinen, wurde alles Erdenkliche getan, keine Kosten und Mühen gescheut.

Und doch hatte das System empfindliche Schwachstellen. Besonders erstaunt die Laxheit, die sich der Apparat bei der Besetzung hochsensibler Posten im Sicherheitsbereich erlaubte. So waren zu Beginn nur wenige RSD-Leute überhaupt Parteigenossen; selbst der Chef der Truppe, der rundliche Bayer Johann (‚Hans‘) Rattenhuber, schloss sich erst nach seiner Ernennung der NSDAP an.[46] Auch in der Leibstandarte schien das Parteibuch nicht so wichtig: Gut ein Viertel der Gardisten besaß keins.[47]

Selbst bei den Angestellten in Hitlers engster Entourage ließen die Zuständigen offenbar keine gesteigerte Vorsicht walten. Um dort arbeiten zu können, benötigte man – neben Berufserfahrung – die richtigen Referenzen, die richtigen Beziehungen, die richtige Protektion; besondere ‚Unbedenklichkeitsprüfungen‘ brauchte man nicht zu bestehen. Hitlers letzte Sekretärin Traudl Junge etwa verdankte ihren Posten nicht allein ihren stenotypistischen Fähigkeiten, sondern mindestens ebenso der Verwandtschaft einer Arbeitskollegin ihrer Schwester mit Hitlers Adjutanten Albert Bormann, der in der Reichskanzlei, wo sein Bruder Martin als Quasi-Stellvertreter des Führers residierte, die Funktion eines Personalchefs ausübte.[48] Auch Hitlers Köchin Marlene von Exner wurde nicht überprüft; den Vorgesetzten genügte eine persönliche Empfehlung des rumänischen Diktators Marschall Antonescu. Hätte Frau von Exner Attentatspläne verfolgt – sie wäre ideal platziert gewesen, um Hitler zu vergiften. Entlassen wurde sie, als nachträglich herauskam, dass sie eine jüdische Großmutter hatte.[49]

Dass die einschlägigen Abschirmvorkehrungen von Anfang an lückenhaft waren, bestätigt Albert Speer, wenn er seine erste Begegnung mit Hitler im Sommer 1933 schildert. Goebbels und Heß kannten Speer zwar schon, aber für Hitler war der junge Architekt noch ein Fremder, nicht minder für seine Schutzkräfte, die damit allen Grund gehabt hätten zu Misstrauen oder wenigstens erhöhter Aufmerksamkeit. Nichts dergleichen geschah. Speer hatte um einen Termin gebeten, der ihm gewährt worden war; Hitler empfing ihn in seinem Nürnberger Domizil. Ein Adjutant geleitete den Besucher zum Führer; da stand er nun „vor Hitler, dem mächtigen Reichskanzler"[50] – und zwar allein. Von Sicherheitsmaßnahmen irgendwelcher Art, sollte es sie denn gegeben haben, ist bei Speer nicht die Rede.

Auch in der Reichskanzlei erfüllten längst nicht alle Wachen ihre Pflicht so gewissenhaft, wie man es von einem Elitetrupp erwarten würde. Immer wieder wurden dem Chef der Leibstandarte Disziplinverstöße gemeldet. Einzelne seiner Leute vertrieben sich die Zeit mit Fahrstuhlfahren, ein Gardist drückte seine Nase an einem Erdgeschossfenster platt und grimassierte nach draußen, statt die Innenräume zu observieren. Mehr als einmal knallten Schüsse durchs Gebäude, die sich aus nachlässigerweise ungesicherten Dienstwaffen gelöst hatten.

Die Wachen selbst hielten ihr Wirken für „gering, unzureichend", ja „stümperhaft"[51]. Für diese Defizite, monierte später rückschauend ein Veteran der Leibstandarte, seien aber nicht sie, sondern ihre Oberen verantwortlich gewesen, die sie nicht zielgerichtet auf ihre schwierige Arbeit vorbereitet hätten. Ihre ganze Schulung habe in dem Hinweis bestanden, sie sollten bei Hitlers öffentlichen Auftritten gegenüber Zuschauern, die sich zu nah zum Führer hindrängten, nicht gar zu grob agieren. Zudem habe es, namentlich während ihres Dienstes an Hitlers Wohnstätten, so ausgedehnte Leerlaufphasen gegeben, dass die Gardisten sich anderweitig verdingt hätten, etwa als Büroboten oder Kuriere.[52]

Bei diesen Mängeln ist es kein Wunder, dass sich ungebetene Besucher in Hitlers Berliner Residenz einzuschleichen vermochten. Zwar wurden sie alle rechtzeitig gestellt, aber die Vorfälle belegen deutlich, dass die Reichskanzlei keineswegs so hermetisch gesichert war, wie der Hausherr es sich wünschte. Auch was seine Schutztruppen in der Öffentlichkeit leisteten, fiel nicht unbedingt zu seiner Zufriedenheit aus. Wenig begeistert war er zum Beispiel von seiner Gestapo-Leibwache beim Einzug in Wien 1938, die sich unauffällig unter die Zuschauer mischen wollte. Wenn man derart markantes Zivil trage wie „Loden-, Klepper-Mantel oder dergleichen", dann wisse ja „jeder Bazi [...] auf den ersten Blick" Bescheid[53], schimpfte Hitler wütend. Fraglos dürften die in Kleidungsfragen weltgewandten Wiener die Sicherheitsagenten rasch erkannt und mit einigem Amüsement betrachtet haben.

Insgesamt schätzte Hitler selbst die Effizienz seiner Wachen als eher gering ein. Dass er aus vielen prekären Situationen heil herausgekommen war, schrieb er jedenfalls nicht dem Wirken seiner Sicherheitsleute zu, sondern dem wohlwollenden Walten der ‚Vorsehung'. Für seine allernächsten Beschützer hatte er eindeutig nicht viel übrig. Oft rief er ihnen barsch zu: „Bewacht lieber euch selber!"[54] Vielleicht war es ein Relikt aus den 'Kampfzeit', dass er gegen Polizisten eine instinktive Abneigung hegte und es ihm äußerst unangenehm war, beobachtet zu werden..

Bei der Vielzahl der Dienste, die sich um Hitlers Unversehrtheit kümmerten, blieben Kompetenzrangeleien nicht aus. Diese merkwürdige Konkurrenz war bewusst im Sinne des Führers. Von Natur her misstrauisch, wollte er seine Sicherheit nicht in die Hände *eines* Menschen oder *einer* Instanz legen. Er zog eine Taktik vor, die viele seiner politischen Machenschaften kennzeichnete: die des 'administrativen Chaos', das heißt, mehrere Organisationen wurden mit ein und derselben Aufgabe betraut. Der Attitüde lag gewiss die bis heute gängige Überzeugung zugrunde, dass Wettbewerb die Effizienz befördert, und sie entsprach Hitlers darwinistischem Ideal vom 'Überleben des Stärkeren'. Wie und warum der Führer seine Paladine mit Wonne gegeneinander ausspielte, schildert der ehemalige NS-Diplomat Reinhard Spitzy, seinerzeit Verbindungsreferent bei Außenminister Ribbentrop, in seinen Memoiren: „Hitler gefiel es, wenn sich ähnliche Dienststellen befehdeten. Nur so glaubte er, sich von den Fachministern unabhängig halten zu können. [...] Zu groß Gewordene ließ er gerne etwas sinken. Gestrandeten half er wieder auf die Beine"[55].

Diese Taktik half Hitler zweifellos, sich im Gefüge des Machtapparats zu behaupten; im speziellen Bereich der Bewachung seiner Person aber stiftete sie eher Konfusion. Sie verletzte die goldene Regel des Sicherheitswesens, nach der für die Gesamtheit der notwendigen Maßnahmen nur eine Instanz verantwortlich sein sollte, um zu vermeiden, dass die linke Hand nicht weiß, was die rechte tut. Ein Beispiel: Als Hitler einmal in Begleitung seiner Leibstandarte unterwegs war, bemerkte er plötzlich, dass sich ein ihm unbekanntes Fahrzeug von hinten dem Kordon näherte. Besorgt befahl Hitler seinem Chauffeur, zu beschleunigen und das fremde Auto abzuhängen, ohne zu ahnen, dass er damit einer Einheit des Führerschutzkommandos davonraste.[56]

Ungeachtet aller Fortschritte bei den Bewachungsmethoden und -maßnahmen, bot Hitlers Sicherheitssystem noch Ende der 30er Jahre potenziellen Attentätern erfolgversprechende Möglichkeiten. Es besaß längst nicht die Versiertheit und das Raffinement späterer Jahre. Bis zur Sudetenkrise 1938 hielt sich der Grad der Bedrohung von Hitlers Leben bis auf wenige Ausnahmen im Rahmen der Gefahr, der jeder populäre Staatsmann ausgesetzt ist.

Hitler befand sich auf dem Höhepunkt seiner Popularität und befeuerte sie. Der nationalsozialistische Kalender, der nicht mit Feierlichkeiten geizte, gab ihm dazu reichlich Gelegenheit. Im Januar zelebrierte man den ‚Tag der Machtergreifung‘, im April Führers Geburtstag, im Juli die Wagner-Festspiele zu Bayreuth, im September den Reichsparteitag in Nürnberg und im November das Gedenken an den Marsch auf die Feldherrnhalle von 1923. In den ersten Jahren des Dritten Reiches überschlug sich Hitler förmlich, was seine propagandistisch wirksame Öffentlichkeitspräsenz betraf. Er unternahm regelrechte Redetourneen kreuz und quer durch das Reich, die wie Wahlkampagnen organisiert waren, zumal wenn das Regime mit Pseudo-Plebisziten, wie ‚Reichstagswahl‘ oder ‚Volksabstimmung‘ aller Welt beweisen wollte, dass die Deutschen mehrheitlich hinter ihrem Führer standen. Militärparaden und Aufmärsche von Zivilisten taten ein Übriges. Die gleichgeschalteten Medien begleiteten die Aktivitäten begeistert und verstärkten den suggestiven Effekt. Hitler war zu dieser Zeit noch keineswegs der menschenverachtende Einzelgänger, der er später wurde. Noch ging er gern unter Leute, hatte in mehreren Berliner und Münchner Cafés und Restaurants einen stets für ihn freigehaltenen Stammplatz.[57] Hitlers entlegene Residenz auf dem Obersalzberg war eine Art Wallfahrtsstätte, zu der jährlich Tausende NS-Gläubige pilgerten. Und 1936 ließ er es sich selbstverständlich nicht nehmen, jeden Tag die Olympischen Spiele zu besuchen – sehr zum Kummer seines Sicherheitspersonals.

Hitlers Hang zu Massenveranstaltungen offerierte einem potenziellen Attentäter einen beträchtlichen Handlungsspielraum. Die Sicherheitsvorkehrungen für Hitler waren noch weit entfernt von tatsächlicher Effizienz. Die Masse jubelnder Zuschauer, die ihn bei solchen Gelegenheiten umbrandete, bildete eine ideale Deckung und begünstigte die Flucht, da ein Attentat gewöhnlich Verwirrung und Panik in der Menge auslösen. Alles in allem war in diesen Jahren eine vielversprechende Konstellation für einen Tyrannenmord gegeben, wenn der Ausführende die Schwächen der Gegenseite zu erkennen und zu nutzen wusste.

Maurice Bavaud wurde am 15. Januar 1916 zu Neuenburg (Neuchâtel) im französischen Teil der Westschweiz als Sohn eines

Postangestellten geboren. Die mittelständische Familie war fromm katholisch; entsprechend erzog man Maurice und seine sechs jüngeren Geschwister im Geiste dieses Glaubens. Maurice besuchte eine katholische Privatschule, die er mit sechzehn verließ, um auf Wunsch des Vaters eine Lehre als technischer Zeichner zu absolvieren. Den Beruf übte er nicht lange aus. Von der tiefen Religiosität seiner Eltern stark geprägt, zog es ihn bald in die Richtung einer geistlichen Profession. Kurz in einer kirchlichen Jugendgruppe aktiv, beschloss er, Missionar zu werden. Im Herbst 1935 meldete er sich in der École Saint-Ilan an, einem französischen Priesterseminar in Langueux bei Saint-Brieuc (Bretagne). Die einschlägige Ausbildung dauerte laut Reglement vier Jahre. Maurice Bavaud brach sie nach drei Jahren ab.

Ehemalige Mitseminaristen schildern ihn als einen ruhigen, sensiblen jungen Mann von durchschnittlicher Intelligenz mit einem Hang zum Mystizismus. Er las philosophische Literatur und war ein leidenschaftlicher Sänger, der in der Kirche gregorianische Choräle intonierte und privat Schweizer Volkslieder vortrug. Der Unterricht machte ihm Freude, er blühte in der entspannten Atmosphäre des Instituts auf. Unter seinen Studienkollegen erregte besonders einer sein Interesse: Marcel Gerbohay aus Pacé bei Rennes (Bretagne), ein Jahr jünger als Maurice, hochintelligent und charismatisch, aber exaltiert und ständig in Phantastereien versponnen, die nach heutiger Interpretation auf Schizophrenie hindeuten. Der schwärmerische Knabe entstammte denkbar bescheidenen Verhältnissen; sein Vater, ein Kutschknecht, war früh verstorben. Über dessen Herkunft ist nichts Genaues bekannt, aber man munkelte in Pacé etwas von russischen Vorfahren, ein Gerücht, das Marcel manisch zu der Legende weiterspann, sein Vater sei mit dem russischen Herrscherhaus der Romanows verwandt gewesen – eine Legende, an die Marcel aber felsenfest glaubte. (Später sollte er sich als unehelicher Sohn General Charles de Gaulles ausgeben.)[58] In der École Saint-Ilan befielen Marcel Gerbohay wiederholt Halluzinationen, Wahnvorstellungen und Desorientierung; 1934 erlitt er, wie es heißt, einen leichten Nervenzusammenbruch, der ihn zwang, ein Jahr zu pausieren. Als er im Herbst 1935 seine Missionarsausbildung wieder aufnahm, lernte er Maurice Bavaud kennen.

Das Verhältnis, das sich zwischen den beiden entwickelte, hat

Anlass zu vielen Spekulationen gegeben. Manche Forscher vermuten einen homosexuellen Hintergrund.[59] Bavauds spätere Gefängniskorrespondenz belegt zumindest, dass ihn mit Gerbohay eine sehr innige Freundschaft verband, die ansatzweise die Grenze zur Verliebtheit überschritt.[60] Nachweislich aber begleiten auf Seiten Gerbohays seelische Krisen die Beziehung.[61]

Bavaud, Gerbohay und einige Studienkollegen bildeten einen Diskussionszirkel. Sie nannten ihn *Compagnie du Mystère* (Gesellschaft des Myteriums) und debattierten darin leidenschaftlich aktuelle Zeitfragen. Wiederholtes Thema waren Wert und Unwert von Nationalsozialismus und Kommunismus; gründlich erwog man Vorzüge und Nachteile beider Systeme und erörterte, welches der beiden das bedrohlichere sei. Als angeblicher Sohn russischer Emigranten gebärdete sich Gerbohay stramm antikommunistisch. Auch Bavaud neigte politisch nach rechts und hatte in der Schweiz kurzfristig mit der *Nationalen Front*, einer völkischen Bewegung, geliebäugelt.[62] Dennoch kam man überein, dass nicht Josef Stalin, sondern Adolf Hitler als ‚Inkarnation Satans‘ die schlimmere Gefahr für die Menschheit darstelle.[63] Der Zirkel war zwar geschlossen gegen Hitler, aber aus unterschiedlichen Gründen. Bavaud bestürzte besonders die Verfolgung der katholischen Kirche und das Neuheidentum, ein in der nationalsozialistischen Bewegung zeitweise sehr beliebter pseudoreligiöser Kult, der an vorchristliche, namentlich germanische Glaubenswelten anzuknüpfen suchte. Gerbohay indes verübelte Hitler, dass er nicht energisch genug gegenüber der Sowjetunion auftrat und statt Stalin den Krieg zu erklären, offenbar mit jenem Hort der Gottesleugner einen Friedensvertrag anbahnte. In einem Punkt aber waren sich Bavaud und Gerbohay einig: Hitler musste weg.

Wann die rein theoretische Auseinandersetzung unter den Studenten in einen ernsthaften konspirativen Vorsatz, Hitler zu töten, umschlug, wissen wir nicht genau. Der äußere Ablauf der Geschehnisse gibt nur ungefähre Auskunft. In den Sommerferien 1938 reiste Maurice Bavaud zu seiner Familie nach Neuenburg in die Schweiz, verkündet seinen Eltern, dass er nicht mehr in das Seminar zurückkehren werde, und nahm in seiner Heimatstadt wieder eine Stelle als Zeichner an. In dieser Zeit las er Hitlers *Mein Kampf* (in französischer Übersetzung) und lernte eifrig Deutsch, um sich als begeisterter Nationalsozialist Zugang zum

Führer zu verschaffen.

Am 9. Oktober 1938 reiste Maurice Bavaud mit dem Frühzug von Neuenburg ab. Die Eltern waren nicht unterrichtet; sie fanden nur einen kurzen Abschiedsbrief, in dem es hieß: „Beunruhigt Euch nicht meinethalben; ich werde mir eine Existenz aufbauen"[64]. Bei sich trug er sein Exemplar von *Mein Kampf* und 600 Schweizer Franken, die er seiner Mutter entwendet hatte. Bavaud fuhr bis Baden-Baden; dort wohnten deutsche Verwandte, die Gutterers. Sie hießen den Schweizer willkommen und nahmen ihn auf.

Bavaud bemühte sich vergeblich, am Ort eine Stelle zu finden; so hatte er Zeit und Muße, ging in Baden-Baden und Umgebung spazieren und schrieb seinem Freund Gerbohay Ansichtskarten. Leopold Gutterer und seine Familie behandelten Maurice höflich, vermieden aber allzu enge Vertraulichkeit – verständlich aus der Sicht des Hausherrn: Da steht jemand plötzlich und unangemeldet vor der Tür, ein Verwandter, gewiss, aber einer, den man kaum kannte, der aus kleinbürgerlichen Verhältnissen kam und noch dazu Ausländer war. In dieser gefährlichen Zeit war man vorsichtig geworden, zumal wenn man wie Leopold Gutterer einen hohen Posten in Goebbels' Propagandaministerium bekleidete. Zwar gebärdete sich Maurice als glühender Bewunderer Hitlers, doch Gutterer blieb skeptisch. Er wies seine Familie an, sich von dem Gast fernzuhalten, dem er seinerseits einschärfte, sich bei seiner Arbeitssuche ja nicht auf ihn, den großen Vetter im Ministerium, zu berufen. Außerdem informierte er die örtliche Gestapo-Dienststelle über Bavauds Ankunft.

Ob Bavaud seinen Cousin wirklich als Türöffner zu den höheren Gesellschaftskreisen der Reichshauptstadt – und zu Hitler – benutzen wollte, wissen wir nicht. Falls er es vorgehabt hatte, dürfte ihn die distanzierte Haltung seines Cousins belehrt haben, dass er auf diesem Weg nicht weiterkam. So blieb Bavaud nur zehn Tage bei den Gutterers, dann verließ er Baden-Baden. Er schickte sein Gepäck nach Berlin vor, fuhr aber selbst erst nach Basel und kaufte dort eine Pistole Kaliber 6,35 Millimeter sowie etwas Munition. Am 21. Oktober traf er in Berlin ein.

Bavaud nahm sich ein Zimmer und begann, sich im Regierungsviertel umzusehen. Zu seiner Enttäuschung erfuhr er, dass Hitler derzeit nicht in der Hauptstadt weilte, sondern auf seiner Residenz am Obersalzberg, gut 700 Kilometer weiter südlich.

Unverdrossen reiste Bavaud nach Berchtesgaden, doch wieder hatte er Pech: Der Führer hielt sich inzwischen in München auf. Trotzdem verbrachte Bavaud ein paar Tage in Berchtesgaden, die er nicht ungenutzt verstreichen ließ. Er machte Schießübungen in den umliegenden Wäldern und durchstreifte die Region des Obersalzbergs, so weit es die Sperranlagen zuließen; vergeblich fahndete er nach Lücken in den Sicherheitsringen. Es gelang ihm aber, mit einem Polizisten, der der Zweigstelle der Reichskanzlei in Berchtesgaden unterstellt war, ins Gespräch zu kommen und ihm hilfreiche Informationen zu entlocken. Der junge Schweizer hatte dem Beamten, namens Karl Deckert, vorgeschwärmt, wie glühend er den Führer verehre und wie gern er ihm persönlich begegnen würde. Deckert, offenbar ein Mensch ohne besonderen Argwohn, beschied dem Fremden: Auf ein persönliches Treffen dürfe derzeit kein Außenstehender hoffen, aber es gebe bald eine Gelegenheit, Hitler zumindest aus der Nähe zu sehen, und zwar in München am ‚Tag der nationalen Erhebung‘ während der Feiern für die ‚Märtyrer‘ vom 9. November. Die Straßen, durch die der Gedenkmarsch gehe, wären stellenweise so eng, dass Führer und Gefolge relativ dicht an den Zuschauertribünen vorbeimarschierten.[65]

Nun konnte Bavaud präziser planen. Wieder folgte er Hitler – diesmal in die Isar-Metropole. Wieder nahm er sich ein Zimmer und machte sich ortskundig. Tatsächlich waren am Rande der Straßen stellenweise Tribünen errichtet, von denen aus man einen guten Blick auf das Geschehen hatte, die aber nur betreten durfte, wer eine Platzkarte besaß. Bavaud wollte eine erwerben, doch überall hieß es: Restlos ausverkauft! Schließlich erhielt er, sogar gratis, doch eine Karte. Seine Einlassung, er sei Schweizer Journalist und ein Bewunderer Hitlers, den er in seiner helvetischen Heimat rühmen wolle, hatte ihre Wirkung getan. Die verbleibenden Tage bis zum Beginn der Feierlichkeiten verbrachte er damit, die Route des Zuges abzuschreiten und zu überlegen, wo und wie er sein Vorhaben realisieren konnte. Ursprünglich wollte er seinen Tribünenplatz nur als Beobachtungsposten benutzen, um Hitlers Kommen rechtzeitig zu bemerken, im entscheidenden Moment aber auf die Straße laufen und aus nächster Nähe feuern. Letztlich aber verwarf er diese Variante und zog es vor, die Tribüne für den Schuss nicht zu verlassen. Nach diesen Erkundungsgängen besorgte Bavaud sich neue Munition und fuhr zum westlich von München gelegenen Ammersee, um dort weiter mit der Waffe zu trainieren.

Am Morgen des 9. November fand er sich frühzeitig auf der Tribüne ein und wählte einen Platz in der vordersten Reihe. In seiner Manteltasche fühlte er den kalten Stahl der geladenen Pistole.

Die jährlichen Feiern zum Gedenken an den Putsch von 1923 begannen immer schon am Abend des 8. November mit einer Rede Hitlers vor alten Kampfgefährten im Bürgerbräukeller, wo die Erhebung damals ihren Ausgang genommen hatte. Am Mittag des 9. November folgte dann stets eine lange Marschkolonne dem Weg der Putschisten von der legendären Großwirtschaft zur Feldherrnhalle in der Innenstadt. Voran marschierte Julius Streicher, der Gauleiter von Nürnberg; dahinter trug ein SS-Mann die ‚Blutfahne‘, ein vom Blut der seinerzeit tödlich getroffenen Putschisten gezeichnetes Hakenkreuzbanner. Es folgte in zwei Zehnerreihen die Führungsriege der NSDAP, mittendrin Adolf Hitler. Dahinter marschierten mehrere tausend Mann in Uniform: ‚Alte Kämpfer‘ sowie Ehrengarden von SS, SA und HJ. Langsam zogen die Kolonnen der Feldherrnhalle entgegen, wo 1923 der Putsch ein gewaltsames Ende gefunden hatte. Sechzehn obeliskförmige Gedenksäulen säumten die Straße, ‚Pylone‘ genannt, die eigens für diese Feier errichtet wurden; jede trug den Namen eines der November-Gefallenen und oben eine Schale, in der die ‚ewige Flamme‘ brannte. Bei jeder Säule blieb die Prozession stehen; man senkte die Köpfe, Salutschüsse wurden abgegeben und die Namen der sechzehn ‚Blutzeugen‘ feierlich ausgerufen.[66] Hatte der Marsch die Feldherrnhalle erreicht, feuerten Ehrengardisten noch mal einen Salut für jeden ‚Blutzeugen‘. Hitler legte einen Kranz nieder und sprach zu den bei der Halle versammelten Witwen der Toten ein paar tröstende Worte. Dann ging es weiter zum nahe gelegenen Königsplatz, wo man den Toten eine letzte Huldigung erwies. Seit 1935 beherbergten dort zwei neoklassizistische ‚Ehrentempel‘ die Bronzesärge der ‚Märtyrer‘ von 1923. Unbegleitet betrat Hitler die beiden Weihestätten und schritt von Grab zu Grab. Nach diesem Ritual verkündete ein Appell der Wachtparade das Ende der Feier.

Die zahlreichen Zuschauer kannten den Verlauf des Spektakels aus den Jahren davor. Sie wussten, welche Route der Gedenkmarsch nahm, wann welche Zeremonie erfolgte, wo man möglichst viel mitbekam, und lieferten sich Rempeleien um die besten Plätze. Es war ihnen geläufig, was die Kapellen der SS-Leibstandarte spielten, die den Zug begleiteten. Man ließ sich kämpferisch stimmen mit „Die Fahne hoch", vaterländisch erbauen von „Deutschland, Deutschland über alles" und zu tränenseligem Trauerschmerz rühren von „Ich hatt' einen Kameraden". Jedes Jahr das gleiche Schauspiel: flatternde Fahnen, glänzende Uniformen, blinkende Orden und Medaillen, unermüdlich trommelnde Hitlerjungen. Eine Kette SA-Männer hielt die begeisterten Massen ab, auf die Marschierenden loszustürmen. Als zusätzlicher Schutz marschierten Einheiten von Sicherheitsleuten neben den Kolonnen her.

Der Weg führte über die Ludwigsbrücke, die Zweibrückenstraße, den Isartorplatz, durch das Isartor weiter über das ‚Tal', wie die Straße zum Alten Rathaus heißt, auf den Marienplatz, wo man sich dann nordwärts Richtung Feldherrnhalle wandte. Bavaud hatte seinen Standort gut gewählt. Die Tribüne, für die seine Karte galt, befand sich, nur ein paar Schritte vom Marienplatz entfernt, im Tal auf Höhe der Heiliggeistkirche. Schräg gegenüber liegt der Torbogen des Alten Rathauses – ein Engpass, der die Marschierenden zwang, ihr Tempo zu verhalten.

Aufmerksam wird Maurice Bavaud dem Getöse um ihn herum gelauscht haben, um einzuschätzen, wann die Spitze des Zuges in sein Blickfeld kam. Das war nicht so leicht, weil die Trommelei, das Geschmetter der Blaskapellen, die gesamten akustischen Manifestationen der Veranstaltung per Lautsprecher überall in der Stadt übertragen wurden. Irgendwann aber schwoll die Kakophonie so bedeutsam an, das jeder im Publikum spürte, es ist so weit. Schon wurde die Spitze der Parade sichtbar. Wie bei solchen Gelegenheiten üblich, dürfte nun eine Welle erregter Verzückung durch die Reihen der Zuschauer gebrandet sein, die sich in begeisterten Rufen entlud, gefolgt von erwartungsvoller Stille.

Bavaud sah Hitler und griff nach der entsicherten Pistole in seiner Tasche. Doch als der Führer vorbeischritt, erhob sich aus der lebhaften Menge ein Wald rechter Arme zum ‚deutschen Gruß', der Bavaud für Sekunden den Blick auf sein Ziel verstellte. Auch nachdem sich die Armphalanx wieder gesenkt hatte, fand er kein freies Schussfeld, denn ständig schob sich in wirrem Wechsel irgendwer seitlich vor den Reichskanzler: Göring, Himmler, andere Marschierer, Männer der SA-Sperrkette, Sicherheitsbeamte,

Zuschauer. Eine günstige Gelegenheit zum Feuern wollte und wollte sich nicht ergeben, während die Entfernung zwischen dem Schützen und seinem Zielobjekt wuchs und bald zu groß für die kleine Waffe war. Einen Moment überlegte Bavaud, entsprechend seinem ursprünglichen Plan, auf die Straße zu rennen, aber begriff zugleich, dass man ihn schon bei dem Versuch, die Tribüne zu verlassen, abfangen würde. Bitter muss das ohnmächtige Gefühl gewesen sein, als die Parade an ihm vorbei zum Marienplatz zog. Die Chance war verstrichen.[67]

Doch Maurice Bavaud gab seine Sache nicht verloren. Es musste einen Weg geben, sich dem Diktator zu nähern! Ihm kam die Idee, dass Empfehlungsschreiben hochgestellter Persönlichkeiten schon manche Tür geöffnet haben. Noch am Nachmittag des 9. November fabrizierte er auf seinem Hotelzimmer ein solches Dokument, notgedrungen handschriftlich. Darin bezeugte der ehemalige französische Ministerpräsident Pierre-Étienne Flandin, er habe brieflich eine wichtige Botschaft an den deutschen Reichskanzler geschrieben, die Maurice Bavaud, ein Mann seines Vertrauens, Hitler nur persönlich aushändigen dürfe. Am nächsten Morgen fuhr Bavaud mit seiner gefälschten Referenz und seiner geladenen Pistole erneut nach Berchtesgaden. Gegen Abend erreichte er den Ortsteil Obersalzberg und machte sich auf den Weg zu Hitlers Berghof. Er kam nur bis zum äußersten Sicherheitsring unten im Tal, wo ihn ein Wachmann aufhielt. Wie geplant, zeigte Bavaud das Empfehlungsschreiben und betonte, er habe strikte Weisung, Flandins Brief nur dem Führer persönlich auszuhändigen. Die Wache wies ihn ab mit der Erklärung, sie dürfe zum einen keine Fremden durchlassen, und zum anderen befinde sich der Führer nicht auf dem Berghof, sondern sei in der bayrischen Hauptstadt geblieben. Noch am gleichen Abend kehrte Bavaud nach München zurück, entschlossen zu einem weiteren Versuch.

Da ihm die handschriftliche Referenz zu leicht durchschaubar erschien, verfasste er eine zweite, diesmal vorsichtshalber auf einer gemieteten Schreibmaschine. Als Verfasser nannte er nicht mehr den französischen Ex-Premier, sondern den rechtsradikalen Pariser Abgeordneten Pierre Taittinger. Am Morgen des 12. November begab sich Maurice Bavaud mit Brief und Pistole zum Braunen Haus und wünschte erneut, Hitler zu sprechen. Man brachte den Besucher ins Büro des zuständigen Sachbearbeiters der Parteikanzlei, der ihn höflich, aber bestimmt belehrte, dass eine persönliche Übergabe des Schreibens ausgeschlossen sei. Bavaud möge es entweder dalassen, per Post senden oder aber in der Reichskanzlei vorstellig werden. Nach Berlin müsse er deshalb nicht; die Reichskanzlei habe nahe Berchtesgaden, in Bischofs-wiesen-Stangaß, eine Zweigstelle, von der aus Hitler die Regie-rungsgeschäfte führe, wenn er auf dem Obersalzberg residiere, wo er sich im Übrigen derzeit aufhalte.

Nach dieser enttäuschenden Auskunft machte sich bei Bavaud Ermattung, ja Verzweiflung breit, zumal seine Reisekasse bereits arg strapaziert war. Dennoch raffte er sich noch einmal auf, nahm den Zug nach Bischofswiesen und lief die circa zehn Kilometer bis zum Ortsteil Stangaß. Als er endlich eintraf, brach schon die Dunkelheit herein, und er ahnte, dass ihn zu dieser späten Stunde niemand mehr empfangen würde. Bavaud resignierte. Offenbar wollten ihn die Umstände mit aller Macht zwingen, von seiner ‚heiligen‘ Mission abzulassen – jedenfalls fürs Erste. Er entschloss sich, Deutschland schleunigst zu verlassen.

Bavaud wanderte zum Bahnhof Bischofswiesen zurück und zählte sein restliches Geld. Er wäre gern wieder nach München gefahren, doch die paar Mark reichten bloß für ein Billett nach Freilassing. Er kaufte es, stieg aber weder in Freilassing noch in München aus. Der Schnellzug hatte Kurswagen nach Paris, und Bavaud riskierte es ohne Fahrkarte. Bis Augsburg ging alles gut, dann geschah das Befürchtete: Ein Schaffner ertappte den Schwarzfahrer und schleppte ihn, da er nicht nachzahlen konnte, zur Bahnpolizei; die wiederum übergab ihn der Gestapo.[68]

In den nun folgenden Verhören hielt Bavaud zunächst seine Tarnung aufrecht und erklärte, er sei ein begeisterter Anhänger der nationalsozialistischen Idee und habe eben alles daran gesetzt, den Führer dieser großartigen Bewegung persönlich zu sprechen. Natürlich erregte seine Pistole Verdacht; doch Bavaud erklärte beschwichtigend, die habe er aus Liebhaberei erworben und trage sie stets bei sich – ein alter Tick von ihm. Da ihm eine Tötungsab-sicht nicht nachzuweisen war, verurteilte ihn das Amtsgericht Augsburg Dezember 1938 einzig wegen unerlaubten Waffenbesit-zes und Fahrkartenbetrugs. Die Situation für Bavaud änderte sich, als die Gestapo an sein Gepäck kam, in dem sie den Stadtplan von

München, eine Umgebungskarte von Berchtesgaden sowie zusätzliche Munition fand.[69] Bavaud wurde neu verhört und brach bald unter dem Druck der Beweise zusammen und bekannte: er habe Hitler erschießen wollen. Februar 1939 überstellte man ihn zur Untersuchungshaft nach Berlin und beschuldigte ihn des versuchten Mordes am Führer und Reichskanzler.

Aus dem, was Bavaud nun bei den richterlichen Vernehmungen zu Protokoll gab, wurden die Befrager zunächst nicht recht klug. So behauptete er anfangs, auf Befehl einer höhergestellten Person von beträchtlichem Einfluss in Deutschland gehandelt zu haben, unter deren Schutz er stehe. Natürlich wollte man mehr über diesen ‚großen Unbekannten' erfahren, doch Bavaud weigerte sich standhaft, Angaben zu dessen Identität oder Motiven zu machen. Ein Psychologe untersuchte den Häftling und befand ihn für geistig gesund und verhandlungsfähig. Zunehmend aber sahen die Ermittler in Bavaud einen „religiösen Fanatiker", der in dem mystischen Wahn, ein Märtyrer zu werden, allein gehandelt habe.[70]

Die Verhandlung fand am 18. Dezember 1939 vor dem Berliner Volksgerichtshof statt. Bleich und erschöpft haben Prozessbeobachter Maurice Bavaud in Erinnerung, der da auf der Anklagebank zwischen zwei Polizeibeamten saß, fünf Richtern gegenüber.[71] In den Augen der nationalsozialistischen Justiz war, was der Schweizer begangen hatte, ein Verbrechen nach „§ 5 [...] der Verordnung des Reichspräsidenten zum Schutz von Volk und Staat vom 28. Februar 1933", die bereits den Versuch der Ermordung eines Regierungsmitglieds unter Todesstrafe stellte.[72] Bavauds Pflichtverteidiger Dr. Wallau, der sich nicht, wie so viele seiner Kollegen damals, als verlängerter Arm der Anklage verstand, sondern tapfer für seinen Mandanten kämpfte, verwies immer wieder darauf, dass Bavaud ein untadeliges Leben geführt habe, bevor er jenen verwerflichen Akt beging, den man nur als tragische Verirrung verstehen konnte. Außerdem bat er zu differenzieren, dass es sich im vorliegenden Fall nicht eigentlich um den Versuch, sondern um die Planung eines Mordes gehandelt habe. Dr. Wallau musste später für seine Courage büßen, indem er selbst einem stundenlangen Verhör unterzogen wurde.

Der Prozess am 18. Dezember ging seinen üblich formalen Gang. Das Gericht rief Zeugen auf, hörte die Expertisen der Gutachter und befragte schließlich den Angeklagten nach dem Ablauf und den Hintergründen seines Vorhabens. Bavaud gab nun an, allein gehandelt zu haben, und das zum Wohle der Menschheit und der gesamten Christenheit. Auf verminderte Schuldfähigkeit plädierte er nicht; ebenso wenig bat er um Milde. Er sehe ein, bekannte Bavaud in seinem Schlusswort, dass er sich eine Rolle angemaßt habe, die ihm nicht zustehe, und bekundete Reue. Es sollte ihm nichts nützen. Das Gericht sah in seiner Handlung einen Mordversuch, noch dazu ausgeführt mit exemplarischer Gerissenheit. Es beurteilte Bavaud nicht als Psychopathen, sondern als einen „geistig regsamen und intelligenten Menschen"; das „ganze umsichtige, folgerichtige und verschlagene Verhalten" bei seinen Unternehmungen bezeuge seine volle Verantwortlichkeit. Angesichts der Schwere der Schuld komme nur eine Sühne in Frage: die Todesstrafe.[73]

Die Schweizer Behörden hatten inzwischen von dem Vorgang erfahren, aber sie schwiegen. Sie hätten ein Gnadengesuch stellen oder beantragen können, das Urteil in lebenslänglich umzuwandeln, aber man wollte offenbar bewusst nicht intervenieren. Man hielt es nicht einmal für nötig, die Eltern Bavauds über das Schicksal ihres Sohnes zu unterrichten. Den hatte die Staatspolizei mittlerweile in das berüchtigte Berliner Gefängnis Plötzensee verlegt, in das die NS-Justiz die meisten ihrer Opfer zur Exekution überstellte, wo sie bis zu ihrer Hinrichtung in einem besonderen Trakt, dem so genannten Todeshaus, verwahrt wurden. Auch Maurice Bavaud landete dort. Die Behandlung der Gefangenen in Plötzensee war barbarisch. Um fünf Uhr morgens mussten sie sich aus ihren Zellen schleppen und bekamen ein karges Frühstück: wässrigen Ersatzkaffee und ein Stück Brot. Häftlinge, die wie Bavaud im Todeshaus saßen, wurden in strikter Isolation gehalten. Nachts blieben ihre Hände und Füße gefesselt. Die ‚Mahlzeiten' schob man ihnen durch eine schmale eiserne Türklappe zu. Ständig brannte eine grelle Lampe, die die winzige Zelle bis in jede Ecke ausleuchtete. Sie durften keinen Besuch empfangen und waren von Arbeit und sportlichen Betätigungen ausgeschlossen. Das Essen war nicht nur spärlich, sondern abstoßend: meist eine dünne Brühe, in der Kartoffelschalen und fettige Fleischstückchen aus dem Küchenabfall schwammen.

Kein Gefangener kannte den genauen Zeitpunkt seiner Hinrichtung; der Delinquent erfuhr ihn erst am Nachmittag davor mit dem

Befehl, seine Sachen in Ordnung zu bringen und zusammenzupacken. Jeder Häftling wusste, was dies bedeutete. Die Wächter holten den Todeskandidaten gewöhnlich in den frühen Morgenstunden aus seiner Zelle. Man rasierte ihm die Nackenhaare, entblößte seinen Oberkörper und band ihm die Hände auf den Rücken. Aus einem entfernt liegenden Trakt läutete eine Glocke der Gefängniskirche. Man führte den Verurteilten in die Exekutionsbaracke, wo hinter einem schweren schwarzen Vorhang verborgen die Guillotine stand. Auf ein Zeichen des Vollstreckungsleiters wurde der Vorhang beiseite gezogen, der Verurteilte auf ein Brett geschnallt, über dem die polierte Klinge des Fallbeils hing. Der ganze Vorgang der Enthauptung dauerte nur wenige Sekunden.[74]

Normalerweise hatte es der NS-Justizapparat sehr eilig mit der Vollstreckung seiner Todesurteile; Bavauds Hinrichtung jedoch, ursprünglich für Januar 1940 angesetzt, verzögerte sich um gut ein Jahr. Da die mysteriösen Hintergründe seiner Tat nicht geklärt waren, und die Polizei weiter ermittelte, sollte er als Zeuge zur Verfügung stehen. Deutschland führte Krieg, und es war durch den Prozess nicht ausgeschlossen worden, dass feindliche Mächte ihre Hände im Spiel gehabt hatten. Also verhörte die Gestapo Bavaud im Februar 1940 und Mai 1941 erneut, ohne freilich in der Substanz viel Neues zutage zu fördern.

Für Bavaud muss das endlose Warten in Plötzensee schier unerträglich gewesen sein. Er hatte einen Termin mit dem Tod, dies stand fest, aber er wusste nicht wann. Das hieß: jeden Tag sich erneut auf sein Ende vorbereiten; jedes Mal, wenn draußen die Schritte der Wärter hallten, wenn der Schlüssel im Schloss der Tür zu seiner Zelle rasselte, denken: es ist so weit, heute bist du an der Reihe. Aus den Briefen, die er nach Hause sandte – die meisten konfiszierte allerdings die Polizei, um Verwertbares für ihre Untersuchungen zu finden –, sprachen ein erstarkter religiöser Glaube und sogar wiedergewonnene Zuversicht. Sie offenbarten zudem, wie sehr Bavaud inzwischen bereute, sich je mit seinem charismatischen Seminarkameraden eingelassen zu haben. Gerbohay, so enthüllte sich nun, war nicht nur der ominöse ‚Beschützer', auf den sich Bavaud immer wieder berufen hatte, sondern auch der eigentliche Anreger des Attentatsplans. Im Schreiben vom 5. April 1940 verflucht Bavaud geradezu sein Geschick: „Ach, wäre ich nur in Saint-Ilan geblieben, im Dienste Gottes; hätte ich doch nicht den Schöpfer verlassen für dieses Geschöpf, das Ewige für das Vergängliche, das Licht für die Finsternis – dann befände ich mich nicht hier"[75]. Bavauds letzter Brief, verfasst in der Nacht vom 12. auf den 13. Mai 1941, benachrichtigte die Eltern, dass er nun endgültig und unwiderruflich ‚an der Reihe' war:

„Lieber Papa, liebe Mama, [...] diese Nacht wird die letzte sein, die ich hienieden verbringe. Ich war auf diesen Schlag durchaus nicht gefasst, aber ich bin bisher gelassen geblieben – was mir Hoffnung gibt, dass ich es auch morgen früh um sechs bin, denn dann soll mein Kopf rollen. [...] Ich bitte [...] den Vater im Himmel, meinen Feinden zu vergeben. Auch ich selbst bitte all jene um Verzeihung, denen ich Unrecht getan habe. [...] Ich umarme Euch ganz fest, ganz fest, denn es ist das letzte Mal. [...] Ich möchte weinen, aber ich kann nicht. Mein Herz will zerspringen. [...] Vater und Mutter, danke für alles, was Ihr mir Gutes getan habt. [...] Ich lege meine Seele in Gottes Hand. Euer Sohn".[76]

Maurice Bavaud musste seine Gelassenheit noch einen Tag länger bewahren. So viel Zeit brauchte die Polizei, um seinen Abschiedsbrief zu übersetzen, auszuwerten und zu zensieren. Erst in den Morgenstunden des 14. Mai 1941 wurde der 25-Jährige enthauptet.

Es lässt sich denken, dass die zuständigen Dienste sich nicht damit begnügten, Bavaud als potenziellen Führermörder zu entlarven. Vielmehr widmeten sie sich in gewohnter Akribie den Hintergründen: dem Umfeld, den Motiven und nicht zuletzt möglichen Komplizen. Für die Gestapo stand fest, dass der junge Schweizer zu einer größeren Verschwörung gehörte. Also ermittelte man unermüdlich, rekonstruierte jeden Weg des ‚Täters' und befragte alle, die in der betreffenden Zeit Kontakt zu ihm hatten. Nach der Niederwerfung Frankreichs 1940 vernahm man auch Bavauds frühere Studienkollegen in Saint-Ilan. Marcel Gerbohay, schwer durch Bavauds Gefängniskorrespondenz belastet, wurde verhaftet, verhört und wie sein Freund Maurice guillotiniert.

So ergebnisreich den Behörden die Nachbereitung im Fall Bavaud geriet, im Bereich der Vorbeugung bescheinigte er ihnen eher einen Misserfolg. Weder hatten sie Bavauds Pläne rechtzeitig aufgedeckt, noch bei irgendeinem der Schritte, die er zu ihrer Verwirklichung unternahm, eingegriffen. Zwar blieb Hitler in München außerhalb der Reichweite des potenziellen Schützen, und es gelang Bavaud nicht, den Führer zu sprechen, aber nie wurde er angehalten, durchsucht, befragt oder überprüft, obwohl er nur wenig Deutsch sprach. Ohne jede Schwierigkeit kaufte er in Berlin und München Munition.[77] Unbeobachtet machte er Schießübungen in bayrischen Landregionen, einmal sogar dicht unterhalb des Hitler'schen Berghofs. Keiner verlangte irgendeinen Ausweis, als er um ein Billett für die Münchner Parade bat und dabei behauptete, ein Schweizer Journalist zu sein. Niemand tastete ihn ab, bevor er seinen Platz auf der Tribüne einnahm. Auch sein mehrfach geäußerter Wunsch nach einer persönlichen Begegnung mit Hitler erweckte keinen Verdacht. Im Gegenteil: Karl Deckert, der Polizist in der Zweigstelle der Reichskanzlei in Bischofswiesen, und ein Polizist, der am Berghof Dienst tat, haben ihn beraten, wie und wo er dem Führer nahe kommen könnte. Vor seiner Verhaftung in Augsburg, die die Behörde allein dem Spiel des Zufalls verdankte, hatte Bavaud nicht ein einziges Mal die Aufmerksamkeit der Polizei erregt, obwohl die Gestapo zwei Hinweise bezüglich seiner Person besaß: einen von Leopold Guttercr und einen von Bavauds Berliner Zimmerwirtin.[78] Das Agieren der Sicherheitsorgane im Falle Bavaud – oder besser: ihr Nicht-Agieren – offenbarte Schwachstellen, die der nationalsozialistischen Obrigkeit Sorge bereiten mussten.

In diesem Zusammenhang ist zu betonen, dass Bavaud nicht das kriminelle Genie war, als das der Volksgerichtshof ihn charakterisierte. Diese anerkennende Negativwertung findet sich wohl nur deshalb in der Urteilsbegründung, damit das Versagen der Behörden nicht allzu krass erschien. Bavaud mag, nicht zuletzt dank seiner gewinnenden Art, durchaus den Eindruck vermittelt haben, dass er von einer Mission durchdrungen war, sein Handeln als Tyrannenmörder aber musste jedem, der die Fakten kannte, als auffällig dilettantisch vorkommen. Als überzeugter Pazifist war er per se der falsche Mann für diese Aufgabe gewesen. Planung und Ausführung der ‚Tat‘ verraten weder einen scharfen Intellekt noch kriminelle Energie oder einen Killerinstinkt. Selbst die Wahl der Waffe entbehrt jeder Professionalität. Die Haenel-Schmeisser Kaliber 6,35 mm besaß gewiss ihre Vorzüge: Sie war handlich und leicht zu verbergen. Nur fehlten ihr eben die Feuerkraft und die Präzision der großkalibrigen Pistolen, die sich für das Vorhaben besser geeignet hätten. Zwar sagen Ballistik-Experten, auch mit einer Haenel-Schmeisser 6,35 könne man jemanden töten, aber das erfordere mehrere Schüsse aus einer Distanz unter fünf Meter, optimal unter einem Meter. Hätte Bavaud – wie er es ursprünglich vorhatte – Gelegenheit gehabt, Hitler während einer Privataudienz zu attackieren, wäre die winzige Schmeisser die ideale Waffe gewesen. Ganz und gar nicht passte sie zu der Situation in München, wo sein Zielobjekt in einer menschenwimmelnden Parade marschierte und die Entfernung 15 bis 20 Meter betrug. Selbst wenn Bavaud geschossen hätte, wären die Kugeln höchstwahrscheinlich weit daneben gegangen.[79]

Unabhängig von seinem amateurhaften Vorgehen beeindruckt Bavauds persönliche Haltung und sein Mut. Da entschloss sich ein junger Mann, erst 22 Jahre alt, dem mächtigen Diktator entgegenzutreten, spürte ihm durch halb Deutschland nach, besorgte sich eine Waffe, brachte sich selbst das Schießen bei und näherte sich seinem Ziel bis auf wenige Meter – all dies ohne jegliche fremde Hilfe. Er besaß den Mut und die Kraft, seine Überzeugung in die Tat umzusetzen, während Abermillionen andere in ganz Europa die Tyrannei nur beklagten und die Hände rangen, aber nicht rührten.

Möglicherweise verschwieg die gleichgeschaltete deutsche Presse aus diesem Grund den Fall Bavaud; keine Zeitung berichtete über den Prozess im Winter 1939. Hitler selbst kannte natürlich alle Einzelheiten und nahm, das zeigen Äußerungen gegenüber Vertrauten, die Sache nicht nur sehr ernst, sondern sie war für ihn geradezu von monumentaler Bedrohlichkeit. Aus den drei Wochen, die Bavaud ihm gefolgt war, werden in Hitlers Erzählung drei Monate. Den dilettantischen Attentäter mystifiziert er zum ‚Schweizer Heckenschützen‘[80], der ihm auf seinen Spaziergängen bei Berchtesgaden mit zwei (!) Pistolen ‚nachgestellt‘ habe.[81] Das sind nachträgliche Überzeichnungen, wie sie bei einem Menschen vom Temperament Hitlers nicht verwundern, aber Hitler hielt sie für wahrhaftig und war tatsächlich davon überzeugt, dass Bavaud ihm hätte gefährlich werden können. Der relative Erfolg seines Attentäters bewies in seinen Augen zweierlei. Erstens, dass sein Sicherheitspersonal unzuverlässig arbeitete, und zweitens, dass ihn die ‚Vorsehung‘ beschirmte, auf dass er sein Werk vollende. Bavauds Aktion bestärkte Hitler außerdem in seiner Meinung,

„dass gegen einen idealistisch gesinnten Attentäter, der für seinen Plan rücksichtslos sein Leben aufs Spiel setze, kein Kraut gewachsen" sei.[82]

Tatsächlich gab es im Jahr nach der Verhaftung des Schweizers einige Verschärfungen der Sicherheitsmaßnahmen zum Schutz des Führers, doch ist schwer zu sagen, ob diese der Affäre Bavaud oder nicht vielmehr der sich stetig zuspitzenden internationalen Lage geschuldet waren. Überall im Land wurde die Gefahrenabwehr aufgerüstet. In der Neuen Reichskanzlei – fertiggestellt im Januar 1939 – standen jetzt Doppelposten und war eine Alarmanlage installiert. Auch für die Reisen des Führers wurden die Sicherheitsvorkehrungen intensiviert. Wo Hitler übernachtete, bezog jetzt eine Einheit seiner Leibstandarte vor dem jeweiligen Gebäude Stellung, und der Führersonderzug wurde mit einer Flakbatterie ausgestattet.

Immerhin haben zwei Veränderungen ihre Ursache eindeutig in Bavauds Attentatsversuch. Seit 1939 mussten Ausländer, die an Parteiveranstaltungen teilnehmen wollten, ihr Begehren schriftlich beantragen, das von den Sicherheitsdiensten gründlichst geprüft wurde, untern anderem mit einer persönlichen Befragung des Antragstellers durch die Gestapo. Die Behörden wurden ermahnt, gegenüber allen vorgelegten Dokumenten misstrauisch zu sein, insbesondere gegenüber Empfehlungsbriefen.[83]

Die zweite Veränderung betraf den Gedenkmarsch zum 8./9. November in München: Er wurde nach 1938 gestrichen. Der ‚Schweizer Heckenschütze' hatte Hitler vor Augen geführt, welch gefährliche Situation diese Parade barg: die komplette Führerschaft des Deutschen Reichs, zusammengedrängt in einer engen Straße, und links und rechts Festteilnehmer mit weitgehend freiem Zugang zum Geschehen, eine kaum kontrollierbare Masse. Hitler konnte nicht wagen, sich und seine Getreuen bewusst einem solchen Risiko auszusetzen, schon gar nicht in Kriegszeiten.

Am 9. November 1939 ließ sich Hitler zur Feldherrnhalle fahren, legte ein paar Kränze nieder und kehrte anschließend sofort nach Berlin zurück.[84]

Was des Führers Sicherheitsleute freilich nicht ahnten, war, dass im Jahr zuvor, am 9. November 1938, eben während jener Parade, bei der Maurice Bavaud verzweifelte, als er den Diktator unbehelligt weiterziehen lassen musste, noch ein anderer junger Hitler-Gegner aufmerksam das Schauspiel beobachtete; auch er plante ein Attentat und war auf der Suche nach einem geeigneten Ort.

2. KAPITEL

Georg Elser –
der einsame Bombenleger

Die von mir angestellten Betrachtungen zeitigten das Ergebnis, dass die Verhältnisse in Deutschland nur durch eine
Beseitigung der augenblicklichen Führung geändert werden
könnten.

Georg Elser[1]

Am Abend des 27. Februar 1933 saß Adolf Hitler in fröhlicher
Runde bei der Familie Goebbels. Der Herr Minister gab eine kleine private Gesellschaft. Man wollte ein wenig abschalten vom
politischen Tagesgeschäft und feiern, denn insgesamt standen die
Dinge nicht schlecht für die Nationalsozialisten. Seit Mitte des
Monats lief die Wahlkampfmaschinerie auf Hochtouren, angetrie-
ben vom feurigen Elan Hitlers, der kreuz und quer durch Deutschland von einer Großveranstaltung zur nächsten reiste; in der kommenden Woche sollte die Kampagne ihren Höhepunkt erreichen.
Der Regierung, die er zu führen vorhatte, wollte Hitler jenen breiten Rückhalt im Volke verschaffen, an dem es den Regierungen
davor gemangelt hatte. Vieles sprach dafür, dass ihm dies gelingen
würde. Schon jetzt, kaum einen Monat nach seiner Ernennung
zum Reichskanzler, war er bei der Mehrheit der Deutschen als
Hoffnungsträger etabliert. Seine politischen Feinde hatte der staat-
lich geförderte Terrorapparat, der ihm jetzt zu Gebote stand, ein-
geschüchtert; eine geschickte Propaganda nahm sich der Unent-
schiedenen an und überzeugte sie mit wachsendem Erfolg, dem
neuen starken Mann eine Chance zu geben.

Der Minister und seine Gäste hatten sich an jenem Abend die
geschmorten Forellen munden lassen, saßen gerade gemütlich
zusammen und schwelgten in Erinnerungen, als gegen zehn das
Telefon klingelte. Goebbels hob ab und konnte nicht glauben, was

er da hörte: Sein Pressechef berichtete ihm aufgeregt, das Reichstagsgebäude stehe in Flammen! Eine „tolle Phantasiemeldung"[2],
dachte der Minister und hielt sie für einen schlechten Scherz. Um
sich zu vergewissern, tätigte Goebbels ein paar Anrufe, und überall wurde ihm bestätigt: Der Reichstag brennt. Er gab die Nachricht an Hitler weiter. Ihr Wahrheitsgehalt ließ sich inzwischen mit
bloßem Auge erfassen: Ein orangeroter Widerschein glomm über
dem Tiergarten-Viertel. Goebbels und seine Gäste starrten auf das
makabre Schauspiel. Hitler hatte keine Zweifel: „Das waren die
Kommunisten", tobte er.[3]

Vor dem Haus wartete die Limousine des Führers; Hitler und
Goebbels sprangen hinein, und der Wagen raste los. Ein paar
Minuten später stand man vorm Reichstag. Feuerwehr und Polizei
hatten ihr Möglichstes getan, aber der Abgeordnetensaal mit seinen eichenholzgetäfelten Wänden und üppig gepolsterten Sitzen
hatte sich unrettbar in ein loderndes Inferno verwandelt, die große
Glaskuppel war geborsten. Hitler und Goebbels traten ins Foyer,
wo Göring sie bereits erwartete und ihnen mitteilte, soeben sei
eine verdächtige Person im Gebäude festgenommen worden: ein
holländischer Kommunist. Um sich ein Bild von der Zerstörung zu
verschaffen, stiegen Hitler, Goebbels, Göring und ein paar leitende
Beamte der politischen Polizei auf die Zuschauertribüne. Dort
blieb Hitler eine ganze Weile schweigend stehen und starrte hinunter in die Glut. Schließlich drehte er sich zu seinen Begleitern um,
das Gesicht ganz rot vor Hitze und vor Erregung. Ein Zeuge, der
spätere Gestapo-Chef Rudolf Diels, erinnert sich: „Als ob er bersten wollte, schrie er in so unbeherrschter Weise, wie ich es bisher
noch nicht an ihm erlebt hatte: ‚Es gibt jetzt kein Erbarmen; wer
sich uns in den Weg stellt, wird niedergemacht'"[4].

Noch in derselben Nacht ließ Hitler seinen Worten Taten folgen. Mit Goebbels stürmte er in die Redaktion der parteieigenen
Zeitung *Völkischer Beobachter*, wo er die ganze Nacht hindurch
Artikel und Proklamationen für die Morgenausgabe diktierte. Am
nächsten Tag erließ der amtierende Reichspräsident Paul von Hindenburg jene berüchtigte Notverordnung, die als *Reichtagsbrand-
verordnung* in die Geschichte eingehen sollte; offiziell hieß sie
euphemistisch ‚Verordnung zum Schutz von Volk und Staat'. Sie
setzte die meisten Grundrechte der demokratischen Verfassung
außer Kraft, darunter das Vereins- und Versammlungsrecht sowie

die Meinungs- und Pressefreiheit. Zuwiderhandelnden drohte die Todesstrafe. Der erste Grundstein zur nationalsozialistischen Diktatur war gelegt.

Einer der ersten, der die Schärfe der neuen Gesetze zu spüren bekam, war der am Tatort ergriffene Verdächtige: Marinus van der Lubbe, 24, ein gelernter Maurer aus Leiden in Holland. Seit ihn ein Arbeitsunfall zum Invaliden gemacht hatte, widmete er sich als militanter Kommunist ganz dem politischen Engagement und lebte in fast ständigem Konflikt mit den staatlichen Behörden. Ende der 20er Jahre versuchte er mehrfach, in die Sowjetunion zu emigrieren, aber bekam keine Einreisegenehmigung. Anfang 1933 sah er in Deutschland ein neues Betätigungsfeld. Kaum hörte er von der ‚Machtergreifung‘ der Nationalsozialisten, fuhr van der Lubbe nach Berlin, um seinen Beitrag zu leisten, die deutschen Proletarier zur Revolution gegen die braunen Herren zu mobilisieren. Er agitierte und legte in mehreren öffentlichen Gebäuden Brände. Die Frage, ob er tatsächlich der Brandstifter im Reichstag war, ist bis heute heiß umstritten. Schon kurz nach dem Ereignis wurde die Vermutung laut, die Nazis selbst hättcn den Reichstag angezündet, weil sie einen Vorwand brauchten, ihre politischen Gegner auszuschalten. Diese Annahme ist nie überzeugend belegt worden, und inzwischen erscheint es den meisten Historikern plausibler, dass der Holländer die Tat allein begangen hat und zwar aus eigenem Antrieb und ohne fremde Helfer – wie es van der Lubbe während der Verhöre und selbst unter Folter immer dargestellt hat. Er wurde angeklagt, schuldig gesprochen und zum Tode durch Enthauptung verurteilt. Das drakonische Vorgehen gegen den mutmaßlichen Brandstifter hieß aber nicht, dass die neuen Machthaber ihren unbedingten Respekt vor der ehrwürdigen Institution Parlament demonstrieren wollten – im Gegenteil: Sie nahmen den Brand zum willkommenen Anlass, das zentrale Forum der Demokratie zu entmachten. Nur etwas mehr als einen Monat sollte das Parlament noch Gelegenheit haben, in seinem Ausweichquartier, der Kroll-Oper gegenüber dem Reichstagsgebäude, seine bisherige Funktion auszuüben.

Binnen weniger Wochen erreichte Hitler die Gleichschaltung des politischen Lebens in Deutschland. Mit dem Ziel, seine Gegner auszuschalten, verbarg er die verfassungswidrige Usurpation geschickt hinter dem Anspruch, den Rechtsstaat zu schützen, der, so wusste Hitler den Vertretern des Bürgertums einzureden, gefährdet sei. Es drohe ein kommunistischer Aufstand, den abzuwehren die Regierung absolute Handlungsfreiheit brauche. In nur einem Monat wurde die juristische Grundlage dafür durchs Parlament gepeitscht: das so genannte *Ermächtigungsgesetz*. Viele der in der Kroll-Oper dicht gedrängt sitzenden Abgeordneten ließen sich von der massiven Präsenz der Hitler'schen Sturmtruppen einschüchtern; manche allerdings glaubten wohl tatsächlich an eine Bedrohung durch linke Subversion. Jedenfalls stimmte der Reichstag mehrheitlich dem Ermächtigungsgesetz zu. Es setzte die Verfassung de facto außer Kraft und ermöglichte der Staatsführung, per Dekret zu regieren. Und so geschah es. Die Kommunisten erklärte man quasi für vogelfrei. Gegen die Sozialdemokraten verfügte man ein Bündel massiver Schikanen, das einem Verbot gleichkam; wer sich dennoch eigenständig politisch weiter betätigte, riskierte die Verhaftung, wenn er sich nicht ins Exil rettete. Die rechten Parteien ,überzeugte' man, sich aufzulösen. Die bis vor kurzem noch schlagkräftigen Gewerkschaften wurden gezwungen, sich dem nazistischen Massenverband *Deutsche Arbeitsfront (DAF)* anzuschließen, der Beschäftigte und Unternehmer vereinigte. Für die Widerspenstigen sämtlicher Richtungen wurde ein System von Straflagern geschaffen, die so genannten *Konzentrationslager (KZ)*. Die Verfassung, die zu wahren Hitler knapp zwei Monate zuvor feierlich geschworen hatte, war nicht mehr als eine leere Hülse. Wenige Wochen nach dem Reichstagsbrand hielt der Diktator fast die vollständige politische Kontrolle über das Land in Händen.

Die Gleichschaltung der deutschen Gesellschaft dauerte etwas länger. Das Vorgehen entsprach dem gegen Parteien und Gewerkschaften. Konkurrierende soziale Organisationen wurden mittels heftigem Druck in die entsprechenden Nazi-kontrollierten Organisationen eingegliedert, gegnerische Gruppen geächtet. Die sozialen Gegensätze sollte die ominöse Ideologie der ,Volksgemeinschaft' einebnen, die alle Deutschen arischer Abstammung zu einer kraftvollen Herrenrasse zusammenfasste, innerhalb derer Klassenzugehörigkeit, religiöses Bekenntnis und frühere politische Überzeugung keine Rolle mehr spielten. Man darf diese Idee nicht allein als ein Konstrukt der Willkür sehen; sie kam einem durchaus verbreiteten Bedürfnis vieler Deutscher entgegen, die des Parteienhaders müde waren und sich eine Rückkehr zu Gemeinsinn und Patriotismus wünschten, wie sie während des Ersten Weltkrieges geherrscht hatten. Zwang bei der Durchsetzung der nationalsozialistischen Ideologie war also nicht allen und jedem gegenüber notwendig, aber nichtsdestoweniger immer präsent.

Besonders manifest wurde jener Zwang in der Allgegenwart der Partei. Zwar gelangte sie nicht zu der gleichen Dominanz wie die Kommunistische Partei in der Sowjetunion; aber man kann schon sagen, dass sie die deutsche Gesellschaft tiefgreifend umwandelte. Nicht immer ganz sanft wurde den Menschen nach 1933 verdeutlicht, dass es besser sei, in die Partei einzutreten. Bald lähmten Feigheit, Opportunismus und ein in vierzehn Jahren Demokratie nicht getilgter Untertanengeist den ohnehin schwachen Widerstandsgeist der Bürger. Die Parteimitgliedschaft garantierte einen privilegierten Status, Vorzugsbehandlung auf fast jedem Gebiet, manchmal sogar Immunität gegen Strafverfolgung. Wer politisch Karriere machen, gesellschaftlich und beruflich aufsteigen wollte, musste in der NSDAP sein. 1935 wurde beispielsweise verfügt, dass zehn Prozent der Stellen im öffentlichen Dienst Parteimitgliedern vorbehalten seien.[5] Inzwischen besaßen bereits über sechzig Prozent der höheren Staatsbeamten das NSDAP-Parteibuch.

Ob man Mitglied war oder nicht, den Einfluss der Partei bekamen die Menschen in allen Lebensbereichen zu spüren. Die Kontrolle begann schon in den Wohnstätten, wo *Blockwarte* darauf achteten, dass alles im Sinne der Partei lief. Der Blockwart, dem die ‚Betreuung‘ eines Häuserblocks zugeteilt war, gehörte zum untersten Rang der NS-Funktionärskaste. Seine wichtige ‚Funktion‘ erschöpfte sich keineswegs darin, mit der Sammelbüchse Spenden einzutreiben oder sicherzustellen, dass jeder Bewohner ‚seines‘ Blocks an den nationalsozialistischen Feiertagen weisungsgemäß die Hakenkreuzfahne hisste. Viel wichtiger noch war seine Aufgabe, die Bewohner ‚seines‘ Blocks zu observieren. Er kannte sie alle persönlich, verschaffte sich umfassenden Einblick in ihr Tun und Trachten, selbst das privateste, und gab weiter, was er erfuhr, namentlich wenn er irgendwo Subversives registrierte.[6] Ein subalterner Erfüllungsgehilfe, gewiss von vielen verachtet, aber als Teil des Systems mehr noch gefürchtet, denn wen er meldete, der verlor leicht Lohn und Brot, seinen sozialen Status, womöglich gar sein Leben. Jede kleinste Widerspenstigkeit wurde von den Blockwarten registriert und der SS oder der Gestapo gemeldet.

Ursprünglich hatten die beiden exekutiven Organe unterschiedliche Funktionen: die *Gestapo* sollte als *Geheime Staatspolizei* den Staat schützen, die SS dagegen die Partei. Diese Trennung galt nur noch auf dem Papier. Je mehr nach 1933 Staat und Partei zu einer Einheit verschmolzen, desto enger wurden auch die Beziehungen zwischen Gestapo und SS; so mussten beispielsweise alle Gestapo-Leute Mitglieder der SS sein.[7] Beide Organe hatten eine defensive und eine präventive Funktion: zum einen, systemkritische Einstellungen und oppositionelle Aktivitäten auszumachen und zu unterbinden, zum anderen, Angst und Schrecken zu verbreiten, um jeden Ansatz einer Kritik schon im Keim zu ersticken. Mit ihrem Netz aus Agenten und Informanten operierten Gestapo und SS wie ein Staat im Staate. Kein Winkel des öffentlichen und des privaten Lebens sollte unkontrolliert bleiben. Ihre Machtbefugnis war beträchtlich. Sie konnten ohne Haftbefehl und Gerichtsverfahren einen Bürger arretieren und in eines der Konzentrationslager verbringen; Rechtsmittel dagegen wurden dem Betroffenen nicht zugestanden. Hitler selbst erklärte ausdrücklich: „Jedes Mittel [...] kann als erlaubt gelten, auch wenn es existierenden Rechtsnormen und bisheriger Rechtsprechung widerstreiten mag"[8]. Deutsche, die den braunen Herren nicht genügend Begeisterung bezeugten, lebten in ständiger Furcht, dass es irgendwann an die Türe klopft und es heißt: Sie sind verhaftet! Mitkommen! Vielen, die sich dem Regime zu versagen trauten, erging es wie der jungen Ulmerin Inge Scholl 1937:

„Eines Morgens pochte die Gestapo an unsere Tür. [...] Sie durchsuchten die Wohnung, steckten unsere Tagebücher ein und fuhren uns ins Gefängnis. [...] Sie ließen mich acht Tage lang in einer Zelle hocken, bevor sie mich vernahmen. Immer wieder waren Schritte über mir und draußen auf dem Hof. Einmal hörte ich die Stimme einer Frau, die ganz wie die meiner Mutter klang. Vielleicht hatte man sie auch hergebracht. [...] Ob sie wohl meinen Vater schon erschossen hatten? Das wusste nur der Himmel. [...] Ich hatte Angst. Ich hatte Angst vor allem, was dazu führen konnte, dass ich wieder eingesperrt würde. Und genau so wollten sie einen haben. [...] Die Furcht ließ mich zaghaft und passiv werden, lähmte mich bis zur völligen Untätigkeit"[9].

Repression allein reichte indes nicht; die NSDAP brauchte das Volk auf ihrer Seite. Besonders wichtig war der Partei und ihren diversen Verbänden, die Arbeiterklasse für sich zu gewinnen, die nach wie vor die umfangreichste soziale Schicht und somit schon rein numerisch ein bedeutsamer Faktor im politischen Leben des Landes war; ohne oder gar gegen sie ließ sich das Dritte Reich nicht aufbauen. Eine meisterhafte Verführungsstrategie wurde ins Werk gesetzt. Zu Beginn sicherte sich das neue Regime breiteste Akzeptanz, indem es die Massen der Erwerbslosen in Arbeit und Brot setzte. Nach all den Jahren der wirtschaftlichen Depression begann sich bald ein bescheidener Wohlstand abzuzeichnen, der bei vielen die politischen oder ideologischen Vorbehalte zum Schweigen brachte. Derart ruhig gestellt, reagierten die Arbeiter zwar mit einer Mischung aus Zorn und Resignation, als die Nazis die traditionellen Arbeiterparteien und die Gewerkschaften auflösten, aber die Braunen wussten den Eindruck zu erwecken, es werde Ersatz geboten, und taten einiges, um die Gunst des ‚schaffenden Volkes' für sich zu gewinnen. Das begann mit symbolischen Gesten. So wurde der 1. Mai nationaler Feiertag und ein bezahlter dazu. Man ehrte an diesem Tag jetzt nicht mehr die Solidarität der Proletarier aller Länder, sondern den deutschen Arbeiter. Getreu dem nazistischen Führerprinzip war der Unternehmer nun der ‚Betriebsführer', der den Beschäftigten als seiner ‚Betriebsgefolgschaft' vorstand. Deren ökonomische Situation besserte sich tatsächlich. In der boomenden Wirtschaft waren die Arbeitskräfte nicht mehr so beliebig verfügbar wie während der Krisenzeit; viele Unternehmer hatten Schwierigkeiten, genügend Personal zu finden. Da die Löhne reichsweit eingefroren worden waren, lockten manche Unternehmer mit Beihilfen zum Häuserbau, andere verdoppelten die Urlaubsansprüche ihrer Beschäftigten.

Auch das Feld der öffentlichen Fürsorge übernahm die Partei und gründete die *Nationalsozialistische Volkswohlfahrt*, kurz *NSV*, die eine Reihe bereits existierender, ursprünglich selbstständiger Wohlfahrtsverbände unter ihr Dach zwang, bis sie schließlich ganz in ihr aufgingen. Finanziert wurde die Arbeit der NSV aus Beiträgen, die den Arbeitern vom Lohn abgezogen wurden, und aus ‚freiwilligen' Spenden. Das Attribut ‚freiwillig' muss hier getrost in Gänsefüßchen gesetzt werden, denn das Gebaren der NSV-

Leute, die überall ihre Sammelbüchsen schüttelten, glich aggressiver Bettelei. Wer nichts gab, wurde mit eindringlichen Appellen konfrontiert, die an Nötigung grenzten und so weit gingen, „dass man ihm [dem unwilligen Spender] androhte, man werde ihn vor dem gerechten Volkszorn schützen müssen" – durch Wegsperren.[10] Tatsächlich war die NSV in weiten Teilen ein Verein für legale Erpressung. Aber mit den Spendenkampagnen – die berühmteste war das jährlich veranstalte *Winterhilfswerk* –, bei denen praktisch das ganze Volk einem guten Zweck zuliebe Geld opferte, wurde auch das Gemeinschaftsgefühl gestärkt. Die gesammelten Mittel flossen in soziale Stützprogramme, was sich propagandistisch bestens nutzen ließ. Allein die Durchführung der Spendenkampagnen, namentlich des Winterhilfswerks, stellte ein mediales Großereignis dar, an dem sich viele Prominente aus Politik und Kultur beteiligten.

Die Freizeit der Bürger war ein nicht minder propagandistisches Aktionsgebiet: wenn auch straff reguliert, so wurde doch einiges offeriert. Der deutsche Arbeiter kam nun extrem günstig an Opernkarten, oder er konnte den in großer Stückzahl hergestellten Radioapparat namens ‚Volksempfänger' erstehen, mit dem gewünschten Nebeneffekt, dass die Reden der Führung praktisch jeden Haushalt erreichten. Die fleißig schaffenden deutschen Arbeiter sollten auch ihre körperliche und geistige Leistungskraft regenerieren und ihren Horizont durch Begegnung mit Kunst und Kultur erweitern. Dies zu gewährleisten, oblag einer eigens zu diesem Zweck gegründeten Organisation, der staatlichen Freizeitagentur *Kraft durch Freude*, kurz *KdF*. 1938 nutzte jeder dritte Arbeiter die Ferienangebote von KdF.[11] Deren bauliche Gestaltung tendierte gelegentlich, wie die nationalsozialistische Architektur insgesamt, zum Megalomanischen. So plante KdF auf der Ostseeinsel Rügen die fast fünf Kilometer lange ‚Bettenburg' Prora, die 20.000 Urlauber und 2.000 Mann Personal beherbergen sollte. Der Ausbruch des Weltkriegs verhinderte allerdings die Fertigstellung.[12] KdF bot vor allem Reiseziele innerhalb Deutschlands an, aber auch Madeira zum Beispiel oder die norwegischen Fjorde waren im Programm. Für solche Touren standen eigens gebaute Passagierschiffe zur Verfügung, deren berühmtestes die *Wilhelm Gustloff* war.

Was immer der deutsche Arbeiter in seiner Freizeit tat, und

wohin er sich auch begab, eines begleitete ihn dabei sicher: eine hocheffektive politische Indoktrination. Auf der Wilhelm Gustloff befanden sich beispielsweise 156 Lautsprecher für „Bordappelle und weltanschauliche Erziehungsmaßnahmen".[13]

Der nationalsozialistische Einfluss reichte bis in alle gesellschaftlichen Zusammenschlüsse. Im Sommer 1933 wurden sämtliche Berufs-, Industrie- und Handelsverbände gleichgeschaltet.[14] Schon ein Jahr später fanden sich fast alle Jugendgruppen – Pfadfinder ebenso wie Sportvereine und Schachklubs – unter dem großen Dach der *Hitlerjugend (HJ)* wieder. Der Hamburger Gymnasiast und spätere deutsche Bundeskanzler Helmut Schmidt erlebte, „dass Ende 1934 mein Schülerruderverein", dem er gerade beigetreten war, „in die Marine-HJ inkorporiert wurde", was ihn automatisch zum Hitlerjungen machte.[15] Dank dieser Art Okkupation wuchs die Mitgliederzahl der HJ um das 35fache auf über drei Millionen.[16] Der gewaltige Zustrom lässt sich jedoch nicht allein mit der Einverleibung der anderen Jugendverbände erklären; die HJ besaß längst selbst das Potenzial, zu begeistern. Sie hatte schneidige Uniformen, veranstaltete paramilitärische Geländespiele, gab Training an Handfeuerwaffen – kaum ein deutscher Junge, den dergleichen nicht fasziniert hätte. Die Mädchen hatten ihre eigene Organisation, den *Bund deutscher Mädel*, kurz *BDM*, wo besonderer Wert auf Körperkultur, ,gymnastische Bildung' und Hauswirtschaft gelegt wurde. ,Deutsche Jungen' wie ,deutsche Mädels' verehrten Adolf Hitler als eine Art „Übervater", dem man selbstverständlich unbedingte Treue schwor.[17]

Die Kraft, die die Gleichschaltung des Lebens im Dritten Reich vorbereitete und stützte, war die Propaganda. Forscher sehen in ihr geradezu das „Genie" des Regimes.[18] Was der nazistischen Ideologie an geistiger Substanz fehlte, machte die Propaganda mehr als wett. Feuerwerke, Fanfaren und schrille Leitartikel mobilisierten auch die Menschen, bei denen Hitlers zusammengeklaubter Ideenmischmasch allein vielleicht nicht gezündet hätte. Hitler war davon überzeugt, „dass durch kluge und dauernde Anwendung von Propaganda einem Volke selbst der Himmel als Hölle vorgemacht werden kann und umgekehrt das elendste Leben als Paradies"[19].

Das Propagandagenie hieß Joseph Goebbels, geboren 1897 in Rheydt am Niederrhein. Intellektuell hoch begabt, war er von der Gemütsveranlagung her ein klassischer Misanthrop, der zeitlebens seine körperlichen Mängel kompensierte: eine schwächliche Gesamtkonstitution und einen Klumpfuß. 1921 promovierte er mit einer germanistischen Arbeit zum Dr. phil. und versuchte sich als Schriftsteller, jedoch ohne Erfolg. Bald begeisterte er sich für nationalrevolutionäre Ideen und schloss sich 1924 der NSDAP an, in der er dem linken, antikapitalistischen Flügel zuneigte. Goebbels, einer der leidenschaftlichsten und eloquentesten Redner der Partei, hatte zunächst durchaus einige ideologische Differenzen mit Adolf Hitler, doch die Persönlichkeit des Führers beeindruckte ihn so gewaltig, dass er rasch zu dessen getreustem Gefolgsmann wurde. Die Belohnung ließ nicht lange auf sich warten: 1926 ernannte man ihn zum Gauleiter von Berlin. Unverzüglich ging Goebbels ans Werk, und dank seines unermüdlichen Engagements, Organisationstalents und seiner demagogischen Potenz wandelte sich die Hauptstadt von einer Bastion der Linken in eine Hochburg der neuen Rechten.

Goebbels' Methoden waren verblüffend einfach und radikal; sie verrieten deutlich, dass sie einer Richtung dienten, die im Bedarfsfall vor Gewalt nicht zurückschrecken würde. Der Demagoge nahm jede Chance wahr, seine Gegner öffentlich einzuschüchtern, zu demütigen und zu verhöhnen. Mit der Frage, ob und inwieweit seine Anwürfe und Schmähungen der Wahrheit entsprachen, hielt er sich nicht auf. Gute Propaganda, so postulierte Goebbels, erkenne man nicht daran, dass sie ethische Prinzipien respektiere, sondern daran, dass sie „zum Ziele führt".[20] Persönliche Diffamierung wurde seine Spezialität, die er mit erstaunlicher Energie entwickelte. Allerdings musste er auch Nehmerqualitäten zeigen, wenn es beispielsweise galt, fünf Verleumdungsprozesse, die zu gleicher Zeit gegen ihn geführt wurden, durchzustehen. Kein Gerücht war ihm zu skurril, keine Beschuldigung zu ungeheuerlich, wenn es galt, einen Feind herabzusetzen. Der gewiefte Stratege wusste um die tödliche Wirkung, wenn er Gegner als Trottel oder Schürzenjäger bloßstellte und der Lächerlichkeit preisgab. Seine rhetorisch geschliffenen Texte trieften vor Bosheit und Zynismus. Als 1929 der einstige deutsche Reichskanzler und spätere Außenminister Gustav Stresemann nach langer Krankheit starb, verweigerte ihm Goebbels jeden Respekt. Was andere an Stresemann rühmten – wie seinen Beitrag zur Völkerverständigung, für den er mit dem Nobelpreis ausgezeichnet worden war, oder seine Währungs- und

Wirtschaftsreformen, die der Weimarer Republik immerhin eine kurze Phase der Stabilität beschert hatten –, sprach aus Goebbels Sicht gegen den Mann und entlarvte ihn als typischen Vertreter des korrupten ‚Systems‘, das Deutschland den internationalen Mächten ausgeliefert habe, den nun aber endlich die verdiente Strafe einer – so Goebbels‘ Worte – „Hinrichtung durch Herzversagen" ereilt habe.[22]

Ein Mann mit solchen Fähigkeiten war in einer totalitären Partei eine steile Karriere sicher. Seit 1928 Abgeordneter der NSDAP im Deutschen Reichstag, war Goebbels zwei Jahre später ihr Reichspropagandaleiter. 1933 dann das Spitzenamt: Chef des eigens geschaffenen Ministeriums für Volksaufklärung und Propaganda, das die Gesamtheit der deutschen Medien unter seine Kontrolle brachte. Auf der ersten Pressekonferenz in seiner neuen Funktion formulierte Goebbels bemerkenswert freimütig das Ziel, dem das Ministerium zu dienen hatte, nämlich dafür zu sorgen, dass die Menschen „einheitlich denken und einheitlich handeln und sich mit Leib und Seele ganz und gar dem Willen der Regierung überantworten"[23].

Goebbels hatte eine Position absoluter Macht erlangt und war von niemandem mehr angreifbar. Eifrig belieferte er die nationalsozialistische Presse mit obsessiven Leitartikeln, insbesondere den *Völkischen Beobachter* als wichtigstes Parteiorgan, das es in der Kunst strategischer Faktenverdrehung zu atemberaubender Virtuosität brachte. Auch das noch relativ junge Medium Radio setzte er geschickt für seine Zwecke ein: Immer wieder hielt er Ansprachen im Rundfunk; nicht umsonst wurde unter seiner Ägide das Sendenetz beträchtlich ausgebaut. Mit Presse und Rundfunk besaß Goebbels die besten Möglichkeiten, seinem Publikum nationalsozialistische ‚Weltanschauung‘ zu vermitteln – einem Publikum, das aufgrund der propagandistischen Dauerberieselung immer weniger die Wahrheit von der Lüge zu unterscheiden vermochte.

Goebbels‘ Talent beschränkte sich nicht aufs gedruckte und gesprochene Wort. Er war zudem ein begabter Regisseur. Aus bewährten Veranstaltungsformen zur Hebung des Gemeinschaftsgefühls – Märschen, Kundgebungen oder Fackelzügen – entwickelte er ein regelrechtes nationalsozialistisches Zeremoniell, für das er Fahnen, Spruchbänder, Fanfaren und andere zusätzliche optische und akustische Effekte einsetzte. Die Inszenierungen hatten eine emotionale Wirkung, die das Publikum in eine Art Ekstase versetzte. Goebbels sah im Nationalsozialismus eine Art Erweckung des Menschen zu einer neuen Seinsweise, die alle Bereiche seines Lebens durchdringt: eine Verschmelzung von Politik und Religion.[24] Die Deutschen sollten den Nationalsozialismus als ein kollektives Ideal begreifen, in dem man aufgeht wie in einer Glaubensgemeinde, das man in der Art einer Messe feiert und an das man glaubt wie an einen Gott.

Die Mehrheit der Deutschen hat das Dritte Reich anfangs akzeptiert. Selbst die Skeptischen suchten zumindest einen Modus vivendi mit dem Regime, mit dessen Schattenseiten man ja nicht tagtäglich und überall konfrontiert war. Der SS-Terror, das Grauen der Konzentrationslager, die willkürlichen Hinrichtungen spielten sich noch weitgehend im Verborgenen ab. Viele Zeitzeugen erinnern sich gern an die Friedensjahre unter Hitler; immerhin hätten damals wirtschaftliche Prosperität sowie Ruhe und Ordnung im Lande geherrscht. „Die Löhne waren anständig und wurden pünktlich bezahlt", berichten sie, oder: „Man hatte genug zu essen", oder: „Kein lähmendes Parteiengezänk mehr".[25] Nicht selten hört und liest man in dem Zusammenhang die Behauptung: Wer kein Jude, Zigeuner, Homosexueller oder Kommunist war, keinen offenen oder geheimen Widerstand gegen das Regime leistete, der habe im Dritten Reich relativ angstfrei leben können. Bis zu einem gewissen Grad mag das sogar stimmen – zumal, wenn man die Verhältnisse seinerzeit in der UdSSR als Vergleichsfolie nimmt. Für deren Geheimpolizei und Rechtsprechungsorgane spielte es keine Rolle, ob jemand, den man aus irgendwelchen politischen Opportunitätsgründen vernichten wollte, schuldig war oder nicht. Dieser Beliebigkeit entbehrten die Aktivitäten der Gestapo und des braunen Justizapparates. Wer dort hineingeriet, gewöhnlich aufgrund einer Denunziation, hatte meist tatsächlich eine – und sei es winzige – Übertretung oder Verfehlung begangen, jedenfalls im Sinne der Herrschenden.

Ungeachtet der Begeisterung, die dem Regime anfangs entgegenschlug, verließ man sich nicht darauf, dass seine Untertanen folgsam blieben, und übte einen enormen Konformitätsdruck aus. Die Bevölkerung sollte, wenn die einschlägige Weisung erging, die Hakenkreuzfahne flaggen. Sie sollte der Volkswohlfahrt spenden. Sie sollte lauschen, wenn Hitler im Radio sprach. An ihrem Arbeitsplatz sollten die Menschen Mitglied der jeweiligen staatlichen, also NS-gelenkten Berufsverbände sein. Bei der Eheschließung sollten sie dankbar ein Exemplar von *Mein Kampf* entgegennehmen. Die Kinder sollten in HJ und BDM eintreten, in den Schulen sollten nur noch ‚zuverlässige' Lehrkräfte unterrichten und ideologisch ‚bereinigte' Lehrbüchern benutzt werden.

Der NS-Staat war also fast allgegenwärtig und praktisch allmächtig. Jene, die sich nicht anpassten und sich weder durch Drohung noch Schmeichelei zur Gefolgschaft bewegen ließen, brachten sich in größte Gefahr. Sie nahmen es mit einem System auf, das bedingungslosen Gehorsam verlangte und sich zum Herrn über Leben und Tod all derer machte, die wider seinen Stachel löckten. Es bedurfte viel Mut, Integrität und unerschütterliche Hartnäckigkeit, sich der nazistischen Woge entgegenzustellen. Einige praktizierten, was später ‚innere Emigration' genannt wurde: eine Art geistig-moralische Distanzhaltung; man forderte das Regime nicht direkt heraus, sondern suchte gewissermaßen dessen Aufmerksamkeit zu entgehen, indem man sich in seine Privatexistenz zurückzog und jegliche öffentliche, vor allem politische Aktivitäten mied.

Nur wenige entschieden sich, den Repressionen wie auch den Verlockungen des Dritten Reiches zu widerstehen. Manche gründeten illegale Tanzklubs, in denen man sich zu offiziell verbotener Musik, etwa dem Swing, bewegte; manche hörten heimlich ausländische Sender oder formierten politische Diskussionszirkel. Eine noch geringere Zahl Regimegegner entschloss sich zum aktiven und gewaltsamen Widerstand gegen das Regime. Zu ihnen gehörte Georg Elser.

Johann Georg Elser[26] wurde am 4. Januar 1903 in dem ostwürttembergischen Dorf Hermaringen, Kreis Heidenheim, geboren; ein Jahr später zogen die Eltern ins nahe Königsbronn. Dort wuchs der Knabe mit vier Geschwistern in höchst bescheidenen Verhältnissen auf. Die protestantische Familie bewirtschaftete einen kleine Landbesitz, zu dem eine Mühle gehörte. Der Vater versuchte sich zusätzlich als Holzhändler. Die stark religiös orientierte Mutter versah den Haushalt und half bei der Feldarbeit. Die Lebensverhältnisse waren hart für die Familie und wohl mit ein Grund, dass der Vater trank und nicht selten Frau und Kinder schlug.

Auf Fotos schaut der kleinwüchsige, schmächtige Georg mit dem zerzausten dunklen Lockenhaar meist bedrückt, ja gequält drein; kaum anders als auf den Fotografien, die ihn als Erwachsenen zeigen. Er war nicht unintelligent, aber erbrachte in der Schule nur durchschnittliche Leistungen. Da er als ältestes Kind dem Vater bei der Arbeit helfen und sich um die jüngeren Geschwister kümmern musste, waren ihm Pflichten auferlegt, die ihn vom Lernen für die Schule abhielten. Georg entwickelte sich zum Einzelgänger. Freunde hatte er nur wenige; er mied die Gesellschaft mit anderen und wirkte nur zeitweise in einem Zitherklub mit. Er kam scheinbar mit sich einigermaßen gut zurecht. Sein ausgeprägter Gerechtigkeitssinn, der für seinen späteren Weg bestimmend wurde, ist mit großer Wahrscheinlichkeit auf die Erfahrung der körperlichen Gewalt zurückzuführen, die der Vater nachts seiner Familie antat.

Sommer 1917 beendete Georg die Volksschule in Königsbronn und arbeitete anschließend ein halbes Jahr in der Landwirtschaft seines Vaters mit. Dann begann er im örtlichen Hüttenwerk eine Lehre als Eisendreher, die er aber bald aus Gesundheitsgründen abbrechen musste. Georg entschied sich daraufhin für die Kunsttischlerei und fand damit sein Metier. Seine Ausbilder bescheinigten ihm Fleiß, Gewissenhaftigkeit und ein bemerkenswertes Talent für die Schreinerei. Dank seiner Ausdauer und seinem Perfektionismus schloss er die Gewerbeschule in Heidenheim als Jahrgangsbester ab. Nun war der inzwischen 22-jährige ein hochqualifizierter Tischlergeselle. Er verließ Königsbronn mit all den unglücklichen Erinnerungen, um die in seinem Beruf vorgesehene Gesellenwanderschaft anzutreten, auf der er üblicherweise rasch wechselnde Beschäftigungsverhältnisse einging. Oft verrichtete er nur einfache Zimmereiarbeiten, doch bald erhielt er anspruchsvollere Aufträge, baute und restaurierte Möbel, ließ sich von Uhrenfabriken einstellen, wo er Holzgehäuse für Uhren fertigte und übernahm einmal sogar den Auftrag für die Anfertigung eines Flugzeugpropellers in Holz. Es lief für Elser eine Weile ganz ordentlich, und ihm schien eine bescheidene, doch solide berufliche Existenz zu winken. Die Wirtschaftskrise 1929 machte alles zunichte. Georg Elser wurde arbeitslos und musste schließlich ins Elternhaus zurückkehren.

Daheim hatte sich wenig verändert, doch Georg war gereift.

Was sein Verhältnis zur Politik betraf, so interessierten ihn die politischen Tagesgeschäfte kaum, aber er hatte gegenüber den Nazis eine zwar eher instinktiv-emotionale, jedoch kompromisslos ablehnende Haltung eingenommen, die sich möglicherweise aus seiner Kindheitserfahrung speiste. Es ist nicht auszuschließen, dass ihn Hitlers dahergeplärrte Phrasen an das laute und großmäulige Schwadronieren seines betrunkenen Vaters erinnerten. Hinter seiner Sympathie für die extreme Linke stand die Überzeugung, dass nur die Kommunistische Partei die soziale Situation der arbeitenden Klasse verbessern könne, zu der er sich als Handwerker zählte. Elser wählte nicht nur die KPD, sondern trat kurzfristig auch deren paramilitärischer ‚Verteidigungsorganisation' bei, dem *Roten Frontkämpferbund.*

Elsers kommunistische Neigung wurzelte nicht in der marxistischen Ideologie. Er war durch und durch ein Mann der Praxis, kein Theoretiker. Politische Diskussionen reizten ihn nicht, und er besaß keinerlei Ehrgeiz, anderen die eigene Meinung aufzudrängen. Dem neuen Regime aber verweigerte er unerschütterlich jedes Zugeständnis. Wenn irgendwo Adolf Hitlers Stimme aus einem Radiolautsprecher schallte, verließ Elser leise den Raum. Wie konsequent er seine Ablehnung des Systems lebte, zeigt sein Verhalten während eines SA-Aufmarschs in Königsbronn am 1. Mai 1938. Viele Bürger der Stadt säumten die Straßen; Elser befand sich unter ihnen. Als die Parade sich dann näherte, hoben alle Umstehenden den Arm zum Hitlergruß – Elser nicht. Als ein Kollege meinte, es sei klüger mitzumachen, konterte Elser knapp mit: „Nein, leck mich am Arsch!", wandte sich ab und pfiff demonstrativ gleichgültig vor sich hin.[27]

Eine befriedigende Erklärung, wie aus dem Nonkonformisten Georg Elser der Attentäter Georg Elser wurde, haben wir bis heute nicht und sind auf Vermutungen angewiesen. Fest steht: Er hegte einen tiefen persönlichen Hass gegen Hitler, aber den hegten damals etliche, ohne deshalb in Elsers Manier zu reagieren. Einen Einblick in die Motivlage des Schwaben liefert vielleicht seine spätere Aussage: „Den Entschluss zu meiner Tat fasste ich im Herbst 1938".[28] Damals schien ein Krieg zwischen Deutschland und der Tschechoslowakei kaum abzuwenden und wurde in der Tat nur durch das so genannte ‚Münchner Abkommen' vermieden, das treffender ‚Münchner Verrat' hieße, weil durch diesen Akt die

Westmächte vertraglich garantierten, die Tschechoslowakei im Stich zu lassen. Elser war wie viele andere überzeugt, dass diese Vereinbarung den aggressiven Plänen des Deutschen Reichs keineswegs ein Ende setzen werde. Wenn man Hitler machen ließe, so glaubte Elser, gebe es unausweichlich Krieg und wieder würde eine Schlächterei Grauen und Elend über die Menschen bringen.[29]

Da seinerzeit viele Menschen in Deutschland so dachten, aber nichts taten, müssen noch andere Faktoren zu Elsers Radikalisierung beigetragen haben. Im Elternhaus war das Leben für Georg 1938 genauso unerträglich wie 1922. Sein Vater hatte mit seinem Holzgeschäft inzwischen Pleite gemacht; die Familie begann sich angesichts der bitteren Umstände aufzulösen. Elsers Versuche, eine eigene Familie zu gründen, scheiterten. Es hatte eine Liebesbeziehung, aus der aber nichts wurde, weil die Frau verheiratet war. Aus der Affäre blieb dem Unglücklichen nur die Verpflichtung, Alimente für ein Kind zu zahlen, das er nie gewollt hatte.[30] Verzweifelt suchte Elser eine Stelle, ging erneut auf Wanderschaft, fand aber nur hier und da Gelegenheitsbeschäftigungen als Tischler oder Zimmermann, die wenig einbrachten. Die Stundenlöhne in seinem Gewerbe hatten sich während der letzten zehn Jahre mehr als ungünstig entwickelt; die Nazis förderten, rüstungsbedingt, vordringlich die Industrie und ließen die Handwerker eher ‚links liegen‘. Manche Zunftgenossen halfen sich, indem sie ‚hudelten‘, also viele Aufträge schnell und ohne Sorgfalt erledigten. Da Pfusch dem Perfektionisten Elser nicht lag, bedeutete das für ihn, dass er von seiner Hände Arbeit kaum leben konnte. Kurzum: Georg Elser befand sich 1938 in der Situation eines Menschen, der nichts mehr zu verlieren hatte.

Im Herbst dieses Jahres begann er, die Pläne für einen Anschlag zu entwerfen. Zunächst, das räumte Elser später selber ein, hatte er noch keinerlei Ahnung, wie und wo er das Attentat ausführen wollte, ging aber mit Verve an die Vorbereitung. November 1938 fuhr Georg Elser nach München. Sein Interesse galt den Gedenkfeiern für die Gefallenen des Marsches auf die Feldherrnhalle von 1923, die traditionell am Abend des 8. November mit einer Rede des Führers im Bürgerbräukeller eröffnet wurden. Als Hitler geendet hatte, betrat Elser als normaler Gast den Saal. Noch waren eine stattliche Anzahl Nazibonzen samt Leibwächter da, doch keiner von ihnen bemerkte die kundschaftenden Blicke Elsers. Sorgsam prägte der sich den Grundriss des Raums und die Position des Rednerpults ein, hielt besonders nach Sicherheitsmaßnahmen Ausschau und registrierte, dass es frappanterweise kaum welche gab, jedenfalls keine effektiven. Am nächsten Morgen schaute Elser dem Erinnerungsmarsch zu – eben jener Parade, die Maurice Bavaud so spektakulär hatte unterbrechen wollen. Dann fuhr er mit dem Zug heim nach Königsbronn.

Elser besaß nun eine klarere Vorstellung, wie er sein Zielobjekt tödlich treffen könnte. Nächstes Jahr, so seine Entscheidung, wollte er sich wieder im Bürgerbräukeller einfinden und dort eine Bombe deponieren, die Hitler und möglichst viele andere Führer der NSDAP töten würde. Zwölf Monate, kalkulierte er, müssten reichen, um das nötige Material zusammenzutragen, die Bombe zu konzipieren, zu bauen und zu legen.

Als Erstes stahl er an seiner damaligen Arbeitsstelle, einer Heidenheimer Armaturenfabrik, Schießpulver und einen Zünder. Dann nahm er eine Tätigkeit in einem Steinbruch auf, wo er relativ leicht Sprengkapseln und mehrere Patronen Donarit (Sprenggelatine) entwenden konnte. Viele Abende und Wochenenden verbrachte er in seiner Werkstatt, plante und experimentierte. Mit Sprengtechnik hatte er bisher keinerlei Erfahrung, aber er eignete sich die nötigen Kenntnisse rasch an, sozusagen durch *learning by doing*: er baute Probebomben und ließ sie auf den Feldern ringsum hochgehen, bis er völlig sicher war, welche Menge Sprengstoff er für sein Vorhaben brauchen würde. Im Frühling 1939 reiste er wieder nach München. Nun nahm er im Bürgerbräukeller genau Maß und fertigte exakte Zeichnungen von der Örtlichkeit.[31] Er fand auch den idealen Platz für seine Bombe: Hinter dem Podium, auf dem das Rednerpult stand, erhob sich ein dicker Steinpfeiler, der mit mehreren anderen eine Galerie stützte, die über die ganze Längsseite des Saales lief und wie eine Aneinanderreihung stattlicher Balkone wirkte. Wenn er seine Höllenmaschine in diesen Pfeiler platzierte, dachte sich Elser, würde die Explosion nicht nur unten alle die töten, die in der Nähe stünden, sondern auch den schweren Balkon herabreißen.

Acht Monate dauerten die Vorbereitungen. Während dieser Zeit sprach Elser mit niemanden über sein Projekt, weder mit seiner Familie noch mit Arbeitskollegen oder seinen wenigen Freunden. Nur einmal hätte Elser sich fast verraten, als er sich Frühling 1939 dringlich um eine Hausburschenstelle im Bürgerbräukeller bewarb.[32] Ansonsten vermied er strikt, verdächtig aufzufallen. Fragte ihn jemand, was er da in seiner Zurückgezogenheit konstruiere, antwortete er schlicht: „eine Erfindung".[33] Eine Weile half der Schwabe bei einem Münchner Schreinermeister aus, der ihm als Gegenleistung erlaubte, in der Werkstatt an seinem – Elsers – eigenen Stück zu ‚basteln'. Der Meister besah sich eines Tages die Apparatur genauer und versuchte Elser Näheres mit der Vermutung zu entlocken, dass es eine Weckanlage werde, die beim Klingeln gleichzeitig das Licht einschalte. Elser antwortete ausweichend, fast sibyllinisch: „Ja, so ähnlich"[34].

Anfang August 1939 verließ Elser Königsbronn und reiste nach München. Bei sich hatte er einen Holzkoffer; darin befanden sich jede Menge Werkzeuge – Hobel, Hämmer, Sägen, Feilen – und in einem Geheimfach seine Bombe, dazu Sprengstoff, sechs Uhrwerke, Draht, Zündkapseln, Zündschnüre und eine Batterie.[35] Der Schwabe meldete sich in München unter seinem richtigen Namen polizeilich an, fand Unterkunft und machte sich an die Arbeit.

Elsers Vorgehensweise war erstaunlich einfach. Jeden Abend ging er gegen neun Uhr in den Bürgerbräukeller und aß eine Kleinigkeit. Etwa eine Stunde später schlich er auf die Galerie des Festsaals und versteckte sich in einem Lagerraum, bis das Lokal geschlossen wurde. Nun konnte Elser beim Schein einer Taschenlampe ein paar Stunden arbeiten. Wenn die Kellner morgens um halb acht zur Arbeit kamen, verließ Elser das Wirtshaus unbemerkt durch einen Hintereingang.

Zuallererst galt es, in dem Pfeiler einen Hohlraum für die Bombe zu schaffen. Der Unauffälligkeit wegen entschied Elser, diesen Hohlraum auf der Galerie, dicht über dem Fußboden anzulegen, was ihn zwang, seine Arbeit kniend zu verrichten. Der Pfeiler war an besagter Stelle holzvertäfelt. Drei Nächte kostete es Elser, ein rechteckiges Loch in die Verkleidung zu sägen. Jedes Geräusch musste gedämpft werden, und kein Stäubchen Sägemehl durfte liegen bleiben. Sämtliche Spuren seiner nächtlichen Anwesenheit waren zu tilgen. Das entnommene Vertäfelungsstück zimmerte Elser mithilfe eines in der Pfeilerkante verborgenen Zapfenbandes zu einer Tür um, was ihm das mühsame Aus- und Einsetzen ersparte. Alle Kanten der geheimen Pforte verbarg der Schreiner geschickt unter vorhandenen Leisten und Profilstäben.

Jetzt war der Zugang zum eigentlichen Pfeiler gesichert und Elser konnte an das Aushöhlen der Sprengkammer gehen. Das Werkzeuginventar war denkbar schlicht: ein Hammer, ein Meißel, ein Handbohrer. Fast den ganzen folgenden Monat lockerte Elser Mörtel und stemmte Ziegel aus. Den Abraum, der sorgfältig beseitigt werden musste, sammelte Elser in einem Leinensack, den er morgens mit wegtrug. Er kam nur quälend langsam voran. In dem menschenleeren Saal hallte jeder Hammerschlag wie ein Flintenschuss, und Elser durfte nur aktiv werden, wenn drinnen oder draußen ein anderes Geräusch, wie die automatische Toilettenspülung oder eine vorbeifahrende Straßenbahn, den eigenen Lärm übertönte.[36]

Während er nachts den Pfeiler im Bürgerbräukeller bearbeitete, gab er tagsüber seiner Bombe den letzten technischen Schliff, wobei er besonders dem nicht unkomplizierten Zeitzündermechanismus viel Aufmerksamkeit widmete.

Wenn die Bombe explodierte, wollte Elser sicher in der Schweiz sitzen. Daher brauchte er eine mit dem Zünder verbundene Zeitschaltuhr, die sich auf mehrere Tage im Voraus einstellen ließ. Seine Lösung war genial. Er modifizierte ein Uhrwerk durch zusätzlich eingebaute Zahnräder und Hebel zu einer Zeitschaltuhr, die maximal 144 Stunden lief und zu einem bestimmten Zeitpunkt über ein kaum entwirrbares System von Federn und Gewichten einen Schlagbolzen aktivierte, der, gespickt mit spitzen Stahlnägeln, gegen das Zündhütchen einer Gewehrpatrone (ohne Bleikugel) schnellte, die in der Sprengstoffmasse steckte.[37] Da der Perfektionist Elser sich auf *einen* Uhrmechanismus nicht verlassen mochte, baute er noch einen zweiten gleicher Art für den Fall, dass der erste versagte.

Zu all diesen Vorsichtsmaßnahmen setzte der bedachtsame Attentäter den Zeitschaltmechanismus in ein hölzernes Kästchen, das er mit Kork ausschlug, um das verräterische Ticken des Uhrwerks zu dämpfen. An die Innenseite des ausgesägten Täfelungsstücks montierte er eine Stahlblechplatte, damit die Fläche nicht hohl klang, wenn vielleicht doch irgendwelche Sicherheitsleute die Säulen abklopften. In der Nacht zum 2. November – zwei Monate nach dem Beginn seiner Arbeit – deponierte Elser seine Höllenmaschine im Pfeiler, zunächst ohne Uhrwerke. Drei Nächte später fügte er den Zeitschaltmechanismus hinzu und stellte ihn auf den 8. November, 21.20 Uhr ein. Die Bombe sollte mitten in Hitlers Rede explodieren.

Hitler kam am Nachmittag des 8. November mit dem Flugzeug aus Berlin in München an; es begleiteten ihn Joseph Goebbels und eine Sekretärin. Der Führer befand sich in Eile. Seit knapp zwei Monaten lief ‚sein‘ großer Krieg. Binnen dreißig Tagen war Polen überrannt und zur Kapitulation gezwungen worden. Briten und Franzosen hatten daraufhin Deutschland den Krieg erklärt, ohne dass es zu nennenswerten Kampfhandlungen gekommen wäre. Eine für einen Weltkrieg kurios aktionsarme Phase begann, die viele spöttische Bezeichnungen fand: *phoney war* (‚Pseudo-Krieg‘) nannten sie die Engländer und Amerikaner, *drôle de guerre* (‚komischer Krieg‘) die Franzosen; im Dritten Reich witzelte man vom *Sitzkrieg* der Feinde gegen den erfolgreichen deutschen ‚Blitzkrieg‘. Befremdlich wirkte das englische und französische Gebaren zweifellos. Man warf Flugblätter statt Bomben ab und bat die Deutschen in immer neuen Initiativen, die Aggressionen zu beenden. Mehr passierte erst einmal nicht. Hitler hingegen hegte längst Pläne für eine Westoffensive, und die waren im Spätherbst 1939 schon sehr weit gediehen. Am 5. November, drei Tage vor seinem Abflug zur Münchner Putschfeier, hatte Hitler bereits den Befehl zum Angriff auf Frankreich gegeben; der 12. sollte „Tag X" sein.[38] Am 7. wurde die Order wieder aufgehoben, die Wetterlage schien zu ungünstig. Der endgültige Termin für die Attacke sollte jetzt am 9. November festgelegt werden, am Tag nach Hitlers geplantem Besuch in München. Der Führer stand also unter Zeitdruck.

Es war undenkbar, Hitlers Rede am Abend des 8. November ausfallen zu lassen. Die Gedenkfeier für die Opfer der ‚Nationalen Erhebung‘ gehörte zu den höchsten Feiertagen des braunen Kalenders. Nein, er würde sprechen, wies die Verantwortlichen in München aber energisch darauf hin, dass er noch in derselben Nacht wieder in Berlin sein müsse, wo ihn ‚wichtige Regierungsgeschäfte‘ erwarteten. Hitler wollte unbedingt nach der Veranstaltung zurückfliegen, aber sein Chefpilot warnte vor dichtem Nebel, der gemeldet worden war. Also blieb nur die Rückreise per Führersonderzug. Der fuhr 21.31 Uhr vom Hauptbahnhof München ab und erzwang eine noch radikalere Straffung des Programms im Bürgerbräukeller. Um Zeit zu gewinnen, begann Hitler seine Rede vor den Alten Kämpfern früher als üblich, nämlich bereits um 20.00 Uhr.

Im Festsaal des Bürgerbräukellers sorgte eine Militärkapelle für die richtige Stimmung. Etwa 3.000 Gäste saßen an den langen Brauhaustischen vor ihren schweren Maßkrügen. Jede Menge Männer trugen Uniformen, die meisten das Grau der Wehrmacht. Viele Alte Kämpfer waren freiwillig eingerückt; nur ein paar präsentierten sich noch weiterhin im Schwarz der SS oder im Braun der SA. Man plauderte und lachte, schwelgte in Erinnerungen an vergangene Schlachten und freute sich auf die neuen. Eine glorreiche Zukunft stehe bevor. Als der Führer hereinkam, wurde es augenblicklich still. In den Galerien kletterten einige Zuschauer der besseren Sicht wegen auf die Tische.

Hitler betrat den Saal nicht als Erster. Vor ihm trug ein SS-Mann die heiligste Reliquie NS-Deutschlands, die ‚Blutfahne' aus dem fehlgeschlagenen Putsch von 1923. Dahinter folgten Hitler, Goebbels, Heydrich, Heß und noch ein paar andere prominente Nazis. Der Münchner Stadtrat Christian Weber hieß sie willkommen. Weber, selbst 1923er Veteran und einst ein enger Vertrauter Hitlers, meldete die Festgemeinschaft hochtönend als ‚zum Appell angetreten' (was unfreiwillig komisch wirkte, denn die zum Appell Angetretenen saßen vor ihren Bierkrügen!) und hielt eine kurze, unbeholfene Rede, die mit einem dreifachen „Sieg Heil" endete.[39]

Dann bestieg Hitler das reichlich mit Hakenkreuzflaggen drapierte Podium und schritt zum Rednerpult. Er stand jetzt unmittelbar vor den Pfeiler, in dem Elsers Bombe leise tickte. Hitler hielt einen Moment inne, ließ den Blick durch den Raum schweifen, schaute noch einmal kurz auf sein Manuskript und atmete tief ein. Er begann wie jedes Jahr mit einer Ehrung und Würdigung der 1923er Veteranen. Seine Stimme war zunächst gedämpft, die Vortragsweise verhalten, ja schleppend. Je mehr er sich aber thematisch der Tagesaktualität näherte, desto mehr kam er in Schwung und richtete seine bösartig-sarkastische Rhetorik gegen den neuen Feind – die Engländer:

„Es tritt heute ein englischer Minister auf und sagt mit Tränen in den Augen: ‚Oh, wie gerne würden wir doch mit Deutschland zu einer Verständigung kommen, wenn wir nur Vertrauen haben könnten in das Wort deutscher Regierungen!'. Genau das Gleiche liegt mir auf der Zunge! Oh, wie gern möchten wir doch mit einem Engländer eine Verständigung herbeiführen, wenn wir nur Vertrauen haben könnten zum Wort seiner Führung! Denn wann ist jemals ein Volk niederträchtiger belogen und beschwindelt worden und betrogen worden als in den zurückliegenden zwei Jahrzehnten das deutsche Volk durch die englischen Staatsmänner? Wo ist die versprochene Freiheit der Völker geblieben? Wo blieb damals die Gerechtigkeit? Wo blieb der Friede ohne Sieger und Besiegte? Wo blieb das Selbstbestimmungsrecht der Völker? Wo blieb der Verzicht auf Kontributionen und Kriegsentschädigungen usw.? [...] Lauter Lügen!"

Und so ging es weiter. Je länger Hitler redete, um so lebendiger wurde die Redeweise und steigerte sich die Lautstärke. Er wog die Kultur der Engländer und der Deutschen gegeneinander in hämischem Stolz ab:

„Überhaupt brauchen wir Deutschen uns von den Engländern auf dem Gebiet der Kultur nichts vormachen zu lassen. Unsere Musik, unsere Dichtung, unsere Baukunst, unsere Malerei, unsere Bildhauerkunst kann man mit [...] den englischen Künsten schon absolut sich vergleichen. Immerhin, glaube ich, hat ein Einziger – na, sagen wir: Beethoven – musikalisch mehr geleistet als sämtliche Engländer der Vergangenheit und Gegenwart zusammen."

Insgesamt sprach Hitler etwa eine Stunde. Immer wieder pries er die Nationalsozialisten und geißelte die Perfidie ihrer Feinde. Gegen Ende rollte er die Augen himmelwärts und gestikulierte wild, ballte die Fäuste oder verkrallte die Hände auf der Brust. Die Worte entströmten ihm ohne Pause, wirkten wie in Leidenschaft hinaus gespien oder dröhnten vor Emphase. Hitler schloss wie so oft mit einer trotzigen, herausfordernden Wendung:

„[Es ist jetzt] die große Zeit, in der wir uns als Kämpfer bewähren wollen! Damit feiern wir auch am besten den Gedenktag der Erinnerung an den ersten Opfergang unserer Bewegung. Ich kann den heutigen Abend nicht schließen, ohne Ihnen, wie immer noch, zu danken für Ihre treue Anhänglichkeit die ganzen langen Jahre hindurch und ohne Ihnen zu versprechen, dass wir auch in der Zukunft die alten Ideale hochhalten wollen, dass wir für sie eintreten wollen und dass wir nicht scheuen werden den Einsatz, wenn notwendig, auch des eigenen Lebens, um das Programm unserer Bewegung zu verwirklichen, das Programm, das nichts anderes besagt, als unserem Volk Leben und Dasein auf dieser Welt sicherzustellen. Das war der erste Einleitungssatz unseres nationalsozialistischen Glaubensbekenntnisses, und das wird der letzte Satz sein, der über jedem einzelnen Nationalsozialisten geschrieben steht, dann, wenn er am Ende seiner Pflichterfüllung von dieser Welt scheidet. Parteigenossen! Unsere nationalsozialistische Bewegung, unser deutsches Volk und über allem jetzt unsere siegreiche Wehrmacht – Sieg Heil! Sieg Heil! Sieg Heil!"[40]

Ein tosender Applaus folgte dem furiosen Finale. Hiermit endete der offizielle Teil des Abends. Hitler und die Parteioberen in seiner Begleitung verließen eilig das Gebäude, bestiegen ihre Wagen und fuhren zum Hauptbahnhof. Es war 21.07 Uhr.

Ein paar Minuten später, nachdem die letzten Töne des Deutschlandlieds verklungen waren, holten die Alten Kämpfer ihre Hüte und Mäntel, verabschiedeten sich voneinander und bewegten sich in einer trägen Kolonne zum Ausgang, der kalten Novemberluft entgegen. 3.000 hatten den Saal bevölkert, jetzt waren es nur noch etwa 100, darunter kaum Alte Kämpfer, sondern hauptsächlich Musiker, Kellner und Kellnerinnen, die Gläser abräumten. Da, genau um 21.20 Uhr, explodierte Elsers Bombe.

Der Sprengsatz hatte die gewünschte Wirkung – technisch gesehen. Der Pfeiler barst und nicht nur die Galerie, sondern auch die Decke stürzten in den Gastraum, der sich von einem Moment zum anderen mit Rauch und Staub füllte. Eine mächtige Druckwelle raste durch das Gebäude, ließ Fenster zerspringen und Türen aus den Angeln fliegen. Die Tische und Stühle in unmittelbarer Nähe des Pfeilers zersplitterten zu Kleinholz. Podium und Rednerpult wurden vom herabstürzenden Mauerwerk regelrecht zermalmt.

Ein Augenzeuge, der SA-Mann Emil Wipfel, der als Tontechniker arbeitete und gerade die Lautsprecheranlage abbaute, als die Bombe hochging, erinnert sich: „Plötzlich war um uns ein kurzer, heller Feuerschein. Im gleichen Augenblick hörten wir einen entsetzlichen Knall. Ich wurde etwa zwei Meter nach rückwärts geschleudert, fiel auf die Trümmer, und dann brach es prasselnd und krachend über mich herein. Als Ruhe eingetreten war, lag ich auf dem Bauch; den rechten Arm hatte ich um den Fuß meines Kameraden Schachta geschlungen. Ich wusste in diesem Augenblick noch nicht, dass er bereits tot war. Mein linker Arm war unbeweglich, meine Füße waren regungslos eingeklemmt. [...] Wie ich nachher erfuhr, lag ein Teil der Saaldecke, die an der Stelle, wo das Führerpodium stand, niedergebrochen war, auf mir; ich vermute, dass sie von einem zertrümmerten Tisch, der neben mir stand, und vielleicht auch vom Körper meines toten Kameraden noch so weit gehalten wurde, dass ich nicht erdrückt wurde"[41].

Nach dem ersten Schreck versuchte jeder, der noch dazu in der Lage war, sich zu retten. Wer sich halbwegs rühren konnte, sah zu, dass er sich aus den Trümmern freikämpfte. Hilferufe mischten sich mit Schmerzensschreien, Stöhnen und röchelndem Husten. Die meisten Überlebenden waren verletzt, bluteten oder hatten Quetschungen. Viele der Betroffenen vermuteten einen Luftangriff. Einer der Augenzeugen aber hatte alles genau beobachtet und wurde am nächsten Tag in der lokalen Presse zitiert: Die Attacke sei nicht von außen gekommen; jemand habe *im* Gebäude eine Bombe gelegt, um den Führer zu töten. „Mein Gott", empörte er sich pathetisch, „welches bestialische Gehirn gebar und unternahm diese Scheußlichkeiten?"[42]

Irgendwann hatte sich der Staub gelegt, und die Toten und Verwundeten waren abtransportiert. Eine spätere Bilanz ergab: 8 Tote, 63 Verletzte, 16 davon schwer. Die Beamten der Münchner Kriminalpolizei begannen sofort mit einer akribischen Untersuchung des Tatorts. Der Schutthaufen im Saal wurde systematisch gesichtet, ja durchsiebt. Man sammelte Splitter und hielt eine Menge Details auf Fotos fest. Bereits in den frühen Morgenstunden des folgenden Tages hatte man sich ein Bild von den Ereignissen gemacht, das den Tatsachen ziemlich nahe kam: Als Ursache der Detonation war eine raffiniert konstruierte Zeitbombe mit gewaltiger Explosivkraft ausgemacht und deren Sprengkammer genau lokalisiert worden.

Hitler war inzwischen auf dem Weg zurück in die Reichshauptstadt. Der Sonderzug hatte München um Punkt 21.31 Uhr verlassen und sollte am nächsten Morgen in Berlin eintreffen. Von dem Attentat hörte Hitler erst, als der Zug in Nürnberg hielt. Hitler glaubte zunächst an einen Scherz. Er erbleichte, als er bemerkte, dass niemand lachte. Ein weiteres Mal war er knapp dem Tod entronnen. Hitler kam ins Grübeln. Wieder bestätigte sich für ihn, dass seine Rettung ein Werk der Vorsehung war! Sie hatte ihn geschont, damit er die großen Dinge verrichten konnte, für die er auserwählt war. Himmler zog mittlerweile eigene Schlüsse. Noch in derselben Nacht kabelte er seinen Bütteln: „Es handelt sich hier bestimmt um einen Anschlag des englischen Secret Service"[43].

Auch Elser befand sich zum Zeitpunkt der Explosion schon weit entfernt vom Ort des Anschlags. Zwei Tage zuvor, am Morgen des 6. November, war Elser von München nach Stuttgart gefahren, hatte dort seine Schwester besucht und sich von ihr dreißig Reichsmark geliehen, da seine Ersparnisse allmählich zur Neige gingen. Am 7. November war er wieder in München und fand sich abends im Bürgerbräukeller ein, um zu prüfen, ob seine Bombe noch tickte. Gegen zehn schlich er sich auf die Galerie, verbarg sich in seinem üblichen Versteck, ging dann zum Pfeiler, öffnete das Türchen und registrierte befriedigt, dass die Zeitschaltuhren wie gewünscht liefen. In der Morgendämmerung verließ er wie immer durch den Hintereingang das Gebäude unbemerkt und begab sich zum Hauptbahnhof. Gegen zehn Uhr vormittags fuhr er mit dem Zug über Ulm nach Friedrichshafen am Bodensee; dort nahm er die Fähre nach Konstanz. Es war der Abend des 8. November, gerade neun Uhr durch. In München sprach zur gleichen Zeit Hitler im Bürgerbräukeller.

Vierzig Minuten später stand Elser an der Schweizer Grenze. Im Rahmen seiner peniblen Planungen hatte er diesen Grenzabschnitt ein Jahr zuvor genauestens ausgekundschaftet. Die Stelle schien günstig für einen Übertritt, denn er war seinerzeit – 1938 – weder Polizei noch Zoll begegnet. Doch die Dinge hatten sich geändert. Seit Herbst 1939 herrschte Krieg in Europa, und sämtliche Grenzen wurden scharf bewacht, auch die zwischen Deutschland und der Schweiz. Für Elser gab es jetzt nur noch die Möglichkeit, einen günstigen Moment abzupassen, aufs Geratewohl loszulaufen und auf sein Glück zu hoffen. Elsers Hoffnung wurde bald enttäuscht, zwei reichsdeutsche Zollbeamte stellten ihn. Unbeholfen stammelte der Ertappte die Ausrede, er sei mit jemandem verabredet gewesen, habe den Betreffenden aber verfehlt und suche ihn jetzt; dabei habe er sich als Ortsunkundiger offenbar verlaufen. Vielleicht könnten sie ja helfen, boten die Zöllner an und brachten ihn zum Wachlokal. Widerwillig fügte sich Elser und soll, als er das Gebäude betrat, einen letzten sehnsuchtsvollen Blick auf den Grenzzaun zur Schweiz geworfen haben.[44]

Für die Beamten war es zunächst ein Routinefall; sie vermuteten in Elser einen Schmuggler und begannen, ihn zu verhören.

Elser, der sich inzwischen wieder gefangen hatte, blieb bei seiner Aussage, er habe einen alten Freund gesucht. Dann aber musste er seine Taschen leeren. Und was er da hervorholte, erregte nicht nur allerschwersten Verdacht, sondern wirkte wie ein indirektes Geständnis: eine Drahtzange (wohl zur Überwindung des Grenzzauns), ein Abzeichen des Rotfrontkämpferbundes, eine Postkarte vom Bürgerbräukeller, eine Zündkapsel und eine detaillierte Skizze seiner Bombe. Vielleicht *sollten* sie ein Geständnis sein. Vielleicht wollte Elser die Schweizer Behörden beeindrucken, indem er ihnen bewies, dass er hinter jenem Attentat steckte, das an diesem Abend stattgefunden hatte. Elsers Pech war, dass die Beweisstücke bei der falschen Wachmannschaft zum Vorschein kamen. Der Zoll übergab ihn der Konstanzer Gestapo, die ihn weiter verhörte. Als die spät in der Nacht von dem Bombenattentat im Bürgerbräukeller hörte, war Elsers Schicksal besiegelt. Gleich am nächsten Morgen brachte man ihn zurück nach München. Dort verhörten ihn Kripo und Gestapo.

Elser leugnete fortgesetzt, bis einem der Vernehmer der Gedanke kam, sich die Knie des Verdächtigen zu betrachten. Wer wochenlang vor einem Pfeiler kniet, um einen Hohlraum auszustemmen, müsste Spuren an den Knien haben, vermutete der Kriminalrat richtig. Elser hatte zwar Schutzpolster verwendet, aber die Beanspruchung war dennoch nicht ohne Spuren geblieben. Elser musste seine Knie entblößen, und was die Beamten nun sahen, reichte als Beweis: tiefblaue Druckstellen, teilweise vereitert. Eine eigene, schlüssige Erklärung dafür konnte Elser nicht vorbringen. Am 13. November, fünf Tage nach seiner Verhaftung, legte er ein umfassendes Geständnis ab.

Am nächsten Tag nahm Himmler Elsers Verhörakte samt dem unterzeichneten Geständnis mit zu Hitler und zeigte sie ihm. Der Führer war fasziniert. Er studierte die Akte, wollte Fotos seines erfolglosen Mörders sehen und fand dessen äußere Erscheinung imponierend: intelligente Augen, eine hohe Stirn, ein entschlossener Gesichtsausdruck. Nachdem Hitler den vorläufigen Abschlussbericht der Gestapo gelesen hatte, der zu dem Ergebnis kam, Elser sei Einzeltäter gewesen, fragte er erbost: „Welcher Idiot hat diese Vernehmung geführt?"[45]. Elser – ein ‚einsamer Wolf'? Das mochte Hitler nicht glauben. Das konnte und durfte nicht sein!

Die Nazis wurden aus Elsers Persönlichkeit nicht recht schlau.

Eigentlich war er ein ganz gewöhnlicher Deutscher und zeigte keinerlei rassische, politische, weltanschauliche oder kulturelle Merkmale von ‚Entartung' oder ‚Degeneration'. Gut, er hatte einmal kurz mit dem Kommunismus geflirtet, aber sonst? Elser trank kaum Alkohol, wechselte nicht ständig seine Sexualpartnerinnen, pflegte keinen Umgang mit Juden und hatte keine enge Bindung an die Kirche. Er war ein solider, rechtschaffener deutscher Arbeitsmann, wie die Nationalsozialisten ihn sich wünschten. Leute wie ihn hatte die braune Bewegung stets gewinnen wollen und gewonnen; tatsächlich stellte dieser Charaktertyp mittlerweile das Rückgrat der Partei dar.

Es mag an Elsers Erscheinung gelegen haben, dass die staatlichen Autoritäten schlicht nicht glauben wollten, dass er allein gearbeitet hatte. Bevor sie ihn fassten, hatten sie im Zusammenhang mit dem Anschlag schon über hundert Verdächtige festgenommen, aber ihnen wurde rasch klar, dass Elser es war, den sie suchten. Als die Ermittler den Tathergang rekonstruierten und dabei die wohldurchdachte Planung, das hohe handwerkliche Niveau der technischen Ausführung registrierten, schien ihnen das die These zu bestätigen, wonach Elser Komplizen und vermutlich Hintermänner gehabt haben musste. Elser, in ihren Augen ein gewöhnlicher Deutscher, müsse von dunklen Kräften, ruchlosen Agenten der Feinde Deutschlands, auf den Irrweg gelockt und angestiftet worden sein, die ihm dann bei der Tat geholfen hätten.

Diese Vermutung passte genau zu dem, was die deutsche Propagandamaschinerie gerade gegen England brauchte. Überall im Reich, hieß es, lauerten die Handlanger des „perfiden Albion" (so eine traditionelle Schmähbezeichnung für England). Analog sah man hinter dem Bürgerbräukeller-Attentat offiziell ein bizarres Konglomerat gegnerischer Gruppen wirken. Einheimische Kommunisten, die exilierte Schwarze Front Strassers und der britische Geheimdienst hätten sich zusammengetan und den naiven Johann Georg Elser vorgeschickt, um den Deutschen ihren Führer wegzubomben. Elser selbst verhielt sich während der Verhöre durchaus entgegenkommend und kooperativ, doch lieferte das, was er sagte, keine Grundlagen für derlei Verschwörungstheorien. Obwohl man ihn wiederholt schlug, mit Folter und Hypnose traktierte, blieb Elser hartnäckig bei seiner Version, dass er keinen Komplizen gehabt habe und keine Hilfe von irgendeiner Seite, weder aus dem

Inland, noch aus dem Ausland. Ein Beamter, der ihm das nicht abnahm, fragte Elser schließlich: Wenn er wirklich alles allein bewerkstelligt habe, wie er behaupte, dann wäre er doch gewiss in der Lage, seine ‚Erfindung' noch einmal zu bauen? Elser bejahte und konstruierte unter den Augen seiner Bewacher ein zweites Exemplar seiner Höllenmaschine. Die Kriminalisten waren perplex.

Enttäuscht, dass die Verhöre nichts politisch Verwertbares lieferten, malträtierte Himmler höchstpersönlich Elser. „Unter wüsten Beschimpfungen", so erinnert sich ein Augenzeuge, der Chef der Kripo-Leitstelle München, „[trat Himmler] den gefesselten Elser schwer mit den Stiefeln in den Leib. [...] Dann ließ er ihn von einem Gestapo-Beamten in den angrenzenden Waschraum [...] zerren, wo er [Elser] von diesem mit einer Peitsche oder einem ähnlichen Instrument traktiert wurde, so dass er vor Schmerzen aufbrüllte; dann wurde er wieder im Geschwindschritt vor Himmler gebracht, der ihn abermals trat und beschimpfte"[46]. Elser war nach solchen Misshandlungen, wie es heißt, ‚kaum noch bei sich', aber rückte von seiner Aussage keinen Millimeter ab.

So verfiel man auf eine Lösung, zu der totalitäre Systeme häufig greifen, wenn die Wirklichkeit nicht die gewünschten Fakten liefert: Man konstruierte sie selbst. Elser wollte seine Komplizen nicht nennen? Ein Problem, aber wozu hatte man Geheimdienste; die würden sie schon ‚finden'.

Und sie fanden sie. Entscheidende Hilfe sollte hierbei SS-Sturmbannführer Alfred Naujocks leisten, derzeit für den Geheimdienst SD tätig, der der SS unterstellt war und sich aus ihren Reihen rekrutierte. Dieser Alfred Naujocks also bereitete einen Tag nach dem Münchner Attentat wieder einmal ein Schulbeispiel unorthodoxer Kriegsführung vor; ‚wieder einmal', denn Naujocks besaß einschlägige Erfahrung: Erst im August hatte er propagandistisch ergiebig einen Überfall polnischer Freischärler auf den oberschlesischen Sender Gleiwitz simuliert (s.u. S.150/151). Was er jetzt unternahm, ging als *The Venlo Incident (der Venlo-Zwischenfall)* in die Geschichtsliteratur ein.

Der Schauplatz seines neuen Streichs wurde die nähere Umgebung des niederländischen Venlo, einer Stadt unweit der deutschen Grenze. Ein paar Kilometer westlich des Stadtkerns, noch auf holländischem Boden, aber die Grenze fast berührend, liegt das Café

Backus. Dicht bei diesem Café, doch freilich auf deutschem Boden, hielten sich am Nachmittag jenes 9. November 1939 Naujocks und ein SD-Kommando bereit. Auf holländischer Seite waren im gleichen Moment zwei Offiziere des britischen Secret Service, Major Stevens und Captain Best, unterwegs zum Café Backus. Das war kein Zufall: Ein junger SD-Mann hatte die britischen Agenten mit verlockenden Versprechungen in besagtes Lokal an der Grenze bestellt. Vor einem Monat hatte der junge Geheimdienstler, der sich „Hauptmann Schemmel" nannte und sich als hitlerfeindlicher Wehrmachtsoffizier ausgab, Kontakt zum Secret Service aufgenommen. Seine Legende: Er, Schemmel, gehöre einer innermilitärischen Widerstandsbewegung gegen Hitler an, die britische Unterstützung brauche, und werde zu dem konspirativen Treffen im Café einen der Verschwörer mitbringen. Naujocks wartete ungeduldig, dass die Engländer einträfen, um das Agentenduo aus dem neutralen Holland auf deutsches Gebiet zu verschleppen. Sobald das vereinbarte Signal ertönt, würde er mit seinem Entführungstrupp – zwölf stämmige SD-Leute, auf den Trittbrettern zweier Mercedes-Wagen stehend – zum Café rasen, die Engländer ‚verladen' und sich umgehend wieder hinter die Grenze zurückziehen.

Die zwei britischen Agenten sollten zum Opfer eines Coups werden, bei dem sie glaubten, die Fäden in der Hand zu haben. Wäre der Coup in ihrem Sinne gelungen, hätte das den Gang der Weltgeschichte verändert: Hitler wäre gestürzt und Europa nach wenigen Monaten Krieg der Frieden wiedergegeben worden. Dazu hätten ‚Schemmels Erzählungen' aber wahr sein müssen ...

Major Richard Stevens hatte einige Jahre als Nachrichtenoffizier in der Armee gearbeitet, bevor man ihn zum Leiter des Secret Service in Den Haag ernannte. Von dort aus koordinierte er das britische Spionagenetz in Deutschland. Sein Kollege, Captain Sigismund Payne Best, war bereits im Ersten Weltkrieg nachrichtendienstlich tätig gewesen, hatte dann aber den strapaziösen Agentenjob erst einmal an den Nagel gehängt und war zwanzig Jahre in Holland dem komfortableren Gewerbe eines Geschäftsmanns nachgegangen. Als im September 1939 der Krieg ausbrach, ließen sich viele Ehemalige reaktivieren, so auch Captain Best. Stevens und Best hatten in der Sache Schemmel die Rückendeckung höchster Kreise. Sie sprachen mit Stuart Menzies, dem stellvertretenden Leiter des britischen Auslandgeheimdienstes MI6, ihr Vorgehen laufend ab, das vom Premier und vom Außenminister der britischen Regierung gebilligt, ja forciert wurde. England lag viel an einer raschen Beendigung des Kriegszustandes.[47]

Leider waren die Briten einer raffinierten Finte des SD erlegen, und für Stevens und Best wurde die Lage jetzt prekär: Sie liefen in die Falle. Bei ihrem vermeintlichen Verhandlungspartner Hauptmann Schemmel handelte es sich keineswegs um den Gesandten einer Gruppe dissidenter Wehrmachtsoffiziere, sondern um den strammen Nationalsozialisten und SS-Sturmbannführer Walter Schellenberg, derzeit Leiter der „Abteilung Ausland/Abwehr" in Reinhard Heydrichs SD. Schon seit Wochen betörte Schellenberg die beiden britischen Agenten mit Sirenentönen von baldigem Frieden: Die deutsche Generalität wolle Hitler stürzen; das OKW (Oberkommando der Wehrmacht) habe ihn, Schemmel, autorisiert, der britischen Seite ein Angebot zu unterbreiten. Ursprünglich hatten SD und Gestapo diese Pseudo-Verhandlungen nur eingefädelt, um über die Engländer die wirklichen Verschwörer in der deutschen Armee herauszufinden, denn dass es die in der Wehrmacht gab, war ihnen längst klar. Heydrichs Mann klopfte quasi auf den Busch.[48]

Nach Elsers Attentat wurde die Order geändert. Schellenberg erhielt Weisung, den Kontakt mit Stevens und Best zu intensivieren, und zwar so, dass man ihrer habhaft werden konnte, um sie in Deutschland als Elsers britische Helfershelfer zu präsentieren. Getreu seinem Auftrag legte Schellenberg einen raffinierten Köder: Wenn sie ins Café Backus kämen, verhieß er Stevens und Best, würden sie dort einem hochrangigen Vertreter der armeeinternen Opposition begegnen. Die beiden über die Grenze zu schaffen, war Naujocks' Angelegenheit, dem rechten Mann fürs Grobe.

Ein paar Minuten nach drei kamen die Briten. Naujocks und seine Leute starteten ihre Autos, durchbrachen krachend die Grenzschranke und rasten auf die Agenten zu. Ein kurzes Handgemenge, ein Schusswechsel – dann wurden Stevens und Best in die Wagen verfrachtet und umgehend nach Berlin zum Verhör transportiert.[49] Ausgedehnte Vernehmungen folgten, in deren Verlauf die beiden dem SD Informationen lieferten, wie sie sich Aufklärer nur wünschen können: so die Namen zahlreicher Agenten und Details zu allen laufenden und geplanten Aktivitäten des MI6 in

Europa. Der britische Geheimdienst sah sich blamiert und als dilettantisch bloßgestellt.

Zwar wusste die deutsche Seite jetzt viel, nur eine Verbindung zwischen den beiden britischen Agenten und Georg Elser ließ und ließ sich nicht herstellen – zumindest keine stichhaltige, keine, an die zumindest die deutschen ‚Geheimen' selbst hätten glauben können. Trotz dieses ‚Mankos' war Elsers Attentat für Goebbels' Propagandamaschinerie ein Geschenk des Himmels. Sie kam so mächtig in Schwung wie kaum je zuvor. Die Fakten spielten dabei keine Rolle. In einer großangelegten Kampagne ließ Goebbels verkünden, dass die Briten praktisch hinter jeder Unbill steckten, die das deutsche Volk seit dem Ersten Weltkrieg habe erdulden müssen; hatte der englische Geheimdienst nicht schon bei Ermordung des österreichischen Thronfolgers Franz Ferdinand 1914 in Sarajewo die Strippen gezogen und damit den Weltkrieg ausgelöst? Goebbels verbot den gelenkten Medien energisch, irgendwelche Gruppen innerhalb Deutschlands zu verdächtigen. Nein, diesmal sollten es nicht die Juden gewesen sein, nicht die Kommunisten, nicht die Kirchen, sondern der altböse *äußere* Feind: die Briten und nur die Briten. Das Propagandaministerium gab eine Reportage vom Tatort heraus, die jede deutsche Zeitung wortwörtlich und im identischen Satzspiegel nachdrucken musste.[50] Schon der Titel unterschob England unverhohlen die Verantwortung für das Attentat: „Die wunderbare Errettung des Führers – Chamberlains frommer Wunsch ging nicht in Erfüllung"[51].

Die Propagandakampagne hatte das Ziel, in der deutschen Öffentlichkeit die Begeisterung für Hitlers martialisches Vorgehen neu anzufachen. Dies erschien durchaus notwendig; die Euphorie über den siegreichen Polenfeldzug begann zu verblassen. Kriegsmüdigkeit, welcher Art auch immer, konnte man höheren Ortes ganz und gar nicht gebrauchen. Im Gegenteil, das Volk sollte sich auf neue Offensiven und neue Feinde einstellen. Feinde, die seit Hitlers jüngster Obsession, England zu unterwerfen, nicht mehr nur im Osten lagen. Die Kampagne zeitigte den gewünschten Effekt: Mehr und mehr Deutsche unterstützten Hitlers Kriegspolitik wider das ‚perfide Albion'.[52]

Im Spiegel der Propaganda schürte Elsers Attentat nicht nur antibritische Ressentiments, es steigerte auch Hitlers Popularität enorm, selbst international schien es ihn aufzuwerten. Die deutsche Presse überschlug sich in ihrem Eifer, Hitlers Entkommen als Zeichen göttlichen Schutzes darzustellen. Eine Flut von Glückwünschen erreichte die Wilhelmstraße. Als einer der Ersten sandte Papst Pius XII. ein Jubeltelegramm, in dem er seine Erleichterung über des Führers Unversehrtheit kundtat. Die deutschen Kirchen zogen rasch nach: In der Münchner Frauenkirche wurde ein *Te Deum* gesungen; die Protestanten hielten Dankgottesdienste ab.[53] Viele ausländische Staatsoberhäupter schickten Grüße, darunter auch Mussolini, dem freilich manche seine Freude über Hitlers Errettung nicht so recht abnahmen; zwischen den beiden Diktatoren hatte in letzter Zeit zu oft die ‚Chemie' nicht gestimmt.[54]

Aber nicht nur Prominenz meldete sich zu Wort. Die meisten der zahllosen Briefe und Telegramme, die die Poststellen der Regierung überschwemmten, stammten von einfachen deutschen Bürgern. Die einen äußerten Zorn und Entsetzen über das Attentat, andere dankten Gott, dass er Hitler verschont hatte. Viele schickten Geld, das den Hinterbliebenen der Anschlagsopfer oder jenen zugute kommen sollte, die zur Ergreifung der Schuldigen beitrügen.[55] Einige Schreiber inspirierte das wundersame Geschehen zu lyrischen Ergüssen. So fand die Stenotypistin und Freizeitlyrikerin Martha Hilgenfeld, Berlin-Steglitz, für die Verehrung, die die Mehrheit der Deutschen ihrem geretteten Führer entgegenbrachte, pathetische Verse:

> Er lebt! Die Absicht der Feinde misslang!
> Er lebt! Dem Höchsten sei unser Dank,
> Dass nicht durch unseres Führers Tod
> Ein trauerndes Deutschland – ein Volk in Not![56]

Im Gefolge des Anschlags kam es zu mancherlei Abstrusitäten. Bei den Behörden stapelten sich die Hinweise auf potenzielle Urheber, wobei nicht nur die inländischen Quellen sprudelten, sondern auch die Agenten und Informanten der braunen Sicherheitsorgane im Ausland lieferten fast tagtäglich die Namen neuer Verdächtiger, wenn nicht gar ‚Überführter'. Die deutsche Botschaft in Bern etwa erhielt den Bericht eines Spitzels, der beobachtet haben wollte, wie zwei suspekte Individuen sich kurz vor dem Münchner Attentat konspirativ in einem Berner Café getroffen und kodiert Subversives ausgetauscht hätten; einer der beiden habe, wie der Zeuge eigens betonte, bezeichnenderweise mit englischem Akzent gesprochen.[57] Dem deutschen Konsulat in Zürich erzählte jemand von einer in der Stadt lebenden österreichischen Jüdin, die deutlich hörbar das Walten des Schicksals verflucht habe, das Hitler in München nicht zu Tode gebracht habe.[58] Ein anderer wurde denunziert, weil er mit einem Arbeitskollegen gewettet hatte, dass Hitler das Jahr 1940 nicht mehr erleben werde.[58] Sogar aus Venezuela kam ein Hinweis, demgemäß Georg Elser ein enger Konspirant des dissidenten Nazis Otto Strasser sein sollte.[59] Und aus den USA berichtete ein Spitzel: Die Urheber des Attentats im Bürgerbräukeller seien mit Sicherheit die ‚wild gewordenen Fanatiker', die in Hartford/Connecticut regelmäßig im Billardzimmer eines bestimmten Lokals konspirierten.[60]

Zahllose Unschuldige fielen in Deutschland anonymen Denunziationen zum Opfer. Vielfach genügte bereits, dass jemand es irgendwann einmal an Begeisterung für Hitler hatte fehlen lassen, selbst wenn das schon Jahre zurücklag.[61] Einer solchen Anzeige folgten fast unweigerlich Verhaftung, Verhör und Gefängnis.

Die Fahndung nach den vermutlichen Komplizen Elsers sollte möglichst systematisch ablaufen. Sechs Tage nach dem Attentat gab Heydrichs Sicherheitsapparat eine umfangreiche und exakte Direktive heraus, die allen fahndenden Stellen befahl, jedem, aber auch wirklich jedem einzelnen Hinweis aus der Bevölkerung intensiv nachzugehen. Der Direktive war ein detaillierter Indizienkatalog beigefügt, eine Art Checkliste, in der es etwa hieß: Hat der Verdächtige besonderes Interesse an Hitlers Rede im Münchner Bürgerbräukeller artikuliert? Hat der Verdächtige sich irgendwann überrascht davon gezeigt, dass während Hitlers Rede nichts Außergewöhnliches geschah? Hat der Verdächtige irgendwann in letzter Zeit sich dahingehend geäußert, dass die Tage der Nazi-Regierung gezählt seien?[62]

Selbstverständlich nutzte das Regime den Anschlag als Vorwand, rücksichtslos gegen tatsächliche und vermeintliche Opponenten sämtlicher Couleur vorzugehen. Allein in Düsseldorf nahmen die Behörden siebzig Personen fest, von denen sie argwöhnte, dass sie gegen die braunen Herren kritisch eingestellt seien. In München arretierte man vierzig Monarchisten. Besonders hart traf es jene, die aus ‚rassischen' Gründen als Reichsfeinde galten: Im KZ Buchenwald wurde willkürlich eine nicht bekannte Anzahl Juden selektiert und erschossen.[63]

Auf Adolf Hitler selbst wirkte das Attentat geradezu wie eine mystische Erfahrung. Zwar sprach auch Joseph Goebbels von ‚göttlichem Eingreifen‘, aber für ihn war das eine propagandistische Masche – für Hitler nicht. Hitler glaubte tatsächlich, eine höhere Macht habe ihn gerettet, die er die ‚Vorsehung‘ nannte. Als er zum ersten Mal von dem Attentat hörte, rief er aus: „Jetzt bin ich völlig ruhig! Dass ich den Bürgerbräukeller früher als sonst verlassen habe, ist eine Bestätigung, dass die Vorsehung mich mein Ziel erreichen lassen will."[64] Immer wieder erzählte Hitler die Geschichte seines erstaunlichen Entkommens, und fast jedes Mal schmückte er sie mehr aus und fügte das eine oder andere wundersame Element hinzu. So berichtete er später von einer ‚inneren Stimme‘, die ihm, noch während er seine Rede im Bürgerbräukeller hielt, mehrfach zugeflüstert habe: „Raus! Raus!"[65] Die Version, die er seinem Leibfotografen Heinrich Hoffmann erzählte, ist kaum minder dramatisch und geheimnisvoll: „Ich hatte [an dem Abend] so ein eigenartiges Gefühl; ich wusste selbst nicht, warum es mich wegtrieb aus dem Bürgerbräukeller."[66] Ein andermal wollte er am Morgen des 8. November während eines eher beiläufigen Gesprächs über Sicherheitsfragen eine spontane Ahnung gehabt haben, auf die hin er seine Pläne für den Abend änderte.[67]

Ob Hitler selbst all diese nachgeschobenen Deutungen, phantastischen, ins Okkulte und Metaphysische greifenden Erklärungen für sein zufälliges Davonkommen glaubte, ist nur zu vermuten. Zweifelsfrei aber sah er in dem Münchner Attentat den empirischen Beweis, dass er zum Erlöser Deutschlands bestimmt sei; es war ihm gleichsam eine Weihe, eine Salbung. Ab diesem Zeitpunkt verfocht er seine Überzeugungen noch energischer, steigerte sich noch rückhaltloser in sein Sendungsbewusstsein hinein und blickte noch verächtlicher auf Ratschläge und Bedenken anderer herab. Mochte ihn bisher noch manches von echtem Größenwahn getrennt haben – jetzt ereilte er ihn völlig.

Egal, wem Hitler sein Überleben zu verdanken hatte, seinem Sicherheitssystem gewiss nicht. Zu den merkwürdigsten Aspekten des Attentats gehört, wie leicht es dem Urheber gemacht wurde, wie ungehindert er zu Werke gehen konnte. Ohne Probleme kam Elser an Sprengstoff und Zündkapseln; keiner stellte kritische Rückfragen, als er Gewehrmunition kaufte. Fünfunddreißig Nächte arbeitete er im Bürgerbräukeller, ließ sich jedes Mal einschließen und konnte bei Tagesanbruch das Gebäude unbemerkt durch eine Hintertür verlassen. Selbst in der Nacht vor der geplanten Explosion, in der er den Zündmechanismus seiner Bombe überprüfte, entdeckte ihn niemand. Da am nächsten Tag Hitler hier sprechen sollte und das Land sich im Krieg befand, wäre für die Nacht davor ein gewisser Kontrollaufwand, Streifengänge oder zumindest eine akribische Durchsuchung der Räumlichkeiten zu erwarten gewesen. Aber nichts dergleichen geschah.

Viele Kommentatoren, auch Historiker, sehen in dieser offenkundigen Laxheit einen Beweis dafür, dass irgendwelche Stellen des nazistischen Apparates bei dem Attentat ihre Hand im Spiel hatten. Die Wahrheit ist prosaischer. Das Fehlen jeglicher Sicherheitsvorkehrung in jener Nacht war das Ergebnis eines bürokratischen Kompetenzstreits und nepotistischer Verhältnisse innerhalb der Staatspartei. Bereits 1936 war es zwischen Christian Weber, damals Stadtrat in München, und dem Münchner Polizeipräsidenten von Eberstein zu einem Disput darüber gekommen, wer für die Sicherheit des Führers im Bürgerbräukeller zuständig sei. Hitler hatte zugunsten seines alten ‚Spezis‘ entschieden, schließlich hatte der damals in den 20er Jahren die Parteiabende der noch jungen NSDAP vorbildlich organisiert, auch die im Bürgerbräukeller. Hitler vergaß dabei, dass der Veteran sich seit 1923 sehr verändert hatte und nicht zum Besseren. Christian Weber, einst Zuhälter und Rausschmeißer, später an der Seite Hitlers ein tapferer Kämpfer und zuverlässiger Vertrauter, war jetzt ein notorischer Lebemann ohne jede Selbstdisziplin, haltlos und korrupt. Dank seiner Beziehungen zu höchsten Parteikreisen wurde er in der SS Brigadeführer und in München Stadtrat, – Posten, die er als Pfründe zur Finanzierung seines Lebensstils verstand. Ihm hatte Hitler nun die Verantwortung für die Veranstaltung im Bürgerbräukeller übertragen. Es wäre vorhersehbar gewesen, wie Weber dieser Verantwortlichkeit gerecht wurde: Er tat schlicht nichts. Sämtliche anderen in solchen Fällen stets präsenten Sicherheitsorgane, wie die Leibstandarte oder der RSD, waren übergangen worden. Die fatale Konsequenz ist der Cliquenwirtschaft geschuldet. Elsers Findigkeit und Webers Nachlässigkeit hatten das Attentat möglich gemacht, nicht das bewusste Wegsehen oder gar Strippenziehen staatlicher Stellen. Der Anschlag war ein Warnsignal an alle Schutzdienste, ihre

Strukturen gründlich zu überholen.

Reinhard Heydrich, der agile Chef der Sicherheitspolizei, nahm sich dieser Aufgabe persönlich an. Im Frühjahr 1940 waren die entsprechenden Umstrukturierungen abgeschlossen und fanden ihren schriftlichen Niederschlag in den 60 Seiten starken *Richtlinien für die Handhabung des Sicherheitsdienstes*. Eine Neuordnung des gesamten Sicherheitsbereichs sei dringend geboten, hieß es darin; mangelnde Wachsamkeit, Schlendrian, Kompetenzwirrwarr und die Selbstgefälligkeit einzelner Dienststellen hätten bisher dessen Leistungskraft geschwächt. Alle müssten künftig zugunsten der großen Hauptaufgabe zusammenwirken, die in der unbedingten Verhinderung von Attentaten gegen leitende Persönlichkeiten des Staates bestehe. Hierbei, so Heydrich weiter, „geht der Schutz des Führers aber auch *jeder* Aufgabe vor"[68]. Dies mache die – in der Vergangenheit nicht immer gegebene – enge Zusammenarbeit aller Schutzdienste notwendig. Der ehrgeizige Heydrich forderte nicht nur die bessere Kooperation der bereits existierenden Dienste, sondern nutzte die Gelegenheit, eine neue Institution zu schaffen, mit ihm an der Spitze, die das Wirken der schon bestehenden Behörden sinnvoll koordinierte. Diese Überbehörde war das *Reichssicherheitshauptamt (RSHA),* das Heydrich systematisch zu seiner Machtbasis ausbaute. Das RSHA wurde unter seiner Leitung zur eigentlichen Organisationszentrale für die Sicherheit der NS-Führungsclique. Das RSHA bestimmte, welche Einzelbehörde sich worum zu kümmern hatte; schätzte aufgrund vorliegender Informationen ein, wo wann wem welche Gefahren drohten; sammelte die Hinweise aus der Bevölkerung und sorgte dafür, dass möglichst jedem nachgegangen wurde. Zwar änderte sich an der Methodik selbst wenig, und das RSHA blieb offiziell sogar dem RSD unterstellt, aber es gab durch Koordination und Zentralisierung dem ineffizienten und erstarrten deutschen Sicherheitsapparat den notwendigen aktivierenden Impuls. So wurden beim Schutz öffentlicher Veranstaltungen die prophylaktischen Maßnahmen beträchtlich ausgeweitet durch verschärfte Überwachung verdächtiger Individuen, stichprobenweise Verhöre, Hausdurchsuchungen, Vorbeugehaft etc. Der Kauf von Schusswaffen, Munition und Sprengstoff unterlag ab sofort einer strikten Kontrolle.[69]

Darüber hinaus wurden zusätzliche Elite-Trupps beim *Sicherheitskontrolldienst*, der die Neue Reichskanzlei bewachte, und im

Führerbegleitbataillon gegründet, das Hitler innerhalb seiner militärischen Hauptquartiere schützte und auf seinen Besuchen an der Front eskortierte. An Hitlers diversen Wohnsitzen und auch auf seinen Reisen wurden die Sicherheitsmaßnahmen verschärft. Das Gepäck des Führers und seiner Gefolgschaft durfte keinen Augenblick unbeaufsichtigt sein. Sämtliche Post, sämtliche Geschenke für Hitler wanderten durch die Hände einschlägig geschulten SS-Personals.

Es ist der Ironie der Geschichte zuzuschreiben, dass ausgerechnet Reinhard Heydrich, der unermüdliche Reformer und Perfektionierer des deutschen Sicherheitswesens, 1941 einem Attentat zum Opfer fiel.

Zurück zum verhinderten Tyrannenmörder Georg Elser. Das Raffinement und die Durchdachtheit seines Attentats war schwer in Einklang zu bringen mit der Schlichtheit seiner Motive. Aus dieser Diskrepanz entstanden Mythen, von denen einige Elsers Aktion bis heute beharrlich anhaften.

Da existiert zum einen die Version, die damals die staatlichen Stellen verbreiteten (und die selbst in unseren Tagen noch manche glauben), derzufolge Elser mit den Engländern im Bunde gestanden habe und die in Venlo gekidnappten britischen Agenten Best und Stevens seine Führungsoffiziere gewesen seien. Mit großem Aufwand verkündeten damals sämtliche Medien, dass alle drei wegen Spionage angeklagt würden und sie die volle Härte der deutschen Gesetze treffen werde. Tatsächlich aber kam es nie zu einem Prozess – man hatte zu wenig Beweise, oder, um die schlichte Wahrheit zu sagen: gar keine. Die drei verschwanden heimlich, still und leise in einem Konzentrationslager. Weder die verhörenden Beamten noch die ‚Chefetage‘ hielten diese Verschwörungsthese für plausibel,[70] dennoch hielt man nach außen hin an ihr fest, schon um Best und Stevens nicht freilassen zu müssen. Die drei blieben in Haft und vorläufig am Leben. Vermutlich hatte man vor, sie nach dem erwarteten Endsieg – entsprechend präpariert – in einem Schauprozess gegen prominente britische Politiker, namentlich Churchill, als Kronzeugen auftreten zu lassen.

Eine zweite Theorie deutet Elser als eine Marionette der Nationalsozialisten. Bereits kurz nach der Explosion in Bürgerbräukeller meldeten sich oppositionelle Stimmen, so Otto Strasser, mit der

Behauptung zu Wort, das Münchner Attentat sei eine ähnliche ‚Provokation' wie sechs Jahre zuvor der Reichstagsbrand, den die Nazis selber arrangiert hätten, um einen Vorwand zu haben, die politische Linke zu zerschlagen. In ihren Augen war das Münchner Bombenattentat gleichsam ein ‚zweiter Reichstagsbrand', ein propagandistischer Trick mit der Absicht, im Volk Begeisterung für einen unpopulären Krieg zu wecken. Elser war dieser Sichtweise zufolge nur ein ‚van der Lubbe Nummer zwei', ein Wiedergänger des glücklosen ‚Feuerteufels' von 1933[71], und ähnlich diesem, ein unerfahrener, leicht lenkbarer, aber handwerklich begabter Gimpel, ideal zum Sündenbock geeignet. Nach dieser Theorie hatte die Gestapo die Konzentrationslager nach einem solchen Typ durchkämmt und war schließlich mit Georg Elser fündig geworden, dem man die Freiheit versprach, wenn er einen Sprengsatz im Bürgerbräukeller deponierte. Wieder einmal sollte eine manipulierte Katastrophe ein Fanal zum Nutzen der Mächtigen setzen.

Da viele Beispiele belegen, dass solche Täuschungsstrategien zum politischen Instrumentarium der Nazis gehörten, übernahm fast eine ganze Generation von Nachkriegshistorikern diese Lesart.[72] Zwar gab es keinerlei dokumentarische Belege, aber die Umstände des Anschlags lieferten für die Annahme hinreichend Indizien: Hitler entging an jenem Abend nur knapp einem Attentat, ‚versäumte' die Explosion um nur zehn Minuten; Hitler redete kürzer als üblich bei dieser Gelegenheit, sprach schneller, als es sonst seine Gewohnheit war; das verantwortliche Sicherheitspersonal wurde nie zur Rechenschaft gezogen oder gar bestraft.[73] Die Vermutung mag einleuchten, ist aber völlig haltlos. Nicht nur die Pseudo-Evidenzen, die sich schließlich als Konstrukte herausstellten, verhalfen der genannten These zu unverdienter Plausibilität, sondern auch die nicht sehr verlässlichen Erinnerungen von Zeitzeugen. Namentlich die 1950 erschienenen Memoiren des gescheiterten britischen Agenten Payne Best haben die historische Forschung beträchtlich irregeführt. Best und Elser saßen nach ihrer Verhaftung gemeinsam im KZ Sachsenhausen. Dort wollte Best von Elser persönlich erfahren haben, dass tatsächlich die Gestapo die treibende Kraft hinter allem gewesen sei. Die habe ihn Sommer 1939 aus dem KZ Dachau, wo er wegen kommunistischer Gesinnung eingesessen habe, herausgeholt und ihn beauftragt, die bewusste Bombe zu bauen und zu legen. Ein anderes, wesentlich prominenteres Opfer der NS-Diktatur, Pastor Martin Niemöller, eine Symbolfigur des kirchlichen Widerstands, hatte, wie uns der Historiker Anton Hoch überliefert, noch Abenteuerlicheres zu berichten: Im Januar 1946 „erklärte er vor Göttinger Studenten, Elser sei Unterscharführer der SS gewesen und habe das Attentat ‚auf Hitlers persönlichen Befehl‘ verübt"[74]. Niemöller wusste dies nicht von Elser persönlich, sondern hatte es in Sachsenhausen und Dachau, wo er selbst und Elser zeitweise inhaftiert waren, gerüchteweise (!) erfahren.

Erst in den 1970er Jahren gelang es zwei deutschen Geschichtswissenschaftlern, dem genannten Anton Hoch und seinem Kollegen Lothar Gruchmann diese Mythen zu widerlegen.[75] Seitdem steht fest: Georg Elser war Einzeltäter; er handelte auf eigenen Antrieb; niemand hat ihn geschickt, nicht der britische Geheimdienst, nicht die Gestapo. Unassistiert und unbemerkt ist ihm gelungen, eine Bombe zu bauen und zu legen, die Adolf Hitler um ein Haar getötet hätte. Inzwischen hat ihn die Forschung von allen Vorwürfen der Komplizenschaft freigesprochen, und das offizielle Deutschland erkennt ihn als honorigen ‚Widerständler‘ an. 1998, knapp sechzig Jahre nach dem Attentat, das acht Menschen das Leben kostete, sein eigentliches Ziel aber tragisch verfehlte, wurde in Georg Elsers Heimatstadt Königsbronn ein Ehrenmal für den stillen Einzelkämpfer enthüllt.[76]

Um das Kapitel gebührend abzuschließen, bleibt noch zu berichten, wie es mit Georg Elser weiterging und welches Ende er fand. Nachdem er die Tat gestanden hatte, verbrachte man ihn in das berüchtigte KZ Sachsenhausen bei Berlin. Wäre Elser dort wie die gewöhnlichen Gefangenen behandelt worden, hätte er wohl nicht lange standgehalten. Aber da ihn das Regime vermutlich für einen Prozess gegen die ‚perfiden Briten‘ als ‚Zeugen‘ vorgesehen hatte, durfte sein Leben nicht gefährdet werden. So ließ man ihm eine vergleichsweise humane Behandlung angedeihen; er erhielt den Status eines ‚Sonderhäftlings‘, was unter anderem eine bessere Verpflegung bedeutete. Man brachte ihn in zwei Räumen unter, von denen er einen zu einer kleinen Kunstschreinerwerkstatt ausgestalten durfte. Der Kettenraucher erhielt eine großzügige Zuteilung Zigaretten und man erlaubte ihm sogar, auf seiner selbstgebauten Zither zu musizieren. Allerdings wurde er fünf Jahre lang in strikter Einzelhaft gehalten; ein SS-Posten hielt ständig Wache vor seiner Tür und sorgte dafür, dass Elser nicht mit anderen Häftlingen in Berührung kam.

Als das Kriegsende sich am Horizont abzeichnete und an einen deutschen Sieg nicht mehr zu denken war, änderten sich für Elser die Dinge zum Schlimmsten: Der einst Nützliche war jetzt nur noch lästig und überflüssig. Nie würde der Schauprozess gegen Churchill und seine ‚Clique aus Kriegshetzern und Verbrechern‘ stattfinden, in dem Elser die sorgsam vorformulierten Aussagen machen sollte. Der Faden, an dem Elsers Leben hing, war mit dem absehbaren Kriegsende durchtrennt. Anfang Februar 1945 wurde der schwäbische Attentäter ins KZ Dachau bei München überstellt.

Ein paar Monate später, am 9. April – nur wenige Wochen vor der deutschen Kapitulation – wurde Elser zum Verhör bestellt. Auf dem Gang begegnete er zufällig einem anderen Häftling, der später berichtete, dass der traurige Blick Elsers zeigte, dass ihm klar war, was ihn erwartete.[77] Heinrich Himmler persönlich hatte befohlen, sämtliche ‚Sonderhäftlinge‘ zu liquidieren, da sie zu viel über die Machenschaften des Regimes wussten. Dem Kommandanten von Dachau wurde knapp mitgeteilt, der „besondere Schutzhäftling Elser“ solle bei einem der nächsten Luftangriffe der Alliierten auf München ums Leben kommen.[78] Noch am gleichen Abend führte ein junger SS-Mann Elser aus seiner Zelle und gab ihm einen Genickschuss. Sein Leichnam wurde verbrannt. Eine Woche später berichtete die Presse wie gewünscht, Georg Elser sei Opfer eines alliierten ‚Terrorangriffs‘ geworden. In den turbulenten Endtagen des Dritten Reiches wurde die kurze Notiz vermutlich kaum zur Kenntnis genommen. Nur ganz wenigen dürfte der Name Georg Elser überhaupt noch etwas gesagt haben.

3. KAPITEL

Die *Abwehr* –
der Feind im Innern

Man kann nun sagen, dass ich Landesverräter bin, aber das
bin ich in Wirklichkeit nicht, ich halte mich für einen besseren Deutschen als alle die, die hinter Hitler herlaufen. Mein
Plan und meine Pflicht ist es, Deutschland und die Welt von
dieser Pest zu befreien.

Hans Oster[1]

Im Oktober 1919 – der Erste Weltkrieg war kaum ein Jahr vorbei – berief die Nationalversammlung der frisch gegründeten
Republik in Berlin eine Enquetekommission ein, „Untersuchungs-
ausschuss für Schuldfragen" genannt, der prüfen sollte, wie es
zum militärischen Zusammenbruch Deutschlands im Sommer
1918 hatte kommen können. Der wohl prominenteste Zeuge war
Generalfeldmarschall Paul von Hindenburg, im Weltkrieg Oberbefehlshaber und jetzt ‚Star' der nationalistischen Rechten. Sein
Auftritt vor der Kommission, die ihre Sitzungen im Reichstag
abhielt, war bemerkenswert. Draußen von Massen bejubelt, von
denen sich besonders die Soldaten der ehemals kaiserlichen Armee
fast die Kehle aus dem Leib schrieen, um ihren früheren Oberbefehlshaber anzufeuern, ignorierte drinnen Hindenburg verächtlich
die Fragen, die das parlamentarische Gremium ihm stellte, und
ließ stattdessen eine Suada gegen die neue Staatsführung vom Sta-
pel. Seine Tirade mündete in eine Anklage, die geeignet schien,
die Grundfesten der jungen deutschen Republik zu erschüttern.
„Den gesunden Kern des Heeres", sagte Hindenburg, „trifft keine
Schuld"[2]. Vielmehr hätten „Demoralisierung und Uneinigkeit der
Zivilbevölkerung"[3] die bedingungslose Kampfbereitschaft der
Truppe unterminiert und eine „Spaltung und Lockerung des Sie-
geswillens" bewirkt. „Ich wollte kraftvolle und freudige Mitar-
beit", fuhr Hindenburg fort, „bekam aber nur Versagen und

Schwäche'"[4]. In seinen Memoiren gab er dieser Pseudo-Analyse eine etwas lyrischere Wendung und bemühte die germanische Sagenwelt: „Wie Siegfried unter dem hinterlistigen Speerwurf des grimmigen Hagen", schrieb Hindenburg, „so stürzte unsere ermattete Front"[4]. Der rhetorische Schwulst verbirgt nur unwesentlich die aggressive Botschaft: Das deutsche Heer fiel durch Verrat.

Die so genannte *Dolchstoßlegende* war geboren, eine der fatalsten Mythen deutscher Geschichte. Sie interpretierte das Kriegsende böswillig verfälschend mit der Behauptung, dass das deutsche Militär ‚im Felde unbesiegt' blieb, aber von ziviler Seite sabotiert worden war. Ehrgeizige und skrupellose Politiker der Linken und der Mitte hätten schändlicherweise ohne Wissen der kämpfenden Truppe und hinter deren Rücken mit den alliierten Gegnern über einen Waffenstillstand verhandelt, damit den noch möglichen Sieg verhindert und die Niederlage herbeigezwungen, um in der Heimat die Monarchie zu stürzen mit dem Ziel, eine bürgerliche Republik zu errichten oder eine sozialistische Revolution voranzutreiben.

Diese Interpretation war so weit entfernt von aller Wahrheit, dass es schon einer gehörigen Portion Faktenverdrängung und Realitätsblindheit bedurfte, um sie nur für halbwegs glaubhaft zu halten. Ihre Urheber übergingen, dass der deutsche Generalstab selbst, in Panik über den ungünstigen Kriegsverlauf Sommer 1918, die Politiker gebeten hatte, Friedensmöglichkeiten auszuloten. Man überging den Fakt, dass die vielgerühmte deutsche „Frühjahrsoffensive" (März-Juli 1918) Richtung Nordfrankreich nur ein paar Anfangserfolge erzielte, dann aber zum Erliegen kam und sich die kaiserlichen Divisionen in langem beschwerlichen Marsch nach Belgien zurückziehen mussten. Man wollte vergessen, dass ein paar mutige Stabsoffiziere frühzeitig vorhergesagt hatten, es sei spätestens seit dem Kriegseintritt der USA im April 1917 illusorisch zu glauben, dass Deutschland seine Feinde im Westen bezwingen könnte. Solche nicht zur Legende passenden Tatsachen ignorierte man schlicht. Es lag für die deutschen Generäle nahe, die Schuld am verlorenen Krieg anderen zuzuschieben. Ungeachtet der Revolution besaß die Armee ein überragendes Prestige, und es lag im Interesse der Militärs, dass das so bleiben sollte. Es waren schließlich Positionen und Privilegien zu verteidigen, und da schreckte man nicht vor Verdrehungen und der baren Unwahrheit zurück. Der Mythos vom Verrat wurde aus purem Interessenskalkül propagiert und weitergesponnen.

Die fadenscheinige Argumentation fand offene Ohren in weiten Kreisen der deutschen Öffentlichkeit, die mental denkbar schlecht auf die Niederlage vorbereitet war. Vier Jahre lang hatte man der Heimatfront den Krieg als Schauplatz heroischer Taten der kaiserlichen Armee dargestellt, als mannhaftes Abenteuer tapferer deutscher Truppen, die überall auf zügigem Vormarsch seien. Selbst für viele Soldaten war die Niederlage ein gewaltiger Schock. Obwohl man sie nicht mit der gleichen Propaganda zugeschüttet hatte wie die Leute zu Hause, und obwohl sie die Misslichkeit der militärischen Lage aus eigener Anschauung kannten, fiel es ihnen schwer zu akzeptieren, dass all die Opfer, all die unsäglichen Schlächtereien, die sie hatten erleben müssen, umsonst gewesen sein sollten. Bei nicht wenigen von ihnen stellte sich fast reflexhaft die Vermutung ein, es seien dabei irgendwelche finsteren Mächte am Werk gewesen. Einen Gefreiten erreichte die Nachricht von den Friedensverhandlungen der deutschen Regierung im November 1918 in einem Lazarett, wo er sich von den Folgen eines Gasangriffs erholte; er hielt seine Reaktion, die typisch für viele Frontkämpfer war, später in seinen Erinnerungen fest:

„Es war also alles umsonst gewesen. Umsonst all die Opfer und Entbehrungen, umsonst der Hunger und Durst [...], und vergeblich der Tod von zwei Millionen [...]. Waren sie dafür gestorben, die Soldaten des Augusts und Septembers 1914, zogen dafür die Freiwilligen-Regimenter im Herbste desselben Jahres den alten Kameraden nach? Sanken dafür diese Knaben von siebzehn Jahren in die flandrische Erde? [...] Geschah dies alles dafür, dass nun ein Haufen elender Verbrecher die Hand an das Vaterland zu legen vermochte?"[6]

Der Verfasser sollte zu tragischer Berühmtheit gelangen und sein Name zum Synonym für politischen Extremismus werden. In jenen Tagen jedoch dürften, was die Niederlage ihres Heeres betraf, die weitaus meisten Deutschen so gedacht und gefühlt haben wie jener Gefreite: Adolf Hitler.

Die Deutung des Kriegsausgangs, nach der die politische Linke Deutschland verraten hatte, indem sie die Moral der Zivilisten untergrub und den Kampfwillen der Armee lähmte, erhielt innerhalb der politischen Rechten die geradezu sakrale Bedeutung eines Totems. Bei der allgemeinen Enttäuschung, die nach der Niederlage im Reich herrschte, glaubten immer mehr Menschen diese Legende mit ihrer bestechend einfachen Erklärung nur gar zu gern. Dies hatte schlimme Konsequenzen. Es paralysierte nicht nur die demokratische Linke, es behinderte auch erheblich die Entwicklung eigenständigen Denkens in der Armee selbst. Die Dolchstoßlegende wurde zum Krebs im Körper der deutschen Politik.

In der Geschichtsforschung herrscht die Ansicht vor, dass in den ersten Jahren nach 1918 die Armee – nun offiziell *Reichswehr* genannt – das politische Leben Deutschlands dominiert hat.[7] Diese eindeutige Zuschreibung mag einen zunächst erstaunen, gilt doch das Deutschland der Weimarer Republik zumindest seiner Verfassung nach als eine Musterdemokratie, in der tatsächlich die ärgsten Auswüchse des preußischen Militarismus erfolgreich gekappt worden waren. Zweifellos war auch die Zeit vorbei, da das Militär im öffentlichen Leben allgegenwärtig war und ein Universitätsprofessor, ohne sich lächerlich zu machen, erklären konnte, der wichtigste Titel, den er in seinem Leben erworben habe, sei ihm der Rang eines Hauptmanns der Reserve.[8] Außerdem waren mit dem Versailler Vertrag der Reichswehr gleichsam die Zähne gezogen worden: Nur ein Berufsheer von 100.000 Mann war den Deutschen gestattet, das keine schweren Waffen besitzen durfte, keine Panzer, Schlachtschiffe, U-Boote und Flugzeuge. Deutschland sollte keine Offensivkraft mehr aufbauen können. Damit war die Reichswehr kaum mehr als eine bessere Polizeitruppe.

Dass diese Truppe eine dominante Rolle im politischen Leben einnehmen konnte, lag daran, dass der neue deutsche Staat zwar auf dem Papier eine vollkommene Republik war, aber seine ersten Gehversuche in sehr unvollkommenen Zeiten machte. Feinde von rechts und links belagerten ihn. Wenn die Republik bestehen wollte, brauchte sie die potente Unterstützung des nach wie vor erzmonarchistisch gesinnten Militärs, das einer Demokratie natürlich nur murrend und halbherzig Hilfe gewährte. Damit verdankte die Republik das Überleben ihrem Todfeind: der Armee. Als Gegenleistung mussten die Verantwortlichen zulassen, dass der Einfluss und Status des Militärs weit über das hinausging, was die Siegermächte und die demokratischen deutschen Politiker ihm hatten zugestehen wollen. Armee und Republik sahen sich in einer politischen Zweckehe. Die Republik hat ihren Zwangspartner nie wirklich geliebt und ging die Verbindung nur ein, weil die Alternativen ihr noch schlimmer erschienen. Die Armee ihrerseits übte pro forma Loyalität, wartete insgeheim aber auf einen ihr gemäßeren Partner.

Es verwundert kaum, dass viele höhere Militärs im Januar 1933 Adolf Hitler als Reichskanzler begrüßten, zumal ihn einer der Ihren dazu ernannt hatte: der einstige Oberbefehlshaber der Armee und jetzige Reichspräsident Paul von Hindenburg. Hitler versprach, Deutschland zu seiner alten Vormachtstellung innerhalb Europas zu führen, den Versailler Vertrag zu revidieren und der Armee ihre Schlagkraft von einst wiederzugeben. In dem Braunauer hatten die Generäle – so vermuteten sie zumindest – ein ideales Werkzeug gefunden. Dieser strebsame Politiker würde ihnen eine willfährige Mehrheit im Parlament garantieren und ihre ohnehin schon beträchtliche Dominanz im politischen Leben Deutschlands dauerhaft festigen. Sie waren felsenfest überzeugt, der ‚Gefreite‘ Hitler sei der Mann, der sich ihren Weisungen beugte und den sie kontrollieren könnten.

Hitlers Einstellung gegenüber der Armee war zutiefst widersprüchlich. Das Militär schlechthin stand bei ihm in hohen Ehren; soldatische Tugenden und soldatische Lebensweise schätzte er außerordentlich. Aber für den Generalstab und das Offizierskorps hegte er nur mühsam verhohlene Verachtung, die aus den Erfahrungen in den Anfangsjahren seiner politischen Tätigkeit herrührte. „Die Generäle", wie er sie abschätzig zu nennen pflegte, hatten ihn erst gefördert und ermutigt – und dann verraten. Sie würden nicht zögern, das wusste Hitler nur zu gut, wieder so zu verfahren. Ihrem ‚Hosianna‘ bei seiner Ernennung zum Reichskanzler würde irgendwann unausweichlich ein ‚Kreuziget ihn‘ folgen. Eigentlich wäre jetzt fällig gewesen, die Herren für ihre Untreue zu bestrafen, doch Opportunität zwang den Führer eine Vergeltung vorerst zurückzustellen. Noch brauchte er die Generäle, noch war es angebracht, sie zu umwerben, zu betören und – zu kontrollieren.

Mit dem Betören begann Hitler, kaum dass er zum Reichskanzler ernannt worden war. Schon am nächsten Tag besuchte er die Berliner Garnison, um die Truppen auf das ‚neue Deutschland‘ einzustimmen. Ein paar Tage später tat er das Gleiche mit den Herren des Generalstabs bei einem Diner. Er erläuterte ihnen in einem zweistündigen Vortrag die Grundsätze und Ziele seiner Politik. Die Zuhörer, anfangs noch eher skeptisch, zeigten sich positiv überrascht. „Jedenfalls hat sich bisher noch kein Kanzler so warm für die Verteidigung ausgesprochen"[9], äußerte sich begeistert Admiral Erich Raeder, Oberbefehlshaber der Marine.

Im Jahre 1934 umwarben sich Hitler und die Reichswehr unvermindert weiter. Nichts schien ihre traute Einigkeit stören zu können: weder der Tod Hindenburgs noch die bösen Gerüchte, dass gewisse Militärs zurück zur Monarchie wollten. Sanft, aber hartnäckig bemühte sich Hitler, die Generäle für sich zu gewinnen und bei Laune zu halten, etwa durch die heimlich vorangetriebene Wiederaufrüstung. Zu einem ersten ‚Härtetest' der Beziehung wurden die Säuberungsaktionen nach der Röhm-Krise Juni 1934. Die hohen Militärs schätzten die SA nicht sonderlich, und so focht man Seite an Seite mit dem Führer gegen die plebejischen Rebellen. Doch bald gefährdete Hitler die Eintracht leichtfertig, indem er den Kampfestrubel nutzte, um ein paar Rechnungen zu begleichen. Ebenfalls Juni 1934 ließ er durch die SS zwei alte Feinde ermorden, die Generäle von Schleicher und von Bredow – ein Schritt, der in den oberen Heeresrängen Bestürzung, ja Zorn auslöste. Doch die meisten Reichswehrsoldaten freute es, wie Hitler Röhms Rabaukentruppe demütigte, die sie als unwürdige Konkurrenz betrachteten; nun waren wieder sie die ‚alleinigen Waffenträger' der Nation. Dreiundachtzig Menschen, darunter nicht wenige Heeresangehörige, hatte Hitlers blutige Abrechnung das Leben gekostet. Der Reichswehrminister und General Werner von Blomberg aber pries die „soldatische Entschlossenheit" und den „vorbildlichen Mut", mit denen „der Führer die Verräter und Meuterer [...] niedergeschmettert" habe.[10] Das fast unbeschränkte Vertrauen, das die Armee dem neuen Herrn Deutschlands anfangs entgegengebracht hatte, war zwar erschüttert, aber der Generalstab glaubte noch immer, dass sich Hitler in ihrem Sinne werde lenken lassen.

Im Herbst des Jahres 1934, nach Hindenburgs Tod, dekretierte Hitler die Zusammenlegung der Ämter des *Reichspräsidenten* und des *Reichskanzlers*, die er nun als *Führer und Reichskanzler* selbst übernahm. Auch den Fahneneid der Armee ließ er umformulieren. Überall in Deutschland traten jetzt die Männer der Reichswehr zu dem feierlichen Gelöbnis an:

„Ich schwöre bei Gott diesen heiligen Eid, dass ich dem Führer des Deutschen Reiches und Volkes Adolf Hitler, dem Oberbefehlshaber der Wehrmacht, unbedingten Gehorsam leisten und als tapferer Soldat bereit sein will, jederzeit für diesen Eid mein Leben einzusetzen."[11]

Mit der neuen Formel vollzog sich ein gewaltiger Wertewandel. Gelobte man unlängst noch „Volk und Vaterland", der Republik, der Verfassung, der Fahne oder generell dem Staatsoberhaupt als Institution die Treue, weihte man sich jetzt einzig und allein Adolf Hitler, dem Führer persönlich. In der Konsequenz hieß das: Die Reichswehr war zu Hitlers Privatarmee geworden.

Weder die Ausschaltung des Hauptrivalen um die Waffenträgerschaft des Reiches noch die Neufassung des Eides, der Führer und Wehrmacht eng aneinanderband, festigten die Position des Militärs wirksam. Aber die Generäle ignorierten weiter beharrlich die politischen Realitäten, glaubten noch immer, dass sie die Fäden zögen und ‚ihren' Kanzler jederzeit wieder absetzen könnten. Schon bald erschien ein anderer Rivale auf der Bildfläche. Von der Kaltstellung der SA hatte weniger die Reichswehr als vielmehr Himmlers SS profitiert. Die wurde täglich bedeutsamer. Himmler baute langsam, aber stetig das für die Absicherung der NS-Diktatur so wichtige KZ-System auf und eignete sich zudem immer mehr die Oberhoheit über die Polizeidienste an, die er nutzte, um der Reichswehr zu schaden, deren bloße Existenz seine Macht begrenzte. Jede Methode war ihm dafür recht. So schickte er Spitzel aus, um das Privatleben hoher Reichswehrleute nach Details zu durchforschen, die sich für gezielte Rufschädigung eigneten. Die nächste Krise war absehbar.

Hitler entging die Gefahr nicht, und er entschloss sich, die neue Kontroverse im Keim zu ersticken. Am 3. Januar 1935 hielt er in der Preußischen Staatsoper Berlin eine Rede vor dem im Saal versammelten Führungspersonal der Partei, der SS und der Armee, in der er den Gerüchten über eine Zwietracht zwischen SS und Reichswehr entgegentrat und erklärte, sie entbehrten jeder Grundlage. Die Reichswehr sei und bleibe ein unverzichtbarer Bestandteil seiner Vision eines neuen Deutschlands. Hitler betonte dabei das „unbegrenzte und durch nichts zu erschütternde Vertrauen", das er zu ihrer Loyalität habe.[12] Tatsächlich aber hatte Hitler gerade in diesem Punkt arge Zweifel; wirklich verlassen, das wusste er, konnte er sich nur auf seine SS, der er ohnehin wesensmäßig eher zuneigte als der Reichswehr. Andererseits war ihm klar, dass er für seine ehrgeizigen außenpolitischen Ziele eine Armee brauchte, die bestens ausgebildet, bestens bewaffnet – und vor allem willfährig sein musste.

Hitlers politisches Handeln in den 30er Jahren bestimmte vorrangig ein Ziel: die Revision des Versailler Vertrags von 1919/20 – wenn nicht auf einen Schlag, dann eben stückweise. Die Forderung war populär. Die überwiegende Mehrheit der Deutschen empfand den Friedensvertrag als ‚schändliches Dokument‘ und Symbol der nationalen Demütigung. Auch die meisten Regierungen der Weimarer Republik – durchaus nicht nur die rechtsgerichteten – wollten eine Revision des Vertragswerks und fanden oft Wege, seine Bestimmungen heimlich zu umgehen.

Bereits einen Monat nach der Ratifizierung des verhassten Vertrages wurde seine Annullierung zu einer Kernforderung der Nationalsozialisten. Das von Adolf Hitler persönlich verfasste *25-Punkte-Programm* der NSDAP, veröffentlicht im Februar 1920, forderte kategorisch die „Aufhebung der Friedensverträge von Versailles"[13]. Seither artikulierte Hitler diese Forderung mit schneidender Schärfe in Zeitungsartikeln, in Reden und namentlich während seiner Wahlkampfreisen. Noch 1939 wetterte er in alter Unversöhnlichkeit, jeder einzelne der über 440 Artikel des schändlichen Siegerdiktats sei „eine Beleidigung und Vergewaltigung einer großen Nation" gewesen.[14] Auf seinem Weg vom Agitator zum Reichskanzler hatte Hitler zwar gelernt, dass keine Politik ohne Kompromisse und Zugeständnisse funktioniert, aber in puncto Versailler Vertrag gab er nicht nach. Er wollte ihn zerfetzen, null und nichtig machen und aus dem Gedächtnis des deutschen Volkes tilgen.

Doch Hitler war Realist und ging zwischen 1933 und 1938 klugerweise peu à peu ‚nur‘ gegen jene Vertragsteile vor, die die Belange *innerhalb* der jetzigen Reichsgrenzen betrafen. Er nahm ihnen die Gültigkeit, indem er Fakten setzte – und keine Sanktionen erntete. 1935 führte er in Deutschland die Wehrpflicht wieder ein – entgegen Artikel 173 des Versailler Vertrages. 1936 remilitarisierte er das Rheinland – entgegen Artikel 43 des Vertrages.

Hitler gelang, was keinem Kanzler der Weimarer Republik geglückt war. Schrittweise und vor allem friedlich strich er die meistverhassten Bestimmungen des ‚Diktatfriedens‘. Die Armee übernahm wieder die Rolle als Verteidigerin der Nation, ihre Befehlsgewalt erstreckte sich wieder auf das ganze Reich und keine fremden Mächte beschränkten mehr ihren Umfang. Die Armee hatte wieder den gehobenen Status von einst, erfreute sich einer großzügigen Finanzierung, einer gehörigen Mannstärke, kampftauglicher Soldaten und modernster Ausrüstung. Da standen seitens der Militärs Opposition oder Rebellion gegen das Regime vorerst nicht auf der Tagesordnung.

Trotzdem sollte 1938 ein schwieriges Jahr werden. November 1937 hatte Hitler die Führungsspitze der Wehrmacht zu einer geheimen Beratung geladen. Sein Adjutant, Oberst Hoßbach, protokollierte die Wortbeiträge. Die *Hoßbach-Niederschrift* wurde später zu einem wichtigen Dokument, weil es Hitlers frühzeitige Aggressionsabsichten gegen andere Länder belegt.[15] Auf jener Geheimkonferenz referierte Hitler in einem stundenlangen Monolog seine Sicht der strategischen und wirtschaftlichen Situation Deutschlands. Wenn das Reich wirtschaftlich bestehen und autark bleiben wolle, argumentierte er, brauche es dringend mehr Lebensraum im Osten. Dafür müsse man notfalls einen Waffengang in Kauf nehmen, selbst einen größeren, weil anzunehmen sei, dass sich die Westmächte und das bolschewistische Russland aufgrund diverser Bündnisverflechtungen einschalten würden. Deutlicher gesagt: Binnen drei oder vier Jahren werde es fast unvermeidlich Krieg geben, auf den Deutschland sich vorzubereiten habe. Die Militärs reagierten bestürzt: nicht wegen Hitlers Expansionsgelüsten, sondern aus Sorge, wieder in einen gewaltsamen Konflikt mit England und Frankreich verwickelt zu werden. Man erhob Einwände sowohl gegen Hitlers Analyse der Lage als auch gegen seine Vorhaben. Einige reklamierten sogar eine eindeutige Zusicherung, dass es derzeit keine konkreten Kriegspläne gebe.[16] Was die Generäle nicht bemerkten: Hitler beobachtete ihre Reaktion auf seine radikalen Ideen genau; er testete gleichsam, wie heftig sie widersprechen würden. Der weitere Gang der Ereignisse zeigt, dass ihre Einwände zu kleinlaut vorgetragen waren, um Hitler zu beeindrucken.

Spätestens in den ersten Frühlingswochen 1938 ist die Wertschätzung, die Hitler seinem Generalstab gegenüber ohnehin überwiegend geheuchelt hatte, offenbar in pure Verachtung umgeschlagen. Hitler war es sichtlich leid, seine Generäle zur Mitwirkung an seinen Kriegsplänen zwingen oder, wie er sich ausdrückte, „den Fleischerhund dauernd antreiben" zu müssen.[17] Die Konsequenz:

keine Schmeicheleien mehr, kein gutes Zureden, stattdessen Gardinenpredigten und Drohungen. Wie stark sich Hitlers Haltung geändert hatte, beweisen verschiedene Äußerungen aus dem Frühjahr 1938. Als man ihn etwa während eines Kasernenbesuchs nach seiner Meinung über die damaligen Säuberungen in der Sowjetunion fragte, die ja auch in der Roten Armee vielen ihrer bedeutsamsten Generälen das Leben kostete, polterte Hitler frei heraus: „Ich hätte auch keine Skrupel, zehntausend Offiziere hinwegzufegen, wenn sie sich meinem Willen entgegenstellten. Was sind schon Zehntausend gegenüber einer Nation von achtzig Millionen? Ich will keine Männer mit Intelligenz. Ich will Männer mit Fähigkeit zur Brutaliät."[18]

Die diversen Krisen des Jahres 1938 um hochrangige Wehrmachtsangehörige haben dazu beigetragen, dass sich die Militärs Hitler schließlich unterwarfen und seine Position festigten.

Die erste dieser Krisen entbrannte zum Jahreswechsel 1937/38 um Feldmarschall Werner von Blomberg, Hitlers Kriegsminister, der bereits während der ‚Systemzeit' Reichswehrminister gewesen war. Als Hitler 1933 die Macht übernahm, hatten besorgte Konservative Blomberg in sein Kabinett gesetzt, damit er gegebenenfalls Hitlers Ambitionen bremse. Stattdessen aber begeisterte sich der Veteran zunächst für die Nationalsozialisten und gesellte sich erst auf der Geheimkonferenz im November 1937 zur Fraktion der Bedenkenträger.[19] Offiziell hat Blomberg ein gesellschaftlicher Fauxpas den Ministerstuhl gekostet. Er heiratete nicht nur eine ehemalige Prostituierte, sondern bestellte auch noch Hitler zu seinem Trauzeugen. Die Wehrmacht sah die Ehre des Offizierskorps befleckt, und Hitler fühlte sich in seinem notorisch prüden Moralempfinden verletzt. Im Januar 1938 trat Blomberg zurück.

Nun war Hitler seinen ‚bedenklichen' Kriegsminister los, doch der Mann, den man ihm als Blombergs Nachfolger vorschlug – Werner von Fritsch, Generaloberst und Oberbefehlshaber des Heeres – vermochte ihn noch weniger zu begeistern. Fritsch war, zumindest was den Widerspruchsgeist angeht, ein anderes Kaliber als Blomberg. Den erfahrenen Truppenkommandeur erfüllte eine instinktive Abneigung gegen die Nazis, der er oft mit wenig schmeichelhaften Bemerkungen über Hitler und die Seinen Luft machte.[20] Trotzdem schien seiner Ernennung zum Kriegsminister im Frühling 1938 zunächst nichts im Wege zu stehen. Zwar hatte

Hitler bereits Winter 1937/38 Hinweise erhalten, dass Fritsch homosexuell sei, die aber kurzerhand als fadenscheinig abgetan. Fritschs Gegner gaben indes nicht nach; namentlich Hermann Göring, der selbst gern Kriegsminister geworden wäre, wollte Fritsch weghaben. Er inszenierte eine theaterreife Intrige, bei der er sich eines Strichjungen bediente, der bezeugte, dass der Oberbefehlshaber ‚abartige Kontakte' unterhalte. Die Kabale tat die gewünschte Wirkung: Der Führer entzog Fritsch sein Vertrauen. Dem Generaloberst blieb nicht nur das Amt des Kriegsministers versagt; er verlor auch seine Position als Oberbefehlshaber des Heeres, obwohl ein Gericht den Belastungszeugen der Lüge überführt und den Beschuldigten voll rehabilitiert hatte. Fritsch fiel als Chef einer Panzerinfanterieeinheit während des Polenfeldzugs im September 1939.

Weder die Blomberg- noch die Fritsch-Krise waren unmittelbar Hitlers Werk. Wie so oft hatte ihm auch in diesem Fall eine glückliche Fügung den Weg frei gemacht, um zwei tatsächliche oder vermeintliche Opponenten aus Positionen zu verdrängen, wo sie in Sachen Kriegsführung hätten mitentscheiden dürfen. Hitler ergriff die Gelegenheit beim Schopf und ließ das Kriegsministerium im neu geschaffenen *Oberkommando der Wehrmacht (OKW)* aufgehen, das künftig als höchste militärische Planungs- und Verwaltungsbehörde fungieren sollte. Leiter des OKW wurde der hitlerloyale Wilhelm Keitel. Die Führung des Heeres übernahm Hitler selbst: „Die Befehlsgewalt über die gesamte Wehrmacht", dekretierte der Führer, „übe ich von jetzt an unmittelbar persönlich aus"[21]. In dieser Funktion entließ er als Erstes sechzehn Generäle der oberen Rangebene und versetzte vierundvierzig hohe Offiziere auf andere Posten. Die Nachrückenden waren Leute, die weitgehend so dachten wie er und seine Befehle gefügig befolgen würden. Hitler hatte seine Generäle überlistet, ausmanövriert und gedemütigt.

Mit der Unabhängigkeit, die die Armee lange Zeit entweder tatsächlich besessen oder doch zu besitzen geglaubt hatte, war es vorbei. Ihre Rolle als ‚Staat im Staate', ohne dessen Segen in der Politik nichts lief, hatte ein unrühmliches Ende gefunden. Das Militär war jetzt bestenfalls *ein* Pfeiler des nationalsozialistischen Staates neben der Partei und der Regierung, aber wie sie völlig dem Willen des Führers untergeordnet. Die Ereignisse des Frühjahrs 1938 bedeuteten einen entscheidenden Wendepunkt in der Beziehung zwischen Armee und Staatsführung.

Zu jenen, die sich über die politischen Folgen dieser Wende klar waren, gehörte Wilhelm Canaris, der Chef der Abwehr, ein armeeeigener Nachrichten- und Spionageabwehrdienst, dessen Geschichte in die Anfangsjahre der Weimarer Republik zurückreicht. Gegründet 1921 als militärischer Auslandsgeheimdienst, blieb die Abwehr verwaltungsmäßig stets eine Sektion des Verteidigungsministeriums bzw. dessen Nachfolgebehörden Reichswehrministerium und OKW. Unmittelbar verantwortlich war sie dem Generalstab. Die Funktion der Abwehr – Sitz: Berlin, Tirpitzufer – bestand darin, Nachrichtenmaterial, das der politischen und militärischen Führung bei ihren Entscheidungen nützlich sein konnte, zu sammeln, auszuwerten und den Auftraggebern geordnet zu präsentieren. Zur Abwehr gehörten Offiziere in sämtlichen Abteilungen der Armee und ein Netzwerk von Agenten und Informanten in allen möglichen Bereichen. Als Canaris 1935 zu ihrem Chef ernannt wurde, hatte sie eine mehrjährige Durststrecke hinter sich, war unterfinanziert, unterbesetzt und seitens der Regierung kaum beachtet.[22]

Canaris schien der rechte Mann, dies zu ändern. Er kam von der Marine, wo er sich im Ersten Weltkrieg glänzend qualifiziert hatte, besaß geheimdienstliche Erfahrungen und zahlreiche Kontakte ins Ausland, die er nach der ‚Machtergreifung‘ der Nazis geschickt nutzte, um sich den neuen Herren nützlich zu machen. Als Hitler gegen das Verbot des Versailler Vertrages ein neues deutsches U-Boot geheim bauen lassen wollte, vermittelte Canaris Entwicklungsstätten in Spanien. Eine geheimdienstliche Spitzenbegabung, dazu ein überzeugter Nationalsozialist – jemandem mit solchen ‚Talenten‘ wurde zugetraut, die Abwehr aus ihrer Misere zu führen. Tatsächlich machte Canaris sie zum bedeutsamsten Nachrichtendienst des Dritten Reiches, der unter seinem Kommando rasch an Gestalt und Einfluss gewann. Einerseits zweifellos begünstigt von der massiven Aufrüstung seit Frühjahr 1935, der allgemeinen Erweiterung des militärischen Sektors, wie sie sich in der Wiedereinführung der Wehrpflicht und der Erhöhung des Wehrhaushalts niederschlug, verdankte andererseits die Abwehr ihre positive Wende Canaris‘ Fähigkeit, das Verhältnis zu den beiden anderen

Geheimdiensten, der Gestapo und dem SD, zu normalisieren.[23] Zwischen den genannten drei Organisationen herrschte meist gespannte Rivalität, wobei SD und SS die Abwehr bespitzelten und ihre Operationen oft zu unterminieren suchten.[24] Mit Canaris fand man einen Modus vivendi, der der Abwehr beeindruckende Erfolge ermöglichte. Sie etablierte ein weit verzweigtes Netzwerk von Agenten in den USA und der Sowjetunion. Selbst Top-Secret-Material war vor Canaris' Leuten nicht sicher; so gelangten sie beispielsweise an die amerikanischen Pläne für *Norden Bombsight*, das treffgenauste Bombenzielgerät, das es seinerzeit gab.[25]

Canaris, kaum über 1,50 Meter groß, weißhaarig, wenig redend und wenn, dann sanft und leise, im Gebaren reichlich unmilitärisch, beeindruckte anfangs seine neuen Untergebenen nur mäßig. Sie fanden ihn seltsam; auch Historikern gelang es später nicht, seine Persönlichkeit gänzlich zu enschlüsseln. Wilhelm Franz Canaris wurde 1887 nahe Dortmund als Sohn eines Industriellen geboren. Früh entschloss er sich, Seemann zu werden, und ging zur kaiserlichen Marine. Im Ersten Weltkrieg hauptsächlich als Nachrichtenoffizier und U-Boot-Kommandant eingesetzt, setzte er seine Karriere in der Weimarer Republik bei der Seestreitkraft bruchlos fort; rasch stieg er in ihre Führung auf. 1932 wurde er zudem Kapitän des altehrwürdigen Linienschiffs *Schlesien*.

Ein Mann also, der sich in einem nicht unstrapaziösen Beruf bestens schlug. Ein Mann aber auch mit einer Reihe Ticks und Spleens. So war er beispielsweise zutiefst abergläubisch und pflegte eine profunde Aversion gegen Hünen, kernige Typen und Plaudertaschen. Er verabscheute mehr oder weniger alle, die nicht so waren wie er. Zudem war er extrem hypochondrisch, schluckte Unmengen von Pillen gegen Neuralgien, Schlaflosigkeit und etliche andere, größtenteils eingebildete Wehwehchen. Ständig fürchtete er, sich irgendwo zu infizieren – eine Furcht, die pathologische Züge annahm. Schon 1924 schrieb der Bordarzt des Kreuzers Berlin, der Erste Offizier Wilhelm Canaris beeinträchtige seine gesundheitliche Kondition unnötig durch „die Neigung, Bagatellsymptome aller Art als Zeichen ernsthafter Erkrankung zu deuten"[26].

Als Spion war Canaris eine Naturbegabung, die sich schon in der Schule zeigte, wo er wegen seiner unersättlichen Neugier den

Spitznamen „der Schnüffler" erhielt.[27] Zu dieser in seinem Gewerbe unerlässlichen Grundeigenschaft traten später noch Undurchschaubarkeit und ein Talent zur geschickten Informations- und Desinformationspolitik. In seinem Büro bei der Abwehr stand eine kleine Plastik der berühmten drei asiatischen Affen, jedoch so abgewandelt, dass sie die Kardinaltugenden des Agenten repräsentierten: alles sehen, alles hören, nichts sagen.[28] Viele glaubten gar, er spioniere um des Spionierens willen, gleichsam aus purem Vergnügen. Selbst wenn er private Gesellschaften gab, soll er Agenten unter den Anwesenden platziert haben, die seine Gäste ausforschten.[29]

Was seine politische Einstellung betrifft, finden sich bei Canaris viele Widersprüche. Er war ein hoher Militär, aber verabscheute Gewalt.[30] Er war ein leidenschaftlicher Nationalist und Antikommunist und begrüßte die ‚Machtergreifung' Hitlers, trat aber nie der NSDAP bei. Tatsächlich gab die komplexe Beziehung zwischen Canaris und der Partei nicht nur seinen Zeitgenossen, sondern später einer ganzen Historikergeneration Rätsel auf. Vermutlich befand sich Canaris in dem gleichen Dilemma, in dem die Mehrheit der deutschen Offizierskaste stand. Einerseits imponierten Canaris Hitlers Antikommunismus, seine Expansionspläne, die Wiederbewaffnung, die Rückkehr zu nationaler Größe; andererseits empörten ihn die Gesetzlosigkeit und die Amoralität der SS und die allgemeine Degradation der Armee zur gehorsamen Vollstreckerin des Führerwillens. Als er 1935 Chef der Abwehr wurde, vermittelte Canaris das Bild eines überzeugten Nationalsozialisten; er benützte eifrig die braune Phraseologie und betonte immer wieder, wie sehr er sich eine enge Zusammenarbeit mit der Gestapo wünsche. Dass er den Posten überhaupt bekam, schreiben viele Reinhard Heydrich zu, der den SD, die Spionageabteilung der SS, leitete. Die beiden galten als Erzrivalen und waren es wohl auch über weite Strecken. Dennoch suchte einer die Nähe des anderen. Sie verband die Erinnerung an ihre gemeinsame Zeit bei der Marine, sie waren Nachbarn in Berlin-Schlachtensee, wo sie oft gemeinsam ausritten, und Heydrich regelmäßig zu den musikalischen Soireen von Canaris' Frau erschien.[31] Eine Nähe aus beruflicher Notwendigkeit spielte sicherlich eine Rolle, doch zumindest auf Seiten Canaris' ging die Beziehung wohl tiefer. Bei der Beerdigung Heydrichs weinte Canaris ohne Scheu und bekannte,

„einen echten Freund" verloren zu haben.[32]

Vielfach wird behauptet, Canaris sei von Anfang an ein entschiedener Feind der Nationalsozialisten gewesen und habe den Posten als Chef der Abwehr nur übernommen, um Hitlers Aggressionspläne leichter vereiteln zu können. Die Sichtweise ist heftig umstritten, aber Ex-Fregattenkapitän Franz Maria Liedig, der Canaris aus gemeinsamen Marine- und Abwehrzeiten gut kannte, bestätigte nach dem Krieg, Canaris habe mit seiner Ernennung zum Leiter der Abwehr begonnen, gegen die Nazis zu konspirieren. „Die Canaris-Gruppe", erinnerte sich Liedig, „war die erste fest gefügte Clique innerhalb des Militärs, die so etwas wie ein Programm hatte. [...] Die Rebellion begann, als Canaris Chef der Abwehr wurde"[33].

Unabhängig davon, ob die ‚Rebellion' tatsächlich schon so früh begann oder nicht, steht fest, dass Canaris spätestens 1938 zum Nazi-Gegner konvertiert war. Die Fritsch-Affäre, mit der – wie viele Beobachter damals glaubten – die Armee ihre Unabhängigkeit von ehedem verlor, hatte ihn tief erschüttert.[34] Wie fragil der Status des Militärs werden konnte, lehrte ihn ein Blick auf die Diktatur in der UdSSR, wo zu dieser Zeit die großen Säuberungen innerhalb der Roten Armee stattfanden. Bitter musste er erkennen, dass in den modernen autoritären Systemen die Generäle von Politikern ausgenutzt und, wenn die Opportunität es erforderte, zum Sündenbock gemacht wurden.[35] Zahlreiche Augenzeugenberichte aus den späten 30er Jahren belegen, dass Canaris einen zunehmenden Hass gegen einzelne NS-Organisationen entwickelte, namentlich gegen die SS; immer wieder habe er deren Leute als ‚Verbrecher' bezeichnet.[36] März 1938 rekrutiert Canaris den ehemaligen Leiter der österreichischen Gegenspionage, Erwin von Lahousen, für die Abwehr. Die Worte, mit denen er Lahousen in sein Amt als Sektionschef einführte, machen deutlich, was er inzwischen von den braunen Herren hielt. „Sie dürfen", schärfte er Lahousen ein, „niemals, unter keinen Umständen, in Ihrer Abteilung [...] oder Ihrem Stab Mitglieder der NSDAP, der SA oder der SS dulden, ebenso wenig Offiziere, die mit der Partei sympathisieren."[37] Für einen hochrangigen aktiven Offizier des Dritten Reiches waren das mutige Worte.

Canaris musste auf dem Weg zum konsequenten Nazi-Gegner viel innere Zerrissenheit überwinden. Zum einen hemmte ihn der

Glaube an die Heiligkeit des Treueids.[38] Aber mehr noch belastete ihn ein anderes, kaum lösbares Dilemma: Sein Ehr- und Pflichtgefühl sagte ihm, dass er einem Regime, gegen das er so heftige Zweifel hegte, eigentlich nicht dienen dürfte. Räumte er aber seinen Posten als Abwehrchef, würde sofort einer jener servilen Sicherheitsleute nachrücken, die die Partei seit ein paar Jahren heranzüchtete, und das von ihm, Canaris, aufgebaute kostbare Netzwerk zerstören. Viele Dissidenten, die in hohen Ämtern des NS-Staates saßen, empfanden diesen Zwiespalt und fragten sich: ‚Wie können wir hoffen, dass sich etwas ändert, wenn wir jeden wichtigen Posten freiwillig den Nazis überlassen?'[39]

Canaris löste das Problem mit der Entscheidung, im Amt zu bleiben, um die von ihm geförderten Oppositionszirkel schützen und unterstützen zu können, selbst aber keine nach außen hin wahrnehmbare Rolle im Widerstandskampf zu spielen.

Strategisch betrachtet, war seine Position günstig. Welche Organisation eignet sich besser für eine Verschwörung als ein Geheimdienst, dessen Wesen ja das Agieren im Verborgenen ist, wo verdeckte Operationen, Tarnen und Täuschen die Norm sind? Entsprechend formte Canaris die Spitze der Abwehr nach seinem Bilde. Fast alle in dem von ihm rekrutierten Führungsstab betrachteten die Lage mit dem gleichen ungeniert realistischen, von keinerlei obrigkeitlichen Denkverboten verstellten Blick. Aus diesem harten Kern formierte sich die Widerstandsgruppe Abwehr. Zu ihr gehörten Helmuth Groscurth, Leiter der Abteilung II (Sabotage), Erwin von Lahousen, sein aus Österreich gebürtiger Nachfolger, Hans von Dohnanyi, stellvertretender Leiter der Zentralabteilung, und Hans Gisevius, bald zuständig für ‚Sonderaufträge' (darunter das Herstellen von Auslandskontakten) und nach dem Krieg einer der ersten Chronisten des Widerstands. Die wichtigste Figur in jenem Kreis aber war Hans Oster, zu der Zeit Oberstleutnant.

Der 1887 in Dresden geborene Hans Oster, Berufssoldat seit 1907, machte im Ersten Weltkrieg und während der ‚Systemjahre' in der Reichswehr eine Bilderbuchkarriere, bis er 1932 wegen einer Ehrenangelegenheit – der Beziehung zur Ehefrau eines Kameraden – den Dienst quittieren musste. Ein Jahr später erhielt er eine Zivilstelle in der Abwehr, arbeitete also schon dort, bevor Canaris ihr Chef wurde. Ein „absolut sauberer und anständiger

Mensch" und ein Mann von hohen Geistesgaben, urteilen rückblickend die meisten, die Oster damals kannten.[40] Der Christ, Patriot und Monarchist Hans Oster besaß einen profunden Sinn für Gerechtigkeit, der ihn immun gegen die ‚neue Moral' der Nationalsozialisten machte. Innerlich verband ihn also einerseits manches mit Canaris, andererseits war er das glatte Gegenteil des unauffälligen, zurückhaltenden Admirals, allein schon was die äußere Erscheinung betraf. Der hochgewachsene Oster liebte elegante Kleidung und trug, wie bei ‚feinen Herren' üblich, ein Monokel. Völlig anders als sein Chef und Mentor neigte Oster zu Ungeduld, Tollkühnheit und leichtsinnig lautstarker Kundgabe seiner Meinungen.

Oster wurde die „Seele" des militärischen Widerstands.[41] Er war früher zum Nazi-Gegner konvertiert als die meisten seiner Mitverschwörer. Schon der Terror der SA in der Weimarer Republik erfüllte ihn mit äußerstem Abscheu. Die ‚Hinrichtung' General Kurt von Schleichers, seines ehemaligen Kameraden und Vorgesetzten, im Zuge des ‚Röhm-Putsches' machte ihn endgültig zum aktiven Regimefeind.[42] Einen besonderen Hass hegte Oster gegen die SS. Von seinem Posten in der Abwehr konnte er bestens verfolgen, wie die SS immer mehr Bereiche der deutschen Gesellschaft infizierte, und begann dokumentarische Belege für ihre Verbrechen zu sammeln. Wenn er von Hitler sprach, nannte er ihn meist schlicht „das Schwein"[43]. Es wird berichtet, dass Oster schon 1937 befürwortete, den Diktator zu töten.[44] 1938, als vielen der künftigen Verschwörer erst die Augen darüber aufgingen, was sich in Deutschland abspielte, war Oster quasi schon ein Oppositionsveteran.

Wie Canaris sammelte auch Oster regimekritisch Orientierte um sich. „Bei Oster", erinnerte sich Liedig später, „liefen eigentlich alle Personen an, die irgendwie innerhalb der Abwehr oder in Verbindung mit der Abwehr sich als Gegner des Nationalsozialismus erkannten."[45] Auf Gisevius wirkte der Zirkel wie ein „Taubenzüchterverein", angefüllt mit mysteriösen Gestalten"[46]. Der Vergleich hinkt, Osters Netzwerk und Kontakte reichten weiter, aber der Organisationsgrad des Zirkels blieb kläglich, zumindest in den 30er Jahren. Es existierten disparate Gruppen, aber diese schon *den* ‚Widerstand' zu nennen, wäre übertrieben. Sie bildeten keine wirkliche Einheit, sprachen nicht mit einer Stimme, sprachen überhaupt eher wenig – aus guten Gründen. Selbst vorsichtigste Kritik am Regime übte man nur in kleinen Gruppen, unter Freunden und Vertrauten. Wichtige Informationen, besorgniserregende zumal, tauschte man im Park oder auf privaten Abendgesellschaften aus. Die Gegenwart eines Fremden oder eines vorgeblichen ‚Neuzugangs' ließen bei den Konspiranten innerlich die Alarmglocken schrillen. Keine Mühe wurde gescheut, um Entdeckung zu vermeiden. Um heikle Themen zu bereden, entwickelte man ein ganzes Ensemble von Codewörtern; Oster hieß dann ‚Onkel Pfingsten', Hitler ‚Emil' und dessen Hauptquartier ‚Olymp'.[47] Zwei Verschwörer trafen sich beispielsweise regelmäßig in einem Berliner Schwimmbad, um sich über den neusten Stand der Dinge auszutauschen, ohne befürchten zu müssen, belauscht zu werden.[48] Ein anderer lernte, damit man gegebenenfalls keine belastenden Beweise bei ihm fand, Telegramme und Aktennotizen auswendig und gab deren Wortlaut im persönlichen Gespräch weiter.[49]

Obwohl äußerste Vorsicht angebracht war und von vielen befolgt wurde, agierten manche erschreckend unbedacht und leichtsinnig. Hans von Dohnanyi sammelte nicht nur Beweisstücke für die Verbrechen der Nazis, sondern auch Dokumente des Widerstands wie Pläne, Diskussionsprotokolle etc. Zur Aufbewahrung dieser hochbrisanten Materialien benutzte er aber nicht etwa einen privaten Safe, sondern einen simplen Aktenschrank in seinem Abwehrbüro ohne besondere Schließvorrichtung. Von ärgeren Sicherheitslücken weiß Canaris' zeitweiliger Mitarbeiter Reinhard Spitzy zu berichten:

Die „Unvorsichtigkeit von Dohnanyi und Oster" sei „geradezu erschütternd" gewesen. „Sie trafen mit ihren Freunden und Gesinnungsgenossen gerne in solchen Nobellokalen zusammen, bei denen jeder argwöhnen musste, dass gerade dort die verschiedenen Nachrichtendienste ihre Wanzen eingebaut hatten. Hätte sich aber die Gestapo oder der SD dem Tirpitzufer gegenüber mit dem Feldstecher in irgendeiner Wohnung eingenistet und hätte das Kommen und Gehen bestimmter Gestalten am Eingang der Abwehr geduldig und genau beobachtet, sie hätten binnen kurzem erkennen müssen, was dort gespielt wurde."[50]

Man darf über all diesen Unzulänglichkeiten nicht vergessen, welch gewaltigen Mut der Versuch erforderte, die disparaten Gruppen zusammenzubringen, Kontakte zwischen ihnen herzustellen,

Gespräche zu ermöglichen, bei denen es um mehr als den bloßen Austausch von Besorgnissen und Hiobsbotschaften ging. Diesen Mittlerposten hatte Hans Oster übernommen. Durch zahllose Telefonate und Treffen in Berliner Wohnungen, Restaurants und Parks schmiedete Oster die Basis der deutschen militärischen Widerstandsbewegung. In seinem Büro stand ein Tisch voller Telefone – Osters Kommunikationszentrale. „Das hier spiegelt genau wider, was ich mache", erläuterte er einmal einem Kollegen gegenüber seine Rolle. „Ich sorge dafür, dass sich alle mit allen verständigen können, wo immer sie auch sind."[51]

Oster umwarb Politiker, sondierte bei Generälen, vergaß die Monarchisten nicht und lud sogar enttäuschte Nazis ein. Er war die Spinne inmitten des von ihm gewebten Netzes, der Verbindungsmann, der die verschiedenen Gruppierungen im Kampf gegen Hitler zusammenführte. Doch Oster tat mehr als nur zu koordinieren. Immer wieder mussten einzelne Kandidaten ‚bearbeitet' werden; und so schmeichelte der mittlerweile zum Generalmajor beförderte Oster diesen, überredete jenen und hielt vor allem die Schwankenden bei der Stange. Ohne Hans Oster hätten viele Widerständler von 1938 gar nicht gewusst, dass es außer ihnen noch andere gab.

Am 12. März 1938, kurz nach vier Uhr nachmittags, fuhr Adolf Hitler in Österreich ein, begleitet von einer „waffenstarrenden"[52] Kolonne offener Mercedeswagen. Zunächst bewegte sich der Zug ins gleich hinter der Grenze gelegene Städtchen Braunau am Inn, den Geburtsort des Führers. Hitler kam zurück nach Österreich – nicht als Besucher, sondern als selbsternannter Befreier. Trotz allem Omnipotenzgetue plagte den Reichskanzler innere Nervosität. Die ‚Invasion' Österreichs war eine Art Mutprobe und ein Test seines strategischen Kalküls, dass die Westmächte Deutschlands Expansionspolitik letztlich hinnehmen würden.

Die ‚Invasion' hatte am Morgen begonnen. Einen Tag zuvor hatte der österreichische Bundeskanzler sich dem deutschen Druck gebeugt und war zugunsten des Nationalsozialisten Seyß-Inquart zurückgetreten. Kurze Zeit später setzten sich die deutschen Truppen mit ihren Panzern in Bewegung. Überall stießen sie auf begeisterte Massen, die ihnen zujubelten; Glocken läuteten, Blumenteppiche wurden ausgelegt. Der ‚Vormarsch' ging bald nur noch im Kriechtempo vonstatten. Hitler und seine Entourage zogen hinterher, erst nach Linz, dann nach Wien; auch hier feierten die Massen Hitler „vor Begeisterung wie wahnsinnig", berichtete der britische Journalist George Gedye.[53] Zwei Tage später, am 15. März, sprach Hitler auf dem Wiener Heldenplatz zu einer Viertelmillion Menschen. „Dieses Land ist deutsch", tönte er pathetisch, „es hat seine Mission begriffen; es wird diese erfüllen, und es soll an Treue zur großen deutschen Volksgemeinschaft von niemandem jemals überboten werden". Er schloss mit den historischen Worten: „Als der Führer und Kanzler der deutschen Nation und des Reiches melde ich vor der Geschichte nunmehr den Eintritt meiner Heimat in das Deutsche Reich."[54] Wieder war der Enthusiasmus der Wiener unüberhörbar. Die erdrückende Mehrheit der Österreicher begrüßte Hitlers Invasion. Ihre Republik war jetzt eine Provinz des Großdeutschen Reiches; ihre Armee ging in der Wehrmacht auf; und ihr neuer Führer kehrte als heroischer Eroberer nach Berlin zurück. Was hier geschehen war, sollte unter der Bezeichnung *Anschluss* in die Geschichtsbücher eingehen. Hitler hatte einen klassischen Handstreich vollzogen. Mit einer Kombination aus martialischem Gedröhn und hinterlistiger Tücke hatte er auf einen Schlag die Bestimmung des Versailler Vertrages ausgehebelt, die die staatliche Vereinigung Österreichs mit Deutschland verbot. Der untersagte ‚Anschluss' war vollzogen – und es folgte keine Kriegserklärung von Seiten der Westmächte. Wie der Führer erwartet hatte, griffen sie nicht ein. Kein Tropfen Blut wurde vergossen. Hitler befand sich auf dem Höhepunkt seiner Macht.

Die meisten Deutschen versetzte der Anschluss Österreichs in Euphorie. Nur wenige erfüllten die Ereignisse jenes Frühjahrs mit tiefer Sorge. Wer den Verführungskünsten der Nazis noch nicht erlegen war, konnte nach der Blomberg-Fritsch-Affäre und der Erniedrigung der Armee zur bloßen Befehlsempfängerin der Partei Hitlers Österreich-Coup nur als eine gefährliche Eskalation begreifen. Bisher hatte Hitler seine Aktivitäten auf Innenpolitisches beschränkt; nun sahen die Besorgten, dass er sich bedenkenlos an außenpolitische ‚Abenteuer' wagte. Bisher hatte Hitler stets nur auf Ereignisse reagiert; nun sahen sie ihn plötzlich den Takt vorgeben. Und was ihnen noch schlimmer erschien: Der unblutige Sieg in Österreich verstärkte Hitlers Verachtung gegenüber jenen, die ihm zu einer behutsameren Politik geraten hatten. Sie sahen, dass er sich allen verschloss, die Mäßigung empfahlen. Und als der Expansionshungrige nach seiner triumphalen Rückkehr aus Wien die Tschechoslowakei ins Visier nahm[55], sahen sie, dass es Zeit wurde zu handeln.

So reisten im Frühjahr und Sommer 1938 mehrere Emissäre des gerade erst entstehenden Verschwörernetzwerks in geheimer Mission in die Hauptstädte der Westmächte. Sie sollten Briten und Franzosen warnen, dass Hitler Krieg plante und nur abgeschreckt werden könnte, wenn Paris und London entschlossen und energisch dagegenhielten. Die Abgesandten kamen aus den unterschiedlichsten Milieus. Ein pommerischer Gutsbesitzer befand sich darunter, ebenso ein Industrieller, ein Diplomat und ein bedeutender Historiker. Alle hatten sie Kontakte zu höchsten Kreisen in London und Paris. Alle schilderten sie auftragsgemäß den Sachverhalt so dramatisch, wie er war. Und alle erreichten sie nichts.

Dies lag hauptsächlich daran, dass die konservative britische Regierung eine Politik verfolgte, die den Vorstellungen des deutschen Widerstands diametral entgegenstand. Den Briten erschien Nachgiebigkeit gegenüber Hitler ratsamer als Festigkeit. Premierminister Neville Chamberlain verfocht eine Strategie, die als *appeasement policy* (Befriedungspolitik) in die Geschichte eingehen sollte. Sie beruhte auf der seinerzeit verbreiteten Einschätzung, dass Deutschland in Versailles mit unbilliger Härte behandelt worden war und man ihm nun gerechterweise eine Rolle in der Welt zugestehen müsse, die seiner Einwohnerzahl, seiner Wirtschaftskraft und seinen Ressourcen entsprach. Zudem war das Deutschland der Nazis extrem antikommunistisch, und nicht nur in England sah man im Kommunismus eine größere Gefahr für die etablierte Ordnung als im Faschismus. Ein weiteres und wesentliches Motiv für die Appeasement-Politik war aber auch: Man wollte nicht schon wieder Krieg. Das britische Empire hatte den Ersten Weltkrieg nur mit Mühe überlebt, und man befürchtete, ein zweiter Konflikt dieses Ausmaßes würde ohne Zweifel sein Ende bedeuten.

Freilich lag dem Appeasement kein weltfremd-idealistischer Pazifismus zugrunde. Chamberlains vielgeschmähte Politik war viel nüchterner und pragmatischer, als man gemeinhin bis heute glaubt. Ein paar territoriale Konzessionen in den laufenden Verhandlungen, so das Kalkül des Premiers, und Hitlerdeutschland würde „satt, still und träge"[56]. Damit wären ein Krieg vermieden, Hitler zufrieden gestellt, die etablierte Ordnung und das Empire gerettet. Vor diesem Hintergrund betrachteten die Briten das Anliegen der Abgesandten der deutschen Opposition mit kaum verhohlenem Unverständnis, ja Widerwillen. Sie gaben ihnen ihre Sympathie und ein paar warme Worte mit auf den Heimweg, aber das war es dann auch.

Oster setzte dennoch seine Bestrebungen unbeirrt fort. Man traf sich häufig in diesem Sommer, um dem gemeinsamen Vorhaben endlich konkretere Formen zu geben. Der konspirative Zirkel erweiterte sich. Unter den Neuzugängen waren einige hochrangige Offiziere und prominente Politiker; genannt seien Ludwig Beck, ehemaliger Generalstabschef des Heeres, und sein Nachfolger Franz Halder; der Präsident der Reichsbank, Hjalmar Schacht, und der Befehlshaber des Berliner Wehrkreises, Erwin von Witzleben. Nicht über alle Punkte war man sich einig. Im Wesentlichen gab es zwei Fraktionen, die man als „Antikriegspartei" und „Staatsstreichpartei" bezeichnen könnte. Die erste – um Beck und Halder – umfasste erfahrene Offiziere, die verzweifelt das militärische Desaster verhindern wollten, in das Hitler das Reich hineinzustürzen entschlossen schien. Die zweite Gruppierung – zu ihr gehörten Schacht und von Witzleben – wollten Hitler beseitigen und durch einen bedachtsameren, möglichst konservativen Staatsmann ersetzen. Die reichlich inkohärente Verschwörung war eine Mesalliance höchst heterogener Individuen, die teils von Verzweiflung, teils von politischem Eigennutz getrieben waren, verbündet lediglich in der Ablehnung des Status quo. Nicht alle Beteiligten waren Widerständler aus ethischer Überzeugung oder dem bürgerlichen Humanismus verpflichtet.

Nehmen wir eine Schlüsselfigur des Zirkels, den Berliner Polizeipräsidenten Wolf von Helldorf. Vom Lebensstil her eher ein Playboy, wurde der notorische Antisemit 1931 Chef der Berliner SA und organisierte bereits vor der ‚Machtergreifung' Judenpogrome in der Reichshauptstadt. Sein Damaskus-Erlebnis war vermutlich der Fritsch-Skandal.[57] Dass Helldorf es nicht bei bloßer innerer Abkehr beließ, sondern Kontakt zur Opposition suchte, deutete Schacht später als einen Akt ‚tätiger Reue': Helldorf peinigten offenbar Schuldgefühle wegen seiner früheren Begeisterung für die Nazis, und nun wollte er sich vor sich selbst rehabilitieren. Welches seine Motive auch gewesen sein mögen, er versorgte die Konspiranten mit wichtigen Insider-Informationen und übergab Oster sowohl aussagekräftige Beweisstücke für die Verbrechen der Nazis als auch für die kaltschnäuzig-intriganten Manipulationen, derer sich das Regime bedient hatte, um die missliebigen Generäle Blomberg und Fritsch loszuwerden. Gerade diese Enthüllungen überzeugten viele ehemaligen NS-Sympathisanten, die Seiten zu wechseln, darunter Hjalmar Schacht.[58]

In dieser Stimmung moralischer Empörung entwarfen die Konspiranten Sommer 1938 einen detaillierten Plan, der davon ausging, dass es nicht mehr lange dauern könne, bis Hitler gegen die Tschechoslowakei mobilmachen würde. In diesem Moment, der aller Welt die Aggressivität Hitlers vor Augen führen und ihn als Diktator demaskieren würde, der jedes Recht ignoriert, wollte man losschlagen. Das gewaltige Wagnis sollte folgendermaßen ablaufen: Soldaten der 23. Infanteriedivision, einer Elitetruppe, werden aus Potsdam nach Berlin abkommandiert und besetzen dort alle wichtigen Ministerien, Radiosender und Polizeistationen sowie die Einrichtungen der Gestapo und der SS. Die 1. Leichte Division versperrt Hitlers persönlicher Schutzbrigade, der SS-Leibstandarte, die an die sächsisch-tschechische Grenze verlagert worden war, die Rückkehr in die Reichshauptstadt. Eine andere Einheit stößt zeitgleich in die Reichskanzlei vor, nimmt Hitler gefangen und verbringt ihn an einen geheimen Ort.

Über das, was mit Hitler geschehen sollte, gingen die Ansichten der Verschwörer auseinander. Die Militärs unter ihnen meinten, es reiche aus, Hitler vor ein ordentliches Gericht zu stellen oder schlicht für verrückt zu erklären und eine neue Regierung zu bilden. Andere äußerten sich zu diesem Vorgehen wenig zuversichtlich. Zu ihrem Wortführer wurde Hauptmann Friedrich Wilhelm Heinz, Mitarbeiter der Abwehr in derselben Sektion wie Hans Oster.[59] Heinz war ein typisches Beispiel jener *lost generation*, die die Orientierungslosigkeit nach dem verlorenen Waffengang 1914-1918 scharenweise zu den Nationalsozialisten getrieben hatte. Erst Weltkriegssoldat, dann Freikorpskämpfer, nahm er 1920 an dem reaktionären Kapp-Putsch teil. Seitdem sah ihn während der ,Systemzeit' fast jede Gruppierung in ihren Reihen, die die Republik von rechts her attackierte: die Organisation Consul, die Brigade Ehrhardt, der Bund Wiking. 1928 trat Heinz der NSDAP bei. Da er sich dem nationalbolschewistischen Flügel Otto Strassers zurechnete, geriet er bald mit der Parteiführung über Kreuz. 1930 aus der Partei gestoßen, wurde er zu einem ‚Nazi gegen Hitler'.

1935 kam Heinz zur Abwehr, wo er für die Öffentlichkeitsarbeit zuständig war. Im Putschprojekt von 1938 hatte dessen Chefstratege Hans Oster seinem Kollegen Friedrich Heinz eine Schlüsselrolle zugedacht. Er bekam den Auftrag, den Stoßtrupp zusammenzustellen, der am Tag X die Reichskanzlei stürmen und Hitler verhaften sollte. Heinz rekrutierte die Männer hauptsächlich aus den Reihen der Abwehr selbst, nahm aber auch Freunde und Bekannte hinzu, die er für ‚politisch sauber' hielt und für skrupellos genug, die Aktion durchzuführen.[60] Mitte September zählte die ‚Kommandoeinheit' etwa zwanzig Leute; sie erhielten Waffen und Geheimquartiere in verschiedenen Berliner Wohnungen. Jetzt fehlte nur noch das zündende Ereignis, das zum Losschlagen berechtigte.

Eine ganze Weile sah es Sommer 1938 aus, als würde Hitler rasant auf einen Krieg zusteuern. Im östlichen Nachbarstaat Tschechoslowakei kam es seit einiger Zeit zu Reibereien zwischen den Tschechen und der in den Grenzgebieten zu Deutschland und Österreich lebenden sudetendeutschen Minderheit. Namentlich die nationalistische *Sudetendeutsche Partei*, geleitet von Konrad Henlein, goss dabei eifrig Öl ins Feuer. Die tschechoslowakische Regierung reagierte mit Repressalien, die Hitler zum Anlass nahm, Prag beständig mit massiven Aktionen zu drohen. Doch Hitlers penetrantes Säbelrasseln zeitigte auf westlicher Seite statt harten Konter Leisetreterei. Eine unermüdliche Reisediplomatie setzte ein mit dem Ziel, die Krise beizulegen. Just als der deutsche Widerstand seine Emissäre nach London sandte, um die Engländer zu einer entschiedenen und harten Haltung zu drängen, sandte London *seine* Emissäre nach Prag, um die Tschechen zum Einlenken zu drängen. Obwohl London jede gewünschte Konzession durchdrückte, half alles nichts: Was immer man auch anbot – Hitler fand es ungenügend. Seinen sudetendeutschen Marionetten hatte der Führer schon im März befohlen, renitent zu bleiben: „Wir müssen [...]", fasste Konrad Henlein Hitlers diesbezügliche Instruktionen zusammen, „immer so viel fordern, dass wir nicht zufrieden gestellt werden können."[61] Angesichts dieser Positionen konnte sich die Krise nur verschärfen: Mit der britischen Entschiedenheit, Hitler zu besänftigen, wuchs bei Hitler die Entschlossenheit, sich nicht besänftigen zu lassen.

Im Spätsommer schienen sich die Dinge zuzuspitzen. Als Hitler am 12. September auf dem Nürnberger Reichsparteitag vors Mikrofon trat, erwarteten viele die Kriegserklärung an die Tschechoslowakei. Hitler erklärte zwar keinen Krieg, aber lieferte mit seiner Rede ein Meisterwerk der verhüllten Provokation und unterschwelligen Drohung.

„Das abnorme Gebilde der Tschecho-Slowakei", polterte Hitler, verstehe es als seinen „Auftrag [...], hier die Millionenmassen anderer Nationalitäten zu vergewaltigen". Das „Elend der Sudetendeutschen ist ein namenloses. [...] Aber die Deutschen in der Tschecho-Slowakei sind weder wehrlos, noch sind sie verlassen. [...] Wenn diese gequälten Kreaturen kein Recht und keine Hilfe selbst finden können, [werden] sie beides von uns bekommen. [...] Wir alle [...] haben die Pflicht [und] das Recht, das deutsche Haupt wieder mit Stolz erhoben zu tragen und es nie wieder unter einen fremden Willen zu beugen."[62]

Am nächsten Tag forderte Konrad Henlein, wie auf Stichwort, die Abtrennung des Sudetenlandes von der Tschechoslowakei.

Inzwischen waren die Verschwörer mit der konkreten Vorbereitung zur Umsetzung der Pläne Hans Osters fast fertig. Seit Wochen traf man sich regelmäßig und stimmte das Procedere ab. Am Tag vor Hitlers Nürnberger Rede fuhren Oster und Gisevius langsam mit dem Auto durch Berlin. Gründlich sichteten sie das Regierungsviertel, inspizierten diskret Gebäude, die für Anschläge in Frage kamen, erkundeten Fluchtwege und hielten ihre Beobachtungen in detaillierten Notizen fest. Heinz' Leute saßen in ihren Geheimquartieren und warteten. Die betroffenen militärischen Einheiten hatten sich untereinander verständigt und wussten, was sie im entscheidenden Augenblick zu tun hatten. Binnen achtundvierzig Stunden nach dem Führerbefehl zur Mobilmachung, die für den 15. September erwartet wurde, sollte der Coup erfolgen.[63] Alle waren vom Gelingen überzeugt.

Am Morgen des 15. September verkündete der mitverschworene Helmuth Groscurth seinem Bruder: „In dieser Nacht wird Hitler verhaftet!"[64] Alles war bereit, als eine neue Nachricht die Spannung kollabieren ließ: Chamberlain sei auf dem Weg nach

Deutschland, um mit Hitler zu verhandeln; seine Maschine treffe am Nachmittag in Berchtesgaden ein. Der britische Premierminister, 69 Jahre alt und nicht mehr bei bester Gesundheit, war noch nie geflogen und wirkte entsprechend geschwächt. Doch er reiste in der Gewissheit an, ihm würde gelingen, was andere nicht zustande gebracht hatten, er würde eine Lösung ohne Krieg erreichen, und zwar im persönlichen Gespräch mit Hitler. Auf dem Berghof, wo der Reichskanzler ihn empfing, bekam der Premier aber nur Hitlers einstudierte Suada über gemeine Tschechen und terrorisierte Deutsche zu hören. In der Sache machte Hitler nur die vage Offerte: Wenn England die Abtrennung des Sudetenlands prinzipiell akzeptiere und dies auch gegenüber Prag verträte, dann bräuchten nicht unbedingt die Waffen zu sprechen. Chamberlain fand das Angebot interessant, wollte es aber erst mit seinem Kabinett in London beraten, um anschließend wieder nach Deutschland zu kommen und Hitler die offizielle britische Antwort zu geben. Chamberlain flog heim mit kaum mehr im Gepäck als der fadenscheinigen Zusicherung Hitlers, in der Zwischenzeit – also bis zur Entscheidung des britischen Kabinetts – keine Kriegshandlungen zu beginnen. Chamberlain glaubte tatsächlich, einen Fortschritt erreicht zu haben. Eine Äußerung seiner Schwester gegenüber verrät seine Verblendung: „Trotz der Härte und Rücksichtslosigkeit, die ich in seinem Gesicht zu entdecken glaubte, gewann ich den Eindruck, es hier mit einem Mann zu tun zu haben, auf dessen Wort man sich verlassen kann."[65] Selten hat sich ein Politiker bei der Beurteilung eines Kollegen so sehr getäuscht. Chamberlains hohe Meinung von Hitler wurde von dem nicht erwidert: Hitler verachtete Chamberlain regelrecht und nannte ihn Vertrauten gegenüber „das Arschloch"[66].

Dem Vorhaben der Konspiranten war durch Chamberlains Besuch der Boden entzogen. Was sie brauchte, war eine Kriegserklärung, keine internationalen Vermittlungsbemühungen. Tief erschüttert von dieser Wendung der Ereignisse, erklärten einige ganz entschieden, der Coup dürfe nur eingeleitet werden, wenn die Briten Deutschland den Krieg erklärten. Andere neigten dazu, das ganze Projekt fürs Erste zu begraben. „Wir ließen die Köpfe hängen vor Verzweiflung", notiert Gisevius grimmig in seinen Memoiren, „nach allem, was wir sahen, war es das gewesen mit unserer Revolte."[67]

Es dauerte eine Weile, bis die Konspiranten sich von dem Schlag erholt hatten und ihre Planungen wieder aufnahmen. Die ‚Septemberverschwörung‘, wie man das Komplott später nannte, ging weiter. Am Abend des 20. September traf man sich in Osters Berliner Wohnung, um die letzten Details für den Tag X festzulegen. Man entwarf Proklamationen und diskutierte über die Verfassung, die dem neuen, besseren Deutschland zu geben wäre; selbst die Wiedereinführung der Monarchie wurde erörtert. Erneut klärte man, welche Rolle Heinz' Stoßtrupp habe, und traf weitere Regelungen, welche der anderen verbündeten Einheiten wie und wo die nähere Umgebung Berlins sichern sollten. Als alles besprochen schien, und die Verschwörer auseinandergingen, blieb einer noch, Friedrich Heinz, und wollte Oster unter vier Augen sprechen. Es gebe da einen Punkt, der ihm von Anfang an missfallen habe, nämlich, dass Hitler lediglich verhaftet und vor Gericht gestellt werde sollte. Selbst in einer Gefängniszelle, argumentierte Heinz, sei ein lebender Hitler stärker als alle Verschwörer zusammen. Der Führer müsse sterben. Allein dieser Gedanke wäre den meisten Mitgliedern des Kreises, zumal den älteren und ranghöheren, unerträglich gewesen: Ein Staatsoberhaupt kaltblütig töten? Niemals. Selbst Beck hatte gewarnt: „Attentat ist auch Mord"[68]. Oster jedoch stand Heinz' Sichtweise nicht ablehnend gegenüber; möglicherweise war er selbst zu dem gleichen Schluss gekommen, zumindest hatte Heinz ihn nach nur kurzer Debatte überzeugt. Die beiden beschlossen, den Führer auf jeden Fall zu liquidieren, einerlei, ob er Gegenwehr leiste oder nicht; notfalls werde man ein Handgemenge arrangieren, in dessen Verlauf Hitler der tödliche Schuss treffe.[69] Heinz und Oster vereinbarten, den anderen Konspiranten von dieser ‚kleinen‘ Änderung des Plans nichts zu sagen. Gleichsam gab es jetzt eine Verschwörung in der Verschwörung.

Nicht nur die Konspiration ging weiter, sondern auch Chamberlains Reisediplomatie. Am 22. September fand die zweite Begegnung mit Hitler statt. Diesmal traf man sich an einem der liebsten Urlaubsorte des Führers: Bad Godesberg am Rhein. Chamberlain hatte Triumphlaune, konnte er Hitler doch melden, dass nicht nur London, sondern auch Paris und sogar Prag die Bedingungen zu akzeptieren bereit seien, die Hitler unlängst in Berchtesgaden gestellt hatte: Abtretung des Sudetenlandes an das Reich, wenn auch allmählich und unter internationaler Kontrolle. Der Brite

erlebte ein böses Erwachen. Als er Hitler seine ‚gute Nachricht'
darbot, reagierte der völlig unbeeindruckt und erwiderte nur: „Es
tut mir sehr leid, Herr Chamberlain [...]. Nach der Entwicklung
der letzten Tage geht diese Lösung nicht mehr."[70] Hitlers Begründung war mehr als windig. Der Premier war außer sich vor Zorn.
Als er tags darauf ärgerlich und erschöpft wieder an den Verhand-
lungstisch kam, präsentierte ihm Hitler ein neues Ultimatum: Die
tschechischen Truppen sollten das Sudetenland sofort und bedin-
gungslos räumen – binnen der nächsten vier Tage. Chamberlain
konnte nur noch matt entgegnen: „Mit großer Enttäuschung und
tiefem Bedauern muss ich feststellen [...], dass Sie mich in meinen
Bemühungen um die Erhaltung des Friedens auch nicht im
Geringsten unterstützt haben"[71]. Betrübt flog er zurück nach London, um die veränderte Lage mit seinem Kabinett zu beraten.

Hochstimmung herrschte hingegen bei den Verschwörern. Sie
waren jetzt sicher, dass Hitlers Ultimatum nicht nur den Abbruch
der Verhandlungen erzwingen, sondern auch die überzeugen
würde, die immer noch zweifelten, dass Hitler Übles im Schilde
führte. Als Oster erfuhr, was in Bad Godesberg geschehen war,
erfasste ihn wieder der alte Enthusiasmus. „Jetzt haben wir", rief
er, „Gott sei Dank endlich den klaren Beweis, dass Hitler unter
allen Umständen zum Kriege treiben will. Nun kann es kein
Zurück mehr geben."[72] Der Putsch musste bald erfolgen, doch
gelingen konnte er nur in Berlin, wo Hitler sich in den letzten
Monaten eher selten aufgehalten hatte. Er bat seinen Freund Erich
Kordt, der im Auswärtigen Amt arbeitete: „Tun Sie alles, was Sie
können, Hitler wieder nach Berlin zu bringen. Der Vogel muss
zurück in den Bauer."[73]

Endlich erhielten die Verschwörer jetzt auch die Nachricht, die
sie sich erhofft hatten: Die Briten gaben Kontra. Sie sandten am
26. September Chamberlains Berater, Sir Horace Wilson, nach
Berlin, um die deutsche Regierung in Kenntnis zu setzen, dass die
britische die Godesberger Bedingungen nicht zu akzeptieren
gedenke. Hitler ereiferte sich gewaltig; es gab eine hitzige Debatte, an deren Ende Wilson die Warnung platzierte, die zu überbrin-
gen ihm das Londoner Kabinett aufgetragen hatte, dass „Frankreich im Falle deutscher militärischer Aktionen gegen die Tschechoslowakei seine Bündnisverpflichtungen einhalten und Großbritannien Frankreich unterstützen" werde.[74] Wütend lud Hitler Wil-

son ein, am Abend in den Sportpalast zu kommen; dort werde er die Antwort des deutschen Volkes hören. Hitlers Rede in der berühmten Berliner Veranstaltungshalle wurde ein „Meisterwerk der Schmähung"[75]. Hitler schob darin Edvard Beneš, dem Präsidenten der Tschechoslowakischen Republik, die Hauptverantwortung zu, dass Deutschland jetzt energisch handeln müsse:

„[Ich] habe keinen Zweifel darüber gelassen, dass nunmehr die deutsche Geduld doch ein Ende hat. [...] Ich habe jetzt verlangt, dass nun [...] Herr Beneš endlich zur Wahrheit gezwungen wird. Er wird am 1. Oktober uns dieses Gebiet übergeben müssen. [...] Er hat jetzt die Entscheidung in seiner Hand! Frieden oder Krieg! Er wird entweder dieses Angebot akzeptieren und den Deutschen jetzt endlich die Freiheit geben, oder wir werden diese Freiheit uns selbst holen!"[76]

Nun hatten die Konspiranten endlich, was sie wollten – so schien es zumindest. Hitlers Maske war gefallen. Statt den vernünftigen Staatsmann zu spielen, stellte er unvernünftige Ultimaten und erhob maßlose Forderungen. Außerdem zeigten die Briten endlich Flagge. So sahen es die meisten Verschwörer, und nur einige von ihnen wandten ein, Wilsons Erklärung sei zwar ein Fortschritt, aber an einer wichtigen Stelle bleibe sie schwammig. Im Originaltext heiße es nämlich, dass sich Großbritannien, wenn Frankreich der Tschechoslowakei zu Hilfe eilen müsste, nur *geneigt fühlen würde* – „would feel inclined" –, es zu unterstützen. Das bedeute: Unterstützung nur eventuell, nicht auf jeden Fall. Aber auch die Skeptiker sahen: England und Deutschland befanden sich am Rande eines Krieges, so nahe wie nie zuvor. Wieder erschien den Konspiranten der Moment zum Handeln gekommen zu sein, zu möglichst raschem Handeln. Endlich konnte man, nach über einem Monat geheimer Treffen und hochgespannten Wartens, zur Tat schreiten. Erich Kordt gibt gewiss auch die Emotionen seiner Mitstreiter wieder, wenn er in seinen Memoiren schreibt: „Zum erstenmal seit Wochen überkam mich ein Gefühl der Erleichterung. Die Zeit der Erwägungen und Erörterungen schien vorüber"[77].

Der Mobilmachungsbefehl zur Invasion der Tschechoslowakei wurde für den 28. September, 14.00 Uhr, erwartet. Am Morgen jenes Tages trafen die Konspiranten ihre letzten Vorkehrungen. Erich Kordt, der als Mitarbeiter des Auswärtigen Amtes freien

Zugang zur Reichskanzlei hatte, sah sich dort um und stellte fest, dass die Sicherheitsmaßnahmen noch nicht verstärkt worden waren. Er erbot sich, die großen Doppeltüren der Reichskanzlei von innen zu öffnen, damit der Heinz'sche Stoßtrupp leichter hineinkonnte. Aber beeilen müsse man sich, beschwor er seinen Kollegen und Kombattanten Schulenburg: „Es muss sogleich gehandelt werden, bevor unser Anschlag entdeckt wird. Warten Sie nicht bis zum Nachmittag oder bis morgen."[78] Witzleben eilte sofort ins Oberkommando des Heeres und verkündete dort aufgeregt: „Der Augenblick ist da!"[79], während Halder den Oberbefehlshaber des Heeres, General Brauchitsch drängte, die Order zum Staatsstreich auszugeben. Im Abwehr-Gebäude wartete derweil Oster an seinem Schreibtisch auf das Zeichen, um Heinz und seinem Trupp die Order zum Sturm zu erteilen. Aus Minuten, erinnert sich Gisevius, wurden „Stunden unbeschreiblicher Spannung"[80].

Wieder war es ein ausländischer Staatsmann, der sich in die Vorgänge einschaltete: Benito Mussolini. Über seinen Botschafter bat der italienische Diktator Hitler, er möge einem allerletzten Versuch zustimmen, die Sudetenkrise friedlich beizulegen: einer Viermächtekonferenz zwischen Deutschland, Italien, England und Frankreich. Zuerst reagierte Hitler erzürnt. Ähnliche Vorschläge hatten ihm schon andere gemacht – Chamberlain, Roosevelt, sogar Göring: Stets hatte Hitler abgelehnt. Nun aber wurde der internationale Druck auf Deutschland, die Welt im letzten Moment vor dem Abgrund zu retten, dermaßen stark, dass Hitler ein taktisches Nachgeben klüger erschien. Ruhigen Tones gab er dem italienischen Botschafter die Antwort: „Sagen Sie dem Duce, dass ich seinen Vorschlag annehme"[81].

Einen Tag später, es war der 29. September, flog Chamberlain erneut nach Deutschland. Das Viermächtetreffen ging als *Münchner Konferenz*, das unheilschwangere Ergebnis als Münchner Abkommen in die Geschichte ein. Wie sein französischer Kollege Daladier knickte Chamberlain vor Hitlers Drohkulisse ein und bewilligte einen Kompromiss, der die unblutige Zerstückelung der Tschechoslowakei bedeutete. Sämtliche Grenzgebiete zu Schlesien, Sachsen, Bayern sowie zu Österreich, in denen mehrheitlich Deutsche lebten, wurden dem Reich zugeschlagen. Mit den abgetrennten Territorien verloren die Tschechen gleichsam einen schützenden Festungsring. Diese Situation sollte sich im Oktober noch verschlimmern durch den Austritt der Slowakei aus dem Staatsgebiet. Was da in München am 29. September 1938 beschlossen wurde, brachte Hitler seinem Ziel, der Zerschlagung der Tschechoslowakei, entscheidend näher, und keiner hat ihm dabei intensiver geholfen als Chamberlain. Der lobte das Münchner Abkommen zwar offiziell als Garantie des „Frieden für unsere Zeit"; privat aber nannte er das Vierertreffen einen „Alptraum". Die Westmächte erlitten in München eine tiefe Demütigung. Das Abkommen war eine jämmerliche Kapitulation vor dem Erpresser, die man der Welt als einen in harten Verhandlungen erstrittenen Frieden verkaufte. Hitler hatte, so Gisevius' grimmige Bewertung, „einen der elegantesten Siege in der Geschichte der Diplomatie eingesackt"[82]. Churchill nannte das fatale *agreement* „die erste Probe aus dem bitteren Kelch, den wir trinken mussten"[83]. Ein Historiker unserer Tage, Norman Davies, bringt, was in München geschah, pointiert auf den Punkt: „Unter dem Druck der Ruchlosen schufen Ahnungslose und Rückgratlose etwas Ehrloses."[84]

München machte den Konspiranten einen fetten Strich durch die Rechnung. Die Mobilmachung wurde gestoppt, der Krieg nicht erklärt. Gisevius meinte, man solle den Coup dennoch wagen, aber die Mehrheit der Verschwörer brüllte ihn regelrecht nieder. Witzleben erklärte, jetzt, in der Stunde seines größten Triumphes, würden sich die Truppen niemals gegen Hitler auflehnen. Ihr Plan war ‚gestorben'. Gisevius entschloss sich zu emigrieren. Kordt nahm Urlaub. Ein paar Tage später versammelte sich eine kleine Gruppe aus dem harten Kern des Verschwörerzirkels am Kamin in Witzlebens Haus. Hin- und hergrübelnd über ihr Scheitern und das „Unheil, das Europa befallen hatte", warfen sie „all ihre schönen Pläne und Projekte ins Feuer"[85].

Nach dem Misslingen der Septemberverschwörung zerfiel die Widerstandsgruppe. Wenn es je eine war, dann bestenfalls eine höchst disparate. Kein Wunder, dass sie Hitlers vermeintliches Bravourstück nicht überlebte. Viele der hitlerskeptischen Militärs entdeckten plötzlich, dass sie für Subversion die Nervenstärke nicht besaßen und stiegen aus. Andere wurden versetzt, und die alten Verbindungen hielten nicht. Wieder andere verdrängten schlicht ihre Skepsis und ließen sich von Hitlers offenkundigen

Erfolgen blenden. Generaloberst Beck, schon im August aus Protest gegen Hitlers brandgefährliche Tschechoslowakei-Politik vom Posten des Generalstabschefs zurückgetreten, blieb zwar in Kontakt mit den oppositionellen Zirkeln, aber wirkte, wie der Historiker Wheeler-Bennett formulierte, „als wenn er sich in eine Wolke eisigen Sichfernhaltens hüllte"[86].

Witzleben sammelte weiterhin gleichgesinnte Offiziere um sich, die ihm ihre Bereitschaft versicherten, im Ernstfall einen Staatsstreich zu unterstützen; doch war er in die Provinz nach Frankfurt an der Oder versetzt worden, und damit ‚weit vom Schuss'. Aber immerhin *tat* er noch etwas, im Gegensatz zu den meisten anderen hitlerkritischen Militärs jener Jahre. Eine typische Figur in diesem Zusammenhang war Franz Halder. Hin- und hergerissen zwischen seiner Pflicht als Soldat und seiner moralischen Verantwortung, erfüllte er weder die eine noch die andere. Nach wie vor hielt er Hitler für das Böse schlechthin und sah ein, dass ein Krieg verhindert werden musste. Aber nie brachte er es über sich, seiner Einsicht entsprechend zu handeln. Immer, wenn sich eine Möglichkeit dazu eröffnete, befielen ihn Nervosität und Ängstlichkeit, die sich einmal bis zu einem Nervenzusammenbruch steigerten, bei dem er seinem Kollegen Groscurth erzählte, „er sei seit Wochen mit der Pistole in der Tasche zu Emil [= Hitler] gegangen, um ihn eventuell über den Haufen zu schießen", und nie habe er sich entschließen können.[87] Stets führte Halder „hunderte Wenns und Abers" an, erinnert sich Gisevius, in Wahrheit jedoch „fehlte ihm schlicht der Wille"[88].

Neben Witzleben gab es noch andere Septemberverschwörer, die nicht in Passivität und Resignation flohen. Der oppositionelle Zirkel im Auswärtigen Amt um Weizsäcker und Kordt etwa gab nicht auf, sondern identifizierte sich zunehmend mehr mit der Sache des Widerstands. Die Gruppe baute eine handlungsfähige Struktur auf und platzierte ihre Gleichgesinnten bewusst nicht an *einem* Ort, sondern verstreut, um ein funktionierendes Widerstandsnetzwerk innerhalb des deutschen Auswärtigen Dienstes zu schaffen.[89] Einige Mitglieder dieses Netzwerks spielten bei dem einen oder anderen der kommenden Attentate auf Hitler eine Rolle.

Die Abwehr machte praktisch weiter wie bisher. Als sich dann Herbst 1939 die Dinge erneut in Richtung Krieg entwickelten, versuchte Oster zunächst einen Rückgriff auf seinen Putschplan vom Vorjahr. Er sondierte im Vatikan, beorderte den Heinz'schen Stoß-trupp nach Berlin und rief die Generäle zu erneuter Kooperation zusammen. Obwohl diesmal der Krieg tatsächlich losbrach, wurde kein Befehl zum Staatsstreich ausgegeben. Den Herren Generälen mangelte die rechte Entschlusskraft. Sie hatten sich schon einmal den Zorn Hitlers zugezogen und fühlten sich ohnehin bedroht; jeden Tag konnte Hitler hinter ihre Beteiligung an der Verschwö-rung im Vorjahr kommen.[90] Oster hatte seine Strategie zu wenig der neuen Situation angeglichen. Die Septemberverschwörung ließ sich nicht einfach wiederbeleben: Zu viele Mitwirkende von damals waren jetzt unwillig oder überhaupt nicht mehr greifbar.

Aber die Opposition mochte nicht aufgeben. Am 3. September 1939 – die Briten hatten soeben Deutschland den Krieg erklärt – besuchte Erich Kordt seinen Kollegen im Auswärtigen Amt Ernst von Weizsäcker. Man sprach über die jüngsten politischen Ent-wicklungen. Plötzlich stellte Weizsäcker die rhetorische Frage: „Gibt es wirklich keine Möglichkeit, diesen Krieg zu verhindern?" Kordt erschrak, als er den verstecken Sinn dieser Frage begriff: Er, Kordt, müsse sich für die entscheidende Aktion bereithalten. Zwei Monate später – die deutsche Westoffensive stand kurz bevor – sollte er dazu Gelegenheit bekommen. Am 1. November fragte Oster ihn frei heraus: „Wir haben niemanden, der die Bombe wirft, um unsere Generäle von ihren Skrupeln zu befreien [...]. Ich bin gekommen, Sie darum zu bitten."[91]

Kordt dachte über Osters Ersuchen eine Weile nach: „Sie darf nicht stattfinden, diese Offensive im Westen; wenn nichts anderes sie verhindern kann, dann ist es meine Pflicht zu handeln, sagte mir mein Gewissen. Ich habe mir in den nächsten vierundzwanzig Stunden die Chancen gründlich überlegt; ich hatte bessere als irgendeiner unserer Gruppe. Der Zutritt zur Reichskanzlei stand mir jederzeit frei. Unschwer und ohne kontrolliert zu werden, konnte ich in Hitlers großes Wartezimmer gelangen. Zwar konnte ich auf keine Unterredung zu zweien oder in kleinem Kreise hof-fen, aber würde Hitler nicht, wie so oft, in das Vorzimmer treten, um Besucher hereinzurufen oder wartenden Adjutanten und Ordonnanzen Weisungen zu erteilen? Wäre dann nicht eine Mög-lichkeit gegeben?"[92]

Schließlich übernahm Kordt die Todesmission. Das Attentat

sollte in der Reichskanzlei mit Sprengstoff ausgeführt werden, den Oster über seine diversen Beziehungen bis zum 11. November zu beschaffen versprach. Kordt bereitete sich gründlich vor. Immer wieder ging er in die Reichskanzlei, auch wenn keine dienstliche Notwendigkeit bestand. Teils kam er, um die Örtlichkeit auszuspähen, teils, damit sich die Wachen an seine Gegenwart gewöhnten. Zum Unglück der Widerständler wurde die Ausgabe von Sprengstoffen seit dem Anschlag im Bürgerbräukeller so strikt überwacht, dass es Oster trotz seiner guten Wehrmachtskontakte nicht gelang, dem potenziellen Attentäter einen Sprengkörper zu beschaffen. Kordt war außer sich. „Da kommt so ein Zivilist", meinte er zornig zu seinem Kollegen Spitzy, „ein Rheinländer wie ich, und will das riskieren, was die preußischen Militärs schon längst hätten tun sollen, und da sind nun diese Berufshelden [...] nicht einmal in der Lage, einem entschlossenen Diplomaten einen kleinen Sprengkörper zu besorgen."[93]

Kordt erbot sich, Hitler zu erschießen, aber Oster hielt ihn ab: „Sie haben nicht ein Prozent Chance."[94]

Oster, der nicht resignieren wollte, änderte die Strategie. Er ging davon aus, dass sich die antinazistische Stimmung auch und gerade beim Militär so lange in Grenzen hielt, wie Hitler mit der Armee einen strahlenden Erfolg nach dem anderen einheimste. Oster entschloss sich jetzt für die so genannte ‚Rückschlagstheorie', die unter den militärischen Verschwörern einmal diskutiert worden war und nicht wenige Befürworter gefunden hatte.[95] Wenn die deutschen Heere, so die Theorie, eine unerwartete Niederlage erlitten, würde dies möglicherweise der Heimatfront einen derartigen Schock versetzen, dass das Regime ins Wanken kommen könnte. Sollte sich die erwünschte Niederlage nicht von selbst einstellen, musste man eben nachhelfen.

Aus diesen Erwägungen heraus gab Oster ab Herbst 1939 militärische Geheimpapiere an den holländischen Militärattaché in Berlin weiter. Leicht fiel ihm das nicht. Es wird berichtet, dass er dabei regelrecht zitterte, und das gewiss nicht nur aus Angst. Seinem Fahrer gegenüber bekannte er: „Es ist viel einfacher, eine Pistole zu nehmen und jemanden niederzuschießen oder selber in ein MG-Feuer zu rennen [...], als zu tun, was ich getan habe."[96] Er lieferte der Gegenseite detaillierte Informationen über die Feldzüge in Dänemark und Norwegen ebenso wie über die große Westoffensive 1940. In Frankreich, da war sich Oster sicher, würde es zum ‚Rückschlag' kommen. Falls Paris fiele, wettete er mit zwei Kollegen, würde er sie zu Austern und Sekt in den noblen Berliner Gardekavallerieklub einladen.[97] Der Rückschlag stellte sich nicht ein, Paris kapitulierte, und Oster beglich seine Wettschuld.

Oster wusste, dass er eine Grenze überschritten hatte. Er wusste, dass er Hochverrat beging und das Leben unschuldiger deutscher Soldaten und Zivilisten aufs Spiel setzte. Doch zugleich war er davon überzeugt, dass sein Handeln eine größere Katastrophe verhindern könnte. Aus zahllosen seiner Äußerungen ist bekannt, dass er sich unwiderruflich von den fadenscheinigen alten Pflicht- und Ehrbegriffen gelöst hatte, die viele seiner Kameraden immer noch an den Führer banden.

Um den ‚Septemberputsch' nach siebzig Jahren zu beurteilen, sind zunächst die Rollen Osters und Canaris' genauer zu betrachten und voneinander abzugrenzen. Man nennt immer wieder Ludwig Beck und Franz Halder die „Leitfiguren"[98] innerhalb der Verschwörung – das ist nicht falsch, denn ohne deren kooperative Mitwirkung wäre es nicht einmal zu dem Versuch eines Putsches gekommen. Das eigentliche Haupt der Konspiration aber war unzweifelhaft Hans Oster, und das in mehreren Funktionen. Er war als virtueller ‚Stabschef' des Widerstands der Fels, um den herum sich die disparaten Gruppierungen der Opposition bewegten. Als deren Verbindungsmann, Vermittler und Organisator berief er die Treffen ein, knüpfte Kontakte und warb Gleichgesinnte. Zusätzlich lieferte er seinen Mitverschwörern eine nach ethischen Prinzipen ausgerichtete Basis, indem er ihnen einen leidenschaftlichen und konsequenten Idealismus vorlebte, der vielen Schwankenden Halt verlieh. Sein Radikalismus erschreckte manche, andere inspirierte er. Er war, wie Joachim Fest es formulierte, „die unermüdlich treibende Kraft"[99] des Widerstands.

Der Part seines unmittelbaren Vorgesetzten, Wilhelm Canaris, ist ungleich schwerer einzuschätzen. Spätestens 1938 hatte der Abwehrchef endgültig mit dem Regime gebrochen, spielte als Opponent jedoch nie die aktive Rolle, die Oster einnahm. Er lieferte den Konspiranten Dokumente über die Gräueltaten der Nazis, stand mit den meisten von ihnen auf vertrautem Fuß und billigte weitgehend ihre Pläne. Doch als aktiver, profilierter Kämpfer tat er sich in der Verschwörung nicht hervor.

Viel wurde über die Gründe dieser (scheinbar?) ambivalenten Haltung spekuliert. Canaris, sagen seine Kritiker, sei schon von Natur ein widersprüchlicher, rätselhafter Charakter gewesen, und diese Rätselhaftigkeit habe er, wohl auch berufsbedingt, zeitlebens bewusst kultiviert. Er sei eben der vollendete Meisterspion: geheimnisvoll, doppelzüngig und in der Verstellungskunst geradezu virtuos. Canaris' Einstellung zu den Konspiranten, heißt es, war ein Ausdruck dieser Eigenart.

„Canaris betrieb ein Doppelspiel", erinnert sich sein Abwehr-Kollege Lahousen, „in seiner Situation blieb ihm wohl auch nichts anders übrig. Wo in diesem Spiel freilich die Grenzen zwischen Echt und Falsch verliefen, vermag ich nicht genau zu sagen. Eigentlich war in allem, was Canaris tat, und auch in dem, was er da und dort unterlassen haben mag, nur mit äußerster Mühe eine klare, abschweifungsfreie Linie erkennbar. Wie sein Leben insgesamt, so wurde auch die Rolle, die er innerhalb der Verschwörung spielte, von seiner ungewöhnlichen Persönlichkeit diktiert."[100]

Vielleicht fehlte Canaris schlicht die Überzeugung, dass der Plan der Verschwörer gelingen könnte.[101] Gegenüber Reinhard Spitzy, einem der Beteiligten, äußerte er in jenen Tagen düster und mit unverhohlenem Pessimismus: „Ihr Lieben, was ihr da macht, wird euch wenig nützen. Man kann die Geschichte nicht um ihren Sinn betrügen". Aufmunternd fügte Canaris jedoch hinzu: „Aber macht nur weiter, an mir soll es nicht liegen. Nur glaube ich nicht an euren Erfolg."[102] Diese Skepsis war vermutlich authentisch, denn auch im privaten Kreis hat er sie wiederholt artikuliert. Zudem ist allgemein bekannt, dass Canaris aus grundsätzlichen Erwägungen ein Attentat auf Hitler ablehnte. Andererseits beförderte Canaris Oster am Vorabend der Münchner Konferenz zu seinem Stellvertreter, was zumindest auf stillschweigende Billigung der Pläne seines Mitarbeiters hindeutet.[103] Wenn es so etwas gibt wie ,passive Führerschaft', dann hat Canaris sie hier praktiziert. Auch wenn er selbst keine aktive Rolle spielte, war er doch gewissermaßen der Spiritus Rector des Widerstandes, sein Protektor und seine Graue Eminenz. „Sein Beitrag", schreibt der Historiker John Wheeler-Bennett, bestand darin, den Verschwörern „durch den Apparat der Abwehr Deckung und die Möglichkeit zur Unterhaltung von Untergrundverbindungen und zum Operieren zu verschaffen und vor den tatkräftigen Unternehmungen seiner Gehilfen, Hans Osters und Erwin Lahousens, die Augen zu schließen."[104]

Wie berechtigt war Canaris' Besorgnis? Muss man die ‚Septemberverschwörung‘ tatsächlich als illusionär abstempeln? Die meisten Historiker haben ihr sehr wenig Aufmerksamkeit gewidmet. Obwohl die betreffenden Pläne der Verschwörer nach dem Krieg in diversen Memoiren *en détail* publiziert wurden, kommen sie in der Standardliteratur zu *Hitler* und dem Dritten Reich kaum zur Sprache. Alan Bullocks Hitler (erstmals 1952 erschienen), die lange Zeit wohl gängigste Monographie über den braunen Diktator, widmet Osters Plänen nur einen einzigen Absatz;[105] und Ian Kershaw, dessen doppelbändiges Werk zum gleichen Thema (1998/2000) Bullocks Buch inzwischen als Referenzwerk abgelöst hat, tut das Geschehen in einem einzigen Satz ab: Von einer erst „im Entstehen begriffenen" Verschwörung und von „schlecht koordinierten Gruppen" ist da die Rede.[106]

Die Beteiligten selbst stuften ihre Chancen wesentlich höher ein, auch post festum. Diejenigen von ihnen, die den Weltkrieg überlebten, vertreten in ihren Erinnerungsbüchern einhellig die Meinung, der Putsch wäre erfolgreich ausgeführt worden, wenn Chamberlain nicht mit seiner Appeasement-Politik die Sache verdorben hätte. Halder tobte später gegenüber einem englischen Interviewer: „Es war doch Ihr Premierminister, Ihr Premierminister, der unsere Hoffnungen ruiniert hat, indem er Hitler nachgab."[107] Hans Gisevius meinte nicht minder kategorisch: „Chamberlain hat Hitler gerettet."[108] Nur Erich Kordt zeigte sich skeptisch und bereit, tiefer zu sehen; er zitierte Shakespeares Hamlet: „So macht Gewissen Feige aus uns allen."[109]

Inzwischen existieren einige geschichtswissenschaftliche Studien, die die Ereignisse vom Herbst 1938 detaillierter unter die Lupe nehmen. Einige dieser Studien kommen zu dem Schluss, der Coup hätte durchaus gelingen können, die Pläne seien bis in die Einzelheiten sehr durchdacht und die politischen Umstände günstig gewesen.[110] Andere betrachten die Konspiration als „das erste Lebenszeichen eines konkreten, organisierten Widerstands"[111]. Joachim Fest, der Veteran der deutschen Nationalsozialismusforschung, meint sogar: „Nie kam ein Versuch, Hitler zu beseitigen, dem Erfolg näher als zu jenem Zeitpunkt."[112]

Andere zeigen sich weniger überzeugt. Sie verweisen darauf, dass die Konspiranten nur wenig Unterstützung in der Bevölkerung hatten und kein kohärentes politisches Programm, das den Nationalsozialismus hätte wirksam ersetzen können. 1938 schwammen die Frondeure, nach Meinung dieser Forscher, noch gegen einen viel zu starken Strom. Die meisten Deutschen hätte damals zwar der Gedanke an einen baldigen Krieg beunruhigt, aber eben nicht so weit, um sich gegen das Regime zu wenden. Einer der Spezialisten für die deutsche Widerstandsbewegung, Peter Hoffmann, kommt daher zu dem Schluss, dass der September-Coup nur „minimale Chancen" gehabt habe.[113] Ein Teilnehmer der damaligen Verschwörung, General Georg Thomas, bezweifelt darüber hinaus die gängige These seiner Mitverschwörer, Chamberlain habe Hitler gerettet, und legt nahe, die Gründe für das Misslingen des Putsches eher in Berlin als in London zu suchen. „Uneinigkeit und Unentschiedenheit im Inland", meint Thomas, „haben den Plan zum Scheitern verurteilt, nicht die Leisetreterei des Auslands."[114]

In diesem Zusammenhang ist die Frage zu stellen, ob der Putsch wirklich stattgefunden hätte, wenn die Offerte seitens Chamberlain nicht erfolgt wäre. Und wenn ja: Wäre er zu Ende geführt worden? Seine Organisation und Planung lagen zwar in den Händen Osters, aber die Entscheidung, ob und wann losgeschlagen wird, lag in den Händen von Generälen, denen ungeachtet aller guten Absichten und wohlwollender Worte die Radikalität eines Oster oder Gisevius immer fremd blieb. Spitzy bemerkte rückblickend etwa über General Beck, der sei ein brillanter „Theoretiker" und ein standfester „Moralist" gewesen, aber „leider nicht der revolutionäre Geist, um einen Putsch zu führen"[115]. Trotz aller zustimmenden Äußerungen empfanden die meisten Generäle innerlich das Vorhaben als einen verräterischen Akt; ihr traditioneller Ehrenkodex und der Treueid hinderten sie, sich konsequent gegen Hitler zu kehren. Geriet ihr Gewissen mit ihrem Pflichtgefühl in Konflikt, obsiegte letztlich die Pflicht. Wie die Ereignisse vom Herbst 1938 deutlich machen, waren die Generäle das erste brüchige Glied in der Kette.

Die Verschwörer hatten ihre Agenda auf zwei Faktoren aufgebaut, die nicht in ihrer Macht lagen: a) britische Unterstützung und b) Hitlers Kriegserklärung. Wann es losgehen sollte, hing also nicht von ihrer eigenen, aktiven Entscheidung ab, sondern war abhängig von äußeren Gegebenheiten. Diese extreme Zurückhaltung kennzeichnete die gesamte Frühzeit des von deutschen Militärs getragenen Widerstandes; zu frisch war für sie wohl noch die politische Wirkung der Dolchstoßlegende über das Ende des Ersten Weltkrieges in Erinnerung. Wenn schon die Legende eines vermeintlichen Verrates an dem sterbenden Regime des Kaiserreichs das öffentliche und politische Leben im Frieden derart vergiften konnte wie in der Weimarer Republik, was könnte dann wohl ein Verrat oder gar der Mord an dem erfolgreichen Führer auf dem Gipfel seiner Macht auslösen? Die Angst vor einer möglichen Katastrophe hemmte vermutlich 1938 manche der Septemberverschwörer mehr, als ihnen bewusst war. Sarkastisch sinnierte Witzleben über die Konsequenzen eines Zuschlagens im falschen Moment: „Die Geschichte würde über uns nur noch wissen, dass wir uns geweigert haben, dem Größten aller Deutschen zu dienen, als er am größten war."[116]

Eine Art ‚Stellvertretersyndrom' entwickelte sich zum kennzeichnenden Merkmal des Widerstandes. Man wollte Hitler loswerden, aber immer fehlte etwas: der Rückhalt in der Bevölkerung, der Wille oder die Möglichkeit, den entscheidenden Akt selber zu vollziehen. Lieber hegten die Frondeure die naive Hoffnung, irgendein Dritter würde das für sie erledigen. Canaris schalt die Österreicher, sich nicht gegen den Anschluss gewehrt zu haben,[117] Oster und die Seinen stellten das Scheitern des September-Coups dem britischen Appeasement in Rechnung. Der frappante Mangel an Initiative war typisch. Ein markantes Beispiel dafür war der schon erwähnte Generalstabschef des Heeres Franz Halder, der oft den Wunsch artikulierte, Hitler durch einen inszenierten Unfall oder ein offensichtliches Attentat zu beseitigen, sich aber sträubte, es selber zu verüben.[118]

Was den Widerstand im deutschen Militär hemmte, war nicht mangelnde moralische Empörung, nicht Plan- oder Einfallslosigkeit, sondern Hitlers diplomatische und militärische Bravourleistungen. Erst als sich das Kriegsglück gegen die Deutschen wendete, konnten die Opponenten mit einer halbwegs vernünftigen Aussicht auf Erfolg ein neues Komplott ins Auge fassen.

Nach dem Scheitern der Verschwörungen von 1938 und 1939 kehrten die Konspiranten innerhalb der Abwehr zu ihrem normalen Tagwerk zurück. Sie dienten jetzt wieder der deutschen Militärmaschinerie. Sie besorgten und verwerteten Nachrichten, betrieben Desinformation und Sabotage *für* Hitlers Krieg, den sie hatten verhindern wollen. Viele wurden dekoriert und in der Heereshierarchie von dem Regime befördert, das sie bekämpften. Wilhelm Canaris ernannte man vom Vizeadmiral zum Admiral und gab ihm das „Deutsche Kreuz in Silber" wegen „außergewöhnlicher Verdienste in der militärischen Kriegsführung"[119]. Oberst Hans Oster wurde zum Generalmajor befördert und Oberstleutnant Friedrich Wilhelm Heinz zum Kommandeur eines Regiments in der Eliteeinheit *Division Brandenburg.*

Und doch setzten, trotz aller äußerlichen Konformität, viele der 1938er und 1939er Verschwörer heimlich ihre Bemühungen fort, das Nazi-Regime zu unterminieren. Ihre Leitfigur war unverändert Hans Oster. Nachdem er 1940 Deutschlands Feinden militärische Geheimnisse geliefert hatte, prüfte er Möglichkeiten, Außenminister Ribbentrop zu ermorden, ließ das Vorhaben aber wieder fallen.[120] Ein anderer Plan, den er und sein Kollege Hans von Dohnanyi entwickelten, betraf die Rettung einer größeren Anzahl Juden: Sie sollten Deutschland mithilfe von falschen Papieren verlassen können, die sie als Agenten der Abwehr auswiesen. 1943 schließlich besorgte Oster den Sprengstoff für ein Attentat auf Hitler, das enttäuschte Offiziere der *Heeresgruppe B* verüben wollten (siehe 7. Kapitel). In ihnen fand Oster endlich ein paar tatkräftige und entschlossene Verbündete.

Auch Canaris spielte sein klandestines Doppelspiel weiter: Insgeheim unterstützte er Osters oppositionelle Aktivitäten, äußerlich suchte er, das Image der Abwehr als martialisches Schutzschild des Reiches so gut es ging aufrechtzuerhalten. Mit den Jahren freilich ging es immer schlechter; je weiter der Krieg fortschritt, desto kippeliger wurde Canaris' Balanceakt. Er ließ die ‚eigentliche' Arbeit der Abwehr, die das Regime von ihr erwartete, gar zu sehr schleifen. Besonders bei den Beobachtungsposten im Westen mehrten sich Schluderei und Ineffizienz. Die Netzwerke der Abwehr dort waren bereits in einem Maße von westlichen Nachrichtendiensten ausgekundschaftet und unterwandert, das den anderen Sicherheitsdiensten sträflich erschien. Längst überwachten SS und SD die Abwehr; Reinhard Heydrich hatte eigens eine „Akte Canaris" angelegt, in der er getreulich alle Versäumnisse des Admirals sammelte. Canaris' Schicksal, so berichtet Ex-SD-Mitarbeiter Walter Schellenberg in seinen Memoiren, sei schon seit Frühling 1942 besiegelt gewesen. Im Februar hatte seine Abwehr nichts davon mitbekommen, dass die britische Royal Air Force für Ende des Monats eine Attacke auf die deutschen Radaranlagen in Bruneval nahe Le Havre (Normandie) plante. Der Luftschlag fand statt, die deutsche Armee war völlig überrumpelt und die Abwehr blamiert.[121]

Seitdem stand Canaris und die Abwehr unter ständiger Beobachtung der SS. Dort hatte man schon eine ganze Weile vermutet, dass bei der Konkurrenz Frondeure am Werk waren, aber keine Beweise gefunden. Jetzt fand man den einen oder anderen. Im Frühling 1943 verhaftete die Gestapo Hans von Dohnanyi wegen des Verdachts, durch Amtsmissbrauch Juden gerettet zu haben. Auch sein Vorgesetzter Hans Oster schien in die Sache verwickelt. Oster wurde aus der Abwehr entlassen und erhielt für die Dauer der Untersuchung Hausarrest. Die Schlinge zog sich zusammen. Im Februar 1944 wurde die Abwehr aufgelöst und dem Reichssicherheitshauptamt eingegliedert. Sie hatte zu oft ‚gepatzt', zu viele kriegswichtige Ereignisse nicht vorhergesehen, unter anderem die Landung der alliierten Truppen in Anzio bei Rom im Januar. „Canaris' persönliches und berufliches Versagen", erinnert sich Schellenberg, „hatte ihn in Hitlers Augen so schwer belastet, dass er ihn seines Postens entheben ließ."[122] Der Admiral kam ebenfalls unter Arrest. Zum Leiter der Abwehr innerhalb des RSHA bestimmte man Walter Schellenberg.

Das Frühjahr und die ersten Monate des Sommers 1944 bedeuteten für Canaris und Oster Haft und Verhöre. Bei Canaris sah es eine Zeit lang so aus, als hätte er keine gravierende Ahndung zu erwarten. Ende Juni versetzte man ihn auf einen sinekureähnlichen Posten beim Oberkommando der Wehrmacht, und er durfte nach Berlin zurück. Die brüchige Idylle dauerte nur einen Monat. Am 20. Juli verübte Graf Stauffenberg sein Attentat auf Hitler. Eine Welle der Rachejustiz rollte durchs Land, die auch Oster und Canaris erfasste, da beide der Komplizenschaft verdächtigt wurden. Man hatte bei den Akteuren der neuen Verschwörung Dokumente gefunden, die sie schwer belasteten. Einen Tag nach dem Anschlag im Führerhauptquartier wurde Oster zum Verhör geschleppt, zwei Tage später Canaris. Der Offizier, der ihn festnahm, war sein Amtsnachfolger Walter Schellenberg, der neue Chef der Abwehr. Schellenberg hat das Geschehen in seinen Memoiren geschildert: „Ich fuhr zu Canaris' Haus in Berlin-Schlachtensee. Canaris selbst öffnete die Tür. Er schien mir sehr ruhig. Das Erste, was er zu mir sagte, war: ‚Irgendwie habe ich geahnt, dass Sie es wären'." Schellenberg will sich dann eine ritterliche Geste erlaubt haben, indem er ihm indirekt die Möglichkeit eröffnete, sich der Verhaftung zu entziehen. Er habe dies so ausgedrückt: „‚Ich werde eine Stunde hier im Zimmer warten. Während dieser Zeit tun Sie, was Sie möchten. Im Bericht werde ich schreiben, Sie seien ins Schlafzimmer gegangen, weil Sie sich umziehen wollten'. Aber Canaris wies das Angebot zurück: ‚Mein lieber Schellenberg', stellte er klar, ‚Flucht kommt für mich nicht in Frage' [...]. Dann ging er tatsächlich ins Schlafzimmer, und nach einer halben Stunde kam er wieder heraus, frisch gewaschen, umgezogen und mit Handgepäck. [...] Er umarmte mich mit Tränen in den Augen und sagte: ‚Ja, dann wollen wir mal'."[123]

Herbst 1944 erging es Canaris und Oster wie so vielen tausend anderen, die der SS ins Netz gegangen waren. Als Hauptverdächtige wurden sie unter besonders harten Haftbedingungen gehalten. Sie saßen in den Kellerräumen des Gestapo-Hauptquartiers in der Berliner Prinz-Albrecht-Straße, mussten ständig Handschellen tragen und erhielten nur ein Drittel der normalen Essensration.[124] Falls die Gestapo gehofft haben sollte, die Gefangenen damit zu brechen, hatte sie sich getäuscht. Besonders Canaris schien sich fast ein Vergnügen daraus zu machen, die Vernehmungsbeamten an der Nase herumzuführen. Er gab nichts zu, lenkte sie auf falsche Spuren und überhäufte sie mit widersprüchlichen Angaben. Es war eine virtuose Leistung, die der alte Meisteragent da ablieferte; die Wahrheit erschien während der Verhöre wie „in einem für die Vernehmer präparierten Zerrspiegel", der sie kunstvoll desorientierte.[125]

Die Nervenstärke der beiden früheren Abwehr-Leute schien unerschütterlich. Das änderte sich erst, als die Behörden in einem Geheimversteck eine höchst verfängliche Aktensammlung fanden, später genannt die *Akte Oster*. Sie enthielt Dokumente zu den Verbrechen der SS und die Pläne zur Septemberverschwörung von 1938. Jetzt lösten sich die sorgfältig gezimmerten Alibis und Deckbehauptungen Osters und Canaris' in Luft auf; zusätzlich erschloss sich den Fahndern ein Verschwörerkreis, von dem sie bisher nichts Genaues gewusst hatten. Nun besaßen sie eine Kette aus unanfechtbaren Beweisen. Mit diesen konfrontiert, verlor Oster offenbar jede Hoffnung und brach zusammen; er „steigerte sich [...] in ein fast selbstzerstörerisches Bekennertum"[126]. Canaris jedoch hielt verbissen an seiner Verteidigungslinie fest, parierte jede Beschuldigung und lieferte plausible Rechtfertigungen für sein Handeln.

Die Situation zog sich hin bis Februar 1945. Als alliierte Luftverbände Berlin heftig bombardierten, wurden die Gefangenen aus den Verliesen der Prinz-Albrecht-Straße herausgeholt und über Haftstätten im ganzen Reichsgebiet verteilt, besser gesagt: in dem, was vom Reichsgebiet noch übrig war. Ostern und Canaris' neuer Leidensort wurde das KZ Flossenbürg in der Oberpfalz (Nordbayern). Dort setzte man ihnen erneut hart zu; ihre Peiniger hielten sie Tag und Nacht in Handschellen und unterzogen sie dem, was sie euphemistisch ,verschärfte Vernehmung' nannten.

Auch dies brachte die SS-Justiz im Fall von Canaris nicht weiter, bis den Fahndern dessen persönliche Tagebücher in die Hände fielen. Eilig wurde ein Standgericht für den Nachmittag des 8. April einberufen. Canaris und Oster, beide des Hochverrats angeklagt, mussten gemeinsam erscheinen. Man wollte sie wohl bewusst miteinander konfrontieren. Was für unterschiedliche Menschen sie waren, trat wohl nie so klar zutage wie jetzt, in ihrer dunkelsten Stunde. Canaris weigerte sich aufzugeben. Er bestritt jeden einzelnen Anklagepunkt und behauptete, er habe die Verschwörer nur gewähren lassen, um sie besser überwachen zu können. Voller Bitterkeit widersprach Oster seinem früheren Vorgesetzten und hielt dagegen, dass er, Canaris, in alles, was der Konspirantenkreis je unternommen habe, involviert gewesen sei. Nach einem heftigen Wortwechsel fragte der Richter Canaris schlicht, ob Oster ihn zu Unrecht belaste. Canaris schwieg einen Moment, dann antwortete er leise: „Nein".[127] Die dramatische Szene im Gerichtsraum bot der Anklageseite gewiss einige interessante neue Erkenntnisse, doch eigentlich hätte es des ganzen Verfahrens nicht bedurft. Das Urteil war schon ein paar Tage zuvor von ganz oben festgelegt worden und lautete für Oster und Canaris gleich: Todesstrafe.

In der Nacht zuvor ,korrespondierte' Canaris mit seinem Zellennachbarn, einem dänischen Geheimdienstoffizier, durch die Wand. Seit Tagen kommunizierten die beiden per Klopfzeichen auf der Grundlage eines modifizierten Morsesystems. Was er kurz nach zehn Uhr abends dem Dänen zupochte, waren nur Satzfetzen, doch post festum wirken sie wie eine letzte Botschaft des ehemaligen Abwehrchefs an die Welt, fast wie ein Epitaph: „Nase gebrochen. Meine Zeit ist um. War kein Landesverräter. Habe als Deutscher meine Pflicht getan"[128].

Am nächsten Morgen – es war der 9. April 1945 – holten die SS-Wachen Oster und Canaris früh gegen sechs aus ihren Zellen. Man befahl ihnen, sich völlig zu entkleiden und stieß sie quer über den Hof des Zellenblocks zu den Galgen. Dort warteten bereits der Lagerkommandant und der SS-Standortarzt, um die Hinrichtungen ordnungsgemäß zu protokollieren. Jeder der Todeskandidaten stieg ein kleines zweistufiges Holzpodest empor; dann legte man jedem eine Schlinge um den Hals. Anschließend wurden die Podeste weggetreten.

4. KAPITEL

Das ‚Schlangennest‘–
der polnische Untergrundstaat

Ein Anschlag auf Hitlers Leben war jetzt das Allerwichtigste.
Jan Szalewski, genannt ‚Sable‘,
Leutnant der Polnischen Heimatarmee[1]

Gleiwitz in Oberschlesien; eine mittelgroße deutsche Stadt nahe der polnischen Grenze. In den Abendstunden des 31. August 1939 landete dort ein kleiner SS-Trupp einen Coup, der die Welt narren sollte, freilich nicht zum Spaß. Hinter dem Täuschungsmanöver steckte blutiger Ernst: Krieg gegen Polen. Hitler wollte ihn unbedingt. Allerdings wollte er vor der Welt nicht als Aggressor dastehen, sondern als Verteidiger, der einen gefährlichen Aggressor abwehrt. Da die Welt nicht recht glauben wollte, dass von Polen eine Gefahr für das Deutsche Reich ausgeht, brauchte es Beweise. Die konnte sie haben. Die Fakten dafür zu schaffen war die Mission der sechs SS-Leute, die in der Dämmerung dem Gleiwitzer Rundfunksender entgegenstrebten.

Die Männer wurden befehligt von SS-Sturmbannführer Alfred Naujocks, dessen Skrupellosigkeit seiner Schläue in nichts nachstand, weshalb man ihn einen „intellektuellen Gangster“[2] genannt hat. Geboren 1908 in Kiel als Sohn eines Ingenieurs, fand er während der politisch turbulenten Weimarer Jahre zu den Nationalsozialisten. Er besuchte kurz die Universität, entdeckte aber bald sein Talent in eher Handfesterem wie Saal- und Straßenschlachten. Seine extrem platte Nase verdankte er der Eisenstange eines Kommunisten, mit dem er bei einer dieser Gelegenheiten aneinandergeraten war. 1931 stieß er zur SS und machte dort fast ebenso rasch Karriere wie jener prominente Senkrechtstarter, dessen Berater er drei Jahre später wurde: Reinhard Heydrich, Chef der SS-eigenen Nachrichtenorganisation *Sicherheitsdienst* (*SD*), die nicht nur überwachte und bespitzelte, sondern auch ‚verdeckte Aktionen‘ durchführte.

In diesem Verbund konnte Naujocks seiner Leidenschaft zu Gewalt und Subversion ausgiebig frönen, namentlich bei der Mission, die jetzt bevorstand; es war seine größte und infamste. Sie sollte in die Geschichte eingehen als ‚Überfall auf den Sender Gleiwitz‘. Seit Mitte August befand sich Naujocks vor Ort, der in der Nähe der polnischen Grenze lag. Zwei Wochen lang hatte er den Sender und die nähere Umgebung ausgekundschaftet. Zusätzliche Informationen und Instruktionen erhielt er laufend vom stellvertretenden Gestapo-Chef Heinrich Müller, der sich in der Nähe einquartiert hatte. Unter anderem ließ er Naujocks wissen, dass man bei der Gleiwitzer Aktion ein Dutzend KZ-Insassen einzusetzen gedenke. Müller belegte sie mit dem Codewort ‚Konserven‘.

Am Mittag des 31. August erhielt Naujocks einen Anruf von Heydrich: „Großmutter gestorben“. Die Geheimparole bedeutete: heute Abend schlagt ihr los. Naujocks klärte mit Müller, wann ‚die Konserven geliefert‘ werden, legte die letzten organisatorischen Details fest und stürmte um 20.00 Uhr mit fünf SS-Männern die Gleiwitzer Radiostation. Sie feuerten ein paar Mal in die Decke, fesselten das verdutzte Senderpersonal mit Handschellen und sperrten es in den Keller. Da die Station normalerweise kein eigenes Programm ausstrahlte, sondern lediglich den Sender Breslau verstärkte, standen – anders als die *agents provocateurs* vermutet hatten – keine Mikrofone zur Verfügung. Naujocks fand schließlich ein Notmikrofon für Gewitterwarnungen. Der vorbereitete Text konnte über den Äther gehen: eine flammende Rede in polnischer Sprache, voller antideutscher Phrasen, die die Polen aufrief, sich gegen ihren alten Erbfeind zu erheben. „Die Stunde der Freiheit ist gekommen“, hieß es abschließend. „Hoch lebe Polen!“[3]. Draußen waren inzwischen die ‚Konserven‘ eingetroffen. Man hatte den KZ-Häftlingen polnische Uniformen angezogen und sie unter schwere Drogen gesetzt. Sie wirkten wie tot, lebten aber noch – allerdings nicht mehr lange. Man verteilte die Willenlosen in der Nähe des Senders und durchsiebte sie dann mit MG-Feuer.[4] Die Welt sollte in ihnen polnische Freischärler sehen, Kameraden jener, die vorgeblich den Sender besetzt hatten, getötet von Deutschen, die ihn verteidigten. Geschickt hatte man die ‚Konserven‘ an Punkten platziert, die bei einer tatsächlichen Erstürmung strategisch wichtig gewesen wären, und damit auf blutige Art die zweifelhafte polnische Gefahr bewiesen.

Die bizarre Inszenierung war kein unwichtiger Teil in Hitlers groß angelegter Expansionsplanung. Bei der Ausdehnung des deutschen ‚Lebensraums‘ war er bisher stückchenweise verfahren und hatte gegenüber der Welt laut seine guten Absichten und seinen Friedenswillen betont mit dem Kalkül, wenn England und Frankreich sich heraushielten, lasse sich der große Konflikt vermeiden. Was Hitler im Herbst 1939 vorschwebte, war ein begrenzter Krieg: eine rasche, gleichsam chirurgische Intervention, die punktuell blieb und keine Weiterungen zeitigte. Diese Überlegungen steckten hinter dem eher unbeholfenen Versuch, durch die fingierte Attacke auf den Sender Gleiwitz Polen als Aggressor zu brandmarken. Eine Woche zuvor hatte Hitler während einer Besprechung mit seinen Generälen in Berchtesgaden eine solche Finte schon angedeutet: „Ich werde propagandistischen Anlass zur Auslösung des Krieges geben, gleichgültig, ob glaubhaft“. Bedenken zerstreute er zynisch mit dem Kommentar: „Der Sieger wird später nicht danach gefragt, ob er die Wahrheit gesagt hat oder nicht“[5]. Gleiwitz war das Feigenblatt für Hitlers nackte Aggression.

Zunächst schien die List zu gelingen. Am Morgen des 1. September 1939 nahm die Welt mit Erstaunen die Nachricht zur Kenntnis, dass Polen Deutschland unprovoziert angegriffen habe, und deutsche Truppen nun zurückschlügen. Überall längs der Grenze bewegten sich die vorgelagerten Einheiten ostwärts. In der Freien Stadt Danzig eröffnete das schwere deutsche Linienschiff *Schleswig-Holstein*, das offiziell zu einem Freundschaftsbesuch gekommen war, vom Hafenkanal aus sein tödliches Feuer auf die polnischen Befestigungen der kaum 300 Meter entfernten Westerplatte.[6] Ein paar Stunden später gab Hitler vor dem Reichstag eine Erklärung ab:

„Polen hat nun heute Nacht zum ersten Mal auf unserem eigenen Territorium auch durch reguläre Soldaten geschossen. Seit 5.45 Uhr wird jetzt zurückgeschossen! Und von jetzt an wird Bombe mit Bombe vergolten. Wer mit Gift kämpft, wird mit Giftgas bekämpft. Wer sich selbst von den Regeln einer humanen Kriegsführung entfernt, kann von uns nichts anderes erwarten, als dass wir den gleichen Schritt tun. Ich werde diesen Kampf, ganz gleich gegen wen, so lange führen, bis die Sicherheit des Reiches und seiner Rechte gewährleistet sind!"[7]

Die Rede geriet zu einer polemischen Spitzenleistung. Brillant mimte Hitler den Zorn des Gerechten – auf Kosten der Wahrheit. Interessanterweise unterlief ihm aber ausgerechnet bei der rhetorisch so wirksamen Angabe zum Zeitpunkt des Kriegsbeginns ein Lapsus: Nicht erst um 5.45 Uhr, sondern, wie von ihm befohlen, hatte die *Schleswig-Holstein* das Feuer bereits um 4.45 Uhr eröffnet. Hat sich hier der große Faktenverdreher unwillkürlich durch einen Zahlendreher verraten?

Der *Polenfeldzug*, der sich nun anschloss, wurde mit äußerster Härte geführt; er wird auch *Septemberfeldzug* genannt, weil er tatsächlich nur einen Monat dauerte. Die deutschen Truppen, viel größer und erheblich besser ausgerüstet als die der Polen, durchbrachen an diesem Morgen in Windeseile die Grenzanlagen und überrannten die polnischen Verteidigungsstellungen. Die Polen konnten die Front kaum halten und gerieten in eine verzweifelte Lage. Erfolge, wie die Gegenoffensive von Kutno, die den Vormarsch der Deutschen zumindest aufhielt, blieben kleine Siege, aber zu spärlich und zu kurzlebig. Die veralteten Flugzeuge der polnischen Luftwaffe waren leicht zu abzuschießen, sofern sie nicht schon am Boden zerstört worden waren. Der polnische Generalstab zeigte sich hilflos angesichts jener neuen Militärdoktrin des Deutschen *Blitzkrieges*.

Die neue Strategie des Blitzkrieges, der kaum vier Wochen dauerte, lieferte zudem reichlich Belege für die mörderische Brutalität des Nazi-Regimes. Besonders die *SS-Division Totenkopf*, die zum militärischen Fortschritt des Feldzugs kaum beitrug, tat sich dabei hervor. Sie terrorisierte und schwächte in bis dahin nicht gekanntem Ausmaß die Zivilbevölkerung und machte auf Juden und ‚verdächtige Elemente' Jagd. In der Stadt Bromberg (im Polnischen Korridor) ging die Division anhand einer 800 Namen umfassenden „Todesliste" vor, die sie skrupellos ‚abarbeitete': Wer auf der Liste stand, wurde verhaftet und erschossen.[8] Kaum einer der Ermordeten war ein wahrer Feind der vorrückenden Truppen. Eine Augenzeugin berichtete:

„Die ersten Opfer [...] waren ein paar Pfadfinder im Alter zwischen zwölf und sechzehn Jahren, die sie [die SS-Leute] auf dem Marktplatz an die Wand stellten. Eine Begründung nannten sie nicht. Ein frommer Priester, der herbeieilte, um den Jungen die Sterbesakramente zu geben, wurde auch erschossen. [...] Unter den anderen befand sich ein älterer Mann, den ich kannte, der längst zu krank war, um noch irgendetwas von politischen Dingen oder öffentlichen Angelegenheiten mitzubekommen. Während seiner Hinrichtung war er so schwach, dass er sich nicht mehr aufrecht halten konnte, und fiel hin; sie schlugen ihn und zerrten ihn hoch, bis er wieder stand."[9]

Solche Aktionen, ebenso wie das gezielte Bombardieren von Wohngebieten und das Attackieren von Flüchtlingskolonnen durch Tiefflieger machten eine neue Dimension deutlich: Hitlers Truppen bekämpften keineswegs nur die polnische Armee, sondern führten gegen die ganze polnische Nation Krieg.

Der Grundgedanke des polnischen Verteidigungsplans war, den Feind hinzuhalten, bis die Westmächte ihre versprochene Offensive gegen Deutschland starteten, die, spekulierten sie, den Druck auf Polen mindern würde.[10] Die Polen kämpften tapfer, doch als die Franzosen und Briten im Westen nicht zu Hilfe kamen und zusätzlich am 17. September die Sowjets in Ostpolen einmarschierten, begannen viele zu resignieren. Nur die Hauptstadt und ein paar verstreute, isolierte Widerstandsnester hatten noch nicht aufgegeben. In der Nacht vor der sowjetischen Invasion floh die polnische Regierung nach Rumänien. Die meisten Soldaten der polnischen Armee ergaben sich und kamen in deutsche oder sowjetische Gefangenschaft; ein paar wenige folgten ihrer Regierung ins Exil oder versuchten es zumindest – ein Versuch, der bei manchen zu einer Odyssee führte, die bis zu ihrem Lebensende dauerte.[11] Andere gingen einen dritten Weg: Sie entledigten sich ihrer Uniform, versteckten ihre Waffen, tauchten ab und trafen sich mit Gleichgesinnten an geheimen Orten. Diese Leute bildeten den Kern des polnischen Untergrunds.

Am 28. September fiel Warschau, aber um einzelne Widerständler in der Stadt niederzuwerfen, brauchten die Deutschen immerhin eine zusätzliche Woche. Am 5. Oktober endete der Feldzug. Polen hatte er 200.000 Tote gekostet, Deutschland knapp 50.000 Tote. Auf dem Schlachtfeld war Polen zwar vernichtend geschlagen worden, aber das hieß nicht, dass sich die Polen gegenüber ihren Besatzern nun geschlagen gaben. Was dies betrifft, hätte die Nazi-Führung die polnische Nationalhymne ernst nehmen sollen:

> Noch ist Polen nicht verloren –
> Nicht, solange wir leben!
> Was uns fremde Übermacht raubte,
> Holen wir uns mit dem Schwert zurück.[12]

Im Widerstand gegen fremde Besatzung hatte Polen zum Zeitpunkt des Septemberfeldzugs bereits eine bedeutsame Tradition. Ende des 18. Jahrhunderts teilten die expansionshungrigen europäischen Großmächte Preußen, Österreich und Russland den polnischen Boden unter sich auf. Für über 120 Jahre verschwand Polen von der Landkarte. Erst im Gefolge der Umbrüche, die das Ende des Ersten Weltkrieges mit sich brachte, mussten die drei Mächte die Territorien wieder hergeben, so dass 1918 ein neuer polnischer Staat gegründet werden konnte. Über den Zeitraum von gut 120 Jahren, in dem Polen als Staat nicht existierte, hatte sich eine profilierte und entschiedene Oppositionsbewegung entwickelt und erhalten, die sich in Verschwörungen, und schon mit militärischem Widerstand gegen die Besatzung wehrte und für die polnische Nation kämpfte. Die Bewegung war, so schreibt Norman Davies, Autor einer neueren Geschichte Polens: „außergewöhnlich erfolgreich. [...] Ihre Stärke bezog sie nicht aus der Zahl ihrer Anhänger oder der Zugkraft ihres politischen Programms. Was ihr Kraft verlieh, war nicht die Unterstützung der Massen, sondern die leidenschaftliche Hingabe ihrer Anhänger, deren störrisches Temperament, verschwörerisches Gebaren und romantisches Verklären der eigenen Sache verlustfrei von einer Generation zur nächsten weitergereicht wurden."[13]

Renitenz gegen fremde Okkupanten gehörte also Ende der dreißiger Jahre zum polnischen Selbstverständnis, und viele konnten sich noch gut an die Zeit erinnern, da man sich gegen Österreicher, Russen und Preußen zur Wehr setzte. Man wusste noch zu gut, wie man den Alltag unter konspirativen Bedingungen gestaltet; wie man einen funktionierenden Untergrundstaat organisiert; wie man neue Leute gewinnt. es darf bezweifelt werden, ob den Nazis wirklich klar war, worauf sie sich da einließen.

In der Weimarer Zeit war ‚der Pole' neben ‚dem Juden', *die* Hassfigur der deutschen Rechten. Auch in der Bevölkerung schwärte eine latente antipolnische Stimmung, bedingt durch die Gebietsabtretungen, die der Versailler Vertrag dem Reich auferlegt hatte. Namentlich die Einrichtung des ‚Polnischen Korridors‘, der Danzig und Ostpreußen vom restlichen Deutschland trennte, sorgte immer wieder für Verstimmungen zwischen Berlin und Warschau. Der 30 bis 90 Kilometer breite Landstreifen sollte laut Willen der Siegermächte Polen aus ökonomischen Gründen den Zugang zum Meer sichern. Der Korridor zog sich von der Ostsee bis hinunter an die Grenze Oberschlesiens und umfasste die früheren deutschen Regionen Westpreußen und Posen. Viele Deutsche wurmte diese Zerstückelung des Reiches. Berichte über die angebliche Unterdrückung der deutschsprachigen Minderheit in Polen, der sogenannten Volksdeutschen, verschärften die Spannungen. Dennoch standen die Polen, zumindest anfangs, nicht im Zentrum der Aversion Hitlers gegen das Slawentum; in *Mein Kampf* finden sich beispielsweise wesentlich weniger Invektiven gegen sie als gegen die Tschechen. Doch je mehr die nazistische Ideologie ‚reifte‘, und zum Instrument der Tagespolitik wurde, desto konturenreicher wurde das Feindbild von Polen, dessen Bevölkerung aus „minderwertigen Rassen“ der Slawen und jüdischen Untermenschen bestand, und Gebiete beanspruchte, die Hitler als zusätzlichen ‚Lebensraum‘ für Deutschland einforderte. Die neue Linie von Polen als Hauptfeind im Osten kündigte sich bereits vor der ‚Machtergreifung‘ durch entsprechende Gewaltakte an. Im August 1932 ermordeten sechs SA-Schläger im oberschlesischen Potempa mit beispielloser Brutalität einen polnischen Arbeiter. Die Justiz der Republik verurteilte die Haupttäter zum Tode; Hitler ließ sie ein Jahr später wieder frei.[14] Obwohl die antipolnischen Schmähungen nach 1933 überhandnahmen, konnten Gutwillige in den ersten Jahren des Dritten Reiches noch den Eindruck haben, dass der Kollisionskurs nicht unumkehrbar sei. Es gab weiterhin Gespräche auf höchster Ebene, man tauschte diplomatische Nettigkeiten und schloss sogar Verträge. Die rabiaten deutschen Schikanen rissen unterdessen nicht ab. Ein großes Land wollte hier ein kleines per Zuckerbrot-und-Peitsche-Taktik nötigen, freiwillig seine Souveränität aufzugeben – dies erinnerte britische Beobachter an das *rough wooing* (das ‚aggressive Werben‘) der Engländer um Schottland im 16. Jahrhundert. Letztlich wollten die Deutschen Polen in einen unblutigen Selbstmord hineindrängen, wie sie es bei der Tschechoslowakei bereits geschafft hatten. Doch diesmal spielten die ‚Umworbenen‘ nicht mit. Kein Angebot, keine Schmeichelei, keine Drohung von deutscher Seite konnte die Polen zum Einlenken bewegen. In Berlin kam man bald zu der Ansicht, aus dieser Sackgasse führe nur ein Krieg. Polen hatte die ‚Frechheit' besessen, sich zu widersetzen – allein dies sicherte ihm eine Sonderstellung in Hitlers Dämonologie.[15]

Für die besiegten Polen hatten die Nazis jetzt nur noch Verachtung übrig. Joseph Goebbels gab Hitlers Meinung wieder, als er in sein Tagebuch schrieb: „Das Urteil des Führers über die Polen ist vernichtend. Mehr Tiere als Menschen, völlig primitiv, dumm und unförmig [...]. Ihre Schmutzigkeit ist fast nicht zu glauben. Ihre Verstandeskraft ist gleich null."[16] Während das kaiserliche Deutschland in den Jahren des Ersten Weltkrieges immerhin noch ein souveränes, freilich gänzlich von Berlin abhängiges Königreich Polen befürwortet hatte, plante das nazistische Deutschland, Polen endgültig von der Landkarte zu tilgen. Weite Gebiete des polnischen Westens wurden abgetrennt und dem Reich zugeschlagen, und die Sowjets holten sich das östliche Polen. Das verbleibende Rumpfgebilde mit Warschau, Krakau, Lublin und Radom erhielt die Bezeichnung *Generalgouvernement* und war offiziell ein souveräner Staat, in Wahrheit aber von den Deutschen besetzt und verwaltet. Geleitet wurde das *Generalgouvernement* selbstverständlich von einem deutschen Generalgouverneur, Hans Frank, mit Amtssitz in Krakau.

Die polnische Bevölkerung wurde jetzt der kruden Selektion nach rassischen Kriterien unterzogen: Deutsche und Nichtdeutsche, Arier und Nichtarier, Menschen und Untermenschen. Die Kategorie entschied über das Schicksal. Für die höheren Kategorien, die als geeignet für das nazistische Projekt der Germanisierung Polens schienen, bedeutete dies gewisse Vergünstigungen. Jenen, die der untersten Kategorie zugeordnet wurden, standen nur 184 Kalorien pro Tag zu, was einem Aushungerungsprogramm gleichkam.[17] Sie hatten nichts zu erwarten als Enteignung, Vertreibung und Zwangsarbeit.

Die Juden, immerhin 10 Prozent der polnischen Gesamtbevölkerung, stuften die Nazis in die niederste Kategorie des ‚Untermenschentums' ein. Sie wurden von den Ariern abgesondert und in Ghettos zusammengedrängt, wo man sie terrorisierte, langsam verhungern oder den ‚Tod durch Arbeit' sterben ließ. Als für das Warschauer Ghetto im November 1940 wegen Überfüllung der endgültige Aufnahmestopp verhängt wurde, umschlossen seine Mauern etwa 400.000 Menschen, die von der Hand in den Mund ‚lebten' und langsam dahinsiechten. Eine Augenzeugin erinnert sich:

„Da gibt es die recht bekannte Geschichte von einer Familie aus Łódź. Sie war zuerst achtköpfig: Vater, Mutter und sechs Kinder. Ihr ganzer Besitz bestand aus zwei Kinderwagen; der Vater schob den einen, die Mutter den anderen; in jedem Wagen saßen drei Kinder. Die beiden schoben ihre Gefährte durch die Straßen und sangen dazu alte jiddische Lieder. Sie hatten schöne Stimmen. Er sang, und sie sang, begleitet vom Sopran ihrer Kinder. Irgendwann waren es nur noch vier Kinderstimmen, dann nur noch drei; nach einer Weile war ein Wagen weg; später hatte die Familie keine Schuhe und keine Mäntel mehr. Am Ende blieben von den acht nur zwei übrig. Der Vater schob den Wagen, in dem jetzt die Mutter lag und ihren Mann mit ihrer Stimme begleitete. Sie war neununddreißig, sah aber aus wie hundert."[18]

Das Warschauer Ghetto war nichts anderes als eine hocheffektive Tötungsmaschine. Hier hatte man dreißig Prozent der Bevölkerung Warschaus auf knapp zwei Prozent des Stadtgebietes zusammengepfercht mit der Folge, dass der „jüdische Wohnbezirk" rasch in unbeschreibliches Elend versank. Binnen eines Jahres kosteten Unterernährung und Seuchen monatlich 5.000 Menschen das Leben. Das war den Nazis nicht genug, sie planten bald effektivere Tötungsmethoden.

Auch bei der rassischen Durchsiebung der polnischen Bevölkerung sollte es nicht bleiben, die polnische Gesellschaft sollte insgesamt enthauptet werden. Die Mitglieder ihrer Elite – ob Politiker, Offiziere, Priester, Gelehrte oder Intellektuelle – waren unabhängig von ihrem rassischen Status dem Tode geweiht. Der Chef des Generalgouvernements, Hans Frank, forderte, mit der polnischen Intelligenz „kurzen Prozess" zu machen und sie „auf dem einfachstmöglichen Wege" zu „erledigen"[19]. Im November 1939 wurde das gesamte akademische Personal der Jagiellonischen Universität Krakau ins KZ Sachsenhausen verbracht. Da man die gesamte polnische Intelligenz der potenziellen Führung des antideutschen Widerstandes verdächtigte, startete man im Frühjahr 1940 einen ‚präventiven' Feldzug gegen sie, den man zynisch *Außergewöhnliche Befriedungsaktion* (kurz *AB-Aktion*) nannte.

6.000 Menschen fielen ihr zum Opfer, darunter viele Professoren, Ärzte, Rechtsanwälte und Lehrer. Unzählige von ihnen kamen nach Auschwitz oder in das berüchtigte Warschauer Gefängnis Pawiak.

Die deutsche Verteidigungsstrategie richtete sich auch gegen die wirtschaftlichen Grundlagen der polnischen Gesellschaft. Geschäfte, Restaurants, Hotels, ja ganze Industrieunternehmen wurden kurzerhand von den deutschen Behörden konfisziert. es wurde zur alltäglichen Praxis, dass polnisches Eigentum, sei es privat oder öffentlich, den Eroberern als ‚Kriegsbeute' anheimfiel. Extrasteuern und die Entwertung der polnischen Währung gehörte ebenso zur Ausbeutung der Besetzten wie die zwangsweise einge-forderte Arbeitskraft der Polen. Man verfrachtete sie zu Tausenden in Arbeitslager, die zur einschlägigen Versorgung der größeren Industriezentren eingerichtet wurden. In diesen Lagern konnten nur die Leistungsfähigsten und Robustesten hoffen zu überleben, den Kranken und Alten blieb nur die Hoffnung, möglichst bald zu sterben. Eine große Zahl wurde in Zwangsarbeiterlager nach Deutschland deportiert, wo ihnen kalte Verachtung entgegen-schlug, wie sie etwa aus der folgenden öffentlichen Mitteilung spricht: „Deutsche! Die Polen können Euch niemals gleichrangig sein. Das polnische Volk steht weit unter dem deutschen [...]. Seid gerecht, wie es Eure Pflicht als Deutsche ist. Aber vergesst nie, dass ihr der Herrenrasse angehört."[20]

Als wären die rassische Selektion, die Ghettoisierung der Juden, die Liquidation der Eliten und die Lähmung der Wirtschaft nicht schon Schrecken genug, handelten die Deutschen mit einem Übermaß an Brutalität im Alltag. Gewaltanwendung wurde zum selbstverständlichen Phänomen, das selbst die Betroffenen3 nur noch beiläufig wahrnahmen. Ein Pole, zum Zeitpunkt des Gesche-hens fünfzehn Jahre alt, erinnert sich:

„Trotz meiner Jugend war ich schon ein Veteran, so oft hatte ich gesehen, wie Leute von jetzt auf gleich zu Tode kamen. Ich hatte gesehen [...], wie der Soldat einer Sondereinheit der SS mei-ner Mutter den Schädel mit dem Knauf seiner Pistole einschlug. [...] Ich hatte gesehen, wie Menschen reihenweise erschossen wur-den und umfielen, als wären es Puppen. Ich hatte gesehen, wie man Leute mit Knüppeln und Mistgabeln ermordete. Ich hatte gesehen, wie verzweifelte Männer sich in Hochspannungsdrähte stürzten. Der plötzliche Tod war das Spielbrett, auf dem wir ein paar Felder bewohnten. Am Anfang drückt er einen noch nieder; dann wird er nach und nach zur Routine."[21]

Um einen Polen zu erschießen, war jeder Anlass recht: Schwarzhandel, Missachtung des Ausgehverbots, antideutsche Bemerkungen; manchmal reichte schon, dass ein Pole auf dem Bürgersteig vor einem deutschen Soldaten nicht rechtzeitig zur Seite wich.[22] Willkürlich wurden ‚Kollektivstrafen' vollstreckt; wurden deutsche Soldaten getötet, zahlten polnische Zivilisten mit ihrem Leben. Als zum Beispiel im Dezember 1939 in Warschau zwei deutsche Unteroffiziere ermordet worden waren, wurden 170 Zivilisten willkürlich aus ihren Wohnungen gezerrt und zur Vergeltung erschossen.[23] Offiziell gaben die Besatzer bekannt, dass für jeden getöteten Deutschen hundert Polen sterben müssten. Das war nicht geprahlt, sondern eher untertrieben: Manchmal büßten bis zu vierhundert Polen für ein einziges deutsches Leben.[24]

Eine weitere deutsche ‚Spezialität' war die Geiselnahme. Fast täglich trieb man willkürlich und ohne Vorwarnung Zivilisten zusammen und machte sie zum menschlichen Faustpfand; die Peiniger nahmen dafür bevorzugt Menschenansammlungen zum Anlass, beispielsweise Gottesdienste. Die Geiseln sollten garantieren, dass ihre Landsleute sich ‚wohlverhielten'; einige deportierte man zur Zwangsarbeit, die meisten aber hielt man in Gefängnissen und Lagern. Geschah irgendwo ein Akt des Widerstands, wurden die Geiseln nackt ausgezogen, an den Händen gefesselt und erschossen. Die Leichen wurden auf Lkws geladen und ins Ghetto gefahren, wo man sie verbrannte. Die Namen der Toten wurden dann in den Straßen ausgerufen und viele erfuhren erst hier, was mit ihren seit längerer Zeit vermissten Angehörigen geschehen war.[25]

Wie gezielt und bewusst die Nazis diese rückhaltlose Brutalität in Polen einsetzten, zeigen Äußerungen von Generalgouverneur Hans Frank gegenüber dem Korrespondenten einer deutschen Tageszeitung, der ihn fragte, ob es Unterschiede gebe zwischen seinem Okkupationsregime in Polen und dem in der benachbarten Rest-Tschechei, dem jetzigen Protektorat Böhmen und Mähren. Frank antworte darauf:

„Da wüsste ich einen gewichtigen Unterschied. In Prag zum Beispiel habe ich riesige rote Plakate gesehen, auf denen stand, dass heute sieben Tschechen erschossen worden seien. Da dachte ich mir: Würde ich jedes Mal, wenn bei uns sieben Polen erschossen worden sind, ein Plakat drucken lassen, dann reichten bald sämtliche Wälder Polens nicht mehr aus, um das Papier für die Plakate zu liefern."[26]

Er vertraute einem Mitarbeiter an: seine „Mission" sei es, „die Polen um jeden Preis zu vernichten".[27]

Was Leben im deutsch okkupierten Polen aus der Sicht der Besetzten bedeutete, hat der Offizier und Leiter des Widerstands Tadeusz Bór-Komorowski prägnant zusammengefasst:

„Unter der deutschen Besatzung durfte ein Pole weder Eigentum besitzen, noch an kulturellen Aktivitäten irgendwelcher Art teilnehmen, noch studieren. Das einzige, was er durfte, war unter der Aufsicht deutscher Sklaventreiber schuften und schwitzen. Aber selbst dann konnte er nicht sicher sein, am Leben zu bleiben. [...] Es gibt keine Familie in Polen, die nicht gelitten, keine, die nicht mindestens einen lieben Angehörigen zu betrauern hätte. [...] Die sogenannten ‚guten Deutschen' sind uns in Polen nie begegnet. Jene, die wir kennenlernen mussten, waren samt und sonders erbarmungslose Tyrannen und Mörder."[28]

Die Polen nahmen all dies nicht passiv hin. Sie organisierten das größte und effektivste Untergrundnetzwerk im besetzten Europa. Schon kurz nach der polnischen Niederlage bildeten sich überall Widerstandsgruppen. Jede politische Gruppierung Polens – von den Kommunisten über die nationalistische Bauernpartei bis hin zu den Pfadfindern – bildete einen paramilitärischen Flügel. Zusätzlich formierten sich Partisaneneinheiten, die mit Guerilla-Methoden gegen die Deutschen vorgingen. Eine der spektakulärsten Einheiten war wohl die von Major Henryk Dobrzański gegründete und geführte. Dobrzański, Tarnname ‚Hubal', ein Kavallerieoffizier, einst Mitglied der polnischen Olympischen Reiterstaffel, rekrutierte ein 300 Mann starkes Partisanenheer, das wiederholt erfolgreich Teile der deutschen Truppen aus dem Hinterhalt attackierte und Nachschubverbindungen behinderte. Acht Polizeibataillone und ein Regiment der Reiter-SS besiegten er und die Seinen, bevor Dobrzański im Sommer 1940 selber fiel.[29] Er hat seinen Landsleuten ein glänzendes Beispiel polnischen Widerstandswillens gegeben, das selbst den deutschen Feinden Respekt abnötigte.[30]

Unter diesen Umständen betrachtete es die polnische Regierung, die erst in Rumänien, dann in Frankreich, schließlich in England ihr Exilquartier bezog, als ihre dringlichste Aufgabe, die Fülle heterogener Widerstandsgruppen unter ihrem alleinigen Kommando zu vereinen. Kein leichtes Unterfangen, denn der Andrang war groß; der spätere Oberbefehlshaber der polnischen Untergrundarmee, der erwähnte Bór-Komorowski, schildert es in seinen Erinnerungen:

„Jeden Tag wandten sich Interessierte an mich – Offiziere, Zivilisten, einmal sogar ein Mönch aus einem entlegenen Kloster – und berichteten mir von ihren lokalen Organisationen, wie viel Leute sie jeweils waren und so weiter. Einige hatten durchaus ein paar hundert Eingeschworene hinter sich, meist junge Menschen, entschlossen, im Kampf ihr Letztes zu geben. Sie alle kamen und baten um Instruktionen und Befehle."[31]

Integration und Koordination der verschiedenen Untergrundeinheiten dauerten eine Weile. Allerdings besaß die gesamte Bewegung eine solide Basis, die schon vor der Niederlage von 1939 geschaffen worden war. Unmittelbar nach dem Fall Warschaus übertrug man Kommando und Legitimität der regulären polnischen Armee auf die Geheimorganisation Służba Zwycięstwu Polski (kurz *SZP*; ‚Dienst für den Sieg Polens‘). Ihr Kampf sollte „jegliches Tätigkeitsfeld" erfassen, „in welchem der Feind agiert"[32]. Die SZP wurde schließlich zum Kern der polnischen *Heimatarmee*, originalsprachlich *Armia Krajowa*, kurz AK. (Der Name *Armia Krajowa* wurde offiziell erst ab Frühjahr 1942 benutzt; der Einfachheit halber verwenden wir ihn hier durchgehend.)

Die AK war kein wilder Partisanenhaufen, sondern ein integraler Teil des polnischen Militärs, das im Untergrund wirkte, weil der Staat, dem es angehörte, zu der Zeit nicht mehr existierte. Es wurde jedoch weitgehend so verfahren, als existierte er noch. Der Oberbefehlshaber der AK war ein direkter Untergebener des im Exil agierenden Oberbefehlshabers der regulären polnischen Armee und sein Wort galt in ganz Polen. Wegen dieser Quasi-Staatlichkeit wurde die AK oft als der polnische ‚Untergrundstaat‘ bezeichnet. Das Oberkommando der AK war organisiert wie ein regulärer Generalstab und hatte sieben Bereiche, die Logistik und Versorgung sicherstellten, sich mit Propaganda und Agentenabwehr befassten. Die Schattenarmee hatte eine Stärke von ungefähr 200.000 Mann, die über das ganze Land verteilt waren. Ihre Parole „Polen kämpft" war auf zahllosen Wänden zu lesen.

Das ursprüngliche Statut der SZP las sich noch recht kriegslustig; die spätere AK hingegen ließ mehr Umsicht und einen klareren Blick auf die Realitäten walten. Der Gegner war nun einmal gnadenlos und weit überlegenen – eine simple Haudrauf-Taktik wäre reiner Selbstmord gewesen. Die AK setzte sich zwei Hauptziele: Erstens die Schaffung einer robusten Untergrundarmee, die die Deutschen schwächen und zum Rückzug zwingen sollte, bis ein unabhängiges Polen wieder möglich wäre[33]; und zweitens die Sicherung der Lebensfähigkeit des polnischen Volkes. Da der Feind das polnische Volk buchstäblich vernichten wollte, auch durch Hunger, erzwungene Verwahrlosung, Seuchen und dergleichen, war der Untergrund bestrebt, minimale Standards im sanitären und medizinischen Bereich aufrechtzuerhalten, und im Rahmen des Möglichen die geistige Identität Polens durch Pflege der polnischen Sprache, Bildung und Kultur zu wahren. Dass der Untergrund sich zu solcher staatlichen Fürsorge verpflichtet sah, drückt sein Selbstverständnis als ‚Schattenstaat' aus.[34]

Geheimhaltung war das oberste Gebot. Gestapo und SS versuchten, mit allen Mitteln den Untergrund zu infiltrieren und zu zersetzen. Gegen diese Gefahr schuf man ein wahres Labyrinth aus konspirativen Wohnungen und Häusern, Kennwörtern und Pseudonymen. Jedes Mitglied hatte einen *nom de guerre*; einige wählten einfache Namen (‚Daniel'), andere hingegen ausgefallene Pseudonyme (‚Toni Flammenwerfer').[35] Nachnamen wurden nicht benutzt; prinzipiell kannte keiner die genaue Identität seines jeweiligen Vorgesetzten. Nur das absolut Notwendige wurde geschrieben; Botschaften waren auswendig zu lernen; Befehle erteilte man mündlich.

Man verständigte sich mit Codes, die oft zu seltsamen Ergebnissen führten:

„Ich sprach ein hübsches junges Mädchen an, deren Aussehen der Beschreibung entsprach. ‚Ich interessiere mich für Zeichnungen', begann ich. – ‚Möchten Sie ein Aquarell oder ein Pastell?' – ‚Nein, ich möchte Zeichnen lernen. Sie geben hier doch Kurse'. Die entscheidenden Codewörter waren ausgetauscht. Das Mädchen führte uns in ein Hinterzimmer des Ladens, wo die nächste

Verbindungsperson – ein junges Mädchen auch sie – schon auf uns wartete. Sie wies uns in einem anderen Haus unser Quartier für eine Nacht an. [...] Am nächsten Morgen kam dasselbe Verbindungsmädchen und geleitete mich in eine Privatwohnung. Wieder sollte ich warten, ohne die geringste Ahnung, auf wen."[36]

Kaum waren im Untergrund die wichtigsten Strukturen etabliert, wurde das Aktionsfeld ausgebaut. Im zivilen Sektor wurden Bildungseinrichtungen geschaffen, Konzerte, Dichterlesungen und Theatergruppen organisiert. Angesichts der Verhältnisse kam es zu einer erstaunlichen Blüte der polnischen Kultur. Eine fast üppig zu nennende Untergrundpresse entstand; bald brachte jede politische Partei und jede ‚Institution' des Schattenstaates eine Zeitung, eine Zeitschrift oder sonst ein Periodikum heraus. Das erste, *Polska yje* ('Polen lebt'), erschien bereits fünf Tage nach der Kapitulation.[37] Ein paar wenigen Blättern gelang es sogar während der ganzen Okkupation ohne jede Unterbrechung zu erscheinen.

Dass der Schattenstaat so lange Zeit reibungslos funktionierte, verdankte er nicht unwesentlich einem fähigen Nachrichtendienst und einem effektiven Kommunikationsapparat. Die Effektivität des Nachrichtendienstes garantierte ein Netzwerk von Informanten und die professionellen Nachrichtenoffiziere des *Oddzia II*, des ‚Zweiten Büros'. Das Zweite Büro war das Aufklärungsamt der regulären polnischen Armee gewesen und operierte im Untergrund weiter. Die Briten nannten es „die beste Informationsquelle innerhalb der alliierten Geheimdienste"[38]. Immerhin stellten die polnischen Aufklärungsspezialisten ihren englischen Kollegen 1939 zwei voll funktionsfähige Nachbauten der deutschen Verschlüsselungsmaschine ‚Enigma' zur Verfügung. Damit war ein Code der Deutschen geknackt und eine enorme Hilfe für die britischen Kriegsstrategen geleistet. Es waren die Spezialisten des Zweiten Büros, die herausfanden, wo die Deutschen ihre berüchtigten V-Waffen entwickelten und erprobten: in Peenemünde an der Ostsee.[39] Ihren berühmtesten Coup aber landeten die Akteure des *Oddzia II*, als sie im Mai 1944 eine intakte V-2-Rakete von einem deutschen Testgelände in Ostpolen entwendeten. Der Flugkörper war niedergegangen, aber nicht explodiert. Sorgfältig wurde das Beutestück zerlegt, untersucht und in allen Details fotografiert – lange bevor deutsche Aufklärer die genaue Absturzstelle ermittelt hatten. Die Einzelteile wurden in Kisten verpackt und nach England gesandt.[40] Deutschlands große Geheimwaffe war nicht mehr geheim.

Ein so umfassendes und bedrohtes Gefüge wie ein Schattenstaat ist auf Netzwerke angewiesen, die im Fall Polen zwei hervorragende Organisationen leisteten.

Die Zentrale der ersten lag nicht in Polen, sondern in England und nannte sich *Special Operation Executive* (‚Truppe für Sonderoperationen‘), kurz *SOE*. Churchill hatte sie 1940 gegründet, um Europa „in Flammen zu setzen",[41] wie er sagte. Die SOE sollte den nazistisch verblendeten Deutschen – wo immer sie sich erobernd niederließen – durch Sabotage und Subversion ‚die Hölle heiß machen‘. Die SOE unterhielt Beziehungen zu Widerstandsbewegungen in ganz Europa; besonders enge Kontakte aber bestanden zu der polnischen. Die erste Fallschirmjägeraktion der SOE fand in Polen statt. Kommandeur der Einheit war Major Colin Gubbins, in Sachen britisch-polnischer Kooperation ein ‚alter Hase‘. Er kannte sich im Lande bestens aus und sprach fließend Polnisch; er hatte einige Zeit die Britische Militärmission in Warschau befehligt, eine Gruppe von Offizieren, die die Regierungen der Zweiten Polnischen Republik seit deren Gründung 1918 in militärischen Fragen beriet. Im Laufe des Krieges flog die SOE über 300 Agenten ins okkupierte Polen und warf dort in 485 Einsätzen ca. 600 Tonnen Lebensmittel ab.[42] Der polnische Untergrund hatte Mut und Entschlossenheit, viel mehr hatte er nicht; England lieferte das Materielle und steuerte Waffen und Ausbildung bei. Auf dieser Grundlage kam es zu einer fruchtbaren Zusammenarbeit.

Die zweite Gruppe, die den Schattenstaat wesentlich am Leben hielt, kam aus dem Inland. Es war die Elite der AK-Kuriere, die konspirativ quer durch Europa reiste. Nichts und niemand schützte sie; sie blieben gänzlich angewiesen auf ihre makellos gefälschten Papiere und den eigenen Scharfsinn. Diese Kuriere der AK stellten sicher, dass die Verbindung zwischen der polnischen Regierung im Londoner Exil – namentlich dem Generalstab des regulären Heeres – und dem Oberkommando der Heimatarmee nicht abriss. Sie agierten mit einer Kaltblütigkeit, als gäbe es keinen Krieg um die Existenz ihrer Nation. Ihre Leistungen wurden legendär, zumal einige von ihnen weit mehr als ‚nur‘ die Kommunikation Heimat – Exil garantierten. Jan Karski etwa, der zwischen Warschau und Paris pendelte und dabei meist in der Uniform eines deutschen

Generals unterwegs war, machte die bis dahin weitgehend ahnungslose Weltöffentlichkeit erstmalig mit den grausigen Einzelheiten des Holocaust bekannt.[43]

Das Hauptziel einer Widerstandsorganisation dürfte *Sabotage* sein, vor allem Schläge gegen Versorgungswege und Lagerungsstätten, aber auch gegen Strafeinrichtungen. Die Taktik der Sabotage ist eng verbunden und verwandt mit der sog. *Diversion*, die darauf abzielt, mit physischen und psychischen Methoden Unruhe, Unsicherheit, Verwirrung, Fehlorientierung und Angst in die gegnerischen Reihen zu tragen und so deren Kampfes- und Durchhaltewillen zu schwächen.

Vom ersten Tag der Okkupation an hatte die AK Listen möglicher Ziele für Sabotageakte erstellt, darunter „Eisenbahnlinien, Treibstoff- und Getreidelieferungen, Waffen- und Nahrungsmittelfabriken, Munitions- und Treibstoffdepots".[44] Frühjahr 1940 formierte man eine spezielle Einheit zur Koordination dieser Attacken, den *Zwi zek Odwetu* (‚Bund für Vergeltung'), geleitet von Major Franciszek Niepokolczycki, Tarnname ‚Teodor'. Für jede Kampfmaßnahme hatte man seine Spezialisten. Einige Trupps befreiten Häftlinge aus Gefängnissen und Arbeitslagern; andere beraubten Banken, stahlen offizielle Dokumente (auch Leerpässe, Stempel etc.) und plünderten Läden. Die meisten Aktivitäten aber richteten sich gegen die von Deutschen benutzte oder geschaffene Infrastruktur. In einer späteren Statistik ihrer subversiven Aktionen werden ca. 20.000 zerstörte Lokomotiven, über 4.000 unbrauchbar gemachte Armeefahrzeuge und 25.000 weitere Sabotagehandlungen aufgeführt.[45] Zu welcher Logistik der *Zwi zek Odwetu* in der Praxis fähig war, zeigt seine Attacke in der Nacht vom 7. auf den 8. Oktober 1942, mit der er gleichzeitig sämtliche aus Warschau hinausführenden Eisenbahnlinien unterbrach und den Zugverkehr wirksam lahmlegte.[46]

Einige der Zellen verübten Anschläge in Deutschland. Ihr erfolgreichstes Unternehmen mit dem Codename *Zagralin* war eine Serie von Sprengstoffanschlägen; im Frühling 1943 detonierten in Breslau und Berlin mehrere Zeitbomben, in der Reichshauptstadt an zentralen Orten in der Friedrichstraße und im Schlesischen Bahnhof.[47] Ebenfalls im Frühling 1943 schickte die Warschauer Abteilung des polnischen Untergrundes per Post 20 x 10 x 10 Zentimeter große Pakete an mehrere hohe Ämter der deutschen

Regierung, darunter die Reichskanzlei. Es waren Sprengstoffpakete, die beim Öffnen durch elektronische Zündung explodieren sollten.[48] Andere Sendungen an deutsche Adressen enthielten Material, das mit Typhus-Erregern infiziert war.[49] Zwar erregten die Pakete früh Verdacht, und der Inhalt wurde rechtzeitig entschärft und entsorgt, aber immerhin hatte man das deutsche Sicherheitssystem in helle Aufregung versetzt; der Diversionszweck war erfüllt.

Die polnischen Zwangsarbeiter leisteten einen gewaltigen Beitrag zur deutschen Produktivität, betrieben aber auch eifrig Industriesabotage mit der Taktik des passiven, aber auch aktiven Widerstands. Maschinen ließen sich unsachgemäß bedienen, Geräte so einstellen, dass sie nicht mehr funktionierten. Alles nur Aktionen in kleinem Rahmen, die Mut erforderten und beeindruckende Resultate erzielten. Man schätzte später, dass diese Strategie zu 92.000 unbrauchbaren Artilleriegranaten, 4.710 defekten Flugzeugmotoren und 570.000 schadhaften Kondensatoren geführt habe.[50]

Sabotage war *ein* Tätigkeitsfeld des polnischen Untergrundes, aber nicht das einzige. 1943 wurde eine neue Kampforganisation ins Leben gerufen, das *Kierownictwo Dywersji* ('Direktorat für Diversion'), kurz *Kedyw*, die den *Zwi zek Odwetu* ablöste. Das *Kedyw* setzte die Sabotagestrategie fort, praktizierte aber zusätzlich weitaus härtere Diversionsmethoden. Dazu gehörte einerseits die Eliminierung von Verrätern an der polnischen Sache, andererseits die gezielte Tötung führender Vertreter des deutschen Besatzungspersonals.

Der Feldzug gegen 'Verräter' und Kollaborateure begann schon vor 1943. So war bereits 1941 der polnische Schauspieler und Regisseur Igo Sym erschossen worden, der in Deutschland eine bescheidene Filmkarriere gemacht und in nazistischen Propagandastreifen mitgewirkt hatte. Als die Besatzer ihm die Leitung des Warschauer Stadttheaters antrugen mit der Auflage, es als deutschsprachige Bühne zu betreiben, und Sym akzeptierte, schlugen die polnischen Patrioten zu.[51] Dieses Femegericht setzte das *Kedyw* fort, der Vorgang sollte aber so weit wie möglich einem ordentlichen Gerichtsverfahren ähneln. Man schritt nicht geradewegs zur Liquidation, sondern ließ dem Kollaborateur zunächst mehrere Warnungen zukommen. Das Untergrundgericht verfolgte eine Art Einschüchterungstaktik, indem es den 'Angeklagten' laufend wissen ließ, wie es um seinen Fall stand. Zuerst empfing er eine ‚Warnung', die seine Nummer auf der ‚Liste der Verdächtigen' enthielt und ihm mitteilte, dass er unter Beobachtung stehe. Setzte der ‚Angeklagte' sein unrechtes Tun dennoch fort, erfuhr er, dass sein Fall nun vor dem Sondergericht lande. Dann teilte man ihm das Urteil – gewöhnlich die Todesstrafe – mit und wies ihn darauf hin, dass, im Falle seiner Flucht, das Prinzip der Kollektivhaftung gälte. Schließlich bekam er noch ein ‚Memento', das ihn an das Urteil erinnerte, und einen allerletzten Hinweis, dass es bald vollstreckt würde.[52]

Nicht immer endeten die Geheim-Prozesse mit einer Exekution. Manchmal führte schon der bloße Druck, vom Untergrund beobachtet und gegebenenfalls hart bestraft zu werden, den Abweichler zurück auf Linie. Selbst einige Okkupanten reagierten in diesem Sinne, wie sich Bór-Komorowski erinnert:

„Von allen Methoden, die wir je ausprobiert hatten, erwies sich diese als die effektivste. Bald bemerkten wir sogar bei den Besatzungsbeamten eine Verhaltensänderung. Da gab es etwa einen Bezirksleutnant der deutschen Polizei [...]; der erhielt eines Tages unser Anklageschreiben. Sofort legte er sich ins Bett und ließ einen polnischen Arzt kommen. Den bat er nun, dem Geheimgericht zu bestellen, er werde sofort die Freilassung aller polnischen politischen Gefangenen veranlassen und versprach auch, seine Politik gegenüber den Polen künftig stark zu mäßigen - wenn nur das Verfahren gegen in eingestellt würde"[53].

Wie in diesem Fall mag die rabiate Überzeugungsarbeit hier und da zur Einsicht geführt haben; die meisten Besatzer aber erwiesen sich als belehrungsresistent. Die Attentate mehrten sich in immer kürzeren Zeitabständen. In den ersten vier Monaten des Jahres 1943 erfolgten über 500 Attacken auf die deutsche Eroberer und ihren Terrorapparat.[54] Besonders viele Anschläge richteten sich gegen die deutsche Polizei. 1943 wurde durchschnittlich ein Polizist pro Tag ermordet; ein Jahr später hatte sich die Zahl verzehnfacht.[55] Zudem wurden in der ersten Hälfte des Jahres 1944 über 750 Gestapo-Agenten getötet.[56] Insgesamt hatten die Besatzer monatlich über 1.000 Tote und Verletzte zu beklagen, wobei vor allem die höheren Ränge der Verwaltung, der Gefängnisleitungen, der SS nicht geschont wurden.[57] Sie alle bekamen es mit bestens organisierten und exzellent bewaffneten Attentätern zu tun.

Addiert man alle Anschläge des polnischen Untergrunds – die geplanten wie die ausgeführten – ergibt das eine Summe von 5.000 Gewaltaktionen.[58]

Die Attentate der AK wurden nach einem oft erprobten Schema organisiert. Jedes Opfer wurde methodisch ausgespäht. Man machte sich systematisch ein genaues Bild von dem Betreffenden, observierte ihn Tag und Nacht, kundschaftete seine Gewohnheiten und Vorlieben aus. Wo und wie wohnte er? Wo ging er regelmäßig hin? Welche und wie viele Leute bewachten ihn? Wer chauffierte ihn und in welchem Fahrzeug? Zu all dem machte man exakte Notizen; hinzu kamen Fotos.[59] Hatte man alle Informationen beisammen, plante man einen Anschlag. Meist führte man die Attentate am Tag aus, gewöhnlich am frühen Morgen. Man bevorzugte Wagen, die ein plötzliches Erscheinen und ein rasches Entkommen ermöglichten. Das Tötungskommando bestand normalerweise aus etwa zehn Leuten. Drei bis vier Männer ‚standen Schmiere‘ und sicherten die Umgebung. Zwei Gruppen zu je drei Mann saßen in Autos, jede führte ein leichtes MG mit sich. Die eine Gruppe eliminierte die Zielperson, die andere leistete Schützenhilfe und kümmerte sich um eventuell auftauchende Leibwächter oder Polizisten. Wenn die Attentäter dabei nicht selbst ihr Leben verlieren wollten, mussten Anschlag *und* Flucht in wenigen Minuten geschehen.

Die stetig wachsende Aktivität des polnischen Untergrundes und seine spektakulären Erfolge mussten zu einer Reaktion seitens der Besatzer führen. SS-Brigadeführer Franz Kutschera schien der richtige Mann zu sein, um den polnischen Widerstand zu zerschlagen. Der Österreicher hatte Anfang der 40er Jahre schon eine steile Karriere in Partei, SS und Polizeidienst hinter sich. Mitglied der NSDAP seit 1930, stieg er bald auf zum Gauleiter Kärntens auf und wurde mit 34 Jahren Abgeordneter des Reichstags. 1940 nahm er als Soldat der Wehrmacht am Frankreichfeldzug teil. Danach bekleidete er höhere Positionen in der deutschen Verwaltung der besetzten russischen Gebiete, bevor er schließlich im September 1943 SS- und Polizeiführer im Bezirk Warschau wurde. Er hatte einen ‚direkten Draht‘ zu Himmler, dessen Schwester seine Geliebte war. Kutschera, hieß es auf deutscher Seite, besitze die erforderlichen Verbindungen und die notwendige Skrupellosigkeit und brutale Entschlossenheit, um den polnischen Untergrund auszuheben.

Seinen Amtsantritt in Warschau wusste Kutschera beeindruckend zu inszenieren. Allein der Sicherheitsaufwand, den er um die eigene Person trieb, war imposant. Er ging praktisch nie zu Fuß, nicht einmal die etwa 150 Meter von seinem Wohnsitz zum SS-Hauptquartier; stets wurde er gefahren und von einer stattlichen Schar Leibwächter begleitet. Ferner war er aus Sicherheitsgründen bestrebt, nicht unter seinem Namen in Erscheinung zu treten; so unterschrieb er etwa nur mit „SS- und Polizeiführer Warschau". Das verlieh seinem Amt zudem eine Aura des Mysteriösen und Bedrohlichen. Mit Einverständnis des Generalgouverneurs Frank ordnete Kutschera vermehrt öffentliche Hinrichtungen an. Immer wieder wurden Polen dutzendweise zusammengetrieben und erschossen – oft wegen kleiner Vergehen, manchmal ohne jeden Grund. Im Oktober 1943 etwa wurden binnen zwei Wochen allein in Warschau 177 Polen öffentlich hingerichtet.[60] Die Namen der Hingerichteten waren auf grellroten Plakaten zu lesen, die kurze Zeit später überall in der Stadt hingen. Plakaten mit Texten wie dieser:

„Am 2.12.1943 [...] wurde in Warschau wieder ein Feuerüberfall auf eine Einheit der Schutzpolizei verübt, bei dem 5 Polizisten und 1 Mitglied der Waffen-SS ums Leben kamen und zahlreiche andere Beamte verletzt wurden. [...] Es steht fest, dass es sich hier um den Anschlag einer Terrorgruppe des polnischen Widerstands handelt. Zur Vergeltung habe ich die folgenden 100 Verbrecher öffentlich hinrichten lassen: [...].

Der SS- und Polizeiführer
Distrikt Warschau."[61]

Doch die Taktik der Einschüchterung hielt die AK von ihren Aktionen nicht ab. Im Gegenteil, sie zahlte es den Peinigern mit gleicher Münze heim. Die ranghöchsten Nazis im Land waren ihre Zielpersonen; eine sogenannte „Spitzenliste" kursierte mit den Namen der potenziellen Opfer. Doch nicht nur die ‚Spitzen' sollte es treffen; jetzt gab die AK grundsätzlich das Feuer frei auf alle, die in irgendeiner Weise der Okkupationsmacht dienten.[62] Eine neue Serie von Attentaten begann: einige hatten Erfolg, andere gingen daneben. Der Gouverneur von Warschau, Ludwig Fischer, der Gauleiter von Danzig, Albert Forster[63] und SS-Obergruppenführer Wilhelm Koppe, einer der Verantwortlichen für die Einrichtung des berüchtigten Vernichtungslagers Kulmhof (polnisch Chełmno) bei Posen, entkamen den Attentaten.

Auch die beiden Attentate auf den verhassten SS-General Friedrich Wilhelm Krüger scheiterten. Sie verdeutlichen aber die ‚Arbeitsweise' der Tötungskommandos, wie auch die teils ungenügende ‚Erfolgskontrolle' bei der AK. Friedrich Wilhelm Krüger hatte im Generalgouvernement den Rang eines Höheren SS- und Polizeiführers inne und war für einige umfassende Repressionsmaßnahmen des Regimes verantwortlich. Wie sein Kollege Kutschera ließ er weitgehend willkürlich Polen hinrichten und ihre Namen auf Plakaten publizieren. Als er im Februar 1943 in Warschau erneut die Hinrichtung von 70 Zivilisten befahl, erreichte ihn das Todesurteil – ein Urteil in *absentia* – des polnischen Untergrundes. Zwei Monate später, zu Hitlers Geburtstag am 20. April, geriet er morgens in einen Hinterhalt – zwei Handgranaten detonierten unter seinem Wagen. Bór-Komorowski schreibt in seinen Erinnerungen, das Attentat habe Krüger „von der Bildfläche" gefegt, „und man hörte nie wieder etwas von ihm"[64]. War das Wunschdenken oder schlichter Irrtum? In Wahrheit überlebte der SS-General den Anschlag leicht verletzt. Das geht aus einem Brief Himmlers hervor, der nach dem Attentat tief besorgt an Bormann schreibt, Krüger brauche ab sofort eine gepanzerte Limousine.[65] Eine andere polnische Quelle besagt, die AK habe den Peiniger des Landes im Mai noch einmal attackiert; dieses Mal vier Mann mit Maschinengewehren.[66] Auch dieser Bericht meldet irrigerweise den Tod Krügers, der wieder den AK-Vollstreckern entging. Es wird vermutet, dass Krüger sich gegen Ende des Krieges in Lettland selbst das Leben nahm.

Neben diesen Fehlschlägen aber gelangen der AK viele Vergeltungsunternehmen. Immer wieder erlagen hohe deutsche Offiziere und Beamte ihren Exekutoren, acht allein in Warschau, darunter Franz Bürckl, der stellvertretende Direktor des Pawiak-Gefängnisses, und August Kretschmann, der Kommandant des Warschauer KZs Gęsiówka. Aus der deutschen Stadtverwaltung Warschaus traf es Emil Braun, den Leiter der Wohnungsbehörde, Kurt Hoffmann, den Chef des Arbeitsamtes, und Hugo Dietz, dessen Stellvertreter.[67] War ein solches Attentat gelungen, gab der Untergrund einen lapidaren Rapport nach London, in dem es beispielsweise hieß: „Warschau, den 11. Oktober 1943 [...]. 1. Oktober, 12.05 Uhr, Tod durch Erschießen: SS-Sturmmann Ernst Weffels, grausamer Misshandler und Henker in der Frauenabteilung des Pawiak"[68].

Im Dezember 1943 bestimmte die AK Kutschera zur Liquidation. Wie üblich, bekam er zuerst eine Warnung zugesandt, dass man ihn töten werde, wenn er seinen mörderischen Terror nicht beende. Ein zweites Schreiben mahnte ihn, er möge sich nur nicht zu sicher fühlen, denn anders als an seinen bisherigen Einsatzorten, werde sein Tun in Polen nicht ungeahndet bleiben.[69] Daraufhin folgte die obligate Überwachung der AK-Leute. Die Aktion wurde zwölf noch jungen Kämpfern übertragen, die zum *Bataillon Parasol* (,Schirm-Bataillon') gehörten, einer Einheit aus ehemaligen Pfadfindern, die sich der AL angeschlossen hatten. Die zwölf Mann standen unter dem Kommando des erst 20-jährigen früheren Pfadfinderführers Bronisław Pietraszkiewicz, Tarnname ,Lot' (,Flug'). Der Trupp verteilte sich auf drei Wagen. Drei Leute fuhren als Späher voran, um den anderen Bescheid zu geben, sobald sie das Zielobjekt gesichtet hatten. Stattfinden sollte das Attentat zu Beginn des neuen Jahres vor Kutscheras Amtssitz.

Der erste Anschlag am 30. Januar 1944 schlug fehl. Das Kommando versuchte es erneut am 1. Februar und hatte Erfolg.[70] Als gegen neun Uhr früh Kutscheras graue Opel-Limousine mit SS-Wachen zur Seite und im Gefolge einen der breiten Warschauer Boulevards herunterfuhr, schoss ein Wagen aus einer Seitenstraße, platzierte sich quer vor dem Opel und blockierte die Weiterfahrt. Die Angreifer nutzten die Konfusion der SS-Kolonne. Lot warf eine Benzinbombe, rannte auf die Limousine zu und schoss eine MG-Salve in das offene Fenster des Opels. Der Fahrer war sofort tot, Kutschera schwer verwundet. Jetzt kam es zu einem wilden Feuergefecht mit den Wachen, währenddessen Lot und ein Kamerad Kutschera vom Sitz zerrten und ihm in den Kopf schossen; auch nahmen sie ihm die Ausweise und anderen wichtigen Papiere, die er bei sich trug, ab. Sie entkamen in zwei wartenden Autos. Der Überfall hatte kaum zwei Minuten gedauert.

Drei Tage später bewegte sich am frühen Morgen ein offizieller Trauerzug der Besatzer durch die weitgehend leeren Straßen Warschaus. Kutscheras Leichnam wurde zum Hauptbahnhof gebracht und von dort aus nach Berlin überführt. Zur gleichen Zeit kämpfte Lot um sein Leben. Während des Schusswechsels war er in den Bauch getroffen worden. Eine zweitägige Odyssee durch die Warschauer Krankenhäuser hatte sich angeschlossen, weil es kein Arzt wagte, einen Verletzten zu behandeln, der von der Gestapo gesucht wurde. Ein Chirurg fand sich schließlich doch bereit und operierte Lot – in der darauffolgenden Nacht, als der Leichnam Kutscheras Warschau verließ. Doch die Hilfe kam zu spät; am Nachmittag starb Lot. Seine Tat, die ihn das Leben gekostet hatte, war und blieb das spektakulärste und öffentlichkeitswirksamste Attentat des polnischen Widerstandes während der gesamten Kriegsjahre. Kutschera hatte einmal geäußert: „Es gibt keinen sicheren Schutz gegen Leute, die unbedingt ihr Leben opfern wollen."[71] Wie recht er damit hatte, zeigte die Tat von Bronisław Pietraszkiewicz, genannt Lot.

Wie also sollten die Deutschen sich vor dem polnischen Untergrund schützen oder ihm Herr werden? Der Sieg war einst so leicht und so rasch errungen; woher kamen all diese Schwierigkeiten? Der Plan, jeden Widerstand sofort rücksichtslos zu vernichten, ging nicht auf, da man mit einer solch vehementen Gegenwehr nicht gerechnet hatte, und die Errichtung eines durchorganisierten, funktionierenden Untergrundstaates mit einem militärischen *und* einem zivilen Sektor in Polen jenseits der nationalsozialistischen Vorstellungskraft lag. Wie konnte das sein? Hatte man nicht gelernt und gelehrt, die Polen seien slawische Untermenschen?

Gewöhnlich reagierten die deutschen Besatzer in allen Ländern, wo sie es waren, auf Widerstand mit einer Verschärfung ihres Terrors. Im Falle Polens aber waren erstaunlicherweise bald nachdenklichere Stimmen zu hören. Einige deutsche Führungskräfte begannen einzusehen, dass ihre gewaltsamen und repressiven Methoden in Polen fast stets das Gegenteil dessen bewirkten, was sie damit erreichen wollten: Steigerten sie ihre Brutalität, verschärfte der polnische Untergrund seine Aktionen. Diesen nachdenklichen Besatzern ging es dabei nicht um Moral, sondern sie hatten erschreckt registriert, dass die Besetzung Polens Deutschland nicht den ökonomischen Gewinn brachte, den man sich erhofft hatte. Ein Fürsprecher einer neuen Taktik war ausgerechnet der wegen seiner Grausamkeit verschriene Generalgouverneur Hans Frank, der nun forderte, die Lebensbedingungen der Okkupierten zu verbessern. Schon 1940, kaum ein halbes Jahr im Amt, hatte Frank öffentlich verkündet, man solle die ursprüngliche Zielvorstellung, das Land zu zerstören und zu plündern, dahingehend modifizieren, Polens „produktive Möglichkeiten" intensiv zu nutzen.[72] Später warnte er noch deutlicher: „Man schlachtet doch nicht die Kuh, die man melken will."[73] Also sah er in einer gemäßigteren Linie mit Konzessionen und bestimmten Duldungen mehr Möglichkeiten, Polen im Interesse Deutschlands auszubeuten, als mit einer Politik der permanenten Gewalt. Frank gewann einige hochgestellte Unterstützer, darunter Goebbels.[74] Himmler war dagegen, den harten Kurs aufzuweichen. Er plante die rassische Neuordnung Mitteleuropas und da störten solche Überlegungen. Franks Taktik wäre eine strategische Kombination von Zuckerbrot und Peitsche gewesen; Himmler aber wollte nur die Peitsche. Alle Pläne einer Reform des Besatzungsregimes wanderten in die Schubladen.

Die Deutschen setzten hartnäckig weiter auf Repression, und die Polen leisteten ebenso hartnäckig Widerstand. Schon 1943 ächzte der deutsche Sicherheitsapparat spürbar unter den Anforderungen. Allein in Warschau überprüfte er mehr als 10.000 Polen, und nur in knapp 20 Prozent der Fälle gelang eine Identifizierung.[75] Seine Beamten lebten, um wenigstens halbwegs geschützt zu sein, in Vierteln mit höchster Sicherheitsstufe, sozusagen in deutschen Kolonien, verschanzt hinter Wachen und Stacheldraht. Nur selten wagten sie sich ohne Eskorte ins Warschau jenseits der Absperrungen. Alkoholismus und überforderungsbedingte Gesundheitsprobleme verbreiteten sich zusehends bei den Besatzern. Selbst Generalgouverneur Hans Frank verließ sein relativ sicheres Quartier in Krakau nicht sehr oft. Warschau, der Hochburg des Widerstandes, stattete er nach 1941 nur vier Besuche ab, den letzten im September 1943.[76] Unter den Angehörigen des braunen Staatsdienstes, deren Einsatzorte während des Krieges häufig wechselten, grassierte eine Hauptsorge: Alles, nur nicht ins besetzte Polen! Von dort kehrte man mit großer Wahrscheinlichkeit nicht lebend zurück.[77] Deutsche hielten inzwischen weite Teile Europas besetzt und Widerstand gab es überall; kein besetztes Territorium jedoch war statistisch gesehen so gefährlich für die deutschen Okkupanten wie Polen. Kein Wunder, dass es ihnen immer unheimlicher wurde. Bei vielen hieß es nur noch „das Banditenland" oder „das Schlangennest"[78].

Für Hitler barg angesichts dieser ständigen Bedrohung jeder

Aufenthalt in Polen ein schwer kalkulierbares Risiko. Sein erster Besuch erfolgte während des Septemberfeldzuges. Hitlers erstes befestigtes Kriegshauptquartier lag im ostpommerischen Bad Polzin, also auf deutschem Boden, ungefähr 100 Kilometer westlich vom Polnischen Korridor. Erstmalig kam er dort in den frühen Morgenstunden des 4. September, mit seinem Sonderzug – dem rollenden Hauptquartier – an. Insgesamt neunmal besuchte er im September die kämpfenden Truppen. Jedes Mal fuhr er von Bad Polzin aus im Sonderzug ostwärts, so weit der deutsche Boden reichte und ließ sich von dort per Autokolonne an die Front chauffieren. Wenn der Führer in Bad Polzin weilte, galt die höchste Sicherheitsstufe, da die Gefahr einer polnischen Überraschungsattacke bestand. Den äußeren Sperrkreis bewachte das Infanterie-Regiment der *Division Großdeutschland;* die Elitesoldaten verbarrikadierten die Zufahrtsstraßen und errichteten Kontrollpunkte. Am inneren Sperrkreis stand Hitlers eigene Schutzeinheit, der RSD. Der dort errichtete Sicherheitsapparat war eine Armee *en miniature* und verfügte über Aufklärungs- und Funktrupps, motorisierte Infanterie, Panzer- und Fliegerabwehrzüge und eine Nachschubabteilung.[79]

Höchste Sicherheitsstufe galt natürlich erst recht, wenn Hitler im Auto-Konvoi die Front besuchte. Der einfache pommerische Landbewohner am Straßenrand wird nicht schlecht gestaunt haben, mit welch einer Riesenkavalkade sein Führer reiste. Die Vorhut bildete eine Gruppe Motorradfahrer, dann kam Hitlers Konvoi: eine stattliche Reihe Mercedes-Limousinen, beige, sechs Räder, Klappverdeck, Geländereifen. Die geräumigen Kabrioletts fuhren in zwei Abteilungen. Hitler saß auf der Rückbank eines Wagens der ersten Abteilung; vorn der Fahrer, auf den restlichen Plätzen Mitarbeiter und Leibwächter. In den beiden nächsten Wagen befand sich weiteres Schutzpersonal, in einem das SS-Begleitkommando, im anderen der RSD. Dahinter ein Wagen für den Adjutanten des Führers und einer für die militärischen Verbindungsoffiziere. In der zweiten Abteilung wurden vermutlich Ribbentrop und Himmler (samt Stab und Leibwächtern) chauffiert sowie die geladenen Gäste; es folgten ein Reservewagen, ein Feldküchenwagen, ein Benzintankwagen, und als Nachhut wieder eine Gruppe Motorradfahrer, dann ein Fernmeldezug, Flakpersonal und eine Panzerabwehreinheit.[80] Nicht selten legte dieser gewaltige

‚Wanderzirkus' 250 Kilometer am Tag zurück,[81] und obwohl er vor Waffen geradezu starrte, musste er doch auf potenzielle Attentäter eine unwiderstehliche Anziehungskraft ausüben.

Je näher man dem Ziel kam, desto gefährlicher wurde es für Hitler. Der Konvoi wälzte sich vorbei an Truppen, Zivilisten und Kriegsgefangenen, die man offensichtlich nicht als bedrohlich einstufte. Die Soldaten empfingen ihren Führer enthusiastisch; einige sprangen in ihrer frenetischen Begeisterung sogar auf die Trittbretter von Hitlers Wagen und mussten weggescheucht werden.[82] An die Regel: Wo Anhänger hinkommen, kommen auch Attentäter hin, schien niemand zu denken. Man dachte wohl, nirgendwo könne der Führer so sicher sein wie hier an der Front, in der Gesellschaft engagierter Kämpfer. Dass er bei der Wehrmacht nicht nur Freunde hatte, schien vergessen. Treffen mit den lokalen Kommandeuren und sogar militärische Lagebesprechungen hielt man im Freien ab, umgeben von Scharen neugieriger Soldaten. Nirgendwo ein Kordon der Polizei oder der SS; sogar Hitlers Leibwache schritt kaum ein. Meist spazierten die Sicherheitsleute herum und plauderten miteinander. Einmal wurde Hitler von Bewunderern regelrecht eingekeilt, und es dauerte einige Minuten, bis sich seine Mitarbeiter zu ihm durchkämpfen konnten.[83] Die strikten Sicherheitsmaßnahmen, die in Deutschland jeden öffentlichen Auftritt Hitlers begleiteten, fehlten hier fast völlig.

Ein Attentat enttäuschter Militärs an der Front lag ebenso im Bereich des Möglichen wie unangenehme Überraschungen durch die sich auf dem Rückzug befindenden polnischen Armee. Am 4. September musste Hitlers Konvoi bei Topolno an der Weichsel plötzlich stoppen: Beobachter vermuteten einen polnischen Hinterhalt. Der Verdacht war nicht unbegründet; Untersuchungen ergaben, dass in der Nähe tatsächlich bis vor kurzem Bewaffnete auf der Lauer gelegen hatten. Am gleichen Tag bombardierten polnische Flugzeuge ein nur drei Kilometer entferntes Ziel. Hitlers Zug wechselte in der folgenden Nacht vorsichtshalber den Standort, um nicht unnötig die Aufmerksamkeit des Feindes zu erregen. Ein weiterer beunruhigender Vorfall ereignete sich bei Crone an der Brahe, nördlich von Bromberg: Plötzlich krachte ein Nachschub-LKW in den letzten Wagen des Hitler'schen Konvois. Ein polnischer Heckenschütze hatte den Fahrer in die Brust geschossen.[84]

Die Besuche der Front führten Hitler kreuz und quer durch Polen. Manchmal flog er mit seiner Maschine ein Stück voraus und musste dann warten, bis der Konvoi nachkam und ihn zum Schauplatz des Geschehens fuhr. Oft wurden Reisepläne kurzfristig geändert, wenn das Wetter oder die Verhältnisse vor Ort dies geboten. Dies bedeutete natürlich eine ungeheure Belastung für den Sicherheitsapparat, und nicht wenige meinten, dass er seiner Aufgabe wohl nicht ganz gewachsen sei.

Hitler selbst trug allerdings einiges zu diesen Unzulänglichkeiten bei. Der Erfolg des Polenfeldzugs war ihm offenbar zu Kopf gestiegen, sodass er sich an nicht mehr an die Sicherheitsbestimmungen hielt. Da zogen Konvois halb formiert los; das Schutzobjekt bewegte sich ohne Rücksicht auf seine Beschützer; Menschenmassen durften sich herandrängen, ohne dass sie jemand zurückhielt. Der renommierteste Spezialist für das Sicherheitssystem des Dritten Reiches, der Historiker Peter Hoffmann, bemerkt hierzu: „Während seiner Besuche an der polnischen Front [...] brachte Hitler sich immer wieder in Situationen, die sein Leben auf das Äußerste bedrohten."[85]

Am Ende des Polenfeldzugs besuchte Hitler Warschau; es sollte das einzige Mal bleiben. Eine pompöse Siegesfeier war für jenen 5. Oktober geplant. Hitler kam per Flugzeug; er landete in Okęcie, dem Warschauer Hauptflughafen, wo ihn auf dem Rollfeld seine siegreichen Generäle begrüßten. Dann ging es in einem bewaffneten Konvoi Richtung Innenstadt. Bei seiner Fahrt durch die Straßen Warschaus, die erst kurz zuvor von Trümmerschutt freigeräumt worden waren, jubelten die deutschen Soldaten ihrem Führer begeistert zu. Der nahm die Huldigungen, auf dem Frontsitz seines Mercedes stehend, mit ausgestrecktem Arm entgegen.

Für Hitlers Warschau-Besuch waren die allerschärfsten Sicherheitsmaßnahmen getroffen worden. Das Zentrum der Hauptstadt hatte man regelrecht ‚gesäubert'. Die dort wohnhaften Polen wurden entweder gewaltsam evakuiert oder mit striktestem Ausgehverbot belegt. Nur deutsches Militär durfte sich entlang der Paradestrecke aufhalten, Hunderte von Polizeipatrouillen durchstreiften die Straßen; auf vielen Dächern waren MG-Nester postiert. Zusätzlich hatten die Deutschen prominente Polen als Geiseln genommen, die mit ihrem Leben dafür bürgen sollten, dass während der Führervisite keine Attentate erfolgten. Unter ihnen waren hochrangige Politiker der ehemaligen polnischen Stadtverwaltung, so der frühere Oberbürgermeister Stanisław Starzyński.[86] Man sperrte sie für die Dauer des Hitler-Besuches in den Keller des Rathauses. Dass die Deutschen außer ihnen noch 400 ‚Normalbürger' als Geiseln genommen hatten, wussten sie nicht.

Die Parade fand auf den *Aleje Ujazdowskie* statt, einem der Warschauer Prachtboulevards. Die Ujazdowskie-Alleen führten und führen durch das Verwaltungs- und Diplomatenviertel der Hauptstadt, wo man zwischen luxuriösen Villen und eleganten Botschaftsgebäuden ein kleines Podium errichtet hatte, behängt mit Hakenkreuzfahnen. Zwischen zwei herbstlich belaubten Bäumen im Hintergrund spannte sich eine gewaltige Reichskriegsflagge. Hitler betrat die Estrade, flankiert von seinen Generälen. Marschmusik ertönte, die Parade der siegreichen 8. Armee begann. In Habtachtstellung nahm Hitler die Ehrbezeugung entgegen. Über zwei Stunden stand er in dieser Haltung im hellen Herbstlicht – ein ideales Ziel für Heckenschützen –, während die versammelten Truppen der Infanterie, der Kavallerie und der Artillerie vorbeizogen.

Kaum einen Kilometer weiter nördlich traf sich ein kleiner Trupp polnischer Pioniere an einem geheimen Stützpunkt innerhalb eines kriegszerstörten Gebäudes. Es war ihnen gelungen, 500 Kilogramm Sprengstoff, überwiegend TNT, unter der Straßendecke zu deponieren.[87] Den Befehl dazu hatte Major Teodor gegeben, der unmittelbar nach der polnischen Kapitulation zusammen mit Bór-Komorowski, dem Kommandeur der im Entstehen begriffenen Untergrundarmee, Sabotageaktionen plante. Teodor hatte vermutet, dass Hitler die besiegte Hauptstadt besuchen würde. Ursprünglich wollte er die Parade attackieren, ließ das ehrgeizige Vorhaben aber wahrscheinlich in Anbetracht der sehr engmaschigen deutschen Sicherheitsmaßnahmen fallen. Stattdessen wählte er die vielbenutzte Kreuzung *Ulica Nowy wiat / Aleje Jerozolimskie* (‚Neue-Welt-Straße' / ‚Jerusalemer Allee') zwischen dem Verwaltungsviertel und der Altstadt als Aktionsort. Am Tag vor der Parade hatte er seinen Vorgesetzten gemeldet, er, seine Leute und der Sprengsatz seien bereit.

Gegen drei Uhr war die Parade vorüber. Seine Generäle luden ihn zu einem Essen unter freiem Himmel ein, aber Hitler lehnte ab. In seiner euphorischen Stimmung zog er eine Rundfahrt durch die besiegte Stadt vor und stieg in seinen Mercedes. Zunächst nahm er den Belvedere-Palast, wo der polnische Präsident residiert hatte, mit verächtlichen Blicken in Augenschein, kehrte dann zurück zu seinem Wagen und fuhr, vorbei an der verlassenen englischen Botschaft, nordwärts in die Altstadt. Schließlich erreichte er die Straße Nowy Świat. Die Kolonne musste immer wieder Schritttempo fahren, um Kriegsschutt auszuweichen oder weil sich auf den Bürgersteigen noch immer Soldaten drängten. Stehend grüßte Hitler unermüdlich mit ausgestrecktem Arm. Die Jubelrufe seiner Soldaten im Ohr, passierte er die Einmündung der Aleje Jerozolimskie – sein Wagen rollte über die Stelle, unter der der Sprengstoff vergraben war, und weiter hinein in die Altstadt. Ein paar Stunden später flog Hitler zurück nach Berlin, um die Reichstagsrede vorzubereiten, die er am nächsten Tag halten wollte.

Bis heute ist unklar, warum die Sprengladung nicht explodierte. Möglicherweise wurde der Späher am Straßenrand, der der Sprenggruppe Hitlers Kommen signalisieren sollte, im entscheidenden Moment von Polizisten oder Armeepersonal gehindert, das vereinbarte Signal zu geben. Vielleicht zog man den Befehl zum tödlichen Schlag im letzten Augenblick aus Angst um die Geiseln zurück. Vielleicht war das Zündkabel defekt.[88] Der ehemalige AK-Aktivist und spätere AK-Chronist Jan Nowak vermutet menschliches Versagen. Der mit dem Sprengsatz betraute Pionier hatte den Befehl, selbst zu bestimmen, wann er ihn zündet. Unter dem Druck des hohen Risikos und angesichts des Menschengewimmels ringsum, das ihn irritierte, hatte der Pionier wohl gezögert – und die Gelegenheit verpasst.[89] Was auch immer der Grund war: Teodors erster Sabotageversuch war gescheitert – und Hitler wieder einmal entwischt.

Der Führer besuchte Warschau nur einmal und betrat auch das übrige polnische Territorium nur selten. Nie ließ er auf polnischem Boden richtige Feldhauptquartiere errichten, lediglich zwei *Gefechtsstände*, deutlich Notbehelfe, eilends hingestellt kurz vor dem Überfall auf die Sowjetunion: einen bei Tomaszów Mazowiecki (100 Kilometer südöstlich von Warschau) mit der geheimen Bezeichnung *Anlage Mitte*, den anderen bei Strzyżów (130 Kilometer östlich von Krakau), die *Anlage Süd*. Beide ‚Anlagen‘ bestanden nur aus befestigten Tunneln für Hitlers Sonderzug und ein paar Baracken.[90]

Andererseits gab es Feldhauptquartiere beeindruckenden Formats. Das berühmteste wurde die *Wolfschanze* nahe Rastenburg in Ostpreußen, knapp 70 Kilometer von der polnischen Vorkriegsgrenze entfernt in einem riesigen Waldgebiet gelegen. Ende 1940 begannen die Arbeiten; offiziell hieß es, man errichte dort eine Chemiefabrik. Ursprünglich bestand die Wolfschanze nur aus einer Reihe von Bunkern und ein paar Außengebäuden, meist Baracken. Die gesamte Anlage wurde sorgfältig mit Tarnnetzen gegen Einblick von oben abgeschirmt; mit künstlichen Bäumen, Moos, etc. war man bestrebt, feindliche Piloten glauben zu machen, hier sei nichts als dichter Wald. Als Hitler dort einzog – am 24. Juni 1941, zwei Tage nach dem Einmarsch in die Sowjetunion –, war das künftige Führerhauptquartier ein stattlicher Komplex mit eigener Landebahn, Wetterstation und Sauna. Die Wolfschanze wurde Hitlers zweites, wenn nicht sein eigentliches Zuhause. In den kommenden zwanzig Monaten verließ er sie nur viermal für insgesamt 57 Tage.[91] In toto verbrachte er dort mehr als 800 Tage, also über zwei Jahre.[92]

Der Ort war strategisch bestens gewählt. Er lag in Masuren, einer Region mit sanften Hügeln und einer Vielzahl von Seen, spärlich besiedelt, aber dafür dicht bewaldet. Eine optimale verkehrstechnische Anbindung stellten die gut ausgebauten Landstraßen sicher und die dicht am Gelände vorbeiführende Bahnlinie Angerburg-Rastenburg, über die man rasch zur Hauptstrecke nach Berlin gelangte. Westlich und südlich der Wolfschanze erstreckte sich ein weiträumiges Geflecht von Seen und Wasserläufen: ein effektiver Schutzwall gegen Attacken durch Bodentruppen. Aus der Luft war sie dank der Tarnmaßnahmen fast unsichtbar.

Einen jedoch überzeugten all diese Vorzüge nicht recht: den Herrn, der in der Wolfschanze residieren sollte. Hitler beschwerte sich, er fühle sich in seinen Bunkern „wie eingesperrt"; sein „Geist" könne sich dort nicht entfalten.[93] Schlimmer noch: Die nahen Seen sorgten für eine Stechmückenplage, die alle in der Wolfschanze heimsuchte, den Führer ebenso wie den einfachen Wachsoldaten. Die Insekten brachten Hitler derart zur Raserei, dass er drohte, die Luftwaffe mit dem Problem zu betrauen. Die Planer, so vermerkte er zornig, hätten für ihn „das sumpfigste, mückenverseuchteste und klimatisch ungünstigste Gebiet ausgesucht, das sie hatten finden können".[94]

In der Wolfschanze galten selbstverständlich die schärfsten Sicherheitsbestimmungen. Das gesamte Terrain, 2,5 x 2 Kilometer groß, war in drei konzentrische Sperrkreise eingeteilt, jeder mit eigenen Kontrollpunkten, Zäunen und Patrouillen. Die äußere Zone war mit Minenfeldern, einem fünf Meter hohen Stacheldrahtzaun und MG-Nestern alle 150 Meter gesichert, die mittlere Zone mit zusätzlichen Wachtürmen, Flak-Batterien und Panzerabwehrstellungen.[95] Im Ganzen arbeiteten etwa 2.000 Leute in der Wolfschanze. Die weitaus meisten waren mit Sicherheitsaufgaben beschäftigt, aber nur wenige von ihnen bekamen je den Mann zu Gesicht, den sie bewachen sollten. Kaum einhundert Personen, alle sorgfältig überprüft und ‚ausgesiebt', hatten Zugang zur inneren Zone.[96]

Jeder legitimierte Besucher – ob er nun mit dem Auto, der Eisenbahn oder zu Fuß kam – musste durch mindestens drei Personenkontrollen, bevor er sich dem inneren Bezirk auch nur nähern konnten. Dort erwarteten ihn weitere Kontrollen. Ein zusätzliches Mittel zur Überwachung der Zu- und Abgänge war ein System von Passierscheinen, die allein der Kommandant des Führerhauptquartiers nach Rücksprache mit der Leitung des Sicherheitsstabes ausstellte. Nur wer den richtigen Passierschein besaß, durfte den inneren Sperrkreis betreten.

Personen, die ohne Passierschein in der Wolfschanze angetroffen wurden, waren sofort zu verhaften und zu verhören. So die offizielle Vorschrift. Die Wirklichkeit war brachialer. Im Sommer 1942 lief ein polnischer Arbeiter, der in der Nähe wohnte und eine Abkürzung für seinen Nachhauseweg suchte, unachtsamerweise im äußeren Sperrkreis herum. Er wurde kurzerhand erschossen.[97] Ein andermal wurde ein deutscher Posten angeschossen und schwer verletzt, als er sich nachts einem Kontrollpunkt näherte und eine falsche Parole sagte.[98]

Das Zentrum bildeten ein Bunkerkomplex und ein Barackenblock; auch Hitlers Privaträume befanden sich hier. Die Baracken, in denen sich meist Arbeitsräume befanden, waren solide, holzverkleidete Ziegelbauten, nicht selten über dreißig Meter lang. Die Bunker aus Stahlbeton besaßen stolze Maße, besonders nach ihrer Erweiterung im Jahre 1943: bis zu zwölf Meter hoch, mit sieben Meter tiefen Fundamenten.[99] Einige der Anlagen boten stolze Extras: Hitlers Bunker hatte eine Küche, die ein ganzes Stockwerk umfasst und auf Görings Bunker war eine Fliegerabwehrkanone installiert. Die unterirdischen Betonburgen bestanden wesentlich aus einem großen Korridor, dem entlang eine Vielzahl kleiner Räume lag. Albert Speer gibt in seinen Memoiren eine treffende, nicht unbedingt schmeichelhafte Beschreibung des Hitler-Bunkers:

„Von außen sah er aus wie ein altes ägyptisches Grabmal. Im Grunde war er bloß ein großer fensterloser Betonblock ohne direkte Belüftung. Im Querschnitt betrachtet, überstieg die Masse an Beton von der Kubikmeterzahl her bei weitem den nutzbaren Raum, den sie schützte. Es war, als schotteten die fünf Meter dicken Betonwände Hitler von der Außenwelt ab, und zwar im bildlichen wie im wörtlichen Sinne. Sie schlossen ihn ein in seiner Verblendung."[100]

Obwohl die Wolfschanze zweifellos die bestbewachte militärische Einrichtung im Deutschen Reich war, war sie vor Spähversuchen seitens des polnischen Untergrunds nicht sicher. Der britische Meisteragent Ron Jeffery, *under cover* in Deutschland und Polen tätig, berichtet in seinen Erinnerungen, die Polen hätten zunächst einen russischen Oberst der Wlassow-Armee als Informanten einsetzen wollen. Die antibolschewistischen Wlassow-Truppen kämpften im Zweiten Weltkrieg auf deutscher Seite; ihre Offiziere hatten häufig Kontakt mit der deutschen Führung, auch in der Wolfschanze. Irgendwann war den Polen dieses Vorhaben nicht mehr geheuer gewesen, berichtet Jeffrey, und sie hätten es fallen gelassen, weil es ihre eigenen Aktivitäten hätte gefährden können.[101] Ob diese Geschichte nun stimmt oder nicht – bald erschloss sich den Polen eine neue, ergiebigere Quelle. Eine glamouröse Lebedame der Warschauer Hautevolee, Sława Mirowska, hatte 1942 gerade eine Affäre mit dem General der Waffen-SS Wilhelm Bittrich. Nach einer Weile konnte die AK sie dazu bringen, für den Untergrund Augen und Ohren offenzuhalten; sie wurde tatsächlich eine Art zweite Mata Hari. Im Sommer jenes Jahres begleitete sie Bittrich zu seinem Hauptquartier an der Ostfront. Eine weite Fahrt; in Rastenburg machte man Zwischenstopp. Während des Besuchs in der Wolfschanze notierte Sława heimlich alles, was sie sah: die Lage einzelner Gebäude, die aktuellen Sicherheitsvorkehrungen – wichtige Details, die sie pflichtbewusst umgehend ihren Auftraggebern in Warschau zukommen ließ.[102]

Trotz dieses Wissens haben die Polen das Gelände der Wolfschanze nie wirklich als Schauplatz eines Attentats in Erwägung gezogen. Vielleicht schreckte sie ab, wie gering die Chancen eines potenziellen Attentäters auf so scharf bewachtem Terrain wären; vielleicht reichte der Arm der AK nicht so weit, um vor Ort die Infrastruktur für Untergrundzellen aufzubauen; Rastenburg lag ja nicht in Polen, sondern tief in der feindlichen deutschen Provinz Ostpreußen. Aussichtsreicher schien es, Hitler mobil anzugreifen, wenn er zwischen Führerhauptquartier und Reichshauptstadt unterwegs war. Zwar verließ er sein ostpreußisches Refugium nicht sehr oft, aber Gelegenheit war gegeben. Zumal er für den Weg Wolfschanze-Berlin nur selten das Flugzeug nahm, sondern meist den Sonderzug, der die alte Hauptstrecke Königsberg-Konitz-Küstrin-Berlin nutzte, eine Route, die den ehemaligen Polnischen Korridor, die alte Provinz Westpreußen, streifte.

Bei Ausbruch des Krieges hatte der *Führersonderzug* den Geheimnamen *Amerika* erhalten und war noch einmal beträchtlich ‚aufgemöbelt' worden: mir einer zusätzlichen Lokomotive, einem Wagen als Nachrichtenzentrale und einen zweiten Flakwagen.[103] Leute, die Hitler auf seinen Fahrten begleiteten, berichten von einigem Luxus: seidene Bettdecken, polierte Holzvertäfelung an den Wänden, fließend kaltes und warmes Wasser.[104] Die wesentlichen Bauteile des Zuges waren aus bestem Schweißstahl und bis zu einem gewissen Grad robust genug, Attentaten standzuhalten.

Zugentgleisungen gehörten zu den ‚Spezialitäten' des polnischen Untergrunds. Schon kurz nach Beginn der Okkupation wurde eine Sondereinheit ins Leben gerufen, die ausschließlich Anschläge gegen Eisenbahneinrichtungen verübte. Das Oberkommando gab sogar Quoten aus, wie viele Züge pro Monat zum Entgleisen gebracht werden sollten. In toto wurden über 700 solcher Operationen durchgeführt.[105] Das genaue Procedere legten nicht die Befehle fest, sondern entschieden die Saboteure vor Ort. Obwohl es darüber keine Dokumente gibt, kann man heute zwei Methoden unterscheiden, die zur Anwendung kamen: Entweder man deponierte Sprengstoff auf den Gleisen oder man montierte stellenweise einfach die Schienen ab. Beide Methoden hatten verheerende Wirkung für einen Zug, der Höchstgeschwindigkeit fuhr.

Hitlers Sonderzug stellte Saboteure vor besondere Probleme. Der *Amerika* wurde scharf bewacht, wenn er in einem Bahnhof stand oder auf einem Nebengleis nahe der Wolfschanze. War er unterwegs, fuhr er außerhalb des Fahrplans, war schwer bewacht, und oft wurde ihm ein leerer Zug vorangeschickt, um potenzielle Attentäter zu täuschen. Die Hauptschwierigkeit für Saboteure bestand darin, vorher genau zu wissen, wann der *Amerika* einen bestimmten Punkt passierte – wofür er interne Informationen brauchte.

Zumindest einmal hatte die AK für ein Attentat die idealen Bedingungen. Am Abend des 8. Juni 1942 verließ Hitler Rastenburg per Sonderzug Richtung Berlin zum Staatsbegräbnis von Reinhard Heydrich, der ein paar Tage zuvor einem Attentat in Prag zum Opfer gefallen war. Irgendwie war die geheime Fahrtplanung zu dem AK-Kommandeur Hauptmann Stanisław Lesikowski, Tarnname ‚Las‘ (‚Wald‘), durchgesickert, dessen Operationsgebiet ein Streckenabschnitt der Eisenbahnlinie KönigsbergBerlin einschloss. Der gelernte Optiker hatte sich beim Verteidigungskampf Warschaus 1939 ausgezeichnet und war Organisator verschiedener subversiver Gruppen in ‚Pomorze‘, das nicht mit der ehemaligen deutschen Provinz Pommern identisch ist, sondern die ehemaligen deutschen Regionen Pommerellen und Westpreußen bezeichnet. Las entwarf als erfahrener und gewiefter Widerstandskämpfer[106] den Plan für die Entgleisung von Hitlers Zug und nannte das Unternehmen mit schwarzem Humor – in Anspielung auf die österreichische Herkunft des Diktators – ‚Wiener Blut‘.

Die Ausführung vertraute Las einer lokalen Widerstandsorganisation an, die sich Gryf Pomorski (‚Pommerscher Greif‘) nannte und von Leutnant Jan Szalewski, Tarnname ‚Sable‘, geleitet wurde. Auch er hatte 1939 in Warschau gekämpft, war in deutsche Gefangenschaft geraten, aus der er ausbrach und sich dem Untergrund anschloss. Sable rief seine Männer zusammen – alle in gestohlenen Uniformen der Waffen-SS und perfekt Deutsch sprechend – und teilte sie in zwei Gruppen ein. Die erste sollte den Schienenweg unterbrechen, die zweite die Umgebung sichern. Sable wählte eine Stelle nahe dem Dorf Strich westlich von Preußisch-Stargard (damals Westpreußen), wo die Strecke durch einen Wald ging.[107]

Wie Sable geplant hatte,[108] ließen seine Pioniere nachts gegen 2.45 Uhr den Ablenkzug durch, demontierten in kurzer Zeit die Schienen und zogen sich zu einem befestigten Stützpunkt irgendwo im nahen Wald zurück. Der Zug kam, entgleiste krachend und rollte einen Straßendamm hinab. Sofort waren die AK-Leute wieder zur Stelle und beschossen mit MGs die Überlebenden, die sie als Angehörige der SS-Leibstandarte identifizierten.[109] Trotz vieler Toten waren die Deutschen weiterhin in der Überzahl und zwangen Sable und seine Leute zur Flucht, die problemlos und ohne Verluste gelang. Die AK-Kämpfer waren sich völlig sicher, dass sie ihre Mission erfolgreich erfüllt hatten. Sable erinnerte sich später: „Als die Einheit und ich nach der Aktion zusammentrafen, strahlten wir alle vor Freude. ‚Hitler ist zur Hölle gefahren!' jubelten wir".[110]

Später hieß es, dass 200 deutsche Soldaten tödlich getroffen worden seien, darunter zwei Generäle.[111] Hitler war nicht dabei. Er hatte sich kurzfristig entschlossen, in Marienberg auszusteigen für eine dienstliche Besprechung mit Albert Forster, dem Gauleiter von Danzig. Blutige Vergeltungsschläge trafen die Dörfer rings um den Ort des Attentats. 150 Verdächtige wurden verhaftet, 50 von ihnen wurden ins KZ Stutthof bei Danzig verbracht. Für Hinweise auf die Täter wurde eine Belohnung ausgesetzt, die sich auf die fürstliche Summe von 250.000 Reichsmark belief.[112]

Wieder eine ‚wunderbare Errettung', möchte man meinen, die von der nationalsozialistischen Propaganda dankbar ausgeschlachtet worden wäre. Nichts dergleichen passierte, und das ist nicht die einzige Merkwürdigkeit in diesem Fall. Je mehr man zu konstruieren versucht, was sich wirklich in der Juninacht 1942 am westpreußischen Teilstück der Bahnlinie Königsberg-Berlin abspielte, desto unsicherer wird die Faktenlage. Die obige Darstellung ist nur *eine* Version. Zeitgenössische deutsche Quellen bestätigen zwar eine durch Sabotage erfolgte Zugentgleisung in der Nacht vom 8. zum 9. Juni nahe Preußisch-Stargard, doch von einem Attentat gegen Hitler ist nicht die Rede. Vielmehr wird berichtet, ein fahrplanmäßiger Personenzug mit Ziel Berlin sei attackiert worden, was drei Menschen das Leben gekostet habe.[113] Dass die Aktion als Anschlag auf Hitler gedacht war, erfuhren die deutschen Behörden offenbar erst zwei Jahre später, nachdem sie einen Pionier aus Sables Truppe ergriffen und verhört hatten.[114] Auch die vorhandenen Darstellungen von polnischer Seite, selbst die Teilnehmer- und Zeugenaussagen, ergeben kein einheitliches und widerspruchfreies Bild. Wer hat damals die AK informiert? Bahnangestellte, sagen einige, andere nennen den deutschen Widerstand, die Wehrmacht oder gar die SS als Hinweisgeber. Wieder andere behaupten, das Ereignis habe sich nicht bei Strich, sondern 40 Kilometer weiter westlich bei Rittel abgespielt, zudem sei der Zug sei nicht *nach* Berlin unterwegs gewesen, sondern *aus* Berlin gekommen.[115]

Auch neuere Quellenfunde und ein höchst seltsames Dokument, das die britischen National Archives 1998 freigaben, bringen keine Klarheit in den Fall. Bei dem Dokument handelt es sich um einen Rapport der SOE aus den frühen 1940er Jahren über jüngste Aktivitäten der befreundeten polnischen Untergrundarmee; der Schriftsatz, der offenbar Informationen des polnischen Geheimdienstes verwertet, gehörte zu einer Materialsammlung, aufgrund derer die SOE ein eigenes Attentat gegen Hitler zu planen gedachte.[116] Diesem Bericht zufolge fand die Entgleisung gar nicht im Sommer 1942, sondern schon im Herbst 1941 statt, und auch nicht bei Strich oder Rittel, sondern gut 50 Kilometer weiter südwestlich nahe Schwarzwasser. Dort kam es, laut Bericht, zu einer unglücklichen Fügung der Dinge, die den Diktator rettete, aber vielen anderen das Leben kostete. Aus unbekanntem Grunde musste Hitlers Zug an einem kleinen Bahnhof bei Schwarzwasser halten, worauf ein regulärer Personenzug auf den sabotierten Streckenteil gelangte und entgleiste – 430 Tote. Das Dokument fand nach seiner Publikation Ende der 90er Jahre zwar beträchtliches Interesse, aber seriös wirkt es nicht. Hier wurden wohl mehrere, obendrein nur halb richtig erfasste Geschehnisse zu einer Geschichte kombiniert und ausgeschmückt. Vieles kann so nicht stimmen. Eine derart opferreiche Zugentgleisung, ausgelöst durch polnische Widerständler, hätte zweifellos gewaltiges Aufsehen erregt; aber keine deutsche Quelle vermeldet dergleichen im Herbst 1941. Außerdem reiste Hitler – wie wir heute wissen – zu jener Zeit nicht, sondern weilte wohlbehalten und sicher in seiner Wolfschanze, die er erst Anfang Oktober wieder verließ. Des Weiteren heißt es in dem Bericht, die Untergrundarmee habe die Gleise nicht demontiert, sondern gesprengt und die entsprechende Ladung per Kurzwellenfunk ferngezündet. Ein technisch so aufwendiges Attentat ist sehr unwahrscheinlich, wenn man bedenkt, welche Schwierigkeiten die AK oft hatte, sich die einfachsten Schusswaffen zu besorgen. Wir können nur vermuten, dass der rapportierende SOE-Offizier Fehl-, oder Desinformationen aufgesessen ist, oder dass er seiner Phantasie gar zu sehr die Zügel hat schießen lassen.

Danach ist die Geschichte, dass Leutnant Sable und seine Leute in den frühen Morgenstunden des 9. Juni 1942 ein Attentat gegen Hitlers Zug versuchten, keine reine Legende. Ein paar Tatsachen sind unbestreitbar. Hitler *wollte* in jener Nacht de facto nach Berlin, und es *gab* in jener Nacht definitiv eine erzwungene Zugentgleisung auf der Teilstrecke zwischen Dirschau und Konitz.[117] Schließt man bloßen Zufall aus, muss man einen Zusammenhang zwischen Hitlers Reisevorhaben und der Zugentgleisung vermuten. Dann hat wirklich ein ‚Insider‘, wahrscheinlich ein Bahnangestellter, dem Gryf Pomorski die exakte Terminierung der Hitler‘schen Reise verraten. Vor diesem Hintergrund wurde es verständlich, dass die Kämpfer ernsthaft glaubten, der Zug, den sie attackierten, sei der *Amerika*, und auch, dass sie in ihren späten Erinnerungen nicht von der Version abrückten. Sie hatten ermittelt, dass der Amerika ungefähr um 2.45 Uhr den Wald, in dem sie lauerten, passieren würde. Nun könnte es zu einer Kette tragischer Irrtümer gekommen sein: Kurz vor der genannten Zeit braust ein Zug heran, den die Pioniere für die Attrappe halten. In Wahrheit handelt es sich aber um einen fahrplanmäßigen Personenzug. ‚Der nächste Zug muss der *Amerika* sein‘, sind sich die Pioniere sicher und schlagen zu. Doch es ist nicht der *Amerika*, sondern offenbar ein Zug von der Front; und die Männer, die aus dem Wrack stolpern und von den Pionieren beschossen werden, sind keine Angehörigen der SS-Leibstandarte, sondern ‚normale‘ Soldaten auf dem Weg in ihren Fronturlaub.

Diese Version will den Attentatsversuch Sables und seiner Leute nicht kleinreden oder kritisieren, sondern verdeutlichen, wie wichtig es wäre, die Ereignisse dieser Nacht endlich der trüben Sphäre unverlässlicher Erinnerungen und willkürlicher Spekulationen *ex post* zu entreißen.

Sable hat der Fehlschlag nicht entmutigt. Er führte seine Männer in weitere Widerstandsaktionen und setzte den Deutschen in seinem Distrikt noch bis 1944 zu. Dreimal verwundet, erlebte er das Kriegsende in einem sowjetischen Lazarett.[118]

Hauptmann Las realisierte knapp zwei Wochen später an der gleichen Teilstrecke ein weiteres Eisenbahnattentat, diesmal auf einen Güterzug. Die AK ernannte ihn zum Kommandeur des Bezirks Berent. Im April 1944 verhaftete ihn die Gestapo.

Wochenlang verhörte und folterte sie den Widerständler fast unausgesetzt, bis Las einen Selbstmordversuch unternahm und Seife aß. Er wurde ins KZ Stutthof überstellt und im Juli 1944 hingerichtet.[119]

Im Pantheon der gescheiterten Hitler-Attentäter hat der polnische Untergrund jahrzehntelang gefehlt. In Polen werden die oben skizzierten Ereignisse seit etwa 1990 intensiv, offen und kontrovers debattiert; auch ein bescheidenes Schrifttum entstand. Im Ausland hingegen blieb das Thema ein weitgehend unbeackertes Feld. Hierbei spielt sicher eine Rolle, dass nur wenige nichtpolnische Forscher und Journalisten Polnisch können. Deutsche und englischsprachige Arbeiten zu dem Thema sind jedenfalls unverändert rar.

Der Gerechtigkeit halber muss aber hinzugefügt werden, dass die Quellenlage äußerst dünn ist – ein Problem auch für die einheimische Wissenschaft. Eine makabere Zwangsläufigkeit: Dass es so wenige unmittelbare Zeugnisse aus erster Hand von den Teilnehmern jener riskanten Operationen gibt, hat seinen Grund in der makabren Tatsache, dass sie in so großer Zahl dem deutschen Gewaltregime zum Opfer fielen. Nur wenige konnten sich retten und später ihre Geschichte zu Papier zu bringen. Die meisten jedoch fanden den Tod in den Konzentrationslagern, in den Folterzellen der Gestapo oder wurden in der dantesken Hölle des Warschauer Aufstandes niedergemetzelt. Von den jungen Kämpfern der Eliteeinheit Bataillon Parasol, auf die ein großer Teil der ‚Liquidationen' führender Vertreter der deutschen Besatzung zurückgeht, überlebten nur 300 den Krieg; das ist nicht einmal jeder Dritte.[120]

Für die jahrzehntelange Abwesenheit im besagten Pantheon der Geschichte des Widerstands gibt es noch einen weiteren, kaum minder düsteren Grund. Nachdem das Naziregime aus Polen verjagt war, wurde das Land von einer andern totalitären Macht besetzt: der UdSSR. Die Sowjetrussen standen der Polnischen Heimatarmee so feindlich gegenüber wie die Nazis. Schon während des Weltkrieges hatten sie die Aktivitäten der AK, die unter dem Kommando der scharf antibolschewistischen polnischen Exilregierung stand, misstrauisch beäugt, zumal es 1944/45 zu polnisch-russischen Kampfhandlungen gekommen war. 1945, im neu zu errichtenden Satellitenstaat ‚Volksrepublik Polen‘, duldeten die Sowjets keine konkurrierende politische Kraft. Sie und und ihre inländischen Vasallen, die polnischen Kommunisten, verfolgten die Führer der Untergrundarmee, denunzierten sie als Spione, Kryptofaschisten und Kollaborateure und stellten sie vor Gericht.[121] In einer Reihe von Schauprozessen wurden die Überlebenden der AK verleumdet, gedemütigt und nicht selten zum Tode verurteilt. Nur wenige entgingen der stalinistischen Terrorjustiz. Unter diesen Umständen kann es nicht verwundern, dass die AK-Veteranen sich in den Jahrzehnten kommunistischer Herrschaft zu ihrem damaligen Kampf gegen die Nazibesatzung kaum äußern mochten. Diese Leute hatten mit viel Glück den Krieg überlebt; jetzt mussten sie auch noch den Frieden überleben, und das ging am besten, wenn man den Mund hielt.

So blieben viele der primären Quellen unerschließbar. Eine der interessantesten wäre gewiss Leutnant Sable gewesen, der Leiter des Einsatzes gegen Hitlers Zug in jener Juninacht des Jahres 1942. Doch gerade ihm haben die Sowjets seinen Heroismus übel vergolten. 1946 verhaftete ihn die kommunistische Geheimpolizei. 1950 wurde er erneut verhaftet und wegen seiner Rolle in der polnischen Heimatarmee zu 18 Monaten Gefängnis verurteilt. Danach erlitt er einen Nervenzusammenbruch.[122]

Nicht besser erging es Major Teodor, dem führenden Kopf des gescheiterten Anschlags auf Hitlers Konvoi im Oktober 1939 in Warschau. 1945 aus einem deutschen Kriegsgefangenenlager nach Polen zurückgekehrt, wurde Teodor ein Jahr später von der kommunistischen Geheimpolizei verhaftet und wegen Mitgliedschaft in einer illegalen Organisation angeklagt. 1947 verhängte man über ihn zunächst die Todesstrafe, wandelte das Urteil aber in „lebenslänglich“ um. Zehn Jahre saß er ab, bis er schließlich 1956 durch Amnestie freikam.[123] Danach wollte er verständlicherweise nicht mehr über seine Aktivitäten während des Krieges sprechen. Nichts wisse er über irgendein Attentat auf Hitler, ließ er verlauten, und erst recht habe er sich an keinem beteiligt; in der fraglichen Zeit sei er gar nicht in Warschau gewesen. Bis zu seinem Tode 1974 blieb er bei dieser Version. Eine winzige Kleinigkeit freilich legt den Schluss nahe, dass seine Vergesslichkeit taktischer Natur war. Wie seine Frau später erzählte, weigerte sich Teodor selbst im hohen Alter, die Kreuzung Nowy Âwiat / Aleje Jerozolimskie zu passieren, wo er einst den Sprengstoff platziert hatte.[124]

Im Rückblick mag man sich heute fragen, warum der polnische Untergrund, viel gepriesen als die aktivste und effektivste Widerstandsorganisation des Zweiten Weltkrieges, nicht öfter gegen Hitler vorging. Die Frage ist verständlich, verrät aber, dass der Frager sie aus der komfortablen Perspektive eines friedensgewohnten Teils der Welt des beginnenden 21. Jahrhunderts stellt. Polen wurde während des Kriegs von der deutschen Besatzung zerschlagen, zerstückelt, zermalmt; die Eroberer kamen mit dem Willen, zu vernichten; es ging für das polnische Volk ums nackte Überleben. Die Akteure des polnischen Untergrundes mussten ihre strategische Kompetenz, ihre kriegshandwerklichen Fertigkeiten und nicht zuletzt ihren Wagemut anderen, näher liegenden, unmittelbareren Zielen widmen als dem, Hitler zu liquidieren. Es hätte Kräfte gebunden, die woanders dringender gebraucht wurden und das unter den unmenschlichen Bedingungen, die ihnen ein diabolischer Repressionsapparat aufzwang. Man sollte daher nicht beklagen, dass sie es nicht geschafft haben. Man sollte loben, dass sie es überhaupt versucht haben.

5. KAPITEL

Der unerbittliche Feind –
die Sowjetunion

Es wäre mir außerordentlich viel daran gelegen,
Hitler tot zu sehen.

Jossif Wissarionowitsch Stalin[1]

Es war die Nacht zum 22. Juni 1941. Die kürzeste Nacht des Jahres. Eine Stunde, bevor es hell wurde, knisterte das Codewort ‚Dortmund‘ durch zahllose Feldtelefone und Funkempfänger an der Ostfront des ‚Großdeutschen Reiches‘. Das Signal zum Angriff. Deutsche Sturmtruppen setzten sich in Bewegung; gleichzeitig eröffneten 7.000 Artilleriegeschütze ein vernichtendes Sperrfeuer gegen die sowjetischen Linien. Die gewaltigste Militäroperation der europäischen Geschichte lief an: 3,5 Millionen Mann, unterstützt von fast 4.000 Panzern, 7.000 Artilleriegeschützen und gut 2.500 Flugzeugen, formierten eine Front, die sich über 2.000 Kilometer von der Ostsee bis zum Schwarzen Meer erstreckte.[2] In einer Botschaft an die Soldaten beschrieb der Führer den Angriff als „Krieg um [...] das Schicksal Europas, um die Zukunft des Deutschen Reiches und um das Fortbestehen unseres Volkes“[3]. Das *Unternehmen Barbarossa* hatte begonnen.

Das sowjetische Militär reagierte zunächst mit Überraschung, Verwirrung und Panik. Die Soldaten nahe der Front, vom Gerassel deutscher Panzer und Geschützlärm deutscher Artillerie jäh aus dem Schlaf gerissen, suchten meist ihr Heil in der Flucht. Weiter hinten stationierte Truppen hielten das plötzlich losbrechende Sperrfeuer zunächst für ein Erdbeben. Als die Schrapnelle einschlugen und die Sirenen heulten, wussten sie: es war Krieg. Ratlose Einheitskommandeure funkten vergeblich ihre Befehlshaber um Instruktionen an. Inzwischen rückten die deutschen Truppen weiter vor und dezimierten die sowjetischen Streitkräfte, wo sie standen. Schätzungen zufolge starb in den ersten Tagen des Feldzugs alle zwei Sekunden ein sowjetischer Soldat.[4] Die Zahl der Gefangenen sprengte alle bisherigen Dimensionen. Schwerwiegend waren auch die Materialverluste. Die verglichen mit deutschem Kampfgerät primitiv gebauten russischer Panzer wurden übel zusammengeschossen. 1.200 Flugzeuge – gut zwanzig Prozent der Roten Luftflotte – zerstörte die Wehrmacht allein am ersten Tag,[5] die meisten am Boden. Als Göring die exorbitanten Quoten las, hielt er sie für übertrieben. Die Überprüfungen der Zahlen ergab jedoch: es waren um ein Viertel mehr als ursprünglich erfasst.[6]

So überraschend das Unternehmen Barbarossa gewesen sein mag – das Überraschendste daran war, dass der Angriff die Sowjets überraschte. Eigentlich mussten sie mit einer solchen Attacke rechnen. Informationen gab es genug. Dem englischen Nachrichtendienst war es kurz zuvor gelungen, den Code der deutschen Verschlüsselungsmaschine Enigma zu knacken, die die Wehrmacht beim Austausch geheimer Mitteilungen verwendete. Damit fiel der geplante Termin für den Angriff auf die Sowjetunion fiel den Briten in die Hände. Pflichtschuldig übermittelte man das Ergebnis der russischen Botschaft in London. Churchill selbst sandte Telegramme mit einschlägigen Hinweisen nach Moskau. Der russische Nachrichtendienst selbst warnte schon lange vor einer „Eröffnung der Feindseligkeiten" durch Nazi-Deutschland. Die entsprechenden Informationen verdankten sie einem ihrer besten Agenten, Richard Sorge, offiziell Mitarbeiter der deutschen Botschaft in Tokio; als solcher war er an Details der Angriffspläne gelangt und hatte Moskau unterrichtet.[7] Allein der bloße Augenschein hätte die russische Führung belehren müssen, das etwas im Gange war: seit Wochen hatte die Wehrmacht Streitkräfte an der sowjetischen Westgrenze zusammengezogen und die deutsche Luftwaffe zahllose Erkundungsflüge über sowjetischem Gebiet durchgeführt. All dies war sorgfältig notiert an Stalin weitergegeben worden.

Kurz bevor es losging, wagten sich ein paar Angehörige der deutschen Armee durch die Frontlinien und teilten den sowjetischen Behörden mit, dass ein großer Angriff bevorstehe. Der in Rumänien stationierte deutsche Soldat Alfred Liskow, ein früherer Kommunist, durchschwamm den rumänisch-sowjetischen Grenzfluss Pruth und ließ die Russen wissen, dass der Befehl zum Vormarsch erteilt war. All diese Berichte tat man in Moskau als Märchen ab, als ‚Desinformationen‘, überbracht von windigen *agents provocateurs*. Sorge wurde verspottet, Liskow erschossen. Stalin wollte die Deutschen, mit denen er vor drei Jahren einen Nichtangriffpakt geschlossen hatte, um keinen Preis kränken. In der Wahrnehmung des Diktators waren die Deutschen vertragstreu, basta. Die schlimmen Berichte passten da nicht hinein. Stalin leugnete die immer offensichtlichere Realität. Selbst als katastrophalste Meldungen von der Front eintrafen, rief er seine Streitkräfte nicht zum Widerstand auf.[8]

In der entstandenen Verwirrung machten die Deutschen rapide Geländegewinne. Schon nach einer Woche lag die Front im Durchschnitt zweihundert Kilometer weiter ostwärts. Riga, Minsk und Lemberg waren bereits gefallen. Im Laufe des ersten Monats kamen die deutschen Heere im Norden und in der Mitte erneut voran; im Süden näherten sie sich der ukrainischen Hauptstadt Kiew. Die Luftwaffe hatte sogar schon kurz einmal Moskau attackiert.[9] In gewaltigen Kesselschlachten wurden riesige Scharen sowjetischer Gefangener gemacht; bei Białystok waren es über 300.000, bei Smolensk fast 350.000. Hitlers Einschätzung, Stalins Armee sei in prekärem Zustand und stelle für einen Angriff keine wirkliche Gefahr da, schien sich zu bestätigen. Zweifellos war der Widerstandswille der sowjetischen Soldaten ungebrochen, aber ihre Führung, insbesondere die politische, taugte wenig. Die Ausrüstung der Roten Armee blieb weit hinter den Notwendigkeiten zurück, und sie hatte keine wirksame Gegenstrategie zur Taktik des *Blitzkriegs* entwickelt, mit der die Deutschen nach mehreren Feldzügen inzwischen brillierten.

Dem Kollaps der Front entsprach ein Kollaps in der Machtzentrale des Sowjetstaates. Als Stalin vom Ausmaß der Katastrophe erfuhr, wurde ihm gewahr, wie falsch er gehandelt hatte, als er die warnenden Hinweise auf einen bevorstehenden deutschen Angriff ignorierte. Er erlitt einen emotionalen und nervlichen Zusammenbruch und schwankte zwischen trüber Depression und hilfloser Wut. Zwei Tage lang saß der bitter Enttäuschte unrasiert und ungewaschen in seiner Datscha, wollte niemanden sehen und ging nicht ans Telefon. Eine Mitarbeiterin meinte rückblickend, sie habe ihn nie so „am Boden zerstört" erlebt. Stalin fand drastische Worte für die Situation und fluchte: „Lenin hat uns ein großes Erbe hinterlassen. [...] Wir haben es in die Scheiße geritten".[10]

Es war nicht allein die Furcht vor einer militärischen Niederlage und dem Zusammenbruch des politischen Systems, die Stalin zu schaffen machte. Er empfand das Handeln der deutschen Seite als persönliche Demütigung. Blenden wir zurück zum Ende der 1930er Jahre. Stalin, der Kommunist, sucht Hitler, den bereits Krieg führenden Nationalsozialisten, zu einem Pakt zu bewegen, der bis heute vielen unbegreiflich, aber realpolitisch verständlich ist. Stalin befürchtete, dass die westlichen Demokratien im Ernstfall keine großen Anstrengungen unternehmen würden, Hitlers Expansionsgebaren Einhalt zu gebieten. Die seltsame Allianz hat ihren Grund aber auch in der geheimen Sympathie, die Stalin dem Führer entgegenbrachte. Ungeachtet aller ideologischen Differenzen fühlte Stalin instinktiv, dass er mit dem Diktator Hitler leichter handelseinig werden würde als mit den Oberhäuptern der westlichen Demokratien. Er bewunderte den Aufstieg seines Rivalen, seine offensichtliche Popularität und seine brutale und kompromisslose Art, Opponenten auszuschalten. Als Hitler 1934 gegen Röhm und die SA vorging, die einst seine treuesten Gefolgsleute waren, jetzt aber seine Macht zu gefährden drohten, reagierte Stalin begeistert und soll ausgerufen haben: „Das ist doch mal ein echter Kerl, dieser Hitler!".[11]

Die Allianz, die er 1939 mit Hitler schloss, bedeutete auch eine politische Aufwertung Stalins. Er war nun zur respektablen Person in der Weltpolitik avanciert und hatte manch handfesten Gewinn für die Sowjetunion herausgehandelt: sie vergrößerte sich nach Westen hin, annektierte beträchtliche, meist ehemals russische, Territorien, was der nationalen Seele schmeichelte. Bald war die Westgrenze der UdSSR fast identisch mit der des alten Zarenreiches. Der Hauptpunkt des Paktes von 1939 aber war das Nichtangriffsversprechen. Völlig gewiss, dass Hitler es einhalten würde, war Stalin nicht, denn er stellte Überlegungen zu einer eigenen Offensive an – Pläne, die freilich über den Status des Rudimentären nicht hinauskamen.[12] Augenscheinlich hat er die Gefahr eines vertragsbrüchigen Hitler verdrängt, denn als dieser ihn im Sommer 1941 mit seiner Attacke überrumpelte, sah Stalin darin einen Dolchstoß in seinen Rücken, eine Demütigung und einen Verrat. Verrat, tatsächlichen und vermeintlichen, nahm Stalin besonders übel. Verrat rechtfertigte sein Misstrauen und steigerte seinen

Hass. Groll zu hegen, schien ihm Vergnügen zu bereiten. Der süßeste aller Siege, so erinnerte sich eine Mitarbeiterin, war für Stalin die vernichtende Rache an einem Feind.[13]

Nach ein paar Tagen hatte Stalin seine Selbstvertrauenskrise überwunden. Sein Tatendrang erwachte erneut und trieb ihn an die Grenze zur Hektik. Zunächst hielt er über den Rundfunk eine Ansprache an das sowjetische Volk. Zum ersten Mal seit der deutschen Invasion vor fast zwei Wochen hörten die Leute wieder seine Stimme. Stalin eröffnete seinen Appell mit einer für ihn atypisch vertraulichen, Nähe und Solidarität suggerierenden Anrede: „Genossen, Bürger, Brüder und Schwestern, [...] meine Freunde". Dann kam eine lange Tirade über die Perfidie des ‚faschistischen Deutschlands'. Ein sowjetischer Sieg sei möglich, schärfte Stalin den Hörern ein, erfordere aber bittere Opfer. Der Diktator sprach ruhig und langsam, fast monoton. In breitem georgischen Akzent betonte er: jeder Zoll russischen Bodens, jeder Tropfen russischen Blutes müssten verteidigt werden. In der gesamten industriellen Produktion der Sowjetunion hätten ab sofort Kriegsbedürfnisse oberste Priorität; jeder Betrieb müsse seine Leistung steigern. Kein Pardon gebe es für Deserteure, Panikmacher, Spione und Diversionisten (wobei letzteres nicht nur Saboteure bezeichnete, sondern alle ‚spaltenden Elemente', die – aus Sicht der Führung – die Einheit der Partei oder deren Unterstützung durch das Volk zu mindern trachteten). Wo man die Rote Armee zum Rückzug zwänge, kündigte Stalin an, würde sie nichts hinterlassen, was dem Feind förderlich wäre. Was nicht fortgeschafft werden könne, werde zerstört. Es handele sich nicht um einen gewöhnlichen Krieg zwischen zwei Armeen, warnte Stalin; es sei „ein Krieg des ganzen sowjetischen Volkes gegen die deutschfaschistischen Truppen"[14]. Jedes Mittel dürfe man anwenden, jeden Vorteil nutzen, um die Invasoren von der russischen Muttererde zu vertreiben. „Jedes Mittel", hatte Stalin gesagt und damit war so gut wie sicher, dass die Ermordung Hitlers bald in Erwägung gezogen würde, da die sowjetischen Machthaber und ihre Unterorganisationen keine Skrupel hatten, Gewalt anzuwenden, wenn sie tatsächliche, vermeintliche oder auch nur potenzielle Gegner zu Strecke bringen wollten. Längst waren Entführung, Mord und Justizmord, integraler Teil ihrer politischen Praxis geworden. Stalin selbst hatte hierzu, wie der Autor einer neueren Stalin-Biografie dokumentiert, keine pragmatische, sondern eine zynische Einstellung. Mit Menschenleben, bemerkte der Georgier einmal, sei es wie mit Kleidern: „Manche behält man, andere wirft man weg."[15] Nicht anders als seine bolschewistischen Vorgänger agierte Stalin im Namen des Marxismus-Leninismus, einer Weltanschauung, die zumindest theoretisch den Humanismus hochhielt und nach aufklärerischen Idealen mit wissenschaftlichen Prinzipien die Menschen in eine bessere Zukunft führen wollte. In der Praxis war Stalins Regime von erschütternder Grausamkeit. In der Ukraine wurden zu Beginn der 1930er Jahre während der Zwangskollektivierung circa fünf Millionen Bauern gezielt dem Hungertod ausgeliefert. Kurze Zeit später setzten die berüchtigten ‚Großen Säuberungen' ein. Sie betrafen viele prominente Mitglieder der politischen Führungsriege und zahlreiche hohe Militärs. Die kleinste Verfehlung konnte Gericht, Gefängnis, Lager oder gleich den Tod bedeuten. Man musste die Verfehlung nicht wirklich begangen haben; es genügten Gerüchte oder Denunzianten, die dem Leidtragenden schaden wollten und Lügen verbreiteten. Daneben gab es immer die Möglichkeit, dem Betroffenen durch Psychoterror, Gehirnwäsche oder schlicht Folter das Eingeständnis staatsfeindlicher Handlungen abzupressen.

Die ‚Säuberungen' machten eine große Anzahl von Sowjetbürgern zu ‚Übeltätern', die es wegzusperren galt. Hierfür vernetzte man die bereits existierenden Straflager zu einem riesigen System, *Gulag* genannt. Die Einrichtungen entstanden in den unwirtlichsten Gegenden der Sowjetunion. Von der eisigen Polarküste bis zu den noch weitgehend unerschlossenen Wäldern in Fernost wurden eiligst neue Lager hochgezogen. Etwa 1,8 Millionen Unglückliche waren dort zusammengepfercht.[16] Die Orte der Lager wie etwa Workuta, Solowki, Kolyma, sind im Westen weitgehend unbekannt, sollten aber hier ähnlichen Schauer auslösen wie etwa die Namen Auschwitz, Dachau, Bergen-Belsen. Bestrafung und Zwangsarbeit waren ihre Hauptfunktionen. Angesichts der primitiven Lebensbedingungen, dem Mangel an Nahrungsmitteln und medizinischer Versorgung blieb der Tod allgegenwärtig, was die Verantwortlichen als bewussten Nebeneffekt einkalkulierten.

Viele der im Zuge der Säuberungen Todgeweihten ‚erledigte' man gleich im lokalen Hauptquartier des *NKWD* (so der damalige Name des russischen Geheimdienstes) und ließ sie dann ver-

schwinden. Gegenüber dem berüchtigten NKWD-Gefängnis Lub-
janka in Moskau hatte man extra eine Art ‚Schlachthof mit Entsor-
gung' eingerichtet. Dort gab es einen schräg abfallenden Beton-
fußboden, Wasserschläuche zum Wegspülen des Blutes und eine
Holzwand zum Auffangen verirrter Kugeln. Die Leichen wurden
in Stahlsärge gelegt und in einem Krematorium verbrannt. Die
Asche schüttete man in ein Massengrab.[17]

Die Exekutoren und ihre politischen Hintermänner organisierten mit kaltem Eifer und planten ihre grausame Arbeit akribisch
bis ins kleinste Detail. Es wurden Todesquoten vorgegeben, und
viele enthusiastische und ehrgeizige Paladine bemühten sich, diese
zu übertreffen. Der junge Nikita Chruschtschow etwa befahl die
Liquidierung von 55.741 Moskauer Bürgern – 5.741 mehr als verlangt. In Leningrad betrug das Mehr 68.000 Menschen.[18] Jede
Stadt der Sowjetunion, ob groß oder klein, wurde vom Terror
heimgesucht. Fast in jeder Familie gab es einen Angehörigen, den
das betraf: ein Pochen an der Tür, die Festnahme, die Haft, die
Folter, das Geständnis und die Hinrichtung. Die meisten Fälle gingen über Stalins Schreibtisch. An manchen Tagen, so heißt es,
unterzeichnete er über 3.000 Todesbefehle.[19] Einmal soll er auf
einem einzigen Blatt Papier 48.000 Hinrichtungen angeordnet
haben.[20] Stalin besaß die Macht über Leben und Tod jedes einzelnen Sowjetbürgers, und er machte von ihr ohne zu zögern
Gebrauch.

Auch die Sowjet-Elite verschonte der blutige Tornado nicht.
Unter den frühen Opfern waren Stalins Ex-Genossen im Politbüro,
Sinowjew und Kamenjew, sowie der Held des Bürgerkriegs von
1918-20, Marschall Tuchatschewski. Von den 139 Mitgliedern des
Zentralkomitees im Jahr 1934 wurden bis 1938 über 100 verhaftet
und die meisten erschossen.[21] 1940 wurde sogar der zeitweilige
Leiter des NKWD, Nikolai Jeschow, Opfer der eigenen mörderischen Maschinerie. Er gehörte zum ‚inneren Kreis', einer Runde
aus besonders zuverlässigen Vertrauten, mit der sich Stalin im
Kreml umgab. Der Ehrgeizige hatte zahlreiche Säuberungsaktionen so übertrieben ins Werk gesetzt, dass es sogar den Auftraggebern grauste, zumal der gewaltige Aderlass Partei und Wirtschaft
zu schädigen begann. Jeschow starb mit Stalins Namen auf den
Lippen und landete in einem Gemeinschaftsgrab. Einige Fälle ent-
hüllen die alle Bereiche durchdringende Perversität der Stalinis-

ten. Bronka Poskrebyschewa, die Frau von Stalins Kanzleichef Alexander Poskrebyschew, wurde 1939 vom NKWD verhaftet, weil sie die Avancen des Jeschow-Nachfolgers Lawrenti Berija zurückgewiesen hatte. Sie blieb zwei Jahre in Haft, bis man sie im Herbst 1941 hinrichtete. Ihr Mann richtete Gnadengesuch um Gnadengesuch an die Staatsführung, erreichte aber nur, dass Stalin zu ihm die trostreichen Worte sprach: „Mach dir keine Sorgen; wir finden eine andere Frau für dich."[22] Poskrebyschew heiratete nicht wieder, behielt seinen Posten aber bis 1952.

Auch Nichtrussen wurden von dem Mahlstrom der Säuberungen erfasst. 1939, nach dem Einmarsch der Sowjets in Ostpolen, wurden aus den von Stalin annektierten Gebieten mehrere Zehntausend Polen in die UdSSR deportiert, darunter ein beachtliches Kontingent polnischer Soldaten, rund 20.000 davon im Offiziersrang. Während die Zivilisten und die Soldaten der niederen Dienstgrade in den Gulag wanderten, stritt man im Kreml heftig darüber, was mit den polnischen Offizieren zu geschehen sei. Die meisten der Offiziere waren in doppelter und dreifacher Hinsicht Feinde der sozialistischen Sowjetunion: Aristokraten, Gebildete und Großgrundbesitzer. Im April 1940 sandte Stalin seinen bevorzugten Henker Blochin ins Grenzgebiet zwischen der russischen und der weißrussischen Republik, wo die polnischen Offiziere gefangen gehalten wurden. Dort hatte man eigens für die Exekution eine schalldichte Baracke installiert. Drinnen legte Blochin eine lederne Schlächterschürze an, ließ sich die ersten ‚Delinquenten' zuführen und richtete sie mit den Genickschüssen hin. Die blutige Aktion dauerte einen Monat; jede Nacht erschoss Blochin 250 Feinde.[23] Von den insgesamt circa 28.000 nachgewiesenen Morden des NKWD an Polen im Frühjahr 1940 im Großraum Smolensk – man beließ es nicht bei Offizieren, sondern liquidierte auch Polizisten und mehrere Tausend als ‚antisowjetisch-konterrevolutionär' eingestufte Zivilisten – gingen mindestens 7.000 auf Blochins Konto. Die Leichen wurden in den umliegenden Wäldern vergraben, unter anderem im Wald von Katyn, wo sie drei Jahre später entdeckt wurden. Der Fund erregte weltweites Aufsehen.

Wie viele Polen der sowjetrussische Geheimdienst damals wirklich erschoss, ist unbekannt und wahrscheinlich nicht mehr in Erfahrung zu bringen. Auch darüber, wie viele Opfer der stalinistische Terror insgesamt gekostet hat, herrscht keine Einigkeit, obwohl einige verlässliche Wissenschaftler schätzen, dass rund zwanzig Millionen in Gefängnis- und Lagerhaft genommen wurden, von denen circa sieben Millionen starben.[24] Unstreitig ist, dass in der Sowjetunion die Unverletzlichkeit des Lebens nichts mehr galt. Der Kommunismus in der Sowjetunion strebte zwar die Befreiung der Menschheit an, aber auf dem Weg dorthin waren Menschen nur Manövriermasse, je nach Situation entbehrlich und austauschbar. Nicht umsonst lautete einer der Devisen Stalins: „Der Tod löst alle Probleme – Mann weg, Problem weg".

Diese Attitüde kennzeichnet auch die Operationen des NKWD im Ausland. So wie man daheim ‚Trotzkisten' und andere ‚Abweichler' ausmerzte, so sollten auch jenseits der sowjetischen Grenzen all jene bekämpft werden, die dem ersten sozialistischen Staat der Welt Schaden zufügten oder dessen verdächtigt wurden. Hauptziel der NKWD-Aktivitäten waren, was liegt näher, die ‚Weißen', die antisowjetischen Exilrussen, aber nicht minder jene ‚Renegaten', die sich zwar unverändert marxistisch-leninistisch artikulierten, aber die jetzige Führung der Sowjetunion kritisierten, wie der kommunistische ‚Erzketzer' Leo Trotzki und seine Gefolgschaft. Neben den NKWD-Agenten, die sich den geheimdienstlichen Standardaufgaben, der Observation, der Infiltration und dem Nachrichtensammeln widmeten, existierte eine anfänglich kleine Einheit, die als Abteilung Sonderaufgaben die Schmutzarbeit zu leisten hatte, so genannte ‚nasse Sachen', im Klartext: Entführung und Mord. Um quasi vor Ort zu sein, konstituierte sich die Gruppe in einer westlichen Hauptstadt, die besonders viele russische Exilanten beherbergte: in Paris.[25] Kommandiert und koordiniert wurde die Einheit freilich aus Moskau von einer bestimmten Stelle des NKWD, dem *Zentr* (‚Zentrum', ‚Zentrale').

Die Abteilung Sonderaufgaben blieb nicht klein; sie wuchs im Laufe der Zeit zu einer der größten Einheiten des sowjetischen Auslandsgeheimdienstes. 1938 hatte sie 212 Mitarbeiter in ganz Europa. Ihre Agenten und Agentinnen lernten neben dem Handwerk Spionage und Sabotage alles, was sie brauchten, um ihre Tarnrolle glaubwürdig zu verkörpern: ob Sprachlehrer(in), Dolmetscher(in), Lebemann, noble Gesellschaftsdame oder gar Edelprostituierte. Die Ausbildung fand in einer besonderen Einrichtung außerhalb Moskaus statt, wo sie ‚kapitalistischen Luxusalltag' gezeigt bekamen, und wie man sich darin bewegt.[26] So vorbereitet, wurden sie ausgesandt, sich sowohl in ‚feindliche' Organisationen und Firmen einzuschmuggeln, als auch in den Haushalt bestimmter Zielobjekte, über die sie nach Moskau berichten sollten. Wenn die Zentrale es befahl, mussten sie auch töten. Oft allerdings schickte man stattdessen eine mobile Einsatztruppe von Spezialisten, die das blutige Werk verrichteten; so blieb die Deckung des jeweiligen Spions gewahrt und er konnte vor Ort weiterarbeiten. Unter den Opfern waren relativ hochrangige Exilanten, so der ehemalige General der Weißen Garde, Jewgeni Miller, ferner die Überläufer Ignaz Poretzki und Walter Kriwitzki – und ironischerweise am Ende auch der Mann, der ihre Mörder befehligt hatte: Abram Slutzki, Leiter der NKWD-Auslandsabteilung, der irgendwann der Führung unzuverlässig erschienen war. Die Methoden der Spezialisten variierten je nach Zeit und Gelegenheit, aber häufig verwendeten sie Gift, zur Betäubung, als auch zur Liquidation.[27] General Miller wurde so in Paris auf offener Straße entführt, dann heimlich nach Moskau verbracht, dort verhört und schließlich hingerichtet. Meist erledigten die Giftartisten ihr Werk so geschickt, dass alles nach einem natürlichen Tod aussah. Im Falle Slutzki – der in Moskau lebte – benutzten sie Zyankali, doch die Ärzte glaubten an einen Herzinfarkt.[28] Die Ermordung Kriwitziks in einem Washingtoner Hotel wurde als Selbstmord getarnt.[29] Nur selten scheiterte eine dieser heimtückischen Operationen. Bei Ignaz Poretzki etwa, einem NKWD-Agenten in Paris, der überzulaufen plante, ging die Sache schief. Die mit Strychnin versetzten Pralinen, die ihm ein ‚alter Freund' verehren wollte, gelangten nicht in seine Hände. Wenn es auf diese Weise nicht klappte, wurde die Brachialmethode angewandt: Poretzki wurde schließlich in einer Lausanner Seitenstraße erschossen. Als man seine Leiche fand, hielt er mit den Händen ein dickes Haarbüschel umklammert: er musste es seinem Mörder ausgerissen haben.[30]

Das berühmteste Opfer der NKWD-Henker war Leo Trotzki, der Held der Oktoberrevolution und des Bürgerkrieges, der sich in den späten 1920er Jahren mit Stalin überworfen hatte. Er ging ins Exil, erst nach Frankreich, dann nach Mexiko. In diversen Schriften legte der kommunistische Ketzer seine Alternative zum stalinistischen Gewaltsystem dar und versuchte, eine neue sozialistische Bewegung ins Leben zu rufen, doch er fand nur eine kleine, aber treue Gefolgschaft, die ihn bewachte und seine Ideen propagierte. Obwohl Trotzki weder politischen Einfluss besaß noch seine Konzeption eines neuen Sozialismus ein nennenswertes Echo fand, sah der zu Zwangsvorstellungen neigende Stalin sich von seinem Rivalen bedroht. So blieb es nicht aus, dass der NKWD aktiv wurde. Er sorgte dafür, dass Trotzkis Sohn während einer harmlosen Blinddarmoperation starb und köpfte seinen Pariser Sekretär. Den Abtrünnigen selbst nahm sich der in Moskau eigens dafür trainierte Spanier Ramón Mercader vor. Er folgte Trotzki nach Mexiko und lebte dort als Journalist unter dem Tarnnamen Frank Jacson. Mercader machte sich an eine junge Kurierin Trotzkis heran und wurde bald zum Dauerbesucher in dessen scharf bewachter Villa nahe Mexico City. Er ließ sich Zeit, um das Vertrauen Trotzkis zu gewinnen, brachte kleine Geschenke und spielte mit Trotzkis Enkelkindern; tatsächlich freundeten die beiden sich an und führten ernsthafte Gespräche über Politik.

Am Morgen des 20. August 1940 betrat Mercader wieder die Villa. Dabei hatte er einen selbst verfassten Artikel, den er Trotzki zeigte, mit der Bitte zu prüfen, ob der Text so in Ordnung sei. Trotzki willigte ein. Mercader hatte neben dem Artikel noch anderes mitgebracht: einen Dolch, einen Revolver und einen Eispickel. Trotzki setzte sich an seinen Schreibtisch und begann zu lesen. Als er sich über den Text beugte, nahm Mercader den Eispickel und schlug Trotzki damit auf den Hinterkopf. Der Täter sagte später bei der Polizei: Trotzki „schrie in einer Weise, die ich mein Lebtag nicht vergessen werde. Er schrie ‚Aaaaaaaah‘, ein lang gezogener Schrei, unendlich lang, und mir ist, als durchbohrte er mir jetzt noch das Hirn. Trotzki sprang hoch wie ein Wahnsinniger, stürzte sich auf mich und biss mich in die Hand"[31]. Die Wachen kamen und hielten Mercader fest, bis die Polizei kam und ihn verhaftete. Trotzki erlag am nächsten Tag seinen Verletzungen. Der Spanier hatte die ihm anvertraute ‚nasse Sache‘ ganz und gar nicht perfekt erledigt. Wenn man schon die Leiche nicht beseitigen konnte, musste man, so das Reglement, wenigstens einen Selbstmord vortäuschen. Das Schlimmste aber war, dass der Täter sich erwischen ließ und dazu gestanden hatte. Trotzdem wurde Mercader, nachdem er seine Strafe 1960 abgesessen hatte, nach Moskau eingeladen und ihm wurde der Titel ‚Held der Sowjetunion‘ verliehen.[32]

Mit Trotzkis Ermordung war Stalin seinen Rivalen losgeworden und hatte aller Welt bewiesen, dass seine Agenten im Ausland nicht nur ‚kleine Fische‘, sondern auch hochprominente und bestens geschützte Gegner zur Strecke bringen konnten. 1941 drängten sich nun ähnliche Schläge gegen den Feind auf, der die Sowjetunion in ihrer Existenz bedrohte: Die durch den Nichtangriffspakt zwischen Hitler und Stalin zeitweise verschleierten Fronten standen wieder. Während Hitlers Regierung die einheimischen Kommunisten verschärfter Verfolgung aussetzte, nahmen Stalins Agenten die Führungsclique der Nazis ins Visier.

Schon 1934 erhielt Jakow Serebrjanski, der damalige Chef der Abteilung Sonderaufgaben, die Order, ein Attentat auf Hermann Göring in die Wege zu leiten. Es sollte, so die Planung, den Reichstagspräsidenten während einer Frankreichreise treffen. Ein Scharfschütze wurde gefunden und erfolgreich in den Flughafen Le Bourget östlich von Paris eingeschleust, wo Göring landen sollte. Der aber sagte den Besuch ab.[33]

Natürlich versuchte Stalins NKWD, an Hitler selbst heranzukommen. Im Sommer 1939 schien sich eine Gelegenheit zu ergeben.[34] Ein für den sowjetischen Geheimdienst tätiger Brite namens Alexander Foote entdeckte sie. Foote, aus Yorkshire stammend, hoch gewachsen und gutmütig-derber Natur, Kämpfer bei den Internationalen Brigaden im Spanischen Bürgerkrieg, war von den Sowjets angeworben und zum Agenten ausgebildet worden. Zu Beginn des Jahres hatte man ihn nach München geschickt, wo er Deutsch lernen und das politische Geschehen aus der Nähe beobachten sollte. Er besuchte regelmäßig die *Osteria Bavaria*, ein kleines Restaurant in der Innenstadt, das auch eines der Lieblingslokale Hitlers war. Foote erinnert sich:

„Auf der Suche nach einer billigen Essgelegenheit landete ich eines Tages zufällig in der Osteria Bavaria. Gerade wollte ich dem preiswerten, aber tadellosen Menü zusprechen, da vernahm ich leichte Unruhe von der Tür her. Hitler kam hereingeschritten, dahinter sein Adjutant Brückner, sein Fotograf und Chefschmeichler Hoffmann und zwei Leibwächter".[35]

Foote erstattete der Zentrale sofort Bericht und erhielt Order, weiter zu observieren. Außerdem stellte man ihm einen zweiten Agenten zur Seite, einen gewissen Len Brewer; er sollte Foote unterstützen bei jenem Vorhaben, das nun intern das ‚Hitler-Projekt‘ hieß. Die beiden beobachten genauestens, wann Hitler und sein Gefolge kamen und gingen, wo sie sich hinsetzten, was sie während des Essens taten etc. Über alles machten sie sich eingehende Notizen, insbesondere natürlich über die Sicherheitsvorkehrungen, die ihnen erstaunlich lax erschienen. Sie entschieden sich zu einem Test. Foote setzte sich auf seinen Stammplatz, Brewer stellte sich an die gegenüberliegende Seite des Restaurants. Als der Führer und sein Trupp durchmarschierten und einem kleinen Séparée zustrebten, griff Brewer auf ein Zeichen Footes ruckartig in die Innentasche seines Jacketts, so dass man hätte meinen können, er griffe nach einer Pistole – und holte ein Zigarettenetui heraus. Zur Verwunderung der beiden Agenten zeigten die Leibwächter keinerlei Reaktion.[36]

Dass es um die Sicherheitsverhältnisse in der Osteria Bavaria nicht zum Besten stand, bestätigen auch andere Quellen. Als 1935 Unity Mitford, jene prominente Nazi-Sympathisantin aus altem britischen Adel, dort mit einer Freundin aß, ließ jemand plötzlich ein Päckchen Knallstinkbomben fallen, „die alle zusammen losgingen [...] mit sensationellem Effekt". Hitler, der an seinem Stammplatz saß, reagierte gar nicht. Die Leibwächter griffen einmal kurz nach ihren Waffen, aber weiter geschah nichts.[37]

Auch Hitlers Sekretärin Traudl Junge fiel diese Laxheit auf. Irgendwann im Frühjahr 1943 lud ihr Chef sie und vier andere Vertraute zum Essen in die Osteria ein. Sie wunderte sich, dass keine erkennbaren Maßnahmen getroffen waren. „Ich sah mich genauer um. Irgendwelche Vorkehrungen für Hitlers Sicherheit mussten doch wohl getroffen worden sein. Vielleicht waren ja die paar Leute an den anderen Tischen alle Polizeibeamte in Zivil? Aber entweder waren es extrem intelligente Polizisten oder eben doch normale Kunden, denn sie benahmen sich ganz und gar wie solche, riskierten immer wieder einen neugierigen Blick auf den hohen Gast; einige verließen auch bald das Lokal."[38]

Zurück in die Sommertage des Jahres 1939. Alexander Foote hatte also nach Moskau gemeldet, die Osteria Bavaria biete sich für ein Attentat auf Hitler an, und bald von seinem NKWD-Verbindungsmann erfahren, dass seine Anregung bei den obersten Sowjetbehörden auf fruchtbaren Boden gefallen waren. Sie hatten dort „einen Plan heranreifen lassen, bereits fix und fertig ausgearbeitet, den offenbar hauptsächlich Brewer und ich durchführen sollten."[39] Zuvor allerdings seien weitere Erkundigungen einzuziehen; man wollte Genaueres wissen, über das Lokal und Hitlers Besuche dort. Und Foote recherchierte. Hitler, so fand er heraus, kannte den Besitzer des Restaurants seit dem Ersten Weltkrieg und hatte sich angewöhnt, dreimal wöchentlich dort zu erscheinen, wenn er in München war. Dort hatte ihn seine Verehrerin Unity Mitford erstmals angesprochen. In diesem Lokal hatte er um Eva Braun geworben, die in der Nähe arbeitete. Die wichtigste strategische Entdeckung der beiden Agenten betraf den Nebenraum, das so genannte ‚Bismarckzimmer': er war vom übrigen Restaurant nur durch eine dünne Scheidewand getrennt, die auf der dem Lokal zugekehrten Seite als Garderobe genutzt wurde. Eine an dieser Scheidewand platzierte Bombe, so spekulierten Foote und Brewer, würde alles dahinter Befindliche in Stücke reißen.

„Unsere Erkundungen hatten ergeben: nein, es gab an dieser Stelle keine Extrawache; keine speziellen Vorsichtsmaßnahmen wurden getroffen, wenn der Führer das Bismarckzimmer mit seiner Anwesenheit beehrte. Da ließ sich, dachten wir, unser Projekt ja leicht verwirklichen: Wir legen eine Zeitbombe in einen Aktenkoffer und lehnen den gegen die Wand, hängen unsere Mäntel darüber und essen zu Mittag – früher als üblich, versteht sich. Dann verlassen wir das Etablissement und hoffen, dass unsere Bombe Hitler und seine Entourage, die dort hinter dem Paravent gemütlich speisen, in die ewigen Jagdgründe sprengt".[40]

Die örtlichen Gegebenheiten eröffneten nach Sicht von Foote und Brewer zweifelsfrei eine Möglichkeit, Hitler tödlich zu treffen. Der Einsatz einer Zeitbombe würde ihnen sogar ein problemloses Entkommen sichern. Die beiden übermittelten ihre Pläne an die Zentrale und warteten auf den Befehl zum Losschlagen. Seltsamerweise folgte auf ihre Idee nur Schweigen.

Footes Attentatsplan kam zum falschen Zeitpunkt. Man schrieb den August 1939. Stalin war gerade dabei, sich mit Hitler zu verbünden. Jahrelang hatte sich Stalin in wüster Polemik gegen die Raubzüge der ‚faschistischen Bestie' ergangen; nun schaltete er übergangslos auf Lobeshymnen der großen Errungenschaften der ‚deutschen Regierung' um. „Wenn man bedenkt, wie wir früher einander verwünscht haben!" scherzte er gegenüber Ribbentrop während der Unterzeichnung des deutsch-sowjetischen Paktes.[41] Er lieferte Hitlers Deutschland Getreide und Öl und zerstückelte in trauter Einigkeit mit ihm den gemeinsamen Feind Polen. Pläne,

Trupp des RSD, Hitlers Lieblings-Leibgarde. Der in die Kamera blickende Sicherheits-
dienstler ist RSD-Chef Johann Rattenhuber.

Hitler beim Abschreiten einer Ehrenkompanie der Leibstandarte SS.

Maurice Bavaud

Georg Elser

Jedes Jahr im November: der traditionelle Gedenkmarsch der Nationalsozialisten durch München, den Bavaud 1938 so spektakulär zu unterbrechen hoffte.

München, 8. November 1939: Hitler spricht im Bürgerbräukeller. Elsers Bombe ist in dem Pfeiler hinter der Hakenkreuzfahne (ganz rechts) versteckt.

Die Folgen der Bombe Georg Elsers. Acht Personen wurden getötet und zweiundsechzig verletzt, aber Hitler hatte den Saal schon verlassen.

Hans Oster

Friedrich-Wilhelm Heinz

Erich Kordt

Wilhelm Canaris

Chamberlain mit dem „Blatt Papier", das den Verschwörern aus der Abwehr den ersehnten Anlass zum Staatsstreich nahm.

erlin 1938: Hitler nimmt die Huldigung der Massen entgegen. Die Freude des Volkes über seinen diplomatischen Erfolg in München unterminierte die Verschwörung zusätzlich.

Franciszek Niepokólczycki (,Teodor')

Stanisław Lesikowski (,Las')

Jan Szalewski (,Sable')

Sława Mirowska

Hitler fährt 1939 durch das gefallene Warschau.

Hitlers Sonderzug „Amerika": ein Zielobjekt für polnische Saboteure.

Hitler auf der Festbühne bei der Parade zu seinem 50. Geburtstag, Berlin 1939:
„ein leichtes Ziel".

Bei Führers Geburtstag auf
der Ehrentribüne:
Noel Mason-Macfarlane,
einer der ersten britischen
Befürworter eines Anschlags
auf Hitler.

Geoffrey Household. Hat sein Attentats-roman die britischen Geheimdienstler bei ihren Anschlagsplänen inspiriert?

James Joll. Führend bei den Planungen zur ‚Operation Foxley‘.

Hitler auf einem Spaziergang n Obersalzberg: bedroht, wo er sich am sichersten fühlte.

Alexander Foote: „unschuldige Projekte".

Dmitri Medwedew in geheimer Mission
hinter den deutschen Linien. 1943.

Lev Knipper, der Künstler-Agent.

Olga Tschechowa flirtet mit der Gefahr.

Die „Osteria Bavaria" in München. Moskau plante hier ein Attentat – und blies es wieder ab.

Führerhauptquartier „Wehrwolf" bei Winnitza in der Ukraine: ein Zielobjekt für Partisanen und NKWD.

Henning von Tresckow

Rudolf Christoph von Gersdorff

Georg von Boeselager

Axel von dem Bussche

Eberhard von Breitenbuch

Fabian von Schlabrendorff

März 1943: Hitler besucht die Heeresgruppe Mitte in Smolensk. Auch diesmal kommt er davon.

März 1943: Hitler spricht im Berliner Zeughaus. Fast wäre er hier das Opfer des ersten Selbstmordattentäters der Geschichte geworden.

Claus von Stauffenberg. Nicht der einzige, der Hitler töten wollte. Aber der berühmteste.

Stauffenberg (links) auf Dienstbesuch bei Hitler in Rastenburg, fünf Tage vor seinem Attentat.

Der zerstörte Kartenraum in Rastenburg.

Göring besucht den Schauplatz des Anschlags.

Albert Speer: Ein „Impuls der Verzweiflung".

Adolf Hitler, Frühjahr 1945: letztes bekanntes Foto. Der Diktator inspiziert die Bombenschäden im Garten der Reichskanzlei vom Eingang seines Bunkers.

Hitler zu ermorden, die man wenige Wochen zuvor noch ausdrücklich begrüßt hatte, waren jetzt nicht mehr opportun. Das ‚Hitler-Projekt' wurde definitiv ad acta gelegt. Auf eigene Faust wollte und konnte Alexander Foote kein Attentat wagen. Er musste ohnehin zusehen, dass er aus Deutschland hinauskam, ehe die Gestapo zugriff, denn seit Ausbruch des Krieges war er als Bürger des United Kingdom Staatsfeind.

Erstaunlicherweise misst Foote seinem Attentatsplan in seinen Memoiren wenig Bedeutung bei; das sei „unschuldige Projektemacherei" gewesen, mit der er sich „die Zeit vertrieben habe".[42] Er habe sich nach dem Schweigen aus Moskau konsequent wieder Seriöserem zugewandt: der klassischen Agententätigkeit. Er ging in die Schweiz und arbeitete für den mythenumwobenen ‚Lucy-Ring', der hochrelevante deutsche Militärgeheimnisse an Moskau weitergab und wurde einer der effektivsten Spione des Zweiten Weltkrieges. Im Kalten Krieg schließlich wechselte er die Seiten.[43]

Spätestens mit Hitlers Angriff auf die Sowjetunion im Juni 1941 war eine neue Situation gegeben, die klare Entscheidungen erzwang. Neue Situation, das hieß: Hitlers Armeen marschierten in der Sowjetunion, zunächst gänzlich ungehindert; Anfang Dezember standen sie gar vor den Toren Moskaus. Hier allerdings stoppten zwei unterschätzte Gegner die Eroberer: der Winter und der allmählich erstarkende sowjetische Widerstand. Moskau wurde gehalten; Stalin war gerettet.

Im folgenden Jahr wandten sich die deutschen Heere nach Süden. Man hoffte, sich der kaukasischen Ölfelder bemächtigen und Stalins militärische Reserven eliminieren zu können. Wieder vermeldeten die Deutschen anfangs Erfolge, machten beträchtliche Geländegewinne in der Ukraine und im Südwesten Kernrusslands, näherten sich schließlich Ende August dem Unterlauf der Wolga bei Stalingrad. Als die ersten Vorauseinheiten an den russischen Schicksalsfluss kamen und zum jenseitigen Ufer schauten, erblickten sie nur eine „gewaltige Steppe",[44] so unwegsam und unwirtlich, dass sie glauben mussten, hier gehe es nicht weiter. Den Symbolgehalt dieses Bildes konnten sie noch nicht sehen. Hier, in und um Stalingrad, ging tatsächlich ein Weg zu Ende: der Triumphzug der deutschen Militärmacht. Die Sowjets besiegten die Deutschen in einer Kesselschlacht – eine Kampfstrategie, die bisher einzig die Wehrmacht brillant beherrscht hatte und die sie so problemlos vorrücken ließ. Stalingrad wurde zum eigentlichen Wendepunkt im Krieg an der Ostfront. Hitlers Truppen hatten den Ruf der Unbesiegbarkeit verloren. Es lag nicht am Wetter, nicht an schlecht aufgestellten oder ausbleibenden Reservearmeen, die Deutschen wurden geschlagen, weil der Feind das bessere taktische Konzept besaß und es richtig anzuwenden wusste. Was sie als Eroberungskrieg begonnen hatten, würde nun, blutig und grausam, beide Völker bis aufs Letzte erschöpfend, als langatmiges Rückzugsgefecht enden entlang einer Front, die sich Schritt um Schritt westwärts verschob und schließlich im Herzen Deutschlands verlief.

Die Kämpfe an der Ostfront hatten von der Heftigkeit her wenig mit den sonstigen Weltkriegsschauplätzen gemein. Kaum je ging es etwa in Nordafrika oder Westeuropa so zu. Nirgendwo wurde solche Brutalität erreicht wie im deutsch-sowjetischen Ringen. Hier prallten zwei ideologisch divergierende Systeme aufeinander, die sich auszulöschen trachteten. Ihre Soldaten waren gedrillt, ihre Feinde nicht als Menschen, sondern als Ungeziefer zu betrachten, das vernichtet werden müsse. Pardon wurde weder gewährt noch erwartet. Ein Ehrenkodex, der merkwürdigerweise beiden Seiten gemein war, verlangte, dem Feind nicht lebendig in die Hände zu fallen. Deutsche Soldaten, denen die Gefangennahme drohte, verwendeten deshalb häufig die letzte Kugel oder die letzte Handgranate für sich selbst. Auch sowjetische Soldaten konnten als Kriegsgefangene auf keine besonders barmherzige Behandlung seitens der Deutschen zählen, und wussten, dass sie auf der eigenen Seite als Verräter angesehen würden. Da gaben sie lieber im Kampf ihr Letztes. So war auf beiden Seiten wohl sehr oft nicht so sehr weltanschauliche Überzeugtheit, sondern schlicht Furcht die große Motivation. Ein deutscher Weltkriegsveteran schildert diese Zusammenhänge in seinen Erinnerungen so:

„Wir kämpften nicht mehr für Hitler oder für den Nationalsozialismus, nicht mehr für das Dritte Reich, nicht einmal mehr für unsere Bräute oder unsere Mütter oder unsere Familien, die in den bombenverwüsteten Städten festsaßen. Wir kämpften aus purer Angst; sie war die Kraft, die uns antrieb. Sicherlich, wir waren mit der Bereitschaft hergekommen, unser Leben zu geben – trotzdem, wenn wir ans Sterben dachten, heulten wir in machtloser Wut. Wir kämpften aus Gründen, die möglicherweise schändlich sind, aber sie sind stärker als jede Doktrin. Wir kämpften für uns selbst; wir kämpften, damit wir nicht in dreck- und schneegefüllten Löchern verreckten; wir kämpften wie Ratten [...] mit gebleckten Zähnen".[45]

Zu dem, was der deutsche Soldat am meisten fürchtete, gehörte, in die Hand sowjetischer Partisanen zu fallen. Diese irregulären Einheiten waren laut Stalin gegründet worden, „um den Krieg überallhin zu tragen, auch abseits vom Frontgeschehen. Die Kämpfer sollen Brücken sprengen, Straßen zerstören [...], kurz: unerträgliche Bedingungen für den Feind und seine Kollaborateure schaffen".[46] Natürlich hieß es offiziell, Stalin selbst habe die Partisanenbewegung ins Leben gerufen. Die Realität war trivialer. Zivilisten und ehemalige Soldaten, die, im Durcheinander während des raschen Vormarsches der Deutschen von ihrer Truppe getrennt, hinter der Front zurückgeblieben waren, fanden sich zusammen und kämpften – in erster Linie, um zu überleben. Sie agierten eher defensiv, wollten Konflikte nur austragen, wenn es gar nicht anders ging, aber nicht gezielt selbst welche provozieren. Um den Kampfgeist jener Leute zu erheben, bedurfte es des Einsatzes vieler NKWD-Offiziere; zudem hatte man hinter den Linien ‚Abfangbataillone' installiert, die sich jener annahmen, die einer gewissen Versuchung nachgeben wollten.[47]

Mit der Zeit wuchsen die Partisanen zu einer Bewegung heran, die dem Feind Furcht einjagte. Von der Ostsee bis zum Schwarzen Meer gab es kaum eine Region der besetzten Sowjetunion, in dem sich keine Partisanenkommandos gebildet hatten. Manche Trupps entstanden spontan und prophylaktisch, andere erst, wenn die Deutschen da waren. Jede Einheit umfasste 50 bis 80 Mann. Einen Monat nach Beginn der Barbarossa-Offensive agierten allein im Distrikt Leningrad schon über 200 Partisanenkommandos. In und um Moskau waren 10.000 Guerillas aktiv.[48] Bis Ende des Jahres war die Partisanenbewegung auf insgesamt 300.000 Kämpfer angewachsen.[49]

Die Deutschen reagierten erwartungsgemäß brachial. Hitler hatte den Guerillakrieg anfangs sogar begrüßt, weil das seinen Truppen den willkommenen Vorwand lieferte, möglichst viele Feinde ‚auszuradieren', über jene hinaus, die in den regulären Schlachten fielen. Hauptgegner war der Bolschewismus; also unterstellte man den Partisanen kurzerhand und wahrheitswidrig, durchweg Kommunisten zu sein und behandelte sie entsprechend, wenn man ihrer habhaft wurde, das heißt: man erschoss sie sofort. Schon bald wurden für jeden getöteten Deutschen zur Vergeltung zwischen 50 und 100 ‚Gefangene' hingerichtet. Hinter der Front starteten groß angelegte ‚Säuberungsaktionen', in denen spezielle deutsche Kommandos ‚Partisanen unschädlich machten' und Waffen sicherstellten. Die Bilanz dieser Einsätze blieb erschreckend konstant: Hunderte von Waffen, aber Tausende Leichen von Freischärlern. Einmal ergab eine solche Aktion 492 Gewehre und 4.500 tote ‚Partisanen'.[50] Wir setzen hier bewusst Anführungszeichen, denn *Partisan* war zu allen Zeiten ein dehnbarer Begriff, und gerade die Nazis dehnten ihn nach Kräften. Die Soldaten der Einheiten, die man mit diesen grausigen Missionen beauftragte, zählten zu den brutalsten und brutalisiertesten der deutschen Kriegsmaschinerie. Besonders profilierten sich hierbei die notorischen Mörderschwadrone der *Einsatzgruppen* und die nicht minder berüchtigte *Dirlewanger-Brigade*, letztere zusammengesetzt aus verurteilten ehemaligen Wilddieben und anderen Kriminellen; später kamen noch russische ‚Hiwis' (‚Hilfswillige', also Kollaborateure) hinzu, meist ebenfalls Straftäter. Immer wieder gab es personelle Engpässe, so dass man für bestimmte ‚Sonderaufträge' nicht genügend Leute fand und man auf solcherlei Gestalten zurückgriff. Da sie unter Bewährung standen, erledigten nicht wenige die grässlichen Aufträge mit Begeisterung, die ihrer sadistischen Veranlagung entsprach.[51]

Doch auch sie konnten die sowjetische Partisanenbewegung nicht zu Fall bringen. Straff organisiert von NKWD-Leuten, kämpfte sie unverändert weiter. Die Freischärler plünderten deutsche Depots, holten sich ihre konfiszierten Waffen zurück und erbeuteten weitere. Bald wuchsen sie zu einer regelrechten Streitkraft heran, die Sabotageakte durchführte und den Nachschub behinderte. Der SS-Gruppenführer Herbert Fegelein gestand später:

„Die größten Schwierigkeiten bereiteten uns die Partisanen. Militärisch bedeuteten sie die größte Bedrohung im Rücken der kämpfenden Truppe. Es waren Krieger ohne Skrupel, von asiatischer Grausamkeit, tapfer bis zur eigenen Vernichtung. Dieser Feind zwang unsere Einheit zu ständiger Alarmbereitschaft, denn er besaß viele Stützpunkte, von denen aus er losschlagen konnte, und ein exzellent funktionierendes Nachrichtensystem. Geschickt nutzten sie die Vorteile, etwa die genaue Ortskenntnis, und brillierten in den üblichen Kampfmethoden der Illegalen: Straßen ständig durch Minen blockieren, Brücken sprengen, sich blitzschnell eingraben, an strategisch wichtigen Stellen MG-Nester bauen, im sumpfigen Gelände ganz gelassen und unaufgeregt Gefechte Mann-gegen-Mann führen – das waren so ihre Hauptfertigkeiten".[52]

Fegeleins Liste ist zutreffend aber unvollständig, denn die illegalen Kämpfer glänzten auch in anderen Taktiken: Entgleisungen deutscher Züge, Zerstörung militärischen Gerätes und Überfälle aus dem Hinterhalt. Einigen Partisaneneinheiten wurden sogar ‚Leistungsquoten' vorgegeben: in der Jalta-Brigade etwa galt die Forderung, jeder Partisan müsse mindestens ‚fünf Faschisten pro Monat ausschalten'.[53] Gefangene wurden selten gemacht; Folter und Verstümmelung waren gängige Praxis. Einmal enthaupteten die Freischärler vier gefangene deutsche Soldaten und sandten deren Kommandeur die Köpfe in einem Lederkoffer.[54] Insgesamt wurden vermutlich über 50.000 deutsche Soldaten in der besetzten Sowjetunion von Partisanen getötet.

In dem weiten Territorium hinter der Ostfront gründeten einige Partisaneneinheiten versuchsweise autonome Kleinststaaten; einer von ihnen in einer ländlichen Region des südlichen Weißrusslands nannte sich ‚Partisanenrepublik Paliker See'; diesem und ähnlichen Selbstverwaltungsexperimenten war freilich keine lange Existenz vergönnt. Fraglos aber dominierten die Partisanen beträchtliche Teile des Hinterlandes. Ein vertraulicher Bericht von Juli 1942 zählt 32 solcher Gebiete auf.[55]

Mit dem Anwachsen der freischärlerischen Aktivitäten von 1942 verstärkte sich der Einfluss des NKWD in dieser Bewegung. Mehr und mehr entdeckte der Geheimdienst, dass sich das Netzwerk der Partisanen bestens nutzen ließ, um eigene Agenten in die deutsch besetzten Gebiete zu bringen.[56] Im Laufe des Krieges wurden gut 10.000 solcher Agenten hinter die feindlichen Linien geschickt.[57] Die meisten kämpften, zumindest zeitweise, mit den Partisanen gemeinsam, wobei sie sicherstellten, dass diese in ihrer militärischen Einsatzbereitschaft und ideologischen Festigkeit nicht nachließen. Ihre Hauptmission jedoch lag in der gezielten

Liquidierung hochrangiger deutscher Armeeangehöriger; auch das zivile Führungspersonal des Besatzungsregimes wurde ins Visier genommen. Man arbeitete weitgehend nach einer in Moskau erstellten Liste, auf der die Namen jener standen, die geheime Gerichte dort wegen Verbrechen gegen das sowjetische Volk in absentia zum Tode verurteilt hatten.

Um solche Urteile zu vollstrecken, gaben sich einige der sowjetischen Agenten als deutsche Offiziere aus. Einer von ihnen war Nikolai Kusnetzow, Tarnname ‚Flocke'. Groß, blond, stattlich, im Gebaren kühl und reserviert, ging er leicht für einen Nazi durch. Deutsch konnte er auch, wie es heißt, sogar sieben deutsche Dialekte, dazu noch Russisch mit deutschem Akzent.[58] Im Sommer 1942 sprang er mit dem Fallschirm bei Rowno (Ukraine) ab. Er hatte eine neue Identität angenommen: Oberleutnant Paul Siebert, Offizier im *Transportkorps Speer*, einer Sondereinheit des NSKK, die oft Fahrdienste für die Wehrmacht leistete. Kusnetzow, der eine gründliche Ausbildung in Undercover-Operationen absolviert hatte, gelang es, anderthalb Jahre unbeargwöhnt hinter den deutschen Linien zu verbringen. Er hatte den Auftrag, einige führende Besatzer zu töten. Seine Methode war einfach. Er näherte sich seinem Zielobjekt am helllichten Tag, stellte sicher, dass es sich wirklich um den Gesuchten handelte, verkündete ihm dann in einem günstigen Augenblick das Todesurteil und ‚erledigte' den Betreffenden aus nächster Nähe mit seiner Dienstpistole.[59] Weder in Rowno, das die Deutschen zur Hauptstadt der besetzten Ukraine gemacht hatten, noch in Lemberg, seinem nächsten Einsatzort, mangelte es an Zielobjekten. Auf Kusnetzows Konto gingen u. a. die Ermordung des SS-Richters Alfred Funk und des Vizegouverneurs von Galizien, Dr. Eugen Bauer, ein Attentat auf Paul Dargel, den stellvertretenden Reichskommissar für die Ukraine, und die Entführung des Generals Max Ilgen, der nach Moskau zum Verhör verschleppt wurde und seither verschollen blieb.[60]

Die wirklich ‚großen Tiere' aber entgingen ihm. Alfred Rosenberg, der Reichsminister für die besetzten Ostgebiete, kam zwar im Sommer 1943 nach Rowno, doch seine Sicherheitsleute schirmten ihn derart ab, dass Kusnetzow keine Gelegenheit zum Attentat bekam.[61] Ebenso entging ihm Erich Koch, der Generalgouverneur der Ukraine. Zwar konnte Kusnetzow mit Kochs Burschen und einem seiner Leibwächter Bekanntschaft schließen und

214

sie aushorchen,[62] aber Koch selber nur einmal in ein Gespräch verwickeln, bei dem sich vermutlich wegen der Anwesenheit von Sicherheitspersonal keine Gelegenheit zur Aktion ergab. Laut der Heldenlegende erfuhr Kusnetzow in seiner Plauderei mit Koch wichtige Details über die bevorstehende Kursk-Offensive, die er pflichtgemäß sofort nach Moskau weitergab.[63]

Als die Front 1944 näher rückte, schloss sich Kusnetzow einer lokalen Partisanengruppe an, den *Rächern des Volkes*. Beim Versuch, die Frontlinie zu überqueren, wurde er allerdings von ukrainischen Nationalisten gestellt und verübte Selbstmord mit einer Handgranate. In einem Brief, den er irgendwo hinterlegt hatte und erst nach seinem Tode zu öffnen bat, betonte er seine Liebe zur russischen Heimaterde und schloss: „Ich gehe in den tödlichen Kampf mit dem Namen Stalins auf meinen Lippen: er war mein Vater, mein Freund und mein Lehrer. Grüßt ihn von mir".[64] Man verlieh im posthum den Titel ‚Held der Sowjetunion'.

Kaum minder aktiv als Kusnetzow war sein Kollege Nikolai Chochlow. Spätere Historiker nennen ihn gar „einen der herausragendsten Sowjethelden des Zweiten Weltkrieges".[65] Zunächst schleuste man Chochlow in ein Kriegsgefangenenlager ein, damit er sein Deutsch perfektionierte; dann wurde er einer der ersten NKWD-Agenten, die hinter den feindlichen Linien operierten. Seine Untergrundkarriere begann er angeblich als Mitglied eines Wanderzirkus bzw. einer ‚Kampftruppe Theater', wie das im NKWD-Jargon hieß. Aus der bizarren Idee, man könne doch während einer Vorstellung beim Jonglieren Handgranaten auf Nazis im Publikum werfen, wurde nichts.[66]

Das Projekt, das man Chochlow im Herbst 1943 übertrug, war wesentlich seriöser. Der Geheimdienst schmuggelte ihn per Flugzeug hinter die Frontlinie nach Minsk (Weißrussland). Sein Zielobjekt war Wilhelm Kube, der höchste Nazi-Funktionär vor Ort. Kube, gebürtiger Schlesier, machte sich schon in den zwanziger Jahren als nationalistischer Journalist und Agitator einen Namen. 1927 trat er in die NSDAP ein und stieg, hauptsächlich wegen seines rhetorischen Talents, rasch in die oberen Ränge der Partei empor. Nachdem er diverse höhere Verwaltungsposten in der Hierarchie des braunen Staates bekleidet hatte, wurde er drei Wochen nach dem deutschen Überfall auf die Sowjetunion zum Generalkommissar für Weißrussland ernannt. Wenn auch spätere Stimmen

Kube das Attribut ‚gemäßigt' zuerkennen – tatsächlich überwarf er sich mit der SS und sabotierte wiederholt die Judenverfolgung in seinem Hoheitsgebiet –, war er letztendlich doch verantwortlich für die barbarische Politik der Besatzer in jener Region. Zwei Jahre blutige Repressalien reichten den Sowjets, um Kube als Kriegsverbrecher zu brandmarken und seine Hinrichtung zu beschließen. „Das Grab", so formulierte es Chochlows Führungsoffizier, „wartet schon gar zu lange ungeduldig auf ihn".[67]

Nachdem Chochlow sich in Minsk erst einmal eingerichtet hatte, kostete er das spannende Leben eines Undercover-Agenten aus. Er machte einen adretten Eindruck in seiner deutschen Uniform, wenn er mit einem Komplizen den Offiziersklub oder das Kasino besuchte, die höheren Dienstgrade grüßte, wieder gegrüßt wurde und mit den Tischnachbarn Konversation betrieb. Seine Tarnidentität: Oberleutnant Otto Wittgenstein, Offizier der Feldpolizei. Er habe gerade Fronturlaub, begründete er seine Anwesenheit in Minsk; er besaß hervorragend gefälschte Papiere, die seine Legende bei Bedarf deckten. Er erinnerte sich später: „Mich ergriff ein regelrechter Überschwang. Da saßen wir nun [...] inmitten von Nazi-Soldaten, und die hatten nicht die leiseste Ahnung, wer wir waren".[68]

Chochlow begann gemeinsam mit örtlichen Partisanen den Anschlag zu planen. Wie sollte man vorgehen? Für eine frontale Attacke waren die Sicherheitsmaßnahmen zu straff. Da es schon ein paar erfolglose Attentate auf Kube gegeben hatte, waren die Vorkehrungen immer weiter verschärft worden.[69] Kube beschäftigte nur Wachpersonal, dessen Loyalität außer Frage stand; er fuhr in einem gepanzerten Wagen, Scheiben und Verdeck stets geschlossen; er ließ sich fast nie in der Öffentlichkeit blicken. Nicht einmal seine Arbeitszeiten boten einen Ansatzpunkt, denn er hielt sie bewusst unregelmäßig; persönlich zu sprechen war er ohnehin nicht. Und doch fand Chochlow einen schwachen Punkt: Kubes Hausgehilfin, eine Weißrussin namens Jelena Masanik. Chochlow nahm mit ihr Kontakt auf. Er appellierte an ihren Patriotismus und suchte sie zu überzeugen, dass sie ihm helfen müsse. Bei ihrem nächsten Treffen brachte er ein harmlos aussehendes, in grellrosa Papier gehülltes Paket mit. Es enthielt eine Magnetmine britischer Fabrikation. Die solle sie, schlug er vor, in Kubes Quartier schmuggeln, wenn sie dort putzte. Jelena war bestürzt über das Ansinnen und protestierte, sie wolle sich von „den Schrecken des Krieges" fernhalten. Doch Chochlows versierte Gesprächstaktik war offenbar nicht ohne Wirkung geblieben, denn beim Abschied versprach Jelena, sich die Sache zu überlegen. Drei Tage später, am 23. September 1943, hörte Chochlow, dass Kube einer Explosion zum Opfer gefallen sei. Einen Abend zuvor hatte Jelena Masanik die Bombe unter Kubes Bett platziert und sie so eingestellt, dass sie in den frühen Morgenstunden detonierte. Die 29jährige war daraufhin zu den Partisanen in den Untergrund geflohen. Chochlow konnte es kaum fassen. Er hatte erwartet, dass er mindestens noch ein Treffen benötigen würde, um die Zögerliche zum Handeln zu bewegen. Nur langsam wurde ihm sein Erfolg klar: „Die Mission war erfüllt [...]. Der Schlächter von Weißrussland hatte den Tod gefunden".[70]

Chochlow kämpfte später noch mit verschiedenen Partisanengruppen in Weißrussland und Litauen, bevor man ihn schließlich nach Moskau zurückbeorderte. Dort erhielt er eine Spezialausbildung für Auslandseinsätze. In den Nachkriegsjahren wandte er das Gelernte in Rumänien, Frankreich, Österreich, Italien und Dänemark an. Seine letzte Mission führte ihn 1954 nach Westdeutschland. In Frankfurt am Main sollte er einen russischen Emigranten töten. Diesmal brachte er die Tat nicht über sich. Er verriet dem Zielobjekt seinen Auftrag und erzählte ihm auch, dass er beabsichtige, die Seiten zu wechseln. Chochlow wurde der erste hochrangige Überläufer eines Geheimdienstes im Kalten Krieg. Chochlows Bekenntnisse verschafften der CIA Einblicke, die dem NKWD, jetzt KGB genannt, die Auslandsarbeit auf Jahre erschwerten.[71]

Einzelne Quellen behaupten – auch noch *nach* dem Ende des Ostblocks –, dass Kusnetzow, Chochlow und seine Agentenkollegen während des Zweiten Weltkrieges nicht weniger als 137.000 deutsche Offiziere und andere Soldaten getötet hätten.[72] Die Zahl erscheint höchst fragwürdig und erinnert etwas an die gewöhnlichen Übertreibungen sowjetischer Statistiker. Eines aber lässt sich nicht bestreiten: die Attentäter des NKWD haben im Sinne ihres Auftrags weitgehend gute Arbeit geleistet. Sie besaßen die richtigen Fertigkeiten, die richtige Ausbildung und schlicht den Wagemut; nur so konnten sie für längere Zeit hinter den feindlichen Linien operieren, ihre Missionen ausführen, ohne gefasst zu werden. Wie von Stalin befohlen, hatten sie den Besatzern das Leben an der Ostfront eindeutig schwerer gemacht.

1941 hatte Hitler den knabenhaften Enthusiasmus für Frontbesuche, der ihm während des Polenfeldzuges deutlich anzusehen war, längst abgelegt. In Krisenzeiten aber hatte er das Bedürfnis, nahe am Geschehen zu sein. Kurz nach dem Beginn des Unternehmens Barbarossa suchten deshalb er und seine Bauspezialisten nach einer geeigneten Örtlichkeit für ein neues Hauptquartier an der Ostfront. Im September 1941 wurde man schließlich fündig, und zwar bei Winnitza in der westlichen Ukraine: ein Gelände, umgeben von Kiefernwäldern und Äckern. Rasch ließ man es absperren und von Zwangsarbeitern und Kriegsgefangenen ein paar Holzhäuser und Blockhütten darauf errichten. Im Juli 1942 kam Hitler zum ersten Mal samt seinem Riesentross: Berater, Stenographen, Ärzte und Sekretärinnen; sechzehn Flugzeuge erforderte der Transport. Inzwischen war der Komplex auf etwa ein Dutzend Gebäude angewachsen; zusätzlich bot er zwei Bunker und sogar ein Kino![73] Das neue Hauptquartier erhielt den Tarnnamen *Wehrwolf*.[74]

Zeitgenossen beschreiben das Wehrwolf-Quartier als komfortabel, aber nicht luxuriös. Die getäfelten Decken und die Kiefernwände erinnerten schwach an Kasernen, und der Speisesaal hatte laut Albert Speer, der bekanntermaßen zur Überheblichkeit neigte, „das Aussehen eines Bahnhofsrestaurants einer Kleinstadt"[75]. Hitlers Sekretärin beklagt sich in ihren Erinnerungen über Mäuse und die alles durchdringende Feuchtigkeit.[76] Die Zimmer besaßen eine betont schlichte Einrichtung, zumeist Rohholztische und -stühle. Das Essen war zwar reichlich, aber abwechslungsarm – Hitler hatte einen empfindlichen Magen. Wie in Rastenburg plagten gewaltige Mückenscharen die Bewohner, die zudem jeden Tag eine bittere Anti-Malaria-Medizin schlucken mussten. Das größte Problem aber war das Klima: im Sommer unerträglich heiß und schwül, war Winnitza im Winter erbärmlich kalt.

Hitler hasste das Wehrwolf-Quartier. Er verabscheute die Hitze am Tage genauso wie die Mückeninvasionen bei Nacht. Fast ständig litt er unter Kopfschmerz und schlechter Stimmung, die sich namentlich in wiederholten Streitereien mit seinen Generälen niederschlug. Aufgrund der dauernden Spannungen herrschte, wie sich Hitlers Luftwaffenadjutant von Below erinnerte, „fortwährende Gereiztheit" in Winnitza:

„Hitler zog sich mehr und mehr zurück. Für die Lagekonferenzen wurde nicht mehr das Gebäude des Wehrmachtführungsstabes genommen, sondern Hitlers großes Arbeitszimmer in dessen separatem Quartier. Wenn jemand hereintrat, gab er ihm nicht die Hand, sondern registrierte dessen Gegenwart nur durch ein kurzes Ausstrecken des Armes. Er aß allein in seinem Bunker".[77]

Es wurde mehrfach vermutet, Hitlers Kopfschmerzen und Übellaunigkeit rührten von einer Strahlenvergiftung durch den beim Bau der Anlage verwendeten Granit her, der bekanntlich ein schwach radioaktives Mineral sei.[78] Die Erklärung hat einiges für sich. Viele der engsten Vertrauen Hitlers bemerkten, dass er sich während seiner Aufenthalte in Winnitza grundsätzlich anders benahm als sonst. Er bekam plötzliche Wutanfälle, bei der er gänzlich die Kontrolle über sich verlor, und wurde insgesamt besorgniserregend unberechenbar.[79] Dennoch blieb er gelegentlich längere Zeit an dem ungeliebten Ort: über drei Monate in Spätsommer und Herbst 1942 sowie einen Monat im Frühling des nächsten Jahres.

Natürlich galt auch im Wehrwolf die höchste Sicherheitsstufe. Im Herbst vor Hitlers Einzug hatte man die Umgebung gründlich inspiziert und alle potenziellen Bedrohungen, tatsächliche wie eingebildete, nach Kräften beseitigt. Im Klartext heißt dies: man hatte eine brutale ethnische Säuberung vorgenommen. In Winnitza wurden im September 1941 rund 15.000 Juden und andere ‚Unerwünschte' in einer zweitägigen Tötungsorgie ermordet.[80] Die Hinrichtungen gingen bis in den folgenden Sommer weiter. Im Januar 1942 wurden die Juden des Dorfes Strischewka, gleich neben dem Wehrwolf gelegen, liquidiert, weil man sie als besondere Gefahr für das Hauptquartier ansah.[81] Etwa 1.000 Juden aus Winnitza verschonte man bloß deshalb noch eine Zeitlang, weil man sie für den Bau des Wehrwolf-Komplexes brauchte; kaum war er fertig, wurden sie umgebracht. Wer in unmittelbarer Nähe der Anlage seinen Wohnsitz hatte, wurde genau überprüft. An alle Personen über vierzehn wurden Ausweise vergeben, die sie ständig bei sich tragen mussten; jedem, der ohne angetroffen wurde, drohte die sofortige Erschießung. Direkt am Wald, der den Wehrwolf umgab, durfte kein Ackerbau betrieben werden; es war eine Distanz von mindestens hundert Metern einzuhalten. Zutritt zum Gelände hatten die Bewohner der Gegend ohnehin nicht, es sei denn, sie besaßen eine schriftliche Erlaubnis.

Der Wehrwolf selbst war eine abgesperrte Anlage mit rechteckigem Grundriss, etwa einen Quadratkilometer groß, und lag innerhalb eines Kiefernwaldgebietes. Ein Schild an der Zufahrtsstraße gab die irreführende Auskunft, der Komplex sei ein Sanatorium. Den äußeren Sperrgürtel bildeten ein zwei Meter hoher Maschendrahtzaun und ein Stacheldrahtverhau, einen Meter hoch und gut drei Meter breit, ein mit viel Mühe auf Undurchdringlichkeit arrangiertes Gewirr. ‚Flandrische Hecke' heißt dergleichen im militärischen Jargon.[82] Zusätzlich saßen im Randbereich etliche MG-Nester, und SS-Wachen patrouillierten dort mit Hunden. Inmitten des eingefriedeten Geländes lag die innere Sicherheitszone, knapp 400 Quadratmeter messend, in der das eigentliche Hauptquartier lag: ein Ensemble aus Holzhütten, Bunkern und Kasernen. Der Wehrwolf war weitgehend Selbstversorger. Strom kam aus dem Umspannwerk in Winnitza, für den Notfall standen Dieselgeneratoren zur Verfügung. Nach Berlin bestand eine direkte Telefonverbindung. Wasser wurde aus zwei eigens gebohrten 120 Meter tiefen Brunnen innerhalb des Geländes geschöpft. Das Abwasser wurde chemisch geklärt und dann in einen nahen Fluss gepumpt. Die Sicherheitsmaßnahmen erstreckten sich auch auf die Dinge des täglichen Gebrauchs. Es gab eine Art Vorkoster, der alle Nahrungsmittel genau prüfte und Stichproben nahm. Das Wasser wurde ebenfalls täglich kontrolliert. Sogar die Wäsche, die man draußen reinigen ließ, soll, wenn sie zurückkam, geröntgt worden sein. Zudem standen Sauerstofftanks bereit.[83]

Das Wehrwolf-Gelände lang am nördlichen Rand Winnitzas. Wenn Hitler sich im Wehrwolf aufhielt, schwärmte das dort stationierte Militär zur Sicherheit wiederholt in die Stadt aus, die geradezu eine Art Außenposten des deutschen Generalstabs wurde. SS, Gestapo und SD zogen nach. Die Beziehung zur ukrainischen Bevölkerung war, wie es scheint, entspannt, zumindest am Anfang. Viele Nazi-Paladine nahmen sich einen zweiten Wohnsitz in Winnitza und Umgebung. Göring ließ sich dort im offenen Mercedes spazieren fahren[84]; Speer fühlte sich so sicher, dass er zeitweise auf jede Begleitung verzichtete.[85] Ein anderer regelmäßiger Besucher des Wehrwolf-Hauptquartiers, der stellvertretende Leiter des Wehrmachtführungsstabs Walter Warlimont, erinnert sich: „Wir hatten keine Wache mit, wenn wir durch die Wälder gingen oder im Bug schwammen, der in der Nähe vorbeifloss. [...] Nie ist irgendetwas passiert".[86]

Derlei Sorglosigkeit war indes nicht angebracht. Das Wehrwolf-Hauptquartier sollte geheim bleiben, und man hatte sich ja auch einiges an Tarnung einfallen lassen. Aber wenn sich in der Gegend unweit der Front ständig Militär und sogar NS-Führungsfiguren zeigten, musste das den Verdacht erregen, dass da irgendwo ein ,Nest' war. Schwer vorstellbar war zudem, dass die sechzehn Transportmaschinen unentdeckt blieben, die regelmäßig Hitlers gewaltige Entourage einflogen? Stalin setzte längst alles daran zu erfahren, wo Hitlers neues Hauptquartier lag, und peinigte im Frühjahr 1942 die Briten mit Anfragen, ob sie schon etwas herausgefunden hätten.[87] Der gleiche dringliche Suchauftrag erging an die von der NKWD betreuten Freischärler. Nun war die Ukraine wegen der notorischen Deutschfreundlichkeit ihrer Bevölkerung nicht unbedingt ein ideales Operationsgebiet für die sowjetischen Partisanen. Und doch hatten sich auch in der ukrainischen Teilrepublik funktionierende Untergrundnetzwerke gebildet, selbst in Winnitza und Umgebung. Eine zeitgenössische Quelle nennt fünf aktive Gruppen in der Region, die größte 300 Mann stark.[88] Bald nahmen sie die Neuankömmlinge unter Beschuss. Immer wieder überfielen sie deutsche Patrouillen in jener Gegend. Himmlers Pilot Karl Schnabele wurde im Oktober 1942 am helllichten Tag im weiter südlich gelegenen Schitomir von Partisanen ermordet.[89] Görings Auto wurde nahe Winnitza aus dem Hinterhalt mit MG-Feuer bedacht,[90] – weiter westlich attackierten die Kämpfer den Stabchef der SA, Viktor Lutze, in dessen Wagen und verletzten ihn schwer.[91] Merkwürdigerweise fiel Hitlers Ankunft im Wehrwolf im Juli 1942 mit der Verlegung des Zentralstabes der ukrainischen Partisanenbewegung in die Region Winnitza zusammen.

Es konnte nur eine Frage der Zeit sein, bis sich der NKWD mit Hitlers neuem Hauptquartier befasste. Eine Quelle meint, der erste Hinweis für den NKWD sei eine Notiz in einem ukrainischen Lokalblatt gewesen, die eine Aufführung von Richard Wagners Tannhäuser in Winnitza ankündigte.[92] Möglich wäre auch, dass der Luftwaffen-Unteroffizier Franz Josef Berrenbrock die entscheidende Information gab. Berrenbrock, einem wahren Flieger-As, wurde August 1942 im Wehrwolf von Hitler persönlich das Ritterkreuz mit Eichenlaub verliehen. Drei Monate später allerdings hatte er Pech: er wurde abgeschossen, gefangen genommen und verhört. Er gab allerhand preis, vielleicht auch über den Wehrwolf. Jedenfalls verdichteten sich für den NKWD die Indizien, dass sich in der Region Winnitza Interessantes tat. Grund genug, eigene Recherchen anzustellen. Und wahrhaftig beobachtete man vor Ort ein stetiges Kommen und Gehen führender Nazis. Eine Partisanen-einheit wurde losgeschickt, die genaue Lage des Hauptquartiers zu ermitteln. Dann fand man bei zwei gefangen genommenen deut-schen Offizieren Landkarten der Gegend um den Wehrwolf, ja sogar detaillierte Pläne des Komplexes selbst. Man gab das Mate-rial sofort nach Moskau weiter.[93]

Nun wusste der NKWD definitiv, dass Hitler sich für längere Zeit bei Winnitza aufhielt. Prompt wurde eine Sonderoperation in die Wege geleitet mit dem Codenamen ‚München'. Ihre Mission war, Hitlers Tagesablauf zu erkunden und die Möglichkeit eines Attentates zu prüfen. Der erfahrene Agent Dmitri Medwedew, der Kusnetzow in Rowno assistiert hatte, sollte ein paar NKWD-Leute in Hitlers ukrainisches Hauptquartier einschleusen.

Medwedew war bereits ein altgedienter NKWD-Offizier, als man ihn mit der Wehrwolf-Sache betraute. Seit seinem ersten Undercover-Einsatz in deutsch okkupiertem Gebiet im September 1941 hatte er immer wieder Operationen hinter den feindlichen Linien durchgeführt oder geleitet. Auch eine Reihe ‚Sonderaktio-nen' – etwa die Verschleppung des Fürsten Lwow, den die Deut-schen im Eroberungsfall zum Gouverneur von Moskau machen wollten[94] – gingen auf sein Konto. Im Frühling und im Sommer 1943 nun ließ Medwedew den Wehrwolf gründlich observieren, auch von innen. Zwar meldeten ihm seine Leute, sie hätten Hitler einmal kurz erblickt, wie er in einer schwarzen Maybach-Limousi-ne vorbeifuhr[95]; tatsächlich jedoch hatten sie den richtigen Zeit-punkt zum Handeln verpasst. War Hitler da, waren die Agenten gerade nicht da und umgekehrt. Den letzten längeren Besuch hatte Hitler seinem ukrainischen Hauptquartier im März 1943 abgestat-tet; dann kam er nur noch einmal, am 27. August 1943, zu einer flüchtigen Visite.[96] Bevor er den Wehrwolf verließ, befahl er, die Anlage zu zerstören. „Es dürfen vor allem keine Möbel zurück-bleiben", stellte er klar, „sonst nehmen die Russen den ganzen Krempel mit nach Moskau und stellen ihn öffentlich aus"[97].

Alle, die auf sowjetischem Territorium einen Schlag gegen führende Nazis wagen wollten, standen vor dem Problem, wo sie ihr potenzielles Opfer stellen sollten. Während der wenigen Monate, die Hitler und die Seinen bei Winnitza verbrachten, machten sie zwar ein paar Besuche an der Front, die aber eilig durchgezogen wurden und unter striktesten Sicherheitsmaßnahmen stattfanden. Für NKWD-Agenten, die ein Attentat ausüben sollten, war es ja schon schwierig genug, hinter die deutschen Linien zu kommen. Der kritischste Punkt aber war dann eine persönliche Begegnung mit Heinrich Himmler, Hermann Göring oder gar Adolf Hitler – kaum einzurichten: wenn einem nicht eine glückliche Fügung zu Hilfe kam.

Unwahrscheinlich war eine solche Fügung in der Tat, – aber nicht unmöglich. Immerhin begab sich Hitler jedes Mal in Gefahr, wenn er Berlin verließ und in eines seiner Feldhauptquartiere reiste. Als Transportmittel bevorzugte er das Flugzeug. Er hatte eine feste Mannschaft, geleitet von Hauptmann Hans Baur, der ihm bereits seit 1932 diente. Baur hatte sich im Laufe der Zeit eine Flotte zusammengestellt, die sich sehen lassen konnte. 1941 umfasste sie 20 Maschinen: von der schnittigen Focke-Wulf FW 200 Condor über das stämmige ‚Arbeitspferd‘ Junkers JU 52 bis zur winzigen Fieseler FI 156, genannt ‚Fieseler Storch‘, eigentlich ein Beobachtungsflugzeug. Meist benutzte Hitler die Fw 200 Condor. 1937 in Betrieb genommen, fand die viermotorige Maschine zunächst kommerzielle, zivile Verwendung. In die Geschichte der Luftfahrt ging sie als erstes landgestütztes Passagierlangstreckenflugzeug ein, das die Strecke Berlin - New York in gut 24 Stunden nonstop bewältigen konnte. In der militärischen Version war die Condor bestückt mit vier MGs und leistungsstärkeren Triebwerken; sie wurde wegen ihrer Fähigkeit, weite Strecken zu fliegen, ohne zwischendurch auftanken zu müssen, besonders als Seeaufklärer und Seebomber eingesetzt, weshalb ihr Winston Churchill den Spitznamen „Geißel des Atlantiks" verpasste. Hitlers eigene Maschine verfügte über einige Extras, wie eine verbesserte Schallisolierung und, ab 1942, einen speziellen ‚Führersessel‘ mit gepanzerter Sitzfläche und eingebautem Fallschirm, dazu eine besondere Notluke.[98]

Trotz aller solcher Vorsichtsmaßnahmen war Fliegen in den

1940er Jahren eine höchst gefährliche Angelegenheit, auch außerhalb der Kampfzonen. So fand November 1941 der deutsche ‚Fliegerheld' Werner Mölders den Tod, als er im Nebel auf dem Breslauer Flughafen landen wollte. Drei Monate später starb der Reichsminister für Bewaffnung und Munition, Fritz Todt, nahe dem Führerhauptquartier Wolfschanze bei Rastenburg, als sein Flugzeug nach einem missglückten Startversuch abstürzte. Januar 1942 erlitt Generalfeldmarschall Walter von Reichenau während einer Notlandung in Krakau einen tödlichen Herzinfarkt. Hitlers Lieblingsmaschine, die Focke Wulf Condor, war ganz und gar kein absolut sicheres Flugzeug. Durch ihre extreme Länge und Flügelspannweite hatte sie von Anfang an mit technischen Problemen zu kämpfen; man sagte ihr nach, dass das Fahrwerk bei der Landung leicht brach.[99] Hitlers Luftflotte blieben unerfreuliche Zwischenfälle nicht erspart. Im Dezember 1941 zerschellte eine Condor-Begleitmaschine während der Landung im russischen Orjol an der Ostfront.[100] Im Juni 1942 entkam Hitlers Maschine nur knapp einer Katastrophe, als bei der Landung im südostfinnischen Mikkeli ein Fahrwerksrad plötzlich zu brennen begann.[101]

Hitler unternahm die meisten seiner Reisen im Krieg an die Front und zurück mit dem Flugzeug. Stets musste dabei mit Beschuss aus feindlichen Maschinen und aus feindlichen Fliegerabwehrgeschützen gerechnet werden. Einmal wurde Hitlers Condor von sowjetischen MiGs attackiert, als sie – ohne Hitler an Bord – nahe Nikolajew (Südukraine) zu einem Flug nach Poltawa (Nordukraine) startete. Baur schilderte den Zwischenfall in seinen Erinnerungen mit verblüffender Nonchalance:

„Als ich vorwärts rollte, stob, wo eben noch der Mann war, der mir das Zeichen gegeben hatte, lockere Erde in einer regelrechten Fontäne hoch. Im gleichen Moment merkte ich, dass meine Maschine beschossen wurde. Russen schwebten über dem Flugplatz, und meine große Viermotorige – es war Hitlers persönliches Flugzeug, die D-2600, – muss ihnen eine lockende Beute erschienen sein. Als ich die nötige Höhe erreicht hatte, flog ich schnurstracks auf einen der Russen zu. [...] Der zog es vor, nicht auf mich zu warten. Er drehte ab und verschwand in den Wolken. Bis auf ein paar Einschusslöcher hatten wir keinen Schaden erlitten".[102]

Ein anderes Mal wäre Hitler fast Opfer eines Angriffs auf dem

Boden geworden. Im Februar 1943 besuchte er das Feldhauptquartier des Feldmarschalls von Manstein im südukrainischen Saporoschje; die Heeresgruppe Süd war zu der Zeit in der Ukraine gerade heftig gebeutelt worden. Während Hitler mit Manstein konferierte, wartete sein Pilot Baur auf dem östlich der Stadt gelegenen Flugplatz. Plötzlich kam die Meldung, eine Kolonne von knapp zwei Dutzend sowjetischen Panzern habe die deutschen Verteidigungslinien bei Dnjepropetrowsk durchbrochen und nähere sich in großer Geschwindigkeit. „Es war nichts mehr zwischen ihnen und dem Flugplatz", berichtet Baur.[103] Hastig stellte man eine Verteidigung auf, was nicht leicht war, da man weder über Artillerie noch Panzerabwehrwaffen verfügte. Schon erschienen die zweiundzwanzig T-34-Panzer am Rande des Flugplatzes. Baur benachrichtigte den Führer und legte ihm einen taktischen Rückzug nahe; Hitler fand das nicht nötig; man müsse nur möglichst bald starten; er komme sofort. Tatsächlich fand er sich kurz darauf ein, bestieg seine Maschine und flog davon. Später erfuhr Baur: die sowjetischen Panzer hatten zu wenig Benzin in ihren Tanks, um den Flugplatz anzugreifen, erst recht, da sie mit heftigem Widerstand rechnen mussten. Die Attacke unterblieb. Als Hitler hinterbracht wurde, welch bedrohlicher Situation er entronnen war, meinte Hitler schlicht, er habe „eben Glück gehabt"[104].

Was die Informationen darüber betraf, wo sich ein führender Nazi wann befand, blieben die Planungsstäbe des NKWD auf die Auskünfte der Nachrichtendienste ihrer Alliierten, vor allem der Briten, angewiesen. Das Problem lag nun darin, dass die Sowjets den Nachrichtendiensten ihrer Alliierten nicht unbedingt Glauben schenken mochten. Ab 1941 wurde in Moskau die These vertreten, die neuen Verbündeten kämpften nur höchst ungern Seite an Seite mit der Sowjetunion; lediglich der Zwang der Umstände nötige sie zu politischer und militärischer Kooperation. In Wirklichkeit sähen sie im Nationalsozialismus und im Kommunismus zwei gleich bedrohliche Gefahren, und am liebsten würden sie es so arrangieren, dass die beiden einander ausbluteten. Diese Vermutung war keine unbedingte Paranoia. Churchills Bonmot nach dem deutschen Überfall auf die UdSSR – „Wenn Hitler in der Hölle einmarschierte, würden wir dem Teufel zumindest eine freundliche Grußadresse senden" – dürfte die sowjetischen Befürchtungen kaum gemindert haben. Obwohl die englische Politik nicht annähernd so machiavellistisch war, wie Stalin argwöhnte, betrachtete er die Auskünfte britischer Geheimdienste unverändert mit starkem Misstrauen.

Egal, ob Stalin den Engländern traute oder nicht – die akkuratesten Informationen über Hitlers wechselnde Aufenthaltsorte lieferte ihm der britische Geheimdienst. Seit polnische und britische Experten den Code geknackt hatten, war das meiste, was die kriegswichtigen deutschen Stellen kommunizierten, den Briten ein offenes Buch. Diese Informationen und ihre Herkunft waren natürlich *top secret*, und es gab durchaus Debatten in der britischen Führung, ob man solch hochgradig sensibles Material den Sowjets überhaupt zur Verfügung stellen sollte.[105] Schließlich ging man einen ‚weisen‘ Mittelweg: man reichte die Informationen weiter, verschwieg aber, woher genau man sie hatte und wie man an sie gekommen war. Möglicherweise sind alle diese Vorsichtsmaßnahmen, salopp gesagt, ‚vergebliche Liebesmüh‘ gewesen: höchstwahrscheinlich wusste Stalin dank seinem Top-Spion Kim Philby und anderen Agenten im britischen Secret Service über die Enigma-Entschlüsselungen Bescheid.

Im November 1941 erhielt der englische Nachrichtendienst eine wichtige Information, aus der indirekt hervorzugehen schien, wo Hitler sich aufhielt bzw. sich bald aufhalten würde. Vereinbarungsgemäß leitete die Britische Militärmission in Moskau die Informationen an Stalin weiter, ergänzt durch strategische Ratschläge: „Höchst verlässliche Quelle berichtet: 13. November, tagsüber, in Orscha [nordöstliches Weißrussland] in Sonderzug Konferenz zwischen Oberkommando der Wehrmacht und allen Armeebefehlshabern an Ostfront. Wenn Attacke bei Tage nicht praktikabel, empfehlen wir Attacke bei Nacht am 12. oder 13."[106] Auf der Konferenz sollte erörtert werden, was angesichts der unerwarteten Mühsamkeit und Langsamkeit des deutschen Marsches auf Moskau zu tun sei. Es nahmen die Stabchefs aller an der Ostfront eingesetzten Heere und Heeresgruppen unter dem Vorsitz des Generalstabchefs des Heeres Franz Halder teil. Der zentrale Tagesordnungspunkt war die Frage, ob die Wehrmacht ihren Marsch auf die sowjetische Hauptstadt trotz des höchst widrigen Wetters und brüchiger Kommunikationsverbindungen forcieren oder sich über den Winter in ihren Stellungen eingraben solle, um den Vormarsch im Frühling wiederaufzunehmen, sobald es taute? Angesichts der

Wichtigkeit dieser Entscheidung war man in London sicher, dass Hitler bei der Konferenz zugegen sei.

Als die Besprechung in Orscha begann, hatte man zur besseren Orientierung Landkarten ausgebreitet. Auf einer war eine Linie eingezeichnet, die beim Ladogasee nahe Leningrad begann, sich Richtung Moskau bog, 250 Kilometer östlich (!) der Hauptstadt vorbei führte, dann sich südwärts über Stalingrad zum Schwarzen Meer zog. Diese Linie markierten die *Minimal*ziele der aktuellen Offensive![107] Obwohl die Debatte sehr lebhaft wurde, konnte sie nur das folgende Ergebnis haben: Es wird vorwärts marschiert. Die *Operation Taifun* – der Marsch auf Moskau – war im Gange, und die Rote Armee, so die allgemeine Überzeugung, war völlig erschöpft.[108] Ein finaler Schlag noch, und das ganze Gebäude des Sowjetkommunismus würde in sich zusammenbrechen. Dachte man.

Stalin sah das völlig anders, und das nicht ganz zu Unrecht. Blenden wir ein paar Tage zurück: Am Morgen des 8. November stand Stalin auf der Ehrentribüne an der Kremlmauer und nahm die traditionelle Parade zum Jahrestag der Revolution ab. Ein Schneegestöber wehte über den Roten Platz. Wie üblich rollten schier endlose Kolonnen von Panzern an der Sowjetführung vorbei, doch fuhren sie diesmal danach nicht in die Kasernen zurück, sondern zur kaum 80 Kilometer entfernten Front. Als der letzte Panzer durch war, hielt Stalin eine kurze Rede an die auf dem Platz versammelte Menge: ‚Mutter Russland' sei zwar bedroht, aber sie werde die Gefahren bestehen.[109] In der Nacht sanken die Temperaturen auf einen Tiefpunkt; der russische Winter begann jetzt richtig. In ebendieser Nacht warfen sich sowjetische Reservetruppen aus Sibirien den frierenden deutschen Vorausabteilungen entgegen. Der Blitzkrieg war ins Stocken geraten.

Zugleich sorgte Stalins Rote Luftflotte für ein paar Überraschungen. Zu Beginn des Barbarossa-Feldzuges hatten die Invasoren ihr übel zugesetzt, und immer noch konnte sie in direkter Konfrontation mit den Deutschen schwerlich die Oberhand behalten. Aber bis zum Spätsommer schien sie sich so weit erholt zu haben, dass sie in begrenztem Rahmen wieder kampffähig war. Im August 1941 soll sie sogar mit einer Iljuschin Il-4 mit vier Mann Besatzung, zwei Doppelsternmotoren und einer Reichweite von 3.500 Kilometern einen Langstreckenflug nach Berlin gewagt und dort

Bomben abgeworfen haben.[110] Reichweite hin oder her – im November 1941 war Berlin aus einer Reihe von eindeutigen Gründen für die sowjetische Luftwaffe unerreichbar. Andere Ziele mussten her, und da bot sich die Konferenz in Orscha geradezu an.

In der Abenddämmerung des 12. November starteten rund zwanzig Iljuschin-II-4-Kampfflugzeuge des neu gegründeten Langstreckenbombergeschwaders zu einem ihrer ersten Einsätze wahrscheinlich von Puschkino bei Leningrad aus. Ziel waren die Gleisanlagen von Orscha, wo Halders Sonderzug *Europa* stand, dem Tagungsort besagter Konferenz. Eine Dreiviertelstunde dauerte der Anflug in V-Formation, über fast ausschließlich feindokkupiertem Gebiet; man flog sich in circa 6.000 Metern Höhe, für alle Flakgeschütze unerreichbar. Wie üblich wurden kurz vor dem Ziel die Motoren abgeschaltet, um sich nicht durch den Lärm zu verraten. Die Maschinen glitten auf ungefähr 2.000 Meter hinunter und ließen ihre hochexplosive Fracht fallen. Dann warf man die Motoren wieder an und kehrte heim.[111]

Leider handelt es sich bei dieser Geschichte überwiegend um eine Legende. Es steht nicht einmal eindeutig fest, dass die Luftattacke auf Orscha überhaupt stattgefunden hat. Der einzige schriftliche Beleg, den die Archive hergeben, stammt von der Britischen Militärmission in Moskau. Auf eine sowjetische Notiz Bezug nehmend, besagt der Beleg: „Die Russen haben in der Nacht des 13. November den Bahnhof von Orscha heftig bombardiert, wobei sie ein Flugzeug verloren. Ursprünglich glaubten sie, Hitler sei an dem fraglichen Tag in Orscha gewesen; ihre allerneuesten Informationen sprechen freilich dagegen."[112] Diese ‚allerneuesten' Informationen stimmten zweifellos. Der Führer saß die ganze Woche über ruhig und komfortabel in seinem ostpreußischen Hauptquartier. Ansonsten wirkt die Geschichte wenig glaubwürdig. Die russischen Archive geben zu dem fraglichen Ereignis fast nichts her und auch von deutscher Seite fehlt jeder Hinweis. Keiner der Teilnehmer an der damaligen Konferenz scheint mitbekommen zu haben, dass der Sonderzug, in dem sie saßen, bombardiert wurde. General Halder etwa, der dem Treffen vorstand, erwähnt nichts dergleichen in seinem Tagebuch.[113] Auch die Fotos von dem Treffen liefern kein Indiz für irgendwelche außergewöhnlichen Geschehnisse.[114]

Wir suchen im Deutschen Militärarchiv, der wohl umfänglichsten Sammlung einschlägiger Aktenstücke. Die Ausbeute bleibt bescheiden: Keines vermeldet unter dem Datum des 12. November 1941 Bombenattacken durch Iljuschins auf den Bahnhof von Orscha. Aber in einem Dokument ist von „heftigen Luftaktivitäten" in der fraglichen Nacht die Rede.[115] Vielleicht hat sich das Iljuschins-Geschwader verirrt und die falsche weißrussische Stadt malträtiert, vielleicht auch wurde Orscha gefunden, aber die Gleisanlagen nicht getroffen. Vielleicht sind die Iljuschins nie gestartet. Die neueste Literatur zum Thema neigt teilweise zu der Ansicht, die ganze Geschichte sei ein Mythos, womöglich sowjetischer Urheberschaft.[116]

Ob er nun seine Flugzeuge nach Orscha geschickt hat oder nicht – Stalin schien jedenfalls zur gnadenlosen Verfolgung des feindlichen Führungspersonals entschlossen. So berichtete der britische Botschafter in Moskau nach London, das sowjetische Staatsoberhaupt habe ihm gesagt, man brauche nur Informationen über Hitlers genauen Aufenthaltsort, und sofort würde er seine Bomber aussenden. Das Gleiche gelte für den deutschen Generalstab. Da ihn aber die wichtigen Nachrichten nicht rechtzeitig erreichten, erfolgten die Luftangriffe zu spät. Londons Botschafter kabelte also ans *Foreign Office*:

„Vor etwa einer Woche hörte er [Stalin], der deutsche Generalstab befinde sich in Minsk; also wurde Minsk schwer bombardiert. Dann zog er nach Wilna um, also wurde vor drei Tagen Wilna bombardiert. Inzwischen hatte er sich wieder in Minsk niedergelassen, und noch während wir [Stalin und der britische Botschafter] sprachen, wurde Minsk wieder bombardiert. Könnten wir Stalin nicht laufend und schnellstmöglich informieren, sobald wir irgendetwas in Erfahrung bringen, das Hitlers Aufenthaltsort betrifft?"[117]

London antwortete bedauernd, die Rechtzeitigkeit nicht garantieren zu können, aber versicherte, dass es „jede empfangene Information sofort weitergibt".[118] Getreu diesem Versprechen wurde Moskau umgehend in Kenntnis gesetzt, als London zwei Monate später Wind davon bekam, dass Göring die ukrainische Stadt Poltawa besuchen wollte.[119] Folgerichtig erlitt Poltawa in der fraglichen Nacht einen heftigen Luftangriff. Doch erneut war das Glück den Sowjets nicht hold. Göring, der sich nur ungern an die

Ostfront begab, hatte wieder einmal seine Pläne geändert. Akkurate Geheimdienstauskünfte allein waren offensichtlich nicht ausreichend für einen Erfolg. Und selbst wenn das Zielobjekt sich tatsächlich an dem Ort aufhalten würde, wäre es fraglich, ob die streuende Bombardierung aus der Luft der geeignete Einsatz für ein Attentat war.

Stalin hatte aber noch eine zweite Option: Hitler auf deutschem Boden zu attackieren. Dort war er besser zu orten und es war leicht vorherzusagen, wohin er sich bewegen würde. Anfang 1942 erhielt der ‚Regisseur‘ der Ermordung Trotzkis, Leonid Eitington, den Auftrag, ein Attentat auf Franz von Papen zu organisieren, den einstigen Reichskanzler und jetzigen deutschen Botschafter in der Türkei.[120] Von Papen hatte den Unwillen Moskaus erregt, weil er angeblich einen Separatfrieden mit den Westmächten aushandeln wollte. Der ausgewählte Attentäter, ein Mazedonier namens Omar Tokat, besaß aber nicht die gleiche Erfahrung im Umgang mit Bomben wie sein Auftraggeber, der Ex-Partisanenführer Eitington. Tokat stellte sich dicht hinter sein Zielobjekt und zündete den Sprengsatz. Sein Wunschopfer ging zwar zu Boden, erlitt aber lediglich geringfügige Verletzungen. Trotzdem war von Papen voller Blut. Er verstand zunächst gar nicht, was sich ereignet hatte: „Ich rappelte mich hoch, bemerkte dabei einigermaßen erleichtert, dass nichts gebrochen schien. ‚Keinen Schritt weiter!‘ rief ich den anderen zu; ich musste ja zunächst annehmen, wir hätten eine Mine ausgelöst. Denn eine Person, welche die Explosion hätte auslösen können, war nirgends zu erblicken“.[121]

Die türkischen Behörden begannen zu ermitteln. Schließlich verhaftete man zwei sowjetische Konsularbeamte, die man beschuldigte, den Anschlag organisiert zu haben. Die Identität und vor allem der Verbleib des Bombenwerfers blieben vorerst ungeklärt. Laut offiziellem türkischem Protokoll war der Attentäter „spurlos verschwunden“.[122] Erst als man einen Fuß Tokats in einem Baum nahe dem Tatort fand, löste sich das makabre Rätsel: Die Bombe hatte statt von Papen seinen Attentäter zerfetzt. Moskaus mattes Ablenkungsmanöver, unbekannte deutsche Agenten steckten hinter dem Tötungsversuch, wurde durchschaut.[123] Die beiden sowjetischen Konsularbeamten wurden zu zwanzig Jahren Gefängnis verurteilt. Der Vorfall sorgte eine Zeitlang für höchst angespannte Beziehungen zwischen Moskau und Ankara.

Im Falle Hitler brauchte der NKWD auf eventuelle diplomatische Verwicklungen keine Rücksicht mehr zu nehmen. Hier stellte sich die viel elementarere Schwierigkeit, wie man an das Zielobjekt überhaupt herankommen konnte. Die NKWD-Leute gaben sich keinen Illusionen hin. Sie wussten, dass überall, wo Hitler war, die höchste Sicherheitsstufe galt. Bei dieser Aktion war akribische Planung gefragt und eine Kontaktperson, die eine Begegnung zwischen dem Führer und seinen potentiellen Attentäter arrangieren konnte.

Der Mann, den man schließlich dazu ausersah, war ein Künstler. Es handelte sich um den Komponisten Lew Knipper, geboren 1898. Der Neffe der Gattin des Dramatikers Anton Tschechow neigte politisch zu den Weißen zu und emigrierte 1920. Zwei Jahre später kehrte er zurück und fand einen *modus vivendi* mit den neuen Machthabern. Anfangs noch von der westlichen Avantgarde beeinflusst, machte er dann viele Konzessionen an die herrschende Kunstauffassung und schuf konventionelle, aber beeindruckend schwungvolle Werke hauptsächlich zu ,patriotischen‘ Themen; Seine *Sinfonie Nr. 4* hatte den Untertitel *Das Gedicht vom kämpfenden Komsomolzen*, und bezog sich anrührend auf das bekannte Volkslied „Poljuschko polje“; seine *Sinfonie Nr. 6* hieß im Untertitel *Die Rote Kavallerie*. Knipper hatte sich als Komponist einen Namen gemacht und war ein vielbeschäftigter Mann. Und doch führte er ein Doppelleben. In seiner zweiten Existenz arbeitete er als Agent des NKWD.[124]

Zusätzlich war Knipper längere Zeit Soldat gewesen und hatte einen Offiziersrang erworben. Nach Ausbruch des Weltkrieges betreute er nicht nur Militärmusikkorps, sondern nahm auch am gewöhnlichen Militärdienst teil. Im Herbst 1941 bildete Knipper gerade Rekruten im Kaukasus aus, als er nach Moskau zurückbeordert wurde. In der sowjetischen Führung und im NKWD herrschte damals die Befürchtung, die Deutschen könnten Moskau erobern. Für diesen Fall plante man den Aufbau eines eigenständigen Netzwerks von ,Kampfgruppen‘, die hinter den feindlichen Linien Aktionen gegen die Invasoren durchzuführen hatten. Die Gruppe Knippers erhielt dabei eine Sondermission: sie sollte Hitler töten, wenn er der ,Wiege des Weltkommunismus‘ seine Siegesvisite abstatte.[125] Dass Hitler dies täte, folgerte der NKWD aus

Hitlers bisheriger Gewohnheit: in Warschau war es 1939 ein Triumphzug gewesen, in Paris 1940 immerhin eine Kurzvisite. Es war anzunehmen, dass Hitler sich den Triumph, durch das geschlagene Moskau zu fahren, nicht nehmen lassen würde. Erst heute wissen wir, dass Hitler nie die Absicht hatte, Moskau zu betreten, auch nicht nach einer Kapitulation der Sowjetunion. Wie er seinen engsten Mitarbeitern anvertraute, sollte an der Stelle Moskaus ein riesiger künstlicher See entstehen.[126] Ein andermal wurde er noch deutlicher: „Moskau muss vom Angesicht der Erde verschwinden."[127]

Moskau fiel aber nicht und Knippers Auftrag wurde obsolet. Er erbat eine neue Mission und erhielt sie. Knippers Bereitwilligkeit mag zum Teil in der Angst vor der launischen NKWD-Führung begründet sein, zum Teil lag ihr aber auch Überzeugung zugrunde. Die Zeitläufe hatten ihn innerlich vielleicht nicht zu einem Bolschewiken, wohl aber zu einem russischen Nationalisten gemacht. Jetzt habe er endlich, schrieb er im Winter 1941 an seine Tante, eine Sache gefunden, für die er sein Leben hingeben würde:

„So furchterregend ist der Tod nicht für mich. Immerhin gibt es ein paar überwältigend wunderbare Dinge, an die ich glaube. [...] Ich bin Russe, Russe bis auf die Knochen. Ich weiß jetzt, dass ich mein lächerliches, idiotisches, primitives und schmutziges Mütterchen Russland liebe, zärtlich liebe, und es schmerzt mich, ihren großen, schönen Körper geschändet zu sehen".[128]

Seine neue Mission war einfach. Wenn Hitler nicht in Moskau zu ‚erledigen' war, dann eben in Berlin. Der Plan in Stichworten: zu den Deutschen gehen, den Überläufer spielen; dann nach Berlin und sich dort in die höheren Gesellschaftskreise einführen lassen, eine Gelegenheit suchen, Hitler zu treffen, und ihn bei der Begegnung zu töten. Für diesen Auftrag war Lew Knipper die Idealbesetzung: Er war hoch gebildet, sah blendend aus, arisch dazu, und sprach fließend Deutsch.

Als Knippers Kontaktperson in Berlin hatte man seine ältere Schwester bestimmt, die renommierte Schauspielerin Olga Tschechowa, geborene Knipper. Im armenischen Alexandropol geboren, war sie in Russland aufgewachsen, wo sie sich zur Schauspielerin ausbilden ließ. 1914 heiratete sie ihren Kollegen Michail Tschechow, einen Neffen des Dramatikers Anton Tschechow. Nach der Emigration emigrierte Olga. Im Unterschied zu ihrem Bruder Lew ging sie nicht wieder zurück, sondern blieb in der neuen Heimat, auch als die deutsch-(sowjet)russischen Feindseligkeiten begannen. Olga Tschechowa gelang in Deutschland eine glänzende Karriere, erst auf der Bühne, dann auf der Leinwand. In über hundert Filmen spielte sie mit; meistens gab sie die elegante und verführerische *grande dame*. 1941 war sie längst ein etablierter Star. Olga Tschechowa gebärdete sich keineswegs der Macht abgeneigt, im Gegenteil, sie gehörte zur kulturellen Elite des Dritten Reiches und ließ sich als dessen Aushängeschild gebrauchen. Sie wurde oft bei der Truppenbetreuung eingesetzt und pflegte engen, manche sagten sehr engen, Kontakt zu diversen braunen Führungsfiguren. Sie speiste oft mit Goebbels zu Abend, und es gibt Fotos, auf denen Hitler ihr die Hand küsst. Rasch blühten die Gerüchte, da ‚laufe etwas' zwischen den beiden. Eine Verehrerin der Tschechowa gratulierte ihrem Idol begeistert: „Es freut mich, dass Sie Adolf Hitler heiraten. Endlich hat er die richtige Partnerin gefunden. [...] Machen Sie ihn glücklich: er hat es verdient".[129]

Doch die Tschechowa bewegte sich auch in Kreisen, die schwerlich Hitlers Beifall gefunden haben dürften. Es blieb ihr wohl nichts anderes übrig; die Familie der russischen Emigrantin lebte noch in der Sowjetunion und das war ein klassisches Druckmittel des NKWD. Schon 1933 nahmen dessen Auslandsagenten Kontakt zu der Schauspielerin auf. Als Gegenleistung dafür, dass ihre Familie ihr nach Berlin folgen durfte, musste sie versprechen, Augen und Ohren offen zu halten und in kleinem Rahmen Nachrichten zu sammeln und weiterzugeben. War sie eine Agentin? Olga Tschechowa hätte sich selbst gewiss nie als solche verstanden, aber Moskau führte sie fortan als ‚Schläfer'.[130] Und in der Tat, 1939, kurz nach dem Pakt zwischen den Nazis und den Sowjets, versuchte der NKWD, sie zu aktivieren. Stalin wollte die entspannte Situation unbedingt nutzen, um sich in Deutschland strategische Stützpunkte aller Art zu schaffen. In Berlin etwa sollte ein Zirkel einflussreicher pro-russisch gesinnter Personen entstehen. Um solche Cliquen zu kreieren, empfiehlt es sich, eine prominente, ja möglichst glamouröse Gestalt als Magneten einzusetzen. Diese Rolle war Olga Tschechowa zugedacht.[131] NKWD-Agenten besuchten die Filmdiva und erklärten ihr vermutlich genau, was man sich in der Zentrale für sie ausgedacht hatte. Irgendetwas muss dabei schiefgelaufen sein, denn es gibt keinerlei Dokumente, die belegten, dass eine solche Clique, wie sie Moskau wollte, je formiert worden wäre. Die Tschechowa war entweder nicht willens oder nicht in der Lage zu leisten, was man von ihr erwartete.

Lew Knipper befand sich inzwischen im Iran, um dort – vorgetäuscht – die Seiten zu wechseln. Angeblich trieb er Studien über iranische Volksmusik, was durchaus wahrscheinlich ist, denn wenige Monate später vollendete er seine *Zwei Präludien nach iranischen Themen.* Die Umsetzung seines politischen Auftrages gestaltete sich komplizierter. Geplant war, dass er im Iran oder in der Türkei zu den Deutschen überlief und sich dann nach Berlin begab, wo er mit zwei Personen Kontakt aufnehmen sollte: erstens mit seiner Schwester Olga, zweitens mit einem gewissen Igor Miklaschewski, einem ehemaligen Boxer – Pseudo-Überläufer und NKWD-Agent wie Knipper.

Miklaschewski lebte seit 1941 in Deutschland. Er war seinem Onkel gefolgt, einem echten Überläufer, der als Rundfunksprecher für die Nazis Radiosendungen in russischer Sprache gestaltete. Bei diesem Onkel bezog Igor Quartier und formierte mit zwei weiteren sowjetischen Agenten, die Moskau nach Berlin gesandt hatte, eine kleine NKWD-Zelle. Olga Tschechowa begegnete er erstmalig im Sommer 1942, eruierte, mit wem sie Kontakt hatte, und meldete bald nach Moskau, eventuell sei ein Attentat auf Hermann Göring möglich.[132] Die Zentrale zeigte sich unbeeindruckt; Miklaschewski, hieß es in den neuen Instruktionen, solle auf Knipper warten und gemeinsam mit ihm das einzig lohnende Ziel aufs Korn nehmen: Adolf Hitler.

Aus Moskauer Sicht war die Sache einfach. Die NKWD-Leute glaubten – wahrscheinlich aufgrund der vielen Fotos und Wochenschaubilder, die Olga Tschechowa gemeinsam mit Hitler und sonstiger NS-Prominenz zeigten –, dass die Schauspielerin laufend engen Kontakt zu den Größen des Dritten Reiches unterhielt. Daraus schlossen sie kurzerhand, es wäre über sie möglich, den Attentäter und sein Opfer einander näherzubringen. Schon in den Jahren vor 1939, als Hitler noch Galaabende besuchte und Umgang mit der Glamour-Welt pflegte, wäre dies ein höchst ehrgeiziges Unterfangen gewesen. Jetzt aber schrieb man das Jahr 1943, Deutschland befand sich im Krieg, und Hitler zeigte sich kaum noch in der Öffentlichkeit. Die meiste Zeit verbrachte er in Rastenburg oder Winnitza mit seinen Generälen. Die Tschechowa hatte Hitler zuletzt 1940 gesehen. Aber der NKWD hegte immer noch die naive Vermutung, sie könne quasi als ‚Türöffnerin' für Knipper und Miklaschewski fungieren.

Die Vorbereitungen liefen, als im Sommer 1943 das ganze Projekt von Moskau abgesagt wurde. Stalin sah keinen Sinn mehr darin, seinen Hauptfeind töten zu lassen. Die deutsche Niederlage in Stalingrad hatte die Wende gebracht: Hitlers Heeren stand jetzt nur noch ein langer, mühsamer Rückzug bevor. Hitler, das hatte Stalin erkannt, vermochte ihn nicht mehr zu besiegen. Ein Attentat könnte bei diesem Stand der Dinge, so kalkulierte Stalin, sogar kontraproduktiv wirken. Das deutsche Staatsoberhaupt von Sowjets gemeuchelt! Die Empörung darüber könnte das deutsche Militär zu neuen kriegerischen Anstrengungen motivieren und möglicherweise zu einem Separatfrieden mit den westlichen Alliierten führen. Dann stünde die UdSSR allein gegen das nazistische Deutschland.

Also wurden sämtliche Agenten, die sich zu diesem Zeitpunkt mit der Vorbereitung der Ermordung des Führers befassten – von Miklaschewski in Berlin bis zu Medwedew in Winnitza – angewiesen, ihre Aktivitäten sofort einzustellen. Knipper wurde aus dem Iran zurückberufen und durfte weiter komponieren. Medwedew verschwand wieder im Untergrund der Partisanen und dachte daran, Schriftsteller zu werden.[133] Miklaschewski hingegen floh 1944 aus Berlin, nachdem er seinen Onkel ermordet hatte. Olga Tschechowa war wohl die Ahnungsloseste in dem ganzen Spiel. Welche Rolle ihr der NKWD zugedacht hatte, erfuhr sie erst während eines Verhörs im Sommer 1945 in Moskau.[134] Sie dürfte entsetzt gewesen sein über den wahnwitzigen Plan. Später beteuerte Olga Tschechowa in ihren Memoiren und vielen Interviews hartnäckig, niemals Agentin gewesen zu sein, weder wissentlich noch unwissentlich. Trotzdem geisterten nach dem Kriege immer wieder Gerüchte durch die Medien, namentlich in der Regenbogenpresse, sie habe von der Sowjetunion für ihre Dienste den Lenin-Orden erhalten.

Dass Stalin sämtliche Pläne zur Ermordung Hitlers stoppen ließ, war eine taktisch geschickte Entscheidung. Er hatte den zweiten Winter des ‚Großen Vaterländischen Kriegs' überlebt und bei Stalingrad einen gewaltigen, ja entscheidenden Sieg eingefahren.

Hitler hatte den Zenit seiner Macht und seines Einflusses überschritten. Sein Reich stellte derzeit keine wirkliche Bedrohung für die Sowjetunion mehr dar. Paradoxerweise war nun Stalins Wunsch, dass die Deutschen weiter im Westen Krieg führten, und keinen Separatfrieden mit den Briten und den Amerikanern schlossen. Entsprechend war seine neue Option, Attentate künftig nicht mehr gegen Hitler, sondern gegen jene zu planen, die mutmaßlich als westfreundliche Nachfolger Hitlers Platz einnehmen könnten, wenn es in Berlin zu einem Staatsstreich käme.[135] Es ist eine Ironie der Geschichte, dass Stalin jetzt plötzlich ein vitales Interesse daran hatte, Hitler noch eine Weile am Leben zu erhalten.

Auch ideologisch sprach wenig für eine Ermordung Hitlers. Nach der sowjetamtlichen marxistisch-leninistischen Lesart repräsentierte der Faschismus den letzten Versuch des Kapitalismus, seinen sicheren Untergang mithilfe gedungener Organisationen gewaltsam zu verhindern. Der Faschismus war eine feindliche Bewegung, die rücksichtslos Menschen vernichtete und unbedingt niedergeworfen werden musste, es galt nicht nur die Einzelphänomene zu sehen und zu verurteilen, wie es der bürgerliche Humanismus tat, sonder den Faschismus aus der übergreifenden Perspektive des historischen Materialismus zu betrachten, und da erschien er wie der Kommunismus als etwas Größeres: als eine welthistorische Kraft. Die Geschichte laufe, behaupteten die Marxisten-Leninisten sowjetischer Prägung, unvermeidlich und notwendig auf die ideale Gesellschaft im Kommunismus zu. Damit wohnte allen Entwicklungen, die dem vorausgehen, eine Zwangsläufigkeit inne: der Kapitalismus wehre sich natürlich gegen seine Abschaffung, also gebäre er unvermeidlich und notwendig den Faschismus, der dann unvermeidlich und notwendig blutig wüte, letztlich aber durch ebendieses Wüten sich selbst zerstöre und den Kapitalismus unvermeidlich und notwendig mit in den Abgrund reiße.

So betrachtet erschien es überzeugten Kommunisten geradezu widersinnig, Führerfiguren des europäischen Faschismus zu ermorden. Sicher konnte man ein, zwei Individuen an der Spitze eliminieren, aber die sozialen und politischen Verhältnisse, die diese Individuen hervorgebracht und gefördert hatten, wären immer noch die gleichen, in denen leitendes Personal schnell ersetzt ist. Der Faschismus galt den Kommunisten als eine moderne Hydra, die man nicht besiegen könne, indem man einen ihrer Köpfe abschlage.

Stalin ging es nicht nur um die ‚reine Lehre‘, und nicht nur um das strategische Kalkül. Stalin, das wissen wir, war ein Mensch, in dem die Leidenschaften rasten. Da war erheblich mehr im Spiel als schlichtes politisches Engagement – dies bestätigen zahllose Zeitgenossen, darunter viele Augenzeugen. Längst nicht immer trieb Stalin die große Theorie an; oft genug lenkte nur kleinlicher Groll sein Handeln.[136] Er war paranoid, megalomanisch und besaß einen angeborenen Hang zur Grausamkeit; er hat die georgische Kultur der Blutrache nach Moskau gebracht.[137] Der jugoslawische Dissident und Kommunist Milovan Djilas porträtierte den Diktator als „größten Verbrecher der Geschichte", als ein kaum vorstellbares Amalgam aus „der Gefühllosigkeit eines Caligula, [...] dem Raffinement eines Borgia und der Brutalität eines Iwans des Schrecklichen".[138]

Vielleicht wirkte in Stalins Beziehung zu Hitler aber noch ein Element, das über Kriminalität und pathologische Blutrünstigkeit hinausging. Manche vermuten in dem Verhältnis Hitler-Stalin – obwohl die beiden einander nie begegnet sind – eine homoerotische Note.[139] Diese Sicht mag überzogen sein; aber es lässt sich nicht leugnen, dass Stalins Gebaren nach dem Überfall Deutschlands auf die Sowjetunion sehr an das Benehmen eines enttäuschten Liebhabers erinnert. Die Motive für Stalins Wunsch, Hitler umbringen zu lassen, sind im Zorn und der verletzten Eitelkeit zu suchen, aber auch in seiner Ideologie. Stalin hatte mit Hitler 1939 ein Bündnis geschlossen – doch der Partner verriet ihn schmählich. Schon dieser Verrat reichte Stalin, Hitler dem Tode zu weihen. Erstaunlich bleibt, dass Stalin dann doch die Umsicht besaß, die ausgesandten Attentäter im rechten Augenblick zurückzuhalten.

6. KAPITEL

Der schmutzige Krieg –
die Briten und ihre SOE

Wenn man mir ein Gewehr gäbe, ich aber nur zwei Schuss
frei hätte, würde ich erst Himmler abknallen, dann Ribbentrop und zum Schluss Hitler mit dem Kolben den Schädel
einschlagen.

Neville Henderson,
1937-39 britischer Botschafter in Berlin[1]

20. April 1939: Hitlers 50. Geburtstag. Der 20. April war
gesetzlicher Feiertag, eines der wichtigsten Daten im nationalsozialistischen Kalender, und wurde im ganzen Reich höchst feierlich begangen. Die Straßen waren mit Flaggengirlanden
geschmückt, die Kirchenglocken läuteten, an öffentlichen Gebäuden blähten sich stolz die Hakenkreuzfahnen. Überall im Lande
trafen lokale Parteiautoritäten die letzten Vorbereitungen für ihre
Paraden, und Veteranen putzten ihre Orden. Tausende halbwüchsi-
ger Knaben probten noch einmal den Eid, den sie hersagen mussten, um formell in die Hitlerjugend aufgenommen zu werden: „Ich
verspreche, [...] allzeit meine Pflicht zu tun in Liebe und Treue
zum Führer und unsrer Fahne.“[2] In München hießen zur gleichen
Stunde prominente Nationalsozialisten einen Schwung neuer Mitglieder willkommen. Woanders verließen ein paar wenige ‚Glückliche‘ ein Konzentrationslager; man hatte sie amnestiert – gegen
das Versprechen, draußen kein Sterbenswort über ihre Erlebnisse
im KZ zu äußern.

In Berlin hatten die Feierlichkeiten schon am Tage vorher
begonnen. Da empfing Hitler ein Geburtstagsgeschenk besonderer
Art: eine Prachtstraße, nur zur Repräsentanz des Regimes konzi-
piert. Am Abend weihte er das fertige Teilstück der großen „Ost-
West-Achse“ ein. Dieser neue Boulevard, zu dessen Bau man
einen vorhandenen beträchtlich verbreitert hatte, lief vom Bran-

denburger Tor (in Verlängerung der Straße *Unter den Linden*) sieben Kilometer westwärts. Dies war nur als Anfang gedacht; eine Vielzahl neuer, mächtiger Bauten sollten Berlin zu einer Hauptstadt machen, die alle anderen in den Schatten stellte und eine würdige Widerspiegelung der – wie es hieß – ‚großartigen' Idee war, die Tun und Trachten des Führers bestimmte. Eine in solchem Maße neue Kapitale brauchte natürlich auch einen neuen Namen: *Germania.* Und ein Stück davon existierte nun: Stolz fuhr Hitler seine ‚Achse' entlang, begleitet von stürmischem Applaus; dann stieg er aus und erklärte die große Avenue für den Verkehr freigegeben.

In der Reichskanzlei fand ein Festessen zu Ehren des Führers statt. Auch die fast schon traditionelle Fackelparade fehlte nicht, zu der sich seine Anhänger in den Straßen vor seinem Amtssitz drängten; Hitler schaute ihr wie üblich vom Balkon aus zu. Um Mitternacht empfing er die Glückwünsche seiner engsten Vertrauten und später der Delegierten aus dem ganzen Lande. Ein üppig bestückter Geburtstagstisch erwartete den Reichskanzler. Mit Interesse und gelegentlichem Amüsement sah er sich Geschenk um Geschenk – Statuetten, Gemälde, Porzellan – an. Die Gabe jedoch, die ihn am meisten erfreute, bereitete ihm sein Architekt Albert Speer. In einem Nebenzimmer stand ein vier Meter hohes Modell eines kolossalen Triumphbogens, der die Krönung der neu zu erbauenden Hauptstadt bilden sollte. Hitler betrachtete das Modell „sichtlich bewegt"[3] und verließ an diesem Abend wiederholt das Festbankett, um es sich erneut anzusehen.

Den Vormittag des nächsten Tages verbrachte Hitler damit, Gratulationstelegramme zu lesen, die ihn aus aller Welt erreichten. Auch Henry Ford und Papst Pius XII. hatten eines gesandt. Ungeachtet der zahllosen Segenswünsche war die internationale Lage gespannt. Gut einen Monat vorher hatten Hitlers Truppen die ‚Resttschechei' besetzt, also jenen Torso, zu dem das im letzten Herbst geschlossene Münchner Abkommen die ehemalige Tschechoslowakei verstümmelt hatte, die nun völlig von der Landkarte verschwand. Das besagte Rumpfgebiet, in dem Pilsen, Prag und Brünn lagen, wurde dem Reich einverleibt und erhielt den Namen *(Reichs-) Protektorat Böhmen und Mähren.* Der unersättliche Eroberer Hitler hatte bereits Polen als nächstes Opfer im Blick, das mit Zuckerbrot-und-Peitsche-Taktik in die Knie gezwungen werden sollte. Denn nichts anderes wohl war mit der ominösen Formel gemeint, man wolle eine „endgültige Klärung der deutsch-polnischen Beziehungen"[4]. Doch im Gegensatz zur Tschechoslowakei ließ Polen sich nicht einschüchtern.

Die Westmächte gingen inzwischen resoluter mit Hitler um. Endlich hatten sie die wahre, die aggressive Natur des Nazi-Regimes durchschaut und das Scheitern ihrer Appeasement-Politik zur Kenntnis genommen. Es war ihnen nicht gelungen, Hitlers territorialen Hunger zu stillen, sondern sie hatten ihn offenbar eher ermutigt, immer mehr zu fordern. Zwar besaßen sie wenig, was der deutschen Bedrohung hätte entgegenwirken können, aber sie waren entschlossen, künftig Festigkeit zu zeigen. Knapp drei Wochen vor Hitlers Geburtstag gaben sie den Polen die formelle Garantie, ihnen mit allem, was in ihrer Macht stehe, zu helfen, sobald die Deutschen irgendetwas unternähmen, „das eindeutig die polnische Unabhängigkeit bedroht"[5]. Hitler schien schachmatt gesetzt. Am Tage seiner Geburtstagsfeier machte Hitler freilich nicht den Eindruck, als sähe er dies so.

Kurz vor elf Uhr früh begab sich Hitler an jenem Frühlingstag zur Tribüne an der neuen Ost-West-Achse, um die traditionelle Parade abzunehmen. Er fuhr in einem offenen Mercedes an der Spitze eines Konvois aus sieben Wagen, in denen Leibwache, Polizei und SS saßen. Die umliegenden Straßen waren abgesperrt und Sicherheitsleute überall postiert, namentlich an Punkten, die für potentzielle Attentäter eine Versuchung darstellten. Die enthusiastischen Massen zeigten sich außer Rand und Band. Alles, was irgendwie höher lag oder ragte – Bäume, Fenstersimse, Gerüste –, wurde genutzt, um eine bessere Aussicht auf das Geschehen zu erhaschen.

Auf der Ehrentribüne hatte man eigens für Hitler und die wichtigsten Führungskräfte des Dritten Reiches ein Podium errichtet. Hitler stand in der Mitte, hinter sich einen riesigen deutschen Adler und sechs Hakenkreuzflaggen. Er wurde flankiert von Leibwächtern, Stabschefs, Adjutanten, Generälen, Feldmarschällen, Admiralen – und natürlich von seinen Leibwächtern. Geladene Gäste, ausländische Botschafter und zahlreiche andere Würdenträger waren eine Ebene tiefer auf einer Estrade platziert, die sich links und rechts des Podiums erstreckte. Honoratioren bescheideneren Ranges, Prominente, die nicht der politischen oder militärischen Kaste angehörten, und Privilegierte aus dem großen Publikum mussten sich eine gegenüberliegende Tribüne teilen. Eine sensationelle Schauveranstaltung der Wehrmacht begann. Fast fünf Stunden paradierten sämtliche Waffengattungen an den Tribünen vorbei: Infanterie, Kavallerie, Fallschirmtruppen, Marine, Luftwaffe und die SS-Leibstandarte – alle defilierten sie in wohlgeordneten Kolonnen zu schmetternder Marschmusik daher. Stolz präsentierte man Gerät aus jüngster Produktion: Panzer, Artillerie einschließlich Flugabwehrkanonen und Suchscheinwerfern. Am Himmel dröhnten in Formationsflug Schwärme von Messerschmitt-Kampfmaschinen und Heinkel-Bombern. Beim Finale senkten alle Regimenter zum feierlichen Gruß ihre Fahnen vor dem Führer. Hitler stand mit stetig gleichbleibendem Gesichtsausdruck auf seinem Platz und entbot jeder Einheit seinen berühmten Deutschen Gruß. Was da vor seinen Augen ablief, war und blieb das größte Militärspektakel in der Geschichte des Dritten Reiches. Es war eine unmissverständliche Botschaft an alle Feinde und an all jene, die Hitlers Ambitionen zu durchkreuzen suchten.

Einer der ausländischen Gäste bei der Parade war der britische Militärattaché in Berlin, Oberst Noel Mason-Macfarlane. Der Berufssoldat, geboren 1889, begann seine Laufbahn als Kadett an der Königlichen Militärakademie, wechselte dann 1909 zur Königlichen Artillerie. Während des Ersten Weltkrieges diente er in Frankreich und Mesopotamien; seine bedeutsamen Leistungen in dieser Zeit trugen ihm mehrere Auszeichnungen ein, darunter die französische *Croix de Guerre* und das britische *Military Cross*, einen in England hoch renommierten Orden. Früh wurden ihm Führungsposten angetragen. Der leicht exzentrische Mason-Macfarlane interessierte sich nicht ausschließlich für das Kriegshandwerk, sondern schrieb auch Gedichte und war ein erstklassiger Kricketspieler. Ein Zeitgenosse beschreibt ihn als „einen Mann, der an die direkte Aktion glaubte", als jemanden, den die „unheilbare und altmodische Sehnsucht" trieb, „durch persönliches Eingreifen die Welt zu verbessern"[6]. Beides Eigenschaften, die ihn nicht unbedingt zum Diplomaten qualifizierten. Doch auch auf diesem Gebiet besaß er offenbar Fähigkeiten, denn man sandte ihn als Militärattaché ins Ausland: 1931 nach Wien, 1937 nach Berlin. In diesen Jahren gewann er umfassende Einblicke in die Machtstrukturen des Dritten Reiches, in den politischen wie den militärischen Apparat; Ende der 30er wusste wohl kein ausländischer Beobachter so gut in diesen Bereichen Bescheid wie Mason-Macfarlane. Was er dort beobachtete, war nicht erfreulich. Es führte ihn zu dem Schluss, dass Hitler nicht zu trauen sei. Fortan profilierte er sich als ,Falke', der einen Kriegskurs gegenüber Deutschland befürwortete und beständig warnte, England solle nicht warten, bis Hitler es angreife.[7]

Im Spätsommer 1938 – die Sudetenkrise schwelte noch – muss die Gestapo von Mason-Macfarlanes politischer Haltung Kenntnis gehabt haben. Im August erhielt er Besuch eines Deutschen namens von Köster, der sich als virulenter Nazi-Gegner ausgab. Er habe sich einer Verschwörung gegen die braunen Herren angeschlossen und bitte nun ihn, Mason-Macfarlane, dabei mitzuwirken. Der Brite, der in dem vorgeblichen Verschwörer einen *agent provocateur* sah, ließ nur kühl die diplomatische Standard-Antwort verlauten: „Jeder Versuch, uns in die inneren Angelegenheiten Deutschlands von außen einzumischen, würde mit Sicherheit genau das bewirken, was wir zu vermeiden wünschen".[8]

Aber so unschuldig Mason-Macfarlane nach außen hin tat: in Wahrheit plante er sehr wohl, sich in die deutsche Politik einzumischen. Ein Brief aus der britischen Botschaft in Berlin nach London vom März 1939 besagt, der Attaché sei in „sehr martialischer Stimmung" und „dränge darauf, Deutschland innerhalb der nächsten drei Wochen den Krieg zu erklären"[9]. Drei Wochen später, während der Parade zu Hitlers Geburtstag, wurden die in der Hauptstadt akkreditierten Attachés zu einem Fototermin fürs offizielle Erinnerungsalbum gebeten. Die Attitüde, die der Brite auf dem Bild zeigt, sagt alles über seine innere Einstellung. Während der französische Kollege neben ihm entspannt mit mattem Lächeln gallische *hauteur* demonstriert, lehnt Mason-Macfarlane sich betont unmanierlich nach vorn, grimmige Verachtung im Blick.[10]

Ein paar Tage vor der Parade stand Mason-Macfarlane an seinem Wohnzimmerfenster. Von dort aus hatte er einen guten Blick auf die neue ,Achse'. Unten waren die Vorbereitungen für den großen Tag in vollem Gange; Arbeiter dekorierten die Führertribüne und die anderen Podeste. Sie hängten Hakenkreuzflaggen auf und errichteten Pylone aus Sperrholz, die die Estrade säumten, von der aus am 20. April die Regimenter den Führer grüßen würden. Während sich Mason-Macfarlane mit einem Kollegen unterhielt, war sein Blick unwillkürlich auf die geschilderte Szenerie gefallen. Der Attaché verstummte eine Weile, dann sagte er plötzlich: „Da reicht doch ein schlichter Gewehrschuss. Ich könnte die Drecksau von hier aus erwischen, gar kein Problem. Klar", fuhr er fort, „ich müsste es höllisch büßen. Ich wäre erledigt und zwar in jeder Beziehung. Aber wenn man den Irren erst mal weg hätte, ließen sich vielleicht ein paar Dinge wieder besser regeln". Und als sein Kollege sehr zurückhaltend meinte, das sei immerhin eine Idee, konterte Mason-Macfarlane: „Ja. Eine furchtbare. [...] Aber Schei-ße noch mal, ich würde es tun."[11]

Mason-Macfarlane trug diese Idee schon länger mit sich herum. Ein paar Wochen zuvor hatte er warnend nach London geschrieben, England müsse sich auf das Schlimmste gefasst machen, es sei denn, Hitler „führe unerwartet in Walhall ein".[12] Was er konkret damit meinte, erläuterte Mason-Macfarlane im Folgenden. Sein Wohnsitz liege nur knapp hundert Meter von der Plattform entfernt, auf der laut Programm die einzelnen Truppenteile Hitler salutieren sollten. Dahinter befinde sich die Führertribüne. Während der Parade könnte ein Scharfschütze von einem der Fenster seiner Wohnung aus Hitler ein Ende bereiten. Der Lärm der feiernden Menge und die Blaskapelle würden den Schuss übertönen; der Attentäter habe beste Chancen zu entkommen.[13]

William Stephenson, Kanadier in britischen Diensten, erst als Soldat, dann als Geheimagent[14], ursprünglich Geschäftsmann und im Ersten Weltkrieg ein Flieger-As, soll etwa zur gleichen Zeit wie Mason-Macfarlane vorgeschlagen haben, Hitler in Heckenschützenmanier zu töten. Zumindest behauptete Stephenson das später. Der Wahrheitsgehalt dieser Geschichte ist für den nüchternen Historiker schwer zu ermitteln. Zweifellos hat Stephenson als Koordinator der Zusammenarbeit zwischen dem britischen und dem amerikanischen Nachrichtendienst während des Zweiten Weltkrieges eine Rolle gespielt, aber dass er 1939 ein Attentat auf Hitler vorgeschlagen und sich selbst als Exekutor angeboten hätte, lässt sich durch keine zeitgenössische Quelle belegen. Zweifel sind angebracht, was Stephensons Behauptung angeht. So engagierte er mehrere Biografen, seine ohnehin beeindruckende Lebensgeschichte noch weiter auszuschmücken[15]. So lässt er sich die *Légion d'Honneur* (den Orden der französischen Ehrenlegion), die *Croix de Guerre* und zwei Extraspangen zum – tatsächlich erworbenen –

Distiguished Flying Cross (‚Fliegersonderkreuz') verleihen. Ferner rühmte er sich, während seiner Zeit beim Königlichen Fliegercorps 1918 die Amateurboxweltmeisterschaft im Leichtgewicht gewonnen zu haben – auch das ist geflunkert.[16] Seine Behauptung, er habe sich als Attentäter Hitlers vorgeschlagen, gehört wahrscheinlich in die Kategorie, mehr zu scheinen als zu sein. Mason-Macfarlanes Attentatspläne sind nachweisbar. Es war ihm todernst damit. Und er hätte gerne selbst den Abzugshahn des Gewehrs betätigt. Er machte seinen Vorschlag nicht aus Geltungssucht, sondern aus echter Sorge, Deutschland werde, wenn Hitler an der Macht bleibt, wieder einen Krieg beginnen. Als man in Whitehall, dem Londoner Sitz des britischen Verteidigungsministeriums, von Mason-Macfarlanes Vorhaben hörte, war man bestürzt. Außenminister Lord Halifax stellte klar: „So weit sind wir noch nicht, [...] dass wir Diplomatie durch Attentate ersetzen"[17]. Mit typisch britischem Understatement gab man Mason-Macfarlane zu verstehen, ein solches Handeln wäre „ein unfairer Akt"[18]. Zwei Monate später wurde er nach Aldershot (Hampshire), dem Hauptquartier der britischen Armee, zurückbeordert. Mason-Macfarlane hatte eindeutig einen Nerv der britischen Politik getroffen. Nicht dass er dem Geheimdienst ins Handwerk zu pfuschen versuchte, war das für seine Vorgesetzten eigentlich Schlimme, sondern dass das, was er im Sinn hatte, einer Häresie nahe kam.

Der kurz vor dem Ersten Weltkrieg gegründete britische Geheimdienst *British Intelligence Service*, kurz SIS, bestand aus zwei Hauptabteilungen: eine für innere Sicherheit, eine für auswärtige Sicherheit und Spionageabwehr. Die Auslandsabteilung, bekannter unter dem Namen *MI6*, operierte – dauerhaft krass unterfinanziert – über das Netzwerk der britischen Botschaften und Konsulate. Meist war in diesen Vertretungen der offiziell als Passkontrolleur geführte Beamte insgeheim der ‚hauseigene' MI6-Agent.[19] Hauptaufgabe des Dienstes war natürlich, mithilfe zahlreicher Agenten und Informanten Kenntnis und Erkenntnis über Feinde jeder Art zu gewinnen. Das Oberste Prinzip bei aller Tätigkeit lautete: saubere Methoden. Nie sollte der Leumund der Organisation durch ruchlose Attentate oder Sabotage beschmutzt werden. Den MI6-Agenten war generell verboten, gegen ihr ‚Gastland' zu operieren.[20] Der MI6 fühlte sich noch dem leicht verschrobenen, besser ins 19. denn ins 20. Jahrhundert passenden

Ideal des *gentleman spy*, des ‚Gentleman-Spions‘, verpflichtet, der niemals zu schändlichen Mitteln greift. Ein Geheimagent, so schrieb einst der MI6-Gründer Mansfield Cumming, müsse ein „Gentleman" sein, „der die Eigenschaften, die sich mir diesem Begriff verbinden, in besonderem Maße hat. Auf jeden Fall muss er Anstand besitzen, dazu beträchtliches Feingefühl, die Fähigkeit zur Zurückhaltung, gleichzeitig aber Charakterfestigkeit. [...] Die Erfahrung lehrt, dass unbedingtes Brillierenwollen und ausge-fuchste Gemeinheit längst nicht so viel einbringen wie skrupulöse persönliche Anständigkeit. Letztlich wird nur der Anständige den Schurken besiegen".[21]

In diesem Sinne fiel Englands einst meistgefeierter Spion, Sid-ney Reilly, 1918 beträchtlich aus der Rolle, als er über alle Maßen gegen besagtes Ethos verstieß. Reilly hatte sich an der Kreml-Pforte als Emissär des britischen Premierministers Lloyd George vorgestellt und gesagt, dass er Lenin zu sprechen wünschte. Dies war nur die halbe Wahrheit, denn tatsächlich wollte er Lenin ermorden. Dies scheiterte; und Reilly erhielt vom Chef der Mos-kauer MI6-Residentur einen scharfen Verweis; für den Wiederho-lungsfall wurde ihm mit Entlassung gedroht.[22] Der Geheimdienst beurteilte ihn als „nicht vertrauenswürdig und ungeeignet für unsere Arbeit". Einer anderen Einschätzung nach war er „sehr schlau und gerissen, aber ohne jeden Skrupel"[23]. Reilly, der einen Schriftsteller später zu der Figur des James Bond inspirierte, hatte offenbar nicht das Zeug zum ‚Gentleman-Spion‘.

Dieser edlen Attitüde huldigten sogar die inoffiziellen briti-schen Spionagenetzwerke, die einsprangen, sobald die offiziellen versagten. 1932 wurde ein solcher Verband unter dem interessan-ten Namen *Z-Organisation* von dem ehemaligen SIS-Mann Claude Dansey gegründet. Sie arbeitete unabhängig und hatte ihre eigenen Informanten. Die Agenten der Z-Organisation tarnten sich nicht als Botschaftsangehörige wie die MI6-Kollegen, sondern als inter-national tätige Geschäftsleute und Journalisten. Ihre Funktion bestand darin, eine von offiziellen Agenten begonnene Operation fortzusetzen, wenn diese aufgeflogen waren. Um Dansey selbst ranken sich Kontroversen. Zweifellos ein brillanter Organisator, hatte er einen Hang zu Bösartigkeit, Unduldsamkeit und Tyrannei. Einer aus seinem Stab nannte ihn einmal „den allerletzten Scheiß-haufen"[24]. Natürlich besaß er als Chef eines weit gespannten Spionagenetzes die Macht über das Leben seiner Agenten, und er zögerte nicht, Kontaktpersonen und Informanten liquidieren zu lassen, wenn er den Eindruck hatte, sie trieben ein Doppelspiel. Grundsätzlich aber hielt er Sabotage und Attentate gegen Außenstehende für kontraproduktiv.[25] Eine Sichtweise, die die überwältigende Mehrheit seiner (Ex-) Vorgesetzten teilte.

Während also deutsche und sowjetische Auslandsagenten die Feinde nicht nur beobachteten, sondern auch bedenkenlos töteten, wiesen sich die britischen Agenten unverändert eine noblere Rolle zu. Die wesentliche Aufgabe eines Geheimdienstes sei, so meinten sie, das verdeckte Beschaffen und Sammeln von Informationen, und diese schwierige Aufgabe werde nicht leichter, wenn man die Werte der Gesellschaft, für die man kämpfte, durch Mord oder andere Gewaltakte in Verruf bringe. Attentate betrachtete man prinzipiell mit missbilligendem Stirnrunzeln; die Tötung ausländischer Staatsoberhäupter galt als völlig indiskutabel. Der Zweite Weltkrieg freilich bewirkte eine zunehmende Revision dieser Haltung.

Als England im September 1939 in den Weltkrieg eintrat, konnte man auf den ersten Blick meinen, nun entstehe jene Allianz wieder, die zwei Jahrzehnte zuvor das Empire im Großen Krieg zum Erfolg geführt hatte. Erneut hatte England an beiden Flanken Deutschlands Verbündete: Frankreich auf der westlichen, Polen auf der östlichen. Erneut besaß es die wirtschaftliche und die – wenn auch einstweilen noch höchst eingeschränkte – militärische Unterstützung der USA.

So sehr diese Situation zunächst Anlass zu vorsichtigem Optimismus geben mochte, erwies sich der bald als illusorisch. Im Osten warf Deutschland Polen nieder. Kaum war dies geschehen, wandte es sich dem alten Erbfeind im Westen zu. Dort begegneten die Hitlertruppen einer französischen Armee, die keine rechte Kampfmoral besaß, und einem Britischen Expeditionskorps, das selbstzufrieden vom alten Ruhm zehrte, aber längst nicht mehr die frühere Schlagkraft hatte und bedenklich an personeller wie materieller Unterversorgung und an Fehlorganisation litt. Churchill klagte in jenen Tagen einem Mitarbeiter:

„Die Verschwendung unserer Kräfte nach allen Richtungen reißt nicht ab. [...] Unsere Armee ist in einem jämmerlichen

Zustand, was die Kampftruppen betrifft; unsere Luftwaffe ist der deutschen hoffnungslos unterlegen. [...] Wir leisten uns fortgesetzt eine Haltung absoluter Passivität, denn nichts anderes bedeutet es, wenn wir unsere Truppen weiter überall verstreuen. [...] Ist Ihnen klar, dass wir möglicherweise auf eine Niederlage zusteuern?"[26]

Im Frühjahr 1940 drohte Churchills düstere Prophezeiung Wirklichkeit zu werden. Im April des Jahres besetzten deutsche Truppen Dänemark und Norwegen, ohne auf nennenswerten Widerstand zu stoßen, sieht man einmal vom tapferen Kampf der englischen Marine in der Schlacht um Narvik ab. Einen Monat später marschierten die Deutschen westwärts. Einige wenige deutsche Verbände attackierten die Niederlande und Belgien nur als Ablenkunkungsmanöver, damit das Gros der Armee umso ungehinderter und rascher durch die Ardennen und Flandern zur französischen Atlantikküste vorstoßen konnte. Deutschlands Kontrahenten brachten keine geordnete Gegenwehr zustande. Die Demütigung der Briten war komplett, als Teile ihres Heeres bei Dünkirchen eingekesselt wurden und schmählich über den Ärmelkanal fliehen mussten. Davon, dass die Evakuierung dank brillanter Improvisation weitgehend gelang, hatte Frankreich nichts. Zwei Wochen später fiel Paris.

England war plötzlich allein. Nur noch der Ärmelkanal trennte es vom nazibesetzten Europa. Winston Churchill – der Konservative, der wie eine Kassandra stets vor dem *appeasement* gewarnt hatte – wurde Premierminister an der Spitze einer Allparteienregierung und eines Volkes im Schockzustand. Seine berühmte „Blut-Schweiß-und-Tränen"-Rede vom Mai 1940 wollte Durchhaltewillen und Zuversicht wecken, aber die Stimmung in der Öffentlichkeit war beklommen, ja düster. Als England im Herbst dann selbst Opfer deutscher Angriffe wurde, sank sie noch tiefer. George Orwell verfasste zu dieser Zeit gerade seinen berühmten politischen Essay *The Lion and the Unicorn* (‚Der Löwe und das Einhorn'), in dem er sich für einen freiheitlichen ‚britischen' Sozialismus ausspricht, der allein, nicht die etablierte englische Klassengesellschaft, vermöge etwas gegen die faschistische Weltgefahr. Er berichtete, wie unmittelbar das Kriegsgeschehen den Schreibprozess begleitete:

„Als ich dieses Buch begann, dröhnten draußen die deutschen Bomben; jetzt, da ich das zweite Kapitel beginne, kommt noch das

Geknatter des Abwehrfeuers hinzu. Gelbe Kanonenblitze erleuchten den Himmel; splitternd bersten Hausdächer unter krachenden Einschlägen, und Londons Brücke geht entzwei, geht entzwei, geht entzwei. Jeder, der eine Landkarte lesen kann, weiß: wir befinden uns in tödlicher Gefahr. Ich will damit nicht sagen, dass wir bereits verloren haben oder notwendigerweise verlieren werden. [...] Aber im Augenblick jedenfalls sitzen wir in der Patsche".[27]

In dieser prekären Situation erkannte Churchill, dass England sich künftig nicht mehr sklavisch an die bis dato stets respektierten Normen der Kriegsführung halten durfte. Er wusste, dass Großbritannien um sein Überleben kämpfte, jetzt, da eine Invasion der Nazis bevorstand und England nicht die notwendige militärische Substanz besaß, sie abzuwehren. Wenn England den Krieg gewinnen wollte, so folgerte Churchill, musste es auch zu schmutzigen Kampfmethoden greifen. Im Juni 1940 hielt er seine zweite historische Rede, die den Widerstandswillen der Bevölkerung stärken sollte und unbedingte Kampfbereitschaft einforderte: „Wir werden an den Stränden kämpfen, wir werden [...] auf den Feldern und auf den Straßen kämpfen, wir werden in den Bergen kämpfen. Wir werden uns nie ergeben." Künftig sollten die Engländer den Kampf auch hinter die feindlichen Linien tragen. Am 16. Juli – genau an jenem Tage, da Hitler die Invasion Englands befahl – richtete Churchill eine neue Geheimorganisation ein, die *Special Operation Executive*, kurz *SOE*, der er kein geringes Ziel auftrug, als „Europa in Flammen zu setzen".[28] Laut Gründungsstatut war die SOE eine „demokratische Internationale", die mittels Propaganda, Sabotage und dem Schüren von Unzufriedenheit bei der Arbeiterschaft in den von Deutschen eroberten Gebieten Unruhe und Aufruhr zu verbreiten sucht. Das wirklich Neue daran war, dass jetzt auch Gewalt zu den erlaubten Mitteln zählte, „terroristische Akte gegen Verräter und deutsche Führungsfiguren".[29]

Die Gründung der SOE war keine leichte Geburt. Die Zeit drängte, und man hatte nicht wenige organisatorische Probleme zu überwinden. Schwierigkeit Nr. 1: die Heterogenität des Personals. Man fing ja praktisch bei Null an, aber brauchte rasch qualifizierte Leute; also kombinierte man die Unterabteilungen verschiedenster Behörden: die *D-Section* des MI6, spezialisiert auf Sabotage; das *MIR* des Kriegsministeriums, spezialisiert auf paramilitärische

Kriegsführung; das *EH* des Außenministeriums, das vom Auftrag her zwar auf subversive Propaganda spezialisiert sein sollte, sie in der Praxis aber eher dilettantisch betrieb. Viele dieser Einheiten hatten noch nie kooperiert. In der SOE kamen nicht nur die unterschiedlichsten amtlichen Abteilungen, sondern auch die unterschiedlichsten (gelernten) Berufe zusammen; Bankiers etwa und Rechtsanwälte operierten hier gemeinsam mit den gewitztesten und wagemutigsten Vertretern der britischen Militärelite.

Schwierigkeit Nr. 2: Bei Militär und Geheimdienst stießen die Pläne der SOE teilweise auf Skepsis, ja auf regelrechte Gegnerschaft.[30] Die SOE hatte den Auftrag, beim Feind Verwirrung und Chaos zu stiften, letztlich Revolten zu provozieren. Wie, fragten die Etablierten im Geheimdienst, ließ sich das vereinbaren mit der klassischen Aufgabe des verdeckten Beschaffens und Sammelns sensibler Nachrichten? Die Operationen der SOE erschienen vielen Kritikern unklug, ja kontraproduktiv. Der Drehbuchschreiber von *Killing Hitler*, ein Doku-Drama der BBC um die SOE, brachte die Differenzen auf den Punkt: „Der SIS trug Pantoffeln, die SOE feste Schuhe mit Gamaschen darüber."[31] Spannungen waren unvermeidlich. Die Alte Garde des SIS betrachtete die SOE-Leute weitgehend als „stümpernde Amateure".[32]

Auch weite Kreise des Militärs missbilligten die unkonventionellen Methoden der SOE. ‚Sonderoperationen', hieß es, überschritten die Grenzen zivilisierter Kriegsführung; indem man zum Staatsterrorismus als Mittel zum Zweck greife – was die SOE tue –, schaffe man unverantwortlicherweise einen gefährlichen Präzedenzfall. Um ein Bild aus dem Boxsport zu gebrauchen: die Kritiker bestanden auf den Queensberry-Regeln, auch wenn der Gegner dauernd Tiefschläge und Kopfstöße praktizierte, auch wenn man so unweigerlich verlor. Einer der Kritiker war Sir Charles Portal, Oberbefehlshaber der Luftstreitkräfte. Schon von der ersten Unternehmung der SOE, der Operation *Savanna*, hielt er gar nichts. Geplant war: Agenten in Zivil springen per Fallschirm in Nordwestfrankreich ab, schleichen zu einer dort lagernden Schwadron deutscher Flugzeuge, und erschießen die Soldaten aus dem Hinterhalt. Portal beschwerte sich bei der SOE-Führung:

„Kämpfer in Zivil abspringen zu lassen, die dann Soldaten der Gegenseite töten, ist, denke ich, keine Operation, mit der die Royal Air Force in Verbindung gebracht werden sollte. [...] Es besteht ein gewaltiger Unterschied zwischen der altehrwürdigen Methode, einen Spion aus der Luft abzuwerfen, und der völlig neuen Methode, Leute abzuwerfen, die man nur als Mörder bezeichnen kann."[33]

Die SOE musste daheim Überzeugungsschlachten schlagen, die den wirklichen Gefechten, die sie im Ausland siegreich zu führen hoffte, an Härte kaum nachstanden. Die Operation Savanna wurde abgeblasen. Die Schlappe war schnell verschmerzt, denn die Regierung stand hinter der SOE und wollte sie bald in Aktion sehen. Die beiden wichtigsten SOE-Ausbildungscamps in Beaulieu (Hampshire, Südengland) und in Arisaig (Schottisches Hochland) wurden unverzüglich mit geeignetem Lehrpersonal und Übungsmaterial ausgestattet. Die künftigen Agenten rekrutierte man vorwiegend unter Exilanten aus den deutsch besetzten Ländern Kontinentaleuropas. Die trainierte man nun in allen möglichen ,unfeinen' Kriegskünsten, von Sabotage über den Kampf mit bloßen Händen bis hin zum lautlosen Töten. Ein Ausgebildeter erinnerte sich später:

„[Unser] Ausbildungsoffizier war Major Sykes, [der] wie ein Bischof aussah und auch so sprach, ganz sanft und leise. In seinen Vorträgen lehrte er mit dieser sanften Bischofsstimme die grausigsten Sachen. [...] Und wenn er uns ein paar besonders gemeine Methoden beschrieben hatte, einen Feind zu entwaffnen und zu verkrüppeln, endete er meist mit dem Satz: ,Und dann treten Sie ihm in die Hoden.'"[34]

Die Agenten bekamen überdies eine Menge militärisches, von der brillanten Technikabteilung der SOE entwickeltes Spezialgerät zur Verfügung gestellt, im Jargon ,Spielzeug' genannt. Zur Auswahl standen Erfindungen wie explodierende Rattenkadaver, Luftdruckzünder, muschelförmige Haftminen, bis hin zur berühmten *Welrod*, einer extrem leisen Ein-Schuss-Pistole, die für Attentate sehr geeignet war. Das Lieblings-,Spielzeug' der SOE-Leute aber war das *Sten gun* (,Sten-Gewehr'), ein dreiteiliges, superleichtes Maschinengewehr, das zwar zu gelegentlichen Ladehemmungen neigte, aber unempfindlich gegen Nässe war und praktisch bei jedem Wetter zielgenau noch auf 200 Meter Entfernung schoss. Das *Sten gun* wurde rasch ein ,Renner' bei allen Widerstandstrupps zwischen Atlantik und Schwarzem Meer.

War der Agent ausgebildet und ausgerüstet, musste er ,nur'

noch möglichst unbemerkt ins besetzte Europa gelangen. Da die meisten aus einem Flugzeug abgeworfen werden sollten, erhielten die frischgebackenen Sonderkämpfer zusätzlich ein kurzes Training im Fallschirmspringen auf dem Flugplatz von Ringway bei Manchester. Die ersten SOE-Agenten, etwa 300 Mann, landeten am 15. Februar 1941 nahe Warschau, wo sie zur Polnischen Heimatarmee stießen und sie erfolgreich unterstützten. Es dauerte nicht lange, da schaffte man noch einmal ungefähr die gleiche Anzahl ins besetzte Polen. Circa 300 weitere Agenten schmuggelte man nach Belgien, Luxemburg und in die Niederlande und etwa 1.350 nach Frankreich.[35] Einmal angekommen, konnten sie über Funk mit London Kontakt halten, erfuhren gewiss auch oft die Hilfe der im Lande operierenden Widerständler, waren aber im Wesentlichen auf sich gestellt.

Die SOE-Agenten ‚vor Ort‘ hatten die Aufgabe, Widerstandsmaßnahmen zu koordinieren, die Hauptstütze des Untergrunds zu bilden, zuzusehen, dass dieser ‚Zähne bekam‘. Sie hatten den unerfahrenen Gegnern der Besatzer alles beizubringen, was sie für ihren Kampf brauchten, wie und wo man beispielsweise Waffen erbeuten konnte. Daneben stand natürlich Sabotage auf dem Lehrplan, die beim Gegner Verwirrung auslösen sollte, um möglichst viele SEO-Soldaten zu binden. Zusätzlich lieferten die SOE-Agenten den Widerständlern alles mögliche Gerät.

In das Ressort der SOE und der mit ihr kooperierenden inländischen Widerstandsbewegung fiel es gleichermaßen, Führungsfiguren der deutschen Besatzung und deren Kollaborateure zu exekutieren. Solche gezielten Tötungen spielten in der Gesamtheit der subversiven Aktivitäten zwar nur eine geringe Rolle, aber sie galten als machtvolle Demonstration, dass der Untergrund lebte. Die Aktiven vermittelten zwei klare Botschaften: Erstens: die Okkupation wird nicht wehrlos hingenommen. Zweitens: Eine Zusammenarbeit mit dem Feind wird nicht toleriert. Die Auswahl der Zielobjekte blieb meist den örtlichen Kombattanten überlassen. Zwar informierte man London in der Regel, namentlich wenn es um hochrangige Individuen ging, aber eine explizite Erlaubnis seitens der Engländer war nicht erforderlich. Die SOE trainierte, vermittelte Fertigkeiten und lieferte Gerät; wer aber auf's Korn genommen wurde, entschieden die einheimischen Kämpfer gemäß den jeweils spezifischen lokalen Bedingungen.

Die Ergebnisse dieser ersten Phase der von der SOE geleiteten Subversion konnten sich sehen lassen. In Polen leistete die Heimatarmee, die mit der SOE besonders eng verbunden war, den Deutschen beispielhaft schlagkräftigen Widerstand (vgl. 4. Kapitel). Durch Frankreich ging inzwischen eine wahre „Epidemie von Attentaten", wie Goebbels besorgt in sein Tagebuch schrieb.[36] Eine Résistance-Gruppe rühmte sich, jeden Monat 500 Deutsche zu töten.[37]

Trotz der Erfolge gab es in England immer noch Kritik von offizieller Seite. Im August 1941 ermordete eine kommunistische französische Untergrundgruppe einen prominenten Gestapo-Informanten in Paris; die Deutschen reagierten mit brutalen Repressalien. De Gaulle protestierte öffentlich in London, dass diese Anschläge jeder vernünftigen Politik und jeder Kriegsstrategie schadeten. Das Außenministerium, argumentativ in der Zwickmühle, wies die in der britischen Hauptstadt versammelten Exilregierungen an, sich zu den SOE-Einsätzen zu äußern.[38] Die meisten waren innerlich froh, dass sich in ihren Heimatländern überhaupt robuster Widerstand regte, und sei es britisch initiierter, und vermieden eine eindeutige Distanzierung. Andererseits wagte keiner, sich *expressis verbis* zum gewaltsamen Kampf der Schattenkrieger zu bekennen. Kein klares Ja, kein klares Nein – das ließ der SOE wenigstens Raum zum Weiterarbeiten. Doch die Einwände der Bedenkenträger zeitigten Wirkung auf die SOE-Leitung. Ihre Direktiven für das kommende Jahr enthielten einen Passus, der dem Gründungsethos der Geheimtruppe fast Hohn sprach. Von direkten Aktionen ziviler Kräfte gegen die Okkupanten, hieß es darin, sei künftig abzuraten; sie könnten Repressalien provozieren, die zu viele Opfer fordern würden.[39]

Unbeeindruckt von solchen Gewissenskrisen ersann die tschechische Exilregierung im Winter 1941 Pläne eines Attentats auf einen führenden Vertreter des NS-Besatzungsregimes in ihrer Heimat. Man kontaktierte die SOE. Anfangs verriet man ihr nicht einmal, um wen es ging, sondern bat nur um Waffen, zusätzliches Training und Hilfe beim Einschleusen ins besetzte Gebiet. Die Ausführenden waren bestimmt: Jozef Gabčik und Jan Kubiš, Slowake der eine, Tscheche der andere. Beide hatten ein Training bei der SOE absolviert, und die SOE-Führung hakte nicht nach, wen die Exilanten da zur Strecke bringen wollten. Attentate gehörten zum Aktionsrepertoire der SOE, standen auch auf den ‚Lehrplänen‘, und wenn die Tschechen in Eigenregie einen hohen Nazi zu eliminieren wünschten, konnte man das nur begrüßen. Die beiden Agenten durchliefen noch einmal ein Spezialtraining, hauptsächlich für Fallschirmspringen und Attacken aus dem Hinterhalt. Als sie England Richtung Tschechoslowakei verließen, verkündeten ihre SOE-Offiziere stolz, sie hätten ihnen „alle Attentatstechniken beigebracht, die wir kennen".[40] In der Nacht vom 28. auf den 29. Dezember 1941 wurden Gabčik und Kubiš über Böhmen abgeworfen. Die Codebezeichnung ihrer Mission lautete *Operation Anthropoid*. Ihr Zielobjekt war einer der brutalsten Okkupanten überhaupt, stellvertretender Reichsprotektor von Böhmen und Mähren, genannt der ‚Henker von Prag‘, in der SS und im NS-Sicherheitsapparat die große Nummer Zwei nach Heinrich Himmler. Sein Name: Reinhard Heydrich.

Der Sohn eines Musiklehrers aus der sächsischen Provinz, geboren 1904, begann seine Laufbahn 1920 als Seekadett bei der Reichsmarine. 1931 fand er zur SS und stieg dann als begabter, aber skrupelloser Verwaltungsorganisator rasch in der NS-Hierarchie auf. Bei Ausbruch des Krieges schuf er gemeinsam mit Himmler das *Reichssicherheitshauptamt* (*RSHA*), jene Mammut-Institution, die alle deutschen Sicherheits- und Polizeibehörden unter ein Dach bringen sollte. September 1941 ernannte man ihn zum stellvertretenden Reichsprotektor von Böhmen und Mähren; nun stand er an der Spitze eines Okkupationsregimes. Seine Hauptvorhaben waren die Erschließung des resttschechischen Industriepotentials zum Nutzen Berlins und die Niederwerfung des tschechischen Widerstandes.

Bei dem letzten Vorhaben war Heydrich so erfolgreich, dass man Gabčik und Kubiš angewiesen hatte, keinen Kontakt zu den Rest des tschechischen Untergrundes aufzunehmen.[41] Das war zweifellos ein Handicap für die beiden Agenten, aber gerade der Erfolg Heydrichs eröffnete den Attentätern eine Chance, denn der machte ihn leichtsinnig. Anders als sein Amtsvorgänger fühlte Heydrich sich inzwischen unbedroht genug, um auf seine SS-Begleitung zu verzichten; es waren wohl auch Prestigefragen im Spiel, wie: ‚ein Deutscher zeigt keine Angst‘. So ließ er sich in einem Mercedes-Sportwagen mit offenem Verdeck chauffieren. Dieser Anfall von Hybris bildete die erhoffte Lücke im Sicherheitssystem, durch die Gabčik und Kubiš vorstoßen konnten. Sie wählten für ihre Aktion eine ruhige Straße in einem Prager Vorort. Hier musste Heydrich durch, wenn er von seinem Wohnsitz in die Innenstadt fuhr; hier zwang eine Harrnadelkurve den Verkehr zu langsamer Geschwindigkeit; hier waren keine Polizeistationen oder SS-Garnisonen in der Nähe; hier befand sich aber unweit eine Straßenbahnhaltestelle, wo die beiden Kämpfer auf ihr Zielobjekt warten konnten, ohne Argwohn zu erregen. Gabčik würde sich an der Innenseite der Kurve mit einem Sten-Gun postieren, Kubiš gegenüber mit Handgranaten. Sie vereinbarten, ihre Attacke am Morgen des 27. Mai 1942 durchzuführen.

In den Wochen vor dem Anschlag kam es innerhalb des tschechischen Widerstandes zu einer heftigen Debatte, ob er sinnvoll und zu verantworten sei. Der örtliche tschechische Widerstand hatte von dem Plan Wind bekommen und reagierte bestürzt. Gerade hatte man mühsam eine Verfolgungswelle seitens der SS überstanden; und jetzt sollte durch diese leichtsinnige Aktion eine zweite provoziert werden? Vergeblich ersuchte man Gabčik und Kubiš, die Befehle nicht auszuführen. Was sie vorhätten, würde unweigerlich zu katastrophalen Repressalien gegen eine Vielzahl unschuldiger Tschechen führen. Schließlich appellierte man fast flehentlich an die tschechische Exilregierung in London, die Mission abzusagen. Dieses Attentat brächte „den Alliierten keinerlei Nutzen. [...] Es würde nicht nur das Leben von politischen Gefangener und Geiseln gefährden, sondern auch das Tausender Unbeteiligter.“[42]

In London zeigte man sich wenig geneigt, die Bitte zu erfüllen. Erstens brauchte Präsident Beneš eine spektakuläre Aktion, um seine Verbündeten zu beeindrucken. Zu beweisen war, dass nicht nur die Franzosen und die Polen den Kampf gegen die nazistische Besatzung ihrer Heimat vom Ausland her lenken konnten, sondern auch die Tschechen. Zweitens planten Beneš und seine Exilregierung selber die Liquidation eines hochrangigen Kollaborateurs, des Propagandaministers der Besatzungsregierung Emanuel Moravec. Beneš ließ die Zweifler daheim kalt abblitzen. Ein Zeichen sei hier gefordert, antwortete er ihnen, eine Demonstration der Stärke, „auch wenn sie mit einem hohen Blutopfer bezahlt werden müsste“.[43]

Gabčik und Kubiš trafen inzwischen die letzten Vorbereitungen für ihre Mission. Am Morgen des 27. Mai bauten sie ihr zerlegbares MG zusammen und machten die Handgranaten einsatzbereit. Sorgfältig unter Mänteln und in Aktentaschen verborgen, fuhren sie damit zu dem bestimmten Ort im Prager Stadtteil Holešovice. Dort postierten sie sich dicht an der Kurve der abschüssigen Straße. Einen dritten Kombattanten schickten sie als Melder zu einem höher gelegenen Punkt, der ihnen signalisieren sollte, wenn Heydrich komme. Die beiden standen inmitten zahlreicher Passagiere, die auf ihre Straßenbahn warteten. Auch Gabčik und Kubiš warteten auf Heydrich – und der ließ auf sich warten. Fast zwei Stunden vergingen. Die morgendliche Stoßzeit war vorbei; die wartenden Fahrgäste fehlten, in deren Menge die beiden nicht auffielen, die sich jetzt ohne ersichtlichen Grund an der Straßenecke herumtrieben, was leicht Verdacht erregen konnte. Beide plagte die Sorge, ob jemand ihre Mission an die Deutschen verraten hatte. Dann, um 10.32 Uhr, endlich das Signal vom Beobachtungsposten. Heydrichs Limousine näherte sich. An der Ecke musste der Chauffeur das Tempo drosseln, der Mercedes bog langsam um die Ecke. Gabčik schlug seinen Regenmantel zurück und richtete sein Sten Gun auf Heydrich. Der Schütze stand günstig, hätte aus kürzester Entfernung feuern können – hätte! Die Sten Gun hatte eine Ladehemmung. Kein Schuss löste sich. Da sprang Kubiš aus seiner Deckung und warf eine Handgranate; die aber prallte nicht gegen Heydrich, sondern gegen ein Hinterrad des Wagens, wo sie explodierte. Splitter flogen Kubiš ins Gesicht und durchsiebten teilweise die Seitenwand einer nahen Straßenbahn. Der Mercedes bremste kreischend. Die Attentäter wandten sich zur Flucht. Heydrich zog seine Dienstpistole, stieg aus, um die Verfolgung aufzunehmen, brach aber nach einem kurzen Schusswechsel mit Gabčik zusammen. Die Attentäter flohen.

Nach ihrer Flucht glaubten sie erst, der Anschlag sei gescheitert. Offenbar war Heydrich nicht getötet worden. Die Attentäter irrten sich. Sie hatten ihr Opfer tödlich verwundet. Heydrich hatte bei der Attacke einen Rippenbruch und einen Milzriss erlitten. Wesentlich aber waren andere Verletzungen. Kubiš' Handgranate hatte Splitter und Stücke verschmutztes Rosshaar aus der Polsterung der Hinterbank tief in Heydrichs Unterleib gejagt, die eine Bauchfellentzündung und eine Blutvergiftung verursachten. Gelegentlich wird behauptet, der Infektion sei künstlich nachgeholfen worden. Spezialisten des militäreigenen Forschungszentrums Porton Down (bei Salisbury, Südengland), das technische, biologische und chemische Labore vereinigte, hätten die Handgranate mit Botulinumtoxin imprägniert, einem der stärksten Giftstoffe überhaupt.[44] Wie auch immer, der verletzte Reichsprotektor wurde eiligst ins Krankenhaus gebracht. Dort glaubte man erst, Heydrich sei außer Lebensgefahr; er war bei Bewusstsein, sprach mit seinen Ärzten und hatte sich ohne Hilfe zu den Untersuchungen bewegt. Doch je mehr sich die Infektion im Körper ausbreitete, desto schlechter wurde sein Zustand. Selbst die besten Ärzte aus Nazideutschland, die Himmler hatte einfliegen lassen, konnten wenig mehr ausrichten. In den frühen Morgenstunden des 4. Juni, eine Woche nach dem Anschlag, erlag Reinhard Heydrich der Blutvergiftung.

Die Skeptiker in Politik, Geheimdienst und Militär hatten vorhergesagt, dass ein solches Attentat schlimmste Gegenreaktionen zeitigen würde. Ihre Befürchtungen sollten sich grausig bestätigten. Das Dorf Lidice, zwanzig Kilometer westlich von Prag, fälschlicherweise beschuldigt, die Täter beherbergt zu haben, machten die Nazis dem Erdboden gleich. Die Männer des Dorfes, ungefähr zweihundert, wurden sämtlich erschossen; die Frauen und Kinder brachte man in Konzentrationslager; nur wenige überlebten. Das gleiche Schicksal ereilte das Dorf Ležáky, etwa hundert Kilometer östlich von Prag; dort hatte die Gestapo eine geheime Funkstation der SOE entdeckt. Die Häuser wurden zerstört, die rund fünfzig Einwohner kurzerhand massakriert. Auch die Attentäter kamen nicht davon. Ihre Flucht endete in der Krypta einer Prager Kirche, wo sie sich verschanzten. Die SS stürmte das Gotteshaus unter Aufbietung aller Gewalt. Kubiš starb im Kugelhagel der braunen Truppe; Gabčik beging Selbstmord. Die Köpfe der beiden wurden später zur Abschreckung auf Pfähle gespießt.

Fürchterlich wüteten die Verfolger gegen den tschechischen Untergrund. Wen immer die Nazis verdächtigten, den Attentätern geholfen oder Obdach geboten zu haben, wurde hingerichtet mitsamt seiner ganzen Familie. Die Racheaktionen zogen sich noch durch den ganzen Sommer und kosteten zusätzlich fast 1.500 Menschen das Leben; namentlich Intellektuelle, Nationalisten und ehemalige Offiziere fielen ihnen zum Opfer. Auch wer sich ‚weit vom Schuss' befand, war nicht sicher. Zur ‚Vergeltung' transportierten die Nazis 3.000 Juden aus dem Lager Theresienstadt zur Vernichtung ab; 150 wurden in Berlin ermordet. Insgesamt wurden für Reinhard Heydrich über 5.000 Menschen hingeschlachtet, die meisten davon unschuldige Zivilisten.

Offiziell bewerteten die Verantwortlichen die *Operation Anthropoid* als blendenden Erfolg: ein Schlag gegen die Nazi-Herrschaft, eine moralische Ermutigung für die besetzten Nationen Europas. Die Ermordung Heydrichs bewies, dass die deutschen Unterdrücker nirgendwo mehr sicher waren, dass der Widerstand auch die Hochrangigen strafen konnte, die fern der Front ihrem blutigen Amt nachgingen. Wie der Direktor der SOE notierte, beurteilte man das Attentat als einen „Akt der Gerechtigkeit".[45] Auch Präsident Beneš zeigte sich zufrieden über den höheren Status, den die Tschechen jetzt innerhalb des alliierten Lagers hatten. Die Schmach von München war getilgt; und Lidice wurde in der ganzen Welt zum Synonym für die nazistische Bestialität.[46]

Inoffiziell aber hatte das Ausmaß der Repressalien sehr wohl erhebliche Beunruhigung verursacht. Zwar bereute Beneš keine Sekunde, den Befehl zu Heydrichs Ermordung gegeben zu haben, aber er wurde doch vorsichtiger. Er befahl kein Attentat auf den neuen Reichsprotektor Karl Hermann Frank und ließ die Pläne zur Tötung des Verräters Moravec fallen. In britischen Regierungskreisen gewannen jene an Boden, die politischen Anschlägen kritisch gegenüberstanden. Selbst die SOE zeigte sich erschüttert über die barbarische Reaktion der Nazis und beurteilte den Tod Heydrichs sehr ambivalent. Einerseits erschienen ihr die Folgen der Operation eine Katastrophe: ihre eben erst ins Leben gerufenen Widerstandsgruppen vor Ort waren zerschmettert, die meisten ihrer Agenten ermordet.[47] Andererseits sah die SOE in der ‚Operation Anthropoid' ein Lehrbeispiel, das zum einen zeige, was durch Attentate erreichbar ist, und zum anderen eindringlich vor den möglichen Konsequenzen warne. Das berühmte Prinzip der *plausible deniability*, der ‚glaubhaften Bestreitbarkeit' sollte zum Kriterium aller künftigen Aktionen werden. Man setzte jetzt verstärkt andere Methoden ein, wie etwa Entführung. Attentate sollte es nur noch geben, wenn feststand, dass die Beseitigung des Betreffenden die absehbaren blutigen Folgen auch wert war.

In Deutschland wurde Heydrich von der Nazi-Führung wie ein treuer, persönlicher Familienangehöriger betrauert. Himmler weinte, als er von seinem Tod hörte, und Goebbels vertraute seinem Tagebuch an, Heydrich sei „unersetzbar".[48] Während des Staatsbegräbnisses, einer propagandistisch sorgfältig durchgeplanten Veranstaltung, nannte Hitler ihn einen „Mann mit eisernem Herzen".[49] Sein Tod, sagte er, berühre ihn mehr als eine verlorene Schlacht. Privat hatte er nicht nur freundliche Worte für den dahingeschiedenen Reichsprotektor. Scharf tadelte er dessen „heroische Pose", ohne Bewachung in einem offenen, ungepanzerten Wagen herumzufahren, als „verdammte Dummheit, die dem Vaterland nicht einen Deut nutzt"[50]. Die Konsequenz könne nur lauten: doppelte Wachsamkeit. Künftig hätten alle Führungskräfte, auch die ranghöchsten, die Sicherheitsbestimmungen penibel einzuhalten. Auch die Sicherheitsmaßnahmen um seine Person ließ Hitler verstärken, denn schließlich sei er, betonte Hitler, in Wahrheit das Ziel sämtlicher Attacken, denn die Feinde wüssten nur zu gut, dass allein er den Sieg Deutschlands garantiere.[51]

In den Monaten nach dem Heydrich-Attentat machte die SOE weiter wie bisher, äußerlich unbeeindruckt von aller nazistischen Vergeltungswut. So kommt es, dass Historiker bis heute darüber streiten, ob bestimmte Anschläge jener Jahre von der SOE gefördert waren oder nicht. Ein Beispiel: am Heiligabend 1942 wurde der ehemalige Oberkommandierende der Streitkräfte Vichy-Frankreichs, Admiral Jean Darlan, in Algier von einem jungen Landsmann erschossen. Der Täter, ein royalistischer Student, besaß offenbar keinerlei Verbindungen nach England, hatte aber Schießunterricht und eine Spezialwaffe in einem SOE-Camp mitten in der algerischen Wüste erhalten. Offiziell wird von den zuständigen Stellen nach wie vor ‚glaubwürdig bestritten', dass die SOE hinter der Ermordung Darlans steckte. Dennoch zeigten sich viele Zeitgenossen davon überzeugt; auch Darlan selbst äußerte auf dem Totenbett, er sei einer SOE-Mission zum Opfer gefallen.[52]

Ob die SOE im Fall Darlan ihre Hand im Spiel hatte, kann nicht zweifelsfrei geklärt werden. Fest steht hingegen, dass es ihr bis zum Sommer 1943 gelang, ihre vorübergehenden politisch-moralischen ‚Bauchschmerzen' zu überwinden. Die Politik der Attentate sollte fortgesetzt, ja ausgeweitet werden. Auf einer Vorstandssitzung Ende Juni wurde erwogen und später beschlossen, eine „konzertierte Exekutionskampagne" durch das ganze besetzte Europa rollen zu lassen[53]: die Operation Ratweek (‚Operation Rattenwoche'), eine simultane, europaweite Aktion gegen Kollaborateure sowie gegen führendes Personal der SS, des SD und der Gestapo. Man wollte einen ‚Hinrichtungsmonat' ausrufen, in dem die europäischen Widerstandsbewegungen den deutschen Okkupanten ein Leben in Furcht bereiten sollten. Die SOE stand bereit, das notwendige Gerät zu liefern, empfahl die extrem schallgedämpfte Hinrichtungspistole ‚Welrod' und bot Verschörern, die nicht wissen, wen sie hinrichten sollten, die so genannte ‚Ratten'-Liste an.

Die Operation Ratweek zeitigte nur bescheidenen Erfolg. In Dänemark und Holland fiel sie komplett aus; die dortigen Widerstandsgruppen beteiligten sich nicht daran, weil sie sich mit ihren eigenen Aktivitäten bereits in großer Gefahr befanden, entdeckt zu werden oder weil sie sich und andere nicht den massiven Repressalien aussetzen wollten, wie sie die Tschechen nach der Ermordung Heydrichs hatten erdulden müssen. In Belgien fand die Operation ebenfalls nicht statt, weil die belgische Exilregierung zu heftige Bedenken hatte.[54] Nur in Frankreich kam es zu Ratweek-Operationen. Ein Widerstandsnetz namens *Armada* zeigte sich besonders aktiv. Ursprünglich auf Sabotage spezialisiert, wuchs es schnell in das düstere Metier des politischen Mordes hinein. Ein Armada-Agent, ein Taxifahrer mit dem Tarnnamen ‚Khodja', brachte es hier auf einen makaberen Rekord: im Frühjahr 1944 eliminierte er mit bloßen Händen elf ranghohe SD-Leute.[55]

Da inzwischen viele der Alliierten Englands vor ‚nassen Sachen' zurückscheuten, musste die SOE wohl oder übel auf eine Alternative zur Attentatspolitik zurückgreifen: Entführungen. Eines der ersten Exempel dieses neuen taktischen Schwerpunktes sollte an General Friedrich Wilhelm Müller vollzogen werden, Kommandeur der 22. Infanteriedivision auf Kreta, verantwortlich für brutalste Repressionsmaßnahmen gegen den dortigen Widerstand. Er sollte nicht einfach eliminiert werden, sondern an ihm wollte man den riskanteren, aber ‚zivilisierten' Weg versuchen. Man plante, Müller nach Kairo zu entführen, wo er sich vor einem Kriegsverbrechertribunal verantworten sollte. Mit diesem Auftrag sandte man eine SOE-Truppe los, geleitet von Major Patrick Leigh Fermor (der sich später als Schriftsteller einen Namen machte); sie sprang über Kreta ab und begann, die Tagesgewohnheiten des Generals und das ihn umgebende Sicherheitssystem auszukundschaften. Noch während dieser Aufklärungsphase wurde General

Müller von seinem Posten abberufen und durch den relativ unbelasteten Generalmajor Heinrich Kreipe ersetzt. Nach kurzer Irritation beschlossen Leigh Fermor und seine Leute, die Mission trotzdem weiterzuführen; dann nehme man eben diesen Kreipe. Gesagt, getan: am 26. April fing der SOE-Trupp den Kommandeur auf dessen Nachhauseweg ab. Man stoppte sein Auto, zerrte ihn heraus, stieß ihn in den eigenen Wagen und raste davon. Zwei Wochen lang versteckte man Kreipe in den kretischen Bergen; anschließend verschiffte man ihn nach Ägypten.[56]

Wie würden die Nazis reagieren? Würden sie sich wieder an der einheimischen Bevölkerung rächen? Bedenken solcher Art wurden in London immer wieder geäußert, und die SOE-Leute taten ihr Bestes, um sie nicht Wirklichkeit werden zu lassen. Sie unternahmen einiges: Sie ließen britisches Gerät und britische Waren in Kreipes Auto zurück, um den Besatzern zu verdeutlichen, dass die Briten hinter der Verschleppung steckten. Sie legten sogar ein Schreiben dazu, in dem es hieß: „Ihr Divisionskommandeur, Generalmajor Kreipe, wurde vor Kurzem von einem Stoßtrupp der britischen Armee gefangen genommen. [...] Wenn Sie diese Zeilen lesen, ist er bereits mit uns auf dem Weg nach Kairo. Wir betonen ausdrücklich, dass diese Operation allein von uns durchgeführt wurde; kein Einwohner Kretas hat uns dabei unterstützt, auch keine kretischen Partisanen. [...] Vergeltungsmaßnahmen gegen die einheimische Bevölkerung wäre ungerecht und reine Willkür."[57]

Als Jahre später jemand von Leigh Fermor wissen wollte, warum sein Trupp Kreipe nicht einfach umgebracht habe, soll der geantwortet haben: „Das fragen Sie einen britischen Offizier?"[58] Und Kreipe selbst beklagte zwar, dass er seinerzeit im Handgemenge sein Ritterkreuz verloren habe; insgesamt aber sei er von den Agenten „anständig und respektvoll" behandelt worden.[59]

Nach dem Erfolg der Kreipe-Operation kamen Entführungen für kurze Zeit bei den britischen Sondertruppen, sarkastisch ausgedrückt, regelrecht in Mode. Januar 1945 kidnappte die SOE zwei italienische Doppelagenten in Norditalien und brachte sie nach London zum Verhör.[60] Den verwegensten Entführungsplan aber hat nicht die SOE ausgeheckt, sondern eine andere Spezialeinheit der British Army, die SAS (*Special Air Force*, ‚Sonderkommando der Luftwaffe'); ihr Zielobjekt war Generalfeldmarschall Rommel.

Sommer 1944: seit dem 6. Juni (‚D-Day') landeten alliierte Verbände in der Normandie. Zu dieser Zeit war Erwin Rommel, einer der berühmtesten und höchstdekorierten unter Hitlers Generälen, Oberbefehlshaber der Heeresgruppe B an der französischen Atlantikküste und zugleich stellvertretender ‚Oberbefehlshaber West‘ (der die Befehlsgewalt über alle deutschen Truppen an der Westfront innehatte). Rommel, ein Mann von seltenem taktischem Talent, war der Einzige, dem man zutraute, die deutschen Verteidigungslinien in der Normandie gegen die anstürmenden Alliierten zu halten. Damit wurde er für die britischen Geheimdienste zu *dem* Zielobjekt schlechthin.

Natürlich hatte man schon versucht, sich Rommels während dessen Zeit in Nordafrika zu bemächtigen. Schon im Winter 1941 unternahmen britische Kommandos einen waghalsigen Langstreckeneinsatz und stießen zu Rommels Hauptquartier in der libyschen Wüste vor. Zwar gelang ihnen eine Überraschungsattacke mit der überraschenden Feststellung, dass ihr Zielobjekt nicht anwesend war.[61] Am 17. Juli 1944 startete man einen zweiten Versuch in Frankreich. Eine fünfköpfige SAS-Mannschaft unter Leitung des französischen Hauptmanns Raymond Couraud sprang im Vexin ab, einer Region etwa 70 Kilometer nordwestlich von Paris; dort hatte Rommel im Schloss La Roche-Guyon seinen Dienstsitz. Die SAS-Leute planten, den Wagen des Generalfeldmarschalls zu stoppen, ihn herauszuholen und zu einer nahegelegenen Anhöhe zu bringen, wo eine leichte Maschine wartete, die die fünf und ihren Gefangenen nach England ausfliegen sollte.[62] Aber noch während sich der Entführungstrupp auf dem Weg zu ihm befand, wurde Rommel bei einem britischen Tieffliegerangriff schwer verletzt, nachdem sein Wagen von der Straße abgekommen war. Er kehrte nie ins Schloss La Roche-Guyon zurück – und auch nicht in den aktiven Dienst. Drei Monate später flogen seine Verbindungen zu den Verschwörern des 20. Juli auf. Rommel beging Selbstmord. Einmal vor Ort, beschädigte der SAS-Trupp noch einige deutsche Nachschublinien und Kommunikationswege; dann begaben sich die fünf nach Paris, wo sie kurze Zeit später dessen Befreiung mitfeierten.

Die Praxis der Entführung hieß nicht, dass die britischen Sondereinheiten und ihre Verbündeten vom Kampfmittel der gezielten Tötung völlig abgerückt waren. Auch das Kommando, das Rommel verschleppen sollte, hatte die Instruktion, den Generalfeldmarschall zu töten, falls die Entführung misslänge.[63] Gegen die ‚kleineren Fische' unter den Okkupanten und ihren Kollaborateuren war sowieso kein Attentatsstopp verhängt worden. So liquidierte in dem fraglichen Zeitraum die Widerstandsbewegung in Dänemark eine Reihe von Nazi-Spitzeln, wozu sie in einigen Fällen die extrem leise Welrod-Pistole benutzte. In Århus (Mittelostdänemark), exekutierte sie damit eine Zielperson in einer vollbesetzten Krankenstation, ohne dass es die anderen im Raum mitbekamen.[64] Auch in Norwegen wurden, namentlich während der letzten Kriegsmonate, mehrere Kollaborateure getötet. So starb im Dezember 1944 in Ålesund (Südwestnorwegen) der Gestapo-Spitzel Ivar Grande im MG-Feuer; zwei Monate später traf es den Chef der norwegischen Staatspolizei, Karl Marthinsen, in Oslo.[65]

Noch im April 1945 flog die SOE Attentäter ins nazibesetzte Europa ein. Einer der letzten war Wilhelm Borstelmann, ein ehemaliger Kriegsgefangener, den man nach Hamburg schmuggelte, wo er mehrere U-Boot-Kommandeure ermorden sollte. Die Operation scheiterte, aber für den Historiker ist die Planungsakte aufschlussreich, weil sie einiges über die damalige Geisteshaltung der SOE verrät. In der Akte wird Borstelmann ohne jede Scham als „erstklassiger Killer" gelobt.[66] Ein solcher Sprachstil bestätigt, dass 1945 das Ideal des *gentleman spy* wohl endgültig der Vergangenheit angehörte.

War Mason-Macfarlane mit seinem ‚unfairen' Vorschlag, Hitler durch ein Attentat zu töten, noch auf helle Empörung gestoßen, hatte sich die britische Haltung gegenüber der ‚irregulären Kriegsführung' in den Jahren seit 1939 sehr verschoben. Freilich, es gab noch ein paar Vertreter, die tradierten Normen nachhingen. Alten Gewissheiten verpflichtet, betrachteten sie Attentate, Verschleppung, Sabotage und ähnlich finstere Kampfformen als moralisch verwerflich, zumindest im Prinzip als verabscheuenswert. Manche hielten solche Aktionen im äußersten Notfall für unvermeidlich, die aber nur in diesem Fall zulässig waren und sofort wieder eingestellt werden mussten, wenn der Sieg halbwegs gesichert erschien. Diese Fraktion hatte an Boden verloren. Längst war die entscheidende Grenze überschritten. Die SOE, so scheint es, übernahm die Methoden des ‚schmutzigen Krieges' besonders bereitwillig, sah sich gar als „vierte Teilstreitkraft der modernen Kriegführung"[67]. Ihre Aktivitäten in diesem Bereich – Unterbrechung der Nachrichtenwege, Förderung des Widerstands und das Binden feindlicher Truppen an bestimmten Punkten – trugen eindeutig zur strategischen Überlegenheit der Alliierten bei. So rückten Sabotage und Verschleppung aus dem Schatten der Verpöntheit und wurden sozusagen „hoffähig". In wenigen Jahren haben die SOE und ihre Helfer den politischen Mord, der einst als völlig indiskutabel für eine zivilisierte Nation galt, zu einem legitimen Mittel subversiver Kriegführung gemacht.

Nicht zuletzt deshalb verfolgte Hitler nach dem Attentat auf Heydrich das Wirken der SOE mit gesteigertem Argwohn. Jeden Tag ließ er sich mindestens eine halbe Stunde lang über deren neueste Aktivitäten unterrichten, über ihre Erfolge und Fehlschläge.[68] Er sah sich als ihr primäres Zielobjekt. Die Vermutung gründete zwar wesentlich auf seiner Eitelkeit, war aber nicht gänzlich irrig. Tatsächlich spielten, nein, rangen die Briten schon fast seit Anfang des Weltkrieges mit dem Gedanken, Hitler zu ermorden.

Als im September 1939 der Krieg ausbrach, erschien bei Chatto & Windus in London der rasant erzählte Verfolgungsthriller *Rogue Male* (‚Einzelänger, männlich').[68a] Der in lakonischem Stil und in Ich-Form geschriebene Roman schildert das Schicksal eines exzentrischen britischen Gentleman, dem seine Abenteuerlust und seine Jagdleidenschaft zum Verhängnis werden. Der passionierte Jäger mit dem für sich sprechenden Namen Sir Robert Hunter frönt seiner Leidenschaft in mehreren Ländern und auf verschiedene Weise. Wir erleben ihn während einer Partie in Polen, wo er konventionell Jagd auf Tiere macht, sich dann aber entschließt, ein Wild gänzlich anderer Art zur Strecke zu bringen: den Diktator eines europäischen Staates, der an Polen grenzt. Der Autor nennt weder den Staat noch den Diktator, aber dem Leser wird schnell klar, dass Hitler und das Dritte Reich gemeint sind.

War Sir Robert bisher ziellos in der Welt umhergeirrt, zieht ihn jetzt eine Örtlichkeit magisch an: der Wohnsitz des Potentaten in den Alpen, im Roman ganz allgemein „das Haus" genannt. Warum Sir Robert die fixe Idee einer „Pirschjagd als sportliche Herausforderung" befällt, möchte er selbst gern wissen, aber: „Wie die meisten Engländer bin ich es nicht gewohnt, allzu tief nach Motiven zu schürfen." Dass er vielleicht, weil er – der Phantasiebegabte – schon einmal als Gedankenspiel spekulativ über Methoden nachgedacht hat, wie man einerseits einen „großen Mann" wirksam bewachen, und andererseits diese Methoden ebenso wirksam umgehen könnte, scheint ihm als Beweggrund keine hinreichende Erklärung. Auch das Wirken des Diktators, der fast die gesamte Welt bedroht, schiebt er als persönlichen Handlungsgrund zur Seite: „Ich selbst habe in der Beziehung keine echten Probleme. Wenn einem die Turbulenzen, die ganz Europa erschüttern, das eigene triviale Privatleben etwas durcheinanderbringen, sollte man dies nicht gleich zum Problem hochstilisieren."[69] Fest steht nur, dass ihn, kaum erreicht er den Wald oberhalb des ‚Hauses', rettungslos die Abenteuerlust und das Jagdfieber packen:

„Ich kam in der Morgendämmerung auf dem Gelände an, und ich verbrachte den ganzen Tag mit Erkundungen. Ein aufregender Tag, denn der gesamte Wald wurde genauestens abpatrouilliert. Von Baum zu Baum, von Vertiefung zu Vertiefung schleichend, umrundete ich den Sperrkreis nahezu komplett; doch nur, wenn ich mich flach am Boden bewegte, war ich einigermaßen sicher. Oft verbarg ich mein Gewehr und mein Fernrohr, denn ich glaubte, jeden Moment würde mich ein Posten anrufen und fragen, was ich hier täte. Dies geschah aber nie. Vielleicht war ich durchsichtig."[70]

Schließlich findet Sir Robert einen Standort, der ihm freies Schussfeld bis zum Haus bietet, das knapp 500 Meter entfernt liegt. Er beobachtet sein Zielobjekt, das gerade aus dem Haus trat. Der Diktator „spielte mit dem Hund, roch an einer Rose oder übte in Gegenwart des Gärtners Rednergesten".[71] Sir Robert erforscht penibel die Sicherheitsvorkehrungen und macht einen Fluchtweg ausfindig; dann begibt er sich mit seinem Gewehr auf Position:

„Endlich kam der große Mann heraus auf die Terrasse. [...] Ich hatte zehn Minuten. [...] Ich machte es mir bequem und visierte über Kimme und Korn genau den V-Ausschnitt seiner Jacke an. Jetzt drehte er sich in meine Richtung und zog seine Uhr auf. Gleich wäre es vorbei mit ihm. Ihm bliebe wohl keine Zeit mehr, die genaue Ursache zu begreifen".[72]

Doch bevor er einen Schuss abgeben kann, wird der Attentäter ergriffen, verhört, gefoltert und für tot gehalten liegengelassen. Der Rest des Romans dreht sich darum, dass Agenten verschiedener Geheimdienste hinter Sir Robert her sind, und wie er vor ihnen flieht und sich verbirgt. Schließlich gelingt es ihm, seine Verfolger abzuschütteln. Der Thriller endet damit, dass der Held zu seiner

Mission zurückkehrt. Die letzten Sätze des Buches lauten: „Meine Pläne sind sehr ehrgeizig. Ich werde nicht lebend davonkommen, aber ich werde mein Ziel nicht verfehlen. Und das ist das Einzige, was wirklich zählt".[73]

Nirgends im Roman erscheinen die Namen ‚Deutschland' und ‚Hitler'. Aber der Kontext verrät mit vielen Details, von wem die Rede ist. Spätere Buchausgaben und die beiden Verfilmungen brachen die Anonymität; das Cover des Buches erschien mit einem Hitler-Porträt. Dass in einem 1939 erschienenen Roman die Ermordung des Führers fiktiv dargestellt wurde, überraschte nicht. Die internationale Situation besorgte damals viele Menschen in England; und Äußerungen wie: ‚Alles wäre besser, wenn einer mal den Hitler wegputzte', waren oft zu hören. Überraschen könnte höchstens, was dem Autor infolge der Buchveröffentlichung geschah. Geoffrey Household, geboren 1900, Oxford-Absolvent, kam zwar wie Sir Robert Hunter viel in der Welt herum, hatte aber sonst wenig mit seinem verwegenen Helden gemein, sondern ging, jedenfalls bis Ende der 30er, stets sehr zivilen Berufen nach: Sekretär einer Großbank in Rumänien, Marketingmanager für Bananen in Spanien, Handelsvertreter für Druckfarben in Südamerika. Nebenher schrieb er gelegentlich Kinderbücher. Als im Herbst 1939 *Rogue Male* erschien, war Household knapp 39, besaß keinerlei militärische Erfahrung, und sein bisheriger Lebenslauf wies kaum etwas auf, das einen Geheimdienst hätte vermuten lassen können, hier schlummere womöglich ein verborgenes Talent. Sein Buch erweckte bei den Verantwortlichen offenbar einen solchen Eindruck, dass ihn alsbald erst der MI6, dann die SOE rekrutierte. „Simsalabim, und plötzlich war Herr Household Hauptmann Household", resümierte der Autor später in seinen Memoiren die verblüffende Blitzkarriere.[74]

Erstaunlicherweise entsprach das seinen Vorstellungen. Schon seit geraumer Zeit hatte Household den Wunsch gehegt, Mitarbeiter des britischen Geheimdienstes zu werden – ein Wunsch, der zumindest teilweise durch die Aussicht motiviert war, vielleicht „einmal Hitler vor die Flinte zu kriegen".[75] Nazideutschland weckte in Household eine „ganz unkultivierte Begierde nach einer persönlichen Vendetta".[76] Soweit bekannt, verbrachte er seine Agentenjahre überwiegend im Nahen Osten, etwa in Palästina, Syrien und im Irak. Die britischen Geheimdienste rekrutierten damals alle möglichen Leute aus allen möglichen Berufen und Milieus aufgrund irgendwelcher Qualitäten, die sich Außenstehenden im Einzelfall nicht immer erschlossen. Household, so viel steht zumindest fest, engagierte man nicht, damit er auf Hitler schoss. Er hatte offenbar andere Fähigkeiten, die ihn für MI6 und SOE attraktiv machten, und gewiss hat die tollkühne Antizipation einer Tötung des Führers Households Anstellung beim Geheimdienst nicht gerade behindert. Zudem darf man annehmen, dass in diesen Kreisen ein Attentat auf Hitler erwogen wurde. Und sicher hat Households Buch solchen Diskussionen neuen Auftrieb gegeben.

Bald gab es die ersten nichtfiktionalen Pläne zur Tötung Hitlers. Von einem berichtet der britische Oberst Richard Meinertzhagen in seinem Tagebuch. Der später recht prominent gewordene Nachrichtenoffizier deutscher Abstammung, protokolliert ihn im Frühjahr 1940.

Ze'ev Jabotinsky, ein bedeutender Vertreter des militanten Zionismus, der damals in London lebte und versuchte, eine jüdische Armee zu organisieren, die den Alliierten im Kampf gegen die Nazis beistehen sollte, unterbreitete einen Attentatsplan, der so simpel wie komplett undurchführbar war. Der Plan ging davon aus, einen hochgestellten Nazi zu ermorden, von dem man erwarten konnte, dass er ein pompöses Staatsbegräbnis erhielte, zu dem die gesamte Parteiprominenz erschiene. Britischen Agenten sollte es dann irgendwie gelingen, im Austausch gegen den Leichnam etwa neunzig Kilogramm hochexplosiven Sprengstoff in dem Sarg zu deponieren und während der Trauerfeier diese Ladung zu zünden. So würde man eine Vielzahl führender Nazis auf einen Schlag los.[77] Der Vorschlag enthielt mehr Spekulation als Substanz und wurde kommentiert: Wie etwa sollte die Ermordung des ersten Opfers vonstatten gehen, wie der Austausch des Leichnams gegen Sprengstoff, wie dessen Zündung? Im Wesentlichen aber verwarf man den Plan nicht wegen seiner fast unlösbaren technischen Schwierigkeiten, sondern aus ethischen Bedenken. Die Briten debattierten seinerzeit ja noch über die Legitimität von Attentaten per se, und da ging es nur um das Leben *einer* Person. Eine Massentötung mit unkalkulierbaren Kollateralschäden wäre zu diesem Zeitpunkt niemals genehmigt worden, selbst wenn sie rein technisch machbar gewesen wäre.

Der Mann, der uns diese Geschichte überliefert hat, hätte Hitler

viel leichter ermorden können als die meisten anderen Ideenliefe-
ranten. Richard Meinertzhagen saß im Vorstand einer Gesellschaft,
die sich um die Förderung der deutsch-britischen Beziehungen
bemühte, und die war bis Ausbruch des Krieges noch sehr aktiv. In
der genannten Eigenschaft wurde Meinertzhagen, der anfangs mit
Hitler sympathisierte, oft zu Empfängen nach Berlin geladen, wo
er den Führer persönlich zu Gesicht bekam. Seine erste Begegnung fand Aufnahme in den Anekdotenschatz der Weltgeschichte.
Hitler bedachte den Gast mit dem üblichen ‚deutschen Gruß‘; er
hob den Arm und rief: „Heil Hitler!“ Meinertzhagen, der es seltsam fand, dass der Führer die Grußformel selbst verwandte,
beschloss, es spaßeshalber genauso zu machen; er riss den Arm
hoch und schmetterte: „Heil Meinertzhagen!“ Doch statt zu
lachen, reagierten die Anwesenden konsterniert und mit unbehag-
lichem Schweigen.[78]

Meinertzhagens letzte Begegnung mit Hitler war im Juni 1939.
Inzwischen war er der Überzeugung, Hitler müsste beseitigt werden. Früher hatte Meinertzhagen Hitler bewundert; jetzt nannte er
ihn einen „tollwütigen Hund“. In seinen Memoiren berichtet er,
dass er an einem dieser Junitage wieder einmal in die Reichskanzlei zitiert worden war. Bevor er sich auf den Weg begab, steckte er
sich eine geladene Pistole in die Tasche. Aber nicht, weil er wirklich zu schießen beabsichtigte, sondern weil er sich selber beweisen wollte, dass er grundsätzlich „die Gelegenheit hatte, den Mann
zu töten“. Nachdem er eine vierzigminütige Tirade Hitlers über
sich hatte ergehen lassen, die Ribbentrop dolmetschte, verabschiedete er sich unter einem Vorwand und ging. Er war nicht durchsucht und seine Pistole nicht entdeckt worden. Später vertraute er
seinem Tagebuch an: „Ich hatte die Gelegenheit, Hitler und Ribbentrop zu töten. Das bekümmert mich schwer. Wenn wir jetzt
Krieg bekommen – und den bekommen wir, da bin ich ganz sicher
–, werde ich mich sehr schuldig fühlen, dass ich die beiden nicht
getötet habe“[79]. Eine gute Story – aber wahrscheinlich frei erfunden. Meinertzhagen hat sich beim Militär und im Nachrichtendienst zweifellos enorme Verdienste erworben; andererseits besaß
er, ähnlich wie Stephenson, einen Hang zur Hochstapelei. Der
Geschichte vom Besuch bei Hitler mit einer geladenen Pistole in
der Tasche entsprang wohl eher seinem Wunsch, damals so gehandelt haben zu wollen.

Eine ganze Weile entsprangen englische Lösungen zu der Frage, wie Hitler unschädlich zu machen sei, eher der Sphäre des Phantastischen, Spekulativen und Hypothetischen als den realen Begebenheiten. Das änderte sich zu Beginn der 40er Jahre. In Militär und Geheimdienst begann man, sich seriös und systematisch Gedanken über den Aspekt der Durchführbarkeit zu machen, diesen wollte man nun nicht mehr außer Acht lassen. Dabei spielte nicht, wie man meinen könnte, die SOE die Hauptrolle, sondern die RAF, die *Royal Air Force.* Anfang Juli 1940, knapp zwei Wochen nach der französischen Kapitulation, erwog der stellvertretende Chef des Führungsstabes der RAF, Sholto Douglas, eine ‚Sonderaktion‘, die zeitgleich mit der erwarteten deutschen Siegesparade in Paris ablaufen sollte, wobei er davon ausging, dass es „nicht sehr Erfolg versprechend [sei], die Parade selbst zu bombardieren". Genau dies befürwortete drei Tage später ein Kollege von Douglas. Bomben auf eine Menschenansammlung, um ein paar Verbrecher zu treffen!? Noch vor einem Jahr hätte man solch eine Idee empört zurückgewiesen; jetzt wurde sie zumindest diskutiert. Donald Stevenson vom Luftwaffenministerium, eigentlich zuständig für Inlandseinsätze, hatte sie geäußert:

„Wir könnten versuchen, den Führer zu töten. Die Ehrentribüne wird ja sicher in der Nähe der Arche de Triomphe [sic] stehen, und da könnten ein paar 40- und 250-Pfund-Bomben ungeahnte Wirkungen erzielen. [...] Nach unseren Erfahrungen wäre die Operation machbar, namentlich bei stark bedecktem Himmel".[80]

Über den Vorschlag wurde mindestens eine Woche debattiert, wobei die notwendigen Voraussetzungen und denkbaren Folgen unter militärischen und strategischen Aspekten erörtert wurden, und man sich auch fragte, wie die Franzosen reagieren würden. Schließlich wurde die Idee verworfen. Stevenson musste zur Kenntnis nehmen, dass die Mehrheit der Verantwortlichen die Bombardierung einer Militärparade unangemessen fand, wobei sich aber bezeichnenderweise keine Bedenken mehr gegen eine gezielte Tötung Hitlers regten.

Was die Briten nicht wussten oder nicht wissen konnten, war, dass keine deutsche Siegesparade in Paris geplant war. Statt in der eroberten Hauptstadt triumphalen Einzug zu halten, stattete Hitler ihr nur einen flüchtigen Kurzbesuch in den frühen Morgenstunden des 28. Juni ab. Begleitet von seinen beiden ‚Hofarchitekten‘

Albert Speer und Hermann Giessler sowie seinem ‚Hofbildhauer‘ Arno Breker, unternahm er in einem Konvoi aus drei Mercedes-Limousinen eine dreistündige Blitztour zu diversen Pariser Sehenswürdigkeiten. Hitler bestaunte die Oper, spazierte um den Eiffelturm und stand eine Weile gedankenverloren am Grabe Napoleons im Invalidendom. Das Kunstinteresse überwog eindeutig die Absicht, hier politisch zu repräsentieren. Hitler hatte keine Wachen dabei, keine Sicherheitskordons, keine Leibstandarte. Die wenigen Pariser Frühaufsteher, die ihm begegneten, reagierten auf ihn entweder höchst erschrocken oder verächtlich, aber er blieb unbehelligt. Eine Siegesparade war wohl erwogen worden, aber Hitler hatte sich dagegen entschieden. Er fürchtete zu Recht, die Briten könnten die Veranstaltung aus der Luft angreifen.[81]

Im Frühjahr 1941 erreichte London das Gerücht, Hitlers Pilot Hans Baur wolle, enttäuscht vom Kriegsverlauf, nicht nur die Seiten wechseln und nach England übersiedeln, sondern den Führer im Flugzeug mitbringen und ausliefern. Die Information stammte nicht gerade aus verlässlicher Quelle. Ein Bulgare namens Kiroff, der sich als Baurs Schwiegervater ausgab, hatte dem britischen Luftwaffen-Attaché in Sofia diese Meldung gemacht. Als der neue stellvertretende Chef des Luftwaffenführungsstabes, Arthur Harris, dessen Notiz las, nannte er das Ganze zu Recht eine "phantastische Geschichte".

Doch wie unglaubwürdig auch immer – vielleicht war die Geschichte zu phantastisch, um bloß erfunden zu sein? Man beschloss, der Sache nachzugehen. Auf Umwegen wurde ein Kontakt zu Baur hergestellt. Er wurde instruiert, seine Maschine zum RAF-Stützpunkt Lympne an der Südostküste Englands in Kent zu steuern, im Steilflug zur Landung anzusetzen und dabei alle dreißig Sekunden Leuchtkugeln abzuschießen. Dann solle er die Maschine in einen besonders gesicherten Teil des Flugplatzes lenken und die Motoren ausschalten. Die wahre Identität seines ‚Fluggastes‘ wolle man vorerst geheim halten und lediglich verlauten lassen, es sei ein deutscher ‚Deserteur‘.[82]

Zwei Wochen später kam über die Mittelsmänner eine Antwort, in der Baur näher ausführte, wie *er* sich die ‚Einreise‘ dachte. Er pflege in großer Höhe zu fliegen, ließ er bestellen, eskortiert von drei Kampfmaschinen. Als Erkennungszeichen werde er kleine gelbe Plaketten mit der Aufschrift „AB" abwerfen. Innerhalb des Flugplatzes möge ein Leuchtfeuer brennen. Der Übertritt erfolge voraussichtlich am 25. März 1941, entweder im Morgengrauen oder in der Abenddämmerung.[83] Im Lympne wappnete man sich für alle Fälle. Die Sicherheitsmaßnahmen wurden verschärft; man verstärkte die Garnison, installierte Luftabwehrkanonen, und stellte einen speziell ausgerüsteten Ford-Kleintransporter bereit, samt Fahrer und einer zweiköpfigen Motorrad-Eskorte. Wenn der ‚Hauptgewinn' (*prize*) da sei – so der jetzige Codename für Hitler –, würde er unverzüglich ins Luftwaffenministerium nach London gebracht.[84]

Im Frühjahr 1941 gab es einige entscheidende Wenden. Nordafrika wurde Kriegsschauplatz, wo Briten und Deutsche erstmalig Ende Februar aufeinanderstießen. Ende März erzielten die Engländer einen ihre Kampfmoral ungemein hebenden Sieg zur See: sie schlugen die Italiener bei Kap Matapan (östliches Mittelmeer, südlich von Griechenland). Auch jenseits des Atlantiks tat sich einiges. Der US-Kongress erließ Mitte Februar die sogenannte *Lend-Lease Bill*, das ‚Leih- und Pachtgesetz', das es den damals noch neutralen Amerikanern erlaubte, die Briten leihweise mit kriegswichtigem Gerät zu beliefern (bis hin zu Schiffen). Noch bedeutsamer war womöglich, dass Deutschland zur Sicherung seiner Balkan-Flanke Anfang April in Jugoslawien und Griechenland einmarschieren musste – ein Feldzug, der die geplante Invasion der UdSSR fatal verzögerte.

Nur am Himmel über Kent tat sich nichts. Der 25. März verstrich ohne besondere Vorkommnisse. Zwei Monate wartete man, aber keine Baur-Maschine ließ sich blicken, und die Quelle in Sofia schien wie versiegt. Im Juni endlich verlor man die Geduld und baute die Sondervorkehrungen in Lympne ab. Ford-Transporter und Motorradeskorte kehrten an ihren ursprünglichen Stationierungsort zurück, ebenso die Verstärkung. Die betroffenen Soldaten wurden zu keinem Zeitpunkt von ihren Vorgesetzten unterrichtet, in welch merkwürdigem Spiel sie da mitgewirkt hatten.

Sollten nicht noch Beweise für das Gegenteil auftauchen, muss man hinter der Geschichte vom Überläufer Baur einen groben Scherz vermuten. Gerade zu Baur passte ein Seitenwechsel ganz und gar nicht. Er gehörte zum engsten Kreis um Hitler, schon in frühester Zeit; 1941 war er schon fast zehn Jahre der Pilot des

Führers und blieb strikt loyal bis zum bitteren Ende. 1945 verließ er den Bunker unter der Reichskanzlei als einer der Letzten, verlor in der Schlacht um Berlin ein Bein und geriet für zehn Jahre in sowjetische Gefangenschaft. Nach seiner Entlassung publizierte Baur seine Memoiren, in denen man zwischen den Zeilen immer noch die Bewunderung für seinen früheren Chef spürt.[85]

Alles, was über Bauer bekannt ist, verbietet praktisch, der Überläufer-Story irgendeine Substanz beizumessen. Bleibt die Frage: wer hat Baur diesen Streich gespielt? Wahrscheinlich jemand in Bulgarien; woher die ‚Ente' kam. Der bulgarische Part der Geschichte ist schwer zu ergründen. Einerseits stimmt die entscheidende Prämisse nicht. Baurs Gattin war keineswegs Bulgarin, sondern Deutsche, geboren 1907 in Danzig unter dem Namen Maria Pohl. Bei der Hochzeit 1936 hatte Hitler als Trauzeuge fungiert, was unwahrscheinlich gewesen wäre, wenn sein Pilot eine Slawin geheiratet hätte. Andererseits besaß Baur Verbindungen nach Bulgarien. Er kannte Zar Boris III. gut, hatte ihn oft geflogen und von ihm diverse bulgarische Auszeichnungen erhalten, wie den Alexander-Orden, und eine Reihe kostbarer Geschenke, darunter Juwelen.[86] Möglicherweise steckt hinter der ‚Seitenwechsel'-Geschichte Eifersucht? Vielleicht ärgerte es jemanden in Sofia, dass ein Deutscher so viel Zuwendung von Boris III. erhielt.

Es könnte auch sein, dass zu dem Zeitpunkt, als der Streich ausgeheckt worden sein muss – Februar/März 1941 –, Bulgarien mehr und mehr in den Einflussbereich Deutschlands geriet. Anfang Februar fanden in Sofia Besprechungen auf höchster Ebene statt, nämlich zwischen bulgarischen Generälen und einer Delegation des deutschen Generalstabs. Am 1. März trat Bulgarien dem Dreimächtepakt (Deutschland – Italien - Japan) bei und wurde zum Alliierten Berlins, das im Ernstfall deutschen Truppen den Durchmarsch gewähren musste. Vier Tage später fror London die diplomatischen Beziehungen zu Sofia ein. Nicht alle Bulgaren waren über diesen Verlauf der Dinge glücklich. Vielleicht wollte der Urheber der ‚Ente' den deutschfreundlichen Mitgliedern in der Regierung schaden; immerhin hätte ein Bekanntwerden der Geschichte zu Verstimmungen mit den Deutschen führen können.

Eine weitere, auf den ersten Blick verlockende, Interpretation bringt die Baur-Story in Zusammenhang mit jenem rätselhaften Flug, den Rudolf Heß, der Stellvertreter des Führers, am 10. Mai

1941 nach Schottland unternahm, wo der ehemalige Jagdpilot des Ersten Weltkriegs eine Bruchlandung hinlegte, die ihn fast das Leben gekostet hätte. Eine Verbindung zwischen Baur und Heß existierte: Hitlers Pilot hatte den Ex-Piloten Heß wiederholt flugtechnisch beraten, Trainingsflüge mit ihm gemacht und ihm auch Kartenmaterial und Flugpläne gegeben. Das Datum von Baurs angekündigtem Flug liegt zwei Monate vor Heß' tatsächlichem Flug. Wenn man nun, wie es einige Historiker tun, annimmt, Heß sei im Geheimauftrag des Führers gereist[87], könnte man spekulieren, dass die ,Baur-Ente' von Hitler selbst stamme. Beide Flüge, der fiktive und der reale, ließen sich so als Teil eines etwas toplatschigen Plans zur Destabilisierung der Regierung Churchill interpretieren; (obwohl nicht recht einleuchtet, wie Baurs vorgetäuschte Überlauf-Absicht diesem Ziel hätte dienlich sein können). Solange Archive und seriöse Forschung zu dem Fall nichts Substantielles hergeben, sind noch allerlei andere wilde Spekulationen möglich.

Ein anderer Plan, der im Sommer 1941 von der SOE zur gezielten Tötung des deutschen Diktators entwickelt wurde, eröffnet ebenfalls den Spekulationen großen Raum. Die SOE stellte einen Plan vor, der die Billigung aller zuständigen Ressorts der Regierung fand, dann aber wohl wegen veränderter Umstände, plötzlich fallen gelassen wurde.[88] Wie er aussah, wissen wir nicht, da keinerlei schriftliche Dokumente hierzu erhalten sind. Sicher ist nur: es *wurde* ein Projekt vorgestellt und auf höchster Ebene gebilligt.

Einige Wochen später ergab sich für die SOE-Sektion in Kairo die Möglichkeit, einen Beitrag für das Vorhaben zu leisten. Ein ehemaliger Offizier der SOE, Julian Amery – später ein prominenter Politiker der britischen Konservativen – berichtet davon in seinen Memoiren: Im Herbst 1941 meldete sich im Kairoer Büro der SOE ein mazedonischer „Terrorist" namens Vilmar, „ein stämmiger Mann mittleren Alters mit einer üblen Beinwunde".[89] Er sei unheilbar an Krebs erkrankt und müsse ohnehin bald sterben; vorher wolle er aber noch etwas Nützliches tun, und biete deshalb der SOE an, Hitler umzubringen. Im Gegenzug erwarte er nur die Bezahlung seines Lebensunterhalts für den Rest seiner Tage und das Versprechen, dass man ihm, falls er bei dem Versuch getötet werde, posthum eine Auszeichnung verleihe.

Obgleich die SOE Vilmar nicht recht traute, fälschte sie ihm

Papiere, mit denen er sich als ‚bulgarischer Geschäftsmann' ausweisen konnte, und schleusten ihn in die Schweiz ein. Von dort aus sollte er das Geschehen in Deutschland genau verfolgen und eine günstige Gelegenheit für seinen Anschlag abpassen. Eines Tages, schreibt Amery, erfuhr Vilmar, Hitler komme in den nächsten Tagen nach Wien. Sofort begab sich der Mazedonier in die österreichische Hauptstadt, ging zum bulgarischen Konsulat und erschlich sich die Zusage, einer Feier beiwohnen zu dürfen, auf der Hitler sprach. Sie fand am Abend des nächsten Tages statt.

Am Abend *vor* dem Ereignis jedoch wurde Vilmar der Wein zum Verhängnis. Er besuchte ein Wiener Lokal, trank zuviel und prahlte im Rausch mit seinen Wunden und seiner Tätigkeit als terroristischer Killer. Prompt verhaftete ihn die Gestapo. Zwar hielten seine Papiere den Prüfungen durch die deutsche Behörde stand, und auch im Verhör scheint er die Nerven nicht verloren zu haben. Dennoch wurde er ausgewiesen, und zwar nach Bulgarien. Seitdem verliert sich seine Spur.

Eine Anekdote, die sich bei näherem Hinsehen als reichlich windig erweist. Amery sagt nicht, an welchem Tag genau das Attentat hätte stattfinden sollen, aber laut Kontext kann es nur zwischen Spätsommer 1941 und Frühsommer 1942 gelegen haben. Die erhaltenen Aufzeichnungen zu Hitlers Reisen während der Kriegsjahre belegen zweifelsfrei, dass der Führer in dieser Zeit kein einziges Mal in Wien war. Sein letzter Besuch in dieser Stadt fand im März 1941 statt.[90] Wer immer Vilmar gewesen sein mag und was immer er in Wien wollte, er konnte nicht vorgehabt haben, Hitler zu töten. Offenbar hat Vilmar die SOE ausgetrickst und sich von ihr ein flottes Leben finanzieren lassen. Überraschen würde das nicht. Es lag in der Natur der Sache, dass die SOE gelegentlich Kriminelle beschäftigen musste: Geldfälscher, Einbrecher, Safeknacker und andere. Da konnte es schon einmal vorkommen, dass ein besonders gerissener Ganove die SOE hereinlegte.

Während die SOE gemächlich plante, um nicht zu sagen stümperte, machte Hitler seinen Sicherheitsapparat beständig effektiver. Immer wieder unterzog er die Strukturen einer genauen Revision. Zweimal strukturierte er ihn grundlegend um: das erste Mal 1940, veranlasst durch das Attentat Georg Elsers; das zweite Mal 1942, nach der die Ermordung Reinhard Heydrichs.

Wie sich die Verschärfung der Sicherheitsmaßnahmen auswirkte, demonstrierten die Vorkehrungen während Hitlers Besuch in Berlin am 30. Mai 1942, kaum drei Tage nach dem Attentat auf Heydrich in Prag. Was früher ein Anlass war, zu dem sich riesige Menschenmassen versammelten, wurde jetzt eingehüllt in den Nebel strikter Geheimhaltung. Hitler sollte im Sportpalast reden, aber vor geladenen Gästen, unter anderem Kadetten. Auf dem Weg vom Bahnhof zum Veranstaltungsort standen sämtliche Zufahrtstraßen, Parks und Häuser unter Bewachung. Man kontrollierte sogar Kanalzugänge, Tunnel und öffentliche Toiletten. Die Polizei registrierte alle Einwohner im betroffenen Bereich und überprüfte alle Autos, die in der Nähe gerade fuhren oder parkten. Im Sportpalast galt ebenfalls höchste Alarmstufe: über achtzig Gestapo- und Polizeioffiziere inspizierten jeden Zoll des Gebäudes. Taschen oder Pakete durften nicht mit hinein genommen werden; Fotografieren war verboten, es sei denn, man besaß eine besondere schriftliche Genehmigung.[91]

Im Sommer 1939 etwa hatte sich Hitler noch recht häufig in der Öffentlichkeit gezeigt. 1942 jedoch war der ‚Mann des Volkes' praktisch ein Einsiedler geworden. Er ließ sich kaum noch öffentlich sehen. Wo sich vor wenigen Jahren einem potentiellen Attentäter endlos viele Möglichkeiten geboten hatten, Hitler tödlich zu treffen, waren diese nun fast auf Null zusammengeschrumpft. Wer es jetzt noch versuchen wollte, musste die geringste Chance nutzen.

Sommer 1944 wurde erneut ein reichlich abstruser Vorschlag für einen Attentat auf Hitler an die SOE herangetragen, diesmal in ihrem Büro in Algier. Ein französischer Oberst behauptete, Hitler verstecke sich in einem Schloss bei Perpignan (Südfrankreich, Nordostrand der Pyrenäen). Mit einem koordinierten Einsatz aus der Luft und vom Boden könne er dort liquidiert werden.[92] Den SOE-Mitarbeitern in Algier klang dies mehr als abenteuerlich und machte sie misstrauisch. Andererseits mochte man keine Gelegenheit, und sei sie noch so vage, ungenutzt lassen. Man reichte die Sache nach London weiter. Die Zentrale verwarf den Plan zwar, aber die Debatte darüber zwang nicht nur die SOE, sondern auch die britische Führung, erneut die Grundsatzfrage zu klären, ob man Hitler wirklich ermorden sollte. Eine Besprechung wurde für den 27. Juni anberaumt, um eine „Entscheidung über gezielte und fortlaufende Versuche, Hitler zu eliminieren" zu treffen.[93] Am nächsten Tag folgte eine zweite Konferenz, auf der das Thema erneut ausführlich diskutiert wurde. Trotz zahlreicher Einwände beauftragte der Direktor der SOE seine Organisation schließlich, eine exakte Studie zur Machbarkeit des Attentats zu liefern. Das Projekt erhielt den Codenamen *Operation Foxley*.

In den folgenden Monaten wuchs die Foxley-Akte zu einem beachtlichen Konvolut aus allgemeinen und speziellen Informationen in Wort und Bild, dazu Karten und Skizzen. Die wesentlichen Themen: Topographie und klimatische Verhältnisse der Obersalzberg-Region; Hitlers Erscheinung; seine Gewohnheiten; Regelmäßigkeiten in seinem Tagesablauf; die Sicherheitsmaßnahmen um ihn. Auch die Verhältnisse an Bord des ‚Sonderzuges' analysierte man gründlich. Jedes Detail wurde berücksichtigt, bis hin zum Schnitt der Wächteruniformen und den Nummern der verschiedenen Telefonanschlüsse auf dem Berghof-Gelände.[94]

Die gewünschte Machbarkeitsstudie lag im November 1944 vor. Wer sie verfasst hat, weiß man bis heute nicht genau. Der Codename des Autors lautet LB/X. SOE-Akten nennen einen mysteriösen, weil völlig unbekannten Major H. B. Court als Urheber. Wahrscheinlich ist, dass mehrere Personen die Studie verfasst haben, unter anderem ein gewisser James Joll[95], später ein prominenter Historiker, damals aber ein Offizier in der für Deutschland zuständigen SOE-Abteilung *Section X*. Zwei Vorgehensweisen seien möglich, heißt es in der Studie. Alternative 1: Ansatzpunkt Sonderzug – man musste ihn entweder zum Entgleisen bringen oder seine Wasserversorgung vergiften. Alternative 2: Ansatzpunkt Berghof – ein Scharfschütze musste sich auf Hitlers Urlaubswohnsitz schleichen. Das ähnelte bemerkenswert dem Plot des fünf Jahre zuvor erschienenen Household-Romans.

Die Studie favorisierte die Berghof-Variante. Das Grundstück samt Hof gehörte Hitler schon seit 1933. Ursprünglich stand dort nur ein kleines Landhaus. Im Jahrzehnt danach wurden Garagen, Bunker, Kasernen für die Wachmannschaften gebaut und ringsum Wohnsitze weiterer Nazi-Potentaten. Hundertprozentige Sicherheit konnte der Komplex natürlich nicht bieten, schon wegen der Bewaldung und Hügeligkeit der Gegend.

Das etwa sieben Quadratkilometer große Gelände war mit

einem Stacheldrahtzaun umgeben, an dem ständig bewaffnete Wachen patrouillierten. Zudem war das Gelände in mehrere Zonen aufgeteilt, die jede noch einmal eigens umzäunt waren und eigene gesicherte Zugänge hatten, für deren Passage spezielle Ausweise benötigt wurden. Im Gelände hatte ein potenzieller Attentäter wenig Chancen, Hitler zu ,erwischen', mehr jedoch außerhalb des Komplexes.

Hitler pflegte oft durch die Wälder und Wiesen um den Berghof zu streifen. Zwar wurden mit den Kriegsjahren die Sicherheitsmaßnahmen immer schärfer, aber auf seinen nachmittäglichen Verdauungsspaziergang zum Teehaus am Mooslahnerkopf, etwa anderthalb Kilometer tiefer gelegen, mochte Hitler nie verzichten. Meist schlenderte er allein voran, nur gelegentlich duldete er Vertraute oder Gäste links und rechts neben sich. Patrouillen überwachten den Weg, aber Hitler wollte nicht, dass das Wachpersonal allzu deutlich in Erscheinung trat. So kam es immer wieder zu Lücken im Sicherheitssystem. Im Teehaus nahm er meist eine Tasse Kamillentee und ein Stück Apfelkuchen zu sich. Anschließend schlief er eine Runde, während die übrige Gesellschaft leise weiterplauderte. Dann ließ er seinen Wagen kommen und sich zurück zum Berghof chauffieren, während seine Gäste meist zu Fuß gehen mussten.[96]

Einem potentiellen Scharfschützen bot Hitlers täglicher Spaziergang eine exzellente Gelegenheit. Das Zielobjekt war relativ isoliert, weitgehend außerhalb des Aktionsbereichs seines Sicherheitsapparates und im Freien. Sollte ein Schuss nicht genügen, müsste ein zweiter Attentäter aus dem Hinterhalt mit einer PIAT-Panzerabwehrwaffe auf den Wagen feuern. [97]

In London kam die Section X erst so richtig in Schwung. Noch während an den Plänen zur Operation Foxley fieberhaft gearbeitet wurde, nahm man schon andere denkbare Attentatsziele ins Visier. Himmler, Goebbels, Göring und Bormann standen auf einer Liste der „Little Foxleys" (,Kleine Foxleys') und wurden ebenso minutiös observiert wie Hitler. Über Goebbels etwa erkundete man, dass er morgens um halb elf ein kleines Nickerchen hielt, einen Flachmann mit Kognak bei sich trug und vermutlich eine Finca auf Mallorca besaß.[98] Der Propagandaminister war, schloss der Bericht, ein „idealer Kandidat" für einen Anschlag.[99] Ein SOE-Mann verstieg sich sogar zu dem bizarren Vorschlag, man solle

Rudolf Heß überreden, nach Deutschland zurückzukehren und seinen Führer zu ermorden; man könne ja per Hypnose nachhelfen.[100]

Die Operation-Foxley-Akte ist eine bemerkenswerte Datensammlung. Sie gab seinerzeit die verlässlichste Auskunft, wann Hitler wohin ging oder reiste, welchen Gewohnheiten er frönte und welche Sicherheitsmaßnahmen ihn schützten. Ein fix und fertig ausgearbeiteter Attentatsplan war die Akte freilich nicht. Es fehlten Vorgaben, wie die Attentäter ein- und ausgeschleust werden sollten. Es fehlten sogar die Attentäter. Zwar wird an einer Stelle ein Hauptmann Edmund Bennett genannt, der – so vermerkt man zurückhaltend – „einen Attentatsauftrag von höchster Priorität" übernehmen könnte, „um dessentwillen er sich eine Weile in Deutschland verbergen müsste".[101] Viel Energie hat die SOE auf die Rekrutierung eines Agenten nicht verwendet.[102]

Foxley war weitgehend nur ein Konzept, eine Machbarkeitsstudie eben, erstellt an einem Schreibtisch in Londons Baker Street, kein Plan jedoch, der kurz vor der Durchführung stand. Dafür hätte die SOE zu jenem Zeitpunkt die noch ziemlich breite Kluft zwischen Projektierung und Operation schließen und die entscheidenden praktischen Schritte einleiten müssen, wie einen Scharfschützen zu rekrutieren, ihn speziell zu trainieren, einen Fluchtweg zu sichern und ein vorläufiges Datum für die Aktion zu benennen. Von all dem ist in der Operation-Foxley-Akte nicht die Rede.

Der primäre Mangel der Foxley-Studie aber war ihre mangelnde Aktualität. Sie hinkte den neuesten Entwicklungen hinterher. Die gesammelten Informationen über die Sicherheitsmaßnahmen auf dem Berghof spiegelten den Stand vom Frühling, höchstens Frühsommer 1944 wider. Inzwischen hatte aber am 20. Juli 1944 Stauffenberg das Attentat verübt(siehe 7. Kapitel), und als Reaktion darauf waren die Sicherheitsmaßnahmen erneut optimiert worden, so dass die meisten Foxleyschen Angaben nicht mehr stimmten. Außerdem konzentrierte sich das Foxley-Konzept stark auf die Aktionsvariante ‚Scharfschütze schleicht in den Berghof und erledigt Hitler'. Selbst wenn es im Herbst 1944 einem potenzieller Attentäter gelungen wäre, ins Berghof-Gelände zu gelangen, hätte er vergeblich auf sein Zielobjekt gewartet. Hitler verließ den Obersalzberg am 14. Juli und kehrte nicht mehr dahin zurück.

Unabhängig davon, wie hoch die Effizienz der Operation Foxley zu veranschlagen ist, beweist ihre bloße Existenz, dass man in den verantwortlichen Kreisen eine Ermordung Hitler zumindest zeitweise für vertretbar, sinnvoll und geboten hielt. Ausdiskutiert aber war die Frage keineswegs. Noch während die Arbeiten an der Akte liefen, debattierten SOE, SIS und das Militär heftig darüber. Einige meinten, Hitler zu beseitigen sei das A und O beim Niederringen des braunen Deutschlands. Der Luftkampfberater der SOE etwa, RAF-Vizemarschall Ritchie, sah in Hitler den Grundpfeiler des nationalsozialistischen Gebäudes: „Nehmt Hitler weg", schrieb er, „und alles bricht zusammen".[103]

Andere warnten, man dürfe Hitler nicht zum Märtyrer machen. Der Leiter der Section X, Oberstleutnant Thornley, ein hartnäckiger Kritiker des Foxley-Projekts, gab zu bedenken, dass eine ‚Beseitigung' Hitlers diesen fast unvermeidlich „kanonisieren" würde: „Sofort entstünde der Mythos, Deutschland wäre gerettet worden, wenn er nur weitergelebt hätte"[104]. Einige aus seinem Stab waren der gleichen Ansicht: „Lasst Hitler leben", sagte einer, „bis er vor den Augen seines Volkes, das er fehlgeleitet hat, an Altersschwäche stirbt. Nehmt ihm den Heiligenschein! Macht ihn zum Gespött!"[105]

Das wohl triftigste Argument kam von den Stabschefs. „Rein militärisch gesehen", äußerte einer, „sollten wir angesichts der vielen Fehler, die Hitler sich schon geleistet hat, fast ein Interesse daran haben, dass er die Oberhand über die deutsche Strategie behält"[106].

Dem stimmte Thornley emphatisch zu: „Als Stratege hat Hitler den größtmöglichen Anteil am britischen Kriegserfolg [...]. Selbst eine ganze Armee SOE-Agenten in Deutschland hätte uns nicht mehr Nutzen gebracht als dieser Mann. [...] Er ist immer noch in der Lage, jeglichen militärischen Sachverstand zu überrennen, wodurch er der Sache der Alliierten enorm hilft"[107].

Man wurde sich nicht einig. Im November 1944 vermerkte Thornley, es bestehe noch immer ein „scharfer Dissens" über die Frage, ob ein Attentat auf den Führer „wünschenswert und machbar" sei.[108] Ohne eine Einigung aber konnte es kein grünes Licht für die Operation Foxley geben.

Letztlich nahm dann der weitere Kriegsverlauf dem Projekt die Dringlichkeit. Im Winter 1944 zeichnete sich klar eine Niederlage Deutschlands ab. Die Sowjets und ihre Rote Armee standen an der

Weichsel, die Briten und Amerikaner am Rhein. Frankreich war befreit worden und das faschistische Italien zusammengebrochen. Mit jedem alliiertem Sieg auf dem Schlachtfeld erschien die Operation Foxley weniger notwendig. Die Akte wanderte ins Regal, schließlich ins Archiv.

Der Ärger um die Operation Foxley demonstriert exemplarisch die unverändert vorherrschende Haltung der Briten zu Attentaten als Kampfmittel im Krieg. Trotz der vielen Erfolge der SOE auf ihrem Gebiet bewahrte die militärische Führung ihre Skepsis gegenüber deren unorthodoxen Methoden. Feindpersonen niederen Ranges zu liquidieren, erschien noch akzeptabel, aber eine Entscheidung, Hitler als Staatsoberhaupt und Oberbefehlshaber des Gegners ermorden zu lassen, fiel der militärischen und politischen Elite Großbritanniens schwer und blieb für manche indiskutabel. Selbst Churchill bekannte privat: „Das wäre ja wie Anarchie."[109]

In der Tat hatte sich Churchills Verhältnis zu den Widerstandsbewegungen nach der erfolgreichen Landung der Alliierten in der Normandie generell beträchtlich abgekühlt.[110] Er glaubte wohl, jetzt, da die regulären Armeen auf dem Vormarsch seien, brauche man eigentlich keine SOE und auch keine einheimischen Untergrundkämpfer mehr. Die hatten ihre Schuldigkeit getan. In einer Rede vor dem Unterhaus schien er sich selbst von der Operation Foxley zu distanzieren. Mit Bezug auf die Attentäter vom 20. Juli 1944 stellte er klar: „Sicherlich können auch sie [solche Anschläge] in unseren Tagen zur entscheidenden Wende beitragen. Aber nicht in derlei Aktionen sollten wir unser Vertrauen legen, sondern in die Kraft unserer eigenen Arme, in die Gerechtigkeit unserer Sache."[111]

Während die Briten um Foxley stritten, begann man auch bei den Amerikanern über ein Attentat auf Hitler zu spekulieren. Schon im Sommer 1943 hatte sich ein junger deutscher Emigrant als Tyrannenmörder angeboten. Egon Hanfstaengl, erst Anfang zwanzig, aber schon Offizier des amerikanischen Geheimdienstes *OSS* (*Office for Strategic Services*, Vorläufer des CIA), war der Sohn von Hitlers früherem Pressesprecher Ernst ‚Putzi‘ Hanfstaengl, der sich inzwischen mit den Nazis überworfen hatte und im amerikanischen Exil lebte. Egon war außerdem Hitlers Patenkind und hatte den Führer in jungen Jahren oft zu Gesicht bekommen. Hitler würde ihn auch jetzt noch empfangen, redete Egon sich und anderen ein. Er könnte beispielsweise nach Berchtesgaden fahren und am Tor des Hitlerschen Berghofes behaupten, er bringe eine Botschaft seines emigrierten Vaters. Sei er dann im Berghof, so meinte Egon reichlich naiv, werde sich alles finden. Wenn er Hitler nahe genug komme, um ihm die Hand zu schütteln, komme er ihm auch nahe genug, um ihn zu erschießen.[112] Präsident Roosevelt verwarf den Plan, weil er ihm unrealistisch erschien.

Ein Jahr später gab es einen noch bizarreren Vorschlag. Eine Gruppe aus der Abteilung Nachrichtenverwertung des OSS, bekannt für ihre naiv-aberwitzigen Ideen und deshalb mit dem Spitznamen *the Choirboys* (‚die Chorknaben‘) bedacht, wollten Hitler nicht töten, sondern in den Wahnsinn treiben. Ihr Plan fußte auf der notorischen Prüderie des Führers, und sie schlugen vor, jede Menge Pornographie über Hitlers Urlaubssitz nahe Berchtesgaden abzuwerfen. Sie stellten eine enorme Fülle entsprechenden Materials zusammen und fragten dann einen Oberst der Air Force, welche und wie viele Flugzeuge die Aktion erfordere. Der Oberst erklärte den Chorknaben schroff, sie seien völlig verrückt, und bezeichnete die Idee als pure Idiotie. Als solche wurde sie dann auch schnell fallen gelassen.[113]

Unabhängig davon tauchte der Gedanke, Hitler zu töten, vereinzelt in verschiedenen Truppenteilen der amerikanischen Luftwaffe auf. So bat beispielsweise General Carl Spaatz, der Kommandeur der *Strategic Air Force* in Europa, um detaillierte Luftbilder des Hitlerschen Wohnsitzes nahe Berchtesgaden für eine Operation, die er ‚Hellhound‘ (‚Höllenhund‘) taufte.[114] Er wollte mit einem P-38-Kampfbomber der in Italien stationierten US-Air-Force-Einheiten (15. Air Force) eine Luftattacke auf den Obersalzberg fliegen. Sein Plan scheiterte an Bedenken, wie sie schon in England ähnlichen Plänen entgegengehalten wurden. Vier Monate später ließ sich ein Kommando der *Tactical Air Force* von derlei Skrupeln nicht mehr bremsen. Am 4. November bombardierten vier P-47-Maschinen der 27. Kampfgruppe ein Mailänder Hotel, in dem sich Hitler aufhalten sollte.[115] Die Luftkämpfer konnten zwar diverse Treffer melden, aber keinen toten Führer. Hitler befand sich zu der Zeit in der Wolfschanze, seinem ostpreußischen Hauptquartier.

Die RAF wollte nicht zurückstehen und bombardierte ‚kurz vor

Toresschluss' Berchtesgaden. Es war einer der letzten Luftangriffe des Zweiten Weltkrieges überhaupt. In der Nacht des 25. April 1945 attackierten 359 Lancaster- und 16 Mosquito-Maschinen den Gebäudekomplex, der 12 Jahre lang Hitlers Wohnstätte gewesen war. Zwei Lancasters wurden abgeschossen; vier Briten und sechs Deutsche kostete die Aktion das Leben. Die Anlage wurde stark beschädigt. Treffer erlitten auch die nahen Villen Görings und Bormanns, ebenso die SS-Kaserne, das Hotel Platterhof und der Gasthof Zum Türken, in dem der RSD residierte. Zu dem Schaden am Berghof heißt es in dem RAF-Auswertungsbericht:

„A. Hitlers Wohnsitz

Ein Volltreffer hat den Mittelteil der Nordseite des westlichen Flügels völlig zerstört. Die Ostseite des Hauptgebäudes wurde lediglich gestreift, daher dort nur geringer Schaden. Ein paar Nebengebäude an der Westseite des Hauses wurden zerstört; auch die Westseite selbst ist stark beschädigt."[116]

Die RAF hätte den Report lieber mit „A. Hitler" begonnen, den man in seinem Berchtesgadener Domizil vermutet hatte - fälschlicherweise; er war in Berlin. Selbst wenn er im Berghof gewesen wäre, hätte er gewiss Zuflucht gefunden in dem gewaltigen Bunker- und Tunnelnetz, das man in den letzten zwei Jahren dort angelegt hatte.[117]

Es fällt schwer, einen rationalen Grund zu finden, der die RAF getrieben haben mag, während der letzten Kriegstage diese wenigen Gebäude in einer entlegenen Gegend Südostdeutschlands anzugreifen, noch dazu mit 375 Flugzeugen, einem Geschwader vergleichbar, das zehn Tage zuvor die Innenstadt von Kiel verwüstete. Wenn die RAF tatsächlich den Führer töten wollte, weshalb nennt dann die Archivakte zu dieser Attacke dieses Ziel nicht als Priorität? Ein anderer Grund könnte sein, dass die RAF auf dem Gelände eine Planungszentrale für die ‚Alpenfestung' vermutete. Hinter diesem Begriff verbarg sich das legendenumrankte Projekt der NS-Führung, sich angesichts der absehbaren Niederlage in befestigte Anlagen innerhalb der bayerischen, österreichischen und italienischen Alpen zurückzuziehen; auch SS-Einheiten und Waffenfabriken sollten dahin ausgelagert werden. Man hatte vor, dort das Kriegsende ‚auszusitzen' und später ‚wieder aufzuerstehen'. Wollten die Briten das verhindern? Möglich. Wahrscheinlicher ist, dass diese enorme Attacke auf Berchtesgaden schlicht eine Affektentladung war, um den jahrelang aufgestauten Groll an einem Objekt auszulassen, das ja immerhin einiges mit dem Wunschziel zu tun hatte. Die Aktion demonstrierte, was viel früher hätte geschehen können, wenn da nicht die widrigen Umstände, bestimmte taktische Überlegungen, und nicht zuletzt die eigenen Skrupel gewesen wären.

7. KAPITEL

Der 20. Juli 1944 –
und die wiedergewonnene Ehre
der deutschen Wehrmacht

> Das Attentat muss erfolgen, *coûte que coûte*. [...] Denn es
> kommt nicht mehr auf den praktischen Zweck an, sondern
> darauf, dass die deutsche Widerstandsbewegung vor der Welt
> und vor der Geschichte den entscheidenden Wurf gewagt hat.
> Alles andere ist daneben gleichgültig.
>
> Henning von Tresckow[1]

5. Oktober 1942, Morgengrauen. Scheppernd rollte ein Konvoi
Lkws in die kleine osteuropäische Stadt Dubno. Drinnen saßen
Einheiten der örtlichen ukrainischen Miliz, einer hochmotivierten
Hilfstruppe der SS. Nicht gerade die Zierde der ukrainischen
Gesellschaft, eher das Gegenteil: extreme Nationalisten, radikale
Antisemiten und Kleinkriminelle, denen man, falls sie sich bewäh-
ren sollten, Strafverschonung oder Haftentlassung versprochen
hatte. Der Einsatz des düsteren Kommandos an diesem Morgen
galt den Bewohnern des Dubnoer Ghettos.

Dubno war in seiner wechselvollen Geschichte bald polnisch-
litauisch, bald polnisch, bald russisch gewesen, je nachdem, wie
die osteuropäischen Mächte der Region die Grenzlinien gerade
zogen. Von der dritten Teilung Polens 1795 bis zum Ende des Ersten Weltkrieges 1918 gehörte Dubno zum Russischen Reich, dann
folgte wieder ein polnisches Intermezzo, bis es 1939 gemäß dem
Hitler-Stalin-Pakt der Sowjetunion anheimfiel und damit im Westen der ukrainischen SSR lag. Zwei Jahre später kamen die hitler-
deutschen Eroberer. Jetzt war man Teil des *Reichskommissariats
Ukraine*.

Dubno, ein ruhiger, bescheidener Ort, am Fuße sanft geschwun-
gener Hügel entlang der Ikwa gelegen. Inmitten seiner staubigen
Straßen fand man noch Zeugnisse seiner einstigen Bedeutsamkeit:

ein Kloster, eine stattliche katholische Kirche und elegante Parks. Im Osten, dicht am Fluss, stand eine mächtige Burg, einst Residenz der in polnisch-litauischer Zeit (16. bis 18. Jahrhundert) besonders einflussreichen Adelsfamilie Ostrogski.

Von Dubnos 15.000 Einwohnern waren etwa die Hälfte Juden, die restlichen fünfzig Prozent Polen und Ukrainer. Die meisten verdienten ihr Brot als Ladenbesitzer oder Händler, einige arbeiteten in den noch jungen Industrieunternehmen am Ort, einer Pflugfabrik etwa und einem fleischverarbeitenden Betrieb, etwas außerhalb der Stadt gelegen.

Schon im Mittelalter herrschte reges jüdisches Leben in Dubno, namhafte Prediger und Gelehrte wirkten hier. Der berühmteste ist sicher Jacob Kranz, bekannt als ‚Maggid von Dubno‘, dessen Parabeln zu den wichtigsten Dokumenten des religiösen jüdischen Schrifttums, ja der jüdischen Literatur überhaupt gehören. In den ersten Dekaden des 20. Jahrhunderts verfügte die mosaische Gemeinde Dubnos über mehrere Elementarschulen, ein Krankenhaus und eine Synagoge beachtlicher Größe.

1942 sollte alles jüdische Leben in der Stadt erlöschen. In einem hastig hochgezogenen, 400 Quadratmeter umfassenden Ghetto nahe der Innenstadt pferchte man die Dubnoer Juden zusammen. An einer Seite bildete eine Schleife der mäandernden Ikwa eine natürliche Barriere, die anderen Seiten versperrten Holz- und Stacheldrahtzäune. Drei Holztore, roh gezimmert, sorgten für die Kontrolle der Zu- und Abgänge. Außerhalb des Ghettos war die Stadt inzwischen, wie Augenzeugen berichten, „fast menschenleer"[2]. Innerhalb des Ghettos herrschten erbärmliche Zustände, gekennzeichnet durch Hunger, Seuchen und drangvolle Enge, die – zynisch gesprochen – durch die hohe Sterberate ‚gemindert‘ wurde. Erste Erschießungen hatte es schon unmittelbar nach der Ankunft der deutschen Armee im Sommer 1941 gegeben. Im Sommer 1942 rollte eine zweite Hinrichtungswelle durch die Stadt, nachdem Befehl ergangen war, sämtliche Bewohner des Ghettos zu liquidieren. Die Juden wurden auf Lkws verfrachtet und an den Stadtrand gefahren, meist zum nahen Schibjenaja-Hügel. Dort mussten sie ihre eigenen Gräber ausheben und sich entkleiden. Dann wurden sie erschossen.

Herbst 1942 war die ‚Säuberung‘ des Dubnoer Ghettos fast abgeschlossen. An einem kalten Oktobermorgen sollte die ukrainische Miliz sie vollenden. Gebellte Befehle, Schreie und das dumpfe Geräusch von Knüppelschlägen erfüllten die Luft. In dieser chaotischen Lärmkulisse trieben die Milizionäre die restlichen Bewohner – Männer, Frauen und Kinder – auf die Lkws, wo sie, dicht gedrängt stehend, zu einem vor der Stadt gelegenen, nicht mehr benutzten Flugplatz gebracht wurden. Dort jagte man die Juden von den Ladeflächen, und ein SS-Offizier befal ihnen, sich auszuziehen. Ihre kümmerlichen Habseligkeiten wurden auf einem Haufen gesammelt: Schuhe, Oberbekleidung, Unterwäsche. In der Herbstkälte frierend umarmten sich Familien und sagten einander das letzte Lebewohl. Ein ziviler Augenzeuge, der deutsche Bauunternehmer Hermann Gräbe, der viele Juden beschäftigte, erinnerte sich später:

„Aufgefallen ist mir eine Familie, die aus sieben oder acht Personen bestand: Mann und Frau, beide um die fünfzig, mit ihren sechs Kindern; das jüngste war so ein Jahr, dann kamen zwei, die waren so acht und zehn, schließlich zwei schon erwachsene Töchter, zwischen, sagen wir, zwanzig und vierundzwanzig. Eine alte Frau mit schneeweißem Haar hielt das einjährige Kind auf dem Arm, sang ihm etwas vor und kitzelte es. Das Kind quietschte vor Vergnügen. [...] Der Vater hielt an der Hand einen Jungen von etwa zehn Jahren, sprach leise auf ihn ein. Der Junge kämpfte mit den Tränen. Der Vater zeigte mit dem Finger zum Himmel, streichelte ihm den Kopf und schien ihm etwas zu erklären."[3]

Noch sahen die Opfer die drei riesigen Gruben nicht, in denen sie bald sterben würden; ein hoher Erdhügel, der Aushub, verstellte den Blick. Jede der Gruben war etwa dreißig Meter lang und drei Meter tief. Ausgewählte Juden hatten sie kurz zuvor graben müssen. Die SS-Leute vor Ort gehörten vermutlich zur Einsatzgruppe C, die im Sommer 1941 ihre Blutspur durch die Ukraine gezogen hatte. Einer der Männer hatte erst kürzlich ein besonders grausames, effektives Massenmordverfahren ersonnen, die „Methode Sardinenpackung". Man befahl einer Gruppe von Todgeweihten, sich dicht aneinander in die Grube zu legen, dann feuerte man mit Gewehren auf die Liegenden. Anschließend rief man die nächste Gruppe. Die Einzelnen mussten sich auf die Erschossenen legen, bevor sie selbst erschossen wurden. So häufte sich Schicht auf Schicht.[4] Im Massaker bei Dubno wurde das Verfahren ,mustergültig' durchgeführt. Am Rand jeder Grube stand ein Hinrichtungskommando aus circa zwanzig Soldaten, befehligt von einem SS-Offizier mit MG. War eine Schicht ‚erledigt', ließ der Offizier die nächsten zwanzig Juden vortreten. Wer zu fliehen versuchte, wurde gleich niedergemäht. Gräbe berichtet:

„Dicht aneinandergepresst lagen die Menschen so aufeinander, dass nur die Köpfe zu sehen waren. Von fast allen Köpfen rann Blut über die Schultern. Ein Teil der Erschossenen bewegte sich noch. Einige hoben ihre Arme und drehten den Kopf, um zu zeigen, dass sie noch lebten. [...] Die vollständig nackten Menschen gingen an einer Treppe [...] hinab, rutschten über die Köpfe der Liegenden hinweg bis zu der Stelle, die ihnen der SS-Mann anwies. Sie legten sich vor die toten oder angeschossenen Menschen, einige streichelten die noch Lebenden und sprachen leise auf sie ein. Dann hörte ich eine Reihe Schüsse."[5]

Gräbe blieb vor Entsetzen wie angewurzelt stehen. Es wunderte ihn, dass die SS ihn nicht wegschickte. Fassungslos betrachtete er die Szene. Der Offizier ließ wieder zwanzig Menschen an den Grubenrand treten. Eine ausgezehrte Frau schaffte den Weg nicht mehr ohne Hilfe; zwei andere stützten sie. Kinder schluchzten und begriffen das Ganze nicht. Im Gedächtnis blieb Gräbe nicht zuletzt, wie „ein Mädchen, schwarzhaarig und schlank, als sie nahe an mir vorüberging, mit der Hand an sich herunterzeigte und sagte: ‚23 Jahre!'"[6]

Das Massaker in Dubno war kein jäher Ausbruch spontaner Blutrünstigkeit. Es war kalter, kalkulierter Massenmord. Jede neue Reihe von Opfern musste sich auf die bereits Getöteten legen, dann erhielt jedes einzelne einen Genickschuss. Das Verfahren wurde mit tödlicher Effizienz fortgesetzt, bis die Grube voll war. Zuletzt streute man Kalk über die Leichen, um die Verwesung zu beschleunigen, und bedeckte die Grube mit Erde. Die Zahl der an jenem Tag in Dubno hingemetzelten Juden wird auf 5.000 geschätzt.

In all seiner Grausamkeit bildet das Massaker in Dubno nur eine kleine Episode in der blutigen Praxis der SS. Nicht mehr als eine weitere ‚Säuberungsaktion' in einem osteuropäischen Provinznest. Von der Dimension her erscheint sie tatsächlich unbedeutend. 5.000 Opfer – das ist ein Bruchteil der fast 1,5 Millionen Morde, die auf das Konto der Einsatzgruppen gehen. Der Massenmord von Dubno wurde zwar nicht so bekannt wie die Schlächtereien größeren Ausmaßes, etwa in Babi Yar bei Kiew (33.000 Opfer), Ponary bei Wilna (80.000 Opfer), Rumbula bei Riga (38.000 Opfer) oder im litauischen Kaunas (russisch Kowno, 30.000 Opfer).

Aber bei der Bewusstwerdung nationalsozialistischen Unrechts hat dieses Massaker eine bedeutsame Rolle gespielt. Dies ist hauptsächlich das Verdienst zweier Augenzeugen. Beim ersten handelt es sich um den schon zitierten Unternehmer Hermann Gräbe. Dieser war leitender Ingenieur einer Solinger Baufirma, die ‚kriegswichtige Arbeiten', unter anderem auch in der Ukraine, verrichtete. Ein solche Arbeit – die Errichtung eines Getreidespeichers neben dem ehemaligen Flugplatz – hatte ihn an jenem Oktobermorgen vor Ort geführt. Gegen das Massaker konnte er nichts tun, aber in der Folgezeit beschäftigte er wiederholt Juden auf seinen Baustellen und rettete so vielen das Leben. 1965 wurde ihm dafür in der israelischen Holocaust-Gedenkstätte Yad Vashem der Titel „Gerechter unter den Völkern" verliehen (mit ihm werden Nichtjuden ausgezeichnet, die in der Zeit des Dritten Reiches Juden halfen). Wichtig ist auch der Beitrag, den Gräbe zur gerichtlichen Aufarbeitung nationalsozialistischer Barbarei leistete: Seine Aussage vor dem Nürnberger Kriegsverbrechertribunal 1946 lieferte dem Gericht Beweismaterial ‚aus erster Hand' zu den brutalen Methoden der Einsatzgruppen.

Der zweite Zeuge war ein junger Offizier der Wehrmacht. Axel von dem Bussche-Streithorst, Jahrgang 1919, Leutnant in der Eliteeinheit 9. Infanterieregiment, besaß schon einige Fronterfahrung. Alle größeren Feldzüge der letzten Zeit hatte er mitgemacht: den gegen Polen, gegen Frankreich, gegen die Sowjetunion. Dreimal war er schwer verwundet worden. Für seine Tapferkeit in der Schlacht bei Mogilew (Ostweißrussland) hatte man ihm das Eiserne Kreuz verliehen. Außerdem versetzte man ihn ins ‚ruhige Hinterland' nach Dubno, wo er sich von den Folgen eines Brustschusses erholen sollte. Am 5. Oktober wurde seine Einheit zu einer ‚Sonderoperation' auf dem alten Dubnoer Flughafen beordert. Ein befehlsführender Offizier erreichte, dass die Einheit zwar nicht direkt zum Einsatz kam, aber Bussche und seine Leute mussten Präsenz zeigen. Was er dort sah, erschütterte ihn bis ins Mark. Als Christ und als Soldat, der sich den alten ritterlichen Traditionen der deutschen Armee verpflichtet wusste, empörte ihn der Massenmord an hilflosen Zivilisten. Später erinnerte er sich:

„Da zog sich in der schönen Herbstsonne eine Menschenschlange hin, eine Menschenschlange, über anderthalb Kilometer lang, darin alte Männer, Frauen, Kinder, Säuglinge – alle nackt [...]. Es waren die Juden der Stadt; sie warteten auf ihren Tod. Gleich würden sie sich in die riesigen Gräben legen, die sie selber hatten ausschachten müssen, und von der SS erschossen werden.“[7]

Eine junge Frau fiel vor Bussche auf die Knie und bat um Schonung. Verzweifelt überlegte der junge Leutnant, was er tun könnte, um die Schlächterei zu beenden. Er bat seinen vorgesetzten Offizier zu handeln - vergeblich. Konnte er selbst etwas tun? Sollte er sich ausziehen und zu den Juden in die Grube legen? Konnte er nicht mit seinen Männern die SS verhaften, wegen offensichtlichen Verstoßes gegen deutsche Gesetze? Sollten sie ihre Waffen einfach gegen die mordende SS und ihre ukrainischen Gehilfen richten? Letztlich überwog die Angst um sein Leben, das er durch jede der erwogenen Aktionen gefährdet sah – und tat nichts. Die junge Frau wurde ermordet.[8]

Zurück in der Kaserne, besprachen Bussche und seine Kameraden das Geschehen. Der befehlshabende Offizier meinte, die Ehre der Wehrmacht sei befleckt. Andere vertraten den Standpunkt, dass die Aktivitäten der SS nicht ihre Angelegenheit sei, und suchten die Sache bestmöglich zu verdrängen. Bussche jedoch konnte das Massaker und den hilflosen Zorn, den er dabei verspürt hatte, nicht einfach vergessen. Seines Erachtens gab es für einen Soldaten mit Ehrgefühl nur drei mögliche Reaktionen auf ein solches Verbrechen: „Fallen, Fahnenflucht oder Rebellion.“[9] Er entschied sich für Letzteres und schloss sich dem deutschen Widerstand an.

Unter dessen verschiedenen Gruppierungen war die militärische Opposition gegen Hitler vielleicht die in sich widersprüchlichste. Keine andere Kraft innerhalb der deutschen Gesellschaft stand in ihrem Konservatismus und Nationalismus der nazistischen ‚Weltanschauung‘ näher als das Militär. Nicht umsonst führte es so engagiert Hitlers Krieg. Die Nazis hatten die alte Truppenstärke der Armee nicht nur wiederhergestellt, sondern sogar aufgestockt und für eine üppige Finanzierung gesorgt. Kein Wunder, dass sie ein Stützpfeiler des Regimes wurde. Ihre Soldaten waren mehr oder weniger willige Vollstrecker der Hitler'schen Eroberungspläne. Vom Nordkap bis zur Sahara symbolisierten sie am plakativsten die deutsche Expansionspolitik und Hitlers unersättlichen Ehrgeiz. Und doch erwuchsen Hitler gerade aus der Armee die erbittertsten Gegner. Viele oppositionelle Gruppen haben Hitler beseitigen wollen, aber führende Offiziere seiner Armee sollten diesem Ziel am nächsten kommen.

Was zunächst wie ein Paradox erscheinen mag, lässt sich bei näherer Betrachtung zwar nicht völlig auflösen, aber zumindest erklären.

Zum einen konnte die deutsche Armee während des Dritten Reiches den direkten Einfluss der Partei sowie die Durchsetzung mit Gestapo-Agenten weitgehend verhindern. Sie griff dabei auf Praktiken aus den Jahren nach dem Ersten Weltkrieg zurück. 1921 als *Reichswehr* neugegründet, hatte sich das deutsche Militär verpflichtet, ein ‚unpolitischer‘ Verband zu sein; keine Partei sollte in ihren Reihen aktiv werden dürfen. Die Maßnahme war zunächst dazu gedacht, das Eindringen sozialdemokratischen und kommunistischen Gedankenguts zu verhindern. In den dreißiger Jahren nutzte man die Bestimmung dann gegen eine Unterwanderung durch die NSDAP. Nach wie vor galt: Wer aktives Mitglied einer Partei war, durfte kein Berufssoldat werden. Auch wenn Wehrpflichtige oder Freiwillige ihren Dienst antraten, mussten sie ihre Parteimitgliedschaft aufgeben oder ruhen lassen. Nazi-Funktionäre, die in kurzen Besuchen das ‚ruhmreiche‘ Frontleben kennen lernen wollten, erhielten nicht immer die Vorzugsbehandlung, die sie glaubten erwarten zu können. Dank dieser Isolierung konnten jene die Armee als Zuflucht nutzen, die in den Augen der Herrschenden verdächtig oder gar belastet waren. So der Schriftsteller Ernst Jünger, der quasi in der Wehrmacht untertauchte, um den Nachstellungen der Nazis zu entgehen, die ihm in seinem Zivilleben beträchtlich zugesetzt hatten.[10] Tatsächlich suchte die Armee ihre Autonomie – eine weitgehend symbolische zwar, aber immerhin – bis zum Ende durch scharfes Abgrenzen zu bewahren. Im Herbst 1944 erteilte die politische Führung dem Heer die Weisung, den traditionellen militärischen Gruß durch den so genannten ‚Deutschen Gruß‘ mit ausgestrecktem rechten Arm zu ersetzen. Nicht wenige Offiziere gaben die Order weiter – und beendeten ihre Bekanntmachung mit dem alten, nun verbotenen Gruß.[11]

Zum anderen wurde die Armee ihrer tradierten Wertvorstellungen wegen von vielen, nicht zuletzt von ihren eigenen Angehörigen, als Sammelbecken der moralischen Elite Deutschlands betrachtet. Möglicherweise hatte die gewaltige personelle Expansion Ende der 30er Jahre diesen Glauben etwas erschüttert, aber in den Regimentern, die den Grundstock des Heeres bildeten, gab es doch noch manche – ältere Offiziere zumal –, die an dem Ethos der Ritterlichkeit festhielten und sich von Hitlers Unterwerfungs- und Vernichtungsplänen distanzierten. Zwar waren sie in der Minderheit, doch fanden sie Gehör, auch bei Jüngeren. Sie sahen die Exzesse des Regimes mit unverhohlenem Abscheu. Als etwa der altgediente General Wilhelm List während des Polenfeldzuges die Untaten der SS zur Kenntnis nehmen musste, beschwerte er sich bei seinen Vorgesetzten über deren „ungesetzliche Aktivitäten", die unter seinen Leuten „offene Animositäten" gegen jeden geweckt hätten, „der eine SS-Uniform trägt"[12]. Ein anderer Offizier, etwas jünger, Generalmajor Helmuth Stieff, schrieb während des Polenfeldzugs, wegen einiger Dinge, die er dort erlebt habe, „schäme" er sich, „Deutscher zu sein"[13]. Stieff sollte später zum Widerstand finden.

Natürlich bedeutet dies nicht, dass die Wehrmacht in den Kriegsjahren stets ,sauber geblieben' ist und nie in die Barbarei von SS und SD verstrickt war, wie nach 1945 vor allem in der Bundesrepublik Deutschland vehement propagiert wurde. Auch wenn diese Behauptung nicht nur von ehemaligen Wehrmachtsangehörigen aufgestellt, sondern auch von einigen Historikern unterstützt wurde, ist sie unhaltbar. Die Art der deutschen Kriegsführung an der Ostfront – und nicht nur da – bewirkte eine „Erosion der Moral", die sämtliche Ebenen des Militärs durchdrang. Viele der dort begangenen Verbrechen wurden wohl von der SS initiiert, aber nicht selten von regulären Einheiten und Reservetrupps ausgeführt. So gab es im Sommer 1942 ein Massaker an Juden im ostpolnischen Distrikt Lublin, das – Dokumente belegen es zweifelsfrei – keineswegs die SS beging, sondern ein Reserve-Polizeibataillon aus Hamburg. Die Täter waren nicht etwa sozial Deklassierte, sondern wohlsituierte Mittelständler aus den ,besseren' Vororten der Hansestadt.[14] Wehrmachtssoldaten waren an allen Phasen des Holocaust beteiligt, vom Planen bis zum Ausführen. Ohne die Mitwirkung oder stillschweigende Akzeptanz der Armee hätte die ganze höllische Maschinerie nicht funktioniert.[15]

Und doch: Obwohl es bedrückend häufig vorkam, dass Wehrmachtssoldaten vor den Massenmorden die Augen verschlossen oder sich gar daran beteiligten, gibt es genügend Gegenbeispiele. Auch im Offizierskorps war das Gefühl für Ehre und Anstand nicht völlig erloschen und ließ einige, wie etwa Axel von dem Bussche, zu aktiven Nazi-Gegnern werden.

Als ‚Widerstandszentrum‘ hatte das deutsche Militär anderen Oppositionsgruppierungen gegenüber eine Reihe nicht zu unterschätzender taktisch-strategischer Vorteile. So konnten sich etwa die nazistischen Sicherheitsorgane praktisch nicht in seine Reihen einschleichen. Wichtiger noch: Nur die Armee war in der Lage, zwei zentrale Unternehmungen gleichzeitig zu bewältigen. Nur sie war imstande, die Führung der Partei zu beseitigen *und* gleichzeitig daheim und an der Front die Ordnung aufrechtzuerhalten und eine Übergangsregierung zu stellen. Das entscheidende Plus aber war: Einige Führungsfiguren der Wehrmacht, von der Stabsebene aufwärts, hatten regelmäßig Zugang zu Hitler, trugen legitim Waffen und waren, um es platt zu sagen, im Töten geschult.

Andererseits gab es einige Faktoren, die eine Aktion gegen Hitler eher behinderten. Zunächst einmal war es beim deutschen Militär Tradition, sich nicht aktiv in die Politik einzumischen. Zwar hatte man in den teilweise recht turbulenten Weimarer Jahren diverse Male gegen diesen Grundsatz verstoßen, aber seit der ‚Machtergreifung‘ galt er wieder uneingeschränkt, und obwohl das System Hitler keine großen Siege mehr einfuhr, wiederholten viele Vertreter der höchsten Kommandoebene und viele Stabsoffiziere ihn wie ein Mantra. Ihnen war die deutsche Armee nicht einfach nur der bewaffnete Arm des Staates, sondern geradezu seine Garantin. So meinte etwa Generalfeldmarschall Erich von Manstein, den die oppositionellen Militärs immer wieder vergebens baten, sich ihrer Verschwörung anzuschließen: Gewalt gegen die Obrigkeit stehe „krass im Gegensatz zur Tradition der Armee“[16]. Mochte Hitlers Regime auch diktatorisch sein, so war es doch, nach Ansicht der Konspirationsunwilligen, legitim und legal – und über weite Strecken extrem erfolgreich. Momentan hatte es zwar eine Schwächephase, aber das bedeutete für diese Militärs nur, dass man umso entschiedener dafür kämpfen musste. Ein Staatsstreich erschien praktisch ausgeschlossen.

Noch wichtiger und noch hinderlicher waren die traditionellen Zwillingstugenden ‚Gehorsam‘ und ‚Loyalität‘ im deutschen Heer.

Sie waren nicht etwa nur theoretische Prinzipien, sondern gehörten zwingend zum Selbstbild des deutschen Soldaten, waren untrennbar mit seinem Pflicht- und Ehrgefühl verbunden. Keine Armee der Welt kommt ohne *Gehorsam* aus, aber Deutschland hatte ihn zu einer zentralen Kategorie politischer Kultur erhoben. Preußen entwickelte sich als ‚Obrigkeitsstaat' zu Macht und Größe. Der Begriff hatte ursprünglich nichts Abwertendes: Er bezeichnete schlicht einen Staat, in dem jeder Bürger wusste, wo sein Platz und was seine Pflicht war. Von gleicher Bedeutung war *Loyalität*, die Gebundenheit an ein einmal gegebenes Treueversprechen. Loyalität verlangt jeder Staat von seinen Dienern, Übles droht jedoch, wenn totalitäre Herrscher den Begriff missbrauchen, und Hitler missbrauchte ihn in besonders infamer Weise. Er ließ seine Soldaten nicht wie üblich auf das Volk und Vaterland oder die Verfassung schwören, sondern auf seine Person, auf den Führer. Außerdem ernannte er sich zum Obersten Befehlshaber. Damit konnte jeder Akt des Ungehorsams oder der Illoyalität gegenüber seiner Person als Anschlag auf den Staat interpretiert werden.

Dies sind freilich alles abstrakte Begrifflichkeiten. Die Fügsamkeit von Soldat und Zivilist im Dritten Reich hatte noch handfestere Gründe. Erstens gilt es wohl in jedem Land als unpatriotisch, die eigene Regierung zu kritisieren, wenn sie sich im Krieg befindet, und als hochverräterisch, sie gar stürzen zu wollen. Solche Loyalität stellt sich fast reflexhaft ein. In Deutschland kam überdies eine besondere historische Erfahrung hinzu, genauer gesagt: eine bestimmte Interpretation dieser Erfahrung. Die Rede ist von der berüchtigten ‚Dolchstoßlegende', mit der die Nationalisten die Schuld an der Niederlage der Deutschen im Ersten Weltkrieg den Politikern anlasteten, die der kämpfenden Truppe durch vorzeitige Verhandlungen mit den Feinden ‚den Dolch in den Rücken gestoßen' hätten. Viele Deutsche hatten diese Lüge geglaubt. Begreiflicherweise mochte sich kein Verschwörer dem Verdacht aussetzen, genauso zu verfahren, wie es die Legende den damaligen Politikern unterstellte. Die aber hatten seinerzeit allenfalls eine Truppe aufgegeben, die mehrfach geschlagen worden war – unter Hitler dagegen eilten die deutschen Truppen zeitweise von Sieg zu Sieg. Schlechte Zeiten für Widerständler. Solange die Heere überall fast ungehindert voranstürmten, konnte man kaum dem Generalstab – geschweige denn der breiten Öffentlichkeit – klarmachen, dass dringender Handlungsbedarf bestehe. Einer der Verschwörer, Henning von Tresckow, notierte grimmig: „Es hat keinen Zweck zu handeln, solange die Leute noch ‚Hosianna' singen. Zweck hat es erst, wenn sie ‚Kreuziget ihn' rufen."[17]

Dann die erste entscheidende Niederlage Deutschlands: Stalingrad, Januar 1943. Nun endlich erhoben sich vereinzelt Stimmen innerhalb und außerhalb des Militärs, die Hitlers Taktik kritisierten und seine Entscheidungskompetenz bezweifelten. Doch just als sich die 6. Armee in Stalingrad ergab, verlangte der amerikanische Präsident Roosevelt auf der Casablanca-Konferenz die ‚bedingungslose Kapitulation'. Fatal für die Verschwörer, denn diese Forderung weckte beim deutschen Soldaten eine verhängnisvolle Jetzt-erst-recht-Haltung: Nun gelte es, die Zähne zusammenzubeißen und bis zum Letzten zu kämpfen, denn Deutschland sollte nicht verloren sein, keine Besetzung erleiden müssen, nicht bolschewistisch werden. Die keimende Unzufriedenheit, von der die Konspiranten hätten profitieren können, verschwand jäh. Unter solchen Umständen wundert nicht, dass nur wenige deutsche Militärs sich in der Lage sahen, gegen das Regime vorzugehen. Eher dürfte überraschen, dass so viele bereit waren, es zu tun. Als sich bei den Offizieren die Verbrechen herumsprachen, die Deutsche im Namen Deutschlands begangen hatten, und als sich immer deutlicher abzeichnete, dass Hitler nicht das politische und militärische Genie war, das man in ihm gesehen hatte, gewann die Verschwörung an Zulauf – jedenfalls an ideellem. Für die meisten erschöpfte sich die Opposition in gelegentlichem Stirnrunzeln und leisem Fluchen. Eine etwas kleinere Gruppe drückte ihre ablehnende Haltung laut und vernehmlich aus, handelte aber nicht, weil es an Gelegenheit, Unterstützung oder persönlicher Tapferkeit fehlte. Lediglich ein paar wenige Unerschrockene hatten, was diese Aktion erforderte: das Motiv, den Willen und die Gelegenheit. In ihren Augen war die Verschwörung gegen Hitler „eine Frage der Ehre"[18].

Der Entschluss zum Handeln bildete aber nur einen Teil der Aufgabe. Ebenso dringlich musste entschieden werden, was nach einem Umsturz mit Hitler zu geschehen habe. Ein paar der Widerständler hingen der naiven Idee an, man könne den Diktator einfach verhaften und vor Gericht stellen. Die Mehrheit aber kannte Hitlers immer noch unverändert starken Rückhalt im Volk und war längst zu dem Schluss gelangt, dass ihr Vorhaben nur gelingen könne, wenn Hitler tot sei. Einer der Verschwörer, Hans („Johnnie') von Herwarth, erinnerte sich später:

„Allen war klar, dass die deutschen Truppen niemals einen anderen Obersten Befehlshaber akzeptieren würden, so lange Hitler lebte. Die Nachricht von seinem Tode jedoch würde den Mythos, der seinen Namen umgab, sofort zum Einsturz bringen. Man konnte die Mehrheit der deutschen Armee also nur hinter sich bringen, wenn man Hitler eliminierte."[19]

Das Attentat war also beschlossene Sache. Nun blieb noch das Problem: wie an das Zielobjekt herankommen? Ab 1941 führte Hitler praktisch das Leben eines Einsiedlers – eines wohlbehüteten freilich. Seit ihn das Kriegsglück verlassen hatte, seit dem Debakel von Stalingrad, scheute er Auftritte vor Menschenmengen und nur noch die engsten Vertrauten hatten Zugang zu ihm. Wenn er sich doch einmal in der Öffentlichkeit zeigte, waren SS und Leibwächter um ihn, alle absolut loyal und seit Ausbruch des Krieges in allen Kampftechniken bestens trainiert.

Auch im privaten Bereich erschien Hitler kaum verwundbar. Stets umgab ihn ein lückenloser Sicherheitskordon – außer auf seinem Berghof, wo er sich auch ohne Begleitung sicher fühlte. Obwohl Hitlers Tagesablauf den Verschwörern bekannt war, bot er ihnen wenig Angriffsmöglichkeiten. Um zehn stand Hitler auf. Nach der täglichen Lagekonferenz um elf wurde gegessen, und anschließend war Mittagsruhe. Abendessen gab es um acht, und dann saß Hitler häufig noch mit seinen Getreuen bis in die frühen Morgenstunden zusammen.[20] Ein Attentäter hatte also nur reale Chancen, wenn er entweder an der Morgenkonferenz oder an einer der gemeinsamen Mahlzeiten teilnehmen durfte. Beides wären ideale Ausgangspositionen. Aber wie genau sollte der Attentäter vorgehen? Vergiften schied aus. Hitler hatte seine eigenen Köche, und alles, was diese für ihn zubereiteten, wurde von seinem Leibarzt Dr. Morell vorgekostet.[21] Ein Pistolenschuss war ebenfalls wenig ratsam. Hitler und seine Diener trugen selbst Waffen, und wer zum Führer wollte, musste im Vorraum Waffen und Koppel ablegen. Gerüchten zufolge trug Hitler meist eine kugelsichere Weste, hatte einen Hut mit Stahleinlage,[22] und in seinen Hauptquartieren waren an verborgenen Stellen Röntgengeräte installiert.[23] Abgesehen davon, waren nur die wenigsten Verschwörer kaltblütig genug, um Hitler mit einer Waffe entgegenzutreten.[24] Aus all diesen Gründen schien das geeignete Tötungsinstrument eine Zeitbombe zu sein.

Und noch eine Frage hatte der militärische Widerstand zu klären: Was sollte Hitlers Regime folgen? Als echte Konservative konnten sie schlecht den Staatchef ermorden, ohne eine Alternative zu präsentieren. Sie mussten sicherstellen, dass nachher kein Chaos ausbrach, weder im deutschen Kernland noch in den deutsch besetzten Gebieten. Einige Verschwörer hielten Himmler in dieser Hinsicht für ansprechbar; vielleicht ließe der sich bewegen, an die Spitze einer ‚gemäßigten' Nazi-Regierung zu treten.[25] Die Mehrheit wollte allerdings lieber die ganze Führungsclique in einem ‚Aufwasch' beseitigen. Es habe, so argumentierten sie, wenig Sinn, Hitler auszuschalten, wenn dann das unselige Triumvirat Goebbels/Himmler/Bormann an die Macht käme. Die einheimische Opposition sah sich Komplikationen gegenüber, mit denen sich die potenziellen Hitler-Liquidatoren in Moskau, London und Warschau nicht herumschlagen mussten.

Zu einem Zentrum des Widerstands entwickelte sich das deutsche Militär erst 1941. Bis dahin verhielt sich bestenfalls die Abwehr systematisch unbotmäßig. Es gab zwar subversive Versuche innerhalb der Armee, aber das blieben Versuche Einzelner oder isolierter Gruppen, und sie wirkten sehr improvisiert. Nachhaltige Wirkung war ihnen nicht beschieden. 1939 etwa wollte General Kurt von Hammerstein-Equord, Kommandeur der Armeeabteilung A, die den niederrheinischen Teil der deutschen Westgrenze bewachte, Hitler in sein (Hammersteins) Hauptquartier nach Köln locken, um ihn verhaften zu lassen. Es wurde nichts daraus.[26] Im Sommer 1940 versuchten ein paar deutsche Militärs in Paris das Gleiche – mit dem gleichen Ergebnis. Im Sommer 1941 hingegen hatte etwas Form angenommen, das man eine weit verzweigte militärische Verschwörung nennen könnte. Sie organisierte sich bereits zu einer Zeit, da die deutsche Armee noch unbesiegbar schien, und ausgerechnet im Hauptquartier einer Heeresgruppe, der Hitler die größten ‚seiner' militärischen Erfolge verdankte.

Wenig hatte dafür gesprochen, dass gerade die *Heeresgruppe Mitte* zu einem „Nest der Intrige und des Verrats"[27] werden würde, in dem Männer über Sturz und Tod des Führers berieten. Zu ihr gehörten etwa Guderians Panzergruppe 2, die SS-Panzerdivision *Das Reich* und die Elitedivision *Großdeutschland* - alles Verbände, die dem Unternehmen Barbarossa einen glänzenden Start gesichert hatten. Siegreich waren die Soldaten durch Weißrussland marschiert, siegreich aus den Kesselschlachten von Minsk und Smolensk hervorgegangen. Dann begann vor Moskau die Zeit des Grauens und der Entbehrungen, wie überall an der Ostfront. Was wussten diese Soldaten von den Verbrechen, die in ihrem Rücken geschahen? Ein paar haben vielleicht selbst welche gesehen, die meisten wohl nur gerüchteweise davon gehört. Anders als der Oberbefehlshaber der Heeresgruppe Mitte, Feldmarschall Fedor von Bock. Bock, bereits in den Sechzigern, schon im Ersten Weltkrieg Generalstabsoffizier, hatte eine Bilderbuchkarriere beim Heer gemacht, auch in der nazistisch gelenkten Wehrmacht, und ein Paradestück nach dem anderen hingelegt. So lieferte er dem Anschluss von Österreich 1938 die militärische Abstützung. Als Kommandeur verschiedener Heeresgruppen nahm er sehr erfolgreich am Polen- und am Frankreichfeldzug teil. Mit dem Beginn des Russlandfeldzugs erhielt er den Oberbefehl über die stärkste der drei Heeresgruppen: die Heeresgruppe Mitte. In dieser Eigenschaft erfuhr er natürlich von den Gräueln an und hinter der Ostfront. Bock war gewiss kein Nazi, und oft hat er sich befremdet über die Aktivitäten der SS geäußert. Konsequenzen zog er jedoch keine daraus. Er ließ in Berlin durch einen Abgesandten förmlich Protest einlegen – zu mehr fühlte er sich nicht in der Lage.[28] Er sympathisierte mit den Verschwörern, mochte sich ihnen aber nicht anschließen.

Da war Bocks Neffe, Oberst Henning von Tresckow, aus anderem Holz. Ein Elitesoldat auch er, kämpfte er im Ersten Weltkrieg, erwarb sich als 17-jähriger Leutnant das Eiserne Kreuz (es wurden ihm später noch ähnliche Auszeichnungen verliehen, sogar im Dritten Reich). Wie sein Onkel wurde er Stabsoffizier. 1936 verließ er die Militärakademie als Jahrgangsbester. Anfangs vom Nationalsozialismus begeistert, wandte er sich bereits kurz nach der ‚Machtergreifung‘ von Hitler ab. Die Ereignisse um den ‚Röhm-Putsch‘ 1934 schockierten ihn. Die Blomberg-Fritsch-Krise und Hitlers aggressives Vorgehen gegen die Tschechoslowakei 1938 (s.o. S. 133) empörten ihn. Schon damals hielt er Hochverrat für den einzigen Weg, Deutschland von dieser Plage zu erlösen. „Hitler", meinte er zu Freunden, „ist ein tanzender Derwisch. Man muss ihn totschießen."[29]

Der Ausbruch des Krieges 1939 berührte Tresckow tief. Die Freude der breiten Mehrheit seiner Landsleute über die Eroberung Polens, an der er als Major in einer Infanteriedivision teilnahm, mochte er nicht teilen. In seinen Augen war sie eine moralische Niederlage für das deutsche Volk – und ein Dämpfer für den Widerstand, dem er schon damals angehörte. Der Sieg führte seiner Ansicht nach zu einer fatalen Fehlwahrnehmung bei den Deutschen: Er gab den Verfechtern der Methoden Hitlers scheinbar das Recht, die kritischen Stimmen niederzubrüllen. Nur ein militärischer Rückschlag, so Tresckows Hoffnung, könne günstigere Bedingungen für einen *Coup d'État* schaffen.[30] 1941 überfiel Hitler die Sowjetunion. Tresckow glaubte, dass nun der ersehnte Rückschlag käme, „so sicher wie das Amen in der Kirche"[31]. Die Stunde der Niederlage würde zur Stunde der Befreiung, zur Stunde der Wiedergeburt Deutschlands werden.

Tresckows Hoffnung auf ein Ende der Siegesserie erhielt neue Nahrung, als ihm die diversen Erlasse und Befehle der politischen und militärischen Führung zur Kenntnis gelangten, die festlegten, wie im anstehenden ‚Russlandfeldzug' mit dem Feind umzugehen sei. Hitler hatte schon vor längerem erklärt, der Krieg im Osten werde grundsätzlich anders aussehen als der im Westen. Auch die Rolle der Einsatzgruppen wurde neu festgelegt: Die brutalen Methoden ihres ‚Rassenkrieges' hatten schon während des Polenfeldzuges in weiten Kreisen des Militärs für Ärger gesorgt. Doch statt die Befugnisse der Einsatzgruppen zu begrenzen, erweiterte man sie. Im Vorfeld des Überfalls auf die Sowjetunion erstellten regimetreue Angehörige des Oberkommandos der Wehrmacht Direktiven, die die Einsatzgruppen – bestehend aus Personal der Sicherheitspolizei, der Gestapo, des SD und der SS – autorisierten, „in eigener Verantwortung Exekutivmaßnahmen gegen die Zivilbevölkerung zu treffen". Wer bis dahin nicht genau wusste, was das hieß, den belehrte das Oberkommando Mai 1941 in einer „Richtlinie für das Verhalten der Truppe in Russland" mit aller Deutlichkeit: „Der Bolschewismus ist der Todfeind des nationalsozialistischen deutschen Volkes. Dieser zersetzenden Weltanschauung und ihren Trägern gilt Deutschlands Kampf. [...] Dieser Kampf verlangt rücksichtsloses und energisches Durchgreifen gegen bolschewistische Hetzer, Freischärler, Saboteure, Juden und restlose Beseitigung jeden aktiven oder passiven Widerstandes."[32]

Tresckow reagierte darauf mit Abscheu. Die deutsche Armee sollte in die gesetzwidrigen, völkermörderischen Machenschaften der Partei und der SS hineingezogen werden. Deutschlands Ehre sollte geopfert werden auf dem Altar von Hitlers Größenwahn. Gegenüber einem Kollegen äußerte er eine geradezu gespenstisch exakte Vorahnung: „So etwas vergeht auch in Jahrhunderten nicht. Und man wird keineswegs nur Hitler die Schuld geben, sondern auch Ihnen und mir, Ihrer Frau und meiner Frau, Ihren Kindern und meinen Kindern, der Frau, die dort über die Straße geht, und dem Jungen, der da hinten Fußball spielt."[33] Tresckow beschwor seine Vorgesetzten, etwas dagegen zu unternehmen. Doch zu mehr als ein paar lauen Protesten kam es nicht. Die Befehle blieben bestehen.

Tresckow wurde Erster Generalstabsoffizier der Heeresgruppe Mitte und in Weißrussland stationiert. Eine gute Position, um Informationen über all die Verbrechen zu sammeln, die hinter der Front passierten. Tatsächlich bekam er eine Menge mit, die brutalen ‚Befriedungs'-Aktionen etwa aus eigener Anschauung. Er las den Schriftverkehr der Einsatzgruppen, ihre Lageberichte, und er hörte so einiges. Aber nie griff er ein, um eine Schlächterei zu stoppen oder zu begrenzen. Nur einmal handelte er, als wieder einmal ein Massaker an „Partisanen und deren Unterstützern" anstand. Auch dieses verhinderte er nicht, sondern erwirkte nur einen Aufschub – bis die ausdrückliche Genehmigung des Oberkommandos für die Erschießung vorlag.[34]

Entweder hatte Tresckow Angst, sich als Gegner des Regimes zu offenbaren, oder eine direkte Intervention in das mörderische Geschehen erschien ihm sinnlos. Dafür begann er bald gleichgesinnte Militärs um sich zu sammeln und ihnen hohe Posten in seinem Hauptquartier zu verschaffen. Der Erste, den er ‚rekrutierte', war sein Cousin Fabian von Schlabrendorff, ein junger Leutnant der Reserve, Rechtsanwalt von Beruf; ihn machte er zu seinem Adjutanten. Zu diesem Kreis der Gleichgesinnten gehörten auch die späteren Beinahe-Attentäter Rudolf-Christoph von Gersdorff, Eberhard von Breitenbuch und Georg von Boeselager. Tresckow selbst wurde eine der Schlüsselfiguren der antinazistischen Opposition und einer der entschiedensten Befürworter eines energischen Vorgehens gegen Adolf Hitler, seine Gruppe der harte Kern der Verschwörung. Er schuf eine Widerstandszelle, bestehend aus fest zusammenhaltenden, entschlossenen Verschwörern, und er schuf sie inmitten des Generalstabs der renommiertesten Heeresgruppe der Hitler'schen Armee.

Der Ort seiner Stationierung, Borissow (Weißrussland), rief Tresckow einen historischen Präzedenzfall in Erinnerung, der für das Unternehmen Barbarossa nichts Gutes verhieß. Nahe Borissow überquerte Napoleons erschöpftes Heer auf dem Rückzug im November 1812 die Beresina. In der Schlacht an jenem Fluss wurde die Grande Armée des Kaisers endgültig zerschlagen. So wie der Korse würde auch Hitler an Russland scheitern. Und als wollte das Schicksal noch einmal unterstreichen, wie richtig diese Ahnung sei, entdeckten Soldaten napoleonische Fahnen am Boden des Flusses. Sie wurden geborgen und zur Restaurierung nach Berlin geschickt. Das Massaker der SS an den Juden von Borissow gab schließlich den entscheidenden Anstoß zum Handeln.

Der erste Versuch im Spätsommer 1941 fiel noch sehr dilettantisch aus. Tresckow und Schlabrendorff hatten erfahren, dass Hitler der Heeresgruppe Mitte am 4. August einen Besuch abstatten würde. Bei dieser Gelegenheit wollten sie auf der Fahrt vom Flugplatz ins Hauptquartier den Wagen, in dem Hitler saß, abseits dirigieren und den Diktator verhaften. Man würde ihn vor ein Gericht stellen und verurteilen, wahrscheinlich zum Tode. Aber der Führer machte ihnen einen Strich durch die Rechnung. Am frühen Morgen des 4. August traf er in Borissow ein, mochte aber kein Fahrzeug der Heeresgruppe benutzen, sondern bestieg ein Auto der SS-Wagenkolonne, die er vorausgeschickt hatte, und legte in diesem die vier Kilometer zum Hauptquartier zurück. Nach der Besprechung mit Feldmarschall von Bock und General Guderian habe er sogar kurz mit Tresckow gesprochen und ihm anvertraut, nach dem Endsieg solle dort, wo jetzt noch Moskau sei, ein riesiger See entstehen.[35] Am Nachmittag flog er wieder nach Rastenburg. Den Verschwörern hatte er keine Zugriffsmöglichkeit gelassen; die Sicherheitsmaßnahmen der SS-Leibstandarte waren, so Schlabrendorff, „unglaublich scharf" gewesen.[36]

Tresckow stellte sich der bitteren Erkenntnis, dass er nicht recht weiterkam. Weder konnte er Bock zum Mitmachen bewegen, noch konnte er das Sicherheitspersonal des Führers direkt attackieren. Er befand sich in einem üblen Dilemma: Wartete er, bis eine Niederlage Hitler schwächte, ging zu viel Erhaltenswertes vom Reich verloren; handelte er zu früh, kostete ihn dies zweifelsfrei das Leben, und alle bisherigen Bemühungen war umsonst. Er brauchte dringend eine Verbindung zum zivilen Widerstand in der Heimat. Die Verhaftung oder Tötung Hitlers musste einhergehen mit einem umfassenden Staatsstreich, in dem eine nichtnazistische Regierung die braune Partei entmachtete und alle politischen Ämter übernahm.

Im Winter 1941/42 führte Schlabrendorff Sondierungsgespräche mit der zivilen Opposition. Die Zeiten für die Konspiranten schienen sich zu bessern, denn in jenem Winter erlitt der Mythos von der Unbesiegbarkeit Hitlerdeutschlands irreparablen Schaden. Anfang Dezember blieben die Eroberungstruppen vor Moskau liegen. Eisige Temperaturen und entschlossene Konterattacken frischer Feindestruppen zwangen sie zum Halt. Einmal waren Teile der Wehrmacht bis auf neunzehn Kilometer an die Hauptstadt herangelangt, doch sie wurden rasch wieder zurückgedrängt. Nach und nach beseitigten die Sowjets die Frontausbuchtungen. Dennoch vermochten die Deutschen die Lage zu stabilisieren und rissen sogar die Initiative wieder an sich. Aber nie mehr sollten sie Gelegenheit erhalten, Moskau zu bedrohen. Das Steckenbleiben so kurz vor dem Ziel war für Hitlers Armee die erste Niederlage nach zwei Jahren Kampf.

Im selben Monat, da die Deutschen vor Moskau festfroren, flogen die Japaner ihren Überraschungsangriff auf den amerikanischen Pazifik-Stützpunkt Pearl Harbour. Der Luftschlag am 7. Dezember 1941 vernichtete einen Großteil der US-Schlachtschiffflotte. Am 11. Dezember hielt Hitler im Reichstag eine längere Rede, in der er Präsident Roosevelt heftig attackierte und den Wagemut der Japaner pries, bevor er, rhetorisch geschickt als Höhepunkt der Ansprache platziert, zur entscheidenden Botschaft kam: Das Deutsche Reich erklärte den Vereinigten Staaten den Krieg. Seine Schlussworte, welche die Eröffnung der Feindseligkeiten verkündeten, gingen im tosenden Beifallsjubel der Abgeordneten unter.[37] Jenseits der Mauern des Pseudo-Parlaments hielt sich die Begeisterung darüber, jetzt auch noch gegen Amerika Krieg führen zu müssen, in engen Grenzen. Goebbels tat sein Bestes, doch ungeachtet aller propagandistischen Mühen sank die Stimmung im Volk auf einen neuen Tiefpunkt. Der Generalstab reagierte alarmiert: Wie sollte man gegen einen Feind bestehen, der über fast unbegrenzte Ressourcen und Reserven verfügte? Tresckow kommentierte: „Ich wünschte, ich könnte einen Film drehen: ‚Deutschland nach dem Kriege‘. Den würde ich allen Deutschen zeigen. Vielleicht würden sie dann mit Grausen erkennen, was uns bevorsteht."[38]

Bald kreuzte ein junger Stabsoffizier Tresckows Weg, Elitesoldat auch er, der diese Sicht der Dinge teilte. Sein Name: Claus Schenk von Stauffenberg. 1907 in eine schwäbische Adelsfamilie hineingeboren, aufgrund diverser Verwundungen körperlich eingeschränkt, aber intellektuell brillant, hing Graf Stauffenberg einem fast mystischen Nationalismus an, der ihn eine Weile vermuten ließ, er und die Nationalsozialisten wollten im Grunde das Gleiche. 1927 trat er in die Kavallerie ein und erklomm die Stufen der Armeehierarchie ohne Schwierigkeiten, besuchte die Militärakademie und kam 1939 zum Generalstab. Während des Polen- und des Frankreichfeldzugs profilierte er sich in der 6. Panzerdivision. Obwohl den Nazis gegenüber zunehmend kritisch eingestellt, blieb er zunächst auf Distanz zu den Verschwörern. Als ihm 1939 Kollegen von den Umsturzplänen einiger Militärs erzählten, sagte er zu seiner Frau, so etwas sei „gleichbedeutend mit Verrat". Trotzdem brachte er das Gehörte nicht zur Anzeige.[39] Noch aber war er nicht der Meinung, dass Hitler beseitigt werden müsse.

Den Meinungsumschwung bewirkten bei Stauffenberg vermutlich wie bei vielen seiner Kameraden die Verbrechen der SS gegen die Zivilbevölkerung in den eroberten Gebieten, namentlich gegen die jüdische. Im Sommer 1941 scheinen ihm erste Zweifel gekommen zu sein, und er bat einen Kollegen, alle Informationen zu sammeln, die Übergriffe der SS betrafen.[40] Etwa zu jener Zeit lernte Stauffenberg auch Henning von Tresckow kennen, dem er anvertraute, „kein Nazi" zu sein.[41] Er war der Meinung, dass mit dem Nazismus, den er nun die „braune Pest" nannte, abgerechnet werden müsse, doch dürfe dies, so meinte er, erst nach Kriegsende geschehen. Bis zum Frühjahr 1942 glaubte er noch, dass der Krieg zu gewinnen wäre, bemäkelte Hitlers Feldherrnkunst nur zurückhaltend und beschwichtigte andere, wenn sie an ihr Kritik übten.

Im Sommer 1942 war es mit dieser Nachsicht vorbei. Jetzt plädierte Stauffenberg für die Liquidierung Hitlers. Mehrere Faktoren hatten diesen Sinneswandel befördert. So empörte ihn einmal die Art, wie die SS mit sowjetischen Zivilisten und Kriegsgefangenen umging. Stauffenberg hatte sich einige Zeit bemüht, aus Letzteren einen ‚Freiwilligen'-Verband aufzustellen – und dann kam die SS und ermordete die Leute![42] Ein krimineller Irrwitz! Kriminell erschien ihm auch der selbstzerstörerische Optimismus, mit dem Hitler und seine militärischen Erfüllungsgehilfen Vorstöße Richtung Stalingrad und Kaukasus befahlen: sie würden vielen deutschen Soldaten den Tod bringen, aber zum Sieg nichts beitragen. Entscheidend für Stauffenbergs Hinwendung zu den Verschwörern aber war die Ausrottungs-Politik der SS an der Ostfront. Im Mai 1942 sprach Stauffenberg mit jemandem, der dabei gewesen war, als die SS eine kleine Stadt in der Ukraine von Juden ‚säuberte'. Die plakative Schilderung tilgte jeden Zweifel: Hitler musste weg.[43]

Von nun an gab Stauffenberg alle Zurückhaltung oder Vorsicht auf und verkündete mit dem Enthusiasmus des frisch Konvertierten bei jeder Gelegenheit seine Meinung zu Hitler und dem Naziregime. Er nannte den Führer einen „Idioten und Verbrecher", den Krieg „ungeheuerlich" und auf Lügen gegründet. Er zitierte gern aus den Werken Stefan Georges (1868 - 1933), zu dem er einst persönlichen Kontakt hatte. Um den esoterischen Poeten war ein elitärer Zirkel aus Dichterkollegen und Verehrern entstanden, der so genannte *George-Kreis*, dem in den zwanziger Jahren auch der junge Stauffenberg angehörte. Häufig rezitierte er Georges Gedicht *Der Widerchrist* (1907), dessen letzte drei Strophen lauten:

> Der Fürst des Geziefers verbreitet sein reich
> Kein schatz der ihm mangelt · kein glück das ihm
> weicht ...
> Zu grund mit dem rest der empörer!
> Ihr jauchzet · entzückt von dem teuflischen schein ·
> Verprasset was blieb von dem früheren seim
> Und fühlt erst die not vor dem ende.
> Dann hängt ihr die zunge am trocknenden trog ·
> Irrt ratlos wie vieh durch den brennenden hof ...
> Und schrecklich erschallt die posaune.[44]

Für Stauffenberg wurde *Der Widerchrist* fast zu einem Mantra.

Er pflegte es „mit Inbrunst zu sprechen, während seine hohe Gestalt durch das Zimmer auf und ab wanderte" und er „mit der [...] linken Hand wild gestikulierte"[45]. Stauffenberg verwendete die Verse auch bei der Rekrutierung potenzieller Mitverschwörer. Einem gegenüber deklamierte er nur das Gedicht, ohne weiteren Kommentar, und überließ es der Macht der lyrischen Vision, den Betreffenden für die Sache der ‚Empörer' zu gewinnen.[46]

Stauffenberg hielt Tyrannenmord mittlerweile für grundsätzlich legitim, im gegebenen Fall sogar für dringend geboten. Und er erklärte explizit, die Tat selbst ausführen zu wollen, wenn sich kein anderer fände.[47] Vielleicht ist es bezeichnend, dass Stauffenberg wegen solcher Äußerungen nie denunziert oder verwarnt wurde: ein Indiz, dass die meisten Stabsoffiziere an der Ostfront seine Meinung zumindest insoweit teilten, dass von *diesem* Regime nichts Gutes mehr zu erwarten sei. Zur Sicherheit versetzte man ihn aber an eine andere Front, an die nordafrikanische, weit weg von der Sowjetunion, weit weg von der blutigen Brutalität der SS. Anfang Februar kam er als Erster Stabsoffizier zur 10. Panzerdivision nach Tunesien. Seine Meinung sagte er weiterhin frei heraus, und auch seine subversiven Aktivitäten gab er nicht auf.

Wie verbreitet die antinazistische Stimmung in der Wehrmacht war, zeigt die Tatsache, dass nicht nur der kleine Kreis um Stauffenberg und Tresckow Pläne gegen die Staatsführung hegte. Konspirative Zirkel gab es auch unabhängig von den Genannten. Strategische Fehlentscheidungen des ‚größten Feldherrn aller Zeiten' bildeten den Auslöser. Im Februar 1943 befahl Hitler General Hubert Lanz, Kommandeur einer Armeeabteilung der Heeresgruppe B in der Nordostukraine, die Stadt Charkow unbedingt zu halten. Nach einer realistischen Einschätzung der Erfolgsaussichten kam Lanz zu dem Schluss, dass die drei SS-Panzerdivisionen, die er zur Verfügung hatte, nicht gegen drei komplette Heere der Roten Armee würden bestehen können.[48] Ein reines Selbstmordunternehmen wäre dies und obendrein eine sinnlose Opferung von Elitekampfeinheiten. Lanz beriet sich mit seinem Stabschef, Generalmajor Hans Speidel, und einem seiner Korpskommandeure, Oberst Hyazinth von Strachwitz, und gelangte zu dem gleichen Schluss wie später Stauffenberg: Hitler muss weg.

Der Führer, so hörte man, werde bald die Heeresgruppe B in der Ukraine besuchen. Wahrscheinlich komme er ins Hauptquartier nach Poltawa (ca. 150 Kilometer westlich Charkow). Während dieser Visite wollte Lanz Hitler gefangen nehmen. Es war nicht vorgesehen, ihn zu töten, doch wollte man dies in Kauf nehmen, falls er sich wehrte. Strachwitz garantierte Lanz, auf seine Soldaten – Männer der Elitedivision Großdeutschland – sei Verlass; die würden mit Hitlers Sicherheitspersonal fertig. Hitler würde man der Militärgerichtsbarkeit übergeben und wegen Kriegsverbrechen anklagen. Nachdem Lanz seine Truppen am 15. Februar aus Charkow abgezogen hatte – gegen den Befehl Hitlers –, gerieten die Dinge in Bewegung. Erzürnt flog Hitler zwei Tage später zur Heeresgruppe B, um die Krise zu bereinigen. Aber statt nach Poltawa begab er sich nach Saporoschje (Südukraine) und konferierte dort mit Lanz' Vorgesetztem, dem Feldmarschall von Manstein. Lanz wurde wegen Ungehorsams seines Kommandos enthoben und in die Reserve versetzt. Charkow nahmen die Deutschen ein Jahr später wieder ein.

Achthundert Kilometer weiter nördlich wurde ein anderer konspirativer Plan entwickelt. Dabei ging es nicht um ‚halbe Sachen‘ wie Entführung plus Prozess; die Verschwörer redeten eindeutig und offen von Tötung. In den vergangenen Monaten konnte Tresckows Zirkel einige Neuzugänge verzeichnen, darunter den jungen Kavallerieoffizier Georg von Boeselager. Der zu Beginn des Ersten Weltkriegs Geborene entstammte einer alten Offiziersfamilie. Während des Frankreichfeldzugs wurde der schneidige Senkrechtstarter mit dem begehrten Ritterkreuz ausgezeichnet; während des Marschs auf Moskau erhielt er (als Dreiundfünfzigster) das Eichenlaub zum Ritterkreuz. Im Sommer 1942 wurde seine Einheit dem Kavallerieregiment der Heeresgruppe Mitte eingegliedert. Dort lernten sich Boeselager, der junge Kriegsheld, und Tresckow, der ‚Verräter‘, kennen.

Tatsächlich war auch Boeselager innerlich längst auf Distanz gegangen zu dem Regime, dem er äußerlich diente. Bereits im Sommer 1941 hatte er beklagt, wie desaströs Hitler das Land und die Armee führe, und den verbrecherischen Charakter der Nazi-Herrschaft scharf gegeißelt. „Nach dem Krieg“, sagte er in einem vertraulichen Gespräch mit Kollegen, „wird es an Leuten wie uns sein, etwas dagegen zu tun.“ Bald schon wurde ihm klar, dass man so lange nicht würde warten können. Im Sommer 1942 machte sein Bruder Philipp, Offizier im Stab des Feldmarschalls von

Kluge, eine schockierende Entdeckung. Während einer Unterredung mit dem SS-General Erich von dem Bach-Zelewski berichtete dieser über Juden und Zigeuner, die man einer ‚Sonderbehandlung' unterzogen habe. Als Philipp von Boeselager sich erkundigte, wie man den Ausdruck ‚Sonderbehandlung' in diesem Zusammenhang zu verstehen habe, beschied man ihm rundheraus, er bedeute ‚Tod durch Erschießen'.[49] Viele deutsche Soldaten an der Ostfront hatten mitbekommen, wie die SS gegen die angeblichen ‚Reichsfeinde' vorging, viele Offiziere hatten die brutalen, wenn auch manchmal euphemistischen Direktiven gelesen, die Hitler und der Generalstab ausgaben. Dennoch muss es für Einzelne schockierend gewesen sein, wenn hochrangige Offiziere gelassen bestätigten, dass der Massenmord an Zivilisten und Kriegsgefangenen nicht nur toleriert wurde, sondern dem ausdrücklichen Willen der Staatsführung entsprach. Philipp von Boeselager dürfte das Gehörte seinem Bruder Georg umgehend mitgeteilt haben.

Jedenfalls hatte Philipp bei der Versetzung Georgs ins Hauptquartier der Heeresgruppe Mitte die Hand im Spiel. Hier verschärfte sich Georg von Boeselagers ablehnende Haltung gegenüber dem Nationalsozialismus. Aus prinzipieller, aber noch inkonsequenter Kritik – anfangs sah auch er in den Gräueltaten des Regimes lediglich ‚Einzelexzesse' – wurde Feindschaft. Unter Tresckows Leitung „orientierte er sein Denken grundlegend neu"[50]. Der Irgendwie-Opponent Georg von Boeselager wurde zum fundamentalen, moralisch und religiös motivierten Gegner Hitlers, kompromisslos und bereit zum Handeln.

Tresckow war froh, jemanden wie Boeselager bei sich zu haben; Militärs dieses Formats hatten ihm in Borissow achtzehn Monate zuvor gefehlt. Seither schmiedete er unermüdlich Attentatspläne. Anfang 1943 favorisierte er wohl immer noch die Idee, Hitler bei einem seiner Aufenthalte an der Ostfront zu erschießen. Als er hörte, dass Hitler im Februar die Heeresgruppe Süd in Saporoschje besucht hatte, fuhr er hin und fragte die Mitverschwörer vor Ort, warum sie die Möglichkeit nicht genutzt hätten: „Wir haben monatelang auf solch eine Gelegenheit gewartet!", ereiferte er sich, „dem Tag entgegengefiebert, da wir diesen Lumpen, der unser Deutschland zerstört, endlich erledigen können. Den Tag werden wir wohl nie erleben! Jedes Mal geht es schief! Jedes Mal kommt etwas dazwischen! Und ihr hier in Saporoschje, ihr denkt und fühlt so wie wir, aber ihr lasst euch die entscheidende Chance entgehen!"[51]

Doch Tresckow gab nicht auf. Anfang März erreichte ihn die Nachricht, Hitler werde das Hauptquartier der Heeresgruppe Mitte in Smolensk besuchen, eine Gelegenheit, die er nutzen wollte.

Für sein Vorhaben brauchte er die Unterstützung oder zumindest die stillschweigende Billigung seines Vorgesetzten, Feldmarschall von Kluge. Der sympathisierte zwar mit der Sache der Verschwörer, schloss sich ihnen aber nicht an. Obwohl Tresckow ihn unermüdlich ,bearbeitete', brachte er es nicht über sich, Beihilfe zur Ermordung seines Obersten Befehlshabers zu leisten. Am Morgen des Tages, da man den Führer erwartete, ahnte Kluge, das irgendetwas im Gange sei, und beschwor Tresckow: „Um Himmels willen, machen Sie heute bloß nichts!"[52] Tresckows Antwort ist nicht überliefert; wir wissen nur, dass er nicht geneigt war, der Anweisung zu entsprechen. Jetzt sollte gehandelt werden.

Freilich nach einem anderen Plan als dem ursprünglichen. Eine Erschießung Hitlers und seiner Leibwächter durch Boeselagers Truppen erschien ihm inzwischen nicht mehr der richtige Weg. Aber es gab einen ,Plan B'. Man wollte Hitler eine Bombe ins Flugzeug legen. Schon seit Monaten testeten Tresckow und Schlabrendorff Sprengstoffe, Minen und Zünder. Das Unternehmen erhielt den passenden Namen ,Operation Initialzündung'. Schlabrendorff erinnerte sich später:

„Wir wählten [...] englischen [Plastik-]Sprengstoff und englische Zünder. Beides wurde damals vielfach von englischen Flugzeugen über deutschem Gebiet abgeworfen, wohl um englische Agenten bei Sabotageakten zu unterstützen. Natürlich geriet ein großer Teil dieses Sprengmaterials nicht in die Hand von Agenten, sondern wurde von militärischen Stellen gesammelt. Dieser englische Sprengstoff hatte große Vorteile. Ein Sprengkörper, nicht größer als ein dickes Buch, war imstande, alles, was in einem mittelgroßen Zimmer war, zu zerreißen. [...] Nachdem wir unsere Versuche abgeschlossen hatten, machten wir uns an die unmittelbaren Vorbereitungen."[53]

Tresckow füllte vier Haftminen mit Plastiksprengstoff und steckte einen Zünder hinein. Er verwendete eine bestimmte Art Zeitzünder, die die Engländer wegen der Form *time pencil* (,Zeitbleistift') nannten. Jener *time pencil*, den Tresckow zur Verfügung hatte, ließ sich auf eine halbe Stunde einstellen. Er packte die Bombe so ein, dass sie wie ein Paket aussah, das zwei Flaschen Kognak enthielt. Ein so harmlos wirkendes Frachtgut würde sich leicht unter das Gepäck in der Maschine schmuggeln lassen, mit der Hitler zurück nach Rastenburg flog.

Am Morgen des 13. März 1943 fuhr Tresckow selbst zum Smolensker Flugplatz, um den hohen Besuch abzuholen. Bestürzt nahm er zur Kenntnis, dass Hitler und sein Gefolge in zwei absolut gleich aussehenden Maschinen anreisten.[54] Schlabrendorff telefonierte mittlerweile mit dem Koordinationszentrum des militärischen Widerstands in Berlin, dem Allgemeinen Heeresamt, das wie Canaris' Abwehr und zahlreiche andere wichtige Militärbehörden im Reichskriegsministerium an der Bendlerstraße, Tiergarten, im so genannten Bendlerblock untergebracht war. Diese Quasi-Schaltzentrale informierte Schlabrendorff, dass man die ‚Operation Initialzündung‘ jetzt beginnen wolle. General Friedrich Olbricht, der Chef des Heeresamtes, und die Seinen beschieden ihm, auch in Berlin sei alles bereit: „Die Initialzündung kann in Gang gesetzt werden."[55] Im Hauptquartier war Tresckow Teilnehmer der offiziellen Konferenz, die Hitler leitete. Tresckow schien sich nicht wohl zu fühlen; er wirkte bleich und zerstreut. Nach dem Essen ging er zu Schlabrendorff und suchte moralische Unterstützung: „Sollen wir es wirklich tun?"[56] Schlabrendorff antwortete eindeutig: Ja, unbedingt. Kurze Zeit später sprach Tresckow Oberst Brandt an, einen Offizier aus Hitlers Stab, und fragte ihn, nun wieder ganz kaltblütig, ob er, Brandt, mit Hitler zurückfliege. Brandt bejahte. Er solle dem Führer während der Reise Bericht erstatten. Daraufhin bat ihn Tresckow, ein Paket für einen Freund mitzunehmen. Zwei Flaschen Kognak für Oberst Stieff, der in der Wolfschanze Dienst tat. Entgegen dem Reglement willigte Brandt ein. Die ‚Operation Initialzündung‘ lief an.

Nach dem Essen begleitete Tresckow Hitler zurück zum Flughafen. Er verabschiedete sich und sah, wie der Führer das Flugzeug bestieg. Schlabrendorff übergab das präparierte Paket Oberst Brandt, der ebenfalls an Bord ging. Ein paar Minuten später verschwanden die Zwillingsmaschinen und ihre Jagdgeschwader-Eskorte im klaren Himmel über Weißrussland. Tresckow und Schlabrendorff fuhren zurück ins Hauptquartier. Zwar gab es noch ein paar Unwägbarkeiten, aber nach Monaten des Planens und

Probierens waren die beiden sicher, keinen gravierenden Fehler begangen zu haben. Diesmal würde das Attentat gelingen. Was ihnen nach dem Start Hitlers und seiner Begleitung durch den Kopf ging, beschreibt Schlabrendorff in seinen Memoiren so:

„Es war uns bekannt, dass Hitlers Flugzeug eine besondere Sicherung besaß. Es bestand aus mehreren abgeschlossenen Kabinen. Die Kabine Hitlers war gepanzert und besaß eine Vorrichtung, mit deren Hilfe ein unmittelbarer Fallschirmabsprung möglich war. Nach unserer Auffassung musste aber die Sprengstoffladung in der Bombe genügen, um das ganze Flugzeug, einschließlich der Panzerkabine, zu zerreißen. Sollte das wider Erwarten nicht geschehen, so musste auf jeden Fall ein so wesentliches Stück des Flugzeuges durch die Explosion herausgerissen werden, dass es abstürzte.“[57]

Angespannt warteten die beiden Attentäter auf die Nachricht eines ‚Unfalls‘. Sie warteten zwei Stunden lang, wobei sie ihr Bestes taten, Contenance zu bewahren und ihrer Umgebung Normalität vorzuspiegeln. Endlich kam eine Nachricht, eine niederschmetternde: Hitlers Maschine war sicher in Rastenburg gelandet.

Als Erstes informierten sie die Mitverschwörer in Berlin über den fehlgeschlagenen Versuch. Als Nächstes galt es, eine Entdeckung zu verhindern. Sich zur Ruhe zwingend, rief Tresckow Oberst Brandt an und fragte ihn, ob Oberst Stieff das Paket schon erhalten habe. Als er hörte, dies sei noch nicht geschehen, entschuldigte er sich und erklärte, Schlabrendorff habe ihm, Brandt, das falsche Paket gegeben. Morgen komme Leutnant von Schlabrendorff vorbei und bringe das richtige. Tatsächlich fuhr der Genannte tags darauf ins Führerhauptquartier mit einem Paket, das zwei Flaschen Kognak enthielt. Schlabrendorff erbleichte, als Brandt das Sprengstoffpaket – er wusste eindeutig *nicht*, was darin war – neckend hin und her bewegte, bevor er es ihm aushändigte.[58] Er entschuldigte sich erneut im Namen Tresckows und übergab Brandt das ‚richtige‘ Paket.

Schlabrendorff nahm den Nachtzug nach Berlin, schloss sich im Abteil ein und untersuchte die Bombe. Warum war sie nicht explodiert? Schlabrendorff zufolge lag es an einem schadhaften Zünder. Spätere Kommentatoren vermuteten eher, die extreme Kälte in Hitlers Flugzeug, verursacht durch eine defekte Heizung, habe den Sprengstoff außer Funktion gesetzt.[59] Wie auch immer:

Hitler war wieder einmal davongekommen, was Verschwörer Gisevius zu dem Scherz veranlasste, der Diktator habe wohl einen ‚Schutzteufel'.[60]

Immerhin: Das Komplott war nicht aufgeflogen, und man hatte sogar die Bombe rechtzeitig sichergestellt. Und es zeichnete sich schon eine neue Gelegenheit ab, diesmal in Berlin. Die dortigen Verschwörer standen bereit. Tresckow und Schlabrendorff würden sie unterstützen. Hitler würde am 21. März, dem Heldengedenktag, zur alljährlichen Gefallenenehrung ins Zeughaus nach Berlin kommen, wo er auch eine Ausstellung erbeuteter sowjetischer Waffen besuchen wollte. Da die meisten Exponate von der Heeresgruppe Mitte ‚beigesteuert' worden waren, wurde ihr führender Nachrichtenoffizier, Oberst Rudolph Christoph von Gersdorff – einer der engsten Mitarbeiter Tresckows – zur Teilnahme abkommandiert. Er sollte Hitler die Gerätschaften erläutern.

Gersdorff entstammte weitgehend dem gleichen Milieu wie die meisten seiner Mitverschwörer und hatte ähnliche Stationen durchlaufen wie sie. Für eine Teilnahme am Ersten Weltkrieg war er zu jung (Jahrgang 1905); aber immerhin hatte auch er vor Ausbruch des Zweiten Weltkriegs in einer Elitedivision gedient, bei der Kavallerie, und die Militärakademie in Berlin besucht. Zudem war er ein Cousin Schlabrendorffs. Tresckow diente er oft als inoffizieller Emissär. Mit den Genannten verband ihn die tiefe Überzeugung, dass Hitler beseitigt werden müsse. Als man ihn fragte, ob er willens sei, ein Attentat durchzuführen, erklärte er sich sofort bereit. Tresckow machte seinen Kollegen mit allen wichtigen Details der Konspiration vertraut, sprach von dem missglückten Flugzeuganschlag, vom Netzwerk des Widerstands in der Heimat und den Plänen für ein neues Attentat. Während eines längeren Spaziergangs am Ufer des Dnjepr fragte Tresckow halb ironisch Gersdorff: „Ist es nicht etwas Ungeheuerliches, dass hier zwei deutsche Generalstabsoffiziere zusammen überlegen, wie sie am sichersten ihren Obersten Befehlshaber umbringen können?" In ernsterem Ton fuhr er fort: „Aber es muss getan werden. Es ist jetzt die einzige Möglichkeit, Deutschland vor dem Untergang zu retten. Die Welt muss von dem größten Verbrecher aller Zeiten befreit werden. Man muss ihn totschlagen wie einen tollwütigen Hund."[61] Am nächsten Tag flog Gersdorff nach Berlin.

Wieder sollte eine Bombe das Tötungsinstrument sein. Bis in

alle Einzelheiten hatte Gersdorff das Attentat nicht vorbereiten können, weil er die Örtlichkeit nicht genau kannte. Er nutzte den Tag vor dem Ereignis, sich vor Ort im Zeughaus umzusehen, einem beeindruckenden Barockbau an der Prachtstraße Unter den Linden. Sein Interesse galt vor allem dem zeremoniellen Protokoll und den Sicherheitsmaßnahmen. Letztere waren derart dicht, dass er die Bombe schwerlich an einer festen Stelle würde platzieren können, unterm Podest etwa oder im Rednerpult. Er erinnerte sich später: „Mir wurde [...] klar, dass ein Attentat nur durchführbar war, wenn ich den Sprengkörper bei mir trug, um mich in unmittelbarer Nähe Hitlers mit ihm zusammen in die Luft zu sprengen."[62] Hätte alles funktioniert wie geplant, wäre Gersdorff der erste ‚Selbstmordattentäter' geworden.

Am Abend brachte ihm Schlabrendorff zwei Haftminen – die nicht explodierten Sprengkörper aus dem gescheiterten Kognakpaket-Attentat. Gersdorff schob sie in seine Manteltaschen – sie passten bequem hinein. Zum Auslösen konnte Schlabrendorff seinem Cousin nur einen alten Zehnminutenzünder geben – mehr hatten Tresckow und er nicht in ihren Smolensker Beständen. Immerhin waren diese chemischen Zünder lautlos. Zehn Minuten – wenig Zeit. Da aber Hitlers Besichtigungstour laut Protokoll dreißig Minuten dauern sollte, erschien Gersdorff die Sache machbar. Trotzdem konnte er, da er sich wie ein zum Tode Verurteilter fühlte, verständlicherweise in der Nacht nicht schlafen.

Am nächsten Tag schlenderte Gersdorff zunächst eine Weile unauffällig im Zeughaus herum, bis er eine Korona brauner Bonzen hereinströmen sah, gefolgt von hohen Militärs. Göring in weißer Uniform mit Reitstiefeln aus rotem Leder war geschminkt – eine frappierend ‚groteske' Erscheinung, fand Gersdorff. Hinter ihm kamen Himmler, Wilhelm Keitel, der Chef des Oberkommandos der Wehrmacht, und Karl Dönitz, Oberbefehlshaber der Marine. Wenn das heutige Attentat gelänge, schloss Gersdorff, wäre nicht nur Hitler, sondern die gesamte Führungsclique Nazideutschlands tot.

Gegen ein Uhr mittags begann die Zeremonie. Ein kleines Orchester spielte den ersten Satz der Siebten Sinfonie von Anton Bruckner. Dann trat Hitler aufs Podium und lieferte seine Standardrede zum Tage. Er proklamierte Zuversicht, drohte den Feinden und pries die gefallenen Helden. Als die Ansprache zu Ende und der Beifall verklungen war, postierte sich Gersdorff am Eingang zur Ausstellung, um die Gäste willkommen zu heißen.

Während er den Führer und die Paladine des Reiches begrüßte, sich ihnen vorstellte und ein paar belanglose Worte mit ihnen wechselte, aktivierte er den Zünder in seiner Manteltasche. Jetzt hatte er noch zehn Minuten.

Gersdorff begann seinen Vortrag. Mit detaillierten Informationen zu den zahlreichen Exponaten bemühte er sich, Hitlers Interesse zu wecken. Aber er wurde schnell gewahr, dass Hitler zerstreut wirkte und nicht richtig zuhörte. Noch einmal versuchte er dessen Aufmerksamkeit zu erlangen, als man zu den aus der Beresina bei Borissow geborgenen napoleonischen Fahnen kam – vergebens, wie Gersdorff in seinen Memoiren berichtet: Statt innezuhalten und zu staunen, „ging – oder besser gesagt, lief – er auf kürzestem Wege in die Richtung des seitlichen Ausgangs. [...] Hitler hatte während des kurzen Ganges durch die Ausstellung kein Wort gesprochen und sich kaum etwas angesehen."[63] Der auf dreißig Minuten geplante Ausstellungsbesuch hatte nur zwei Minuten gedauert.

Gersdorff war wie vom Donner gerührt. Hitler hinterherlaufen ging nicht, das hätte den Argwohn der Leibwächter erregt. Der Verschwörer musste zur Kenntnis nehmen, dass sein Plan missglückt war. Rasch eilte er auf die Toilette und deaktivierte den Zünder. Dann ging er in eine nahe gelegene Bar, um sich zu sammeln. Dort sprach ihn ein Bekannter an, der prahlte: „Heute hätte ich den Adolf umbringen können." Er wohne im Hotel Bristol, im Erdgeschoss. Und von dort aus habe er beobachtet, wie Hitler in einem offenen Wagen ganz langsam die Straße Unter den Linden herabfuhr. Er sei dicht an seinem Fenster vorbeigekommen: „Es wäre eine Leichtigkeit gewesen, ihm über den Fußgängersteig hinweg eine Handgranate in den Wagen zu werfen."[64] Gersdorff sagte nichts.

Binnen einer Woche waren zwei Anschläge auf Hitler gescheitert. Beide waren durch Missgeschick und ungünstige Umstände vereitelt worden. Man fände es wohl verständlich, wenn die Verschwörer nun aufgegeben hätten, wenn sie sich gesagt hätten: ‚Das war es jetzt, wir haben unser Bestes getan, leider umsonst; jetzt wollen wir nur noch den Krieg aussitzen und überleben'. Und gespielt hat bestimmt manch einer der Widerständler mit dem

Gedanken, besonders nach der unerträglichen Anspannung der letzten Wochen. Tresckow jedoch nahm das Scheitern zum Anlass, es nächstes Mal besser zu machen. Er mochte von Resignation nichts wissen und plante weiter. Ein neues Attentat war nur eine Frage der Zeit.

In den frühen Morgenstunden des 7. April 1943 organisierte Claus von Stauffenberg, seit kurzem Stabsoffizier der 10. Panzerarmee in Nordafrika, einen taktischen Rückzug zur tunesischen Küste hin. In seinem Horch-Geländewagen stehend, fuhr er die Kolonne aus Fahrzeugen und Panzern ab, die sich gerade durch einen Gebirgspass zwängte, und gab hier und dort Befehle und Anweisungen. Plötzlich erregte der Konvoi die Aufmerksamkeit einiger amerikanischer Kampfbomber, die am Himmel patrouillierten. Stauffenberg war entschlossen, so lange wie möglich auf seinem Posten zu verharren, um ein Chaos zu verhindern, aber bald wurde er selbst zum Zielobjekt. Als die Bomber erneut zum Tiefflug ansetzten, warf er sich zu Boden und bedeckte instinktiv seinen Kopf mit den Händen.

Endlich zogen die Flieger wieder ab. Sie hatten einige Treffer gelandet. Stauffenbergs Jeep war von Löchern durchsiebt, sein Fahrer unverletzt, der Leutnant, der auf dem Rücksitz mitgefahren war, jedoch tot. Auch Stauffenberg selbst hatte einiges abbekommen. Die Attacke kostete ihn das linke Auge, den größten Teil seiner rechten Hand und zwei Finger seiner linken. Im Rücken und in den Beinen steckten zahlreiche Splitter. Nur halb bei Bewusstsein und mit hohem Fieber wurde er in ein nahes Feldlazarett zur Notbehandlung gebracht. Die Ärzte fürchteten, er werde den Tag nicht überleben.[65]

Nachdem die Chirurgen die Reste der rechten Hand und des linken Auges entfernt hatten, stabilisierte sich sein Zustand. Schließlich überstellte man ihn in eine Münchner Klinik. Nach einigen weiteren Operationen erholte er sich allmählich. Mit dem verbleibenden rechten Auge konnte er wieder einigermaßen sehen, und er lernte, so gut es ging, elementare Handgriffe mit den verbliebenen drei Fingern auszuführen. Dickköpfig bestand er darauf, sich selber anzuziehen und die Schnürsenkel selber zu binden.[66] Anfang Juli wurde er vom aktiven Frontdienst dispensiert. Ende September kam er zum Stab des Ersatzheeres, Sitz Berlin-Tiergarten, Allgemeines Heeresamt, Reichskriegsministerium, Bendlerblock. Stauffenberg hätte es sich einfach machen und die relativ beschauliche Existenz eines Kriegsveteranen führen können. Aber genau dies wollte er nicht. Die schlimmen Erfahrungen hatten seine Entschlossenheit nur gesteigert. Seinem Onkel Nikolaus von Üxküll vertraute er an, dass er sein Überleben nicht für Glück oder Zufall halte. Er meinte vielmehr, er sei verschont worden, weil er noch eine Mission zu erfüllen habe.[67] Im Spätsommer nahm er wieder Kontakt mit Tresckow auf. Von nun an widmete er sich mit seiner ganzen Energie der Vorbereitung eines Militärputsches.

Wie sich bald zeigte, eignete sich Stauffenberg dank seiner hohen Position beim Ersatzheer bestens als Dreh- und Angelpunkt der Verschwörung. Eine der Funktionen des Ersatzheeres war es, die Ruhe an der Heimatfront zu garantieren, also einzugreifen, wenn in ‚Kerndeutschland' Revolten ausbrächen. Für solche Fälle gab es exakte Mobilisierungspläne, Codename *Operation Walküre* (oder kurz *Walküre*). Und Stauffenberg hatte den offiziellen Auftrag, diese Pläne den neuesten Entwicklungen anzupassen. Es war ihm ein Leichtes, sie entsprechend den Bedürfnissen der Verschwörer zu modifizieren.

Ursprünglich sollte die Operation Walküre jene schützen, die sie jetzt bedrohte. Die Heeresführung hatte die von Hitler abgesegneten Pläne 1943 beschlossen, um erwartbaren inneren Turbulenzen entgegenwirken zu können: einer Meuterei der zahllosen Fremdarbeiter in Deutschland zum Beispiel, einem SS-Aufstand, einer Landung feindlicher Fallschirmbataillone. Die Befehle, die am Tag X in Kraft zu treten hatten, waren allen Militärverwaltungen zugegangen. Sie legten genau fest, wie die über viele Kasernen und Ausbildungslager verteilten Soldaten des Ersatzheeres und der Reservetruppen zu Einheiten zusammenzufassen seien, die überall im Land Schlüsselbereiche sichern sollten. Die Pläne mussten immer bereit liegen. Sie bestimmten, dass das Oberkommando der Wehrmacht (OKW) im Ernstfall ein verabredetes Signal gab. Stauffenbergs ‚Neubearbeitung' dieser Pläne unterschied sich von der ursprünglichen Version in einem wesentlichen Punkt. Nicht nur im Falle einer Fremdarbeiterrevolte oder einer SS-Rebellion solle Walküre ausgelöst werden, sondern auch, wenn Hitler eines gewaltsamen Todes stürbe. Damit übernähmen die loyalen und pflichtbewussten Truppen der Wehrmacht nach dem

Anschlag die Kontrolle im Reich - und beförderten so unwissentlich die Sache der Verschwörer.

Das Attentat wäre nur der erste Schritt eines sorgfältig geplanten Staatsstreichs. Ein Schattenkabinett wartete im Hintergrund, und alle Sympathisanten im Militär wussten, was sie zu tun hatten. Und doch hakte das Konzept an zwei wichtigen Punkten. Zunächst war noch sicherzustellen, dass alle relevanten Heeresführer mitmachten. Und noch war kein Attentäter gefunden, der Zugang zu Hitler hatte.

Tresckow und Gersdorff mühten sich schon eine ganze Weile, den ersten Unsicherheitsfaktor auszuräumen. Im Spätsommer 1943 versuchte Tresckow, Feldmarschall von Manstein, damals Oberbefehlshaber der Heeresgruppe Süd, für die Verschwörung zu gewinnen. Zwar hatte ihm schon Feldmarschall von Kluge seine Teilnahme zugesichert, aber dessen Verhalten während der Attentatsaffäre in Smolensk hatte Tresckow gezeigt, dass auf seinen Vorgesetzten in einer Krisensituation kein Verlass war. Manstein jedoch, meinte Tresckow, könne man im Falle eines gelungenen Staatstreichs den Oberbefehl über die Armee anvertrauen.

Also sandte er im August Gersdorff nach Saporoschje zu Sondierungsgesprächen mit dem Feldmarschall. Zunächst sprach er Sachverhalte an, von denen er wusste, dass Manstein sie ähnlich sah wie die Verschwörer: Hitlers Führungsstil, seine Kriegsstrategie und das dringliche Erfordernis einer Kursänderung, die allein noch eine Katastrophe verhindern könne. Manstein stimmte in allen Punkten zu, entgegnete aber, er sei nicht der Mann, der Hitler von irgendetwas abbringen könne. Gersdorff erwiderte, vielleicht sollten einmal alle Feldmarschälle zu Hitler gehen und ihm ganz im Wortsinne die Pistole auf die Brust setzen. Schockiert gab ihm Manstein eine Antwort, die die Haltung fast der ganzen älteren Generation des deutschen Militärs gegenüber Widerstandstendenzen kennzeichnet: „Preußische Feldmarschälle meutern nicht!"[68] Diese Bemerkung bestätigte Stauffenbergs Sicht der Dinge, der kurz zuvor festgestellt hatte: „Nachdem die Generäle bisher nichts erreicht haben, müssen sich jetzt die Obersten einschalten."[69]

Stauffenberg kümmerte sich um das zweite Kardinalproblem des Widerstands, einen geeigneten Attentäter zu finden. Im Herbst 1943 glaubte Stauffenberg, diesen Mann in Oberst Helmuth Stieff gefunden zu haben, dem körperlich winzigen Chef der Organisationsabteilung im Generalstab des Heeres, stationiert im Führerhauptquartier Wolfschanze. Stieff hatte sich anfangs bereit erklärt, während einer der Konferenzen Hitlers eine Bombe zu deponieren, aber als er im Oktober den benötigten Sprengstoff erhielt, wurden ihm doch die Knie weich. Stauffenberg, der Stieff als „schneidig wie ein Rennjockey"[70] beschrieben hatte, musste weitersuchen.

Im Dezember 1943 sprach ihn ein junger Offizier an, den das Massaker der SS im ukrainischen Dubno zum Regimefeind gemacht hatte, und der seither bereit war, bis zur letzten Konsequenz zu gehen: Axel von dem Bussche, inzwischen Hauptmann. Ausführlich erzählte Bussche Stauffenberg, was er damals in Dubno gesehen hatte. Im Namen Deutschlands sei dies geschehen, und im Namen Deutschlands müsse man dagegen vorgehen. Zweierlei imponierte Stauffenberg an dem 24-Jährigen: Trotz seiner Jugend war Bussche schon ein erfahrener Kämpfer, nicht umsonst hochdekoriert; dem würden im Moment X die Nerven nicht versagen. Und Bussche hatte keinerlei Vorbehalte gegenüber dem Tyrannenmord.

Ende November sollten Hitler im Führerhauptquartier die neuen, winterfesten Heeresuniformen vorgeführt werden, den Soldaten an der kalten Ostfront zugedacht. Während dieser Präsentation wollte man es wagen. Stauffenberg sandte Bussche in die Wolfschanze, damit der dort stationierte Oberst Stieff ihm die Details erkläre. Von Letzterem stammte die Idee. Echte Armeeangehörige sollten die neuen Uniformen dem Obersten Befehlshaber präsentieren und ihre Vorzüge erläutern. Stauffenberg kommandierte Bussche zu der Vorführung ab. Der Elitesoldat, hochgewachsen und blond, ein ‚Muster-Arier' geradezu, würde als Modell für den neuen Uniformmantel eine blendende Figur machen, jedenfalls keinen Verdacht erregen.[71] In der Manteltasche würde Bussche eine Bombe tragen. Diese bastelte Bussche selbst. Eingedenk des Gersdorff'schen Fehlschlags verwendete er einen herkömmlichen Viereinhalb-Minuten-Zünder aus einer deutschen Stabhandgranate. Der zischte zwar beim Auslösen, aber das ließ sich mit einem Räuspern übertönen. Sobald Hitler nahte, wollte er die Bombe zünden, auf sein Opfer zuspringen und es umklammert halten, bis die Ladung explodierte. Für den Fall des Versagens steckte sich Bussche noch ein Messer in den Stiefel.[72] So vorbereitet, wartete er, dass man ihn zur Präsentation rief.

Ursprünglich hatten die Verschwörer Bussches Attentat während der ‚Uniformschau' als Startsignal für die Aktion Walküre vorgesehen. Dies beweisen Einsatzpläne Tresckows, die erst kürzlich in einem Moskauer Archiv entdeckt wurden.[72a] Minutengenau legten sie fest, was vor und nach dem Tyrannenmord zu geschehen hatte. Zum Zeitpunkt „X-24" – das heißt 24 Stunden vor dem Attentat – umstellen Truppen die Wolfschanze; offizieller Anlass: Sicherheitsübung. Zum Zeitpunkt „X+12" dann, sobald ein Codewort die erfolgte Tötung Hitlers meldet, besetzen Truppen in Berlin die entscheidenden Regierungs- und Verwaltungsgebäude sowie wichtige technische Einrichtungen. Tresckow manipuliert die Nachrichtenlage inzwischen dergestalt, dass die SS als Urheberin des Attentats erscheint. Ferner sorgt er dafür, dass der designierte neue Oberbefehlshaber der Wehrmacht, Generalfeldmarschall Erwin von Witzleben, die nötige militärische Unterstützung bekommt. So die Pläne. Ihre Ausführung war Ende November 1943 schon weit gediehen. Befehle und Radiodurchsagen lagen fertig formuliert vor. Sämtliche Beteiligten wussten Bescheid und hielten sich bereit. Alles wartete nun, dass Bussche losschlug.

Der wartete seinerseits auf eine Gelegenheit dazu. Immer wieder wurde der Termin verschoben. Endlich schien er festzustehen. Bussche fuhr nach Rastenburg, sprach mit Stieff noch einmal alles durch und traf die letzten Vorbereitungen. Dann, am 16. Dezember, die Nachricht, die alles umwarf: die Uniformen, die er hätte vorführen sollen, waren infolge eines britischen Luftangriffs auf Berlin verbrannt. Damit hatte Bussche in der Heimat nichts mehr zu tun und wurde zurück an die Ostfront beordert – mit der Versicherung, man werde ihn rufen, wenn die Ersatzstücke fertig seien; das freilich könne dauern. Einen Monat später hatte sich alles erledigt. Bussche verlor bei Newel (Nordwestrussland) ein Bein; den Rest des Krieges verbrachte er im Lazarett. Man fand zwar ein anderes ‚Model' für den neuen Uniformmantel, aber die Vorführung wurde auf unbestimmt vertagt – das Attentat desgleichen. Die Vorführung wurde irgendwann nachgeholt, das Attentat nie.

Für die militärische Verschwörung hatte das Jahr 1943 überwiegend Enttäuschungen gebracht. Tresckow fragte sich, ob die Verschwörer ihre entscheidende Chance nicht schon vertan hatten. Die Tage seiner Bewegungsfreiheit waren gezählt. Im November

1943 musste er, nunmehr zum Stabschef der 2. Armee ernannt, zurück an die Ostfront, Abschnitt Mittelukraine. Von dort ließ sich die Verbindung zum Widerstand in der Heimat nur schwer aufrechterhalten. Tresckow versuchte mehrmals, Positionen in Stäben zu erlangen, die ihm persönlichen Kontakt mit Hitler ermöglicht hätten, doch auch dies misslang.[73] Es hatte nicht den Anschein, als könne Tresckow zum großen Ziel noch viel beitragen.

Auch Stauffenberg plagte die Ungeduld. Mehrfach hatte er sich bereit erklärt, das Attentat selbst auszuführen, hatte bereits für den zweiten Weihnachtstag 1943 einen Anschlag in der Wolfschanze geplant.[74] Stets jedoch hatten seine Gefährten heftig widersprochen: Man brauche ihn als leitende Kraft, er dürfe nicht vorzeitig den Tod riskieren. Kein anderer hatte das Charisma Stauffenbergs, keiner sein Organisationstalent. Sollte sich ein solcher Mann in einem Selbstmordanschlag opfern? Auf keinen Fall. Sie konnten nur hoffen, dass 1944 greifbarere Ergebnisse brachte.

Die ersten Monate brachten zunächst einmal keine guten Nachrichten. Überall in Europa waren die deutschen Truppen auf dem Rückzug. Im Osten musste nach fast neunhundert Tagen die Belagerung Leningrads aufgegeben werden. Weiter südlich näherten sich die sowjetischen Streitkräfte mit Riesenschritten der ehemaligen polnischen Ostgrenze. Am Kriegsschauplatz Italien sah es kaum besser aus. Im Januar landeten feindliche Verbände in Anzio südlich von Rom; im Februar durchbrachen die Alliierten die strategisch wichtige mittelitalienische Verteidigungslinie der Deutschen am Monte Cassino nach viermonatiger Schlacht und marschierten auf die italienische Hauptstadt zu. Britische und amerikanische Streitkräfte bombardierten deutsche Städte. Die Widerständler beobachteten mit Sorge, dass der erwartete militärische Zusammenbruch jeden Tag ein Stück näher zu rücken schien, während sie selbst offenbar zu völliger Untätigkeit verdammt waren. Mitte Februar mussten sie einen weiteren Schlag hinnehmen: Admiral Canaris, potenter Sympathisant der Konspiration, wurde seines Amtes als Abwehrchef enthoben. Würde nun die gesamte Verschwörung auffliegen? Die nazistischen Sicherheitsdienste saßen ihr jedenfalls dicht im Nacken.

Spätestens seit März 1944 herrschte Dringlichkeit in allen Planungen. Etwa um diese Zeit kam es Tresckow zu Ohren, dass einer seiner Kameraden, dessen oppositionelle Gesinnung ihm bekannt war, bald Gelegenheit zu einer persönlichen Begegnung mit Hitler erhalte. Rittmeister Eberhard von Breitenbuch war Ordonnanzoffizier bei Generalfeldmarschall Busch, dem neuen Oberbefehlshaber der Heeresgruppe Mitte. Tresckow fuhr ins damalige Hauptquartier der Heeresgruppe nach Minsk, um den Kavalleriehauptmann zur Tat zu drängen. Breitenbuch, Spross eines alten thüringischen Adelsgeschlechts – ein Desillusionierter auch er. Anfangs von Hitler begeistert, war er nun schon eine ganze Weile ein entschiedener Gegner des braunen Regimes und hatte sporadisch Kontakt zur Opposition gepflegt. Es hatte ihm nicht gefallen, wie die Wehrmacht sich von der politischen Führung erst kujonieren und dann benutzen ließ. Noch mehr aber entsetzte ihn, dass die Armee sich an Verbrechen beteiligte. Zum endgültigen Bruch kam es, als er 1942 in einem Wald nahe der ostpolnischen Stadt Białowieża Zeuge willkürlicher Exekutionen wurde, welche die Verantwortlichen als ‚Partisanenbekämpfung' deklarierten. Dieses Erlebnis habe die letzten Reste seines Glaubens an die nationalsozialistische Sache zerstört. „Was ich bis dahin nur gemutmaßt hatte", schrieb er, „wusste ich nun sicher."[75]

In Minsk vertraute Breitenbuch Tresckow an, Generalfeldmarschall Busch sei zu einer Dienstbesprechung mit dem Führer nach Berchtesgaden beordert, und er, Breitenbuch, dürfe ihn begleiten. Dies müsse er nützen, um Hitler zu töten, beschwor Tresckow seinen Kameraden. Er allein habe es jetzt „in der Hand, diesen Krieg mit all seinen Scheußlichkeiten sofort zu beenden"[76]. Für den Anschlag könne er die Sprengladung benutzen, die er, Tresckow, mitgebracht habe. Breitenbuch erklärte sich zu dem Attentat bereit, doch eine Bombe wollte er nicht verwenden – zu unzuverlässig; er nehme lieber eine Schusswaffe, seinen Browning.

Am Morgen des 11. März trafen Busch und sein Gefolge per Flugzeug in Salzburg ein und wurden zu Hitlers Berghof chauffiert. Gegen Mittag saßen alle im Vorzimmer des Konferenzraums. Getreu dem Reglement hatten sie Kopfbedeckungen, Koppel und Seitenwaffen abgelegt. Breitenbuch hatte auch seine Armbanduhr und seinen Ehering abgegeben; die Sachen sollten, wenn alles vorbei war, seiner Frau geschickt werden. Den Browning trug er in einer Hosentasche verborgen. Seine Nervosität ließ sich schwerer verbergen. Während Göring die Besucher mit seinen neuesten Witzen unterhielt, wuchs in Breitenbuch die Anspannung. „Mir schlug das Herz bis zum Halse", erinnerte er sich später. „In einer halben Stunde, das war mir klar, wäre ich tot."[77]

Nachdem Keitel, Jodl und Goebbels erschienen waren, sollte die Unterredung beginnen. Busch sowie ein paar andere hohe Militärs samt Begleitung wurden von den SS-Leibwachen in den Konferenzraum geleitet. Als Breitenbuch ihnen folgen wollte, stoppte ihn ein Wächter und beschied ihm knapp, Ordonnanzoffiziere hätten heute keinen Zutritt. Breitenbuch flatterten die Nerven, was sich noch steigerte, als sein Vorgesetzter mit der SS-Leibgarde zu verhandeln suchte, ob sein Untergebener nicht doch hineindürfe. Es gab einigen Ärger, und zum Schluss wurde Breitenbuch angewiesen, das Gebäude zu verlassen.

Die Wachen eskortierten ihn hinaus. Vor dem Haus begegnete ihm ein anderer Ordonnanzoffizier, Alexander Stahlberg, dem man ebenfalls den Zugang zur Dienstbesprechung verwehrt hatte. Die beiden setzten sich auf die Terrasse und kamen ins Plaudern. Nach einer Weile jedoch, erinnert sich Stahlberg später, verstummte Breitenbuch plötzlich:

„Ich bemerkte, dass er nicht mehr darauf reagierte, was ich sagte. Seine Stirn war voller Schweiß, und seine Hände zitterten. Ich fragte ihn, ob er sich nicht wohl fühle; vielleicht sollte man einen Wagen herbeirufen und ihn in ein Krankenhaus in Berchtesgaden bringen lassen. Aber er meinte nur, dies sei nicht nötig, es gehe ihm schon gleich wieder besser."[78]

1944 verging weiter, ohne dass die Verschwörer in irgendeiner Weise vorankamen. Tresckow fiel künftig völlig aus – zu eingespannt an der Ostfront. Der Widerstand blieb zwar nicht untätig, aber was er tat, hatte viel von selbstverordneter Beschäftigungstherapie. Man feilte an neuen Plänen, formulierte zahlreiche öffentliche Erklärungen für den Fall der Machtübernahme und zankte sich darum, wer in der ersten nachhitlerschen Regierung welchen Posten erhalten sollte. Psychologisch leicht verständlich: Alle bisherigen Versuche waren gescheitert, und in ihren Reihen befand sich keiner mehr, der Zugang zu Hitler hatte. Die Entwicklungen im militärischen Bereich stimmten nicht optimistischer. Alles schien dafür zu sprechen, dass Nazideutschland bald kollabierte. Am 5. Juni fiel Rom an die Amerikaner. Einen Tag später landeten die Alliierten in der Normandie: Nun war er da, der gefürchtete und erhoffte Zweifrontenkrieg. Im Osten starteten die

Sowjets Mitte Juni eine Massenoffensive gegen die Heeresgruppe Mitte. Die kolossale Attacke – Codename *Operation Bagration* (nach einem russischen Feldherrn, der einst gegen Napoleon kämpfte) – vernichtete dreißig deutsche Divisionen und kostete 300.000 Soldaten das Leben.[79]

Etwa um die gleiche Zeit gab es auf Seiten der Verschwörer einen Durchbruch. Stauffenberg erntete die Früchte seiner zähen und hartnäckigen Bemühungen, sich in eine Position zu manövrieren, die ihm den Zugang zu Hitler ermöglichte. Am 1. Juli 1944 wurde er zum Oberst und zum Stabschef beim Befehlshaber des Ersatzheeres, Generaloberst Friedrich Fromm, ernannt. Dienstsitz: Allgemeines Heeresamt, Berlin, Bendlerblock. Inoffiziell ging Stauffenberg Fromm schon seit Mitte Mai zur Hand, um sich einzuarbeiten; jetzt war die offizielle Bestätigung gefolgt. Das Ersatzheer hatte die Aufgabe, den Nachschub für die Front zu sichern. Es berief in der Heimat Soldaten ein, sammelte sie zu Verbänden, bildete sie aus und wies sie den einzelnen Kampfeinheiten zu. Auch die Versorgung der Truppe mit Kriegsgerät oblag dem Ersatzheer.[80] Und nicht zuletzt die Aufrechterhaltung von Sicherheit und Ordnung an der Heimatfront. In seiner neuen Funktion hatte Stauffenberg zu kontrollieren, ob alles reibungslos funktionierte, und gegebenenfalls verbessernd einzugreifen. Das Wichtigste war jedoch, dass er dem Führer über den aktuellen Stand der Dinge Rapport erstatten musste – persönlich. Stauffenbergs erste Begegnung mit Hitler fand noch während seiner Einarbeitungszeit statt. Am 7. Juni 1944 waren er und sein künftiger Vorgesetzter Fromm zu einer ,Sonderbesprechung' in Hitlers Berghof geladen. Hitler hatte eine Ausarbeitung Stauffenbergs gelesen, die er brillant fand, und wollte den begabten Stabsoffizier persönlich kennen lernen. Hitler begrüßte ihn freundlich und drückte ihm die verstümmelte Hand. Dabei schaute er, wie es seine Gewohnheit bei neuen Bekanntschaften war,[81] dem Gegenüber einige Sekunden lang schweigend in die Augen; aber Stauffenberg ließ den Blick nicht sinken. Die Konferenz, an der neben Stauffenberg und Fromm auch Göring, Keitel, Himmler und Speer teilnahmen, behandelte Routinesachen. Es ging unter anderem um Waffenproduktion, genauer gesagt um ein spezielles Geschoss für die Marine zur Zerstörung von Minenräumbooten.[82] Stauffenberg selbst berichtete über die Weiterentwicklung der offiziellen Pläne für die

Operation Walküre und über den Stand der Einsatzbereitschaft der betroffen Truppenteile. Erste Skizzen zu ähnlichen Maßnahmen waren schon 1942 vorgelegt worden, aber zwischenzeitlich war das Interesse daran erlahmt. Die wachsende militärische Krise jedoch gebot dringend, die Lage daheim unter Kontrolle zu halten.[83] Hitler hörte Stauffenberg aufmerksam zu und billigte seine Vorschläge.

Viele Menschen, die mit Hitler erstmalig in Kontakt kamen, fühlten sich nach der Begegnung von seiner ‚starken Persönlichkeit‘ bis ins Innerste bewegt, fast hypnotisiert, wie durch einen ‚Magnetismus‘ gebannt. Stauffenberg konnte derlei nicht bestätigen. Als seine Frau ihn fragte, ob ihn nicht vielleicht seine Augen beeindruckt hätten, antwortete er: „Gar nicht! Nichts! ... wie hinter Schleiern!"[84] Eine faulige, verrottete Atmosphäre habe an jenem Ort geherrscht, er habe dort kaum atmen können. Von den anderen Konferenzteilnehmern machte auf ihn nur Albert Speer einen halbwegs normalen Eindruck. Die anderen waren, so seine Meinung, „ganz offenkundig Psychopathen"[85].

Einen Monat später, am 6. Juli, wurde Stauffenberg erneut nach Berchtesgaden zitiert, wo er Hitler abermals traf. Speer erinnert sich später, der Schwabe sei mit einer „auffällig dicken Aktentasche" angerückt.[86] Was sie enthielt, ahnte er wohl nicht: Sprengstoff. Stauffenberg reichte ihn an den gleichfalls geladenen Oberst Stieff weiter. Einen Tag später sollte auf Schloss Klessheim bei Salzburg die immer wieder verschobene Uniformschau stattfinden, zu der auch Stieff abkommandiert war. Stauffenberg versuchte, Stieff zu einem Anschlag zu überreden, doch Stieff erklärte sich dazu außerstande.[87] Nun wurde Stauffenberg endgültig klar: Die Verschwörung hatte nur noch eine Chance, wenn er das Attentat selber ausführte.

Fünf Tage später, am 11. Juli, war Stauffenberg wieder bei Hitler in Berchtesgaden. Wieder mit einer Bombe in seiner Aktentasche. Vorsorglich reservierte er sich am Flugplatz Salzburg eine Maschine, die ihn nach dem Attentat zurück nach Berlin bringen sollte. Erneut brachte er die Bombe in den Konferenzraum. Und erneut wurde nichts daraus, denn er zündete sie nicht. Stieff hatte ihm geraten, eine Konferenz abzuwarten, bei der er nicht nur Hitler, sondern die gesamte Reichsführung liquidieren könne; heute sei ja nicht einmal Himmler anwesend. Die braunen Paladine müssten auch ausgeschaltet werden, sonst gehe das mörderische Theater unter anderer Leitung weiter.

Zurück in Berlin, traf Stauffenberg am späten Abend einige andere Oppositionelle, darunter Hans Gisevius von der Abwehr. Während einer längeren, zeitweise hitzigen Diskussion gab Stauffenberg einen Einblick in seine illegalen Aktivitäten und seine Ideenwelt. Zu Gisevius' Befremden benahm sich Stauffenberg ganz und gar nicht, wie er – Gisevius – sich einen distinguierten adeligen Offizier vorstellte. Derb, ja ungehobelt habe Stauffenberg sich gebärdet, schreibt er in seinen Memoiren, nicht wie ein kühl reflektierender Planer, sondern wie ein ‚Draufgänger‘ und Schwadroneur – was Gisevius vermuten ließ: „bewusst oder unbewusst sucht[e] er die durch seine Verstümmelung erzeugten Minderwertigkeitskomplexe überzukompensieren"[88]. Die meisten Historiker meinen, dass Gisevius mit diesem vulgärpsychologischen Erklärungsversuch gewaltig danebenliege, ganz davon abgesehen, dass er nicht gerade von ausgeprägtem Taktgefühl zeuge.[89] Eine Beobachtung des empfindlichen Abwehrmanns ist jedoch fraglos zutreffend: „[ich hatte] durchaus den Eindruck, hier geht jemand aufs Ganze"[90]. Nach all den Enttäuschungen, all den Versuchen war Stauffenberg fest entschlossen zu handeln. Zu einem Kameraden bemerkte er in jenen Tagen: „Es ist Zeit, dass jetzt etwas getan wird. Derjenige allerdings, der etwas zu tun wagt, muss sich bewusst sein, dass er wohl als Verräter in die deutsche Geschichte eingehen wird. Unterlässt er jedoch die Tat, dann wäre er ein Verräter vor seinem eigenen Gewissen."[91] Vier Tage später, am 15. Juli, wurde Stauffenberg wieder zu Hitler befohlen, diesmal in dessen ostpreußisches Hauptquartier Wolfschanze bei Rastenburg. Am frühen Morgen kam der Oberst an, frühstückte und besprach sich kurz mit Feldmarschall Keitel. Gegen 13 Uhr ging er in die ‚Lagebaracke‘, wo Hitler die militärische Situation zu bereden pflegte; Stauffenberg nahm an drei verschiedenen Konferenzen teil, jede nicht länger als zwanzig Minuten. Wie zuvor hatte er den Sprengstoff dabei, verborgen in seiner Aktentasche unter einem Hemd zum Wechseln.

Die Bombe, die Stauffenberg jetzt schon zwei Wochen lang zwischen Berlin, Berchtesgaden und Rastenburg hin- und herschleppte, bestand im Wesentlichen aus zwei Ein-Kilogramm-Blöcken Plastiksprengstoff britischer Herkunft. Die SOE hatte das

Material ins Land geschmuggelt, aber es war der Abwehr in die Hände gefallen, wo bekanntlich ebenfalls Hitlergegner saßen, die das Material prompt an die Verschwörer weiterreichten. Der Zünder, wiederum ein *time pencil*, stammte aus der gleichen Quelle. Um die Bombe zu aktivieren, musste man den ‚Zeitbleistift' in den Sprengstoff stecken und mit einer Flachzange den Bronzemantel des Zünders an einer Stelle eindrücken. Dadurch wurde im Inneren desselben eine gläserne Säureampulle zerbrochen; die Säure zerfraß einen Draht, der eine Spiralfeder gespannt hielt. Wenn die Säure den Draht durch hatte, schlug, getrieben durch die Federspannung, ein Bolzen auf ein Zündhütchen, das den Sprengstoff zur Detonation brachte.[92] Benutzte man dickeren Draht, ließ sich die chemische Reaktion um einiges verzögern, um zehn, dreißig, sechzig Minuten oder mehr. Natürlich arbeitete der Einstellmechanismus nicht hundertprozentig exakt, schon weil er äußeren Einflüssen ausgesetzt war: Bei Kälte operierte er langsamer, bei Hitze schneller. So konnte es passieren, dass eine auf dreißig Minuten programmierte Ladung schon nach vierzehn Minuten hochging.[93] Stauffenberg stand also unter immensem Zeitdruck. Erst wenn Hitler wirklich im Besprechungsraum war, konnte er sich entschuldigen und hinausgehen, um die Bombe zu zünden. Dann musste er wieder hineingehen und seine Aktentasche so nahe wie möglich neben Hitler platzieren. Und ohne Verdacht zu erregen, musste er dann den Raum wieder verlassen. Wir wissen nicht genau, warum auch das Attentat vom 15. Juli misslang. Manche vermuten, dass Stieff den Anschlag vereitelte, weil ihm zu wenig führende Nazis da waren; Göring und Himmler etwa fehlten.[94] Andere spekulieren, dass Stauffenberg im entscheidenden Moment der Mut verließ oder dass er plötzlich zum Vortrag aufgefordert wurde und deshalb den Raum nicht verlassen konnte, um den Zünder zu aktivieren.[95] Eine besonders dramatische Erklärung postuliert folgenden Ablauf: Stauffenberg verlässt den Raum. Draußen sagt er seinen Berliner Mitverschwörern telefonisch Bescheid, dass es jetzt losgehe, und macht dann die Bombe scharf. Er kehrt in den Besprechungsraum zurück, muss dort aber feststellen, dass Hitler nicht mehr im Zimmer ist; Keitel hat die Sitzung soeben aufgelöst.[96] Vielleicht waren die Gründe aber viel trivialer; wir halten eher folgende Variante für wahrscheinlich: Stauffenberg, ohne Adjutanten angereist, schafft es wegen seiner Behinderungen nicht, die Bombe zu zünden. Oder er hat das Gefühl, dass die Zeit nicht reicht, um den Raum zu verlassen *und* die Bombe zu zünden und in den Raum zurückzukehren. Woran es auch immer lag – wir werden es wohl nie mit letzter Sicherheit klären. Dass er nicht aufgab, stand für Stauffenberg außer Frage. „Da gibt es keine andere Wahl mehr. Der Rubikon ist überschritten."[97]

Stauffenberg flog zurück nach Berlin. Längst befanden sich die Widerständler in einem Wettlauf mit der Zeit. Die SS hatte von ihren Tätigkeiten zweifellos Wind bekommen.[98] Eine Woche zuvor hatte die Gestapo zwei ihrer zivilen Kombattanten verhaftet, Adolf Reichwein und Julius Leber. Beide sollten nach dem Willen der Verschwörer bei der Umsetzung der Operation Walküre eine wichtige Rolle spielen, weshalb sie auch in alle Pläne eingeweiht waren. Früher oder später würden die Verhörspezialisten der Gestapo Reichwein und Leber dazu ‚bewegen‘, alles zu erzählen, was sie wussten. Ein weiteres Problem hatten sich die Verschwörer durch eigene Voreiligkeit eingehandelt. Sie waren am 15. Juli so sicher gewesen, dass Stauffenbergs Attentat gelänge, dass sie am Morgen schon die Walküre-Befehle ausgegeben hatten; die ersten Truppen hatten sich bereits in Bewegung gesetzt. Als dann die Nachricht kam, das Attentat sei gescheitert, zog man sich mühsam aus der Affäre, indem man die ganze Sache als ‚Übung‘ deklarierte. Noch einmal, dessen war man sich bewusst, ginge das nicht; einen zweiten falschen Alarm konnte man sich nicht leisten. Stauffenberg stand zu jener Zeit unter ungeheurer Belastung. Schon Breitenbuch hatte nach seiner gescheiterten Aktion betont: „So etwas macht man nur einmal."[99] Verglichen damit war Stauffenberg im Bereich des versuchten Tyrannenmordes schon fast ein Veteran. In gut einer Woche war er zu drei Konferenzen bei Hitler mit Sprengstoff erschienen. Jedes Mal die unsagbare psychische und körperliche Anspannung – nur um am Ende feststellen zu müssen: vergebens. Ein Kollege bemerkte lakonisch, mit Stauffenbergs Nervenkostüm „stehe es nicht zum Besten"[100]. Ein anderer äußerte besorgt, es sei nun das dritte Mal gewesen, „dass Stauffenberg seinen fürchterlichen Gang umsonst angetreten" habe.[101]

Der Gang, den er nun antrat, sollte nicht umsonst sein. Am Morgen des 20. Juli 1944 flog er zum letzten Mal nach Rastenburg. Sein Adjutant, Leutnant Werner von Haeften, begleitete ihn. Ein Wagen brachte die beiden zur Wolfschanze. Es war ein strahlender Sommertag. Unter einer Eiche stand ein gedeckter Tisch. Man frühstückte und begab sich um 11.30 Uhr zu einer Vorbesprechung mit Feldmarschall Keitel. Von diesem erfuhr Stauffenberg, dass die Konferenz um eine halbe Stunde auf 12.30 vorverlegt worden war, weil am frühen Nachmittag Mussolini in seinem Sonderzug am Bahnhof Rastenburg erwartet wurde.

Stattfinden sollte die Konferenz im Besprechungsraum der so genannten Lagebaracke, eines langgestreckten, eingeschossigen Gebäudes im inneren Sperrkreis der Wolfschanze. Die Baracke war aus Holz, Fiberglas und Gips errichtet, das Dach aus Stahlbeton ruhte auf ziegelgemauerten Pfeilern. Der Besprechungsraum, im Nordostwinkel des Gebäudes gelegen, maß etwa zehn mal vier Meter und besaß zehn Fenster, die den Blick auf Baumgruppen und Rasenflächen freigaben. Den Großteil des Zimmers nahm ein schwerer, eichener Konferenztisch ein, auf dem Landkarten ausgebreitet lagen. Etwa 25 Stühle standen für Hitler, seine Gäste, deren Adjutanten und die Stenographen bereit.[102]

Mittag, 12.25 Uhr. Gleich würde Hitlers Konferenz beginnen. Stauffenberg fragte Keitels Adjutanten, Major von Freyend, wo er sich noch etwas frisch machen und ein anderes Hemd anziehen könne. Freyend bot sein Quartier an und ließ Stauffenberg hinbringen. Haeften begleitete seinen Vorgesetzten – was keinen Verdacht erregte, schließlich sah jeder ein, dass der schwer Kriegsverletzte beim Umkleiden Hilfe brauchte. Kaum allein, packten sie Sprengstoffblöcke und Zünder aus. Sie wollten die Bombe gerade zusammenbauen, als ein weiterer Adjutant den Kopf zur Tür hereinsteckte und mahnte, Stauffenberg werde dringend bei der Konferenz erwartet. Der Attentäter entgegnete schroff, er komme gleich, hantierte noch ein wenig an der Ladung, zog wirklich ein frisches Hemd an und verließ dann Freyends Quartier. Trotz der extremen Anspannung bemerkten Augenzeugen bei Stauffenberg keine Zeichen von Nervosität.[103] Dennoch war ihm in der Hektik ein schwerwiegender Fehler unterlaufen. Er hatte nur einen der beiden Sprengstoffblöcke mit einem Zünder versehen und eingepackt. Der zweite blieb in Freyends Quartier liegen.

Als Stauffenberg in den Konferenzraum kam, war die Besprechung schon im Gange. General Heusinger berichtete gerade über die Situation an der Ostfront. Stauffenberg hatte gebeten, neben dem Führer sitzen zu dürfen, denn seit seinen Verwundungen in

Nordafrika höre er schlecht. Er murmelte eine Entschuldigung und schob sich zu seinem Platz durch. Seine Nachbarn waren nun Hitler und Heusinger zur Linken sowie Oberst Brandt, Tresckows unfreiwilliger Sprengstoffkurier aus Smolensker Tagen, zur Rechten; rechts von Brandt befand sich die Kante des Tischsockels. Die meisten im Raum hörten Heusinger zu und beachteten Stauffenberg kaum. Nur einem Teilnehmer fiel er auf: General Walter Warlimont. Der erinnerte sich später, Stauffenberg sei ihm als „das klassische Urbild des Kriegers schlechthin" erschienen: „Ich kannte ihn kaum, aber wie er so dastand, ein Auge von einer schwarzen Klappe verdeckt, einen verstümmelten Arm in einem halbleeren Uniformärmel, hoch aufgerichtet, Hitler direkt in die Augen sehend [...], verkörperte er [...] den Idealtypus des Generalstabsoffiziers jener Zeit."[104]

Warlimont ahnte nicht, dass der ‚Krieger', der ihn so beeindruckte, gerade versuchte, seinen Obersten Befehlshaber zu ermorden.

Stauffenberg stellte die Aktentasche vor sich unter den Tisch, kaum einen Meter von Hitler entfernt. Kurz darauf flüsterte er Keitels Adjutanten zu, er müsse telefonieren, und verließ den Raum wieder. Daran war nichts Ungewöhnliches. Die Teilnehmer der Konferenzen bei Hitler gingen zwischendurch immer einmal wieder hinaus, um wichtige Telefonate zu führen oder Karten und Dokumente zu holen. Deshalb erregte Stauffenbergs Aufbruch keinen Verdacht. Heusinger, schon zweimal kurz unterbrochen, referierte weiter über die gefährliche Lage der Heeresgruppe Nord in Russland.[105] Es sollte nicht lange dauern, bis er erneut unterbrochen wurde, diesmal wesentlich heftiger.

Um 12.42 erschütterte eine Explosion die Wolfsschanze. Warlimont erinnerte sich später: „Von einem Augenblick zum anderen verwandelte sich der Besprechungsraum in einen Schauplatz von Panik und Zerstörung. [...] Überall stöhnende Verwundete, der beißende Geruch brennender oder verkohlter Landkarten, Papierblätter, die im Winde flatterten."[106] Diese Schilderung bezog sich nur auf die Baracke und deren unmittelbare Umgebung. Schon ein paar Meter weiter weg erregte die Explosion wenig Aufmerksamkeit. Knallereien waren an der Tagesordnung. Immer wieder wurden auf und neben dem Gelände Schüsse abgegeben, etwa von der Flak, wenn sie trainierte oder im Einsatz war.[107] Ein Soldat äußerte gegenüber Stauffenberg, der die Detonation mit Haeften aus einer Ferne von zweihundert Metern erlebt hatte, da sei wohl wieder ein Tier ins Minenfeld gelaufen.[108] Als das Wachpersonal indes endlich zu begreifen begann, was wirklich vorgefallen war, entstand einige Aufregung in der Wolfschanze, die Stauffenberg und sein Adjutant nutzen konnten, um zu fliehen. Die Wachen aller Sperrkreise bluffte er erfolgreich mit der Behauptung, er werde dringend in der Reichshauptstadt erwartet und habe Generalvollmacht zu passieren. Die beiden rasten zum Flugplatz und nahmen die Maschine nach Berlin. Es dauerte nicht lange, da wussten alle in der Wolfschanze, dass die Detonation nicht von einem Übungsschießen oder einer weit entfernten Mine herrührte. Der Besprechungsraum war völlig zerstört; die Fenster und Teile der Wand hatte die Druckwelle hinausgeschleudert. Die Bombe hatte ein riesiges Loch in den Fußboden gerissen. Der Eichentisch, über den Hitler sich gebeugt hatte, war zerborsten. Holzbalken waren eingeknickt, Trennwände umgefallen, so dass sich die Gipsverkleidung der Decke in den Raum gesenkt hatte. Für die Verwundeten, die heraushumpelten oder herausgetragen wurden, richtete man rasch ein Notlazarett ein. Außer Keitel trugen sämtliche Konferenzteilnehmer Verletzungen davon. Fast alle hatten geplatzte Trommelfelle und Gehirnerschütterung. Zehn hatte es schwer getroffen, vier tödlich: General Heusingers Stellvertreter Oberst Brandt, Oberst Schmundt, Adjutant der Wehrmachtführung bei Hitler, und General Korten. Dem Stenographen Heinrich Berger hatte die Bombe beide Beine weggerissen. Er starb noch am frühen Nachmittag.

Hitler überlebte. Eine Weile fühlte er sich wie taub und benommen; auch ihm waren die Trommelfelle geplatzt, und er hatte eine Gehirnerschütterung erlitten. Keitel half ihm auf die Beine und brachte ihn in seinen – Hitlers – Privatbunker, wo erste Hilfe geleistet wurde. Hitler hatte Schnittwunden in der Stirn, Verbrennungen an der rechten Wade und der linken Hand sowie eine schwere Quetschung am rechten Unterarm. Außerdem mussten über hundert Holzsplitter aus seinen Beinen entfernt werden.[109] Er war erschüttert, erregt und anfangs wohl nicht recht bei Verstande – er beklagte lautstark den Verlust seiner neuen Hose.[110] Nach etwa einer Stunde hatte er sich wieder völlig gefangen. Seine Sekretärin Traudl Junge erinnerte sich später:

„Die Neugierde trieb uns zum Führerbunker. Beim Anblick Hitlers musste ich fast lachen. Er stand in dem kleinen Vorzimmer, um ihn herum verschiedene Adjutanten und Diener. Sein Haare saßen ja nie besonders ordentlich, aber jetzt standen sie hoch, so dass er aussah wie ein Igel. Seine schwarze Hose hing in Streifen von seinem Gürtel herab, fast wie ein Bastrock. [...] Lächelnd grüßte er uns: ,Keine Sorge, meine Damen, alles noch mal gut gegangen'."[111]

Hitlers Stimmung nach dem Attentat, kaum war der erste Schrecken verflogen, kann man nur euphorisch nennen. Einem erschrockenen Mussolini zeigte er stolz seine Brandwunden und die zerfetzten Kleider und erklärte, dass er dieses Attentat überlebt habe, sei der „Höhepunkt" seines Erdendaseins.[112] Einer seiner Ärzte erinnerte sich später, Hitler habe immer wieder gesagt: „Ich bin unverwundbar. Ich bin unsterblich."[113]

Während Hitler sein Überleben pries, war Stauffenberg auf dem Weg nach Berlin, um die Operation Walküre zu leiten. Zwei Stunden dauerte der Flug. Zur gleichen Zeit lief in Rastenburg die fieberhafte Suche nach dem Urheber des Attentats. Noch bevor Stauffenberg landete, war er als Hauptverdächtiger ausgemacht. Hitlers Luftwaffenadjutant Nicolaus von Below beschreibt in seinen Memoiren, wie diese Erkenntnis zustande kam. Zuerst bemerkte man in der Wolfsschanze, dass Stauffenberg nicht mehr da war, weder in der zerstörten Baracke noch sonst wo auf dem Gelände. Dann erinnerten sich Einzelne, Stauffenberg habe die Lagekonferenz kurz vor der Explosion verlassen, angeblich, um ein Ferngespräch zu führen. Kaum draußen, habe er aber nicht telefoniert, sondern sei davongestürmt.[114] Als Stauffenberg gegen 15.45 Uhr auf dem Militärflughafen Rangsdorf südlich von Berlin landete, war niemand da, um ihn abzuholen, weder Freund noch Feind. Nicht einmal sein Fahrer war da. Er musste fernmündlich einen Wagen bestellen, der ihn zum Kommando des Ersatzheeres in Berlin-Tiergarten brachte.

Stauffenberg hatte hektische Aktivität erwartet und traf im vermeintlichen Nervenzentrum des Staatsstreichs nur auf Zaudern, Tatenlosigkeit und Unsicherheit. Die Verschwörer hatten noch nichts Wesentliches unternommen. Stauffenbergs Empörung erscheint begreiflich, aber das Zögern der Berliner nicht minder.

Versetzen wir uns in deren Situation. Man wusste, was Stauffenberg in der Wolfschanze vorhatte. Man wartete auf Meldungen aus Rastenburg, es kamen aber keine. Kurz nach dem Anschlag waren alle Leitungen aus dem Führerhauptquartier für eine Weile unterbrochen. Es gab nur Gerüchte von einem Attentat auf den Führer. Er sei ihm zum Opfer gefallen, besagten die einen. Hitler lebe, meinten die anderen. Angesichts der verschwommenen Faktenlage war man in Berlin lieber vorsichtig. Nur ein paar Befehle wurden ausgegeben. Sie wiesen alle militärischen Kommandostellen der Region an, ihre Leute für Operation Walküre bereitzuhalten. Sie versuchten auch, loyale oder wenigstens fügsame Truppen in die Hauptstadt zu bringen. Im Gewirr der widersprüchlichen Gerüchte erwies sich dies aber als äußerst schwierig. Wertvolle Stunden gingen verloren, bis endlich gegen drei Uhr die Leitungen aus Rastenburg wieder standen und die erste Meldung durchkam.

„Blitz-Funkspruch! [...] Der Führer lebt! Völlig gesund! Reichsführer SS OB Ersatzheer, nur seine Befehle gelten. Befehle von Generaloberst Fromm, Feldmarschall von Witzleben, Generaloberst a. D. Hoepner nicht ausführen! Verbindung mit Gauleiter und Höherem Polizeiführer halten!"[115]

Stauffenberg jagte, kaum war er angekommen, eine Instruktion nach der anderen durchs Telefon, bald drohend, bald schmeichelnd. Ausdrücklich bestätigte er Hitlers Tod, er habe persönlich gesehen, wie Hitlers Leichnam weggetragen worden sei. Er bekannte auch, die Bombe selbst gezündet zu haben: „Es hat eine Explosion gegeben, als ob eine 15-cm-Granate eingeschlagen wäre. Niemand in jenem Raum kann mehr leben", meldete er optimistisch.[116] Nichtsdestoweniger verschlechterte sich die Stimmung zusehends. Sogar unter den Verschwörern aus dem innersten Kreis schwankten ein paar, gingen auf Nummer sicher, suchten einen Weg aus der Sackgasse. So ging etwa bei General Olbricht der Kampfeswillen merklich zurück. Allerdings verkleidete er die eigene Schwäche als Sorge um andere; er zögerte, Befehle zu erlassen, die noch mehr junge Soldaten einer verlorenen Sache wegen in große Gefahr brächten.[117] Auch anderswo knickten engagierte Oppositionelle ein. In der Wolfschanze hatte die Gestapo Stieff verhaftet und verhört; unter schweren Misshandlungen gab er bereits am späten Nachmittag die ersten Details über Verschwörung und Verschwörer preis.[118]

Nicht weit entfernt vom Bendlerblock, in Goebbels' Propagandaministerium, holte man zum ersten Gegenschlag aus. Obwohl Truppen getreu einer Walküre-Order das Gebäude abriegelten, telefonierte Goebbels drinnen fieberhaft, um herauszufinden, was in Rastenburg wirklich geschehen war und was hinter den seltsamen Truppenbewegungen in Berlin steckte. Gegen 17.00 Uhr erreichte er Hitler schließlich, der ihm beschied, es sei ein klassischer Militärputsch im Gange. Daraufhin rief Goebbels Major Otto Remer zu sich, dessen Truppen auf Befehl der Konspiranten seinen Dienstsitz umstanden. Dem überzeugten Nationalsozialisten Remer hatte man erklärt, Hitler sei tot, und die SS plane einen Staatsstreich. Er solle das Regierungsviertel absperren und einige Parteiobere verhaften, darunter Goebbels. Der Propagandaminister konterte kühl, der Führer lebe. Zum Beweis rief er Hitler in Rastenburg an und reichte Remer den Hörer. Als der Major Hitler aus der Leitung vernahm, ging er sofort in Habtachtstellung. Hitler fragte Remer, ob er seine Stimme erkenne. „Jawohl, mein Führer", antwortete dieser. Der Reichskanzler fuhr fort: „Ich befehle Ihnen, das Regierungsviertel abzuriegeln und jeden Widerstand mit allen notwendigen Mitteln zu zerschlagen. Wer nicht für mich ist, wird niedergemacht. Haben Sie verstanden?" Wieder antwortete Remer: „Jawohl, mein Führer".[119] Das Blatt wendete sich.

Um 18.30 sprach Goebbels im Radio und bestätigte, dass Hitler wohlauf sei. In der Provinz kam das offizielle Dementi oft vor dem Walküre-Befehl an, was Erstaunen und Verwirrung auslöste, aber mehr auch nicht. Selbst in den Städten, wo das Militär aus Sympathie mit dem Berliner Staatsstreich eine Erhebung versucht hatte – in Paris und Wien etwa –, wurde die Ordnung relativ rasch wiederhergestellt. Und in Berlin waren die Verschwörer schon am frühen Abend im Kriegsministerium in der Bendlerstraße isoliert. Kurz nach Einbruch der Dunkelheit wurde das Gebäude von SS-Truppen umstellt. Zahllose Scheinwerfer tauchten den Block in grelles Licht.[120]

Drinnen verbreitete sich Bitterkeit. Generalfeldmarschall von Witzleben, den die Rebellen als neuen Obersten Befehlshaber vorgesehen hatten, war schon nach Hause gegangen und hatte den Verlauf der Ereignisse mit den Worten kommentiert: „Schöne Schweinerei, das"[121]. Olbricht sann weiter nach einem Ausweg für sich und die Seinen, ahnte jedoch, dass es keinen geben werde.

Sorgenvoll fragte er Gisevius: „Nicht wahr – abstreiten können wir es doch nicht mehr?" Dies musste Gisevius bestätigen.[122] Am späteren Abend entschlossen sich ein paar Stabsoffiziere in der Bendlerstraße, die an der Verschwörung nicht beteiligt waren, zu einer Loyalitätsgeste gegenüber Hitler. Sie drangen zu Olbricht vor, zogen die Waffen und verlangten General Fromm zu sprechen, den die Verschwörer am Nachmittag in seinem Quartier eingesperrt hatten. Während des folgenden Handgemenges traf Stauffenberg ein Schuss in die Schulter. Als er gewahrte, wie die Verschwörung um ihn herum zusammenbrach, meinte er trostlos zu Fromms Sekretärin: „Sie haben mich ja alle im Stich gelassen!"[123]

Etwas später wurde Fromm aus seinem Arrest befreit. Er stellte sich den Verschwörern entgegen und verkündete: „So, meine Herren, jetzt mache ich mit Ihnen das, was Sie heute Nachmittag mit mir machen wollten"[124]. Sie seien allesamt wegen Hochverrats verhaftet, erklärte er, und verlangte ihre Waffen. General Beck bat, seine Pistole behalten zu dürfen – „für meine Privatzwecke", was andeuten sollte, dass er Selbstmord begehen wolle. „Bitte sehr, tun sie das, aber dann sofort!", beschied Fromm ihn schroff.[125] Den anderen gewährte er ein paar Minuten für Abschiedsbriefe, Vermächtnisse oder dergleichen. Schließlich kam Fromm zurück und gab bekannt, eben habe ein Standgericht „im Namen des Führers" getagt, sie alle für schuldig befunden und zum Tode verurteilt. Während die vier Verschwörer hinausgeführt wurden, machte Beck den ersten von zwei ungeschickten Versuchen, sich in den Kopf zu schießen. Am Ende überließ es der greise General einem Feldwebel, ihn zu erlösen.

Gegen Mitternacht stellte man die vier Todeskandidaten – Stauffenberg, Haeften, Olbricht und Fromms früheren Stabschef Mertz von Quirnheim – im Hof des Bendlerblocks vor einen Haufen Bausand. Zehn Mann vom Wachbataillon Großdeutschland bildeten das Hinrichtungskommando. Die Fahrzeuge, welche die Einheit hergebracht hatten, wurden so gestellt, dass die Scheinwerfer die nötige Beleuchtung für die Exekution lieferten. Ohne Umstände wurde einer nach dem anderen erschossen. Einzig Stauffenberg unterbrach für einen kurzen Moment das stumme Töten. Kurz bevor die Schüsse peitschten, die ihn niedermähten, rief er laut: „Es lebe das heilige Deutschland!"[126]

Nach dem 20. Juli rächte sich Hitlers Deutschland blutig an Stauffenbergs Deutschland. Über 7.000 Verhaftungen soll es gegeben haben. Das System wollte möglichst alle Verschwörer, Oppositionelle und Regimefeinde treffen und alle, die mit ihnen in Verbindung standen. Der Kreis der zu Verhörenden wurde immer größer. Auch die Familien der Verhafteten erfuhren keine Schonung. Ihre Frauen und Kinder landeten in Konzentrationslagern. ‚Sippenhaft' nannte man dergleichen. Von den an der Konspiration unmittelbar Beteiligten kam kaum einer davon. Den meisten wurde vor dem so genannten *Volksgerichtshof* der Prozess gemacht. Gerichtspräsident Roland Freisler, der die Angeklagten mit lauter, sich nicht selten überschlagender Stimme demütigte, beschimpfte, verhöhnte, sprach alle schuldig und verhängte ausnahmslos die Todesstrafe. Selbst bei der Exekution wollte man sie noch entwürdigen. Generalfeldmarschall von Witzleben und Generalmajor Stieff wurden im Zuchthaus Berlin-Plötzensee an Fleischerhaken aufgehängt. Die Hinrichtung wurde gefilmt, weil Hitler sich an den Todeszuckungen seiner Feinde erbauen wollte. Ironischerweise fiel den wütenden Rächern auch Generaloberst Fromm zum Opfer. Statt ihm zu danken, dass er den Putsch letztlich niedergeschlagen hatte, beschuldigte man ihn, das Treiben der Verschwörer zu lange gedeckt zu haben. Erst als festgestanden habe, dass der Staatsstreich gescheitert sei, habe Fromm sich gegen sie gestellt. Fromm kam vor Gericht, wurde wegen ‚Feigheit' zum Tode verurteilt und im März 1945 erschossen.

Und Tresckow? Er befand sich zum Zeitpunkt des Attentats in Weißrussland, an der Ostfront. Doch wusste er wohl, dass allein die Tatsache, nicht im Epizentrum des Geschehens gewesen zu sein, ihn nicht vor Verfolgung schützte. Während der zu erwartenden Verhöre der verhafteten Verschwörer würden seine früheren Bemühungen ans Licht kommen. Mit der ihm eigenen Entschiedenheit beschloss Tresckow, sich das Leben zu nehmen. In einem letzten Gespräch mit seinem Adjutanten und Cousin Schlabrendorff am Morgen des 21. Juli sagte Tresckow:

„Jetzt wird die ganze Welt über uns herfallen und uns beschimpfen. Aber ich bin nach wie vor der felsenfesten Überzeugung, dass wir recht gehandelt haben. Ich halte Hitler nicht nur für den Erzfeind Deutschlands, sondern auch für den Erzfeind der Welt. Wenn ich in wenigen Stunden vor den Richterstuhl Gottes treten werde, um Rechenschaft abzulegen über mein Tun und mein Unterlassen, so glaube ich mit gutem Gewissen das vertreten zu können, was ich im Kampf gegen Hitler getan habe."[127]

Danach ließ er sich zur Front fahren und begab sich ohne Begleitung ins Niemandsland. Er täuschte einen Kugelwechsel mit einem versteckten Feind vor, hielt sich eine Handgranate an den Kopf und zündete sie.[128] Im offiziellen Wehrmachtbericht hieß es drei Tage später, der „Chef des Stabes einer Armee, Generalmajor von Tresckow", habe „in vorderster Linie den Heldentod gefunden"[129]. Leider rettete Tresckows raffiniert getarnter Selbstmord seine Familie nicht vor Verfolgung. Seine Frau Erika saß sieben Wochen in Gestapo-Haft. Zwar wurde Tresckow mit allen militärischen Ehren bestattet, aber kaum kam man hinter seine Rolle in der Verschwörung, exhumierte man seine Leiche und brachte sie ins KZ Sachsenhausen, wo sie verbrannt wurde.

Einer aus dem engeren Kreis der Verschwörer überlebte den Blutwahn jenes Herbstes: Fabian von Schlabrendorff. Trotz stundenlanger Verhöre und bestialischer Folterungen – bei einer erlitt er einen Herzinfarkt[130] – behauptete er hartnäckig, er sei an keinerlei subversiven Plänen und Aktivitäten beteiligt gewesen und habe von solchen auch keine Kenntnis besessen. Als die Quälereien die Grenze seiner Leidensfähigkeit erreichten, räumte er ein, von Tresckows Plänen gewusst zu haben – aber nicht mehr. Schließlich landete auch Schlabrendorff vor dem Volksgerichtshof. Dort aber wurde er überraschend freigesprochen – aufgrund des Formfehlers, dass seine Aussagen durch Folter erpresst worden waren. Im Dritten Reich bedeutete ein Frei*spruch* jedoch nicht automatisch Frei*lassung*. Der Staat behielt sich vor, jene, die er aufgrund irgendwelcher Indizien als seine Feinde ansah, zu vernichten, unabhängig von allen Gerichtsbarkeiten. Im Falle Schlabrendorffs sollte dies im KZ Flossenbürg geschehen, wohin er im April 1945 gebracht wurde und wo ein paar Tage zuvor Oster und Canaris gehängt worden waren. Um vor dem Eintreffen der US-Armee alle Spuren zu beseitigen, wurde das Lager am 20. April geräumt. Die Gefangenen wurden auf einen ‚Todesmarsch' zum KZ Dachau geschickt und von dort weiter in die Tiroler Alpen. Hinter dieser barbarischen Liquidationsmethode stand die Absicht, keine lebenden KZ-Häftlinge zurückzulassen; die SS sollte sie in abgelegene Gegenden führen und dort ermorden. Schlabrendorff überstand all dies und wurde Anfang Mai von amerikanischen Truppen befreit.

Schlabrendorffs beharrliches Leugnen rettete nicht nur ihm das Leben, sondern auch einigen seiner ehemaligen Mitverschwörer.

Axel von dem Bussche lag im Sommer 1944 im Lazarett Hohenlychen (Brandenburg) und erholte sich mühsam von seiner schweren Verwundung, die er sechs Monate zuvor an der Ostfront erlitten hatte. In einem alten Koffer neben seinem Krankenbett hatte er noch immer Teile der Bombe bei sich. Als er vom Scheitern des Stauffenberg'schen Attentats hörte, fürchtete er das Schlimmste und bat einen Kameraden, die belastenden Gegenstände wegzuschaffen.[131] Dass er selbst fast als ‚hitlermordendes Uniformmodell‘ in die Geschichte eingegangen wäre, wurde erst nach dem Krieg enthüllt.

Rudolf Christoph von Gersdorff diente im Sommer 1944 in der Normandie als Stabschef bei der 7. Armee. Im August des Jahres erhielt er das begehrte Ritterkreuz des Eisernen Kreuzes für seine Planung des Ausbruchs aus dem Kessel von Falaise. Auch Gersdorff wurde von den Sicherheitsbehörden der Nazis nie enttarnt; seine Pläne zur Ermordung Hitlers im Berliner Zeughaus wurden der Öffentlichkeit erst aus seinen nach dem Krieg publizierten Memoiren bekannt.

Auch Eberhard von Breitenbuch, der Hitler in Berchtesgaden hatte erschießen wollen, blieb unentdeckt. Sein Dienst als Ordonnanzoffizier bei Generalfeldmarschall Busch, den er unverändert weiter verrichtete, führte ihn im April 1945 in Hitlers Berliner Bunker. So bekam er jenen Todeskampf des Nationalsozialismus mit, den er gern schon ein Jahr früher herbeigezwungen hätte.[132]

Bussche, Gersdorff und Breitenbuch überlebten Hitler um mehrere Jahrzehnte.

Weniger Glück hatte Georg von Boeselager. Zwar wurde er nicht denunziert; niemand brachte ihn mit Attentaten oder Attentatsplänen in Verbindung. Er entging der Aufmerksamkeit der deutschen Sicherheitsämter. Doch Ende August 1944, als er nahe der nordostpolnischen Stadt Łomża an der Spitze einer Kavalleriebrigade Verteidigungsoperationen leitete, geriet er in einen sowjetischen Hinterhalt und fiel. Man beförderte ihn posthum zum Oberst und verlieh ihm die Schwerter zum Ritterkreuz mit Eichenlaub. Auch ein anderer Militär, der Tötungspläne gegen Hitler gehegt hatte, wurde dessen nie überführt: General Hubert Lanz.

Dennoch ging er in die Geschichte ein – nicht als potenzieller Tyrannenmörder, sondern als Kriegsverbrecher. Er fiel im Februar 1943 in Ungnade, weil er Hitlers Befehl missachtet hatte, Charkow unbedingt zu halten. Zur Strafe versetzte man ihn in die Heimat zur Reservearmee. Bald jedoch kehrte er an die Front zurück. Im September 1943 wurde er Kommandeur des 22. Gebirgsarmeekorps, stationiert in Griechenland. Dort richteten seine Truppen auf der Insel Kephallonia ein Massaker an: 5.000 italienische Soldaten wurden nach der Gefangennahme niedergemetzelt (die Ereignisse behandelt der 1994 erschienene Roman *Captain Corelli's Mandolin* [deutsch *Corellis Mandoline*] des britischen Autors Louis de Bernières).[133] Als verantwortlicher Offizier wurde er dafür in Nürnberg zu zwölf Jahren Gefängnis für Verbrechen gegen die Menschlichkeit verurteilt. Die moralische Empörung, die Lanz empfunden hatte, als er eigene Truppen in Charkow dem sicheren Tod ausliefern sollte, regte sich nicht, als man ihm befahl, Angehörige der Armee eines früheren Verbündeten zu ermorden.

Der Widerstand des deutschen Militärs musste sich in einem sehr schwierigen Kontext entwickeln. Den meisten der Konspiranten lag Revolutionäres durchaus fern. Viele von ihnen hatten sich in den ersten Jahren der braunen Regentschaft für Hitler begeistert. Der ,Schandvertrag' von Versailles wurde endlich annulliert und Deutschland spielte wieder eine Rolle auf der weltpolitischen Bühne. Stauffenberg begrüßte 1933 enthusiastisch Hitlers Ernennung zum Reichskanzler ebenso wie die Wiederaufrüstung und die allgemeine Förderung des Militärs.[134]

Diese Ambivalenz zeigt sich auch deutlich in den unrealistischen Vorstellungen einiger Widerständler, die zwar darauf drängten, Hitler zu stürzen, aber ein paar ,Errungenschaften' des Dritten Reiches erhalten wollten. Zu welchen Extremen sie sich dabei verstiegen, zeigt das Beispiel Goerdelers. Der ehemalige Oberbürgermeister von Leipzig, in der Weimarer Republik Mitglied der Deutschnationalen Volkspartei, einer der führenden Köpfe des zivilen Widerstands, sollte nach einem gelungenen *Coup d'État* neuer Reichskanzler werden. Goerdeler schwebte ein Deutschland in den Grenzen von 1914 vor, ergänzt um Österreich, das Sudetenland und den Großteil des Polnischen Korridors.[135] Offenbar hoffte er nicht nur, rein territorial gesehen, die Zeit bis 1938/39 zurückzudrehen, sondern auch die Gebietsverluste rückgängig zu machen, die Deutschland im Ersten Weltkrieg erlitten hatte. Andere Verschwörer waren realistischer als Goerdeler, aber auch nicht ganz frei von ähnlichen Wunschvorstellungen. Der Sozialist Julius Leber etwa, ehemals Reichstagsabgeordneter der SPD, von den Putschisten als Innenminister vorgesehen, räumte zwar ein, dass Ostpreußen, das Sudetenland und auch seine Heimatprovinz, das Elsass, verloren seien. Aber er unterstützte den Plan, bei den Kriegsgegnern auf einen ‚ehrenvollen Frieden' zu drängen, der impliziert hätte: keine Besetzung Deutschlands durch Siegermächte, weitestgehende territoriale Integrität, weitestgehende Selbstbestimmung, keine überhöhten Reparationszahlungen, keine Entmilitarisierung u. a. m.[136] Die Alliierten jedoch forderten kategorisch die „bedingungslose Kapitulation" als Conditio sine qua non aller Friedensverhandlungen.

Nicht wenige der führenden deutschen Widerständler waren konservative Patrioten – ein Vorzug und ein Nachteil gleichzeitig. Einerseits hatten gerade Konservatismus und Patriotismus sie dazu gebracht, sich gegen Hitler zu kehren; andererseits hemmten diese noblen Einstellungen ihren subversiven Elan. Hitler zu stürzen, erschien ihnen nur legitim, wenn für die Zeit danach Ordnung und Kontinuität gesichert waren. Und Kontinuität hieß in diesem Fall weiterhin eine autoritäre Gesellschaft mit starkem Einfluss der Armee. So gerieten sie in eine ‚Wasch-mir-den-Pelz-aber-mach-mich-nicht-nass'-Position. Hitler sollte weg, nicht aber der Nutzen, den er dem einen oder anderen gebracht hatte.

Sie scheiterten vielleicht zwangsläufig. Den Beinahe-Tyrannenmördern, die Henning von Tresckow rekrutiert hatte, wurde dreierlei zum Verhängnis: erstens Hitlers rigorose Sicherheitsmaßnahmen, zweitens das launenhafte, unvorhersehbare Gebaren ihres Zielobjekts, drittens unglückliche Fügungen. So wurden die meisten der geplanten Anschläge gar nicht in die Tat umgesetzt. Stauffenbergs Attentat kam zwar zur Ausführung, doch erscheint es in sich wie eine Sequenz gravierender Fehler. Für das Misslingen gibt es mehrere Erklärungsversuche. Einer davon ist: Oberst Brandt, dem Stauffenbergs Aktentasche beim Betrachten der Karten im Weg war, habe sie außerhalb des massiven Sockels des schweren Eichentischs platziert, also von Hitler weg, der so nur noch eine gedämpfte Wucht der Explosion abbekam.[137] Einige haben dieser Version widersprochen, nicht zuletzt Oberst Brandt selbst.[138] Andere Kommentatoren behaupten, der Tagungsort der Konferenz habe Stauffenbergs Erfolg vereitelt. Hätte die Besprechung, wie ursprünglich geplant, in einem der Betonbunker der Wolfschanze stattgefunden, wäre der Effekt der Detonation ein anderer gewesen als in der aus leichten Bauteilen errichteten Baracke.[139] Dies mag durchaus eine Rolle gespielt haben, Stauffenbergs entscheidende ‚Unterlassungssünde' war aber, dass er die zweite Sprengstoffladung nicht in die Aktentasche packte. Zahlreiche Historiker und Waffenexperten sind der Meinung, dass niemand im Besprechungsraum überlebt hätte, wäre diese zweite Ladung mit explodiert.[140] Die Bauweise des Raums und die genaue Position der Bombe wären dann ohne Belang gewesen.

Allerdings hätte mit dem missglückten Attentat nicht zwangsläufig die ganze Verschwörung scheitern müssen. Leider war aber der komplette Walküre-Plan starr und unflexibel darauf aufgebaut, dass Stauffenberg seine Mission in der Wolfschanze erfolgreich erfüllte. Es gab keinen Plan B. Dies erklärt, wenigstens zum Teil, warum die Bendlerstraßen-Konspiration im Desaster endete. Während die Leute um Olbricht nur dasaßen und auf die Bestätigung von Hitlers Tod warteten, vergeudeten sie wertvolle vier Stunden, in denen sie die Dinge in ihrem Sinne hätten beeinflussen können. Dass sie so schüchtern auftraten und sich beständig von ihren Skrupeln übermannen ließen, legt die Vermutung nahe, dass sie sich schon als geschlagen betrachteten. Sie zögerten, die wichtigsten Radiostationen zu besetzen, und machten sich nur halbherzig daran, ihre Feinde auszuschalten. Als Gisevius die Verschwörer ersuchte, sich dieser Aufgabe endlich zu stellen und Goebbels zu ‚liquidieren', wurde ihm schroff beschieden, das komme nicht in Frage.[141] Schlabrendorff, gewiss kein Hitzkopf, hätte ein Vorgehen wie das von Gisevius angeregte bestimmt gutgeheißen. Rückblickend räumte er ein: „Blut hätte fließen müssen. Stattdessen sagten die Männer des 20. Juli zu allen: ‚Kommen Sie, setzen wir uns und reden wir drüber.'"[142]

Manche gehen in ihrer Kritik an den Verschwörern noch weiter. Ein Autor bezeichnete Stauffenberg und die Seinen als ‚Dilettanten', die bei der Durchführung des Putsches grotesk versagt hätten. Sie als „Berufssoldaten", „Generalstabsoffiziere" gar, hatten doch den „Umgang mit Waffen" und die „Organisation eines Ein-

satzes" gelernt. In die Kompetenz einer militärischen Führungs-
kraft falle es auch, zu beurteilen, was gehe und was nicht.[143] Die
Schelte klingt harsch, aber es ist etwas daran. Nehmen wir Stauffenberg: ein erfahrener Soldat von außergewöhnlicher Intelligenz
und mit enormen fachlichen Fähigkeiten. Doch fehlte ihm aufgrund seiner diversen Behinderungen die Geschicklichkeit, die
man benötigt, um eine Bombe in aller Eile korrekt zusammenzu-
bauen. Auch hätte er einen großen Unsicherheitsfaktor ausschalten
können, wenn er einen verlässlicheren Zünder benutzt hätte, einen
britischen *L-delay fuse* etwa (Verzögerungszünder, der mit einem
Draht aus spezieller Bleilegierung – *L* für *lead* ‚Blei' – operiert),
der damals durchaus erhältlich war. Bereits Gersdorff hatte einen
ungeeigneten Zünder verwenden müssen, weil der Widerstand ihm
nichts Passenderes hatte besorgen können.[144] Die Tapferkeit und
Integrität der Akteure stehen außer Frage, aber entweder fehlten
ihnen wesentliche Detailkenntnisse auf diesem Gebiet oder sie
hatten das Know-how, konnten aber das Material nicht beschaffen.

Die Schadenfreude auf Seiten der potenziellen Opfer war indes
gewaltig. Goebbels etwa fällte im Gespräch mit Speer ein vernichtendes und hohntriefendes Urteil über die Konspiranten:

„Wenn die nicht so ungeschickt gewesen wären! Sie haben eine
große Chance gehabt. Welche Trümpfe! Welche Kinderei! Wenn
ich denke, wie ich das gemacht hätte! Warum haben sie nicht das
Funkhaus besetzt und die tollsten Lügen verbreitet. Hier stellen sie
Posten vor meine Tür. Aber seelenruhig lassen sie mich mit dem
Führer telefonieren, alles mobilmachen! Nicht einmal mein Tele-
fon haben sie stillgelegt! So viele Trümpfe in der Hand zu haben
... Was für Anfänger!"[145]

Wenn man ehrlich ist, kann man dieser Einschätzung kaum
widersprechen. Ein tragisches Paradox: Die Putschisten wollten
durch ihr striktes Festhalten an Rechtmäßigkeit und Gesetzestreue
beweisen, dass sie anders waren als die, die sie bekämpften. Doch
eben dieses Festhalten an den Werten, die der Gegenseite nichts
bedeuteten, besiegelte ihren Untergang. Sie wollten, so könnte
man sagen, nicht die Macht ergreifen, sondern sie von dem getöteten Tyrannen ererben.

Aber hätte ein gelungenes Attentat zwingend zum Sturz des
Nazi-Regimes geführt? Dies bleibt eine offene Frage. Viele Zeitgenossen meinten damals, ja, und hielten auch später noch an die-

ser Einschätzung fest. Hitlers Sekretärin Traudl Junge gehörte dazu. In ihren Memoiren schildert sie, welche Gefühle der gescheiterte Anschlag Stauffenbergs später in ihr auslöste:

„Ich weiß nicht, was passiert wäre, wenn das Attentat sein Ziel erreicht hätte. Aber ich sehe vor meinem geistigen Auge Millionen von Soldaten, die irgendwo begraben liegen, für immer fortgegangen, die dann vielleicht stattdessen heimgekommen wären; ihre Waffen hätten endlich geschwiegen, und Ruhe hätte wieder den Himmel erfüllt. Der Krieg wäre vorbei gewesen."[146]

Diese Sichtweise ist auch heute noch verbreitet. Neulich rechnete eine BBC-Fernsehdokumentation vor, dass in den zehn Monaten von Juli 1944, als Stauffenberg seine Bombe zündete, bis Mai 1945, als Deutschland endlich kapitulierte, zehn Millionen Menschen starben, Soldaten und Zivilisten zusammengenommen.[147] Die unterschwellige Botschaft dieser Statistik wurde nicht formuliert, ist aber erahnbar: All diese Leben hätten gerettet werden können, wenn Stauffenbergs Attentat geglückt wäre.

Doch auch bei der Beurteilung dieser Frage sollte man realistisch bleiben. Selbst wenn den Verschwörern die Tötung Hitlers und der Staatsstreich gelungen wären, ist keineswegs sicher, dass sie auch ihre weiteren Ziele erreicht hätten. Sie besaßen nur geringen Rückhalt in der Bevölkerung und noch weniger internationale Sympathie. Und sie hätten die SS und die Gestapo niederringen müssen, ebenso wie die vielen ‚gewöhnlichen Deutschen‘, die noch immer nicht von Hitler lassen wollten, namentlich die zahlreichen Beamten, die sich durch ihren Treueeid gebunden fühlten. Die Gefahr eines Bürgerkriegs ist nicht von der Hand zu weisen. Die Erwartung, ein früherer Tod Hitlers hätte dem Gemetzel an der Front ein schnelleres Ende bereitet, entpuppt sich vor solchem Hintergrund als reines Wunschdenken.

Dass die deutschen Widerständler letztlich erfolglos blieben, mindert in keiner Weise die Ehrbarkeit ihres Anliegens. Keinen von ihnen trieben Ehrgeiz, Ruhmsucht oder feige Furcht vor einer deutschen Niederlage. Was sie zum Handeln bewog, war ihre Empörung über die Verbrechen, die im Namen Deutschlands begangen wurden. Das Attentat vom 20. Juli sollte nicht nur einen entscheidenden Schlag gegen Hitler und den Nationalsozialismus führen, sondern, wie Tresckow erklärte, der Welt beweisen, dass das alte, edle Deutschland noch lebendig war, für das die Vorväter gekämpft hatten. Sie begingen Hochverrat um der Ehre Deutschlands willen.

In Stauffenberg fanden sie eine Leitfigur von exemplarischer Tatkraft, Dynamik und moralischer Festigkeit. Er, niemand sonst, trieb den Widerstand zum blutigen Schlussakt des 20. Juli voran, nachdem alle vorherigen Bemühungen gescheitert waren. Ohne ihn hätte wahrscheinlich gar kein Attentat stattgefunden.[148] Verständlich, dass jener hochgewachsene, elegante Offizier mit der Augenklappe, dem verstümmelten Arm und der Schwäche für Poesie später das größte Interesse und den meisten Applaus auf sich zog. Aber er handelte nicht allein und hätte nicht allein handeln können.

Deshalb sollte man im Pantheon des deutschen Widerstands auch den anderen Attentätern einen Platz einräumen. Gersdorff, Bussche und Breitenbuch trieb die gleiche moralische Empörung wie Stauffenberg, und sie riskierten ebenso viel wie er. Opferbereitschaft zeigten sie alle; jeder rechnete damit, bei dem Attentat den Tod zu finden. Axel von dem Bussche schrieb Jahre später fast bedauernd: „Unsere einzige Schuld besteht darin, dass wir überlebt haben."[149]

Ein weiterer Kombattant, der besondere Hervorhebung verdient, ist Henning von Tresckow. Der Oberst im Generalstab der Heeresgruppe Mitte war der ursprüngliche *spiritus movens* des deutschen Widerstands. Obwohl er dem gleichen konservativ-nationalistischen Milieu entstammte, das den Nazismus groß gemacht hat, erkannte er frühzeitig die verbrecherische Natur des Regimes. 1938, als Stauffenberg noch Vorbehalte gegen die aufkeimende Oppositionsbewegung hegte,[150] befürwortete Tresckow schon Hitlers Beseitigung, wenn nötig mit Gewalt.[151] Dreimal versuchte er, Hitler zu töten, und baute sein Stabshauptquartier zu einer aktiven Zelle des militärischen Widerstands aus. Den Mitverschwörern gegenüber pflegte er einen ruhigen und vertraulichen Ton; sie fühlten sich bei ihm aufgehoben, verstanden. Eine „außergewöhnlich starke Persönlichkeit" sei Tresckow gewesen, schreibt Breitenbuch, „der militärische Kompetenz mit einem außergewöhnlich scharfen politischen Geist verband"[152]. Und fast wichtiger noch: Tresckow besaß die Gabe zu überzeugen. „Ich habe", fährt Breitenbuch fort, „nie jemanden kennen gelernt", der so wie

Tresckow „durch klare und nüchterne Argumentation die Zuhörer dazu brachte, sich seiner Meinung anzuschließen. Mit seiner inneren Ruhe und dem eigenen Glauben an die Sache inspirierte er geradezu."[153] Rückschauend ist es schwer vorstellbar, dass Stauffenberg so operiert hätte, wie er es tat, und dass er seinem Ziel so nahe gekommen wäre, ohne die praktische und psychologische Vorbereitung durch Tresckow.

Die militärischen Widerständler gelten bei vielen als ‚Spätzünder‘, als Clique von Offizieren, die sich erst zum Handeln genötigt sahen, als das Kriegsglück die Deutschen verließ und eine vernichtende Niederlage drohte. Nichts könnte falscher sein. Die Damaskus-Erlebnisse fanden bei Tresckow und seinen Kombattanten viel früher statt. Die Straße nach Rastenburg begann nicht in Stalingrad, sie begann in Dubno und tausend anderen Gräuelorten. Die Männer des Widerstands erkannten Hitlers mörderischen Rassenkrieg als ein Verbrechen und entschlossen sich zu handeln. Wenn sie auch nicht glaubten, den Krieg stoppen zu können, so wollten sie doch zumindest Zeugnis davon geben, dass nicht alle Deutschen ihren ethischen Kompass verloren hatten. Auch wenn Tresckow und die Seinen scheiterten: Sie waren in jenen Jahren, was die moralische Integrität betrifft, das Beste an Deutschland.

8. KAPITEL

Die Revolte des Lieblingsjüngers –
Albert Speer

In dieser Nacht fasste ich den Entschluss, Hitler zu beseitigen. [...] Ein Schauder erfasst mich noch heute bei dem Gedanken, wohin es mich geführt hatte, der ich einst nichts weiter als Hitlers Baumeister sein wollte. Immer noch saß ich ihm gelegentlich gegenüber [...] – während ich gleichzeitig darüber nachsann, wie das Giftgas zu beschaffen sei, um den Mann aus dem Wege zu räumen [...].

Albert Speer[1]

Die Stadt Breslau in der ostdeutschen Provinz Schlesien rühmte man einst als „die Blume Europas"[2]. Beidseitig der Oder gelegen, erwarb sie sich im Laufe der Zeit gewaltigen Reichtum durch Handel, aber auch durch die Patronage der Kirche. Schon im Mittelalter war Breslau eine der größten Städte nördlich der Alpen. Ihr Wohlstand manifestierte sich nicht zuletzt in einer geradezu fieberhaften Bautätigkeit. Auf den Inseln, die sanft die Strömung des Flusses hemmen, ragten schon früh imposante Kirchen in die Höhe. Als beispielhaftes Kunstwerk der Gotik gilt der doppeltürmige Dom Sankt Johannes der Täufer, der Mitte des 14. Jahrhunderts vollendet wurde. Hier schlug das religiöse Herz Breslaus. Das merkantile Zentrum lag am so genannten Ring, dem einstigen Marktplatz, den viele stattliche Patrizierhäuser zieren. Eine weitere beeindruckende Sehenswürdigkeit ist das mächtige Rathaus, reich verziert mit gotischen Giebeln, Spitztürmchen und Wasserspeiern.

Zu Beginn des 20. Jahrhunderts hatte Breslau über 600.000 Einwohner. Die größte deutsche Stadt östlich Berlins hatte alles zu bieten, was eine moderne Metropole auszeichnet: Parks, Museen, Theater, Kinos, eine Oper und eine Universität. Letztere hat eine Reihe Nobelpreisträger hervorgebracht, den Historiker Theodor

Mommsen etwa und den Chemiker Fritz Haber. Breslau war die Verwaltungszentrale der umgebenden Provinz Niederschlesien und sorgte mit seiner florierenden Wirtschaft für Beschäftigung im Umland. Wie in allen deutschen Großstädten gab es auch hier eine lebendige jüdische Gemeinde.

Bis zum Frühjahr 1945 war Breslau von den Verwüstungen des Kriegs weitgehend verschont geblieben. Die alliierten Bomber flogen selten über Dresden hinaus. Die niederschlesische Hauptstadt hatte kaum Sachschäden zu beklagen und wurde bereits scherzhaft als „Reichsluftschutzbunker" bezeichnet. Die relative Sicherheit bewog diverse Industriebetriebe (auch militärische) und Verwaltungsbehörden, sich in Breslau niederzulassen. Die Einwohnerzahl stieg auf über eine Million. Zwar hatten fünf Jahre Krieg die männliche Bevölkerung dezimiert, und die jüdischen Bürger waren schon seit Jahren verschwunden – vernichtet, deportiert oder ins Exil getrieben. Die Spuren von Bomben und Feuer aber, die sich durch viele andere Städte Europas gezogen hatten und tagtäglich zogen, zeigten sich in Breslau nicht. Noch nicht.

Im Februar diesen Jahres sollte sich das ändern. Am 12. Januar hatten die Sowjets von ihren Brückenköpfen an der Weichsel her eine neue Offensive gestartet. Breslau wurde Marschziel der 1. Ukrainischen Front. Als die sowjetischen Vorausabteilungen über die gefrorene polnische Erde westwärts stürmten, blieb den Deutschen nur der ungeordnete Rückzug. Am 14. Februar fand Breslau sich eingekreist.

Überraschend kam die Belagerung nicht. Schon seit Monaten bereitete man sich darauf vor. Es waren freilich Vorbereitungen im Geiste der braunen Machthaber; militärische Selbstbehauptung zählte mehr als der Schutz von Menschenleben. Ende 1944 wurde die Stadt zur ‚Festung Breslau' erklärt. Wie alle Städte im Osten Deutschlands erhielt auch sie die Weisung, bis zum letzten Mann zu kämpfen. Man hob neue Einheiten für den *Volkssturm* aus, verstärkte die Stadtgarnison und zog ein konzentrisches Netz von Verteidigungslinien um die Stadt. Die Bevölkerung aus der Gefahrenzone zu bringen, hatte monatelang keine Priorität; damit zu früh zu beginnen, wäre nach nazistischer Denkweise Defätismus gewesen. Jetzt jedoch, Anfang 1945, musste gehandelt werden. Ende Januar begann man mit der Evakuierung der Zivilbevölkerung. Schon am 14. Januar, als Nachrichten vom sowjetischen Vormarsch die Stadt erreichten, überfluteten Tausende Zivilisten die Bahnhöfe. Sie durften aber erst am 20. Januar weiterreisen, und auch dann nur in genau festgelegten Gruppen. In ihrer Verzweiflung und bei Temperaturen von minus zehn Grad machten sich schließlich etwa 60.000 zu Fuß auf den Weg. 400 schafften es nur bis zum Stadtrand und wurden in den dortigen Parkanlagen begraben. Noch mehr Leichen säumten die Ausfallstraßen nach Westen und Süden. Jeden Tag erhielt eine andere Gruppe den Befehl zum Abmarsch, und jeden Tag wiederholten sich die grausamen Szenen. Insgesamt kamen bei der Evakuierungsaktion circa 90.000 Menschen ums Leben.[3]

In Breslau selbst regierte die nazistische Stadtobrigkeit ,mit eiserner Faust', was es noch zu regieren gab. Etwa 200.000 Zivilisten waren in der Stadt verblieben; die verhasste Militärpolizei schikanierte sie, wo immer sie konnte. Die Arbeitsbataillone, zusammengestellt für den Barrikadenbau, unterlagen scharfer Überwachung. Wenn ein Kontrollierter sich als Deserteur entpuppte oder schlicht nicht die richtigen Papiere hatte, wurde er ohne weiteres Verfahren erschossen. An einem Tag wurden 36 ausländische Frauen, Fremdarbeiterinnen vermutlich, ermordet.[4] Beamten war es strikt untersagt, die Stadt zu verlassen, und sei es nur für kurze Zeit. Der stellvertretende Bürgermeister Spielhagen etwa hatte seine Frau und seine Kinder ins damals noch relativ sichere Berlin gebracht; als er nach Breslau zurückkehrte, statuierten die Nazis ein Exempel und hängten ihn am Ring. „Es wurde", erinnert sich der spätere Journalist Ulrich Frodien in seinen Memoiren, „immer gefährlicher in Breslau, [...] nicht wegen der Russen, sondern wegen der eigenen Leute."[5] Einige flüchteten in den Selbstmord; binnen zehn Tagen wurden innerhalb eines Stadtbezirks sechzig Fälle registriert. Immer wieder fand man Familien tot in der Küche, um den Herd gedrängt; sie hatten sich mit Gas vergiftet.[6]

Die Vorbereitung zur Verteidigung Breslaus nahm keinerlei Rücksicht auf die historische Bausubstanz. Nichts schien mehr heilig. Kirchtürme wurden mit MG-Nestern besetzt, an die Oderbrücken Sprengladungen gelegt. Flak und Artillerie wurden in den Parks und auf den Friedhöfen installiert, im Botanischen Garten und in den Anlagen des fürstbischöflichen Palais. In den südlichen Vorstädten, wo man die ersten russischen Attacken erwartete, wurden ganze Wohnblocks geschleift, um Material für Barrikaden zu erhalten und den Verteidigern ein freies Schussfeld zu schaffen.[7] Die Räumung dieser Häuser übertrug man Pionieren, welche die Bewohner kurzfristig informierten, dass sie weichen müssten, und dann alles, was sie greifen konnten, durch die Fenster hinauswarfen, bevor sie im Erdgeschoss Dynamit verteilten.

Während die sowjetische Schlinge um Breslau immer enger wurde, demontierten die selbsternannten Verteidigungsheroen die Stadt weiter. Im März wurde die elegante Kaiserstraße, die durch die nördlichen Vororte verlief, geopfert, um Platz für eine Landebahn zu schaffen. Die Straße, an der pompöse Villen und drei Kirchen lagen, wurde geräumt und durch Sprengungen planiert. Fremdarbeiter mussten den Schutt wegräumen. 1.300 von ihnen starben bei Artillerie- und Tieffliegerattacken.[8]

Der Urheber dieses Wahnsinns hieß Karl Hanke, ein NS-Karrierist mit besten Verbindungen. Der ehemalige Gewerbelehrer war schon in den Weimarer Jahren zu den Nationalsozialisten gestoßen, lange Zeit Goebbels' persönlicher Adjutant gewesen und eng mit Albert Speer befreundet. 1941 verbrachte er eine kurze Weile an der Front, dann wurde er zum Gauleiter Schlesiens ernannt mit Hauptquartier in Breslau. Stets blieb Hanke seinem Führer ein loyaler Diener, auch im Frühjahr 1945, als der Krieg sich dem Ende näherte. Er teilte Hitlers Verblendung und plapperte stets gehorsam dessen neueste Phrasen nach. Breslau regierte er ohne Pardon. Selbst im Rahmen privater Gespräche gab Hanke den Gnadenlosen. Als Speer ihn kurz vor Beginn der Belagerung besuchte, führte er ihn durch seine Residenz, das elegante klassizistische Palais Hatzfeld, erbaut im 18. Jahrhundert von Langhans. Der Gedanke, dass ein solches Juwel unbedingt erhalten werden müsse, lag Hanke fern: „Nie werden die Russen das hier bekommen", erklärte er pathetisch gegenüber Speer, „lieber brenne ich es nieder!" Speer protestierte, aber während des weiteren Gesprächs wurde immer klarer, dass dem Gauleiter „Breslau ganz gleichgültig" war, „wenn es dem Gegner in die Hand fiel"[9]. Unermüdlich verbreitete Hanke öffentlich Durchhaltepropaganda, bei der ein Satz immer wieder auftauchte: Breslau werde verteidigt bis zum letzten Mann und bis zur letzten Kugel. Gern zitierte er das Hitler-Wort: „Wer den Tod in Ehren fürchtet, soll in Schanden sterben."[10] In den offiziellen Medien wurde Hanke als leuchtendes Beispiel für das übrige Deutschland gefeiert. Eine Sendung des Berliner Rundfunks vom 14. April prangerte ‚defätistische‘ Tendenzen in gewissen deutschen Regionen an und beklagte, dass „Männer wie Gauleiter Hanke im Westen fehlen"[11].

Unter Hankes Führung kam es zu heftigen Gefechten. Es wurde von Straße zu Straße gekämpft, von Häuserblock zu Häuserblock, sogar von Zimmer zu Zimmer. Die Verteidiger erzielten einige kleinere Erfolge, eroberten etwa ein paar sowjetische Stellungen zurück und hinderten Panzer und Infanterie am weiteren Vordringen. So hielten sie eine Weile die Frontlinie und verloren letztlich doch, denn sie vermochten nichts gegen die Attacken der sowjetischen Luftverbände und ihrer Artillerie. Nach der Überwindung kleinerer Schwierigkeiten flogen Kampfmaschinen in mehreren Wellen über die Stadt und warfen ungehindert ihre tödliche Fracht ab. Nach dem Bombardement vom Osterwochenende schien Leben fast nur noch unterhalb der Erdoberfläche möglich. Die wenigen Zivilisten, die noch in der Stadt waren, zogen sich in die Keller zurück. Sogar der Stadtkommandant, General Niehoff, musste seinen (oberirdischen) Bunker verlassen.[12]

Am 6. Mai – vier Tage nach Berlin – kapitulierte Breslau. Der ‚Verteidigungsheros‘ Karl Hanke hatte sich in der Nacht zuvor noch rasch aus dem Staub gemacht. Die Stadt war kaum wiederzuerkennen: eine Mondlandschaft aus Schutt, Asche und Granattrichtern. Fast alle Kirchen waren schwer beschädigt, viele ausgebrannt, zahllose städtische Gebäude und große Teile der Universität einschließlich der Bibliothek vernichtet; 20.000 Häuser waren dem Erdboden gleichgemacht, die Stadt zu siebzig Prozent zerstört.[13] Fast kein Stadtbezirk entging dem Desaster, wie ein Augenzeuge berichtete:

„Ging mal über Trümmerhaufen nach der Kaiserbrücke. Alles Wüste. Garve- bis Stanetzkistraße: Ruinen; Mauritiusplatz: Ruinen; Brüder-Kloster stark beschädigt, Brüderstraße viel ausgebrannt. Tauentzienstraße restlos ausgebrannt, von meinem Sohn das Haus [...] ausgebrannt bis in die Keller. Nicht ein Brettchen, nur die schwarzen Mauern."[14]

Wie viele Menschen bei den Angriffen ums Leben kamen, wird sich wohl nie ermitteln lassen, aber es erscheint glaubhaft, dass es unter den militärischen Opfern auf deutscher Seite 23.000 Verwundete und 6.000 Tote gab, auf sowjetischer Seite 65.000 Tote und Verwundete.[15] Was die zivilen Toten Breslaus betrifft, so schwanken die Schätzungen zwischen 10.000 und 80.000, davon über 3.000 Selbstmorde.[16]

In den Augen des deutschen Oberstrategen hatte die Zerstörung Breslaus einen höheren militärischen und politischen Sinn. Die deutschen Armeen fochten im Osten nunmehr an einer begradigten, verknappten und ‚heimatnäheren' Front, die Kommunikationswege wurden kürzer und den Feind hatte der Kampf um die Odermetropole deutlich erschöpft. Alles Umstände, aus denen ein Illusionist wie Hitler Zuversicht zu schöpfen wusste. Sein ‚Festungsbefehl' ein Jahr zuvor hatte die größeren ostdeutschen Städte zu Bollwerken gegen die sowjetischen Angriffe machen sollen. Im besten Fall, so das Kalkül, könnte man sie als Plattform für Gegenattacken nutzen; im schlimmsten Fall würden sie geopfert, damit Berlin Zeit gewann. Dass es in einem solchen Kampf zu Brutalitäten kam, lag in der Natur der Sache. Hier tobte eine erbitterte Auseinandersetzung zwischen zwei Feinden, die einander aus ideologischen Gründen als unbedingt zu vernichtenden Abschaum betrachteten. In einem solchen Konflikt wird Pardon weder gegeben noch erwartet. Die deutschen Soldaten hatten mit ihrem Zerstörungswerk und ihrer Grausamkeit Wind gesät, die deutschen Zivilisten ernteten jetzt den Sturm. Jetzt würden sie selbst ihre Städte verteidigen, ihre Straßen, ihre eigenen Häuser, und da sie keine Gnade zu erwarten hatten, würden sie kaum demütig die Waffen strecken.

Aber die zahllosen Appelle aus Berlin, „durchzuhalten" und „zu widerstehen", hatten noch einen anderen Hintergrund. Paul Peikert, ein Breslauer Pfarrer, der den Untergang seiner Stadt im Tagebuch festhielt, traf deprimierend genau das Richtige, als er schrieb: „Sie führen Krieg nicht gegen den Feind; sie führen Krieg gegen ihr eigenes Volk, gegen alles, was diesem lieb und teuer ist."[17] Am 19. März 1945 erließ Hitler den so genannten *Nero-Befehl*. Die Verlautbarung begann mit einem Hinweis auf die Notwendigkeit, der Schlagkraft des Feindes jeden nur erdenklichen Schaden zuzufügen und gipfelte in der eigentlichen Order:

„Alle militärischen Verkehrs-, Nachrichten-, Industrie- und Versorgungsanlagen sowie Sachwerte innerhalb des Reichsgebietes, die sich der Feind zur Fortsetzung seines Kampfes irgendwie sofort oder in absehbarer Zeit nutzbar machen kann, sind zu zerstören."[18]

Die militärisch-strategische Rationalität, in der die Diktion des Nero-Befehls daherkommt, nimmt ihm nichts von seiner Brutalität. Nur verbrannte Erde sollte für die Invasoren bleiben, nur verbrannte Erde für die Überlebenden. Hitlers ‚Selbstzerstörungswahn' gehört zu den makabersten, aber auch faszinierendsten Details in der Geschichte des Zweiten Weltkriegs. Erstmals manifest wurde diese Tendenz in einer seiner Reden Ende 1941: „Wenn das deutsche Volk einmal nicht mehr stark und opferbereit genug ist, sein eigenes Blut für seine Existenz einzusetzen, so soll es vergehen und von einer anderen, stärkeren Macht vernichtet werden. [...] Ich werde dann dem deutschen Volk keine Träne nachweinen."[19] Da Hitler dies sagte, als die deutschen Armeen noch überwiegend siegten und sich kommende Misserfolge bestenfalls schemenhaft abzeichneten, könnte man versucht sein, die Äußerung abzutun als bloßes Schwadronieren, das eine devote Zuhörerschaft schockieren oder provozieren sollte. Doch im Spätsommer 1944, als die Niederlage für alle Deutschen, die Augen hatten zu sehen, sichtbar am Horizont stand, schien Hitler entschlossen, das Land in die Katastrophe eines totalen Zusammenbruchs zu steuern.

Die erste praktische Demonstration dieser ‚Politik der verbrannten Erde' erfolgte noch auf erobertem Gebiet. Juli 1944 erging der Befehl, die gesamte Kriegsindustrie Frankreichs und der Niederlande zu zerstören. Anfang Juni waren die Alliierten in der Normandie gelandet, und die deutschen Armeen versuchten verzweifelt, ihren Vormarsch zu verhindern. Ganze Einheiten, deren Kampfkraft dann natürlich an der Front fehlte, wurden abkommandiert, um Kohle- und Erzminen, Elektrizitätswerke und Industriebetriebe zu demolieren. Mancherorts hatte man den Mut, die Order nicht zu befolgen. Aber sie wurde weiter ausgegeben — in Italien, in Ungarn, auf dem Balkan und schließlich in Deutschland selbst. Einige Zeit später in dem Jahr tönte Hitler: „Keine [deutsche] Stadt wird dem Feind überlassen, bevor sie nicht ein Trümmerhaufen ist!"[20]

Zu Beginn des Jahres 1945 wurden die Anstrengungen noch einmal intensiviert. Die Wehrmacht versuchte, die Initiative im Westen wiederzugewinnen, indem sie durch Belgien und Luxemburg gegen die heranrückenden alliierten Truppen vorstieß; doch das Unternehmen, die so genannte Ardennenoffensive, scheiterte.

Die Niederlage war bloß noch eine Frage der Zeit. Hitler aber beharrte unerschütterlich darauf, er werde sich nie ergeben. „Kapitulation kommt nicht [...] in Frage", tobte er und drohte: „Wir überlassen den Amerikanern, Engländern und Russen nur eine Wüste."[21] Alle wesentlichen Teile der Infrastruktur, Eisenbahnstrecken, Kanäle, Telefonleitungen, Brücken, sollten zerstört werden. Goebbels verkündete düster: „Wenn wir untergehen, dann geht das deutsche Volk mit uns unter."[22]

Hitlers damaliger Reichswaffenminister Albert Speer beschrieb später, wie Deutschland ausgesehen hätte, wenn das Edikt der ‚verbrannten Erde' buchstabengetreu umgesetzt worden wäre. Er resümiert den Willen des Führers so:

„Keinem Deutschen [...] solle es erlaubt sein, die vom Gegner besetzten Gebiete zu bewohnen. Wer trotzdem bleibe, solle in einer Zivilisationswüste vegetieren müssen. Nicht nur die Industrieanlagen, die Gas-, Wasser- und Elektrizitätswerke, die Telefonzentralen sollten vollständig zerstört werden, sondern alles, was sonst zur Aufrechterhaltung des Lebens notwendig sei: die Unterlagen für die Lebensmittelkarten, die Akten der Standes- und Einwohnermeldeämter, die Aufstellungen der Bankkonten; ferner sollten die Lebensmittelvorräte vernichtet, die Bauernhöfe niedergebrannt und das Vieh getötet werden. Selbst von den Werken der Kunst, die die Fliegerangriffe überstanden hatten, sollte nichts erhalten bleiben: Die Baudenkmäler, die Schlösser, Burgen und Kirchen, die Theater und Opernhäuser waren ebenfalls zur Zerstörung vorgesehen."[23]

Die Parolen, mit denen die Regierungspropaganda den intendierten Vandalismus stützte, lasen sich kaum weniger sinister. Der *Völkische Beobachter* etwa schrieb auf Hitlers Geheiß: „Kein deutscher Halm soll den Feind nähren, kein deutscher Mund ihm Auskunft geben, keine deutsche Hand ihm Hilfe bieten. Jeden Steg soll er zerstört, jede Straße gesperrt vorfinden – nichts als Tod, Vernichtung und Hass wird ihm entgegentreten."[24]

Die Gründe für diesen Zerstörungswahn wurden viel diskutiert. Eine Rolle spielte sicherlich Hitlers Erinnerung an das ruhmlose Ende des Ersten Weltkriegs. Sein Verhalten 1945 entsprang, zumindest teilweise, dem Willen, es besser zu machen als die Verantwortlichen 1918. Seine rasenden Durchhalteappelle sollten einem neuerlichen ‚Dolchstoß' entgegenwirken, meint auch der deutsche Historiker Sebastian Haffner: „November 1918 war Hitlers Erweckungserlebnis gewesen, [...] und der Vorsatz, nie wieder einen November 1918 zuzulassen, der ursprüngliche Hauptimpuls bei seinem Entschluss, Politiker zu werden. Nun [1945] war es so weit, nun war Hitler gewissermaßen am Ziel: Ein November 1918 stand wieder vor der Tür, und Hitler war in der Lage, ihn diesmal zu verhindern. Dazu war er entschlossen."[25]

Dies ist *eine* Erklärung. Aber zu Hitlers Haltung 1945 trugen mehrere Faktoren bei. Eine zweifellos nihilistische Grundeinstellung steuerte sein Handeln, aber ebenso psychopathische und misanthropische Tendenzen. Sie waren immer in ihm angelegt und kamen in der Stunde der Katastrophe zum Ausbruch. Den Menschen nannte Hitler einmal eine „lächerliche Weltraumbakterie"[26]. Menschliches Leiden bedeutete ihm nichts. Nie ging er zu Verwundeten in den Lazaretten und Krankenhäusern, nie besuchte er zerbombte Städte. Seine Welt bestand aus Feinden, die zu vernichten, und Verbündeten, die zu benutzen waren.

Sein Denken speiste sich nicht unwesentlich aus mythologischen und philosophisch-ideologischen Quellen. Der nordischen Sagenüberlieferung zufolge kommt das Ende der Welt, die so genannte Götterdämmerung, wenn die Götter ihre Feinde, die von allen Seiten anstürmen, herausfordern und, hoffnungslos unterlegen, tapfer den Heldentod sterben. Die Sonne verdunkelt sich, die Sterne verschwinden und die Erde versinkt im Meer. Danach entsteht eine neue Welt. Einer der vernichteten Götter, Baldur, Gott des Lichtes und der Schönheit, darf aus der Unterwelt zurückkehren und am neuen Weltgebäude mitwirken. Ein finsterer Mythos, aber viele Deutsche faszinierte er. Popularisiert hat ihn vor allem der Komponist Richard Wagner (1813 - 1883) mit seinen berühmten Opern. Besonders Nationalisten berauschten sich daran. Und die Nationalsozialisten zitierten die blutigen Sagen bei jeder Gelegenheit. In den letzten Tagen des Dritten Reiches erklärte Göring, Deutschland gemahne ihn an die „Halle der Nibelungen, erbaut aus Feuer und Blut"[27]. Auch Hitler schwärmte für die germanische Mythenwelt und Wagners Opern; er besuchte regelmäßig die Bayreuther Festspiele und sammelte Wagner'sche Originalpartituren.[28] Das Oeuvre des Komponisten stellte für ihn eine Ersatzreligion dar.

Das mythische Universum der Germanen war im Dritten Reich

en vogue. Viele Nationalsozialisten scheinen an die alten Götter geglaubt zu haben. Gegen Ende des braunen Staates, im April 1945, schrieb Gerda Bormann ihrem Gatten Martin in die Reichskanzlei, wie sehr sie die missliche Lage Deutschlands an die Götterdämmerung erinnere: „Die Riesen und die Zwerge, der Fenriswolf und die Midgardschlange, alle Mächte des Bösen rücken vor über die Brücke der Götter. [...] Die Burg wankt, und alles scheint verloren. Aber plötzlich ersteht eine neue Burg, schöner noch als die zuvor, und Baldur lebt wieder."[29] Mit derlei mystischem Geraune halfen sich viele führende Nationalsozialisten über die letzten Tage des Dritten Reiches.

Hitlers Endzeit-Vandalismus speiste sich aber nicht nur aus solch mystischen, sondern auch aus anderen Quellen, hauptsächlich dem Sozialdarwinismus. Er betrachtete die menschliche Existenz als Kampf, in dem nur die Tüchtigsten überleben. Hier lässt Darwins *survival of the fittest* grüßen, das Hitler schematisch auf die menschliche Gesellschaft und auf Nationen übertrug. Entsprechend sah er Deutschland in einem Lebenskampf, der sich nicht nur gegen den inneren ‚Bazillus', die Juden, richten müsse, sondern auch gegen andere ‚minderwertige' Völker und Rassen in Europa. Der Lebenskampf verpflichte einerseits zur radikalen Ausrottung der rassischen Feinde, andererseits zur sorgfältigen Hege des deutschen Erbguts. Daher der Hang der Nazis zu einer Pseudowissenschaft wie der Eugenik, daher die Förderungsprogramme für den SS-Nachwuchs, einschließlich Eliteschulen.

Hitler trieb dieses rassistische Gedankengut bis zur grausamsten Konsequenz – auch der eigenen Nation gegenüber. Eine Eliterasse wie die germanische habe sich immer wieder im Kampf mit ihren Rivalen zu messen. Hitler ermutigte die Deutschen gern und schmeichelte ihnen, solange er den Eindruck hatte, sie nutzten die Chance, die er ihnen gab. Sollten sie jedoch versagen, so sei es nur gerecht, wenn sie das gleiche Schicksal ereilte wie ihre Opfer. „Sollte das deutsche Volk den Krieg verlieren", sagte er einmal, „dann würde dies beweisen, dass es nicht den ‚inneren Wert' besäße, der ihm zugeschrieben worden sei; er würde für dieses Volk dann nichts mehr übrig haben."[30] Bei anderer Gelegenheit beschwor er das Verhängnis noch plastischer:

„Wenn der Krieg verloren geht, wird auch das Volk verloren sein. Es ist nicht notwendig, auf die Grundlagen, die das deutsche

Volk zu seinem primitiven Weiterleben braucht, Rücksicht zu nehmen. Im Gegenteil ist es besser, selbst diese Dinge zu zerstören. Denn das Volk hat sich als das schwächere erwiesen, und dem stärkeren Ostvolk gehört ausschließlich die Zukunft. Was nach diesem Kampf übrig bleibt, sind ohnehin nur die Minderwertigen, denn die Guten sind gefallen."[31]

1945 hatte Deutschland also den ‚Lebenskampf' verloren und verdiente nicht zu überleben.

Nicht alle Nazis teilten diese ‚Weltanschauung'; selbst unter den hartgesottensten regten sich Bedenken. Göring fand jene Darlegungen enttäuschend,[32] und sogar Goebbels, sonst Hitlers eifrigster Claqueur, beklagte, sie gingen „von völlig falschen Voraussetzungen aus"[33]. Den heftigsten Widerspruch jedoch erntete Hitler von seinem Reichswaffenminister Albert Speer.

Speer war Architekt. Als Student hatte er 1930 in Berlin Adolf Hitler sprechen gehört; der feurige Redner weckte in dem jungen Mann eine solche Begeisterung, dass er bald in die NSDAP eintrat. In den folgenden zwei Jahren freundete er sich mit Karl Hanke an, damals Kreisleiter der Partei in Berlin-West, und bekam von derselben die ersten Aufträge. Seine baumeisterlichen und organisatorischen Talente sprachen sich rasch herum; 1933 überließ man ihm die Gestaltung größerer nationalsozialistischer Festivitäten. Es dauerte nicht lange, und er gehörte zum inneren Kreis um Hitler – ein Weg, den ihm Hitlers Interesse an Architektur und die erfolgreiche Durchführung einiger anspruchsvoller Bauprojekte ebneten; genannt seien nur die Neue Reichskanzlei in Berlin und das Reichsparteitagsgelände in Nürnberg.

Aber trotz seiner Nähe zum Epizentrum der Macht und seiner Zuneigung zu und Bewunderung für Hitler leugnete Albert Speer später, je ein überzeugter Nationalsozialist gewesen zu sein. ‚Schon' 1940, behauptete er, habe er den dunklen Kern des Nazismus erschaut, seine „prahlsüchtige Arroganz, seine Gier und die typischen Exzesse des schlechten Verlierers, die er sich leistete"[34]. Daher habe er sich immer um Distanz zur Partei bemüht, sogar ein Ehrenamt in der SS abgelehnt. Er habe als Hofarchitekt gewirkt, doch dies sei eine unpolitische Rolle gewesen. Die Konzentrationslager, die Zwangsarbeit, die krude Rassenideologie – alles Phänomene, die außerhalb seiner Welt gelegen hätten. Er verstand sich als Manager, Technokrat, Künstler und war der Meinung, dass, wenn er sich an den Verbrechen des Regimes nicht persönlich beteilige, er auch nicht in sie verwickelt sein könne. Eine Selbsttäuschung, die ihm eine ganze Weile gelang.

1942 waren die friedlichen Tage als ‚Hofarchitekt' beendet. Er wurde zum *Reichsminister für Bewaffnung und Munition* (kurz *Reichswaffenminister*) ernannt, was er erstens seinem ‚Manager'-Talent, zweitens dem rätselhaften Tod seines Amtsvorgängers Fritz Todt zu verdanken hatte. Das Amt brachte die Aufgabe mit sich, die deutsche Industrie auf ein Leistungsvermögen zu bringen, das dem ‚totalen Krieg' den nötigen Rückhalt verlieh. Ein schwieriges Unterfangen, bedenkt man die dauernden Störungen durch die alliierten Bomber und den Arbeitskräftemangel. Und doch gelang es Speer, die Produktion beeindruckend zu steigern; ihren Spitzenwert erreichte sie 1944.

Aber ungeachtet aller Erfolge hatte Speer zu jener Zeit den Zenit seiner Karriere schon überschritten. Seine nüchterne, ungeschönte Beurteilung der Lage Deutschlands hatte wiederholt Unwillen erregt; die SS nahm ihn ins Visier, und Hitler entzog ihm immer deutlicher seine Gunst. Man spann Intrigen gegen ihn, Rivalen drängten ihn bei Projekten ab und der Führer wies ihn brüsk zurück. Seine Denkschriften wurden offen kritisiert, und zu wichtigen Besprechungen wurde sein Stellvertreter öfter geladen als er selbst.[35] So viel Druck fordert irgendwann seinen Tribut. Januar 1944 musste Speer wegen eines Nervenzusammenbruchs ins Sanatorium. Als er im Frühling wieder zu arbeiten begann, merkte er, dass er sich vielem, was ihm früher vertraut war, entfremdet hatte: der Partei, der SS, Hitler. Speer kleidete den Vorgang in die Worte: „Der Schleier hatte sich gehoben."[36] Eine Desillusionierung, die zumindest eine Ursache in seiner Einschätzung hatte, dass der Krieg bereits verloren sei. Er sah, dass Deutschlands militärisches Potenzial mehr und mehr dahinschmolz, und zweifelte, dass es sich wirksam verteidigen konnte. In seinen Memoiren hielt er die ‚defätistischen' Gedanken fest, die ihn während seiner Rekonvaleszenz in Südtirol befielen:

„[...] die Vorboten des Kriegsendes konnte ich fast täglich am blauen, südlichen Himmel sehen, wenn in aufreizend niedriger Flughöhe die Bomber der 15. amerikanischen Luftflotte [...] die Alpen überquerten [...]. Kein [deutsches] Jagdflugzeug weit und breit, kein Flakschuss. Dieses Bild vollständiger Wehrlosigkeit wirkte eindrucksvoller als jeder Bericht."[37]

Speer erwog seinen Rücktritt, besann sich aber anders und verfasste eine Reihe Denkschriften, die er an Hitler sandte. Darin machte er Vorschläge, wie die Niederlage hinausgeschoben oder wenigstens gemildert werden könne. Doch all seine Ideen ernteten nur Verachtung, Spott und Hohn, denn Hitler wollte nun einmal nichts wissen von einer ‚Niederlage‘. Die meisten seiner Denkschriften landeten ungelesen im Papierkorb. Ihr Autor verharrte zwar auf seinem Posten, fühlte sich dort aber zunehmend fehl am Platze.

Als man dann die ‚Politik der verbrannten Erde‘ umzusetzen begann, war Speer nach eigenem Bekenntnis „bestürzt". Während er den Überlebenden zuliebe retten wollte, was zu retten war, verfolgten seine Ministerkollegen gehorsam das Programm eines nie da gewesenen und – so erschien es wenigstens *ihm* – skrupellosen Vandalismus. Er suchte nach Wegen, den Nero-Befehl zu umgehen, wenn nicht gar zu unterminieren. Er erteilte zahllose Wehrmachtsbefehle, die eine bestimmte Brücke oder einen anderen Teil der Infrastruktur schonen sollten.[38]

Speers erfolgreichste Taktik aber bestand in einem „überraschend einfachen Trick"[39]. Sowohl in seinen Memoranden als auch in persönlichen Gesprächen mit dem Führer benutzte er dessen eigene Argumente und Denkweise, um zu bekommen, was er wollte. So legte er etwa dar, dass das verlorene Territorium X doch gewiss bald von den deutschen Streitkräften zurückerobert werde. Deshalb sei es ratsam, die dortige Infrastruktur nicht zu zerstören, denn dann könne die deutsche Armee später bei der Rückkehr mit geringem Aufwand die ‚Ordnung‘ und die Bedingungen für die militärische Produktion wiederherstellen. Hitler glaubte nur zu gern, dass seine Heere ‚selbstverständlich‘ die Initiative erneut an sich reißen und verlorenes Gebiet zurückerobern würden. Daher stimmte er bereitwillig zu. Mit des Führers Plazet in der Tasche fiel es Speer leicht, die regionalen Gauleiter zu überzeugen. „Es muss", schrieb er, „in jedem Fall dafür gesorgt werden, dass [...] Industriegebiete, so weit sie in Feindeshand fallen sollten, in ihrem Betrieb nur gelähmt werden, das heißt, dass durch Herausnahme und Rückführung irgendwelcher [...] Aggregate der Betrieb [...] unterbrochen wird, ohne die Anlagen selbst zu beschädigen."[40]

Speer arbeitete unermüdlich. Er hintertrieb jetzt Hitlers Intentionen mit der gleichen Energie, mit der er sie früher gefördert hatte. Unter anderem überzeugte er den deutschen Stadtkommandanten von Paris, Choltitz, alle geplanten Abrisse zu verschieben.[41] Von Februar bis April 1945 machte er siebzig Besuche in den noch übrig gebliebenen deutsch besetzten Gebieten und hielt fast einhundert Konferenzen ab.[42] Er erzielte ein paar bemerkenswerte Erfolge und beging damit nebenbei sechzigmal Hochverrat.[43]

Und zweifellos hat er die Entscheidung des Hamburger Gauleiters Karl Kaufmann mit beeinflusst, die dortige Altstadt *nicht* zu planieren. Seiner Intervention zu verdanken ist auch der Erhalt der Bergwerke und Fabriken in Belgien und Nordfrankreich, der holländischen Kanäle, der finnischen Nickelminen, der Erzminen auf dem Balkan und der Ölfelder in Ungarn.[44] Indem er dergestalt Hitlers Befehle sabotierte, setzte Speer sein Leben aufs Spiel.

Nach wie vor richtete er Denkschriften an Hitler – in der Hoffnung, bei diesem würde die Vernunft siegen. Obwohl er ihn de facto bereits bekämpfte, sah er ihn noch nicht als Wurzel des Problems. Das sollte sich bald ändern.

Speers Verhältnis zu Hitler war von besonderer Art. Er selbst hat es relativ klar definiert: „Wenn Hitler Freunde gehabt hätte, dann wäre ich sein Freund gewesen."[45] Eine Biografin Speers geht einen Schritt weiter und beschreibt die Beziehung als „verhängnisvolle Liebe"[46]. Tatsächlich erscheinen seltsam romantische, ja erotische Elemente in ihr. Hitler war hingerissen von Speer wegen seines nordischen Äußeren, beeindruckt von seiner ruhigen, vertrauenswürdigen Art und seiner Bildung.[47] Speer seinerseits faszinierte die Nähe zum Epizentrum der Macht; auch glaubte er mit all dem Enthusiasmus des Lieblingsjüngers an den Führer und dessen vermeintliches ‚Genie‘.

Als Speer jedoch nach seiner Krankheit im Frühjahr 1944 auf seinen Posten zurückkehrte, hatte er offenbar kaum noch Illusionen über seinen Chef. Obwohl er und Hitler ihre Beziehung notdürftig ‚flickten‘ und sich mühten, zumindest den Anschein von Freund- und Kameradschaft aufrechtzuerhalten, war der Zauber gebrochen. Plötzlich war Hitler Speer schon rein physisch zuwider. „Mein Gott, wieso habe ich nie bemerkt, wie hässlich er ist? Diese breite Nase, dieses teigige Kinn. Wer ist dieser Mensch?"[48] Als ein Kollege bemerkte, Hitler könne man nicht mehr als normal betrachten, stimmte er ohne Protest zu.[49]

Anfang Februar 1945 erhielt Speer Besuch von Dr. Friedrich Lüschen, dem Leiter der deutschen Elektroindustrie, mit dem er befreundet war. Lüschen fragte Speer, ob er wisse, welche Passage aus *Mein Kampf* gerade am meisten von den Menschen auf der Straße zitiert werde. Speer verneinte, und Lüschen gab ihm ein Blatt Papier, auf dem die Worte notiert waren, die Hitler zwei Jahrzehnte zuvor in seinem Programmbuch geschrieben hatte:

„Eine Diplomatie hat dafür zu sorgen, dass ein Volk nicht heroisch zugrunde geht, sondern praktisch erhalten wird. Jeder Weg der hierzu führt, ist dann zweckmäßig, und sein Nichtbegehen muss als pflichtvergessenes Verbrechen bezeichnet werden."[50]

Schweigend reichte Lüschen Speer noch ein zweites Zitat aus der gleichen Quelle:

„Staatsautorität als Selbstzweck kann es nicht geben, da in diesem Fall jede Tyrannei auf dieser Erde unangreifbar und geheiligt wäre. Wenn durch die Hilfsmittel der Regierungsgewalt ein Volkstum dem Untergang entgegengeführt wird, dann ist die Rebellion eines solchen Volkes nicht nur Recht, sondern Pflicht."[51]

Lüschen verabschiedete sich ohne ein Wort. Speer ermaß nur langsam die Bedeutung dessen, was da stand; er konnte es schier nicht fassen:

„Da war von Hitler selbst ausgesprochen, was ich in den vergangenen Monaten angestrebt hatte. Es blieb nur noch die Schlussfolgerung: Hitler übte – selbst an seinem politischen Programm gemessen – bewusst Hochverrat am eigenen Volk. [...] In dieser Nacht fasste ich den Entschluss, Hitler zu beseitigen."[52]

Wie Speer selbst später bekannte, hatte sein Plan, Hitler zu ermorden, „einen Anflug des Lächerlichen"[53]. Erstens verfolgte er das hochgesteckte Ziel, gleichfalls Bormann und Goebbels zu eliminieren, denn die erschienen ihm „ohne Hitler noch gefährlicher als mit ihm"[54]. Zweitens wusste er nicht, wie er überhaupt einen Menschen töten sollte. Zum Felddienst im Ersten Weltkrieg war der 1905 Geborene zu jung; auch später hatte er mit dem Militär nichts zu tun, zumindest nicht als aktiver Soldat. Speer kam aus einer soliden Mittelklasse-Familie und war von eher fragiler Konstitution; man hätte schon Mühe, ihm eine simple Schulhofrangelei zuzutrauen.

Speer hatte noch Zugang zu Hitler; trotzdem entschied er sich gegen eine Attacke Auge in Auge. Er bevorzugte eine Methode, die ihm sicherer schien und ihm den persönlichen Kontakt mit dem Opfer ersparte. Eines Tages, während er im Park der Reichskanzlei spazieren ging, war ihm der Luftschacht des Hitler'schen Bunkers aufgefallen. Er lag, getarnt durch ein kleines Gebüsch, „zu ebener Erde, mit einem schwachen Rost abgedeckt"[55]. Keine besonderen Sicherheitsmaßnahmen, keine Wachen schützten den Schacht. Es sollte nicht zu schwer sein, spekulierte er, durch diesen Schacht Giftgas in den Bunker zu leiten.

Ein paar Tage später erschütterte ein alliiertes Bombardement die Reichshauptstadt. Speer saß im Luftschutzkeller seines Ministeriums und kam mit dem Leiter der Abteilung Munitionsfertigung, Dieter Stahl, ins Gespräch. Er kannte Stahl gut, und was noch wichtiger war, er vertraute ihm. Erst kürzlich hatte er ihn aus den Klauen der Potsdamer Gestapo gerettet, bei der Stahl wegen defätistischer Äußerungen gelandet war. Natürlich sprachen die beiden über den bevorstehenden Zusammenbruch und die gegenwärtige Politik, die den Niedergang Deutschlands beschleunige. Speer geriet in Erregung und machte seinem Zorn auf das Regime Luft: „Ich kann einfach nicht mehr mitansehen, wie wir von Irren regiert werden."[56] Er weihte Stahl in seinen Plan ein und bat ihn um Mithilfe:

„Ich erkundigte mich, ob er mir wohl eine kleine Menge des neuen Giftgases Tabun besorgen könne. Als er mich daraufhin fragend – nicht etwa verblüfft – anblickte, erzählte ich ihm, dass ich es in den Reichskanzleibunker leiten wolle. Er wirkte weder überrascht noch schockiert."[57]

Tabun wurde vor dem Krieg von Chemikern der I. G. Farben erfunden; man hielt es ursprünglich für ein starkes Insektenvertilgungsmittel. Es entpuppte sich aber als ein potenzieller Nervenkampfstoff von so tödlicher Effektivität, dass 1940 das deutsche Militär Fortentwicklung und Produktion übernahm. Tabun ist eine farb- und geschmacklose Flüssigkeit mit leicht fruchtigem Geruch. Es blockiert die Aktivität des Enzyms Cholinesterase, das entscheidende Bedeutung hat für die Kommunikationsvorgänge innerhalb des Nervensystems und für die Weitergabe nervlicher Impulse an die Muskeln. Die Aufnahme ist über die Haut oder die Atemwege möglich. Als Erstes ziehen sich die Pupillen zusammen, was fast völlige Blindheit bewirkt. Weitere Symptome sind Schaum vor dem Mund infolge verstärkter Speichelbildung, vermehrte Ausschüttung von Nasenschleim, Atemnot, Erbrechen und Inkontinenz. Nach etwa einer Stunde winden sich die Opfer in Krämpfen und sterben durch Atemlähmung, also durch Ersticken.[58]

Seit 1942 wurde Tabun in einer Chemiewaffenanlage nahe Breslau produziert. In der Fabrikhalle stellte man die Substanz her, dann brachte man sie in Räumlichkeiten unter der Erde, wo KZ-Insassen Fliegerbomben und Granaten damit füllten. Anschließend wurden die Geschosse gelagert und harrten des Befehls zum ersten Einsatz – eines Befehls, der, vielleicht wegen Hitlers eigenen üblen Gas-Erfahrungen im Ersten Weltkrieg, niemals kam. Jedenfalls besaß Deutschland 1945 etwa 12.000 Tonnen waffenfähig aufbereitetes Tabun.[59] Als Reichswaffenminister wusste Speer um die Bestände und um die Potenz des Wirkstoffs.

Stahl musste Speer freilich bei ihrer Unterredung ein paar Tage später enttäuschen. Die Fachleute hatten ihn belehrt, dass flüssiges Tabun nur durch große Hitze, wie sie etwa durch eine Bomben- oder Granatenexplosion entstehe, zu Giftgas werde; es verdampfe oder verrauche nicht ‚von allein‘.[60] Tabun war nicht der richtige Stoff für Speers Attentatspläne. Stahl versprach aber, ihm „bald eine der herkömmlichen Gasarten [zu] beschaffen"[61]. „Aber selbst wenn wir das Gas schon beschafft gehabt hätten", schreibt Speer in seinen Erinnerungen, „wären diese Tage nutzlos verstrichen. Denn als ich um diese Zeit unter einem Vorwand den Luftschacht besichtigte, fand ich ein verändertes Bild. Auf den Dächern des gesamten Komplexes waren bewaffnete SS-Posten aufgestellt, Scheinwerfer installiert, und wo sich eben noch in Bodenhöhe der Lüftungsschacht befunden hatte, war unterdessen ein etwa drei bis vier Meter hoher Kamin aufgemauert worden, der den Lufteinlass unerreichbar machte. Ich war wie vor den Kopf geschlagen."[62]

Aber es waren wohl nicht allein die technischen Schwierigkeiten und die verschärften Sicherheitsmaßnahmen, die Speer in seinem Entschluss wanken ließen. Auch ‚Volkes Stimme‘ soll dazu beigetragen haben. Eine seiner vielen Reisen, so vermeldet eine Quelle, führte Speer ins Ruhrgebiet. Dort saß er eines Tages inkognito in einem Luftschutzbunker mit Bergarbeitern zusammen und lauschte ihren Gesprächen. Betroffen nahm er zur Kenntnis, wie sehr die einfachen Leute in Deutschland noch an Hitler glaubten und an seine Fähigkeit, sie vor der absoluten Katastrophe zu behüten. Wenn er an seinem Plan festhielte, würde er diese Menschen um den letzten Rest Hoffnung bringen, ihnen den einen Vertreter der NS-Machtelite rauben, in den sie noch Vertrauen setzten. Dies bedenkend, begrub Speer seinen Plan, Hitler zu töten.[63]

Dass die meisten der Biografen Speers diese Episode nicht erwähnen, legt den Schluss nahe, dass etwas an ihr nicht stimmt. Tatsächlich war Speer quasi der ‚Vorzeigecharmeur‘ des Nazi-Regimes; ihm dürfte es kaum möglich gewesen sein, irgendwo im Reich inkognito herumzusitzen. Aber vielleicht versteht sich die Geschichte ja lediglich als eine Art Parabel, die Speers Gefühle gegenüber Hitler zu jener Zeit veranschaulichen soll. Mag die Geschichte erfunden sein oder nicht – sie illustriert relativ treffend die geistige und seelische Zerrissenheit, die Speer damals ergriff.

Dass er in diesen Tagen einen schweren inneren Kampf kämpfte, bestätigte nachträglich sein Adjutant Manfred von Poser. Während einer Fahrt nach Berlin März 1945 machten die beiden eine kurze Rast am Rand der Autobahn und unternahmen einen kleinen Spaziergang:

„Er und ich liefen erst querfeldein, dann einen Hügel hoch. Es war neblig, aber die Sonne schien. Wir setzten uns. Die Erde ringsum verströmte vollen Duft, und wir beschauten uns die schöne, von Hügeln durchzogene Landschaft. Nur dieses eine Mal habe ich erlebt, dass sich Speer seine tiefe Niedergeschlagenheit anmerken ließ. ‚Wie kann er nur?‘ fragte er, mit der Hand einen Halbkreis beschreibend. ‚Wie kann er aus all dem eine Wüste machen wollen?‘“[64]

Glaubt man Speers Memoiren, so führten ihn technische Probleme und gründliche Reflexion dazu, von der Tötung Hitlers abzusehen. Teil jener Reflexion waren auch die Furcht vor Entdeckung und die Angst um seine Familie. An seiner Entschlossenheit zu Opposition und Obstruktion habe dies aber nichts geändert, behauptet er in seinen Erinnerungen: Der „Attentatsplan [...] verschwand aus meinen Überlegungen so schnell, wie er gekommen war. Von nun an sah ich meine Aufgabe nicht mehr darin, Hitler zu beseitigen, sondern seine Zerstörungsbefehle zu vereiteln"[65].

Dagegen liest sich das, was Dieter Stahl in den Verhören durch die Briten 1945 zu Protokoll gab, etwas anders. Wenn Stahl damals die Wahrheit sagte, hat Speer wesentlich mehr tyrannenmörderische Pläne verfolgt, als er später in seinen Memoiren erzählte, mehr auch, als in den meisten Büchern über ihn auftaucht. Speer habe ihn, so Stahl, Mitte oder Ende März 1945 erneut zu sich gerufen und mit einem gewagten Projekt vertraut gemacht:

„Er erklärte mir, er habe eine neue Idee. Himmler, Goebbels und Bormann, die drei gefährlichsten und übelsten Schelme [sic] der ganzen Regierung, versammelten sich fast jeden Abend in der Reichskanzlei, um weitere finstere Pläne auszuhecken. [...] Während der nächtlichen Fliegerangriffe fahren sie dann alle mit dem Auto [...] in irgendwelche abgelegenen Vororte von Berlin. Auf diesem Weg müsste man einen Hinterhalt legen."[66]

Speer teilte weiter mit, er habe schon „ein paar tapfere Männer" gefunden, die ihm helfen würden, und er selber sei bereit, eine der drei Limousinen zu beschießen. Stahl solle ihm MGs, Pistolen und Munition liefern, dazu Leuchtgranaten, um die Zielobjekte zu blenden. Stahl besorgte alles und schaffte die Sachen in Speers Büro. Da er aber keine Gelegenheit mehr gehabt hatte, mit Speer allein zu sprechen, konnte er seinen britischen Vernehmern nicht sagen, ob Speer tatsächlich noch etwas unternommen hatte, und wenn ja, was.

Stahls Aussage spricht dafür, dass Speer seine Zielobjekte zu *töten* beabsichtigte. Speer selbst redet in seinen Memoiren lediglich davon, er habe drei Nazi-Größen *entführen* wollen, wobei in seiner Version an die Stelle des Propagandaministers Joseph Goebbels der Leiter der Deutschen Arbeitsfront Robert Ley rückt. Vielleicht projektierte Speer anfangs de facto ein Attentat, änderte dann aber seine Pläne in ein Entführungskomplott um. Als Hitler Anfang April verkündet hatte, seine Lebenstage in Berlin zu beschließen, fürchtete Speer offenbar, sämtliche Führungsfiguren der nazistischen Bewegung könnten Selbstmord begehen. Das wäre nicht recht, fand der Minister: „sie sollten viel eher das Opfer auf sich nehmen und sich einem Gerichtsverfahren des Gegners stellen" sowie sich direkt für ihre Taten verantworten.[67] Dies würde eventuell „eine Chance eröffnen, Hass und Zorn vom deutschen Volke wegzulenken und auf jene zu richten, die es wirklich verdienten"[68].

Er verschwor sich mit dem Flieger-Ass der deutschen Luftwaffe, Adolf Galland, um das ‚furchtbare Trio' Himmler, Bormann und Ley zu kidnappen und so zu verhindern, dass sie Selbstmord begingen. Man wollte, schreibt Speer in seinen Erinnerungen, einen Hinterhalt legen.

„Unser Plan war einfach: Wenn die Nachtflieger des Gegners weiße Leuchtbomben warfen, hielt jedes Auto, und die Insassen flüchteten in die Felder. Ähnliche Leuchtraketen, von Leuchtpistolen geschossen, mussten ähnliche Reaktionen hervorrufen; ein mit Maschinenpistolen ausgerüsteter Trupp sollte das sechsköpfige Begleitkommando überwältigen. [...] Bei dem allgemeinen Durcheinander musste es möglich sein, die Verhafteten an einen sicheren Ort zu bringen."[69]

Auch von diesem Vorhaben kam Speer wieder ab, aber er plante unermüdlich weiter. Diese Planungen waren keineswegs altruistisch; es ging ihm auch darum, die eigene Haut zu retten. Als der Krieg in den letzten Zügen lag, entwarf er das abenteuerliche Projekt einer Flucht nach Grönland, wo er sich verbergen, seine Memoiren schreiben und warten wollte, bis ‚der Staub sich gesetzt' hatte. Speer und der Luftwaffenoffizier Werner Baumbach organisierten ein Wasserflugzeug und beluden es mit Proviant, Skiern, Angelgerät und Kajaks; auch ‚gute Weine' durften nicht fehlen. Aber kurz vor dem Start wurde die Maschine bei einem Luftangriff zerstört. Später bewertete Speer den Plan etwas ungnädig als albernen Romantizismus, als „Träumerei, völlig phantastisch, aber schön, so lange sie dauerte"[70]. Mitte Mai 1945 ließ er sich widerstandslos festnehmen.

Speers Aktivitäten als Verschwörer und Fast-Attentäter haben viel Aufmerksamkeit erregt. Die meisten bürgerlich-liberalen Kommentatoren betrachten Albert Speer als einen der Ihren, oder besser: als jemanden, der einer der Ihren hätte werden können, es aber nicht wurde. Ein Intellektueller mit solidem Mittelklasse-Hintergrund, der in seiner nüchternen Seriosität heraussticht aus dem Haufen von Psychopathen, Totschlägern und Karrieristen, die das Erscheinungsbild der Nationalsozialisten prägten. Gerade wegen dieser Differenz sind die liberalen Beurteiler erschüttert, dass ein solcher Mann sich eine solche Gesellschaft suchte, dass er sein Tagwerk „unter Mördern"[71] tat, dass er sein Genie in den Dienst eben dieser Mörder stellte. Kurz: Von allen führenden Nazis war er derjenige, der es hätte besser wissen können und müssen. Typisch für diese Wertung ist das Verdikt des britischen Historikers Hugh Trevor-Roper.

„Speer ist der eigentliche Verbrecher Nazi-Deutschlands. Denn er spielte die Repräsentationsfigur für jene fatale Philosophie, die Deutschland ruiniert hat und fast die ganze Welt verheert hätte. Zehn Jahre lang saß er genau im Zentrum der Macht; seine wache Intelligenz durchschaute das Wesen der nazistischen Regierung, der nazistischen Politik; er erkannte präzise, wie sie sich stetig zum Schlimmeren wandelten; er sah und verachtete die Personen um ihn herum; er hörte ihre schändlichen Befehle und verstand ihre wahnsinnigen Ziele; aber er tat nichts."[72]

Vor solchem Hintergrund wirkt die Saulus-Paulus-Wandlung, die Speer in Nürnberg vorführte, besonders unglaubwürdig, und die Kritiker unterstellen ihm unedle Motive. Speer war im Nürnberger Prozess der einzige der angeklagten Nazi-Führer, der seiner Zerknirschung Ausdruck gab und sich zu seinem Teil der kollektiven Verantwortung für die Verbrechen, die in Deutschlands Namen begangen wurden, bekannte. Dies ersparte ihm zwar das Todesurteil und sicherte ihm Görings Wut, bescherte ihm aber nicht den Respekt der Alliierten. Vielmehr betrachtete man ihn von dieser Seite mit extremer Skepsis. Man sah in ihm einen Heuchler, einen Manipulator; er wirkte, wie der Engländer sagt, *too clever by half*, ‚überschlau‘, zu schlau, um echt zu sein. Airey Neave, jener berühmte britische Offizier, dem 1942 die Flucht aus dem sächsischen Kriegsgefangenenlager Colditz gelang, der danach als Geheimdienstler Widerstandskämpfer in deutsch besetzten Gebieten unterstützte und schließlich als Ermittlungshelfer beim Nürnberger Tribunal arbeitete, warnte seine Kollegen: „Speer weiß zu betören und ist darum gefährlicher als Hitler. Wir dürfen seinem Charme nicht erliegen."[73]

Als Speer seinen angeblichen Attentatsplan in Nürnberg erstmals zur Sprache brachte, behauptete er, er wolle ihn „nur kurz erwähnen, eher eigentlich, um klarzulegen, wie gefahrenvoll mir die zerstörerischen Absichten Hitlers erschienen"[74]. In Wahrheit maß er ihm schon Bedeutung bei, denn er machte ihn zum Kernstück seiner Verteidigung. Die Geschichte vom verhinderten Tyrannenmörder Speer wurde ein Höhepunkt des ganzen Prozesses. Speer begann mit taktischer Bescheidenheit: Der Sachverhalt sei so wichtig nicht, außerdem so speziell und zu viele technische Details umfassend, dass er das Gericht schwerlich interessieren dürfte. Dieses aber drängte ihn, sich zu äußern. Also äußerte er sich, wenn er sich auch den Anschein gab, es koste ihn große

Überwindung; schließlich hätten „solche Dinge immer etwas Abstoßendes"[75]. Speer schilderte seinen Plan, vergaß dabei nicht die Rolle Dieter Stahls, dessen unabhängige Aussage der seinen erhebliche Glaubwürdigkeit verlieh. Er endete mit der Erklärung, dass die Veränderungen am Ventilationssystem sein Vorhaben vereitelt hätten.

Die Enthüllung des Plans sorgte für heftige Aufregung. Speers Mitangeklagte reagierten bestürzt. Jodl fand Speers Geschichte ‚geschmacklos‘, und Rosenberg meinte, Speer hätte seine ‚Privatbombe‘ getrost für sich behalten können. Göring tobte erwartungsgemäß und ließ sich zu dem Zwischenruf hinreißen: „Wenn dieses Tribunal Speer nicht zum Galgen schickt, müsste ein Femegericht ihm seinen Verrat vergelten."[76] Die alliierten Ankläger fragten sich einstweilen, weshalb Speer die Sache nicht schon bei den ersten Vernehmungen erwähnt hatte, und hegten Zweifel.

Historiker und andere Kommentatoren zeigten sich nicht weniger skeptisch. Quasi-Komplize Dieter Stahl glaubte hingegen, Speer sei es ernst gewesen; er, Stahl, habe jedenfalls nie daran gezweifelt.[77] Doch solche Stimmen blieben in der Minderheit. Ein früherer Mitarbeiter etwa meinte, eine *Absicht Speers*, Hitler zu töten, habe nie existiert, höchstens als *Traum* – „mehr war es nie"[78]. Ein späterer Biograf, Matthias Schmidt, nannte die Idee vom ‚Attentäter Speer‘ eine „surrealistische Absurdität"[79]. Der holländisch-britische Publizist Dan van der Vat tut die Geschichte als ‚klägliche Erfindung‘ ab und qualifiziert sie wortspielend als *bunker bunkum* (Bunkerlatein).[80] Waren in Nazi-Deutschland etwa, fragt van der Vat sarkastisch, die Leitern ausgegangen? Sonst hätte man die höhergelegte Luftschachtöffnung doch bestimmt ersteigen können! Andere Schreiber lassen mehr Milde walten; sie geben schlicht Speers und Stahls Versionen wieder, ohne deren Wahrhaftigkeit explizit in Zweifel zu ziehen. Der deutsche Historiker Joachim Fest zum Beispiel findet den Plan ‚romantisch‘; er erinnere ihn an das kindliche Räuber-und-Gendarm-Spiel.[81] Aber offen kritisierte Fest Speer nicht.

Die Frage bleibt, wollte Speer Hitler töten – ja oder nein? Die ‚Nein‘-Antwort stützt sich auf dreierlei.

Argument Nummer eins: Speer hatte praktisch unbeschränkten Zugang zu seinem Zielobjekt; da soll nicht einmal der Versuch eines Attentats möglich gewesen sein? Nicht sehr glaubhaft. Der

Einwand wirkt zunächst sehr stichhaltig. Aber er lässt mehrere wichtige Faktoren außer Acht. So ignoriert er die unheimliche Macht, die Hitler auf die Menschen um ihn herum ausübte. Speer selbst erwähnte wiederholt Hitlers ‚hypnotische Überzeugungskraft' und seinen ‚persönlichen Magnetismus'.[82] Daher erschien ihm ein *face-to-face-Anschlag* nicht machbar: „Es wäre mir – unabhängig von aller Angst – immer unmöglich gewesen, Hitler mit der Pistole in der Hand entgegenzutreten. Von Angesicht zu Angesicht war seine suggestive Macht über mich bis zum letzten Tag zu groß."[83] Hinter Speers Zurückschrecken vor einer Frontalattacke steckte also nicht Feigheit, sondern die Furcht, im entscheidenden Moment zurückzuweichen.

Außerdem lässt sich fragen, wie frei und ungehindert Speers Zugang zu Hitler wirklich war. Sicherlich kam er leichter zu ihm hinein als andere potenzielle Attentäter, und ohne durchsucht zu werden.[84] Aber bedeutet das auch, dass er deshalb unzählige Male Gelegenheit hatte, Hitler zu töten? Zumindest für die Zeit nach dem Anschlag vom 20. Juli 1944 kann man das nicht behaupten. In den letzten Monaten des Krieges trafen sich Speer und Hitler nur noch zu den regelmäßigen Lagebesprechungen – gemeinsam mit vielen anderen Nazis der Führungsetage. Es gab längst nicht mehr die Abende unter vier Augen, bei denen man sich in Hitlers Quartier über irgendwelche Baupläne beugte.

Der Vorstellung vom freien Zugang widerspricht auch eine Reihe zeitgenössischer Berichte über die damaligen Sicherheitsmaßnahmen. Sie seien äußerst rigoros gewesen, erinnerte sich später Bernd Freytag von Loringhoven, seinerzeit Major und einer der Adjutanten Hitlers mit Dauerdienst in den Schutzräumen unter der Reichskanzlei: „Niemand durfte in den Bunker, ohne zuvor nach Waffen durchsucht worden zu sein." Es habe ein „ganz raffiniert ausgetüfteltes" Sicherheitssystem gegeben, welches etwa bestimmte, dass Besucher Mäntel und Seitenwaffen abzulegen hatten und Aktentaschen zu durchsuchen waren. Erst nach dieser Prozedur wurde man, vorbei an bis zu drei SS-Posten, in Hitlers Konferenzraum eingelassen.[85]

Viele andere Zeitzeugen bestätigen diese Verhältnisse. Bis zum 20. Juli 1944 wurden die Mitglieder des inneren Zirkels um Hitler eher lax kontrolliert, danach gab es in der Hinsicht keine Privilegien mehr: Alle wurden gleichermaßen ‚gefilzt'. General Walter

Warlimont etwa, der mit Hitler auf sehr vertrautem Fuß stand und bei Stauffenbergs Attentat verletzt worden war, erinnerte sich später: „Nun gehörte auch ich zu den Offizieren, die von den SS-Wachen durchsucht wurden, bevor sie in den Kartenraum durften. [...] Jede meiner Bewegungen wurde genau beobachtet."[86]

Argument Nummer zwei: Sollte Speer tatsächlich überlegt haben, Giftgas für sein Attentat zu benutzen, müsste man ihm ein schlechtes Gedächtnis bescheinigen. Es sei denn, er wollte – ganz listig – ein Attentat durchführen, das schief gehen musste. Die Speer-Skeptiker stellen die Sache so dar: Speer wusste, dass man zwei Jahre zuvor das Lüftungssystem des Bunkers eigens zu dem Zweck umgebaut hatte, Anschläge mit Giftgas zu verhindern. Ein Memorandum aus dem Jahre 1943, das Speer nicht selbst verfasst, aber sicherlich gekannt hat, legte fest, dass in das Lüftungssystem Schwerkraftfallen installiert wurden, die bewirkten, dass „eingeleitete Kampfstoffe wieder hinausgetrieben wurden"[87]. Dies mag im ersten Moment irritieren, spricht aber nicht unbedingt dagegen, dass Speer eine Gasattacke plante. Vielleicht hat eben die Kenntnis jener Schutzvorrichtung Speer mit dazu bewogen, sich gegen das flüssige Tabun zu entscheiden und für ein herkömmliches Gas, das die Schwerkraftfalle möglicherweise umgangen hätte?

Argument Nummer drei: War der ganze angebliche Attentatsplan nicht doch nur Teil einer ‚Charmeoffensive', die Speer sich mit seinem Verteidiger ausgedacht hatte, um dem Galgen zu entkommen? Manches spricht dafür. Jedenfalls hat sein Auftritt vor Gericht viel dazu beigetragen, dass er nicht zum Tode verurteilt wurde.[88] Speer betonte später stets, in Nürnberg nicht geschauspielert zu haben; er sei keiner Dramaturgie gefolgt. Dass er zögerte, über die Attentatspläne zu reden, Details zu nennen, dass er bescheiden vorgab, er wolle „gerade vermeiden, [...] mich dieser Angelegenheit zu rühmen"[89], und dann, schüchtern und stockend, seine Geschichte doch erzählte – alles keine Taktik? Der Verteidiger stellte währenddessen klar, Speer habe sich doch schuldig bekannt und die Verantwortung auf sich genommen, also könne, was er jetzt vortrage, kein Versuch sein, den eigenen Kopf zu retten. Um Selbsterhalt gehe es nicht mehr. Dies wurde Teil der Speer-Legende: Speer riskierte mit seinem Schuldbekenntnis die Todesstrafe, doch das schreckte ihn nicht. Wenn das Gericht sie verhängen sollte, hätte er die Schultern gezuckt und gesagt: So sei es.[90]

Ein schönes Bild. Da gibt ein reuevoller Ex-Nazi-Minister den früheren Feinden all seine Geheimnisse preis, ohne Rücksicht auf sein eigenes Schicksal. Schön in der Tat, aber leider unrealistisch. Speer kämpfte in Nürnberg sehr wohl um seinen Selbsterhalt. Er ließ gegenüber den Vernehmern seinen Charme spielen, führte seine guten Manieren vor und betonte gelegentlich auch, welch großen Dienst er mit seinem Wissen den Alliierten bereits erwiesen habe und noch erweisen könne.[91] In einem dreiseitigen Brief, den er dem amerikanischen Ankläger schrieb, rühmte er sich: „Ich habe in dieser Zeit [seit meiner Verhaftung] nicht nur jede Information gegeben, die ich zu geben hatte, sondern zusätzlich still und leise die Vorbehalte meiner früheren Kollegen zerstreut, die sich bisher nicht offen äußern mochten."[92] Der Subtext dürfte klar sein: Er war für die Sieger von doppeltem Wert – einmal, indem er selber Informationen lieferte, und dann, indem er auf seine Mitgefangenen einen positiven Einfluss ausübte. Ein solches ‚Juwel' verurteilt man doch nicht zum Tode!

Entgegen Speers Beteuerungen war die Enthüllung des Attentatsplans sehr wohl Teil seiner Strategie, die Anklageseite milde zu stimmen. In der Hinsicht scheiterte Speer allerdings. Die Richter waren zu scharfsinnig, um sich von etwas beeindrucken zu lassen, das kalkuliert nach ihrer Sympathie haschte.[93] Gerettet hat ihn nicht die Geschichte vom verhinderten Tyrannenmörder. Gerettet hat ihn sein gesamtes Gebaren. Speer war intelligent, eloquent – und hatte auch viel zu sagen. Er beeindruckte das Gericht durch demonstrative Ehrlichkeit, sein ruhiges und gemessenes Temperament, seine kühle Rationalität. Ferner schlug für ihn die Aussage zu Buche, dass er „der Einzige gewesen" sei, der „den Mut gehabt" habe, „Hitler ins Gesicht zu sagen, dass der Krieg verloren sei"[94]. *Diese* Faktoren sicherten ihm die Sympathie des Tribunals und – so darf man vermuten – bewahrten ihn vor dem Galgen.

Waren also der Plan und seine Offenlegung ein einziges Schwindelunternehmen? Nein, das denn doch nicht. Speer hat sicherlich versucht, sich die Geschichte in Nürnberg für seinen Zweck zunutze zu machen, aber er hat sie nicht eigens dafür erfunden. Er war intelligent, konnte auch tricksen und intrigieren, aber er war ganz gewiss nicht der machiavellistische Ränkeschmied, für den ihn mancher immer noch hält. Man muss sich einmal vergegenwärtigen, was für ein verlogenes Stück Speer dieser These zufolge inszeniert haben soll. Da geht einer hin und schmiedet in den letzten Wochen des Dritten Reiches – genau wissend, dass es bald endet und die Alliierten siegen – noch schnell ein Mordkomplott, das zwar nur scheitern kann (was beabsichtigt ist), dessen Existenz sich aber durch Zeugenaussage belegen lässt. Und das alles nur, um sich bei seinen späteren Anklägern in ein günstiges Licht zu rücken. Nein, so gerissen war nicht einmal Speer.

Was aber sollen wir nun wirklich von ihm halten? Speers Plan hat fraglos alles von einer faszinierenden Geschichte, umso mehr, als man nicht genau weiß, was an ihr dran ist. Joachim Fest schrieb: „Viele Rätsel, die uns Speers Leben aufgibt, sind bis heute nicht gelöst; manches lässt sich wohl nie klären."[95] Gehört Speers Attentatsplan in diese Kategorie? Wer will, mag diese Folgerung ziehen. Eine nüchterne Einschätzung der vorhandenen Fakten jedoch legt einen anderen, relativ einfachen Schluss nahe.

Ungeachtet all seiner Fehler war Speer nicht taub gegenüber der Stimme seines Gewissens. Seine Planung, auch wenn sie im Versuchsstadium stecken blieb, entsprang wohl dem desperaten Wunsch, in letzter Minute doch noch das moralisch Richtige zu tun. Seine Absicht, Hitler zu töten, folgte, wie Speer selbst bekannte, einem „Impuls der Verzweiflung"[96]. Aber der Versuch war ernst gemeint, wenn er ihn auch erst unternahm, als er Deutschland am Abgrund sah. Immerhin riskierte er sein Leben, indem er andere einweihte, Stahl etwa, und nicht gerade diskrete Recherchen zur Wirkungsweise von Tabun anstellte.

Doch wie schreibt Speer selbst so richtig: „von der Absicht bis zum Entschluss ist ein sehr weiter Weg"[97], und bis zur Tat ein noch weiterer. Und Speer hatte im Frühjahr 1945 diesen Weg erst zu beschreiten begonnen. Er gab sich knabenhaften Gedankenspielen hin, phantasierte von Hinterhalten, Leuchtspurgeschützen und Giftgas. Nirgendwo werden Zeitpunkte festgelegt, Aufgaben verteilt oder die Details eines Mordes projektiert. Er durchdachte, ja bedachte nicht einmal die unmittelbaren Konsequenzen seiner imaginären Handlungen. Wäre es ihm gelungen, Giftgas in den Reichskanzleibunker zu leiten, hätte dies nicht nur Hitler getötet, sondern die gesamte Entourage des Führers – Nazi-Obere und Generäle ebenso wie Adjutanten, Sekretärinnen und Diener. Er hätte sich „nicht den ehrenvollen Ruf eines Tyrannentöters" erworben, sondern „den schändlichen eines Massenmörders".[98]

Daher passt Speer nicht hundertprozentig in die Gesellschaft der Beinahe-Mörder Hitlers; er würde sich dort wohl auch unbehaglich fühlen. Ihm fehlten die Tatkraft und die Inspiriertheit Stauffenbergs, die stille Entschlossenheit Elsers und die Prinzipienfestigkeit Tresckows. Speer hatte viele Talente; als Attentäter war er ein Dilettant im schlechten Sinne, wie er selbst nachträglich einräumte: „Ich hätte es nie wirklich getan. Ich hätte nicht gekonnt."[99]

Albert Speer war ein gespaltener, ein ambivalenter Charakter. Er war hochgebildet und ein Weltmann. Stauffenberg pries ihn als „jemanden, mit dem man reden kann". Die Widerständler vom 20. Juli hatten ihm einen Platz in ihrem Schattenkabinett zugedacht.[100] Ein amerikanischer Richter lobte ihn in Nürnberg als „den menschlichsten und anständigsten unter den Angeklagten"[101]. Auch die Briten nannten ihn „eine begabte und bestechende Persönlichkeit"[102].

Aber Speer war auch Kriegsverbrecher. Wegen ‚Kriegsverbrechen' und ‚Verbrechen gegen die Menschlichkeit' verurteilte man ihn zu zwanzig Jahren Gefängnis. Grund dafür war seine Rolle beim Einsatz und der Ausbeutung von Zwangsarbeitern in der deutschen Industrie. Der Gefängnispsychiater in Nürnberg versuchte sein Wesen zu erfassen, indem er ihn als „Rennpferd mit Scheuklappen"[103] bezeichnete. Man kann die Metapher getrost ein wenig ausspinnen. Speers Scheuklappen waren im Sommer 1944 gefallen. Von nun an sah er den Wahnsinn um sich herum als Wahnsinn, doch die fortdauernde Loyalität, wenn nicht Liebe zu Hitler lähmte ihn.

Dieses grausame Dilemma quälte Speer im letzten Jahr des Krieges und hat ihn sein Lebtag nicht ganz losgelassen. Er schrieb später, es peinige ihn der Gedanke, dass Hitler „zwei Gesichter hatte, und dass ich so lange das zweite hinter dem ersten nicht sah". Im Grunde wurde er nie mit Hitler fertig. Er beschrieb ihn als „ein Rätsel, angefüllt mit Widersprüchen"[104], verwünschte ihn als Größenwahnsinnigen und bezeichnete das Scheitern der vielen Attentate als „Tragödie"[105]. Doch trotz aller Kritik bekräftigte er, dass er sich nur ungern „in die Reihe jener wiederfände, die Hitler verwünschen, um sich selber zu entlasten"[106]. Speer plante Hitlers

Ermordung, dann schwor er seinem Führer ewige Ergebenheit und riskierte sogar sein Leben, um ihn ein letztes Mal zu sehen.[107]

In gewissem Sinne ist Speer Hitlers Schatten nie entkommen. Nach dem Krieg im Spandauer Gefängnis eingesperrt, vertraute er seinem Tagebuch an, dass er immer noch Hitlers Stimme höre, er „vernehme, wie er sich räuspert, sehe seine leicht gebückte Gestalt vor meinen Augen"[108]. Er träumte sogar von ihm, und zwar immer das gleiche: „nämlich dass er alles weiß, was ich gegen ihn getan habe, auch dass ich ihn einmal töten wollte"[109]. Hitler halte ihn immer noch in seinem Bann.[110] Wenn dieser nach dem Krieg noch so stark war, wie mächtig muss er gewesen sein, als Hitler noch lebte. Vielleicht liegt darin der tiefste Grund dafür, dass Speer an ihm nicht zum Mörder werden konnte.

EPILOG

Berlin,
Montag, 30. April 1945,
früher Morgen

Fahles Dämmerlicht erleuchtete im Osten den Himmel über Berlin. Hitlers Reichsmetropole machte sich zum letzten Kampf bereit. Der Morgen war kalt; eine feuchte Brise fegte vom Baltikum her. Sonst fröstelte man um diese Jahreszeit in Berlin eher nicht; jetzt aber setzte die unfreundliche Witterung allen Anwesenden zu, den verbliebenen Deutschen ebenso wie den angekommenen Sowjets; sie kroch in die zerbombten Gebäude, die schmutzigen Keller, die zugigen Notunterkünfte. Der sich langsam erhellende Himmel enthüllte das Chaos der Verwüstungen. Straßen, verstopft mit Schutt, Leichen, ausgebrannte Fahrzeuge wohin man schaute. Überall der Gestank von Tod und Verfall. Rauchschwaden waberten und wirbelten umher. Staub und Asche bedeckten alles, was sich zu bewegen versäumte. Zerschmetterte Hausfassaden standen wie faule Zähne. Die Bäume in Berlins berühmter Prachtstraße Unter den Linden kaum belaubt. Kein Vogel sang. Den Sonnenaufgang begrüßten stattdessen das Gedröhn der Artillerie, das Knattern des Gewehrfeuers und das schaurige Gekreisch der Katjuscha-Raketen. Wer die zum Untergang verdammte Stadt hatte verlassen dürfen oder können, war längst fort. Nur Soldaten und gestrandete Zivilisten blieben zurück.

Im übrigen Reich sah es kaum besser aus. Hitler gebot noch über einen schmalen Streifen Land, der sich von Rostock im Norden bis Salzburg im Süden erstreckte. Einst der Beherrscher des Kontinents, kontrollierte er jetzt nur noch zwei europäische Hauptstädte: Berlin und Prag. Seine früher so siegreichen Armeen befanden sich auf ungeordnetem Rückzug. Im Westen ergaben sich die Truppen massenweise. Die gegnerischen Soldaten wurden oft eher als Befreier begrüßt denn als Eroberer.

Unaufhaltsam bewegte sich die Westfront der Ostfront entgegen. Dann stießen sie zusammen. Im sächsischen Torgau an der Elbe, circa hundert Kilometer südwestlich von Berlin, hatten sich fünf Tage zuvor amerikanische und sowjetische Truppen getroffen und den gemeinsamen Triumph gefeiert. Am 30. April näherte die Zweite Armee der Engländer sich Hamburg, das sie drei Tage später einnehmen sollte. Am 30. April fiel München, die Geburtsstätte des Nationalsozialismus, an die Amerikaner. Die ‚Hauptstadt des Reiches‘ war von der ‚Hauptstadt der Bewegung‘ getrennt.

Im Osten verlor der Kampf mit den Sowjets inzwischen nichts von seinem Schrecken. Den Balkan hatten die Deutschen räumen müssen; auch Budapest und Wien konnten sich nicht halten. Von dort beulte sich die Frontlinie um Böhmen herum, knickte dann nordwestlich in Richtung dessen, was von Dresden übrig war, ging weiter nach Norden, legte sich um Berlin – die sowjetische Armee hielt die Reichshauptstadt seit dem 25. April eingekreist–, wandte sich nordwestlich, lief durch Brandenburg und Pommern, schließlich die Oder entlang und endete an der Ostsee bei Stettin. Östlich dieser Linie verstopften Tausende deutscher Flüchtlinge die Straßen, dem Vorgehen der Roten Armee ausgesetzt. Nur die ‚Festung‘ Breslau weigerte sich zu kapitulieren. Längst hatten die Sowjets die schlesische Hauptstadt eingekesselt, gut achtzig Kilometer hinter ihren Linien. Schon 74 Tage dauerte die Belagerung, 74 Tage namenloses Elend für ihre Bewohner. Trotz der hoffnungslosen Situation brüllten die Fanatiker weiter Durchhalteparolen. Noch sechs qualvolle Tage sollte es dauern, bis auch in Breslau die Sieger einmarschierten.

Der Morgen des 30. April brachte den Gepeinigten des Konzentrationslagers Ravensbrück, etwa 80 Kilometer nördlich Berlins gelegen, die Freiheit. Das Frauen-KZ, bestehend seit Mai 1939, sollte ursprünglich 6.000 Häftlinge unterbringen; bis Oktober 1944 wuchs die Zahl aber auf 42.000. 1941 kam noch ein kleineres Männerlager hinzu. Mitte April 1945 hatte man einige der deutschen Insassinnen freigelassen oder dem Roten Kreuz übergeben, das sie nach Schweden brachte. Die meisten der ausgemergelten Häftlinge aber zwang die SS zu einem der berüchtigten ‚Todesmärsche‘. Zurück im Lager blieben lediglich durch Hunger restlos entkräftete sowie schwerkranke Häftlinge, von denen sich die Stabileren um die Hinfälligeren kümmerten, so gut es ging. Ihre SS-Bewacher waren geflohen.

Als die Rote Armee am 30. April das KZ Ravensbrück befreite, ging eine der Insassinnen, die nach Deutschland deportierte Résistance-Kämpferin Marie-Claude Vaillant-Couturier, ins Männer-KZ. Was sie, die aus ihrer Haft einiges gewohnt war, dort entsetzte, beschrieb sie später:

„800 Männer sind noch da; 400 liegen tot oder sterbend übereinander. Und die Lebenden sehen nicht viel besser aus. [...] Seit acht Tagen hatte es kein Wasser gegeben; die Männer können nicht mehr vor Hunger und Durst. Es ist furchtbar. Sie sehen kaum noch aus wie Menschen, eher wie vage Schatten ihrer selbst. Was sie erleben mussten, hat ihnen den Verstand geraubt. Es ist unglaublich und unvorstellbar."[1]

In Ravensbrück kamen rund 60.000 Häftlinge ums Leben, darunter die SOE-Agentin Violette Szabo.

Berlin war inzwischen seit fünf Tagen vom restlichen Deutschland abgeschottet. Nie zuvor in der Menschheitsgeschichte wurde eine Stadt mit so viel Aufwand erstürmt. Rund 2.500.000 sowjetische Soldaten kamen von Osten herangerückt. Die Erste Weißrussische Front unter Marschall Schukow und die Erste Ukrainische Front unter Marschall Konjew schlossen die Kapitale in einer Zangenbewegung ein, um jeglichen Versuch eines Entsatzes oder Ausbruchs zu verhindern. Während dieser Operation wurde die deutsche 9. Armee völlig aufgerieben. Im Südwesten Berlins, knapp fünfzig Kilometer vom Stadtzentrum entfernt, focht noch immer die deutsche 12. Armee unter General Wenck. Sie würde die Hauptstadt entsetzen, lautete die offizielle Propagandaformel. In Wahrheit konnten Wenck und seine Leute nur kurzfristig ein paar Ausfallstraßen freihalten, um einigen geschlagenen deutschen Heereseinheiten die Flucht vor der Roten Armee zu sichern. Dann schlossen sich auch Wenck und seine Truppen dem mühsamen Exodus nach Westen an.

Sie ließen eine sterbende Stadt zurück. Strom, Gas und Wasser gab es praktisch nicht mehr. Auf den Verkehrswegen nirgends ein Durch- oder Weiterkommen, die großen Straßen verbarrikadiert, die meisten Brücken gesprengt. Den Flughafen Tempelhof hatte vor einer Woche die letzte Maschine verlassen. Die Behelfsrollbahn auf der Ost-West-Achse lag beständig unter Granatfeuer. Einige Flugzeugwracks blockierten zusätzlich jedes Starten und Landen. Polizei und Feuerwehr waren aufgelöst, das Personal hatte Weisung, sich bei der nächstgelegenen Militäreinheit zu melden. Um die öffentliche Ordnung kümmerten sich jetzt SS und Gestapo. Sie verstanden darunter in erster Linie Lynchjustiz.

Die vielen Zivilisten, die in der Stadt hatten ausharren müssen, führten ein elendes Leben. Der rasende Durchhaltewillen der deutschen Führung bedrohte sie ebenso wie die Rache der Sowjets. Diese doppelte Gefahr machte sie zu unterirdischen Nachtwesen, denn sie mussten in Kellern vegetieren und wagten sich kaum vor Einbruch der Dunkelheit hinaus. Und doch zwang sie der Hunger gelegentlich auf die Straße. Dann standen sie entweder in langen Schlangen um die wenigen verbliebenen Vorräte an, oder sie gingen in den Geschäftsvierteln der Innenstadt plündern. Wer beim Plündern erwischt wurde, landete, wenn er Pech hatte, vor einem der ‚Fliegenden Standgerichte'. Die verfügten meist die sofortige Hinrichtung. Zur Abschreckung hängte man die Unglücklichen an Bäume, Laternen oder Barrikaden auf. Über tausend Berliner sollen so zu Tode gekommen sein.[2]

Wer nicht hinausging, lebte kaum ungefährlicher. Männer im wehrfähigen Alter, die nach den Vorstellungen der Obrigkeit sämtlich an die Front gehörten, fürchteten jeden Augenblick die Entdeckung durch die SS. Dann drohten ihnen die Strafkompanie oder die standrechtliche Erschießung. Eine Entdeckung durch die Sowjets konnte ebenso fatale Folgen haben. Manche glaubten, dem Grauen zu entgehen, indem sie weiße Fahnen schwenkten. Ein Irrglaube. Die Sowjets würdigten die Geste längst nicht immer, und die deutschen Ordnungskräfte, wenn sie dergleichen sahen, betrachteten die Kapitulanten als Verräter und verurteilten sie unweigerlich zum Tode.

Die jungen Frauen mussten Vergewaltigung fürchten. Zur bloßen Selbsterhaltung machten sich viele hässlich, trugen Kopftücher, schwärzten ihre Gesichter und hielten ihre Beine bedeckt. Einige versuchten, Geistesgestörtheit oder ansteckende Krankheiten vorzutäuschen – Scharlach mit seinen typischen roten Flecken ließ sich relativ einfach mit Lippenstift imitieren. Blondhaarige waren besonders gefährdet. Familien konspirierten untereinander, um eine junge Tochter, eine Enkelin, eine Nichte zu verbergen. Die ersten sowjetischen Einheiten hatten sich noch tadellos benommen und waren genügend damit beschäftigt, die letzten Reste deutschen Militärs niederzukämpfen. Doch bereits die zweite Welle der Invasoren konnte sich ganz darauf konzentrieren, ‚Kriegsbeute' zu nehmen. Sie kamen gewöhnlich nachts und verlangten Uhren und Schnaps. Nach einer Weile kehrten sie zurück, meist betrunken, mit dem stereotypen Spruch: „Frau, komm!" Manche Berlinerin, die diese Marter überlebte, verwünschte ihr Unglück, dem Tode entronnen zu sein. Allein in Berlin sollen sich während der Besetzung 100.000 Vergewaltigungen ereignet haben. Ungefähr 10.000 der Opfer starben, die meisten durch Selbstmord.[3]

Berlin besaß eindeutig zu wenig unterirdische Luftschutzräume für Zivilisten. Zumindest fanden in den vorhandenen, über die Stadt verteilten Bunkern längst nicht alle Platz. Viele Berliner suchten Zuflucht im Tunnelsystem der U-Bahn, wo sie vor dem Gemetzel oben einigermaßen sicher waren. Aber die SS fürchtete einen Vorstoß der Sowjets durch die U-Bahn. Sie flutete die Tunnel, indem sie ein Teilstück sprengten, das unter dem Landwehrkanal lag. Hinsichtlich der Opferzahlen gibt es verschiedene Schätzungen, aber es dürften mehrere Hundert ertrunken sein.[4]

Neben den unterirdischen existierten auch oberirdische Bunker. Der berühmteste war der Bunkerturm am Berliner Zoo, ein Koloss, 1940/41 als Teil einer Flakanlage erbaut, über 40 Meter hoch, mit über 2,5 Meter dicken Stahlbetonwänden. Einer mittelalterlichen Festung ähnelnd, hatte er einen im Grundriss quadratischen Mittelteil, dazu an allen vier Ecken eine Art Bergfried. Auf der Dachplattform standen vier Flakzwillingsgeschütze. Der Zoobunker beherbergte eine Garnison, ein Krankenhaus, Lagerräume und natürlich Luftschutzsäle, die Platz boten für mehr als 15.000 Zivilisten. Die Verteidigungsvorrichtungen waren optimal, und der Turm verfügte über eine eigenständige Wasser- und Stromversorgung. Die Berliner nannten das Gebäude scherzhaft „den sichersten Sarg der Welt"[5].

Am 30. April glich er eher einer Hölle auf Erden. Der ganze Bunkerkomplex erzitterte im Gedröhn der einfliegenden sowjetischen Granatsalven und im Gegenfeuer der Flakartillerie, die jetzt die Läufe teilweise tief hielten, um die sowjetischen Bodentruppen zu bekämpfen, die sich dem Reichstag näherten. Der Zoologische Garten direkt neben dem Betonbau war ein anderes Inferno: in den Gehegen zerschmetterte Tiere, qualvoll sterbend, die Luft erfüllt vom Gekreisch verendender Vögel. Im Bunkerturm vermengte sich der Geruch von Desinfektionsmitteln und Schießpulver mit dem von Schweiß und Urin von 30.000 verängstigten Insassen. Wer da nach ein paar Tagen noch bei Verstande war, konnte sich als gesegnet betrachten. Selbstmorde passierten jetzt so häufig, dass man sie gar nicht mehr zählte. In dem allgemeinen Chaos wurden sie oft nicht einmal bemerkt, bis die Leichen zu verwesen begannen.[6]

Nur noch einen kleinen Teil des Berliner Stadtgebiets kontrollierten Hitler und die, die ihm zur Seite standen. Das Terrain schrumpfte seit der Einschließung fast stündlich. Am Morgen des 30. April gingen die zentralen Wohnbezirke Moabit, Lichtenberg und Wilmersdorf verloren. Im Westen hielt sich die alte, von der Havel umspülte Spandauer Zitadelle noch zwei Tage. Im Südwesten kämpften deutsche Truppen noch auf der Wannsee-Insel gegen die anstürmende Rote Armee. Ansonsten aber befand sich nur noch das Regierungsviertel in deutscher Hand, ein sich stetig verengender Korridor zwischen Tiergarten im Westen und Friedrichshain im Osten, im Süden begrenzt durch den Landwehrkanal, im Norden durch die Spree. Ein reichlich heterogener Haufen Bewaffneter verteidigte dieses Terrain; militärische Elitetruppen wie Waffen-SS und Fallschirmjäger kämpften Seite an Seite mit ‚blutigen‘ Amateuren: den halbwüchsigen Knaben der *Hitler-Jugend* und den alten Männern des *Volkssturms*. Bunt zusammengewürfelt war die Verteidigerschar, auch Belgier, Dänen und Holländer standen in ihren Reihen. Sympathisanten aus den disparatesten Herkunftsländern wurden da verklammert; eine Einheit der Waffen-SS, deren Kommandoposten zum Schluss nur ein paar Meter von Hitlers Bunker entfernt lag, umfasste Franzosen, Schweden und Norweger. Ihre Befehle erhielt sie bei Kerzenlicht in einem ramponierten U-Bahn-Wagen. Berlin erlebte die letzte große gemeinsame Unternehmung der radikalen Rechten Europas, die sich mit lautem Hurra in ihre Apokalypse stürzte.

Hitlers Truppen benutzten Strategien, die sich schon bei anderen Belagerungen halbwegs bewährt hatten. Schweres Panzergerät besaßen sie so gut wie nicht mehr; das meiste war zerstört, und man verfügte auch kaum noch über Treibstoff. Also baute man befestigte Stützpunkte – Unterstände etwa und MG-Nester –, um den sowjetischen Vormarsch zumindest zu verlangsamen. Zusätzlich formierte man kleine Panzerabwehreinheiten, ausgerüstet mit der handlichen *Panzerfaust*, einer Bazooka-ähnlichen Waffe. Diese Abteilungen warfen sich den zahlreichen sowjetischen T-34-Panzern entgegen, die nun in die Berliner Straßen rollten. Immer wieder ging einer der Panzer hoch. Dies nährte den falschen Eindruck, man könnte durch Panzerfäuste und eisernen Kampfeswillen die erdrückende numerische Überlegenheit der Sowjets ausgleichen. Besonders profilierten sich in diesen Gefechten die französischen Soldaten der Division SS Charlemagne, die allein im Sektor Mitte fünfzig Panzer ‚abgeschossen' haben sollen.[7]

Die Sowjets suchten ihre erwähnte Überlegenheit hinsichtlich Mannstärke und Gerät zu nutzen. Sie griffen aber nicht en masse und auf breiter Front an. Vielmehr bildeten sie unzählige kleine, selbstständige Sturmtrupps, die, unterstützt von Panzern, aus verschiedenen Richtungen gleichzeitig gegen die feindlichen Stellungen anrannten.[8] Wurden sie zurückgeschlagen, konnten sie auf Verstärkung zählen, auf schwere Artillerie ebenso wie auf mobile Raketenwerfer und ihr vernichtendes Katjuscha-Feuer. Gegen diese Taktik hatten die Verteidiger kaum Chancen.

Am Morgen des 30. April neigte sich die sinnlose Verteidigung Berlins dem Ende zu. Die Sowjets rückten ins Zentrum vor. In der vergangenen Nacht hatte es die 150. Schützendivision ihrer 3. Stoßarmee über die Moltkebrücke geschafft und postierte sich vor dem Reichstag. Merkwürdigerweise sah Stalin ausgerechnet das ehemalige Parlament als Symbol der Hitler'schen Macht an. Bei seinen Truppen hatte das Gebäude geradezu den Rang einer Kriegstrophäe. Es war „die Höhle der faschistischen Bestie" inmitten der „Hauptstadt der Banditen"; ihre Einnahme sollte als Symbol der sowjetischen Stärke zeitlich mit den Paraden zum 1. Mai in Moskau zusammenfallen.

An diesem Morgen war die erste Welle der sowjetischen Infanterie noch auf hartnäckigen Widerstand gestoßen. Beißender Rauch erfüllte die Luft, ebenso die schaurige Kakophonie der Handfeuerwaffen, Artillerie und Raketenwerfer. Hitlers letztes Aufgebot wehrte sich heftig. Manche sowjetischen Soldaten konnten den Reichstag schon sehen, aber sie kamen nur langsam voran. Zudem war der Weg mit Hindernissen verlegt. Ein russischer Kriegsreporter berichtete: „Ohne die ganzen Gefechte hätte man die Distanz in ein paar Minuten zurücklegen können; doch jetzt erschien sie unpassierbar: überall Granattrichter und Schützengräben im Boden, überall herumliegende Eisenbahnschwellen und Stacheldrahtfetzen auf den Straßen."[9] Eine furchterregende Phalanx zusätzlicher Artillerie schleppte sich heran, um den deutschen Verteidigern den Rest zu geben. Am frühen Nachmittag drangen sowjetische Vorausabteilungen in die Ruinen des Reichstags ein. Aber sie mussten sich mit dem Feind noch acht Stunden erbitterten Nahkampf liefern, bevor sie endlich die sowjetische Fahne auf dem Dach des Gebäudes hissen konnten.

Die wahre ‚Höhle der faschistischen Bestie' kannten die sowjetischen Truppen offenbar nicht. Dabei lag sie kaum einen Kilometer südlich des Ortes, den sie irrtümlicherweise dafür hielten: der so genannte *Führerbunker* unter dem Garten der Reichskanzlei; eine Schutzanlage auf dem neuesten Stand der Technik, vollendet 1943. Sie war von äußeren Zufuhren komplett unabhängig, besaß eine eigene Strom- und Wasserversorgung, ein eigenes Heizungs-, Beleuchtungs- und Belüftungssystem. Der zweigeschossige Komplex, acht Meter unter der Erde, umfasste Hitlers Privatwohnung, Gästezimmer, Küchen, Karten- und Konferenzräume. Man gelangte von der Reichskanzlei und dem Reichskanzleigarten über Stufen in den Bunker; eine Wendeltreppe verband die beiden Etagen. Die Einrichtung war spartanisch. Die Feuchtigkeit ausschwitzenden Betonwände hatte man überwiegend unverputzt gelassen; Kabel und Rohre liefen sichtbar an ihnen entlang. Einigen Komfort bot nur das Privatquartier des Führers. Luxus gab es auch hier keinen, nur schlichte Möbel, ein paar Teppiche, an der Wand Hitlers Lieblingsporträt von Friedrich dem Großen.

Ende April 1945 hatte der Bunker etwa knapp zwanzig ständige Bewohner, darunter Adolf Hitler selbst, Eva Braun, zwei Sekretärinnen, ein Koch, ein Diener, ein Arzt, ein bis zwei Adjutanten, schließlich Goebbels samt Frau und sechs Kindern. Hinzu kam eine etwa ein Dutzend Mann umfassende SS-Wache. Daneben erhielt Hitler reichlich Besuch: Generäle, Minister, Ministerialbeamte und Adjutanten, die meist irgendwo im Bunker einquartiert wurden. Es dürften also immer an die 30 bis 35 Personen im Bunker gewesen sein.

Seine Atmosphäre prägte eine seltsame Mischung aus Geräuscharmut und Verzweiflung. Meist herrschte eine lastende Stille, in der man nur das Tickern der Fernschreiber hörte, das

Dröhnen der Generatoren und die dumpfen Schläge der in der Nähe einschlagenden Granaten. Gelegentlich unterbrachen Attacken fast wahnhafter Aktivität den drückenden Zustand, etwa wenn Hitler seine täglichen Lagekonferenzen abhielt. Die Luft war übel riechend und verbraucht; manchmal wehte das Ventilationssystem Rauch oder Pulverdampf von draußen herein; dann wurde es drinnen fast unerträglich. Die Beleuchtung flackerte zwar beständig, erlosch aber nie ganz und wurde auch nie ausgeschaltet. Die Leute im Bunker bewohnten also praktisch eine Welt, in der dauernd Tag war, und verloren allmählich das Zeitgefühl. Sie schliefen wenig, nickten ein, wo und wann sie konnten. Hitler nächtigte in voller Bekleidung – aus Angst, bei einem Volltreffer oder einem plötzlichen Überraschungsangriff der Sowjets mangelhaft vorbereitet zu sein. Offenbar fürchtete er mehr als die Gefangennahme eine Gefangennahme im Schlafanzug.[10]

Im Schatten dieser fortwährenden Todesdrohung entwickelte sich eine merkwürdige Lebensfreude, die möglicherweise befördert wurde durch die skurril anmutende Gegenwart der Kinder Joseph Goebbels', die in den engen Bunkerkorridoren spielten, lustige Lieder auf ‚Onkel Adolf' intonierten und Märchen lasen. Die Jüngeren in Hitlers Gefolge ließen sich davon anstecken und lösten ihre unerträgliche Spannung in Wein und Gesang. Es scheint zu regelrechten Bacchanalien gekommen zu sein. Während oberirdisch die Berliner hungerten, trank man im Bunker Champagner und aß Kaviar und Pralinen. Ein Augenzeuge beschreibt den Ort als „eine von Zombies bewohnte Welt [...], die nichts mehr im Sinn hatten als zu lachen und zu singen"[11]. Man sah zu, dass der Feierlärm Hitler nicht störte; dieser seinerseits tat nichts, um die makabren Festivitäten zu unterbinden. Die Disziplin im Führerbunker ließ deutlich nach. Nur wenige Mitglieder seines Stabes hielten es noch für nötig, sich zu erheben, wenn Hitler eintrat. Nicht wenige – einschließlich Eva Braun – rauchten sogar in seiner Gegenwart;[12] noch vor wenigen Wochen wäre dies undenkbar gewesen. Hitlers Sekretärin Traudl Junge erinnerte sich später, in den allerletzten Tagen habe man mit dem Führer eigentlich über alles reden können. So wagte sie es etwa, ihn zu fragen, warum er nicht an der Spitze seiner Truppen kämpfe. Er gab zur Antwort, er wolle den Russen nicht die Genugtuung gönnen, ihnen in die Hände zu fallen.[13]

Körperlich wurde Hitler immer schwächer. Er war jetzt seit Mitte Januar im Bunker. Drei Monate unter der Erde, die Aufenthalte draußen immer seltener und kürzer, da er sich dort nicht mehr ungefährdet bewegen konnte. Drei Monate ohne seinen gewohnten Morgenspaziergang. Seltsamerweise aber schien Hitler nach einer gewissen Zeit Geschmack am Bunkerleben zu gewinnen. Dass es zu ihm passte, hatten schon andere bemerkt. Claus von Stauffenberg soll beispielsweise gesagt haben: „Hitler im Bunker – das ist der wahre Hitler!"[14] Dem hätte Martin Bormann, inzwischen Hitlers Quasi-Stellvertreter und bis zum Ende an seiner Seite, gewiss zugestimmt. In einem Brief an seine Frau, Herbst 1944, vergleicht Bormann die Lebensweise seines Chefs mit seiner eigenen und schreibt: „Der Führer haust da unten in seinem Bunker und hat nur elektrisches Licht und eine verdünnte Atmosphäre – der Luftdruck in seinem Zimmer ist immer zu hoch, weil ständig frische Luft hineingepumpt werden muss. Fast wirkt es so, als machte es ihm Spaß, in einem lichtlosen Kellerloch zu leben."[15] Es kann schon sein, dass Hitler die selbstgewählte Einkerkerung nichts ausmachte, oder dass er zumindest glaubte, sie mache ihm nichts aus. Fest steht jedoch, dass sie seinen körperlichen Verfall beschleunigte. Schon vor Einzug in den Bunker war Hitler nicht gesund, und drinnen wurde er gewiss nicht gesünder. Seit Jahren vergifteten ihn langsam die Medizincocktails seines Leibarztes Dr. Theo Morell. Gegen Hitlers tatsächliche und eingebildete Beschwerden – er hatte von beiden eine ganze Menge – verabreichte ihm Morell in wildem Durcheinander und auf unbegrenzte Zeit starke Schmerz-, Beruhigungs- und Schlafmittel, unter Letzteren schwere Barbiturate. Zusätzlich wurde Hitler jeden Tag bis zu fünfmal das Stimulans Methamphetamin injiziert; seine Kopfschmerzen bekämpfte er mit Augentropfen, die aus einer zehnprozentigen Kokainlösung bestand; gegen seine Verdauungsprobleme nahm er täglich bis zu sechzehn ‚Anti-Gas-Pillen', die Strychnin und Belladonna enthielten.[16] Was genau diese ‚Drogen' bei Hitler anrichteten, wissen wir nicht; aber wir dürfen vermuten, dass dem Patienten nicht nur die toxischen Wirkungen des Strychnins zusetzten, sondern dass er sich auch bedenklich der Rauschgiftsucht näherte. Jedenfalls war er abhängig von Amphetaminen – was viele seiner physischen und psychischen Symptome erklärt, etwa Stimmungsschwankungen, Krämpfe und Paranoia. Hitler sei es, so erinnerte sich später der in die medizinische Betreuung des Führers involvierte Arzt Ernst Günther Schenck, gesundheitlich elend gegangen:

„Die schlaffe linke Hand schien ständig etwas umklammern zu müssen, seine stahlgerahmte Brille etwa oder die Tischkante. Der ganze linke Arm bis hoch zur Schulter zitterte; manchmal schüttelte er sich geradezu. Dazu tappte er rhythmisch auf die Tischplatte. Um irgendwie Halt zu finden, drückte der Patient den linken Unterschenkel und Fuß eng ans Tischbein. Auch dieses Bein bebte und klopfte. Er konnte es nicht kontrollieren."[17]

Die Diagnose ist zwar nicht unumstritten – Hitlers eigene Ärzte etwa meinten, sein Zittern sei hysterischen Ursprungs – aber es könnte sein, dass Hitler Parkinson hatte, und zwar in fortgeschrittenem Stadium.

Auch schien der Bombenanschlag vom letzten Sommer doch nicht gänzlich ohne Folgen geblieben zu sein. Hitler war damals zwar nicht schwer verletzt worden, sein Gesundheitszustand hatte sich danach aber merklich verschlechtert. General Walter Warlimont, einer seiner engsten Vertrauten, meinte später in seinen Memoiren, es sei so gewesen, als hätte Stauffenbergs Attentat die ,Anfälligkeit' des früher immer kerngesund wirkenden Führers offengelegt:

„Er kam in den Kartenraum, gebeugt und schlurfend. Seine glasigen Augen erkannten einen offenbar nur, wenn man direkt vor ihm stand. Wollte er sich setzen, beugte er den Oberkörper fast im rechten Winkel hinunter, zog den Kopf ein und ließ sich dann auf einen Stuhl fallen, den man ihm hinschob. Wenn er auf irgendeinen Punkt der Karte zeigte, zitterte seine Hand."[18]

Hitler war körperlich schwach, hörte auf einem Ohr schlecht, litt an Gelbsucht und gelegentlich an Depressionen. Ein Besucher, General von Choltitz, reagierte tief entsetzt, als er ihn als gebrochenen alten Mann mit schwärenden Eiterbeulen sah. „Er tat mir leid", berichtete Choltitz später, „denn er sah furchtbar aus. [...] Er war aufgedunsen. [...] Sein linkes Auge wich etwas nach links ab."[19] Schenck erinnerte sich ähnlich: Hitler „war körperlich ein schwankendes Wrack. Sein Gesicht, von Falten zerfurcht, ganz gelb und grau, wirkte ausdruckslos wie eine Maske."[20]

Ende April war Hitlers Leib ausgemergelt, die Haut bleich, die Augen blickten glasig. Seine einst so gebieterische Stimme krächzte nur noch heiser, und die einst so pieksaubere Uniform wies zahlreiche Speiseflecken auf. Bei einem seiner letzten Gänge an die Außenwelt – es war der 20. April – empfing er eine Delegation von Hitlerjungen im Garten der Reichskanzlei. Die Wochenschaubilder zeigten einen Menschen, der seit dem letzten Sommer sichtlich ‚abgebaut‘ hatte. Er schritt gebückt und zitterte, und wenn er zu lachen versuchte, zeigte er das kieferhängende, zahnlose Grinsen eines Greises oder zumindest eines Mannes, der wesentlich älter schien als 56.

Auch mental war Hitler am Ende. Seine Sekretärin Traudl Junge erinnert sich später: „Wir konnten sehen, wie Hitler verfiel. Er zitterte, er weinte, er murmelte ständig vor sich hin.“[21] Eine ihrer Kolleginnen berichtet von Hitlers wachsender Apathie, seinem ‚pathologischen‘ Heißhunger auf Schokoladenkuchen und die zunehmende Monotonie seiner Konversation. „Er, der früher über alle Themen leidenschaftlich gesprochen hatte, sprach in den letzten Wochen nur noch über Hunde und Hundedressur, Ernährungsfragen und die Dummheit und Schlechtigkeit der Welt.“[22]

Mit dem Zusammenbruch seiner Armeen hatten sich seine gereizte Laune und seine eingefleischte Paranoia weiter verschlimmert. Die erzwungene Inaktivität im Bunker trug nicht gerade dazu bei, seine Seelenverfassung zu bessern. Er wankte durch die Korridore, ergriff dann und wann eine halbzerfetzte Straßenkarte von Berlin und entwarf spontan absurde neue Pläne. Seine Stimmung schwankte zwischen Resignation, ohnmächtiger Wut und dem merkwürdig ansteckenden Optimismus, wie ihn Erweckungsprediger zu erzeugen vermögen. Sinnlose Lagekonferenzen wurden abgehalten, in denen Hitler nicht mehr existierende Armeen hin und her dirigierte, über das Ausbleiben der erwarteten Entsatzkräfte tobte und verblendete Hasstiraden gegen all die ‚Verräter‘ schleuderte, die er um sich sah.

Hitlers letzte ‚Pläne‘ folgten, so weit sich rekonstruieren lässt, einer simplen Logik. Offenbar meinte er – vermutlich inspiriert von Stalins Entscheidung 1941, in Moskau zu bleiben –, dass, wenn er in seiner Hauptstadt ausharre, sie nicht an den Feind fallen würde, ja, nicht an den Feind fallen *könne*.[23] Dieser Irrtum wurde in den Lagekonferenzen immer wieder deutlich. Seine illusorische Zuversicht speiste sich aus dem Vertrauen in die ‚Wunderwaffen‘ und in den baldigen Zerfall der feindlichen Allianz.

Über allem aber stand der glühende, unerschütterliche Glaube an den ‚Endsieg'. Freilich standen ihm, anders als Stalin 1941, keine frischen Truppen zur Verfügung und auch keine winterlichen Schneemassen, die die Kräfte des Gegners hätten schwächen und ihn zum Halt zwingen können. Seine vielgepriesenen Entsatz-streitkräfte gab es praktisch nicht mehr. Der Heeresteil, dem unter günstigeren Bedingungen diese Aufgabe vielleicht zugefallen wäre – die 12. Armee unter General Wenck im Berliner Westen –, kämpfte gerade mit Müh und Not ums eigene Überleben.

Seltsam: Jetzt, da sein Machtzentrum selbst zum Kampfplatz wurde, erschien Hitler praktisch machtlos. Die Kontrolle übers Militär war ihm schon entglitten. Während der Lagebesprechungen wurde zunehmend Klartext geredet. In der vom 22. April etwa sagte man ihm endlich die nackte Wahrheit über die Entsatzarmee, auf die Hitler seine Gegenstrategie gebaut hatte: Mit der könne er nicht mehr rechnen. Kaum hatte Hitler dies vernommen, explodierte er vor Wut, ging zornig im Zimmer hin und her, gestikulierte wild und schrie sich heiser über Korruption, Verrat und Feigheit. Dann ließ er sich in seinen Stuhl fallen, blass und zitternd, und starrte vor sich hin. Der Krieg sei verloren, stammelte er, das Dritte Reich ein Fehlschlag; ihm bliebe jetzt nur noch übrig zu sterben.[24]

Zwar fasste sich Hitler rasch wieder, doch hatte seine Autorität gelitten. Die Untergebenen leisteten sich Eigenmächtigkeiten. Die größte Enttäuschung bereitete Hitler in diesem Zusammenhang der General der Waffen-SS Hermann Fegelein. Mit ihm war er sozusagen verschwägert. Und nun dies: Am 28. April verschwand der Mann aus dem Reichskanzleibunker. Kurze Zeit später wurde er am Rande Berlins in Zivilkleidung aufgegriffen; er hatte in die Schweiz fliehen wollen. Fegelein war einer der Top-Karrieristen des Dritten Reiches. Als SS-Gruppenführer, was im Heer dem Rang eines Generalleutnants entsprach, hatte er das ‚Ritterkreuz mit Eichenlaub und Schwertern' verliehen bekommen. Schließlich stieg er auf zu Himmlers Verbindungsoffizier im Hitler'schen Hauptquartier. Sommer 1944 krönte er seinen Erfolg, indem er Gretl Braun heiratete, die jüngere Schwester der Dauerverlobten Hitlers, Eva Braun. Knapp sechs Jahre hatte er für seinen steilen Aufstieg gebraucht – sein Ende kam bedeutend schneller. Unter schwerer Bewachung brachte man ihn in den Bunker zurück. Er wurde degradiert und stand bereits in den frühen Morgenstunden des nächsten Tages vor einem Erschießungskommando.

Auch bei Untergebenen außerhalb seiner unmittelbaren Entourage bröckelte Hitlers Autorität. Als er den Generalstabschef der Luftwaffe, Karl Koller, aus Bayern nach Berlin beorderte, erntete er eine herbe Abfuhr. Er sei krank und könne deshalb nicht Folge leisten, teilte er dem Führer mit. Intern ließ er durchblicken, sein wahres Motiv sei, dass die Reise glatter Selbstmord wäre. Als Koller sich schließlich doch entschied zu gehorchen, war objektiv kein Durchkommen mehr nach Berlin. Auch in der näheren Umgebung der Reichshauptstadt wurden Hitlers Befehle offen missachtet. Da gab es etwa den SS-General Felix Steiner, Chef der ‚Armeegruppe Steiner‘, dem ursprünglich die Aufgabe zugewiesen war, das belagerte Berlin von Norden her zu entsetzen. Am 27. April wurde er des Kommandos enthoben, weil er buchstäblich nichts gegen die Sowjets unternommen hatte. Doch statt seinen Posten zu räumen, verhandelte er mit seinem designierten Nachfolger so lange, bis dieser verzichtete, und Steiner auf seinem Platz blieb.[25] Anderswo versuchten die Klarsichtigen ihre Truppen vor weiteren sinnlosen Schlachten zu bewahren. Hitlers Wort galt nicht mehr überall unangefochten.

Auch im inneren Kreis um Hitler kündigten Einzelne den unbedingten Gehorsam auf – als erster Hermann Göring. Am 23. April sandte er aus Berchtesgaden ein Telegramm, in dem er auf Hitlers Entscheidung reagierte, in Berlin zu verharren. Wegen dieses Entschlusses, so Göring, besitze er – Adolf Hitler – nicht mehr die Freiheit des Handelns, also müsse sein Nachfolger handeln. Er, Göring, sei offiziell zum Nachfolger Hitlers bestimmt; daher sehe er sich ermächtigt, Kontakt mit den Alliierten aufzunehmen. Görings Pläne lösten im Führerbunker rasende Wut aus. Hitler beschimpfte ihn als ‚korrupten Kerl‘ – und als ‚Morphinisten‘ –; sobald man seiner habhaft werde, ordnete er an, sei er wegen Hochverrats zu verhaften.[26]

Am nächsten Tag kam Albert Speer. Was führte ihn her? Begehrte er seinem Ego zu schmeicheln, indem er sich von Hitler bestätigen ließ, wie wichtig er doch gewesen sei? Vielleicht. Möglicherweise trieb ihn aber wirklich ein Rest von Loyalität nach Berlin. Jedenfalls wollte Speer Hitler noch einmal sehen. Er stellte sich vor, das Treffen werde gekennzeichnet sein von sentimentalen

Bekenntnissen und tränenreichem Abschied. Die Wirklichkeit war prosaischer. Hitler, erinnert sich Speer, „zeigte überhaupt keine Bewegung. Wieder hatte ich das Gefühl, er sei leer, ausgebrannt, ohne Leben"[27]. Auch Speer war seltsam unbewegt: „Während er von Selbstmord und all diesen Dingen redete, hatte ich das Gefühl, ich spräche mit jemandem, der schon tot war. Tatsächlich weckte nichts, was er sagte, irgendwelche Emotionen in mir, weder positive noch negative. [...] Das war das tragische Ende vom Ganzen."[28] Als sie später am Abend dann definitiv auseinandergingen, erschienen die Emotionen kaum stärker. Hitler, so Speer, wirkte vor der Zeit gealtert: „Zitternd stand der Greis zum letzten Mal vor mir." Aber er zeigte „keine Regung. Seine Worte kamen so kalt wie seine Hand: ‚Also Sie fahren? Gut. Auf Wiedersehen.' Keinen Gruß an meine Familie, kein Wunsch, kein Dank, kein Lebewohl."[29] Damit war Speer entlassen und verließ Berlin.

Göring blieb nicht der Einzige, der auf eigene Faust agierte. Himmler war der Nächste. Am späten Nachmittag des 28. April wurde in Berlin ruchbar, dass Himmler seine Friedensfühler Richtung USA ausgestreckt hatte. Wie Göring hatte sich der Reichsführer SS zu Hitlers Nachfolger proklamiert und Verhandlungen mit den westlichen Alliierten vorgeschlagen. Erneut reagierte Hitler zornentbrannt. Natürlich würde auch der Münchner sofort aus der Partei fliegen und hinter Gittern landen! Die Sache mit Himmler stellte sich für Hitler allerdings schwieriger dar als die mit Göring. Hitler hatte den Reichsmarschall und seine Aura der Respektabilität gern benutzt, aber in ihm nie mehr gesehen als einen aufgeblasenen Dilettanten. Himmler jedoch war ein anderes Kaliber. Ein Nationalsozialist bis auf die Knochen, die Personifikation der Loyalität. Wenn auch der ‚treue Heinrich', wie man Himmler nannte, sich dem Defätismus überließ, dann war wirklich alles verloren. Dann blieb ihm, dem Wütenden, nur noch ein Ausweg. Und den würde er nun gehen.

Hitlers Entschluss zum Selbstmord war nicht spontan. Er war auch nicht, wie einige Kommentatoren meinen, ein primitiver Reflex auf die ungünstige Wendung der Dinge. Vielmehr spricht alles dafür, dass Hitler die Entscheidung schon am 22. April fällte, zeitgleich mit der Entscheidung, unbedingt in Berlin zu bleiben. *Dass* er sich umbringen würde, stand fest, nur noch nicht, *wann* er es täte.

Zu einem nicht unwesentlichen Teil bestimmte natürlich der unaufhaltsame Vormarsch der Sowjets die ‚Terminierung‘. Trotzdem mochte er sich den Zeitpunkt nicht von ihnen allein diktieren lassen. Er hatte seine eigene Agenda. Sogar und gerade über seinen Tod, dessen Begleitumstände und dessen unmittelbare Konsequenzen wollte er die Kontrolle behalten. Am 22. April ließ er die meisten seiner Papiere und Akten verbrennen. Zwei Tage später instruierte er seinen Diener, was mit seinem persönlichen Besitz zu geschehen habe. Wiederum zwei Tage später, am 27. April, hielt er eine makabere Konferenz ab, auf der seine Selbstmordpläne besprochen wurden. Vielleicht aber kam der letzte Anstoß doch von außen: Vermutlich gab die Tatsache, dass zwei Figuren aus dem engsten Führungskreis, Göring und Himmler, sich abgewandt und den Kampfeswillen verloren hatten, Hitler den Rest. Jene ‚Fahnenflucht‘ verschaffte ihm die Gewissheit: Jetzt muss es sein.

Viel Zeit blieb der Bunkergemeinschaft nicht, sich über Himmlers eigenmächtige Friedensoffensive zu erregen. Man hatte zu viel zu tun in den folgenden Stunden. Die Nacht des 28. auf den 29. April war angefüllt mit hektischer Aktivität. Für Hitler gab es noch dringend zwei Angelegenheiten zu erledigen: Eine betraf sein Privatleben, eine die Politik. In beiden war Eile geboten.

Dringlichkeit Nr. 1: Hitler heiratete seine langjährige Verlobte Eva Braun. Ein ziviler Standesbeamter war nötig. Den fand man schließlich in Gestalt von Gauamtsleiter Walter Wagner, einem Mann aus Goebbels‘ Stab, der im Volkssturm diente und mitten aus einem Einsatz in den Bunker gerufen wurde. Stark durchnässt und verdattert vollzog Wagner die Trauung. Die Zeremonie fand im Kartenraum statt. Eva Braun trug ein schwarzes Seidenkleid, Hitler Uniform. Man machte es kurz; doch wurde auch dem Führer und seiner Braut die heilige Versicherung abgenommen, dass sie rein arischer Abstammung und frei von Erbkrankheiten seien. Bormann und Goebbels fungierten als Trauzeugen. Dann zog sich die Hochzeitsgesellschaft in Hitlers Privatwohnung zurück, wo man Sekt trank und über alte, glücklichere Zeiten plauderte.

Dringlichkeit Nr. 2: Hitler verließ die Feierrunde, um sein ‚Politisches Testament‘ zu diktieren.[30] Eine seit langem geplante und seit langem erwartete Rechtfertigungsschrift, die wohl dem propagandistischen Zwecke dienen sollte, neue Begeisterung in jenen zu entfachen, die noch kämpften, und jenen Ermutigung zu geben, die, aus welchen Gründen auch immer, nicht mehr kämpften. Vielleicht hat Hitler bei der Abfassung kurz daran gedacht, in seinem Rückblick auch jene zu erwähnen, die ihn hatten töten wollen, und sei es nur, um ihnen erneut Ehrlosigkeit, Verrat und Feigheit vorzuwerfen. Er wusste von einigen, die ihm ans Leder gewollt hatten; ein paar kannte er persönlich, ein paar zumindest aus Berichten der Sicherheitsbehörden. Letzteres gilt etwa für Maurice Bavaud und Georg Elser; Ersteres für Claus von Stauffenberg, der dem Ziel, ihn zu beseitigen, buchstäblich am nächsten gekommen war. Auch über Hans Osters Verschwörung, erst vor ein paar Wochen in Verhören aufgeflogen, hatte man Hitler zweifelsfrei informiert; Gestapo und Justiz hatten den Fall erst kürzlich abgeschlossen.

Auf der anderen Seite gab es auch viele Beinahe-Attentäter, von deren Existenz Hitler nichts wusste. Hier wären besonders die Umtriebe der Agenten feindlicher Mächte hervorzuheben. So blieben etwa die Pläne der Polen Hitler völlig verborgen, ebenso die des sowjetischen NKWD, weitgehend auch die der SOE und der RAF in Großbritannien. Doch auch die tyrannenmörderischen Ränke seiner Offiziere haben sich ihm nicht komplett enthüllt. Treskow etwa nahm seine einschlägigen Geheimnisse mit ins Grab, und Schlabrendorff widerstand allen Versuchen, die Namen seiner Kombattanten aus ihm herauszuprügeln: Gersdorff, Boeselager, Breitenbuch und Bussche. Und Speer hütete sich natürlich auch, Hitler im erwähnten Abschiedsgespräch irgendetwas davon zu erzählen, was er, und sei es nur halbherzig, vor ein paar Wochen noch an einem gewissen Lüftungsrohr vorhatte.

Ungeachtet seines blutigen Rachefeldzugs – im vorigen Herbst begonnen und auch jetzt noch nicht abgeschlossen – ahnte Hitler nicht im Entferntesten die Zahl der gegen ihn gerichteten Tötungspläne und den Umfang des deutschen Widerstandes. Er ahnte ebenso wenig, wie oft allein eine günstige Fügung ihn vor dem Tode bewahrt hatte. Sein Sicherheitssystem war hervorragend, aber es hatte seine Schwachpunkte. Dass er immer heil blieb, verdankte er nicht, wie er glaubte, irgendeiner ‚Vorsehung‘, sondern dem Pech seiner Feinde und seinem eigenen, wenn man so will, teuflischen Glück: der Massenmörder hatte Mordsdusel. Unzählige Male und meist wohl unbewusst hat Hitler mit dem Schicksal gespielt. Hätte etwa seine Rede im Münchner Bürgerbräukeller

1939 zehn Minuten länger gedauert, hätte Georg Elsers geniale Höllenmaschine ihn zerrissen. Hätte er im März 1943 während der Beutewaffenschau im Berliner Zeughaus etwas mehr Interesse für die Exponate gezeigt, wäre er das erste Opfer eines Selbstmordbombers in der Weltgeschichte geworden. Und hätte im selben Monat der Zünder des Tresckow'schen ‚Kognakpakets' nicht versagt – der Flug durch den weißrussischen Himmel wäre eine Reise auf Nimmerwiedersehen gewesen. In gewisser Hinsicht war diese Ahnungslosigkeit jetzt, da er sein Politisches Testament formulierte, ein Segen für Hitler; denn sie befähigte ihn, nun, so kurz vor dem Ende, als geliebter und respektierter Führer des ‚arischen Volkes' zu posieren und zu behaupten, er sterbe „mit freudigem Herzen".

Wenn Hitler in diesem Augenblick irgendeinen Gedanken an die Leute hegte, die ihn hatten töten wollen, so hat er sie nicht niederschreiben lassen.

Sein Politisches Testament enttäuscht all jene, die sich gedankliche Tiefe oder überraschende Enthüllungen erhoffen. Es steht wenig mehr darin als eine letzte gallenbittere Suada gegen die Juden, die Deutschland in den Krieg gestürzt hätten und eines Tages dafür würden bezahlen müssen. Während er diktierte, sprach er ohne Pause, wobei er blickte, als fixierte er etwas Unbestimmtes in mittlerer Distanz. Wer war noch zu schelten, außer den Juden? Die Engländer natürlich, wegen ihrer Kriegstreiberei. Zum Schluss dann der Seitenhieb auf Göring und Himmler, die „Treulosigkeit" begangen und „durch geheime Verhandlungen mit dem Feinde [...] ohne mein Wissen und gegen meinen Willen [...] dem Lande und dem gesamten Volk unabsehbaren Schaden zugefügt" hätten. Hitler endete mit der Ankündigung, auf jeden Fall in Berlin auszuharren: Er könne und wolle sich nicht „von der Stadt trennen, die die Hauptstadt dieses Reiches ist". Er habe sich daher „entschlossen, in Berlin zu bleiben und dort aus freien Stücken in dem Augenblick den Tod zu wählen, in dem ich glaube, dass der Sitz des Führers und Kanzlers selbst nicht mehr gehalten werden kann."[31]

Normalerweise ging Hitler einen diktierten Text nochmals gründlich durch und änderte ihn immer wieder. Dies tat er heute nicht, sondern akzeptierte die Erst- gleich als die Endfassung.[32] Es war keine Zeit mehr für Stilpflege.

Der nächste Tag, der 29. April, brachte die sprichwörtliche Ruhe vor dem Sturm. Hitler Sekretärin Traudl Junge schrieb lakonisch in ihr Tagebuch: „29. April. Wir sitzen hier in der Falle. Wir können nur abwarten."[33] Boten verließen den Bunker und brachten Hitlers Testament dem neu ernannten Führungspersonal in Partei, Militär und Regierung. Andere, die schlicht zu fliehen begehrten, gaben vor, sie wollten Kontakt mit der Entsatzarmee aufnehmen – Wencks verlorenem Haufen, der gerade im Berliner Westen zerrieben wurde. Ob Hitler die Fadenscheinigkeit der Absichtserklärung nun durchschaute oder nicht – fest steht, dass er die Betreffenden ziehen ließ. Er gab ihnen sogar noch den wohlmeinenden Rat mit, sie sollten „sich beeilen, sonst ist es zu spät"[34]. Jetzt, da die sowjetischen Truppen nur noch 500 Meter vom Bunker entfernt waren, sank die Moral der Verbliebenen in neue Tiefen. Man sprach offen darüber, wie und wann man sich umbringen sollte, und der SS-Arzt verteilte großzügig Zyankalikapseln. Einer der Bunkerinsassen beschrieb sich „„als Bewohner eines Leichenschauhauses', in dem die Toten vorspiegelten, noch am Leben zu sein"[35].

Der Tod warf indessen schon seinen langen Schatten voraus. An diesem Nachmittag wurde in Berlin das Ende des Ex-Diktators Benito Mussolini bekannt. Italienische Partisanen hatten ihn gefangen genommen, verprügelt, erschossen und dann an einer Tankstelle bei den Füßen aufgehängt, wo ein johlender Mob den Leichnam verhöhnte und bespie. Die Nachricht bestärkte Hitler in der Absicht, selbst den Zeitpunkt seines Endes zu bestimmen und mit diesem nicht mehr allzu lange zu warten. Er erneuerte den Befehl, dass sein Leichnam verbrannt werde: „Ich will dem Feind", sagte er zur Begründung, „weder tot noch lebendig in die Hände fallen!"[36] Kurz darauf ließ er Blondi, seine geliebte Schäferhündin, vergiften. Ihre Welpen erschossen Hitlers Leute im Garten der Reichskanzlei. Zu etwa der gleichen Zeit wurden auch die sechs Kinder von Joseph und Magda Goebbels auf eine Art Gnadentod vorbereitet. Am Nachmittag sagte man ihnen, sie bekämen jetzt ein paar stärkende Spritzen, weil sie heute noch eine weite Reise unternehmen müssten. In Wahrheit betäubte man sie zuerst mit Morphium und verabreichte ihnen dann Blausäure. Goebbels und seine Gattin wollten nicht glauben, dass es für ihre Kinder in einer Welt ohne Adolf Hitler einen Platz geben könnte.

In der Nacht traf der Berliner Kampfkommandant, General

Weidling, zu seiner letzten Lagekonferenz im Führerbunker ein. Alle Munitionsreserven seien erschöpft, berichtete er; Berlin könne nicht mehr verteidigt werden. Die Russen machten überall bedeutsame Bodengewinne, derzeit stünden sie nur vier Häuserblocks weiter – weniger als 300 Meter entfernt. Sie würden binnen 24 Stunden die Reichskanzlei erreichen, warnte Weidling; und in höchstens zwei Tagen falle dann die ganze Stadt. Hitler nahm die Darstellung mit apathischer Ruhe zur Kenntnis. Dann gab er seine Antwort – alles wie gehabt: keine Ausbrüche, sämtliche Truppen in der Stadt sollten kämpfen bis zum letzten Mann.

Der 30. April 1945 begann wie so viele andere Tage in der surrealen Welt des Führerbunkers. Das erste Morgenlicht wurde konterkariert von der betäubenden Kakophonie eines dichten sowjetischen Artilleriebombardements: Feuerschutz für die endgültige Erstürmung des Reichstags. Hitler, der erst kurz vor Tagesanbruch schlafen gegangen war, stand unüblich früh um sechs Uhr auf und wanderte lustlos durch sein Quartier, vorbei an seinen schlafenden Adjutanten und Sekretärinnen. Er verbrachte den ganzen Morgen damit, die verbleibenden – inzwischen größtenteils imaginären – deutschen Armeen neu aufzustellen und gab entsprechende Befehle durchs Telefon, obwohl die Leitungen aus dem Bunker heraus nur noch bedingt funktionierten. Immerhin erreichte er Generalstabschef Hans Krebs und den Befehlshaber der Verteidigungskräfte des Regierungsviertels Wilhelm Mohnke. Schweigend hörte er sich ihre Hiobsbotschaften an. Es war so weit. Hitler wies seinen persönlichen Adjutanten Otto Günsche an, alle Vorkehrungen für die Leichenverbrennung zu treffen; 200 Liter kostbaren Benzins mussten zu diesem Zweck requiriert werden. Danach aß er zu Mittag, wie gewöhnlich in Gesellschaft seiner Sekretärinnen und seiner Diätköchin. Seine frisch angetraute Ehefrau – die es mit Glück und Stolz erfüllte, nun Eva Hitler zu heißen – war wider Erwarten nicht erschienen. Bei Tisch herrschte die seltsame Atmosphäre gezwungener Leichtigkeit. Hitler, so wird berichtet, verbreitete sich wieder einmal über Hundezucht und belehrte die Anwesenden, welche Rassen man sinnvollerweise mit welchen paaren sollte. Auf die Sekretärin Traudl Junge wirkte die Runde wie „ein Bankett des Todes, bei dem sich jeder hinter einer Maske heiterer Gelassenheit und Gefasstheit verbarg".[37]

Nach dem Essen rief Hitler ein allerletztes Mal seine Entourage zusammen. Er kam aus seiner Privatwohnung in schwarzen Hosen und dem schlichten braunen Uniformrock, der geradezu sein Markenzeichen geworden war. Müde sah er aus und verhärmt, die linke Hand zitterte unkontrolliert. Eva ging dicht hinter ihm, elegant frisiert und in Hitlers Lieblingskleid. Das Paar gab reihum jedem aus dem inneren Zirkel die Hand. Gesprochen wurde wenig. Hitler murmelte bloß vor sich hin und nahm nur mühsam Notiz von seinen Vertrauten, die ihm Lebewohl sagten. Eva lächelte schwach und bat einige der Anwesenden, sie möchten ihr geliebtes Bayern grüßen. Dann gingen die beiden zurück in ihr Quartier; die schwere Stahltür schloss sich hinter ihnen.

Nun folgten – so bestätigen die meisten Zeugen – etwa zwanzig Minuten absoluter Stille.[38] Während Adjutanten und Diener draußen vor der Tür warteten, haben Hitler und Eva vermutlich, um Contenance ringend, ihrerseits voneinander Abschied genommen. Eva sollte als erste sterben. In züchtiger Pose auf dem Sofa sitzend, die Beine untergeschlagen, öffnete sie die Messinghülle einer Giftkapsel, steckte sich die Glasampulle mit Zyankali zwischen die Zähne und biss zu. Das Gift löst im Körper die gleichen Symptome aus wie ein massiver Herzinfarkt. Es war ein schneller Tod, aber bei weitem kein ruhiger und würdiger. Sie bekam Krämpfe und Zuckungen und rang heftig nach Luft, dann verlor sie die Besinnung. Hitler, so steht zu vermuten, beobachtete Evas letzten Kampf genauestens. Er musste sicher sein, dass sie tot war, bevor er selbst aktiv werden konnte. Er durfte nicht zulassen, dass seine Frau überlebte und von den Russen gefangen genommen wurde – als *die* Kriegsbeute schlechthin! Irgendwann rührte sich Eva nicht mehr; ihr Körper sank auf die Sofalehne. Ihre Lippen kräuselten und entfärbten sich. Hitler rückte neben sie, setzte sich die Walther-Pistole an die rechte Schläfe und drückte ab.

Einleitung

1 Rede vom 22.08.1939; zit. n. Peter Hoffmann, *Die Sicherheit des Diktators*, München 1975, S. 12.
2 Benjamin Disraeli, Rede vor dem Unterhaus, 01.05.1865, zit. n. *The Oxford Dictionary of Quotations*, Oxford 1949, S. 128.
3 Miles Hudson: *Assassination*, Stroud 2000.
4 Vgl. etwa Will Berthold: Die 42 *Attentate auf Hitler*, München 1981.

Prolog

1 Zit. n. John Toland: *Adolf Hitler*, Bergisch Gladbach 1977, S. 211.
2 Zit. n. Konrad Heiden: *Adolf Hitler*, Bd. I, Zürich 1936, S. 174.
3 Vgl. Detlev Peukert: *Die Weimarer Republik*, Tb Suhrkamp, Frankfurt/M. 1987, S. 71-76.
4 Karl Alexander von Müller, zit. n. Harold J. Gordon, *Hitlerputsch 1923*, München 1978, S. 259.
5 *The Times* [London], 12.11.1923, S. 12.
6 Toland, a.a.O., S. 225.
7 Vgl. Ernst Günther Schenck: *Patient Hitler*, Düsseldorf 1989, S. 299f.
8 Helene Hanfstaengl, zit n. Toland, a.a.O., S. 242.
9 Vgl. Gordon, a.a.O., S. 415.
10 *The Times* [London], 10.11.1923, S. 13.
11 Zit. n. Ian Kershaw: *Hitler 1889-1936*, Stuttgart 1998, S. 267.
12 Zit. n. Alan Bullock: *Hitler. Eine Studie über Tyrannei, Düsseldorf* [7]1961, S. 116.

Kapitel 1

1 Zit. n. Peter Hoffmann: *Die Sicherheit des Diktators*, München 1975, S. 39.
2 Zit. n. Heinrich August Winkler: Weimar *1918-1933*, München 1993, S. 593.
3 Zit. n. Max Domarus (Hrsg.): *Hitler. Reden und Proklamationen*, Bd. I, Neustadt/Aisch 1962, S. 188.
4 Zit. n. Ian Kershaw: *Hitler 1889-1936*, Stuttgart 1998, S. 523.
5 Vgl. Bundesarchiv Berlin (fortan zitiert: BA), R43II/990, passim.
6 Vgl. BA R43II/990-32, 138, 146.
7 Zit. n. Heinz Höhne: *Der Orden unter dem Totenkopf*, Gütersloh 1967, S. 27.
8 Vgl. ebenda, S. 23-25.
9 SS-Brigadeführer Julius Schreck, Rekruteur, zit. n. ebenda, S. 28.
10 Heinrich Himmler, zit. n. Peter Padfield: *Himmler, Reichsführer SS*, London 1990, S. 90.
11 Zit. n. ebenda, S. 99.
12 Otto Kumm, SS-Brigadeführer, später in der zur Waffen-SS gehörigen *Leibstandarte Adolf Hitler*, zit. n. Johannes Steinhoff/Peter Pechel/Dennis Showalter (Hrsg.): *Voices from the Third Reich*, London 1989, S. 23f.
13 Vgl. Höhne, a.a.O., S. 62ff.
14 Kurt Lüdecke, zit. n. Charles Messenger, *Hitler's Gladiator. The Life and Military Career of Sepp Dietrich*, London 1988, S. 45.

15 Sefton Delmer: *Die Deutschen und ich*, Hamburg 1962, S. 146.

16 Ebenda, S. 151.

17 Vgl. Hoffmann, a.a.O., S. 33f.

18 Vgl. Delmer, a.a.O., S. 112-118.

19 Vgl. Alan Bullock: *Hitler. Eine Studie über Tyrannei*, Düsseldorf [7]1961, S. 391f.

20 Vgl. Toland, a.a.O., S. 522f., 506f., 536f.

21 Zit. n. ebenda, S. 527.

22 Vgl. Toland, a.a.O., S. 188; Hoffmann, a.a.O., S. 31f.

23 Vgl. Peter Hoffmann: *Hitler's Personal Security*, Cambridge/Mass. 1979, S. 19.

24 Albert Speer: *Erinnerungen*, Berlin 1969, S. 37.

25 Vgl. Henry Picker (Hrsg.): *Hitlers Tischgespräche im Führerhauptquartier 1941-1942*, Neuausg. Stuttgart 1963, S. 307.

26 Zit. n. Werner Jochmann (Hrsg.): *Adolf Hitler: Monologe im Führerhauptquartier 1941-1944*, Hamburg 1980, S. 176.

27 Speer, a.a.O., S. 132.

28 Vgl. Kershaw, a.a.O., S. 433.

29 Zit. n. Hoffmann, Sicherheit, S. 247.

30 Vgl. BA R43II/990/F5, passim.

31 Vgl. BA R43II/990/F5/192.

32 Vgl. Hoffmann, Sicherheit, S. 39f.

33 Vgl. BA R58/724-16 u. 30-33.

34 Vgl. Hoffmann, Sicherheit, S. 191.

35 Vgl. Höhne, a.a.O., S. 109.

36 Zu Frankfurters Anschlag vgl. Emil Ludwig, *Der Mord in Davos*, Amsterdam 1936; wieder in: Helmut Kreuzer/Peter O. Chotjewitz (Hrsg.), *Der Mord in Davos. Texte zum Attentatsfall David Frankfurter/Wilhelm Gustloff*, Herbstein 1986

37 Zit. in Günter Grass: *Im Krebsgang* (Novelle, Erstausg. 2002), Tb dtv, München 2004, S. 28.

38 Gelegentlich wird behauptet, Grynszpan sei davongekommen und habe nach dem Krieg unter einem neuen Namen in Paris gelebt. Vgl. hierzu Ron Roisin, "Herschel Grynszpan. The Fate of a Forgotten Assassin", in: *Holocaust and Genocide Studies*, Jg. 1 (1986), Nr. 2, hier S. 217-228.

39 Zit. n. Hoffmann, Sicherheit, S. 46f.

40 Die *Leibstandarte* war März 1933 unter anderem Namen gegründet worden. Seitdem mehrfach umbenannt, erhielt sie 1934 endgültig die Bezeichnung *Leibstandarte SS Adolf Hitler*.

41 Eidesformel zit. n. Höhne, a.a.O., S. 138; Augenzeugenbericht Helfferich zit. n. ebenda, S. 139.

42 Ulrich Frodien: *"Bleib übrig". Eine Kriegsjugend in Deutschland*, Tb dtv, München 2002, S. 136

43 Die Behauptung wird in der Fachliteratur nach wie vor kontrovers diskutiert; man scheint sie jedoch inzwischen mehrheitlich für unfundiert zu halten. Vgl. Mark Seaman (Hrsg.), *Operation Foxley: The British Plan to Kill Hitler*, London 1998, S. 104, und Ada Petrova/Peter Watson, *The Death of Hitler*, London 1995, S. 90.

44 Vgl. Hoffmann, Sicherheit, S. 78.

45 Zit. n. Ewan Butler: *Mason-Mac*, London 1972, S. 70.

46 Vgl. Hoffmann, Security, S. 32.

47 Vgl. ebenda, S. 48.

48 Vgl. Traudl Junge: *Bis zur letzten Stunde*, München 2002, S. 37.

49 Vgl. Toland, a.a.O., S. 961f.

50 Speer, a.a.O., S. 42.

51 Hoffmann, Sicherheit, S. 248.

52 Rochus Misch [Interviewter]: „'Jetzt wird der Chef verbrannt'. Hitlers Leibwächter und Telefonist Rochus Misch über die letzten Tage im Führerbunker", in: *Der Spiegel*, Jg. 58 (2004), Nr. 35.

53 Zit. n. Picker, a.a.O., S. 307.

54 Zit. n. Seaman, a.a.O., S. 104.

55 Reinhard Spitzy: *So haben wir das Reich verspielt*, München ²1987, S. 125.

56 Hoffmann, Sicherheit, S. 47.

57 In Berlin besuchte er meist das Hotel Kaiserhof, in München die Osteria Bavaria und das Café Heck.

58 Vgl. Klaus Urner: *Der Schweizer Hitler-Attentäter*, Frauenfeld 1980, S. 209f.

59 Vgl. Stefan Keller: „Grüezi, Herr Reichskriminaldirektor!", in: *Die Wochenzeitung* [Zürich], 11.11.1998

60 Vgl. Peter Hoffmann: „Maurice Bavaud's Attempt to Assassinate Hitler in 1938", in: George Mosse (Hrsg.), *Police Forces in History*, London 1975, hier S. 182f.

61 Vgl. Urner, a.a.O., S. 228.

62 Vgl. Hoffmann, Attempt, S. 176f.

63 Zit. n. ebenda, S. 183.

64 BA R3017/110: Anklageschrift des Oberreichsanwalts beim Volksgerichtshof gegen Maurice Bavaud, Berlin, 20.11.1939 (fortan zitiert: Anklageschrift Bavaud), S. 9.

65 Vgl. ebenda, S. 20f.

66 Vgl. Michael Burleigh: *Die Zeit des Nationalsozialismus*, Frankfurt/M. 2000, S. 309f.

67 Vgl. Anklageschrift Bavaud, a.a.O., S. 24.

68 Vgl. ebenda, S. 30.

69 Vgl. ebenda, S. 31.

70 Vgl. ebenda, S. 41.

71 Vgl. Interview mit Emil Reuther in: Peter Spinatsch, *Maurice Bavaud: Geschichte und Wirkungsgeschichte*, Internet-Seite http://www.mauricebavaud.ch/symp.htm

72 Vgl. Hanns Joachim W. Koch: *Volksgerichtshof*, München 1988, S. 219.

73 Zit. n. Rolf Hochhuth: *Tell 38*, Reinbek 1979, hier: dokumentarischer Anhang, S. 125; vgl. a. Hoffmann, Attempt, S. 197.

74 Vgl. *Ehrenbuch der Opfer von Berlin-Plötzensee*, Berlin 1974.

75 Zit. n. Faksimile des frz. Originals in Thomas Städeli, *Maurice Bavaud*, Internet-Seite http://www.cyranos.ch/bavaud-d.htm [Übersetzung U.B.]; vgl. a. Hoffmann, Attempt, S. 182.

76 Zit. n. Wiedergabe des frz. Originals in Urner, a.a.O., S. 308 [Übersetzung U.B.]; vgl. a. Niklaus Meienberg: *Es ist kalt in Brandenburg*, Zürich 1980, S. 133f.

77 Vgl. Meienberg, a.a.O., S. 46f.

78 Vgl. ebenda, S. 46f.

79 Der Autor (R.M.) dankt für diese Auskunft Herrn Brian Baxter vom *REME Museum of Technology*, Arborfield/Berkshire, England.

80 Zit. n. Rolf Hochhuth, a.a.O., S. 26.

81 Zit. n. Picker, a.a.O., S. 306; vgl. a. ebenda, S. 387.

82 Zit. n. ebenda, S. 306.

83 Vgl. BA R58/93-50.

84 Vgl. Hoffmann, Security, S. 105.

1 Bundesarchiv Berlin (fortan zitiert: BA), Verhörakte Elser, hier R3001/ 310/106.
2 Joseph Goebbels: *Vom Kaiserhof zur Reichskanzlei*, München 1934, S. 270.
3 Zit. n. John Toland: *Adolf Hitler*, Bergisch Gladbach 1977, S. 403.
4 Rudolf Diels: *Lucifer ante portas*, Zürich 1949, S. 143.
5 Vgl. Richard Grunberger: *Das zwölfjährige Reich*, Wien 1972, S. 62.
6 Vgl. ebenda, S. 74.
7 Vgl. Edward Crankshaw: *Gestapo: Instrument of Tyranny*, erstm. 1956, Neuausg. London 2002, S. 91.
8 Zit. n. ebenda, S. 89.
9 Zit. n. Johannes Steinhoff/Peter Pechel/Dennis Showalter (Hrsg.): *Voices from the Third Reich*, London 1989, S. 23f.
10 Michael Burleigh: *Die Zeit des Nationalsozialismus*, Frankfurt/M. 2000, S. 267.
11 Vgl. Grunberger, a.a.O., S. 210.
12 Heute ist im Prora-Komplex ein Museum zur Geschichte der Anlage untergebracht; vgl. dessen Website www.museum-prora.de
13 Burleigh, a.a.O., S. 294.
14 Vgl. Karl Dietrich Bracher: *Die deutsche Diktatur*, Köln 1969, S. 235ff.
15 Zit. n. Johannes Steinhoff/Peter Pechel/Dennis Showalter (Hrsg.): *Deutsche im Zweiten Weltkrieg*, München 1989, S. 67.
16 Vgl. Grunberger, a.a.O., S. 286,
17 Vgl. Guido Knopp u.a.: *Hitlers Kinder*, Tb Goldmann, München 2001.
18 Joachim Fest: *Das Gesicht des Dritten Reiches*, München 1963, S. 119.
19 Zit. n. ebenda, S. 135.
20 Zit. n. ebenda, S. 129.
21 Vgl. Anthony Read: *The Devil's Disciples*, London 2003, S. 198.
22 Zit. n. Ralf Georg Reuth: *Goebbels*, München 1990, S. 153.
23 Zit. n. ebenda, S. 269.
24 Vgl. Burleigh, a.a.O., "Einleitung", passim.
25 Zitate aus demoskopischen Umfragen der ersten Nachkriegsjahre, wiedergegeben in Ulrich Herbert: „Memoirs of the Third Reich", in: Richard Bessel (Hrsg.), *Life in the Third Reich*, Oxford 1987, S. 97-110, hier S. 97.
26 Zu Georg Elser und dem Attentat im Bürgerbräukeller vgl. u.a.: Hellmut Haasis, *Den Hitler jag' ich in die Luft*, Berlin 1999; Anton Hoch, „Das Attentat auf Hitler im Münchner Bürgerbraukeller 1939", in: *Vierteljahrshefte für Zeitgeschichte*, Jg. 17 (1969), S. 383-413; Lothar Gruchmann (Hrsg.), *Autobiographie eines Attentäters: Johann Georg Elser*, Stuttgart 1970; Lothar Gruchmann/Anton Hoch: *Georg Elser. Der Attentäter aus dem Volke*, Tb Fischer, S. 89.
27 Zit. n. Haasis, a.a.O., S. 164.
28 Zit. n. Gruchmann/Hoch, a.a.O., S. 89.
29 Vgl. ebenda, S. 97.
30 Vgl. BA R3001/310/91.
31 Vgl. BA R3001/310/117.
32 Vgl. BA R3001/310/123.
33 Zit. n. Hoch, a.a.O., S. 400.
34 BA R3001/310/193.
35 Vgl. BA R3001/310/150-153.
36 Vgl. BA R3001/310/178.
37 Vgl. BA R3001/310/184-185.

38 Vgl. Nicolaus von Below: *Als Hitlers Adjutant 1937-45*, Mainz 1980, S. 213f.

39 Vgl. Haasis, a.a.O., S. 10.

40 Hitlers Rede im Münchner Bürgerbräukeller vom 08.11.1939 zit. n. Max Domarus (Hrsg.): *Hitler. Reden und Proklamationen*, Bd. II, Neustadt/Aisch 1963, S. 1405-1414.

41 Zit. n. Haasis, a.a.O., S. 33f.

42 Ebenda, S. 33.

43 Zit. n. Walter Schellenberg, *Aufzeichnungen*, Wiesbaden 1956, S. 86.

44 Vgl. Haasis, a.a.O., S. 24f.

45 Zit. n. Heinz Höhne: *Der Orden unter dem Totenkopf*, Gütersloh 1967, S. 266.

46 Zit. n. ebenda, S. 266.

47 Die britischen Archivmaterialien zum Venlo-Zwischenfall wurden 1995 für die Öffentlichkeit freigegeben. Sie sind gelagert in den National Archives, London, unter FO371/23107/69 (fortan zitiert: NA).

48 Vgl. Schellenberg, a.a.O., S. 79-89.

49 Vgl. Sigismund Payne Best: *The Venlo Incident*, London 1949, passim.

50 Vgl. Hans Gisevius: *Bis zum bittern Ende*, Bd. II, Hamburg 1946, S. 180.

51 So lautete die große Titelschlagzeile im *Völkischen Beobachter* vom 10.11.1939.

52 Vgl. Ian Kershaw: *Hitler 1936-1945*, Stuttgart 2000, S. 376f.

53 Vgl. Burleigh, a.a.O., S. 838.

54 Vgl. Denis Mack Smith: *Mussolini*, London 1981, S. 281.

55 Vgl. BA R43II/991.

56 BA R43II/903/105.

57 Bericht der deutschen Botschaft in Bern, 10.11.1939; vgl. NA GFM/33/1673/059585.

58 Bericht des deutschen Konsulats in Zürich, 14.11.1939; vgl. NA GFM/33/1673/059593.

59 Bericht der deutschen Botschaft in Caracas, 20.12.1939; vgl. NA GFM/33/804/2051.

60 Bericht der deutschen Gesandtschaft in Washington, 11.06.1940; vgl. NA GFM/33/2372/384400.

61 Vgl. BA R43II/3465.

62 Direktive Heydrichs an alle höheren Dienststellen von SS, SD, Gestapo und Kripo; vgl. BA R58/93/52.

63 Vgl. Hans Rothfels: *Die deutsche Opposition gegen Hitler*, Neuausg. Zürich 1994, S. 111.

64 Zit. n. Toland, a.a.O., S. 763.

65 Zit. n. Gisevius, a.a.O., Bd. II, S. 189f.

66 Zit. n. Toland, a.a.O., S. 765.

67 Vgl. Toland, a.a.O., S. 761f.

68 Zit. n. Peter Hoffmann: *Die Sicherheit des Diktators*, München 1975, S. 125; Hervorhebung dort. Heydrichs *Richtlinien* sind im Bundesarchiv aufgenommen unter BA R58/93.

69 Vgl. Peter Hoffmann: *Die Sicherheit des Diktators*, München 1975, S. 125-133; Peter Hoffmann: *Hitler's Personal Security*, Cambridge/Mass. 1979, S. 125-133.

70 Vgl. Schellenberg, a.a.O., S. 92, 95.

71 Vgl. Gisevius, a.a.O., Bd. II, S. 179 u.ö.

72 Vgl. etwa Alan Bullock: *Hitler. Eine Studie über Tyrannei*, Düsseldorf 71961, S. 572-574, oder Peter Padfield: *Himmler, Reichsführer SS*, London 1990, S. 283.

73 Vgl. Domarus, a.a.O., S. 1405.
74 Hoch, a.a.O., S. 384.
75 S.o. Anm. 26.
76 Vgl. Peter Steinbach/Johannes Tuchel: „Der Widerstandskämpfer und das Attentat vom 8. November 1939 - Deutungen und Diffamierungen", in: *Frankfurter Rundschau*, 18.11.1999.
77 Vgl. Haasis, a.a.O., S. 234.
78 Vgl. Peter Hoffmann: *Widerstand, Staatsstreich, Attentat*, München 1969, S. 305f.

Kapitel 3

1 Zit. n. *Neue Deutsche Biografie*, s.v. ‚Oster, Hans', Bd. XVIX, Berlin 1999, S. 617.
2 Zit. n. William Carr: *A History of Germany 1815-1945*, London ³1987, S. 263f.
3 John Wheeler-Bennett: *Die Nemesis der Macht*, Düsseldorf 1954, S. 89.
4 Zit. n. John Wheeler-Bennett: *Der hölzerne Titan. Paul von Hindenburg*, Tübingen 1969, S. 248.
5 Zit. n. ebenda, S. 239.
6 Adolf Hitler, *Mein Kampf*, München 1936, S. 223f.
7 Vgl. Wheeler-Bennett, Nemesis, S. 139f. u.ö.
8 Vgl. Marion Gräfin Dönhoff: *Preußen - Maß und Maßlosigkeit*, Berlin 1998, S. 75.
9 Zit. n. Wheeler-Bennett, Nemesis. S. 312.
10 Zit. n. Heinz Höhne: *Canaris*, München 1976, S. 169.
11 Zit. n. Peter Hoffmann: *Widerstand, Staatsstreich, Attentat*, München 1969, S. 45f.
12 Zit. n. Höhne, a.a.O., S. 171.
13 Zit. n. Kurt Pätzold/Manfred Weissbecker: *Geschichte der NSDAP*, S. 34.
14 Hitler, Rede im Münchner Bürgerbräukeller, 08.11.1939, zit. n. Max Domarus (Hrsg.): *Hitler. Reden und Proklamationen*, Bd. II, Neustadt/Aisch 1963, S. 1405-1414.
15 Zur historischen und juristischen Bedeutung der *Hossbach-Niederschrift* s. Jonathan Wright/Paul Stafford, „A Blueprint for War? Hitler and the Hossbach Memorandum", in: *History Today*, Jg. 38 (1988), Nr. 3 (März).
16 Vgl. Ian Kershaw: *Hitler 1936-1945*, Stuttgart 2000, S. 90-92.
17 Zit. n. Fabian von Schlabrendorff: *Offiziere gegen Hitler*, Neuausg. Berlin 1984, S. 164.
18 Zit. n. Ian Colvin: *Canaris: Chief of Intelligence*, London 1951, S. 43.
19 Kurzbiographie Blomberg: Walter Görlitz, „Blomberg", in: Correlli Barnett (Hrsg.), *Hitler's Generals*, London 1989,, S. 129-139.
20 Vgl. Robert O'Neil, "Fritsch, Beck and the Führer", in: ebenda, hier S. 24.
21 Zit. n. Wheeler-Bennett, Nemesis, S. 395.
22 Vgl. Paul Leverkuehn. *German Military Intelligence*, London 1954, S. 27.
23 Vgl. David Kahn, *Hitler's Spies. German Military Intelligence in World War II*, London 1980, S. 218.
24 Vgl. Wheeler-Bennett, Nemesis, S. 364, 380f. u.ö.
25 Vgl. Kahn, a.a.O., S. 314-317.
26 Zit. n. Helmut Krausnick: „Aus den Personalakten von Canaris", in: *Vierteljahrshefte für Zeitgeschichte*, Jg. 10 (1962), S. 292.
27 Zit. n. André Brissaud, *Canaris*, London 1973, S. 5.
28 Vgl. Höhne, a.a.O., S. 165.

29 Vgl. ebenda, S. 176.
30 Zum Charakterbild Canaris' vgl. Lahousens Darstellung, zit. in Hans Gisevius: *Bis zum bittern Ende*, Bd. II, Hamburg 1947, S. 193-195.
31 Vgl. Peter Padfield: *Himmler, Reichsführer SS*, London 1990, S. 197.
32 Vgl. Höhne, a.a.O., S. 450.
33 Zit. n. Lauran Paine, *The Abwehr*, London 1984, S. 29.
34 Vgl. Kahn, a.a.O., S. 221.
35 Vgl. Colvin, a.a.O., S. 43.
36 Zit. n. Brissaud, a.a.O., S. 106.
37 Zit. n. ebenda, S. 102.
38 Vgl. Paine, a.a.O., S. 33.
39 Gisevius, a.a.O., Bd. I, S. 312.
40 Zit. n. Hermann Graml: „Der Fall Oster", in: *Vierteljahreshefte für Zeitgeschichte*, Jg. 14 (1966), S. 27. Die angeführte Äußerung stammt vom Ex-Reichsbankpräsidenten Hjalmar Schacht.
41 *Neue Deutsche Biografie*, a.a.O., S. 616.
42 Vgl. Graml, a.a.O., S. 31.
43 Zit. n. Klemens von Klemperer: *German Resistance against Hitler*, Oxford 1992, S. 194
44 Vgl. Terry Parssinen: *The Oster Conspiracy of 1938*, New York 2003, S. 7,
45 Zit. n. Höhne, a.a.O., S. 252.
46 Gisevius, Bd. II, S. 192.
47 Lt. Reinhard Spitzy: *So haben wir das Reich verspielt*, München ²1987, S. 381, 384.
48 Vgl. Ted Harrison, „'Alter Kämpfer' im Widerstand: Graf Helldorf, die NS-Bewegung und die Opposition gegen Hitler", in: *Vierteljahrshefte für Zeitgeschichte*, Jg. 45 (1997), hier S. 412.
49 Vgl. Spitzy, a.a.O., S. 374.
50 Vgl. ebenda, S. 381.
51 Gisevius, a.a.O., Bd. II. S. 176.
52 Ewan Butler: *Mason-Mac*, London 1972, S. 70.
53 Zit. n. Kershaw, a.a.O., S. 130.
54 Zit. n. Max Domarus (Hrsg.): *Hitler. Reden und Proklamationen*, Bd. I, Neustadt/Aisch 1962, S. 823f.
55 Vgl. Kershaw, a.a.O., S. 136ff.
56 Zit n. Joachim Fest: *Staatsstreich*, Berlin 1994, S. 81.
57 Vgl. Harrison, a.a.O., S. 385-423.
58 Vgl. Hjalmar Schacht, *76 Jahre meines Lebens*, Bad Wörishofen 1953, S. 487f.
59 Vgl. Susanne Meinl, *Nationalsozialisten gegen Hitler*, Berlin 2000, S. 268.
60 Vgl. Susanne Meinl/Dieter Krüger: „Der politische Weg von Friedrich Wilhelm Heinz", in: *Vierteljahreshefte für Zeitgeschichte*, Jg. 42 (1994), S. 39-44.
61 Zit. n. William Shirer: *Aufstieg und Fall des Dritten Reiches*, Köln 1961, S. 341.
62 Zit. n. Domarus, a.a.O., Bd. I, S. 901-906.
63 Erich Kordt: *Nicht aus den Akten*, Stuttgart 1950, S. 258.
64 Zit. n. Höhne, a.a.O., S. 294.
65 Zit. n. Kershaw, a.a.O., S. 167.
66 Zit. n. Alexandra Richie: *Faust's Metropolis*, London 1999, S. 479.
67 Gisevius, a.a.O., Bd. II, S. 65f.
68 Zit. n. Parssinen, a.a.O., S. 133.
69 Vgl. Hans Rothfels: *Die deutsche Opposition gegen Hitler*, Zürich 1994,

S. 129.

70 Zit. n. Kershaw, a.a.O., S. 169. Hitler nannte als Gründe: 1. die unvermin-
derten Drangsalierungen Sudetendeutscher durch tschechische Nationalisten; 2. das Nichteingehen Prags auf die Gebietsforderungen der Polen und
Ungarn gegenüber der Tschechoslowakei. Beides beweise doch, dass die
Tschechen kein Vertrauen verdienten (vgl. ebenda).

71 Zit. n. ebenda, S. 170.

72 Kordt, a.a.O., S. 262.

73 Ebenda, S. 262.

74 Kershaw, a.a.O., S. 172.

75 Alan Bullock: Hitler. *Eine Studie über Tyrannei*, Düsseldorf [7]1961, S. 463.

76 Zit. n. Domarus, a.a.O., Bd. I, S. 930-932.

77 Kordt, a.a.O., S. 263.

78 Ebenda, S. 270.

79 Zit. n. Parssinen, a.a.O., S. 162.

80 Gisevius, a.a.O., Bd. II, S. 65.

81 Zit. n. Kershaw, a.a.O., S. 177.

82 Gisevius, a.a.O., Bd. II, S. 70.

83 Zit. n. Martin Gilbert: *Churchill. A Life*, London 1991, S. 600.

84 Norman Davies, *Europe*, London 1997, S. 990.

85 Gisevius, a.a.O., Bd. II, S. 66.

86 Wheeler-Bennett, Nemesis, S. 428.

87 Groscurth zit. in Fest, S. 128.

88 Gisevius, a.a.O., Bd. II, S. 151.

89 Vgl. Harold Deutsch: *The Conspiracy against Hitler in the Twilight War*,
London 1968, S. 44.

90 Vgl. Kershaw, a.a.O., S. 370f.

91 Zit. n. Kordt, a.a.O., S. 371.

92 Ebenda, S. 371.

93 Zit. n. Spitzy, a.a.O., S. 390.

94 Zit. n. Kordt, a.a.O., S. 374.

95 Vgl. Spitzy, a.a.O., S. 387; Klemperer, a.a.O., S. 374.

96 Deutsch, a.a.O., S. 99.

97 Vgl. Spitzy, a.a.O., S. 404.

98 Peter Hoffmann: *Widerstand, Staatsstreich, Attentat*, München 1969, S. 89.

99 Fest, a.a.O., S. 93.

100 Zit n. Gisevius, a.a.O., Bd. II, S.195.

101 Vgl. Brissaud, S. 112.

102 Zit. n. Spitzy, a.a.O., S. 388f.

103 Vgl. Parssinen, a.a.O., S. 149.

104 Wheeler-Bennett, Nemesis, S. 454.

105 Vgl. Bullock, a.a.O., S. 452f.

106 Kershaw, a.a.O., S. 181.

107 Zit n. Barry Leach, "Halder", in: Barnett, a.a.O., S. 105.

108 Gisevius, a.a.O., Bd. II, S. 66.

109 Kordt, a.a.O., S. 375.

110 Vgl. Deutsch, a.a.O., S. 41.

111 Theodore Hamerow, *On the Road to the Wolf's Lair*, Harvard 1999, S. 239.

112 Fest, a.a.O., S.103.

113 Peter Hoffmann: *Widerstand, Staatsstreich, Attentat*, München 1969, S. 89.

114 Zit. n. Hamerow, a.a.O., S. 243.

115 Spitzy, a.a.O., S. 387.

116 Zit. n. Parssinen, a.a.O., S. 167.

117 Vgl. Brissaud, a.a.O., S. 89.

118 Vgl. Hoffmann, a.a.O., S. 167, 176; Parssinen, a.a.O., S. 100.
119 Zit. n. Höhne, a.a.O., S. 529.
120 Vgl. Christabel Bielenberg: *The Past is Myself*, London 1968, S. 79.
121 Walter Schellenberg: *Memoiren*, Köln 1959, S. 162.
122 Ebenda, S. 171.
123 Ebenda, S. 172f.
124 Vgl. Brissaud, a.a.O., S. 325f.
125 Zit. n. ebenda. S. 326.
126 Höhne, a.a.O., S. 555.
127 Vgl. ebenda, S. 567.
128 Zit. n. ebenda, S. 567.

Kapitel 4

1 Zit. n. Stanisław Majewski: „Zamach na Hitlera pod Starogardem", in: *Litery*, Nr. 3, Danzig 1962, S. 6.
2 So William Shirer: *Aufstieg und Fall des Dritten Reiches*, Köln 1961, S. 597.
3 Zit. n. Henric Wuermeling: August '38, Berlin 1989, S. 166.
4 Vgl. Jürgen Runzheimer: „Der Überfall auf den Sender Gleiwitz im Jahre 1939", in: *Vierteljahrshefte für Zeitgeschichte*, Jg. 10 (1962), S. 408-426; s.a. Alfred Naujocks' Aussage in Nürnberg vom 20.12.1945.
5 Zit. n. Wuermeling, a.a.O., S. 21.
6 Vgl. Jarosław Tuliszka: *Westerplatte 1926-1939. Dzieje wojskowej skladnicy tranzystowej w Wolnym Mieście Gdańsku*, Thorn 2002, S. 151.
7 Zit. n. Max Domarus (Hrsg.): *Hitler. Reden und Proklamationen*, Bd. II, Neustadt/Aisch 1963, S. 1315.
8 Vgl. Charles Sydnor: *Soldiers of Destruction*, Neuausg. Princeton 2000, S. 40.
9 Zit. n. Polish Ministry of Information: *The German Invasion of Poland: Polish Black Book*, London 1940, S. 134.
10 Vgl. Andrzej Suchcitz: "Poland's Defence Preparations in 1939", in: Peter Stachura (Hrsg.), *Poland between the Wars 1918-1939*, Basingstoke 1998, S.109-132.
11 Vgl. etwa Wesley Adamczyk: *When God Looked the Other Way*, Chicago 2004.
12 Das patriotische Lied, entstanden Ende des 18. Jahrhunderts als *Mazurek Dąbrowskiego* (‚Dąbrowskis Mazurka'), wurde 1927 Staatshymne; zit. u.a. in Norman Davies/Roger Moorhouse: Die Blume Europas. *Breslau - Wroclaw - Vratislavia*, München 2002, S. 301; dt. hier vom Übersetzer (U.B.).
13 Norman Davies: *God's Playground: A History of Poland*, Oxford 1981, S. 36, 41.
14 Vgl. Davies/Moorhouse, a.a.O., S. 336.
15 Vgl. John Connelly: "Nazis and Slavs: From Racial Theory to Racist Practice", in: *Central European History*, Jg. 32, Nr. 1 (1999), S. 1-33.
16 Joseph Goebbels: *Die Tagebücher*, hrsg. v. Elke Fröhlich, Bd. I/7, München 1998, S. 23.
17 Vgl. Norman Davies: *Rising '44*, London 2003, S. 90.
18 Zit. n. Michal Grynberg (Hrsg.), *Words to Outlive Us: Eye-witness Accounts from the Warsaw Ghetto*, London 2003, S. 29.
19 Zit. n. Richard Lukas: *Forgotten Holocaust. The Poles under German Occupation 1939-1944*, Neuausg. New York 2001, S. 9.
20 Zit. n. ebenda, S. 33.

21 Roman Frister: *The Cap. The Price of a Life,* London 1999, S. 9.
22 Vgl. Lukas, a.a.O., S. 34.
23 Vgl. Tadeusz Bór-Komorowski: *The Secret Army,* London 1950, S. 22.
24 Vgl. Lukas, a.a.O., S. 35.
25 Vgl. ebenda, S. 36.
26 Zit. n. Joachim Fest: *Das Gesicht des Dritten Reiches,* München 1963, S. 294.
27 Zit. n. Davies, Rising, S. 86.
28 Bór-Komorowski, a.a.O., S. 38.
29 Vgl. Wlodzimierz Borodziej: *Terror und Politik,* Mainz 1999, S. 174.
30 Vgl. Klemens S. Rudnicki: *The Last of the War Horses,* London 1974, S. 103; ferner Wolfgang Jacobmeyer: "Henryk Dobrzański ['Hubal']. Ein biographischer Beitrag zu den Anfängen der polnischen Résistance im Zweiten Weltkrieg", in: *Vierteljahrshefte für Zeitgeschichte,* Jg. 20 (1972), S. 65-74.
31 Bór-Komorowski, a.a.O., S. 22.
32 Marek Ney-Krwawicz: *The Polish Home Army 1939-1945,* London 2001, S. 2.
33 Ebenda, S. 27.
34 Vgl. etwa Jan Karski: *Story of a Secret State,* Boston 1944; u. Stefan Korboński: *The Polish Underground State,* Boulder 1978.
35 Vgl. Anhang 35 in Davies, Rising.
36 Bór-Komorowski, a.a.O., S. 28.
37 Vgl. Józef Garliński: *Poland, SOE and the Alliies,* London 1969, S. 31.
38 National Archives, London (fortan zitiert: NA), T 160/1412, archiviert unter C/8297, 10.12.1941, Stewart Menzies an Herbert Brittain [Schatzministerium].
39 Vgl. Martin Middlebrook: *The Peenemünde Raid,* London 1982.
40 Vgl. Garliński, a.a.O., S. 150-154.
41 Zit. n. Hugh Dalton: *The Second World War Diaries 1940-45,* hrsg. v. Ben Pimlott, London 1985, S. 67.
42 Vgl. Michael R. D. Foot: *SOE. The Special Operations Executive 1940-1946,* London 1984, S. 191.
43 Vgl. etwa E. Thomas Wood: *Karski. How One Man Tried to Stop the Holocaust,* London 1994.
44 Ney-Krwawicz, a.a.O., S. 36.
45 Vgl. Bohdan Kwiatkowski: *Sabotaż i Dywersja,* London 1949, Bd. I, S. 21.
46 Vgl. Lukas, a.a.O., S. 49.
47 Vgl. Ney-Krwawicz, a.a.O., S. 51.
48 Vgl. Peter Hoffmann: *Die Sicherheit des Diktators,* München 1975, S. 162f.
49 Vgl. Robert Harris/Jeremy Paxman: *A Higher Form of Killing,* London 1982, S. 89.
50 Vgl. Kwiatkowski, a.a.O., S. 21.
51 Vgl. Ney-Krwawicz, a.a.O., S. 48.
52 Vgl. Studium Polski Podziemnej w Londynie Archive (fortan zitiert: SPP), 3.6.3.3.13/1, 2, 3.
53 Bór-Komorowski, a.a.O., S. 115f..
54 Vgl. Lukas, a.a.O., S. 92.
55 Ebenda, S. 91.
56 Vgl. Bór-Komorowski, a.a.O., S. 152.
57 Vgl. Borodziej, a.a.O., S. 53.
58 Vgl. Kwiatkowski, a.a.O., S. 21.

59 Vgl. etwa die Akte über das fehlgeschlagene Attentat auf SS-Obergruppenführer Friedrich Wilhelm Krüger, SPP, BI. 9/71.

60 Vgl. Bór-Komorowski, a.a.O., S. 155.

61 Plakat wiedergegeben in http://wilk.wpLp.lodz.pl/~whatfor/specjalna operacja bojowa kutsch.htm.

62 Vgl. Halin Czarnocka (Hrsg.): *Armia Krajowa w Dokumentach 1939-1945*, Bd. I, London 1970, S. 220.

63 Zum Versuch eines Attentats auf Forster vgl. „Próba zamachu na kata Pomorze", in: *Gdański Przekas*, Nr. 5/2000, S. 9f.

64 Bór-Komorowski, a.a.O., S. 114.

65 Vgl. Bundesarchiv, Berlin (fortan zitiert: BA), NS 19/2653.

66 Vgl. BA NS 19/2653, 10.05.1945.

67 Vgl. Stanislaw Okęcki: *Polish Resistance Movement in Poland and Abroad 1939-1945*, Warschau 1987, S. 95.

68 Zit. n. Lukas, a.a.O., S. 91.

69 Vgl. Bór-Komorowski, a.a.O., S. 156.

70 Zum Attentat auf Kutschera vgl. Bór-Komorowski, a.a.O., S. 156-160 u. Tomasz Strzembosz: *Akcje zbrojne podziemnej Warszawy 1939-44*, Warschau 1979, S. 312-327.

71 Zit. n. Davies, Rising, S. 198.

72 Zit. n. Waclaw Dlugoborski: „Die deutsche Besatzungspolitik gegenüber Polen", in: Karl Dietrich Bracher/Manfred Funke/Hans-Adolf Jacobsen (Hrsg.): *Nationalsozialistische Diktatur 1933-1945*, Düsseldorf 1983, S. 579.

73 Hans Frank zit. n. Norman Rich: *Hitler's War Aims*, Bd. II, London 1974, S. 96.

74 Vgl. Czeslaw Madajczyk: *Die Okkupationspolitik Nazideutschlands in Polen 1939-1945*, Köln 1998, S. 131. Goebbels' unterstützende Haltung für Frank wird deutlich in Joseph Goebbels: *Die Tagebücher*, hrsg. v. Elke Fröhlich, Bd. II/8, München 1993, S. 233, Eintrag v. 25.05.1943.

75 Vgl. Borodziej, a.a.O., S. 75.

76 Vgl. Hans Frank: *Das Diensttagebuch des deutschen Generalgouverneurs in Polen 1939-45*, hrsg. v. Werner Präg u. Wolfgang Jacobmeyer, Stuttgart 1975.

77 Vgl. Lukas, a.a.O., S. 92.

78 Die Schlange war bei den Nazis ein gängiges Symbol für den Widerstand gegen die deutsche Besatzung. Es taucht auch in einigen Kampfabzeichen auf, etwa dem ‚Warschauschild' und dem ‚Antipartisanenorden'.

79 Vgl. Hoffmann, a.a.O., S. 205.

80 Vgl. ebenda, S. 150f.

81 Vgl. die Fahrt am 04.09.1939 von Bad Polzin nach Topolno an der Weichsel und dann wieder Richtung Westen nach Plietnitz, immerhin ungefähr 250 Kilometer.

82 Vgl. den Beitrag der deutschen (Kino-) *Wochenschau* zum Thema Septemberfeldzug 1939; Kopie u.a. in den Beständen des Imperial War Museum Film Archive, London.

83 Vgl. Hoffmann, a.a.O., S. 151f.

84 Vgl. ebenda, S. 151

85 Ebenda, S. 152.

86 Interview (05.12.2003) mit Ewa Klarner-Huggins, der Enkelin Czeslaw Klarners, der seinerzeit einer der Geiseln war.

87 Vgl. Jan Nowak: *Courier from Warsaw*, London 1982, S. 60.

88 Vgl. Janina Karasiówna: „Pierwsze pólrocze armii podziemnej SZP-ZWZ", in: *Niepodleglość*, Jg. 1 (1948); vgl. außerdem *Dziennik Polski*, 07.09.2003, S. 5.

89 Vgl. Nowak, a.a.O., S. 60.

90 Vgl. Hoffmann, a.a.O., S. 213f.

91 Vgl. Albert Speer: *Erinnerungen*, Berlin 1969, S. 560; außerdem Domarus, a.a.O., Bd. II, S. 1743.

92 Vgl. Franz W. Seidler/Dieter Zeigert: *Die Führerhauptquartiere. Anlagen und Planungen im Zweiten Weltkrieg*, München 2001, S. 350.

93 Zit. n. Hugh Trevor-Roper (Hrsg.): *Hitler's Table Talk 1941-1944*, London 1953, S. 340.

94 Christa Schroeder: *Er war mein Chef*, München 1985, S. 112.

95 Siehe Karte in Hoffmann, a.a.O., Tafel 16c.

96 Vgl. Edward Korpalski/Jerzy Szynkowski/Georg S. Wünsche: *Das Führerhauptquartier Wolfschanze im Bild und in Erinnerung von Zeitzeugen*, Rastenburg 2004, S. 28.

97 Vgl. Peter Hoffmann: *Hitler's Personal Security*, Cambridge/Mass. 1979, S. 229.

98 Nach Angaben v. Bruno Dreyer; dieser zit. in Korpalski/Szynkowski/Wünsche, a.a.O., S. 183.

99 Vgl. ebenda, S. 29.

100 Speer, a.a.O., S. 400.

101 Vgl. Ron Jeffery: *Red Runs the Vistula*, Auckland 1985.

102 Vgl. Uwe Neumärker/Robert Conrad/Cord Woywodt: *Wolfsschanze. Hitlers Machtzentrale im II. Weltkrieg*, Berlin 2000, S. 71.

103 Vgl. Hoffmann, Sicherheit, S. 82.

104 Vgl. Traudl Junge: *Bis zur letzten Stunde*, München 2002, S. 54.

105 Bór-Komorowski, a.a.O., S. 153.

106 Vgl. Krzysztof Komorowski: *Konspiracja Pomorska 1939-1947. Leksykon*, Danzig 1993, S. 94-96.

107 Vgl. Zygmunt August Sikorski: *Jan Kazimierz Szalewski. Dzieje pomorskiego patrioty,* Danzig 1996, S. 61-67-

108 Aussage des Jan Szalewski (Tarnnamen: ‚Soból' u. ‚Sable'); aufbewahrt in der Fundacja "Archiwum i Muzeum Pomorskie Armii Krajowej oraz Wojskowej Służby Polek", Thorn, archiviert unter M-14/623 POM.

109 Vgl. den Bericht des Jan Szalewski, der eine der Einheiten bei dieser Attacke anführte; wiedergegeben in Majewski, a.a.O., S. 6.

110 Jan Szalewski: „Zamach na Hitlera", in: *Glos Nauczycielski*, Nr. 29/1974.

111 Vgl. Majewski, a.a.O., S. 6.

112 Vgl. Sikorski, a.a.O., S. 66.

113 Vgl. Konrad Ciechanowski: *Ruch oporu na Pomorzu Gdańskim 1939-1945*, Warschau 1972, S. 132.

114 Brief der Danziger Abwehr vom 27.09.1944; wiedergegeben in Sikorski, a.a.O., S. 66.

115 Vgl. etwa Leon Lubecki: *Ruch oporu na Pomorzu Gdańskim w latach 1939-1945*, Danzig 1961, S. 59.

116 NA, HS 6/624, Anhang 4.

117 Vgl. Hoffmann, Security, S. XXVIII.

118 Vgl. Komorowski, a.a.O., S. 164f.

119 Vgl. ebenda, S. 96.

120 Vgl. Piotr Stachiewicz, *Parasol*, Warschau 1981, S. 628.

121 Vgl. Davies, Rising, 7. Kapitel.

122 Vgl. Komorowski, a.a.O., S. 164f.

123 Vgl. Personenakte Franczisek Niepokólczycki (Tarnname ‚Teodor'), in SPP TP 3/5920/2.
124 Vgl. Dariusz Baliszewski: „Polski Zamach na Hitlera", in: *Newsweek Polska*, Nr. 4/2002.

Kapitel 5

1 Zit. n. National Archive, London (fortan zitiert: NA), FO 371/32878/N1688: Britische Botschaft Moskau an Außenministerium London, 30.03.1942.
2 Statistische Angaben nach Gerd Ueberschär: „Barbarossa", in: Ian Dear (Hrsg.): *The Oxford Companion to the Second World War*, Oxford 1995, S. 109-113.
3 Zit. n. Max Domarus (Hrsg.): *Hitler. Reden und Proklamationen*, Bd. II, Neustadt/Aisch 1963, S. 1732.
4 Vgl. Konstantin Pleschakow: *Stalin's Folly*, London 2005, S. 130.
5 Vgl. Alexander Werth: *Russia at War*, London 1964, S. 159.
6 Vgl. Von Hardesty: *Red Phoenix. The Rise of Soviet Air Power 1941-45*, Washington 1982, S. 11.
7 Vgl. John Erickson: *The Road to Stalingrad*, London 1975, S. 87.
8 Vgl. Simon Sebag Montefiore: *Stalin. The Court of the Red Tsar*, London 2003, S. 323.
9 Vgl. Werth, a.a.O., S. 181.
10 Zit. n. Sebag Montefiore, a.a.O., S. 330f., s.a. Fußnote ebenda.
11 Zit. n. Pleschakow, a.a.O., S. 91.
12 Vgl. etwa Viktor Suworow: *Icebreaker. Who Started the Second World War?*, London1990.
13 Zit. n. Alan Bullock: *Hitler and Stalin - Parallel Lives*, London 1991, S. 389.
14 Zit. n. Werth, a.a.O., S. 164-168.
15 Zit. n. Sebag Montefiore, a.a.O., S. 221.
16 Vgl. Anne Applebaum: *Gulag*, London 2003, S. 123.
17 Vgl. Sebag Montefiore, a.a.O., S. 219.
18 Vgl. ebenda, S. 22.
19 Vgl. Robert Conquest: *The Great Terror: A Reassessment*, London 1990, S. 235.
20 Vgl. Sebag Montefiore, a.a.O., S. 240.
21 Vgl. Mark Frankland: *Krushchev*, London 1966, S. 47.
22 Zit. n. Sebag Montefiore, a.a.O., S. 283.
23 Vgl. Michael Parrish: *The Lesser Terror*, Westport/Conn., S. 57.
24 Vgl. etwa Robert Conquest: "Playing down the Gulag"; in: *The Times Literary Supplement*, 24.02.1995.
25 Vgl. Christopher Andrew/Wassili Mitrochin: *The Mitrokhin File*, Neuausg. London 2000, S. 91.
26 Vgl. ebenda, S. 117.
27 Vgl. Christopher Andrew/Oleg Gordjewski: *KGB. The Inside Story of its Foreign Operations from Lenin to Gorbachev*, London 1990, S. 128f.
28 Vgl. Andrew/Mitrochin, a.a.O., S. 105.
29 Vgl. Walter Kriwitzki: *In Stalin's Service*, New York 2000.
30 Vgl. Andrew/Gordjewski, a.a.O., S. 125f.
31 Zit. n. Isaac Don Levin: *The Mind of An Assassin*, London1959, S. 125.
32 Vgl. Andrew/Mitrochin, a.a.O., S. 116.
33 Vgl. ebenda, S. 92.

34 Es wird verschiedentlich behauptet, Footes Planungen und die Versuche zu seiner Umsetzung hätten bereits 1938 stattgefunden. Die näheren Angaben zum zeitlichen, örtlichen und situativen Kontext in Footes Memoiren sprechen jedoch eindeutig für 1939. Vgl. Alexander Foote: *Handbook for Spies*, London 1949, S. 30-35.

35 Ebenda, S. 26.

36 Ebenda, S. 32.

37 Zit. n. David Pryce-Jones: *Unity Mitford. A Quest*, London 1995, S. 102.

38 Traudl Junge: *Bis zur letzten Stunde*, München 2002, S. 99.

39 Foote, a.a.O., S. 31.

40 Ebenda, S. 31f.

41 Zit. n. Neil Grant: *The German-Soviet Pact*, New York 1975, S. 51.

42 Foote, a.a.O., S. 32f.

43 Vgl. Anthony Read/David Fisher: *Operation Lucy*, London 1980.

44 Antony Beevor: *Stalingrad*, London 1998, S. 108.

45 Guy Sajer: *The Forgotten Soldier*, London 1971, S. 382.

46 Zit. n. Werth, a.a.O., S. 167.

47 Vgl. Parrish, a.a.O., S. 121.

48 Zit. n. Werth, a.a.O., S. 644.

49 Richard Overy: *Russia's War*, London 1998, S. 147.

50 Vgl. Heinz Höhne: *Der Orden unter dem Totenkopf*, Gütersloh 1967, S. 368.

51 Vgl. French MacLean: *The Cruel Hunters. SS-Sonderkommando Dirlewanger*, Atglen/Pa. 1998.

52 SS-Gruppenführer Fegelein zit. n. http://www.wssob.com/oo8divfgy.html

53 Overy, a.a.O., S. 146.

54 Vgl. Alan Clarke: *Barbarossa*, Neuausg. London 1995, S. 154f.

55 Vgl. Matthew Cooper: *The Nazi War against Soviet Partisans 1941-1944*, New York 1979, S. 59f.

56 Vgl. Kurt De Witt: "The Partisans in Soviets Intelligence", in: John Armstrong (Hrsg.): *Soviet Partisans in World War II*, Madison 1964, S. 339

57 Vgl. Pawel Sudoplatow: *Special Tasks*, London 1994, S. 129.

58 Vgl. Teodor Gladkow: *Legenda Sowjetskoi Raswedki*, Moskau 2001, S. 94.

59 Vgl. Pawel Sudoplatow: *Raswedka i Kreml*, Moskau 1996, S. 155.

60 Vgl. "Legendary Soviet Intelligence Officer Dies", in: *Prawda*, 22.07.2003.

61 Gladkow, a.a.O., S. 300-305.

62 Dmitri Medwedew: *Otrjad idjot na Sapad*, Lemberg 1948, S. 27

63 Vgl. Andrew/Gordjewski, a.a.O., S. 252.

64 Zit. n. Medwedew, a.a.O., S. 59.

65 Wladislaw Krasnow: *Soviet Defectors. The KGB Wanted List*, Stanford, 1986, S. 58.

66 Vgl. Nikolai Chochlow: *In the Name of Conscience*, London 1960, S. 16.

67 Zit. n. ebenda, S. 54.

68 Ebenda, S. 60.

69 Vgl. *Otscherki Istorii Sowjetskoj Wojennoi Raswedki*, Bd. IV, Moskau 99-101.

70 Chochlow, a.a.O., S.

71 Vgl. Andrew/Gordjewski, a.a.O., S. 352f.

72 Vgl. Sudoplatow, Tasks, S. 129.

73 Vgl. Peter Hoffmann: *Hitler's Personal Security*, Cambridge/Mass. 1979, S. 228.

74 Vgl. Franz W. Seidler/Dieter Zeigert: *Die Führerhauptquartiere. Anlagen und Planungen im Zweiten Weltkrieg*, München 2001, S. 120.

75 Albert Speer: *Erinnerungen*, Berlin 1969, S. 251.

76 Vgl. Christa Schroeder: *Er war mein Chef*, München 1985, S. 137.
77 Nicolaus von Below: *Als Hitlers Adjutant 1937-45*, Mainz 1980, S. 149.
78 Vgl. etwa Luisa Biloserowa: *Werwolf. Rokowaja taina Gitlera?*, Winnitza 1996.
79 Vgl. Leonard L. Heston/Renate Heston: *The Medical Casebook of Adolf Hitler*, New York 1979, S. 39.
80 Vgl. Wendy Lower: "'Anticipatory Obedience' and the Nazi Implementation of the Holocaust in the Ukraine. A Case Study of Central and Peripheral Forces in the Generalbezirk Zhytomyr, 1941-1944", in: *Holocaust and Genocide Studies*, Jg. 16 (2002), Nr. 1 (Frühling), S. 4.
81 Vgl. ebenda, S. 11.
82 Vgl. Seidler/Zeigert, a.a.O., S. 121.
83 Beevor, a.a.O., S. 80.
84 Vgl. Richard Rhodes: *Masters of Death*, Oxford 2002, S. 251.
85 Vgl. Speer, a.a.O., S. 251.
86 Walter Warlimont: *Inside Hitler's Headquarters*, London 1964, S. 178.
87 NA, FO 371/32878/N 1688, Britische Botschaft Moskau an Außenministerium London, 30.03.1942
88 Vgl. Werth, a.a.O., S. 711.
89 Vgl. Heinrich Himmler: *Der Dienstkalender Heinrich Himmlers 1941/42*, hrsg. v. Peter Witte, Michael Wildt u. Martina Voigt, Hamburg 1999, S. 717.
90 Vgl. Arkadi Jarowoi: *Stawki Gitlera*, Moskau 1992, S. 68.
91 Vgl. Ihor Kamenetsky: *Hitler's Occupation of the Ukraine 1941-44*, Milwaukee 1956, S. 72.
92 Vgl. Teodor Gladkow: *Tschekistom!*, Moskau 1989, S. 86.
93 Vgl. ebenda, S. 87.
94 Vgl. Sudoplatow, Tasks, S. 128.
95 Vgl. Gladkow, Ostajusj, S. 234.
96 Vgl. Hoffmann, a.a.O., S. XXVIII.
97 Zit. n. Warlimont, a.a.O., S. 550.
98 Vgl. C. G. Sweeting: *Hitler's Personal Pilot. The Life and Times of Hans Baur*, Washington 2000, S. 183f.
99 Vgl. David Money: *Axis Aircraft of World War Two*, London 1984, S. 74.
100 Vgl. ebenda, S. 181.
101 Vgl. Peter Hoffmann: *Die Sicherheit des Diktators*, München 1975, S. 90.
102 Hans Baur: *Hitler's Pilot*, London 1958, S. 143.
103 Ebenda, S. 149.
104 Hans Baur: *Mit Mächtigen zwischen Himmel und Erde*, Oldendorf 1971, S. 231.
105 Vgl. NA WO 178/25; 30. Militärmission [in UdSSR] an DMI, 08.10.1941.
106 NA HW 1/206, C.S.S.-Telegramm.
107 Vgl. Barry Leach, "Halder", in: Correlli Barnett (Hrsg.), *Hitler's Generals*, London 1989, S. 119.
108 Vgl. Christian Hartmann: *Halder. Generalstabschef Hitlers 1938-1942*, Paderborn 1991, S. 293.
109 Vgl. Werth, a.a.O., S. 235-239.
110 Vgl. Ray Wagner (Hrsg.): *The Soviet Air Force in World War II*, London 1974, S. 66.
111 Vgl. ebenda, S. 120.
112 Vgl. NA WO 178/25, Kriegstagebuch der 30. Militärmission [in UdSSR], Eintrag v. 07.12.1941.
113 Vgl. Franz Halder: *Kriegstagebuch*, Stuttgart 1964, S. 288f.; desgleichen Franz Halder, *The Halder Diaries*, hrsg. v. Arnold Lissance, Boulder

1976, Bd. II, S. 1295f.

114 Vgl. Bundesarchiv Militärarchiv, Freiburg/Br. (fortan zitiert: BA MA), Schriftstück „Fahrt mit Sonderzug Europa nach Orscha vom 11.-15.11.1941", archiviert unter N 220/139.

115 Notiz „Rege Lufttätigkeit" in: BA MA, *Heeresgruppe Mitte Kriegstagebuch*, archiviert unter RH 19 II/378.

116 Laut Interview mit Teodor Gladkow, Moskau, 16.04.2004.

117 NA FO 371/32878/N 1688, Britische Botschaft Moskau an Außenministerium London, 30.03.1942.

118 NA FO 371/32878/N 1685, Außenministerium London an Britische Botschaft Moskau, 01.04.1942.

119 Vgl. NA WO 178/26, Kriegstagebuch der 30. Militärmission [in UdSSR], Eintrag v. 17.06.1941.

120 Vgl. Sudoplatow, Tasks, S. 35.

121 Franz von Papen: *Der Wahrheit eine Gasse*, München 1952, S. 478.

122 NA HW 12/274/102378, Türkisches Außenministerium an Kuibyschew, sowjetischer Botschafter in der Türkei, 18.03.1942.

123 NA HW 12/274/103640, Türkisches Außenministerium an Kuibyschew, sowjetischer Botschafter in der Türkei.

124 Vgl. Antony Beevor: *The Mystery of Olga Chekhova*, London 2004, S. 176.

125 Vgl. Sudoplatow, Tasks, S. 134.

126 Vgl. Albert Zoller (Hrsg.): *Hitler privat*, Düsseldorf 1949, S. 160.

127 Zit. n. Hugh Trevor-Roper (Hrsg.): *Hitler's Table Talk 1941-1944*, Neuausg. London 2000, S. 5.

128 Zit. n. Beevor, Mystery, S. 178.

129 Zit. n. Richard Grunberger: *Das zwölfjährige Reich*, Wien 1972, S. 168.

130 Zit. n. Beevor, Mystery, S. 159.

131 Vgl. Renate Helker/Claudia: *Der Tschechow-Clan*, Berlin 2001, S. 195.

132 Vgl. Sudoplatow, Tasks, S. 115.

133 Er veröffentlichte tatsächlich zwei Erinnerungsbücher, *Die Abteilung marschiert westwärts* (1948) und *Die feurigen Herzens sind* (1964), dazu einen Roman über die Untergrundbewegung von Winnitza, *An den Ufern des Südlichen Bug* (1957).

134 Vgl. Helker/Lenssen, a.a.O., S. 198.

135 Interview mit dem früheren NKWD-Offizier Igor Schchors, Moskau, 15.04.2004.

136 Vgl. Bullock, a.a.O., S. 525.

137 Vgl. Sebag Montefiore, a.a.O., S. 4.

138 Milovan Djilas: *Conversations with Stalin*, London 1962, S. 145.

139 Vgl. Daniel Rancour-Laferrie: *The Mind of Stalin. A Psychoanalytic Study*, Ann Arbor 1988, S. 109.

Kapitel 6

1 Zit. n. The New York Times, 31.12.1942.

2 Zit. n. Guido Knopp u.a.: *Hitlers Kinder*, Tb Goldmann, München 2001, S. 24.

3 Albert Speer: *Erinnerungen*, Berlin 1969, S. 163.

4 Michael Bloch: *Ribbentrop*, London 1992, S. 219.

5 So Chamberlain vor dem britischen Unterhaus am 31.03.1939; zit. n. William Shirer: *Aufstieg und Fall des Dritten Reiches*, Köln 1961, S. 432f.

6 „I talked of plan to kill Hitler", in: *The Times* [London], 06.08.1969, S. 1.

7 Vgl. E. T. Williams/H. Palmer (Hrsg.): *The Dictionary of National Biography 1951-60*, Oxford 1971, S. 712.

8 Zit. n. Ewan Butler: *Mason-Mac*, London 1972, S. 74.

9 Zit. n. E. L. Woodward/R. Butler (Hrsg.): *Documents of British Foreign Policy* (fortan zitiert DBFP), Reihe 3, Bd. IV, Anhang 4, S. 623: Ogilvie-Forbes an Strang, 29.03.1939.

10 Vgl. Heinrich Hoffmann: *Ein Volk ehrt seinen Führer*, Berlin 1939; wiedergegeben in: Ray Cowdery/Josephine Cowdery (Hrsg.): *Masters of Ceremony*, Rapid City 1998, S. 119.

11 Vgl. Butler, Mason-Mac, S. 75.

12 Zit. n. DBFP, Reihe 3, Bd. IV, Anhang 5, S. 626: Memorandum Mason-Macfarlane.

13 Vgl. Imperial War Museum Archive, Papiere Mason-Macfarlane, archiviert unter MM 40.

14 Vgl. etwa Anthony Cave Brown: *The Secret Servant. The Life of Sir Stewart Menzies, Churchill's Spy-master* (London, 1987), S. 195.

15 Vgl. Eintrag 'Stephenson' in: *Oxford Dictionary of National Biography*, Bd. LXII, Oxford 2004), S. 513f.

16 Vgl. etwa H. Montgomery Hyde, *The Quiet Canadian*, London 1962, S. 8 u. William Stephenson: *A Man called Intrepid*, London 1976, S. 38.

17 Zit. n. Cave Brown, a.a.O., S. 195.

18 Zit. n. *The Times* [London], 06.08.1969, S. 9.

19 Vgl. Nigel West: *MI6 British Secret Intelligence Operations 1909-45*, London 1983, S. 38.

20 Vgl. Christopher Andrew: *Secret Service*, London 1987, S. 408.

21 Zit. n. Alan Judd: *The Quest for C*, London 1999, S. 470.

22 Vgl. Christopher Andrew/Oleg Gordjewski: *KGB. The Inside Story of its Foreign Operations from Lenin to Gorbachev*, London 1990, S. 32.

23 Andrew Cook: *On His Majesty's Secret Service: Sidney Reilly*, London 2002, S. 127, 131.

24 Zit. n. Anthony Read/David Fisher, Colonel *Z: The Life and Times of a Master of Spies*, London 1984), S. 12.

25 Vgl. ebenda, S. 276.

26 Zit. n. Roy Jenkins: *Churchill*, London 201, S. 567.

27 George Orwell: "The Lion and the Unicorn", enthalten im Sammelband George Orwell, *Orwell and Politics*, hier S. 104.

28 Zit. n. Hugh Dalton: *The Second World War Diaries 1940-45*, hrsg. v. Ben Pimlott, London 1985, S. 67.

29 Zit. n. Michael R. D. Foot: *SOE. The Special Operations Executive 1940-1946*, London 1984, S. 19.

30 Vgl. David Stafford: *Churchill and the Secret Service*, New York 1998, S. 187f.

31 Zit. n. d. TV-Dokumentation *Killing Hitler* v. Jeremy Lovering, BBC Television, gesendet 30.03.2003

32 Zit. n. Stephen Dorril, *MI6: Fifty Years of Special Operations*, London 2000, S. 377.

33 Zit. n. Russell Miller: *Behind the Lines*, London 2002, S. 3.

34 Zit. n. ebenda, S. 12.

35 Vgl. Michael R. D. Foot: *SOE in France*, London 2004, S. 79.

36 Joseph Goebbels: *Die Tagebücher*, hrsg. v. Elke Fröhlich, Bd. II/3, München 1994, S. 75; Eintrag v. 28.02.1942.

37 Vgl. Foot, SOE France, S. 214.

38 Vgl. David Stafford: *Britain and European Resistance 1940-45*, London 1980, S. 35.v

39 Vgl. Stafford, Churchill, S. 240.

40 Vgl. ebenda, S. 241.

41 Vgl. Callum MacDonald: *The Killing of SS-Obergruppenführer Reinhard Heydrich*, London 1990, S. 121.

42 Zit. n. ebenda, S. 156.

43 Zit. n. ebenda, S. 160.

44 Vgl. Robert Harris/Jeremy Paxman: *A Higher Form of Killing*, London 1982, S. 91-94.

45 Zit. n. Stafford, Churchill, S. 241.

46 Vgl. Anthony Head: "The Tragedy of Lidice", in: *History Today*, Juni 2002.

47 Vgl. William Mackenzie, *The Secret History of SOE. The Special Operations Executive 1940-45*, London 2000, S. 319.

48 Joseph Goebbels: *Tagebücher 1924-1945*, hrsg. v. Ralf Reuth, Bd. IV, München 1992, S. 1815.

49 Zit. n. John Toland: *Adolf Hitler*, Bergisch Gladbach 1977, S. 891.

50 Zit. n. Hugh Trevor-Roper (Hrsg.): *Hitler's Table Talk 1941-1944*, London 1953, S. 512.

51 Vgl. Peter Hoffmann, *Die Sicherheit des Diktators*, München 1975, S. 133.

52 Vgl. Anthony Verrier: *Assassination in Algiers*, London 1990, S. 246.

53 National Archive, London (fortan zitiert: NA), HS 8/199, Protokoll der SOE-Beratung v. 22.06.1944.

54 NA HS 6/272, Akte Nr. 240, Korrespondenzen v. 05.08. u. 22.10.1943.

55 Vgl. Foot, SOE France, S. 366.

56 Näheres zur Entführung Kreipes in W. Stanley Moss: *Ill Met by Moonlight*, London 1950, sowie Antony Beevor: *Crete. The Battle and the Resistance*, London 1991.

57 NA HS 5/728, Bericht v. Major Leigh Fermor.

58 Zit. n. Vera Rule: „An English Odysseus", in: *The Independent on Sunday*, 09.11.2003

59 Zit. n. Moss, a.a.O., S. 180.

60 NA HS 6/823, HS 8/886, HS 8/887; Planung, Berichte und Verhöre betreffend Operation Boykin.

61 Zur Operation Flipper vgl. etwa Michael Asher: *Get Rommel*, London 2004.

62 Interview vom 25.02.2002 mit Michael R. D. Foot, seinerzeit als SAS-Offizier verantwortlich für die Entführungsmission.

63 Vgl. David Irving: *The Trail of the Fox. The Life of Field-Marshal Erwin Rommel*, London 1977, S. 379.

64 Lt. einem Bericht in der *Aarhus Stiftstidende*, 17.11.1944; Dank an Anders Thygesen für den Hinweis (D. Verf.).

65 Charles Cruickshank: *SOE in Scandinavia*, Oxford 1986, S. 18f.

66 NA HS 6/674, Korrespondenz v. 27.01.19455 zur Operation Chalgrove.

67 Zit. n. Miller, a.a.O., S. 23.

68 Vgl. Foot, SOE, S. 248f.

68a Geoffrey Household: *Rogue Male* (Roman), London 1939, S. 15.

69 [Einerseits ist *rogue* ein Begriff aus der Zoologie und bezeichnet ein (meist bösartiges) Tier, das nicht im Rudel lebt'. *Rogue Male* ließe sich also übersetzen: ‚Einzelgänger, männlich'. Andererseits wird *rogue* im allgemeinen Sprachgebrauch auch auf Menschen bezogen; dann hat es den Sinn ‚Schurke', ‚Schuft'. Der Titel spielt sicher mit beiden Bedeutungen. (Anmerkung des Übersetzers)]

70 Ebenda, S. 16f.

71 Ebenda, S. 17.
72 Ebenda, S. 18.
73 Ebenda, S. 192.
74 Geoffrey Household: *Against the Wind*, London 1958, S. 98.
75 Zit. n. *Dictionary of National Biography*, Bd. XXVIII, Oxford 200, S. 292.
76 Household, Wind, S. 94.
77 Vgl. Richard Meinertzhagen: *Middle East Diary 1917-1956*, London 1959, S. 179.
78 Vgl. ebenda, S. 149.
79 Ebenda, S. 159f.
80 NA AIR 20/2081, Stevenson an Douglas, 13.07.1940.
81 Vgl. Speer, a.a.O., S. 185-188.
82 NA AIR 16/619, Harris an Douglas, 21.02.1941.
83 Vgl. NA AIR 16/619, Harris an Douglas, 07.03.1941.
84 Vgl. NA AIR 16/619, Harris an Douglas, 18.03.1941.
85 Erstfassung: Hans Baur, *Ich flog Mächtige der Erde*, Kempten 1956; später leicht abweichende engl. Fassung u.d.T. *Hitler's Pilot*, London 1958 (übers. v. Edward Fitzgerald).
86 Vgl. C. G. Sweeting: *Hitler's Personal Pilot. The Life and Times of Hans Baur*, Washington 2000, S. 148.
87 Vgl. etwa Peter Padfield: *Hess. The Führer's Disciple*, London 1991.
88 Vgl. NA HS 6/623, Gubbins and Ismay, 20.06.1944.
89 Julian Amery: *Approach March*, London 1973, S. 240.
90 Vgl. Peter Hoffmann: *Hitler's Personal Security*, Cambridge/Mass. 1979, S. XX-XXIII.
91 Vgl. ebenda, S. 118-122.
92 Vgl. NA HS 6/623, S. 64.
93 Zit. n. Denis Rigden: *Kill the Führer. Section X and Operation Foxley*, London 1999, S. 50.
94 Die Akte ist wiedergegeben in Mark Seaman (Hrsg.), *Operation Foxley: The British Plan to Kill Hitler*, London 1998 (fortan zitiert: Seaman Operation Foxley)
95 Interview mit Prof. Michael R. D. Foot, der James Joll aus SOE-Tagen kannte und dessen Schreibstil in der Foxley-Akte identifiziert zu haben glaubte. Ein im Londoner National Archive aufbewahrtes Aktenstück (HS 9/806/2) bestätigt, dass Joll im Herbst 1943 der Section X zugeteilt war.
96 Vgl. Traudl Junge: *Bis zur letzten Stunde*, München 2002, S. 79.
97 Vgl. NA HS 6/624, S. 72-74.
98 Vgl. Rigden, a.a.O., S. 72f.
99 NA HS 6/626, S. 2; Memorandum Joll an Gubbins,
100 Vgl. NA HS 6/623, S. 33; Memorandum v. 18.12.1944.
101 Vgl. NA HS 6/623, S. 7; Telegrammaustausch v. 16.03.1945.
102 Vgl. Rigden, a.a.O., S. 88.
103 Zit. n. ebenda, S. 55.
104 Zit. n. ebenda, S. 52.
105 NA HS 6/625, S. 155; Memorandum v. 12.10.1944.
106 NA HS 6/623, S. 62; zit. in Seaman Operation Foxley, S. 15.
107 Zit. n. Rigden, a.a.O., S. 52.
108 Zit. n. ebenda, S. 58.
109 Churchill an Generalmajor Ira Eaker, zit. n. Hoffmann, Security, S. 194.
110 Vgl. Stafford, Churchill, S. 297
111 Rede Churchills vor dem Unterhaus, 02.08.1944, zit. n. Martin Gilbert: *Winston S. Churchill*, London 1986, S. 868.

112 Vgl. Peter Conradi: *Hitler's Piano Player*, London 2005, S. 291.
113 Vgl. Richard Harris Smith: *OSS. The Secret History of America's First Central Intelligence Agency*, London 1972, S. 222.
114 Zur Operation Hellhound vgl. NA AIR 51/265.
115 Vgl. Kit C. Carter/Robert Mueller: *The Army Air Forces of World War II*, Washington 1973, S. 488.
116 NA AIR 51/220, Schriftstück mit der Überschrift ‚Berchtesgaden'.
117 Vgl. Hoffmann, Sicherheit, S. 187; Junge, a.a.O., S. 129-131.

Kapitel 7

1 Zit. n. Joachim Fest: *Staatsstreich. Der lange Weg zum 20. Juli*, Berlin 1994, S. 240.
2 Vgl. Howard Reich: „Prisoners of the Past", in: *Chicago Tribune*, 30.11.2003.
3 Aussage des Hermann Gräbe vor dem Nürnberger Kriegsverbrechertribunal; dok. in *Trial of the Major War Criminals before the International Military Tribunal*, Bd. V, London 1947, S. 696-699; teilweise wiedergegeben in William Shirer: *Aufstieg und Fall des Dritten Reiches*, Köln 1961, S. 878f.; hiernach zitiert.
4 Vgl. etwa Richard Rhodes: *Masters of Death*, Oxford 2002, S. 114.
5 Aussage Gräbe, in Trial (wie Anm. 3).
6 Ebenda; Teile der Aussage Gräbes auch wiedergegeben und kommentiert in Gerald Reitlinger: *The SS. Alibi of a Nation*, New York 1957;
7 Zit. n. Alistair Horne: "Axel von dem Bussche", in: Alistair Horne (Hrsg.), *Telling Lives*, London 2000, S. 218.
8 Vgl. Karl Konrad von der Groeben [Interviewter]: „Die Radikalen sind fantasielos", in: *Stern*, 09.01.2003.
9 Zit. n. Fest, a.a.O., S. 227.
10 Vgl. Peter Hoffmann: *German Resistance to Hitler*, S. 73.
11 Vgl. Richard Grunberger: *A Social History of the Third Reich*, London 1971, S. 187.
12 Helmut Krausnick: *Hitlers Einsatzgruppen*, Frankfurt/M. 1985, S. 44.
13 Zit. n. Hans Rothfels: *Die deutsche Opposition gegen Hitler*, Neuausg. Zürich 1994, S. 141.
14 Vgl. Christopher Browning: *Ordinary Men. Reserve Police Batallion 101 and the Final Solution in Poland*, London 2001.
15 Vgl. etwa Omer Bartov: *Hitler's Army*, Oxford 1991, oder Omer Bartov: *Germany's War and the Holocaust*, London 2003.
16 Zit. n. Michael Carver: "Manstein", in: Correlli Barnett (Hrsg.), *Hitler's Generals*, London 1989, S. 223.
17 Zit. n. Bodo Scheurig: *Henning von Tresckow*, Berlin 1987, S. 93.
18 Vgl. etwa Christian von Krockow: *Eine Frage der Ehre*, Berlin 2002.
19 Hans ('Johnnie') von Herwarth: *Against Two Evils*, London 1981, S. 254.
20 Vgl. Fabian von Schlabrendorff: *Offiziere gegen Hitler*, Neuausg. Berlin 1984, S. 102f.
21 Vgl. ebenda, S. 72.
22 Vgl. Peter Hoffmann: *Hitler's Personal Security*, Cambridge/Mass. 1979, S. 123.
23 Vgl. Peter Hoffmann: *Stauffenberg*, London 1995, S. 227.
24 Vgl. Alexander Stahlberg: *Bounden Duty. The Memoirs of a German Officer 1932-45*, London 1990, S. 279-283.
25 Vgl. Fest, a.a.O., S. 232ff.

26 Vgl. Peter Hoffmann: *Widerstand, Staatsstreich, Attentat*, München 1969, S. 146-148.
27 Alan Clarke: *Barbarossa*, Neuausg. London 1995, S. 98.
28 Vgl. Fest, a.a.O., S. 177-180.
29 Zit. n. Scheurig, a.a.O., S. 71.
30 Vgl. Schlabrendorff, a.a.O., S. 40 u.ö.
31 Zit. n. Scheurig, a.a.O., S. 110.
32 Zit. n. Gerd Ueberschär/Wolfram Wette (Hrsg.): *Der deutsche Überfall auf die Sowjetunion. „Unternehmen Barbarossa"* 1941, Neuausg. Fischer-Tb Frankfurt/M. 1991, S. 298.
33 Zit. n. Scheurig, a.a.O., S. 115.
34 Vgl. Christian Gerlach: „Männer des 20. Juli und der Krieg in der Sowjetunion", in: Hannes Heer/Klaus Naumann (Hrsg.), *Vernichtungskrieg. Verbrechen der Wehrmacht 1941-44*, Hamburg 1995, p. 437.
35 Vgl. Schlabrendorff, a.a.O., S. 46-49.
36 Ebenda, S. 49.
37 Vgl. John Toland: *Adolf HITLER*, Bergisch Gladbach 1977, S. 875.
38 Vgl. Scheurig, a.a.O., S. 136.
39 Vgl. Hoffmann, Stauffenberg, S. 117.
40 Ebenda, S. 133.
41 Zit. n. Scheurig, a.a.O., S. 127.
42 Vgl. Reinhard Gehlen: *Der Dienst*, München 1971, S. 112.
43 Vgl. Hoffmann, Stauffenberg, S. 151.
44 Stefan George, *Sämtliche Werke in 18 Bänden, hier* Bd. VI/VII *(Der siebente Ring)*, Stuttgart 1986, S. 56f.
45 John Wheeler-Bennett: *Die Nemesis der Macht*, Düsseldorf 1954, S. 603.
46 Vgl. Joachim Kramarz: *Claus Graf Stauffenberg. Das Leben eines Offiziers*, Frankfurt/M. 1965, S. 152.
47 Vgl. Hoffmann, Stauffenberg, S. 154.
48 Vgl. John Erickson: *The Road to Berlin*, London 1983, S. 47f.
49 Vgl. Antonius John: *Philipp von Boeselager*, Bonn 1994, S. 116.
50 Ebenda, S. 142.
51 Stahlberg, a.a.O., S. 281.
52 Zit. n. Fest, a.a.O., S. 195.
53 Schlabrendorff, a.a.O., S. 68, 71.
54 Vgl. Rudolf-Christoph von Gersdorff: *Soldat im Untergang*, Berlin 1977, S. 127f.
55 Gisevius, a.a.O., Bd. II, S. 225.
56 Zit. n. Scheurig, a.a.O., S. 158.
57 Schlabrendorff, a.a.O., S. 74.
58 Vgl. ebenda, S. 75.
59 Vgl. etwa Fest, a.a.O., S. 197.
60 Zit. n. Gisevius, a.a.O., Bd. II, S. 225.
61 Zit. n. Gersdorff, a.a.O., S. 129.
62 Ebenda, S. 130.
63 Ebenda, S. 132.
64 Ebenda, S. 132f.
65 Vgl. Michael Baigent/Richard Leigh: *Secret Germany. Claus von Stauffenberg and the Mystical Crusade against Hitler*, London 1994, S. 6.
66 Vgl. Hoffmann, Stauffenberg, S. 181.
67 Vgl. Baigent/Leigh, a.a.O., S. 7.
68 Zit. n. Gersdorff, a.a.O., S. 135.
69 Zit. n. Fest, a.a.O., S. 219.
70 Vgl. Hoffmann, Stauffenberg, S. 227.

71 Vgl. Wheeler-Bennett, a.a.O., S. 611f.

72 Vgl. Hoffmann, Widerstand, S. 386.

72a Vgl. Peter Hoffmann: „Oberst i.G. Henning von Tresckow und die Staatsstreichpläne im Jahr 1943", in: *Vierteljahrshefte für Zeitgeschichte*, Jg. 55 (2007), Nr. 2.

73 Vgl. Schlabrendorff, a.a.O., S. 104f.

74 Vgl. Fest, a.a.O., S. 230.

75 Zit. n. Frank Werner: „Eberhard von Breitenbuch", in: Sigmund Adelmann (Hrsg.): *Gegen den Strom*, Gütersloh 2005, S. 59.

76 Vgl. Scheurig, a.a.O., S. 205.

77 Zit. n. Werner, a.a.O., S. 48.

78 Stahlberg, a.a.O., S. 298.

79 Vgl. Paul Adair: *Hitler's Greatest Defeat*, London 1994, S. 171.

80 Vgl. Hugh Trevor-Roper (Hrsg.): *Hitler's War Directives 1939-1945*, London 1964, S. 222.

81 Vgl. Richard Overy: *The Dictators*, London 2004, S. 20.

82 Vgl. Hoffmann, Stauffenberg, S. 239.

83 Vgl. Albert Speer: *Erinnerungen*, Berlin 1969, S. 388.

84 Zit. n. Hoffmann, Widerstand, S. 450.

85 Zit. n. Kramarz, a.a.O., S. 139.

86 Speer, a.a.O., S. 388.

87 Vgl. Fest, a.a.O., S. 243.

88 Vgl. Gisevius, a.a.O., Bd. II, S. 263-269.

89 Vgl. Hoffmann, Stauffenberg, S. 256.

90 Gisevius, a.a.O., Bd. II, S. 267.

91 Zit. n. Hoffmann, Stauffenberg, S. 243.

92 Vgl. Michael R. D. Foot: *SOE. The Special Operations Executive 1940-1946*, London 1984, S. 72f..

93 Vgl. Hoffmann, Stauffenberg, S. 258.

94 Vgl. Fest, a.a.O., S. 250.

95 Vgl Kramarz, a.a.O., S. 145.

96 Vgl. Constantine Fitzgibbon, *The Shirt of Nessus*, London 1956, S. 131.

97 Zit. n. Fest, a.a.O., S. 255.

98 Vgl. Hoffmann, Widerstand, S. 447.

99 Zit. n. Fest, a.a.O., S. 230.

100 Zit. n. Hoffmann, Stauffenberg, S. 262.

101 Zit. n. Fest, a.a.O., S. 252.

102 Vgl. Edward Korpalski/Jerzy Szynkowski/Georg S. Wünsche: *Das Führerhauptquartier Wolfschanze im Bild und in Erinnerung von Zeitzeugen*, Rastenburg 2004, S. 110.

103 Vgl. etwa die Aussage von Kurt Salterberg in: Guido Knopp, *Sie wollten Hitler töten*, München 2004, S. 216.

104 Zit. n. Hoffmann, Stauffenberg, S. 266.

105 Vgl. Kramarz, a.a.O., S. 149.

106 Walter Warlimont: *Inside Hitler's Headquarters*, London 1964, S. 440.

107 Vgl. Traudl Junge: *Bis zur letzten Stunde*, München 2002, S. 134.

108 Vgl. Fest, a.a.O., S. 261.

109 Vgl. Ernst Günther Schenck: *Patient Hitler*, Düsseldorf 1989, S. 301.

110 Vgl. Hoffmann, Widerstand, S.476.

111 Junge, a.a.O., S. 138.

112 Zit. n. Toland, a.a.O., S. 995.

113 Zit. n. Hoffmann, Security, S. 252.

114 Vgl. Nicolaus von Below: *Als Hitlers Adjutant 1937-45*, Mainz 1980, S. 222.

115 Zit. n. Hoffmann, Widerstand, S. 521.
116 Zit. n. Schlabrendorff, a.a.O., S. 123.
117 Vgl. Hoffmann, Stauffenberg, S. 270.
118 Vgl. ebenda, S. 269.
119 Aussage des Telefonisten Alfons Schulz, s. Knopp, a.a.O., S. 242.
120 Vgl. Speer, a.a.O., S. 396.
121 Zit. n. Ian Kershaw: *Hitler 1936-1945*, Stuttgart 2000, S. 888.
122 Vgl. Hans Gisevius: *Bis zum bittern Ende*, Hamburg 1947, Bd. II, S. 335.
123 Zit. n. Hoffmann, Widerstand, S. 601.
124 Zit. n. Gisevius, a.a.O., Bd. II, S. 356.
125 Ebenda, S. 357
126 Zit. n. Hoffmann, Stauffenberg, S. 277.
127 Zit. n. Schlabrendorff, a.a.O, S. 129.
128 Lt. Eberhard von Breitenbuch; vgl. Sigrid Grabner/Hendrik Röder (Hrsg.): *Henning von Tresckow. Ich bin, der ich war*, Berlin 2001, S. 60.
129 Zit. n. Scheurig, a.a.O., S. 219f.
130 Vgl. Schlabrendorff,a.a.O., S. 139.
131 Vgl. Horne, a.a.O., S. 218.
132 Vgl. Hoffmann, Widerstand, S. 392.
133 Vgl. Gerhard Schreiber, *Die italienischen Militärinternierten im deutschen Machtbereich 1943 bis 1945. Verraten - verachtet - vergessen*, München 1990, S. 156.
134 Vgl. Hoffmann, Stauffenberg, S. 69.
135 Vgl. Klemens von Klemperer: *German Resistance against Hitler*, Oxford 1992, S. 342; Hoffmann, Resistance, S. 101.
136 Vgl. Klemperer, a.a.O., S. 382f.
137 Vgl. etwa Terence Prittie: *Germans against Hitler*, London 1964, S. 248.
138 Vgl. Hoffmann, Widerstand, S. 470.
139 Vgl. Gisevius, a.a.O., Bd. II, S. 319f.
140 Vgl. Fest, a.a.O., S. 259.
141 Vgl. Gisevius, a.a.O., Bd. II, S. 327, 331f. u.ö.
142 Zit. n. Prittie, a.a.O., S. 248.
143 Hans Paar: *Dilettanten gegen Hitler*, Oldendorf 1985, S. 172.
144 Vgl. Gersdorff, a.a.O., S. 130f.
145 Goebbels, zit. in Speer, a.a.O., S. 398.
146 Junge, a.a.O., S. 140.
147 Vgl. die Folge *Conspiracy to Kill: The Wolf's Lair* a. d. TV-Dokumentationsserie *Days that Shook the World*, BBC Television, gesendet 08.11.2004.
148 Vgl. Hoffmann, Widerstand, S. 450.
149 Zit. n. Horne, a.a.O., S. 219.
150 Vgl. Hoffmann, Stauffenberg, S. 104.
151 Vgl. Scheurig, a.a.O., S. 74.
152 Zit. n. Grabner/Röder, a.a.O., S. 60.
153 Zit. n. ebenda, S. 60.

Kapitel 8

1 Albert Speer: *Erinnerungen*, Berlin 1969, S. 437.
2 Der Historiker Nikolaus Henel von Hennenfeld im Jahre 1613; zit. n. Norman Davies/Roger Moorhouse: *Die Blume Europas. Breslau - Wroclaw - Vratislavia*, München 2002, S. 244.

3 Vgl. Sebastian Siebel-Achenbach, *Lower Silesia from Nazi Germany to Communist Poland 1942-49*, New York 1994, S. 60.
4 Vgl. Paul Peikert, *„Festung Breslau" in den Berichten eines Pfarrers*, hrsg. v. Karol Końca u. Alfred Konieczny, Breslau 1974, S. 36.
5 Ulrich Frodien: *"Bleib übrig". Eine Kriegsjugend in Deutschland*, Tb dtv, München 2002, S. 118.
6 Vgl. Peikert, a.a.O., S. 35f.
7 Vgl. ebenda, S. 51.
8 Vgl. ebenda, S. 168.
9 Speer, a.a.O., S. 430
10 Zit. n. Peikert, a.a.O., S. 37.
11 Zit. n. Perry Biddiscombe: *The Last Nazis: SS Werewolf Guerrilla Resistance in Europe 1944-1947*, Stroud 2004, S. 38.
12 Vgl. Davies/Moorhouse, a.a.O., S. 51.
13 Vgl. ebenda, S. 59.
14 Zit. n. Horst Gleiss: *Breslauer Apokalypse*, Bd. V, Wedel 1986, S. 130.
15 Vgl. Davies/Moorhouse, a.a.O., S. 59.
16 Vgl. Gleiss, a.a.O., Bd. V, S. 1094.
17 Peikert, a.a.O., S. 69.
18 Zit. n. Wolfgang Ruge u.a. (Hrsg.): *Dokumente zu deutschen Geschichte 1942-1945*, Berlin 1977, S. 109.
19 Zit. n. Sebastian Haffner: *Anmerkungen zu Hitler*, München 1978, S. 152.
20 Zit. n. Albert Speer: *Spandauer Tagebücher*, Berlin 1975, S. 310.
21 Zit. n. Speer, Erinnerungen, S. 433f.
22 Zit. n. Joachim Fest: *Der Untergang*, Berlin 2002, S. 150.
23 Speer, Erinnerungen, S. 411f.
24 Ebenda, S. 412.
25 Haffner, a.a.O., S. 189.
26 Zit. n. Ian Kershaw: *Hitler 1936-1945*, Stuttgart 2000, S. 660.
27 Zit. n. Fest, a.a.O., S. 94.
28 Vgl. Hugh Trevor-Roper (Hrsg.): *Hitler's Table Talk 1941-1944*, Neuausg. New York 2000, S. 147.
29 Zit. n. Fest, a.a.O., S. 44.
30 Zit. n. Kershaw, a.a.O., S. 1008f.; Wiedergabe in indirekter Rede dort.
31 Zit. n. Haffner, a.a.O., S. 197.
32 Vgl. Speer, Erinnerungen, S. 434.
33 Joseph Goebbels: *Die Tagebücher*, hrsg. v. Elke Fröhlich, Bd. II/15, München 1995, S. 314; Eintrag v. 14.03.1945.
34 Vgl. Joachim Fest: *Das Gesicht des Dritten Reiches*, München 1963, S. 280.
35 Vgl. Joachim Fest: *Speer. Eine Biografie*, Berlin 1999, S. 201.
36 Zit. n. ebenda, S. 212.
37 Speer, Erinnerungen, S. 350.
38 Vgl. Richard Overy: *Interrogations*, London 2001, S. 460.
39 Speer, Erinnerungen, S. 410.
40 Zit. in ebenda, S. 577.
41 Vgl. Gitta Sereny: *Albert Speer. His Battle with Truth*, London 1995, S. 482.
42 Zit. n. Overy, a.a.O., S. 460.
43 Vgl. Fest, Speer, S. 240.
44 Vgl. Hugh Trevor-Roper: *The Last Days of Hitler*, Neuausg. London 1995, S. 70.
45 Zit. in Fest, Gesicht, S. 278.
46 Gitta Sereny in einem Schreiben an Verf. (R.M.), 04.11.2004.

47 Vgl. Sereny, a.a.O., S. 138.
48 Zit. n. ebenda, S. 422.
49 Zit. n. Fest, Speer, S. 226.
50 Adolf Hitler, *Mein Kampf*, München 1936, S. 693.
51 Ebenda, S. 104.
52 Speer, Erinnerungen, S. 436.
53 Ebenda, S. 437.
54 Zit. n. Sereny, a.a.O., S. 477.
55 Speer, Erinnerungen, S. 437.
56 National Archive, London (fortan zitiert: NA), FO 1078/236, Protokoll Verhör Dieter Stahl, 10.11.1945, S. 5.
57 Zit. n. Sereny, a.a.O., S. 477.
58 Vgl. Robert Harris/Jeremy Paxman: *A Higher Form of Killing*, London 1982, S. 53-57.
59 Vgl. ebenda, S. 62.
60 NA, Verhörprotokoll Stahl (wie Anm. 56), S. 6.
61 Speer, Erinnerungen, S. 438.
62 Ebenda, S. 438.
63 Vgl. Trevor-Roper, Last Days, S. 72.
64 Zit. n. Sereny, a.a.O., S. 486.
65 Speer, Erinnerungen, S. 439.
66 NA, Verhörprotokoll Stahl (wie Anm. 56), S. 7.
67 Speer, Erinnerungen, S. 469.
68 Zit. n. Sereny, a.a.O., S. 507.
69 Speer, Erinnerungen, S. 470.
70 Vgl. ebenda, S. 496.
71 Speer, Erinnerungen, S. 437.
72 Trevor-Roper, Last Days, S. 72.
73 Airey Neave: *Nuremberg*, London 1978, S. 138, 144.
74 Speer, Erinnerungen, S. 519.
75 Aussage Albert Speer am 20.06.1946 vor dem Nürnberger Kriegsverbrechertribunal, dok. in *Trial of the Major War Criminals before the International Military Tribunal*, Bd. XVII, London 1948, S. 32.
76 Zit. n. Ann Tusa/John Tusa: *The Nuremberg Trial*, London 1983, S. 399.
77 NA, Verhörprotokoll Stahl (wie Anm. 56), S. 6.
78 Zit. n. Sereny, a.a.O., S. 473.
79 Matthias Schmidt: *Albert Speer. Das Ende eines Mythos*, Bern 1982, S. 129.
80 Dan van der Vat: *The Good Nazi. The Life and Lies of Albert Speer*, London 1997, S. 222f.
81 Fest, Speer, S. 254.
82 Vgl. z.B. Speer, Erinnerungen, S. 353f.
83 Ebenda, S. 439.
84 Vgl. Peter Hoffmann, *Die Sicherheit des Diktators*, München 1975, S. 241.
85 Vgl. Anton Joachimsthaler: *The Last Days of Hitler*, London 1996, S. 39.
86 Walter Warlimont: *Inside Hitler's Headquarters*, London 1964, S. 442.
87 Van der Vat, a.a.O., S. 157.
88 Vgl. Robert Conot: *Justice at Nuremberg*, London 1983, S. 496f.
89 Speer, Erinnerungen, S. 519.
90 Vgl. Sereny, a.a.O., S. 570.
91 Vgl. Overy, a.a.O., S. 469-471.
92 Zit. n. ebenda, S. 139.
93 Vgl. Tusa/Tusa, a.a.O., S. 460.

94 Urteil Albert Speer, dok. in *Trial of the Major War Criminals before the International Military Tribunal*, Bd. XXIII, London 1948, S. 124.

95 Fest, Speer, S. 17.

96 Zit. n. Sereny, a.a.O., S. 478.

97 Speer, Erinnerungen, S. 514.

98 Schmidt, a.a.O., S. 129.

99 Zit. n. Sereny, a.a.O., S. 478.

100 Vgl. Peter Hoffmann: *Widerstand, Staatsstreich, Attentat*, München 1969, S. 436.

101 Zit. n. Tusa/Tusa, a.a.O., S. 460.

102 Neave, a.a.O., S. 149.

103 Speer, Tagebücher, S. 75.

104 Albert Speer: *Alles, was ich weiß*, München 2000, S. 50.

105 Speer, Tagebücher, S. 411.

106 Zit. n. Trevor-Roper, Last Days, S. 74.

107 Vgl. Speer, Erinnerungen, S. 479-488.

108 Speer, Tagebücher, S. 228.

109 Zit. n. Gitta Sereny: *The German Trauma*, London 2000, S. 284.

110 Zit. n. Speer, Erinnerungen, S. 519 (dort in indirekter Rede).

Epilog

1 Zit. n. Sigrid Jacobeit (Hrsg.): *Ich grüße Euch als freier Mensch*, Fürstenburg 1995, S. 162.

2 Vgl. Joachim Fest: *Der Untergang*, Berlin 2002, S. 43f.

3 Vgl. Antony Beevor: *Berlin. The Downfall 1945*, London 2002, S. 410.

4 Vgl. ebenda, S. 371.

5 Zit. n. Michael Foedrowitz: *The Flak Towers in Berlin, Hamburg and Vienna 1940-1950*, Atglen/Pa. 1998, S. 7.

6 Vgl. Cornelius Ryan: *The Last Battle*, London 1966, S. 381f.

7 Vgl. Beevor, a.a.O., S. 352.

8 Vgl. John Erickson: *The Road to Berlin*, London 1983, S. 599.

9 Zit. n. Beevor, a.a.O., S. 355.

10 Vgl. Peter Hoffmann: *Hitler's Personal Security*, Cambridge/Mass. 1979, S. 261.

11 Nerin E. Gun: *Eva Braun*, London 1968, S. 261.

12 Vgl. Traudl Junge: *Bis zur letzten Stunde*, München 2002, S. 184.

13 Vgl. ebenda, S. 186.

14 Zit. n. Fest, a.a.O., S. 8.

15 Zit. n. Franz W. Seidler/Dieter Zeigert: *Die Führerhauptquartiere. Anlagen und Planungen im Zweiten Weltkrieg*, München 2001, S. 197.

16 Vgl. etwa Ernst Günther Schenck: *Patient Hitler*, Düsseldorf 1989, S. 199f.; Leonard L. Heston/Renate Heston: *The Medical Casebook of Adolf Hitler*, New York 1979, 5. Kapitel.

17 Zit. n. James P. O'Donnell: *The Berlin Bunker*, London 1979, S. 139f.

18 Walter Warlimont: *Inside Hitler's Headquarters*, London 1964, S. 462.

19 National Archives, London, Liddell-Tagebücher, KV 4/1955, S. 138; dort Bericht General Dietrich von Choltitz.

20 Zit. n. O'Donnell, a.a.O., S. 136f.

21 Zit. n. Gitta Sereny: *Albert Speer. His Battle with Truth*, London 1995, S. 533.

22 Zit. n. Fest, a.a.O., S. 35.

23 Vgl. Hugh Trevor-Roper: The Last Days of Hitler, Neuausg. London 2002, S. 143.

24 Vgl. ebenda, S. 105f.; Fest, a.a.O., S. 91-96.

25 Vgl. Fest, a.a.O., S. 72-75, 110f.

26 Trevor-Roper, a.a.O., S. 124.

27 Albert Speer: *Erinnerungen*, Berlin 1969, S. 482.

28 Zit. n. Sereny, a.a.O., S. 530.

29 Speer, a.a.O., S. 488.

30 Vgl. hierzu www.ess.uwe.ac.uk/documents/poltest/htm.

31 Zit. n. Alan Bullock: *Hitler. Eine Studie über Tyrannei*, Düsseldorf [7]1961, S. 793 u. William Shirer: *Aufstieg und Fall des Dritten Reiches*, Köln 1961, S. 1029.

32 Vgl. Junge, a.a.O., S. 196.

33 Zit. n. ebenda, S. 198.

34 Zit. n. Ian Kershaw: *Hitler 1936-1945*, Stuttgart 2000, S. 1060.

35 Zit. n. Fest, a.a.O., S. 128.

36 Zit. n. John Toland: *Adolf Hitler*, Bergisch Gladbach 1977, S. 1100.

37 Junge, a.a.O., S. 198.

38 Vgl. Anton Joachimsthaler: *The Last Days of Hitler*, London 1996, S. 153f.

Archive

Bundesarchiv, Berlin

Bundesarchiv, Abteilung Militärarchiv, Freiburg/Br.

National Archives, London

Rossijskij Gosudarstwennyj Wojennyj Archiv (international gebräuchliche Abkürzung: *RGVA*), Militärarchiv des russischen Staates, Moskau

Rossijskij Zentr Chranenija i Isutschenija Dokumentow Nowejschej Istorii (international gebräuchliche Abkürzung: *RTsKhIDNI*), Russisches Zentrum für Aufbewahrung und Studium von Dokumenten zur neueren Geschichte, Moskau

Studium Polski Podziemnej (SPP), Zentrum zur Dokumentation und Erforschung des polnischen Untergundkampfes, London

Wiener Library, London

Zentralnyj Archiv Ministerstwa Oborony (international gebräuchliche Abkürzung: *TsAMO*), Zentralarchiv des russischen Verteidigungsministeriums, Moskau

Auswahlbibliografie

Christopher Andrew/Oleg Gordjewski: *KGB. The Inside Story of its Foreign Operations from Lenin to Gorbachev*, London 1990.

Christopher Andrew/Wassili Mitrochin: *The Mitrokhin File*, Neuausg. London 2000.

John Armstrong (Hrsg.): *Soviet Partisans in World War II*, Madison 1964.

Michael Baigent/Richard Leigh: *Secret Germany: Claus von Stauffenberg and the Mystical Crusade against Hitler*, London 1994.

Correlli Barnett (Hrsg.): *Hitler's Generals*, London 1989.

Omer Bartov: *Hitler's Army*, Oxford 1992.

Hans Baur: *Hitler's Pilot*, London 1958; leicht abweichende engl. Fassung des folgenden.

Hans Baur: *Ich flog Mächtige der Erde*, Kempten 1956.

Antony Beevor: *Berlin. The Downfall 1945*, London 2002.

Antony Beevor: *Crete. The Battle and the Resistance*, London 1991.

Antony Beevor: *The Mystery of Olga Chekhova*, London 2004.

Nicolaus von Below: *Als Hitlers Adjutant 1937-45*, Mainz 1980.

Richard Bessel (Hrsg.): *Life in the Third Reich*, Oxford 1987.

Tadeusz Bór-Komorowski: *The Secret Army*, London 1950.

Wlodzimierz Borodziej: *Terror und Politik*, Mainz 1999.

Karl Dietrich Bracher: *Die deutsche Diktatur*, Köln 1969.

André Brissaud: *Canaris*, London 1973.

Alan Bullock: *Hitler. Eine Studie über Tyrannei*, Düsseldorf [7]1961.

Michael Burleigh: *Die Zeit des Nationalsozialismus*, Frankfurt/M. 2000.

Ewan Butler: *Mason-Mac*, London 1972.

Nikolai Chochlow: *In the Name of Conscience*, London 1960.

Ian Colvin: *Canaris. Chief of Intelligence*, London 1951.

Norman Davies: *Rising '44*, London 2003.

Norman Davies/Roger Moorhouse: *Die Blume Europas. Breslau - Wroclaw - Vratislavia*, München 2002.

Sefton Delmer: *Die Deutschen und ich*, Hamburg 1962.

Alexander Demandt (Hrsg.): *Das Attentat in der Geschichte*, Köln 1996.

Harold Deutsch: *The Conspiracy against Hitler in the Twilight War*, London 1968.

Max Domarus (Hrsg.): *Hitler. Reden und Proklamationen*, 2 Bde., Neustadt/ Aisch 1962/63.

John Erickson: *The Road to Berlin*, London 1983.

John Erickson: *The Road to Stalingrad*, London 1975.

Joachim Fest: *Das Gesicht des Dritten Reiches*, München 1963.

Joachim Fest: *Speer. Eine Biografie*, Berlin 1999.

Joachim Fest: *Staatsstreich. Der lange Weg zum 20. Juli*, Berlin 1994.

Joachim Fest: *Der Untergang*, Berlin 2002.

Michael R. D. Foot: *SOE. The Special Operations Executive 1940-1946*, London 1984.

Alexander Foote: *Handbook for Spies*, London 1949.

Franklin L. Ford: *Political Murder. From Tyrannicide to Terrorism*, Cambridge/Mass. 1985

Józef Garliński: *Poland, SOE and the Alliies*, London 1969.

Rudolf Christoph von Gersdorff: *Soldat im Untergang*, Berlin 1977.

Hans Gisevius: *Bis zum bittern Ende*, 2 Bde., Hamburg 1947.

Sigrid Grabner/Hendrik Röder (Hrsg.): *Henning von Tresckow. Ich bin, der ich war*, Berlin 2001

Hermann Graml: „Der Fall Oster", in: *Vierteljahrshefte für Zeitgeschichte*, Jg. 14 (1966).

Günter Grass: *Im Krebsgang* (Novelle, Erstausg. 2002), Tb dtv, München 2004.

Helmuth Groscurth: *Tagebücher eines Abwehroffiziers 1938-1940,* Stuttgart 1970.

Lothar Gruchmann (Hrsg.): *Autobiographie eines Attentäters. Johann Georg Elser,* Stuttgart 1970

Lothar Gruchmann/Anton Hoch: *Georg Elser. Der Attentäter aus dem Volke*, Tb Fischer, Frankfurt/M. 1980.

Richard Grunberger: *A Social History of the Third Reich*, London 1971.

Richard Grunberger: *Das zwölfjährige Reich*, Wien 1972; leicht abweichende dt. Fassung des vorigen.

Hellmut Haasis: *Den Hitler jag' ich in die Luft*, Berlin 1999.

Sebastian Haffner: *Anmerkungen zu Hitler*, München 1978.

Theodore Hamerow: *On the Road to the Wolf's Lair*; Harvard 1999.

Ted Harrison: „'Alter Kämpfer' im Widerstand: Graf Helldorf, die NS-Bewegung und die Opposition gegen Hitler", in: *Vierteljahrshefte für Zeitgeschichte*, Jg. 45 (1997).

Hannes Heer/Klaus Naumann (Hrsg.): *Vernichtungskrieg. Verbrechen der Wehrmacht 1941-44*, Hamburg 1995.

Leonard L. Heston/Renate Heston: *The Medical Casebook of Adolf Hitler*, New York 1979

Anton Hoch: „Das Attentat auf Hitler im Münchner Bürgerbraukeller 1939", in: *Vierteljahrshefte für Zeitgeschichte*, Jg. 17 (1969).

Peter Hoffmann: *German Resistance to Hitler*, London 1988.

Peter Hoffmann: *Hitler's Personal Security*, Cambridge/Mass. 1979; erweiterte engl. Fassung v. Hoffmann, Sicherheit, s.u.

Peter Hoffmann: „Maurice Bavaud's Attempt to Assassinate Hitler in 1938", in: George Mosse (Hrsg.), *Police Forces in History*, London 1975.

Peter Hoffmann, *Die Sicherheit des Diktators*, München 1975.

Peter Hoffmann: *Stauffenberg*, London 1995.

Peter Hoffmann: *Widerstand, Staatsstreich, Attentat*, München 1969.

Heinz Höhne: *Canaris*, München 1976.

Heinz Höhne: *Der Orden unter dem Totenkopf*, Gütersloh 1967.

Alistair Horne (Hrsg.): *Telling Lives*, London 2000.

Geoffrey Household: *Against the Wind*, London 1958.

Geoffrey Household: *Rogue Male* (Roman), London 1939.

Edward Hymes: *Killing no Murder*, London 1969.

Anton Joachimsthaler: *The Last Days of Hitler*, London1996.

Werner Jochmann (Hrsg.): *Adolf Hitler: Monologe im Führerhauptquartier 1941-1944*, Hamburg 1980

Antonius John: *Philipp von Boeselager*, Bonn 1994.

Traudl Junge: *Bis zur letzten Stunde*, München 2002.

Ian Kershaw: *Hitler 1889-1936*, Stuttgart 1998.

Ian Kershaw: *Hitler 1936-1945*, Stuttgart 2000.

Klemens von Klemperer: *German Resistance against Hitler. The Search for Allies Abroad*, Oxford 1992.

Erich Kordt: *Nicht aus den Akten*, Stuttgart 1950.

Edward Korpalski/Jerzy Szynkowski/Georg S. Wünsche: *Das Führerhaupt-quartier Wolfschanze im Bild und in Erinnerung von Zeitzeugen*, Rastenburg 2004.

Helmut Krausnick: „Aus den Personalakten von Canaris", in: *Vierteljahrshefte für Zeitgeschichte*, Jg. 10 (1962).

Walter Kriwitzki: *In Stalin's Secret Service*, New York 2000.

Christian von Krockow: *Eine Frage der Ehre*, Berlin 2002.

Wendy Lower: "'Anticipatory Obedience' and the Nazi Implementation of the Holocaust in the Ukraine. A Case Study of Central and Peripheral Forces in the Generalbezirk Zhytomyr, 1941-1944", in: *Holocaust and Genocide Studies*, Jg. 16 (2002), Nr. 1 (Frühling).

Richard Lukas: *Forgotten Holocaust. The Poles under German Occupation 1939-1944*, Neuausg. New York 2001.

Callum MacDonald: *The Killing of SS-Obergruppenführer Reinhard Heydrich*, London 1990

William Mackenzie: *The Secret History of SOE. The Special Operations Executive 1940-45*, London 2000.

Czesław Madajczyk: *Die Okkupationspolitik Nazideutschlands in Polen 1939-1945*, Köln 1988.

Niklaus Meienberg: *Es ist kalt in Brandenburg*, Zürich 1980.

Richard Meinertzhagen: *Middle East Diary 1917-1956*, London 1959.

Susanne Meinl: *Nationalsozialisten gegen Hitler*, Berlin 2000.

Susanne Meinl/Dieter Krüger: „Der politische Weg von Friedrich Wilhelm Heinz", in: *Vierteljahreshefte für Zeitgeschichte*, Jg. 42 (1994).

Charles Messenger: *Hitler's Gladiator. The Life and Military Career of Sepp Dietrich*, London 1988.

Russell Miller: *Behind the Lines*, London 2002.

W. Stanley Moss: *Ill Met by Moonlight*, London 1950

Marek Ney-Krwawicz: *The Polish Home Army 1939-1945*, London 2001.

Jeremy Noakes/Geoffrey Pridham (Hrsg.): *Nazism 1919-45*, 3 Bde., Exeter 1983-88.

Richard Overy: *The Dictators*, London 2004.

Richard Overy: *Interrogations*, London 2001.

Richard Overy: *Russia's War*, London 1998.

Lauran Paine: *The Abwehr*, London 1984.

Terry Parssinen: *The Oster Conspiracy of 1938*, New York 2003.

Paul Peikert, „*Festung Breslau*" in den Berichten eines Pfarrers, hrsg. v. Karol Końca u. Alfred Konieczny, Breslau 1974.

Henry Picker: *Hitlers Tischgespräche im Führerhauptquartier 1941-42*, Neuausg. Stuttgart 1963.

Gerald Reitlinger: *The SS. Alibi of a Nation*, New York 1957.

Ralf Georg Reuth: *Goebbels*, München 1990.

Denis Rigden: *Kill the Führer. Section X and Operation Foxley*, London 1999.

Hans Rothfels: *Die deutsche Opposition gegen Hitler*, Neuausg. Zürich 1994.

Jürgen Runzheimer: „Der Überfall auf den Sender Gleiwitz im Jahre 1939", in: *Vierteljahrshefte für Zeitgeschichte*, Jg. 10 (1962).

Walter Schellenberg: *Aufzeichnungen*, Wiesbaden 1956.

Walter Schellenberg: *Memoiren*, Köln 1959.

Ernst Günther Schenck: *Patient Hitler*, Düsseldorf 1989.

Bodo Scheurig: *Henning von Tresckow*, Berlin 1987.

Fabian von Schlabrendorff: *Offiziere gegen Hitler*, Neuausg. Berlin 1984.

Matthias Schmidt: *Albert Speer. Das Ende eines Mythos*, Bern 1982.

Christa Schroeder: *Er war mein Chef*, München 1985.

Mark Seaman (Hrsg.): *Operation Foxley. The British Plan to Kill Hitler*, London 1998.

Simon Sebag Montefiore: Stalin. *The Court of the Red Tsar*, London 2003.

Franz W. Seidler/Dieter Zeigert: *Die Führerhauptquartiere. Anlagen und Planungen im Zweiten Weltkrieg*, München 2001.

Gitta Sereny: *Albert Speer. His Battle with Truth*, London 1995.

Robert Service: *Stalin. A Biography*, London 2004.

Albert Speer: *Alles, was ich weiß*, München 2000.

Albert Speer: *Erinnerungen*, Berlin 1969.

Albert Speer: *Spandauer Tagebücher*, Berlin 1975.

Reinhard Spitzy: *So haben wir das Reich verspielt*, München ²1987.

David Stafford: *Britain and European Resistance 1940-1945*, London 1980.

David Stafford: *Churchill and the Secret Service*, New York 1998.

Alexander Stahlberg: *Bounden Duty. The Memoirs of a German Officer 1932-45*, London 1990.

Johannes Steinhoff/Peter Pechel/Dennis Showalter (Hrsg.): *Deutsche im Zweiten Weltkrieg*, München 1989

Johannes Steinhoff/Peter Pechel/Dennis Showalter (Hrsg.): *Voices from the Third Reich*, London 1989; stark abweichende (erweiterte) englische Fassung des vorigen.

Pawel Sudoplatow: *Special Tasks*, London 1994.

C. G. Sweeting: *Hitler's Personal Pilot. The Life and Times of Hans Baur*, Washington 2000

John Toland: *Adolf Hitler*, Bergisch Gladbach 1977.

Hugh Trevor-Roper (Hrsg.): *Hitler's Table Talk 1941-1944*, London 1953; Neuausg. London 2000.

Hugh Trevor-Roper (Hrsg.): *Hitler's War Directives 1939-1945*, London 1964.

Hugh Trevor-Roper: *The Last Days of Hitler*, Neuasg. London 2002.

Ann Tusa/John Tusa: *The Nuremberg Trial*, London 1983.

Klaus Urner: *Der Schweizer Hitler-Attentäter*, Frauenfeld 1980.

Dan van der Vat: *The Good Nazi. The Life and Lies of Albert Speer*, London 1997.

Walter Warlimont: *Inside Hitler's Headquarters*, London 1964.

John Wheeler-Bennett: *Die Nemesis der Macht*, Düsseldorf 1954.

Trupp des RSD, einer der Leibgarden Hitlers (*Imperial War Museum*, Archivstück HU 75384; *mit freundlicher Genehmigung des Imperial War Museum, London*).

Hitler beim Abschreiten einer Ehrenkompanie der Leibstandarte SS (*akg-images/Ullsteinbild*).

Maurice Bavaud (*Gedenkstätte Deutscher Widerstand, Berlin*).

Georg Elser (*Gedenkstätte Deutscher Widerstand, Berlin*).

Der jährliche Gedenkmarsch der Nationalsozialisten, hier 9. November 1938 (*akg-images/Ullsteinbild*).

8. November 1939: Hitler spricht im Münchner Bürgerbräukeller (*Bayerische Staatsbibliothek, München*).

Der Bürgerbräukeller nach Elsers Anschlag (*akg-images/Ullsteinbild*).

Hans Oster (*Gedenkstätte Deutscher Widerstand, Berlin*).

Friedrich Wilhelm Heinz (*Gedenkstätte Deutscher Widerstand, Berlin*).

Erich Kordt (*Gedenkstätte Deutscher Widerstand, Berlin*).

Wilhelm Canaris (*Gedenkstätte Deutscher Widerstand, Berlin*).

Chamberlains „Stück Papier" (*Getty Images*).

Berlin 1938: Hitler nimmt die Huldigung der Massen entgegen (*akg-images/Ullsteinbild*).

Franciszek Niepokólczycki (*Collection of the Polish Underground Movement Study Trust, London*).

Stanislaw Lesikowski (*Fundacja Archiwum i Muzeum Pomorskie Armii Krajowej, Thorn, Polen*).

Jan Szalewski (*Fundacja Archiwum i Muzeum Pomorskie Armii Krajowej, Thorn, Polen*).

Slawa Mirowska (*Archiv Michael Foedrowitz*).

Hitler fährt durch das gefallene Warschau (*Bayerische Staatsbibliothek, München*).

Hitlers Sonderzug „Amerika" (*Getty Images*).

Hitler auf der Festbühne bei der Parade zu seinem 50. Geburtstag, Berlin 1939 (*Bayerische Staatsbibliothek, München*).

Noel Mason-MacFarlane (*Bayerische Staatsbibliothek, München*).

Geoffrey Household (*Geoffrey Household*).

James Joll (*National Archives, London*).

Hitler beim Spaziergang auf dem Obersalzberg (*akg-images/Ullsteinbild*).

Alexander Foote (*Police Cantonale, Lausanne*).

Dmitri Medwedew (*Teodor Gladkow, Moskau*).

Lew Knipper (*Andrej Knipper, Moskau*).

Hitler mit Olga Tschechowa (*akg-images/Ullsteinbild*).

Die „Osteria Bavaria" in München (*Bayerische Staatsbibliothek, München*).

Das Führerhauptquartier „Wehrwolf" bei Winnitza in der Ukraine (*akg-images/Ullsteinbild*).

Henning von Tresckow (*Gedenkstätte Deutscher Widerstand, Berlin*).

Rudolf Christoph von Gersdorff (*Gedenkstätte Deutscher Widerstand, Berlin*).

Georg von Boeselager (*Gedenkstätte Deutscher Widerstand, Berlin*).

Axel von dem Bussche (*Gedenkstätte Deutscher Widerstand, Berlin*).

Eberhard von Breitenbuch (*Dr. Andreas von Breitenbuch*).

Fabian von Schlabrendorff (*akg-images/Ullsteinbild*).

Hitler besucht das Quartier der Heeresgruppe Mitte in Smolensk, März 1943 (*akg-images/Ullsteinbild*).

Hitler spricht im Berliner Zeughaus, März 1943 (*Bayerische Staatsbibliothek, München*).

Claus von Stauffenberg (*Gedenkstätte Deutscher Widerstand, Berlin*).

Stauffenberg mit Hitler in Rastenburg, Juli 1944 (*akg-images/Ullsteinbild*).

Der zerstörte Kartenraum in Rastenburg (*Getty Images*).

Göring besucht den Schauplatz des Attentats in Rastenburg (*akg-images/Ullsteinbild*).

Albert Speer (*akg-images/Ullsteinbild*).

Hitler im Frühjahr 1945. Letztes bekanntes Foto (*akg-images/Ullsteinbild*).